Springer-Lehrbuch

Arnold Lohaus
Marc Vierhaus
Asja Maass

Entwicklungspsychologie des Kindes- und Jugendalters
für Bachelor

Mit 50 Abbildungen und 29 Tabellen

Prof. Dr. Arnold Lohaus
Dr. Marc Vierhaus
Dr. Asja Maass
 Universität Bielefeld
Fakultät für Psychologie und Sportwissenschaft
Universitätsstr. 25
33615 Bielefeld

ISBN 978-3-642-03935-5 Springer-Verlag Berlin Heidelberg New York

Bibliografische Information der Deutschen Nationalbibliothek
Die Deutsche Nationalbibliothek verzeichnet diese Publikation in der Deutschen Nationalbibliografie;
detaillierte bibliografische Daten sind im Internet über http://dnb.d-nb.de abrufbar.

Dieses Werk ist urheberrechtlich geschützt. Die dadurch begründeten Rechte, insbesondere die der Übersetzung, des
Nachdrucks, des Vortrags, der Entnahme von Abbildungen und Tabellen, der Funksendung, der Mikroverfilmung oder
der Vervielfältigung auf anderen Wegen und der Speicherung in Datenverarbeitungsanlagen, bleiben, auch bei nur
auszugsweiser Verwertung, vorbehalten. Eine Vervielfältigung dieses Werkes oder von Teilen dieses Werkes ist auch
im Einzelfall nur in den Grenzen der gesetzlichen Bestimmungen des Urheberrechtsgesetzes der Bundesrepublik
Deutschland vom 9. September 1965 in der jeweils geltenden Fassung zulässig. Sie ist grundsätzlich vergütungspflichtig.
Zuwiderhandlungen unterliegen den Strafbestimmungen des Urheberrechtsgesetzes.

Springer Medizin
Springer-Verlag GmbH
ein Unternehmen von Springer Science+Business Media
springer.de

© Springer-Verlag Berlin Heidelberg 2010

Die Wiedergabe von Gebrauchsnamen, Warenbezeichnungen usw. in diesem Werk berechtigt auch ohne besondere
Kennzeichnung nicht zu der Annahme, dass solche Namen im Sinne der Warenzeichen- und Markenschutzgesetzgebung
als frei zu betrachten wären und daher von jedermann benutzt werden dürfen.

Produkthaftung: Für Angaben über Dosierungsanweisungen und Applikationsformen kann vom Verlag keine Gewähr
übernommen werden. Derartige Angaben müssen vom jeweiligen Anwender im Einzelfall anhand anderer Literaturstellen
auf ihre Richtigkeit überprüft werden.

Planung: Joachim Coch
Projektmanagement: Michael Barton
Lektorat: Dr. Christiane Grosser, Viernheim
Layout und Umschlaggestaltung: deblik Berlin
Fotonachweis der vorderen Umschlagseite: © Klaus Rüschhoff, SpringerMedizin, Springer-Verlag GmbH
Cartoons: Claudia Styrsky, München
Satz und Digitalisierung der Abbildungen: Fotosatz-Service Köhler GmbH – Reinhold Schöberl, Würzburg

SPIN: 80064292

Gedruckt auf säurefreiem Papier   2126 – 5 4 3 2 1

Vorwort

Mit diesem Buch soll ein kurzer Überblick über die wichtigsten Entwicklungsveränderungen im Kindes- und Jugendalter gegeben werden. In den ersten Kapiteln stehen zentrale Begriffe, Theorien und Methoden der Entwicklungspsychologie im Vordergrund. Es folgt ein Überblick über Entwicklungsveränderungen in der frühen Kindheit. Danach wird auf die Entwicklung in einzelnen Funktionsbereichen eingegangen. Der Darstellungsschwerpunkt liegt dabei auf Entwicklungsveränderungen im Bereich von Kognition, Intelligenz, Emotion, Sprache, Selbstkonzept, Geschlechtstypisierung, Sozialverhalten und Moral. Abschließend erfolgt eine Darstellung von möglichen Entwicklungsabweichungen im Kindes- und Jugendalter.

Die Darstellung erhebt nicht den Anspruch auf Vollständigkeit. Um das rapide ansteigende Wissen im Bereich der Entwicklungspsychologie nur annähernd vollständig repräsentieren zu können, wäre eine weitaus umfangreichere Darstellung vonnöten. Das Buch soll vielmehr das Basiswissen zusammenfassen, das typischerweise während des Studiums in einem zweisemestrigen Vorlesungsturnus vermittelt werden kann. Die Notwendigkeit zur Beschränkung erklärt auch die Schwerpunktsetzung auf das Kindes- und Jugendalter.

Das Buch ist nach dem Konzept eines »Lehrbuchs im Lehrbuch« aufgebaut. Dies bedeutet, dass sich neben der Langfassung des Textes zusätzlich eine Kurzfassung findet, die genutzt werden kann, um schnell die relevanten Aussagen zu erfassen bzw. zu rekapitulieren. Am Anfang jedes Kapitels finden sich darüber hinaus die wichtigsten Lernziele, die in dem Kapitel angestrebt werden. Am Ende des Kapitels stehen jeweils einige Kontrollfragen, die zur Prüfung des eigenen Lernfortschritts genutzt werden können. Durch eine Vielzahl an Illustrationen und Beispielen wurde darüber hinaus eine anschauliche und abwechslungsreiche Darstellung angestrebt.

Zu diesem Buch gibt es eine Reihe von zusätzlichen Materialien, die zur weiteren Information und als Lernhilfe genutzt werden können. Hierzu ist insbesondere auf die Internetplattform zu verweisen, die ergänzend zur Verfügung steht (**http://www.lehrbuch-psychologie.de**). Auf der Internetseite findet sich zum einen ein **Lerncenter** für Studierende mit den Fragen, die am Ende der einzelnen Kapitel stehen, zusammen mit Antworten im Multiple-Choice-Format. Nachdem die Fragen am Ende der Buchkapitel zunächst im offenen Format gestellt wurden, können sie hier noch einmal mit vorgegebenen Antworten bearbeitet werden. Darüber hinaus findet sich im Internet ein Glossar mit Erläuterung wichtiger Begriffe. Auch hier besteht die Möglichkeit einer Bearbeitung im Frage-Antwort-Format, um den eigenen Lernfortschritt zu überprüfen (▶ hinterer innerer Buchumschlag).

Im Internet stehen zusätzlich **PowerPoint-Folien für Lehrende** zur Verfügung, die es erleichtern sollen, auf der Basis dieses Buches eine Vorlesungsreihe zusammenzustellen. Es wurde dabei bewusst Raum gelassen für individuelle Schwerpunktsetzungen und Ergänzungen. Das Buch kann jedoch selbstverständlich auch unabhängig von einer Lehrveranstaltung als Informationsquelle genutzt werden.

Als einmalige Besonderheit im Lehrbuchbereich bietet die Website **zahlreiche umfangreiche und vollständige Hörbeiträge der Buchkapitel im mp3-Format zum Download** an (▶ vorderer innerer Buchumschlag).

Da an diesem Buchprojekt nicht nur die Autoren beteiligt waren, möchten wir an dieser Stelle allen danken, die uns bei unserer Arbeit unterstützt haben. Besonders zu erwähnen ist die sachkundige und kompetente Unterstützung durch den Springer Verlag, wobei vor allem die Beiträge von Herrn Joachim Coch und Herrn Michael Barton hervorzuheben sind. Unser besonderer Dank gilt in diesem Zusammenhang auch Frau Dr. Christiane Grosser, die die Lektoratsarbeiten für dieses Buch übernommen hat. Weiterhin gilt unser Dank Frau Elisabeth Wolter für die Hilfe bei der Literaturdurchsicht und der Erstellung des Sachregisters. Darüber hinaus danken wir Frau Claudia Styrsky für die Cartoon-Zeichnungen und Frau Ulrike Meyer für die Erstellung der Outdoor-Fotografien, die in diesem Buch Verwendung fanden. Unser besonderer Dank gilt weiterhin Frau Prof. Dr. Elke Wild, die eine Vorfassung dieses Buches gelesen und mit ihren Kommentaren zur weiteren Verbesserung des Textes beigetragen hat.

Bielefeld, im August 2009
Arnold Lohaus, Marc Vierhaus und Asja Maass

Inhaltsverzeichnis

A Grundbegriffe, Theorien und Methoden

1	Grundbegriffe der Entwicklungspsychologie	2
1.1	Definition von Entwicklung	2
1.2	Gegenstand der Entwicklungspsychologie	3
1.3	Aufgaben der Entwicklungspsychologie	3
1.4	Zeitstrecken	4
1.5	Alter und Entwicklungsstand	6
1.6	Entwicklungsbereiche	6
1.7	Entwicklungsformen	7
1.8	Entwicklungssteuerung durch Anlage und Umwelt	8
2	Theorien der Entwicklungspsychologie	10
2.1	Psychoanalyse	10
2.1.1	Die psychoanalytische Konzeption Sigmund Freuds	10
2.1.2	Die psychoanalytische Konzeption Erik Eriksons	12
2.1.3	Neuere Konzeptionen der Psychoanalyse	13
2.2	Psychobiologische Konzeptionen	13
2.2.1	Ethologische Ansätze	13
2.2.2	Soziobiologische Ansätze	15
2.3	Lerntheoretische Konzeptionen	15
2.3.1	Klassisches Konditionieren	15
2.3.2	Operantes Konditionieren	16
2.3.3	Beobachtungslernen	18
2.4	Anforderungs-Bewältigungs-Theorien	19
2.5	Die kognitive Theorie Jean Piagets	22
2.5.1	Akkomodation und Assimilation	22
2.5.2	Entwicklungsstufen	23
2.5.3	Weiterentwicklungen und neuere Ansätze	29
2.6	Informationsverarbeitungstheorien	29
2.6.1	Mehrspeichermodelle	30
2.6.2	Entwicklungsveränderungen bei der Informationsverarbeitung	33
2.6.3	Sequenzielle versus parallele Informationsverarbeitung	34
2.7	Theorien domänenspezifischer Entwicklung	35
2.8	Systemorientierte Theorien	36
2.9	Abschließende Überlegungen	39
3	Methoden der Entwicklungspsychologie	41
3.1	Querschnittmethode	42
3.2	Längsschnittmethode	44
3.3	Konvergenzmodell	46
3.4	Datenerhebungsmethoden in der frühen Kindheit	47
3.5	Datenerhebungsmethoden in späteren Entwicklungsabschnitten	50
4	Anlage und Umwelt	52
4.1	Zwillingsstudien	53
4.2	Adoptionsstudien	56
4.3	Weitere Vorgehensweisen und grundsätzliche Probleme	57
5	Diagnose des Entwicklungsstandes	59
5.1	Methodische Grundlagen	60
5.1.1	Objektivität	61
5.1.2	Reliabilität	62
5.1.3	Validität	63
5.1.4	Normierung	64
5.2	Beispiele für Entwicklungstests	64
5.2.1	Screeningtests	64
5.2.2	Allgemeine Entwicklungstests	65
5.2.3	Spezielle Entwicklungstests	66

B Frühe Kindheit

6	Physische Entwicklung	70
6.1	Pränatale physische Entwicklung	70
6.1.1	Entwicklungsstadien	70
6.1.2	Pränatale Einflussfaktoren	72
6.1.3	Frühgeburten	73
6.2	Postnatale physische Entwicklung	74
6.2.1	Prüfung der physischen Funktionsfähigkeit und Säuglingssterblichkeit	74
6.2.2	Entwicklung zirkadianer Rhythmen	75
6.2.3	Gehirnentwicklung	77
6.2.4	Körperwachstum	79
7	Motorik- und Sensorikentwicklung	80
7.1	Motorikentwicklung	80
7.2	Sensorikentwicklung	84
7.2.1	Visuelle Wahrnehmung	84
7.2.2	Auditive Wahrnehmung	88
7.2.3	Intermodale Wahrnehmung	89
8	Frühe Eltern-Kind-Interaktion und Bindung	92
8.1	Frühe Eltern-Kind-Interaktion	92
8.1.1	Bindungs- und Fürsorgesystem	93
8.1.2	Aktivierung des Fürsorgesystems	93
8.1.3	Intuitives Elternprogramm	95

8.2	Bindung	96
8.2.1	Bindungsentwicklung	96
8.2.2	Bindungsqualität	97
8.2.3	Bedeutung früher Bindungserfahrungen	100

C Entwicklung in einzelnen Funktionsbereichen

9	Kognition	104
9.1	**Theorien der kognitiven Entwicklung**	**105**
9.1.1	Piagets Theorie der kognitiven Entwicklung	105
9.1.2	Soziokulturelle Theorien	106
9.1.3	Domänenspezifisches Kernwissen	106
9.1.4	Informationsverarbeitungstheorien	107
9.2	**Kognitive Entwicklung aus empirischer Sicht**	**107**
9.2.1	Frühkindliche Lern- und Gedächtnisleistungen	107
9.2.2	Intuitives physikalisches und biologisches Wissen in der frühen Kindheit	109
9.2.3	Strukturierung des Denkens: Kategorisierung, Konzeptbildung und die Entwicklung von Klassenhierarchien	110
9.2.4	Kausales Denken	112
9.2.5	Schlussfolgerndes Denken	114
9.2.6	Metakognitive Fähigkeiten	116
9.2.7	Individuelle Unterschiede in der kognitiven Entwicklung	117
9.3	**Fazit**	**118**

10	Intelligenz	119
10.1	**Definition**	**119**
10.2	**Intelligenzmodelle**	**120**
10.2.1	Spearman: Generalfaktor der Intelligenz	120
10.2.2	Cattell: Fluide und kristalline Intelligenz	121
10.2.3	Thurstone: Primärfaktoren	121
10.2.4	Carroll: Three-Stratum-Theorie der Intelligenz	122
10.2.5	Alternative Modelle der Intelligenz	122
10.3	**Intelligenzmessung**	**125**
10.3.1	Frühe Intelligenzmessung	125
10.3.2	Normorientierte Intelligenzmessung	126
10.3.3	Intelligenzmessung in der Praxis	129
10.4	**Einflussfaktoren auf die Intelligenz**	**130**
10.4.1	Genetische Beiträge zur Intelligenz	130
10.4.2	Umwelteinflüsse und Intelligenz	131
10.5	**Die Rolle der Intelligenz im Leben**	**133**

11	Emotion	134
11.1	**Ansätze in der Emotionsforschung**	**134**
11.1.1	Strukturalistischer Ansatz	135
11.1.2	Funktionalistischer Ansatz	136
11.1.3	Soziokultureller Ansatz	136
11.2	**Entwicklung von Emotionen**	**137**
11.2.1	Positive Emotionen	138
11.2.2	Negative Emotionen	139
11.2.3	Selbstbewusste Emotionen	141
11.3	**Entwicklung der Regulierung von Emotionen**	**142**
11.3.1	Temperament	143
11.3.2	Emotionsregulation in der Kindheit	146
11.3.3	Emotionsregulation in der Jugend	149
11.4	**Entwicklung des Emotionswissens und -verständnisses**	**149**
11.4.1	Verständnis von Emotionsauslösern	150
11.4.2	Verständnis von ambivalenten Emotionen	151

12	Sprache	152
12.1	**Komponenten der Sprachentwicklung**	**152**
12.2	**Sprache und Gehirnentwicklung**	**153**
12.3	**Voraussetzungen für den Spracherwerb: Sprachwahrnehmungskompetenzen**	**154**
12.3.1	Kategoriale Wahrnehmung von Sprachlauten	155
12.3.2	Eingrenzung der unterscheidbaren Sprachlaute	155
12.3.3	Abgrenzung von Spracheinheiten	156
12.3.4	Bildung von Begriffskategorien	156
12.3.5	Zuordnung von Sprache zu Begriffskategorien	157
12.4	**Sprachproduktion**	**158**
12.4.1	Erste Worte	158
12.4.2	Zusammenstellung von Worten zu Sätzen	159
12.4.3	Unterstützende Maßnahmen durch die soziale Umgebung	160
12.4.4	Entwicklung der syntaktischen Struktur	160
12.4.5	Entwicklung der Sprachpragmatik	161
12.5	**Spezielle Probleme der Sprachentwicklung**	**162**
12.5.1	Bilinguale Entwicklung	162
12.5.2	Gehörlosigkeit	163

13	Selbstkonzept	164
13.1	**Theoretische Ansätze der Selbstkonzeptforschung**	**165**
13.1.1	Frühe Ansätze	165
13.1.2	Aktuelle Ansätze	167
13.2	**Entwicklung des Selbstkonzepts**	**171**
13.2.1	Das Selbst in der Kindheit	171
13.2.2	Das Selbst in der Jugend	174
13.3	**Entwicklungspsychologische Aspekte des Selbstwertes**	**175**

14	Geschlechtstypisierung	177
14.1	**Bedeutsamkeit von Geschlechtsunterschieden**	**177**
14.1.1	Unterschiede in motorischen Fähigkeiten	178
14.1.2	Unterschiede in intellektuellen Fähigkeiten	178
14.1.3	Unterschiede im sozialen Verhalten	180
14.2	**Theorien zur Erklärung von Geschlechtsunterschieden**	**181**
14.2.1	Biologische Grundlagen	181

14.2.2 Soziale Lerntheorie: Konditionierung und Modelllernen ... 183
14.2.3 Kognitive Ansätze: Geschlechtskonstanz und Geschlechtsschemata ... 185
14.3 **Entwicklung von Merkmalen der Geschlechtstypisierung** ... 188
14.3.1 Geschlechtsrollenpräferenzen ... 188
14.3.2 Geschlechtsrollenstereotype ... 189
14.4 **Fazit** ... 190

15 **Soziale Beziehungen** ... 191
15.1 **Grundlegende Konzeptionen der sozialen Entwicklung** ... 192
15.1.1 Soziale Entwicklung aus lerntheoretischer und psychoanalytischer Sicht ... 192
15.1.2 Soziale Entwicklung aus kognitions- und systemorientierter Sicht ... 193
15.2 **Familiäre Beziehungen in der Kindheit** ... 195
15.2.1 Eltern-Kind-Beziehung ... 195
15.2.2 Geschwisterbeziehungen ... 200
15.3 **Gleichaltrige und Freunde in der Kindheit** ... 202
15.4 **Soziale Entwicklung im Jugendalter** ... 205
15.4.1 Eltern-Kind-Beziehung ... 205
15.4.2 Beziehung zu Gleichaltrigen ... 205
15.5 **Ausblick: Soziale Entwicklung im Erwachsenenalter** ... 207

16 **Moral** ... 208
16.1 **Moralische Kognitionen** ... 209
16.1.1 Moralisches Denken des Kindes aus Sicht Jean Piagets ... 209
16.1.2 Erweiterung des Ansatzes Piagets durch Lawrence Kohlberg ... 210
16.1.3 Kritische Stimmen und Alternativmodelle ... 213
16.2 **Moralische Emotionen** ... 216
16.2.1 Affektive Ansätze vor der kognitiven Wende ... 216
16.2.2 Affektive Ansätze nach der kognitiven Wende ... 217
16.3 **Moralisches Handeln** ... 218
16.3.1 Die negative Perspektive: Unterdrückung verbotenen Verhaltens ... 218
16.3.2 Die positive Perspektive: Äußern prosozialen Verhaltens ... 219
16.4 **Motivation moralischen Handelns** ... 220

D Entwicklungsabweichungen

17 **Entwicklungsabweichungen im Kindesalter** ... 224
17.1 **Entwicklungsabweichungen: Definition und Klassifikation** ... 225
17.2 **Prävalenz** ... 227

17.3 **Risiko- und Schutzfaktoren** ... 227
17.3.1 Generelle Aspekte ... 227
17.3.2 Interne Risiko- und Schutzfaktoren ... 228
17.3.3 Externe Risiko- und Schutzfaktoren ... 231
17.3.4 Integration verschiedener Faktoren ... 235
17.4 **Diagnostik** ... 235
17.4.1 Ziele der Diagnostik ... 235
17.4.2 Bestandteile der Diagnostik ... 236
17.5 **Prävention und Intervention** ... 238
17.5.1 Präventionsansätze ... 238
17.5.2 Interventionsansätze ... 239
17.6 **Beschreibung einzelner Störungsbilder** ... 240
17.6.1 Regulationsstörungen im Säuglingsalter: Schrei-, Schlaf- und Fütterstörungen ... 241
17.6.2 Enuresis und Enkopresis ... 241
17.6.3 Tiefgreifende Entwicklungsstörungen ... 242
17.6.4 Angststörungen ... 244
17.6.5 Hyperkinetische Störungen ... 245
17.6.6 Aggressiv-oppositionelles Verhalten ... 246
17.6.7 Umschriebene Entwicklungsstörungen ... 247

18 **Entwicklungsabweichungen im Jugendalter** ... 250
18.1 **Veränderungen und Entwicklungsaufgaben im Jugendalter** ... 251
18.1.1 Physische Veränderungen ... 251
18.1.2 Sozioemotionale Entwicklung ... 252
18.1.3 Entwicklungsaufgaben ... 253
18.2 **Prävalenz und Geschlechtsunterschiede** ... 253
18.3 **Beschreibung einzelner Störungsbilder** ... 254
18.3.1 Essstörungen ... 254
18.3.2 Depression ... 256
18.3.3 Substanzmissbrauch und -abhängigkeit ... 258
18.3.4 Aggressives und delinquentes Verhalten ... 260

Anhang

Literatur ... 264
Stichwortverzeichnis ... 281

Lohaus, Vierhaus, Maass: Entwicklungspsychologie des Kindes- und Jugendalters
Der Wegweiser zu diesem Lehrbuch

Was erwartet mich? Lernziele zeigen, worauf es im Folgenden ankommt.

Griffregister: zur schnellen Orientierung.

Verständlich: Anschauliches Wissen dank zahlreicher **Beispiele**.

Wenn Sie es genau wissen wollen: **Exkurse** vertiefen das Wissen.

Lernen auf der Überholspur: kompakte Zusammenfassungen in der **fast-track-Randspalte** ermöglichen schnelles Erfassen der wichtigsten Inhalte.

Anschaulich: mit 50 Abbildungen und 32 Tabellen.

Lernziele
- Zentrale Theorien der Entwicklungspsychologie (psychoanalytische, psychobiologische und lerntheoretische Konzeptionen, Anforderungs-Bewältigungs-Theorien, kognitive und informationsverarbeitungstheoretische Ansätze, Theorien domänenspezifischer Entwicklung sowie systemische Theorien) kennen.
- Theorien anhand spezifischer Kriterien (wie Annahme eines Endniveaus der Entwicklung, Annahme quantitativer versus qualitativer Veränderungen etc.) vergleichen können.
- Fähigkeit zur kritischen Auseinandersetzung mit den einzelnen Entwicklungstheorien entwickeln.

Beispiel

Ein Beispiel, das Kinder häufiger in der Schule erleben werden, ist die Ankündigung einer Klassenarbeit als potenzieller Stressor (s. auch Klein-Heßling, 1997). Wenn Kinder dieses Ereignis als positiv oder irrelevant auffassen (weil es vielleicht nur ein Übungstest ohne Benotung ist), kommt es möglicherweise zu keinem Stresserleben. Bei einer echten Klassenarbeit werden dagegen viele Kinder das Ereignis entweder als bedrohlich (weil sie einen negativen Ausgang befürchten) einschätzen oder zumindest als Herausforderung (wobei sie ihre Kompetenzen unter Beweis stellen können und die Hoffnung auf einen positiven Ausgang überwiegt). Wenn eine Bedrohung oder Herausforderung wahrgenommen wird, kommt es zu einem mehr oder minder ausgeprägten Stresserleben. Dies gilt auch, wenn bereits ein

Exkurs

Token-Systeme als sekundäre Verstärker

Eine spezielle Anwendung von Verstärkern ist in sog. Token-Systemen zu sehen. Den Kindern werden in diesem Fall Token (z. B. Kärtchen, Plättchen etc.) ausgehändigt, wenn sie eine erwünschte Handlung ausgeführt haben. Sie können die Token ansammeln und später in Belohnungen eintauschen. Es wird zuvor mit den Kindern vereinbart, für welche erwünschten Aktivitäten sie Token bekommen und gegen welche Belohnungen sie eingetauscht werden können. Bei jüngeren Kindern ist der Einsatz dieser sekundären Verstärker häufig recht erfolgreich. Beim Einsatz in Kindergruppen ist allerdings zu bedenken, dass es häufig für einige Kinder leichter ist als für andere, das erwünschte Zielverhalten zu zeigen (z. B. nicht den Unterricht zu stören). Um Frustrationen zu vermeiden und allen Kindern die Gelegenheit zu geben, Token zu erwerben, kann es daher sinnvoll sein, individuelle Anpassungen vorzunehmen bzw. individuelle Regeln für einzelne Kinder festzulegen.

In der psychoanalytischen Konzeption von Erikson kommt der **Ich-Entwicklung** und der **Entwicklung als lebenslangem Prozess** eine besondere Bedeutung zu.

Die psychoanalytische Konzeption von Erik Erikson baut auf der Theorie Freuds auf (u. a. Erikson 1974, 1988). Bei ihm nimmt die **Ich-Entwicklung** einen deutlich stärkeren Stellenwert ein als bei Freud, bei dem vor allem die Es-Impulse und ihre Bewältigung durch Ich und Über-Ich im Vordergrund stehen. Ein Verdienst von Erikson ist insbesondere darin zu sehen, dass er die **Entwicklung als lebenslangen Prozess** sieht und auch über das Jugendalter hinaus noch spezifische Entwicklungsphasen postuliert.

Tab. 2.2. Übersicht zu den Entwicklungsphasen nach der Theorie von Erikson

Altersabschnitt	Psychosoziale Krise
Säuglingsalter (1. Lebensjahr)	Urvertrauen versus Urmisstrauen
Frühes Kindesalter (1–3 Jahre)	Autonomie versus Selbstzweifel
Mittleres Kindesalter (3–5 Jahre)	Initiative versus Schuldgefühl
Spätes Kindesalter (bis Pubertät)	Fleiß versus Minderwertigkeitsgefühl
Adoleszenz (ab Pubertät)	Identitätsfindung versus Rollendiffusion
Frühes Erwachsenenalter (ab 20 Jahren)	Intimität versus Isolation (Rückzug)
Mittleres Erwachsenenalter (ab 40 Jahren)	Generativität versus Stagnation
Höheres Erwachsenenalter (ab 60 Jahren)	Ich-Integrität versus Verzweiflung

Definitionen: Fachbegriffe kurz und knapp erläutert.

Navigation: mit Seitenzahl und Kapitelnummer.

2.5 · Die kognitive Theorie Jean Piagets

Definition
Das **klassische Konditionieren** beruht auf einer bereits im Verhaltensrepertoire bestehenden Reiz-Reaktions-Verbindung. Wenn ein zuvor neutraler Reiz wiederholt mit dem ursprünglichen Auslösereiz gekoppelt wird, löst er im Anschluss nun ebenfalls die Reaktion aus.

▶ Definition
Klassisches
Konditionieren

Für die Praxis
Warum Jungen Mädchen blöd finden und Mädchen nicht mit Jungen spielen wollen

Jungen spielen mit Jungen – Mädchen spielen mit Mädchen. Und: Jungen wie Mädchen wollen gar nicht mit Mädchen bzw. Jungen spielen. Man geht sich aktiv aus dem Weg. Den Höhepunkt erreicht dieses Phänomen mit 8–11 Jahren – danach beginnen Jugendliche sich wieder für das andere Geschlecht zu interessieren. Dieser bereits im Kleinkindalter auftretenden, selbstinitiierten Geschlechtertrennung entgegenzuwirken ist – das wissen viele ErzieherInnen und GrundschullehrerInnen – sehr mühsam und oftmals von sehr wenig Erfolg gekrönt. Entsprechende Bemühungen stoßen mitunter sogar auf sehr starke Widerstände vonseiten der Kinder. Kinder bevorzugen gleichgeschlechtliche Spielpartner vor allem, weil sie mehr Freude und mehr Zufriedenheit aus den Interaktionen und Spielen mit diesen beziehen als mit Partnern des jeweils anderen Geschlechts. Darüber hinaus erfüllt die Geschlechtertrennung offenbar eine wichtige Selbstsozialisationsfunktion, denn sie steht beispielsweise mit dem Wissen um das eigene Geschlecht in Zusammenhang. Vor diesem Hintergrund erscheint es ratsam, dass pädagogisch tätige Personen dies akzeptieren und in ihrer Arbeit aufgreifen.

Anwendungsorientiert: **Für-die-Praxis**-Boxen stellen den Bezug zum Berufsleben her.

Studie
Experiment zum Beobachtungslernen

Dass es tatsächlich sinnvoll ist, zwischen der Aneignung und der Ausführung eines Verhaltens zu differenzieren, zeigt ein mittlerweile klassisches Experiment (Bandura, 1965; Bandura, Ross & Ross, 1963). Ein erwachsenes Modell zeigte eine Reihe aggressiver Handlungen (wie Schlagen, Treten etc.) an einer Stehauf-Puppe. Es gab in diesem Experiment **3 Gruppen von Kindern**. Bei einer Gruppe von Kindern wurde das erwachsene Modell im Anschluss für sein Verhalten **belohnt**, bei einer weiteren Gruppe wurde es **bestraft** und in der dritten Gruppe erfolgte **keine Konsequenz**. Im Anschluss durften die Kinder jeweils mit der Puppe spielen.

Erwartungsgemäß zeigte sich, dass die Kinder, die das belohnte Modell gesehen hatte, am häufigsten ebenfalls ein aggressives Verhalten im Umgang mit der Puppe zeigten. Das Verhalten fiel ähnlich aus, wenn keine Konsequenz gefolgt war, während bei einer Bestrafung des Modells wesentlich weniger aggressives Verhalten gezeigt wurde. Es fanden sich weiterhin deutliche Geschlechtsunterschiede, indem Mädchen insgesamt – unabhängig von der experimentellen Bedingung – weniger aggressives Verhalten zeigten als Jungen.

In einem **zweiten Teil des Experiments** wurde den Kindern eine **Belohnung in Aussicht gestellt**, wenn sie das Verhalten des Modells imitieren. Nun zeigte sich, dass fast alle

Zum Verständnis: Die wichtigsten **Studien** ausführlich erläutert.

❓ Kontrollfragen

1. Bei welchem Geschlecht tritt ein Merkmal häufiger auf, wenn eine X-rezessive Vererbung vorliegt?
2. Welche Informationsverarbeitungsstile werden in der Empathizing-Systemizing-Theorie einander gegenübergestellt?
3. Welche Entwicklungsschritte folgen bei der Entwicklung der Geschlechtskonstanz nach Kohlberg aufeinander?
4. Welche Kombinationen lassen sich aus den Dimensionen Maskulinität und Femininität nach Bem bilden?
5. Welche Entwicklungsabfolge lässt sich bei der Entwicklung von Geschlechtsrollenstereotypen nachweisen?

Bischof-Köhler, D. (2006). *Von Natur aus anders. Die Psychologie der Geschlechtsunterschiede.* Stuttgart: Kohlhammer.

D'Augelli, A. & Patterson, C. J. (2001). *Lesbian, gay, and bisexual identities and youth: Psychological perspectives.* New York: Oxford University Press.

▶ Weiterführende Literatur

Noch nicht genug? Tipps für die **Weiterführende Lektüre**.

Alles verstanden? Wissensüberprüfung mit regelmäßigen **Kontrollfragen**. Antworten auf **www.lehrbuch-psychologie.de**

Sagen Sie uns die Meinung!

Liebe Leserin und lieber Leser,

Sie wollen gute Lehrbücher lesen, wir wollen gute Lehrbücher machen: dabei können Sie uns helfen!

Lob und Kritik, Verbesserungsvorschläge und neue Ideen können Sie auf unserem Feedback-Fragebogen unter **www.lehrbuch-psychologie.de** gleich online loswerden.

Ganz besonders interessiert uns: Wie gefällt Ihnen unser neues Bachelorkonzept?

Als Dankeschön verlosen wir jedes Jahr Buchgutscheine für unsere Lehrbücher im Gesamtwert von 500 Euro.

Wir sind gespannt auf Ihre Antworten!

Ihr Lektorat Lehrbuch Psychologie

A Grundbegriffe, Theorien und Methoden

1 Grundbegriffe der Entwicklungspsychologie – 2

2 Theorien der Entwicklungspsychologie – 10

3 Methoden der Entwicklungspsychologie – 41

4 Anlage und Umwelt – 52

5 Diagnose des Entwicklungsstandes – 59

1 Grundbegriffe der Entwicklungspsychologie

1.1 Definition von Entwicklung – 2

1.2 Gegenstand der Entwicklungspsychologie – 3

1.3 Aufgaben der Entwicklungspsychologie – 3

1.4 Zeitstrecken – 4

1.5 Alter und Entwicklungsstand – 6

1.6 Entwicklungsbereiche – 6

1.7 Entwicklungsformen – 7

1.8 Entwicklungssteuerung durch Anlage und Umwelt – 8

Lernziele

- Die Definition von Entwicklung und des Gegenstands der Entwicklungspsychologie kennen.
- Die Aufgaben der Entwicklungspsychologie sowie unterschiedlicher Zeitstrecken, auf die sich Entwicklung beziehen kann, differenzieren können.
- Alter und Entwicklungsstand unterscheiden können.
- Bereichsabhängigkeit von Entwicklungsverläufen und Differenzierung zwischen quantitativen und qualitativen Entwicklungsveränderungen verstehen.
- Beiträge von Anlage und Umwelt zur Entwicklung kennen.

Bevor man sich mit **Entwicklung** beschäftigen kann, müssen zunächst einige **Begriffe und Definitionen** geklärt werden.

In diesem Kapitel sollen zunächst einige Grundbegriffe eingeführt werden, die das Verständnis erleichtern. Es handelt sich um grundlegende Definitionen und Unterscheidungen, auf die in den nachfolgenden Kapiteln zurückgegriffen wird.

1.1 Definition von Entwicklung

Was ist überhaupt Entwicklung? Versucht man, den kleinsten gemeinsamen Nenner der bisher vorliegenden Entwicklungsdefinitionen herauszuarbeiten, dann lässt sich Entwicklung nach Trautner (1992) wie folgt definieren:

▶ Definition Entwicklung

> **Definition**
> **Entwicklung** bezieht sich auf relativ überdauernde intraindividuelle Veränderungen des Erlebens und Verhaltens über die Zeit hinweg.

Dies bedeutet, dass es um Veränderungen innerhalb eines Individuums über die Zeit hinweg geht (z. B. die Veränderung der intellektuellen Fähigkeiten eines Menschen im

Laufe seiner Kindheit). Zusätzlich ist zu postulieren, dass die einzelnen Entwicklungsschritte aufeinander bezogen sein müssen.

Eine Definition dient der Abgrenzung und es stellt sich daher die Frage, welche intraindividuellen Veränderungen demnach **nicht als Entwicklung** gelten. Beispielhaft sind hier u. a. Befindlichkeitsänderungen zu nennen, die nicht dem Kriterium einer relativ überdauernden Veränderung entsprechen. **Befindlichkeitsänderungen** sind eher vorübergehender Natur und in der Regel nicht mit einer Weiterentwicklung des Individuums verknüpft. Weiterhin sind **Veränderungen, die durch abrupt eintretende äußere Ereignisse** (wie beispielsweise Unfälle) zustande kommen, keine Entwicklungsveränderungen. In diesem Fall steht der nachfolgende Entwicklungszustand in keinem inneren Zusammenhang zu dem vorausgehenden Entwicklungszustand und die einzelnen Entwicklungszustände gehen nicht auseinander hervor. Anders sieht es dagegen mit den Folgen dieses abrupt eintretenden Ereignisses aus: Möglicherweise ist eine Neuanpassung des Individuums notwendig, die neue Entwicklungsprozesse erforderlich macht. Bei den daraufhin eintretenden Entwicklungsprozessen handelt es sich wiederum um intraindividuelle Veränderungen des Erlebens und Verhaltens, deren Entwicklungsschritte auseinander hervorgehen.

> Nicht als Entwicklung gelten beispielsweise kurzfristige Befindlichkeitsänderungen oder Veränderungen durch abrupt eintretende äußere Ereignisse.

1.2 Gegenstand der Entwicklungspsychologie

Aus der Definition von Entwicklung ergibt sich gleichzeitig der zentrale Gegenstand, mit dem sich die Entwicklungspsychologie befasst. Im Zentrum des Interesses stehen **intraindividuelle Veränderungen** des Erlebens und Verhaltens. Es gibt jedoch einen zweiten zentralen Gegenstand: Die Entwicklungspsychologie befasst sich darüber hinaus auch mit **interindividuellen Unterschieden** bei den intraindividuellen Veränderungen des Erlebens und Verhaltens (Trautner, 1992). An einem Beispiel verdeutlicht heißt dies, dass die Entwicklungspsychologie sich nicht nur mit der Entwicklung intellektueller Fähigkeiten befasst, sondern darüber hinaus auch mit den individuellen Unterschieden hinsichtlich der Entwicklung intellektueller Fähigkeiten.

> Gegenstand der Entwicklungspsychologie sind **intraindividuelle Veränderungen** des Erlebens und Verhaltens sowie dabei auftretende **interindividuelle Unterschiede**.

Intraindividuelle Veränderungen des Erlebens und Verhaltens sind nicht isoliert von der Umgebung zu betrachten, in der sie stattfinden. Genau genommen verändern sich sowohl das Individuum als auch seine soziale und materielle Umgebung über die Zeit hinweg. Dabei sind vielfältige **Wechselbeziehungen zwischen den Entwicklungssträngen** zu beobachten. Betrachtet man beispielsweise die soziale Umgebung, so ist offensichtlich, dass ein sich entwickelndes Kind von seinen Eltern (z. B. vom Erziehungsverhalten) beeinflusst wird. Umgekehrt werden jedoch auch die Eltern von dem Kind beeinflusst und auch die Eltern entwickeln sich in der Interaktion mit ihrem Kind weiter. Ein dritter wichtiger Gegenstand der Entwicklungspsychologie bezieht sich also auf die Analyse von intraindividuellen Veränderungen des Erlebens und Verhaltens in Bezug zu der jeweiligen materiellen und sozialen Umgebung. Hier geht es beispielsweise um die Identifikation von Einflussfaktoren, die auf die intellektuelle Entwicklung eines Kindes einwirken. Darüber hinaus kann es jedoch auch um Wechselbeziehungen zwischen verschiedenen Entwicklungssträngen (z. B. des Kindes und seiner sozialen Umgebung) gehen.

> Ein weiterer Gegenstand der Entwicklungspsychologie fokussiert auf Bezüge zwischen **intraindividuellen Veränderungen** des Erlebens und Verhaltens und der jeweiligen **materiellen und sozialen Umgebung**.

1.3 Aufgaben der Entwicklungspsychologie

Die zentralen Aufgaben der Entwicklungspsychologie sind in der **Beschreibung und Erklärung von Entwicklungsveränderungen** zu sehen (Montada, 2008). Wenn über ein Entwicklungsphänomen noch wenig bekannt ist, dann ist es sinnvoll, es zunächst umfassend zu beschreiben. Wenn es beispielsweise darum geht zu analysieren, wie

> Zu den stärker **grundlagenorientierten Aufgaben** der Entwicklungspsychologie gehören zum einen die **Beschreibung** von Entwicklungsphänomenen und zum anderen ihre **Erklärung** (Suche nach den Ursachen bzw. Bedingungen für das Zustandekommen einer Entwicklung).

Kinder greifen lernen, dann kann ein erster Schritt darin bestehen, die verschiedenen Greifbewegungen und die dabei zu beobachtende Entwicklungsabfolge zu identifizieren (angefangen von einem grobmotorischen Griff mit der ganzen Hand zu einem feinmotorisch gesteuerten Pinzettengriff beim Greifen nach einem Objekt). Nach der Beschreibung käme dann die Erklärung des Entwicklungsphänomens, indem die Ursachen bzw. vorausgehenden Bedingungen für das Eintreten der Entwicklungsveränderungen identifiziert werden. Hier geht es also um die Frage, welche Bedingungen erfüllt sein müssen, damit die beschriebene Entwicklungsabfolge beim Greifen eintritt. Über die Beobachtung hinaus sind dazu vielfach experimentelle Manipulationen erforderlich, um die vorausgehenden Bedingungen identifizieren zu können.

> Zu den stärker **anwendungsorientierten Aufgaben** der Entwicklungspsychologie gehören die **Diagnose** des aktuellen Entwicklungsstands, die **Prognose** des künftigen Entwicklungsstands sowie die Suche nach Möglichkeiten zu einer gezielten **Beeinflussung** des Entwicklungsgeschehens.

Neben diesen grundlagenorientierten Aufgaben der Entwicklungspsychologie gibt es weitere Aufgaben, die als eher **anwendungsorientiert** zu verstehen sind und dementsprechend nicht nur den wissenschaftlichen, sondern auch den praktischen Nutzen der Entwicklungspsychologie verdeutlichen. Es geht dabei
- um die Bestimmung des aktuellen Entwicklungsstandes,
- um die Prognose des zukünftigen Entwicklungstandes und
- um Möglichkeiten zur Beeinflussung des Entwicklungsverlaufs (Montada, 2008).

> Bei der Entwicklungsdiagnostik geht es im Wesentlichen darum, den **Entwicklungsstand** eines Kindes in Relation zu einer Bezugsgruppe festzustellen.

Mit der Bestimmung des aktuellen Entwicklungstandes befasst sich die **Entwicklungsdiagnostik**. Es geht dabei insbesondere um die Bestimmung des Entwicklungsstandes eines Kindes in Relation zu einer Bezugsgruppe und damit um die Frage, ob ein Kind weniger weit oder weiter entwickelt ist als Kinder einer Vergleichsgruppe. Der Entwicklungsstand kann für die Gesamtentwicklung sowie für die Entwicklung in einzelnen Entwicklungsbereichen (wie Sprache, Motorik etc.) bestimmt werden. Er gibt Auskunft darüber, ob und welche Entwicklungsdefizite oder Entwicklungsvorteile bei einem Kind bestehen.

> Aus der Diagnose des aktuellen Entwicklungsstands lässt sich der **künftige Entwicklungsstand prognostizieren**, wenn eine Merkmalsstabilität gegeben ist.

Die Kenntnis des aktuellen Entwicklungsstandes bietet gleichzeitig die Möglichkeit zu **Prognosen über die zukünftige Entwicklung**, da viele Entwicklungsmerkmale eine gewisse Stabilität über die Zeit aufweisen. Häufig bleiben die Rangpositionen von Personen innerhalb ihrer Bezugsgruppe bei einem Entwicklungsmerkmal über die Zeit hinweg relativ stabil. Wenn Informationen über die Stabilität eines Merkmals bekannt sind, so kann man dies nutzen, um die wahrscheinliche zukünftige Entwicklung zu prognostizieren (Montada, 2008). Die entwicklungspsychologische Forschung kann Informationen darüber liefen, bei welchen Merkmalen relativ stabile Rangpositionen über die Zeit hinweg bestehen und bei welchen Merkmalen mit größeren Fluktuationen zu rechnen ist. So ist beispielsweise bekannt, dass bei Merkmalen wie Intelligenz in der Regel eine höhere Merkmalsstabilität vorliegt als bei vielen Merkmalen des Sozialverhaltens.

> Mit der **Suche nach Interventionsmöglichkeiten** kann die Entwicklungspsychologie dazu beitragen, Entwicklungsergebnisse zu optimieren.

Entwicklungsprognosen weisen auf Entwicklungsergebnisse hin, die eintreten, wenn keine Entwicklungsinterventionen erfolgen. Vor allem bei ungünstigen Entwicklungsprognosen kann es sinnvoll sein, nach möglichen **Interventionen** zu suchen, um das andernfalls zu erwartende ungünstige Entwicklungsergebnis zu vermeiden. Es ist daher auch Aufgabe der Entwicklungspsychologie, Interventionsmöglichkeiten zu identifizieren, um die Entwicklungsbedingungen zu verbessern und dadurch optimierte Entwicklungsergebnisse zu erreichen. Die auf diese Weise wissenschaftlich fundierten Interventionsformen können dann in der praktischen Präventions- und Interventionsarbeit genutzt werden.

> Wenn man den Entwicklungsbegriff sehr weit fasst, kann auch die **Phylogenese** oder die **Anthropogenese** als Entwicklung betrachtet werden. In der Regel bezieht sich der Entwicklungsbegriff jedoch auf die **Ontogenese**.

1.4 Zeitstrecken

Der Entwicklungsbegriff kann sich auf unterschiedliche Zeitstrecken wie beispielsweise die Phylogenese, die Anthropogenese oder die Ontogenese beziehen (Trautner,

1992), wobei die Entwicklungspsychologie sich in erster Linie mit der Ontogenese befasst.

> **Definition**
> Bei der gesamten **Phylogenese** bzw. dem dabei zugrunde liegenden Evolutionsgeschehen handelt es sich um eine Entwicklung, die sich in diesem Fall jedoch nicht auf einzelne Individuen, sondern auf die Entwicklung von Arten bzw. Spezies bezieht.

▶ Definition Phylogenese

Als Spezialfall der Phylogenese kann auch die **Anthropogenese** als eine Entwicklung aufgefasst werden, wobei hier der Fokus auf den Menschen als Spezies gerichtet ist. Bei der Anthropogenese geht es um die Entwicklung von den frühen anthropoiden Vorformen des Menschen bis zum Homo sapiens der Gegenwart.

> **Definition**
> Unter **Ontogenese** versteht man die Entwicklung des Menschen von der Konzeption (Empfängnis) bis zum Tod.

▶ Definition Ontogenese

Die Kenntnis der Phylogenese bzw. der Anthropogenese kann für die Entwicklungspsychologie bedeutsam sein, da manche Erlebens- und Verhaltensweisen des Menschen erst verständlich werden, wenn man ihre Wurzeln kennt. So lässt sich die Bedeutung mancher Reflexe, die man auch heute noch bei Säuglingen findet, nur dann verstehen, wenn man ihre **phylogenetische Funktion** berücksichtigt. Ein Beispiel hierfür ist der Moro-Reflex, der als Reaktion auf einen Schreckreiz (z. B. ein lautes Geräusch) bei Säuglingen in den ersten Lebensmonaten auftritt. Der Reflex besteht aus einer Reihe schneller Streck- und Beugebewegungen der Extremitäten. Obwohl ihm auch noch weitere Funktionen zugeschrieben werden, besteht eine der zentralen Interpretationen in der Annahme, hierin einen Hinweis darauf zu sehen, dass der menschliche Nachwuchs ursprünglich am Körper getragen wurde und dass der Reflex der Anklammerung in einer Schrecksituation diente. Auch manche Verhaltensweisen des heutigen Menschen lassen sich möglicherweise besser verstehen, wenn man die anthropogenetischen Grundlagen des Menschen (z. B. die möglichen evolutionsbiologischen Relikte aus der Jäger-und-Sammler-Periode) berücksichtigt.

Die Berücksichtigung der phylogenetischen bzw. anthropogenetischen Grundlagen kann hilfreich sein, um manche **Verhaltensrelikte** zu verstehen (z. B. manche Reflexe im Säuglingsalter).

Aus der Tatsache, dass die Ontogenese von der Konzeption bis zum Tod reicht, folgt für die Entwicklungspsychologie, dass auch sie sich mit der **Entwicklung im gesamten Lebenslauf** befasst. Entwicklungsveränderungen finden nicht nur im Kindes- und Jugendalter, sondern auch im Erwachsenenalter statt. In den letzten Jahrzehnten hat insbesondere die Entwicklungspsychologie des höheren Erwachsenenalters zunehmend an Bedeutung gewonnen (Baltes, Lindenberger & Staudinger, 2006), weil sich gerade auch in diesen Altersabschnitten vielfältige Veränderungen und Notwendigkeiten zur Neuanpassung finden. Dennoch fokussiert die entwicklungspsychologische Forschung traditionell vor allem auf das Kindes- und Jugendalter. Die wichtigsten Gründe mögen dabei darin zu suchen sein, dass die Entwicklung in diesen Altersabschnitten besonders schnell vonstatten geht und dass viele Entwicklungsphänomene von Anfang an verfolgt werden können (Trautner, 1992). Dies lässt sich am Beispiel der Sprachentwicklung leicht verdeutlichen: Die Sprachentwicklung beginnt im Säuglingsalter und lässt sich teilweise sogar bis in vorgeburtliche Zeiträume zurückverfolgen. In jedem Fall kann man sie vom Beginn an untersuchen. Die Fortschritte, die Kinder dabei erzielen, sind gerade am Anfang der Entwicklung rapide. Die Entwicklungsprozesse lassen sich dadurch leichter identifizieren.

Obwohl sich die Entwicklungspsychologie auf die gesamte Ontogenese bezieht, liegt ein besonderer Fokus auf dem Kindes- und Jugendalter.

1.5 Alter und Entwicklungsstand

> Entwicklungsprozesse in **Abhängigkeit vom Lebensalter** zu betrachten, macht nur dann Sinn, wenn die Varianz zwischen den Altersgruppen größer ist als die Varianz innerhalb der Altersgruppen (wenn sich also eine hinreichend klare Abgrenzbarkeit der Altersgruppen ergibt).

Vielfach wird **Entwicklung in Abhängigkeit vom Alter** betrachtet. So könnte beispielsweise der Sprachentwicklungsstand von 3-jährigen Kindern mit dem von 4-jährigen Kindern verglichen werden und man könnte dadurch feststellen, wo die Unterschiede zwischen diesen beiden Altersgruppen liegen. Eine Orientierung am Lebensalter ist jedoch nur so lange sinnvoll, wie bei einem Entwicklungsmerkmal die Varianz zwischen den Altersgruppen größer ist als die Varianz innerhalb der Altersgruppen. Auch dies lässt sich am Beispiel des Sprachentwicklungsstandes leicht verdeutlichen. Innerhalb der Gruppe der 3-jährigen Kinder findet sich eine gewisse Streuung hinsichtlich des Sprachentwicklungsstandes und dies gilt selbstverständlich auch für die Gruppe der 4-jährigen Kinder. Es mag auch eine gewisse Überlappung zwischen den Altersgruppen geben, indem einige 3-jährige Kinder einen höheren Sprachentwicklungsstand haben als manche 4-jährigen Kinder und umgekehrt. Dennoch lassen sich beide Altersgruppen recht gut voneinander trennen. Betrachtet man dagegen die Gruppen der 22- und 23-Jährigen, so wird man bei gleichem Altersabstand feststellen, dass eine Trennung der Gruppen hinsichtlich ihres Sprachentwicklungsstandes nicht möglich ist. Die Varianzen beider Altersgruppen zeigen so hohe Überlappungen, dass eine Trennung der Gruppen nicht mehr gelingt. Eine Orientierung am Lebensalter ist daher bei vielen Entwicklungsmerkmalen nur im Kindes- und Jugendalter möglich, wobei die eindeutigen Abgrenzungsmöglichkeiten zwischen den Altersgruppen mit zunehmendem Alter schwinden.

> Häufig lassen sich homogenere Gruppen bilden, wenn nicht das Lebensalter, sondern der **Entwicklungsstand** als Kriterium zur Gruppenbildung genutzt wird.

Da es auch innerhalb von Altersgruppen Entwicklungsvarianzen gibt, kann die **Bestimmung des Entwicklungsstandes** aussagekräftiger sein als das Lebensalter. Es gibt 3-jährige Kinder, die den Entwicklungsstand eines durchschnittlichen 5-jährigen Kindes aufweisen und auch das Umgekehrte ist denkbar. Die Orientierung am Lebensalter kann daher irreführend sein, da der Entwicklungsstand trotz gleichen Alters sehr unterschiedlich sein kann. Der Entwicklungsstand eines Kindes lässt sich mithilfe von **Entwicklungstests** feststellen. Dass der Entwicklungsstand aussagekräftiger sein kann als das Alter, zeigt sich auch beim Vergleich von Schulklassen. Der Besuch einer bestimmten Klassenstufe (z. B. der 4. Klasse) führt häufig zu einem Homogenisierungseffekt hinsichtlich des Entwicklungsstandes (z. B. hinsichtlich der intellektuellen Leistungsfähigkeit). Die Altersunterschiede sind dadurch weniger bedeutsam als die Unterschiede zwischen den Klassenstufen, die zu einer Angleichung des Entwicklungsstandes trotz unterschiedlichen Alters der einbezogenen Kinder führen (Cahan & Cahan, 1989).

1.6 Entwicklungsbereiche

> Der **Entwicklungsstand** muss nicht in allen Entwicklungsbereichen gleich sein, sondern kann in unterschiedlichen Entwicklungsbereichen differieren.

Wenn man Entwicklungstests betrachtet, so wird man feststellen, dass häufig nicht nur ein **Gesamtentwicklungsstand** bestimmt wird, sondern dass vielfach auch zwischen verschiedenen **Entwicklungsdimensionen** unterschieden wird (z. B. kognitive, motorische oder soziale Entwicklung). Viele der klassischen Theorien der Entwicklungspsychologie nehmen keine Trennung zwischen verschiedenen Entwicklungsbereichen vor, sondern sehen die Entwicklung als ein einheitliches, bereichsübergreifendes Phänomen. In neueren Theorien wird dagegen zunehmend davon ausgegangen, dass Entwicklung kein einheitliches Phänomen ist, sondern dass sich **Entwicklungsbereiche** mit unterschiedlichen Entwicklungsverläufen differenzieren lassen. Die entwicklungspsychologische Forschung bemüht sich darum, derartige abgrenzbare Entwicklungsbereiche zu identifizieren.

> Möglicherweise existiert in einigen Entwicklungsbereichen bereits frühzeitig ein **Kernwissen** (wie beispielsweise zur Physik, Biologie und Psychologie).

Teilweise wird angenommen, dass es sich dabei um **Entwicklungsmodule** handelt, die bereits frühzeitig vorhanden sind und im Laufe des Lebens – durch Erfahrung angereichert – ausgebaut werden. So wird beispielsweise angenommen, dass Kinder bereits frühzeitig über ein **Kernwissen** in Bereichen wie Physik, Biologie und Psychologie zum Verständnis der Vorgänge in ihrer Umgebung verfügen, das sie dann mit zunehmender Erfahrung anreichern (Spelke, 1994, 1998). Je nach dem Ausmaß der Erfahrungen kann die Entwicklung in diesen Kernwissensbereichen jedoch unterschiedlich ausfallen. Die Entwicklung muss also nicht gleichförmig in allen Entwicklungsbereichen sein.

1.7 Entwicklungsformen

Eine Kontroverse, die sich schon seit vielen Jahrzehnten durch die Entwicklungspsychologie zieht, betrifft die Frage, ob Entwicklung **kontinuierlich** oder **diskontinuierlich** verläuft (hierzu u. a. Kagan, 2008). Etwas anders formuliert lautet die Frage, ob Entwicklung lediglich durch quantitative Zuwächse charakterisiert ist oder ob an bestimmten Punkten der Entwicklung auch qualitative Änderungen zu verzeichnen sind. Im Tierreich gibt es Tiere wie den Schwamm, die zu den gewebelosen Tieren gehören und damit durch das Fehlen jeglicher Organstrukturen charakterisiert sind. Ihr Wachstum ist überwiegend kontinuierlich, ohne dass es zur Ausbildung differenzierter Strukturen kommt. Betrachtet man dagegen beispielsweise die Entwicklung eines Schmetterlings, so lässt sich hier eine grundlegende Änderung des Aussehens im Laufe der Entwicklung konstatieren (Raupe, Puppe, Falter). Es ist offensichtlich, dass hier qualitativ unterschiedliche Entwicklungsstadien vorliegen, die nicht durch einfaches quantitatives Wachstum auseinander hervorgehen. Es gibt also in der Tat Hinweise darauf, dass es zumindest in einigen Bereichen der Biologie nicht nur quantitative Entwicklungen gibt, sondern auch Entwicklungsphasen mit qualitativen Veränderungen.

> **Definition**
> **Kontinuierliche Entwicklungsveränderungen** sind durch quantitative Veränderungen über die Zeit hinweg charakterisiert, während bei **diskontinuierlichen Entwicklungsveränderungen** auch qualitative Zustandsänderungen auftreten.

Überträgt man diesen Gedanken auf die Entwicklung des Menschen, so erfährt die körperliche Gestalt keine Metamorphosen, wie sie beim Schmetterling vorkommen. Es gibt lediglich Phasen langsamerer oder schnellerer **körperlicher Entwicklung**. So lässt sich beispielsweise mit der Pubertät eine Phase schnellerer Entwicklung identifizieren, die darüber hinaus auch mit strukturellen körperlichen Entwicklungen verbunden ist. Betrachtet man die **psychische Entwicklung**, so wird man auf den ersten Blick ebenfalls keine Hinweise auf qualitative Änderungen des Denkens im Laufe der Entwicklung erkennen. Bei näherer Betrachtung gibt es jedoch sehr wohl Hinweise auf mögliche qualitative Änderungen. So verfügt ein Säugling in den ersten Lebensmonaten noch nicht über ein sprachliches Symbolsystem, mit dem er operieren könnte. Sein Denken ist also als vorsprachlich einzustufen. Sobald er jedoch über ein sprachliches Symbolsystem verfügt, wird sein Denken sprachlich überformt. Das Denken wird dadurch erheblich effizienter und unabhängig von der konkret-wahrnehmbaren Realität. Es tritt also eine dramatische Änderung in den Denkmöglichkeiten ein, die durchaus als eine qualitative Veränderung des Denkens anzusehen ist.

Ähnliches gilt für die Entwicklung der **Fähigkeit zur Perspektivübernahme**. Damit ist gemeint, dass ein Kind sich in die Perspektive eines anderen Menschen versetzen und dadurch dessen Denken und Fühlen verstehen kann (Selman, 1980). Wenn dies gelingt, kann das Kind sein eigenes Handeln stärker auf das Handeln anderer Personen abstimmen. Die soziale Kompetenz im Umgang mit anderen wird deutlich verbessert.

Entwicklung kann **kontinuierlich** oder **diskontinuierlich** erfolgen.

▶ Definition
Kontinuierliche und diskontinuierliche Entwicklungsveränderungen

Es gibt Hinweise darauf, dass es auch im Humanbereich **qualitativ unterschiedliche Entwicklungsstadien** gibt. Als mögliches Beispiel ist der Übergang von einem vorsprachlichen zum sprachlich-symbolischen Denken zu nennen.

Ein weiteres Beispiel kann in der **Fähigkeit zur Perspektivübernahme** gesehen werden, die zu einer erheblichen Verbesserung der sozialen Kompetenz beiträgt.

Auch dies könnte man als qualitative Veränderung ansehen. Es ist sicherlich eine Frage des Standpunkts und der zugrunde gelegten Kriterien, ob man hier von einer quantitativen Entwicklung sprechen will oder ob man qualitative Änderungen annimmt.

Die Unterscheidung zwischen rein quantitativen Entwicklungsverläufen und solchen mit qualitativen Veränderungen spiegelt sich in den verschiedenen Theorien der Entwicklungspsychologie wider. Es gibt Theorien, die von rein **quantitativen Entwicklungsverläufen** ausgehen (wie beispielsweise lerntheoretische Entwicklungskonzeptionen), ebenso wie Theorien, die von **qualitativen Änderungen im Entwicklungsverlauf** ausgehen (wie beispielsweise die kognitive Theorie Piagets). Auch bei Theorien, die Entwicklung eher als bereichsspezifisch auffassen, besteht die Möglichkeit, in bestimmten Entwicklungsbereichen eine quantitative Entwicklung zu postulieren, während in anderen Bereichen kognitive Umstrukturierungen stattfinden, die Anlass zu der Vermutung geben, dass es sich hier um qualitative Änderungen des Denkens handelt. Die Unterscheidung zwischen quantitativer und qualitativer Entwicklung wird daher spätestens bei der Beschreibung einzelner Entwicklungstheorien wieder thematisiert.

> Die verschiedenen Theorien der Entwicklungspsychologie unterscheiden sich hinsichtlich der Annahme von **quantitativen** bzw. **qualitativen Entwicklungsverläufen**.

1.8 Entwicklungssteuerung durch Anlage und Umwelt

Eine weitere Frage, die in der Entwicklungspsychologie immer wieder kontrovers diskutiert wurde, betrifft die Art der Entwicklungssteuerung. Die grundlegende Frage ist hier, ob Entwicklung eher als **innengesteuert (endogen)** oder **außengesteuert (exogen)** aufzufassen ist. In den Anfängen der Entwicklungspsychologie wurde Entwicklung eher als **Reifungsprozess** aufgefasst, der durch die Erbanlagen eines Individuums gesteuert wird. Umgekehrt gibt es Entwicklungskonzeptionen, die Entwicklung überwiegend als Folge von **Lernen und Erfahrung** sehen und die den endogenen Faktoren eine weit untergeordnete Rolle bei der Entwicklung zusprechen.

> Ein weiteres Thema, das in der Entwicklungspsychologie vielfach kontrovers diskutiert wurde, betrifft die Frage, ob Entwicklung als vorrangig **exogen** oder **endogen** gesteuert aufzufassen ist.

Es ist zu vermuten, dass gerade **in den Anfängen der Entwicklung endogene Faktoren** eine besondere Rolle spielen, da Säuglinge in den ersten Lebenswochen und Lebensmonaten nur auf vergleichsweise wenige Lernerfahrungen zurückgreifen können. Ansätze, die beispielsweise die evolutionsbiologischen Grundlagen des Verhaltens betonen, finden daher gerade in den frühen Entwicklungsabschnitten Beachtung. Aus der besonderen Bedeutung endogener Faktoren für das Verhalten am Entwicklungsanfang lässt sich jedoch nicht die Schlussfolgerung ziehen, dass ihre Bedeutung im Laufe der folgenden Entwicklung stetig abnimmt. In Adoptivstudien ließ sich beispielsweise zeigen, dass der Grad der Übereinstimmung des Intelligenzquotienten des Kindes mit seinen Adoptiveltern im Laufe der Entwicklung abnahm, während die Übereinstimmung mit den biologischen Eltern zunahm (Brody, 1992; Honzik, MacFarlane & Allen, 1948). Wenn die Bedeutung endogener Faktoren abnehmen würde, wäre ein umgekehrtes Muster zu erwarten. Eine mögliche Erklärung für dieses Phänomen ist darin zu sehen, dass die mit dem Alter zunehmende Unabhängigkeit den Kindern bzw. Jugendlichen mehr Freiräume lässt, sich aktiv förderliche Umgebungen zu suchen, die zu ihren (genetisch determinierten) Präferenzen passen. Die Interessen, die ursprünglich stärker von den Adoptiveltern gesteuert wurden, verändern sich und dadurch nähert sich der Intelligenzquotient zunehmend den biologischen Eltern an, die ähnliche Präferenzen haben. Die biologisch determinierten Präferenzen erhalten also ein höheres Gewicht als die Umgebungsgestaltung durch die nicht verwandten Adoptiveltern. Dies zeigt, dass die endogenen Faktoren zumindest in einzelnen Entwicklungsbereichen auch in späteren Entwicklungsabschnitten ein hohes Gewicht behalten können.

> Gerade in den **frühen Entwicklungsphasen** ist zu vermuten, dass Reifung eine dominante Rolle spielt. Es lässt sich jedoch zeigen, dass endogene Faktoren auch in späteren Entwicklungsphasen noch bedeutsam sind.

Allgemein kann man jedoch sagen, dass extreme Positionen, die entweder der Anlage oder der Umwelt ein extrem hohes Gewicht zuschreiben, in der Entwicklungspsychologie derzeit kaum vertreten werden. Es wird vielmehr von **wechselseitigen Einflüssen** ausgegangen. Der Frage nach dem relativen Einfluss von Anlage und Umwelt

> In der Regel werden in der Entwicklungspsychologie aktuell **keine extremen Positionen zur Rolle von Anlage und Umwelt** vertreten. Es wird vielmehr von einem Wechselwirkungsverhältnis ausgegangen.

wird jedoch auch in der aktuellen Forschung weiter nachgegangen. Es stellt sich dabei insbesondere die Frage, welche Entwicklungsbereiche besonders deutlich bzw. weniger deutlich durch endogene Faktoren beeinflusst sind und welche **Genorte** gegebenenfalls dafür verantwortlich sind. Weiterhin stellt sich die Frage nach **Modifikationsbreiten**, da ja auch eine endogene Grundlage keine eindeutige Bestimmung des Phänotyps bedeutet. Damit eng verknüpft ist weiterhin die Frage nach Interventionsmöglichkeiten, um die Fenster, die sich durch die Modifikationsbreiten eröffnen, optimal nutzen zu können.

Nachdem nun einige wichtige Begriffe eingeführt wurden, soll im folgenden Kapitel zunächst auf einige grundlegende Theorien der Entwicklungspsychologie eingegangen werden.

? Kontrollfragen

1. Wie lässt sich der Begriff Entwicklung definieren?
2. Welche Aufgaben der Entwicklungspsychologie lassen sich unterscheiden?
3. Auf welche Zeitstrecken lässt sich der Begriff der Entwicklung beziehen?
4. Warum bezog sich die Entwicklungspsychologie traditionell besonders stark auf das Kindes- und Jugendalter?
5. Welche Voraussetzung sollte vorliegen, damit eine Orientierung am Lebensalter bei der Beschreibung von Entwicklungsverläufen sinnvoll ist?
6. Welche Hinweise lassen sich als Indiz dafür nutzen, dass es auch in der Humanentwicklung qualitative Entwicklungsveränderungen geben könnte?

▶ **Weiterführende Literatur**

Montada, L. (2008). Fragen, Konzepte, Perspektiven. In R. Oerter & L. Montada (Hrsg.), *Entwicklungspsychologie* (6. Aufl., S. 3–48). Weinheim: Beltz.

Trautner, H. M. (1992). *Lehrbuch der Entwicklungspsychologie, Band 1: Grundlagen und Methoden*. Göttingen: Hogrefe.

2 Theorien der Entwicklungspsychologie

2.1 **Psychoanalyse** – 10
2.1.1 Die psychoanalytische Konzeption Sigmund Freuds – 10
2.1.2 Die psychoanalytische Konzeption Erik Eriksons – 12
2.1.3 Neuere Konzeptionen der Psychoanalyse – 13

2.2 **Psychobiologische Konzeptionen** – 13
2.2.1 Ethologische Ansätze – 13
2.2.2 Soziobiologische Ansätze – 15

2.3 **Lerntheoretische Konzeptionen** – 15
2.3.1 Klassisches Konditionieren – 15
2.3.2 Operantes Konditionieren – 16
2.3.3 Beobachtungslernen – 18

2.4 **Anforderungs-Bewältigungs-Theorien** – 19

2.5 **Die kognitive Theorie Jean Piagets** – 22
2.5.1 Akkomodation und Assimilation – 22
2.5.2 Entwicklungsstufen – 23
2.5.3 Weiterentwicklungen und neuere Ansätze – 29

2.6 **Informationsverarbeitungstheorien** – 29
2.6.1 Mehrspeichermodelle – 30
2.6.2 Entwicklungsveränderungen bei der Informationsverarbeitung – 33
2.6.3 Sequenzielle versus parallele Informationsverarbeitung – 34

2.7 **Theorien domänenspezifischer Entwicklung** – 35

2.8 **Systemorientierte Theorien** – 36

2.9 **Abschließende Überlegungen** – 39

Lernziele

- Zentrale Theorien der Entwicklungspsychologie (psychoanalytische, psychobiologische und lerntheoretische Konzeptionen, Anforderungs-Bewältigungs-Theorien, kognitive und informationsverarbeitungstheoretische Ansätze, Theorien domänenspezifischer Entwicklung sowie systemische Theorien) kennen.
- Theorien anhand spezifischer Kriterien (wie Annahme eines Endniveaus der Entwicklung, Annahme quantitativer versus qualitativer Veränderungen etc.) vergleichen können.
- Fähigkeit zur kritischen Auseinandersetzung mit den einzelnen Entwicklungstheorien entwickeln.

Es gibt eine Vielzahl an einflussreichen Theorien, die sich mit der Entwicklung des Menschen befasst haben. Im Folgenden sollen einige zentrale Theorien beschrieben werden, die Entwicklungsprozesse aus unterschiedlichen Perspektiven beleuchten.

2.1 Psychoanalyse

2.1.1 Die psychoanalytische Konzeption Sigmund Freuds

In der **klassischen Psychoanalyse** werden **Es**, **Ich** und **Über-Ich** unterschieden. Das Es ist um unmittelbare Triebbefriedigung bemüht, während das Über-Ich die internalisierten Normen der Umgebung repräsentiert, die der unmittelbaren Triebbefriedigung entgegenstehen. Das Ich versucht Wege zu einer Triebbefriedigung zu finden, die mit den Normen im Einklang stehen.

Eine der historisch frühesten Entwicklungstheorien, die in diesem Buch beschrieben werden, bezieht sich auf psychoanalytische Konzeptionen in der Tradition Sigmund Freuds (zusammenfassend u. a. Freud, 1930, 1933). Die Theorie Freuds unterscheidet das **Es**, das **Ich** und das **Über-Ich** als zentrale Instanzen der Persönlichkeit. Von Beginn seines Lebens an entwickelt der Mensch Triebbedürfnisse, wobei das Es darum bemüht ist, für eine unmittelbare Triebbefriedigung zu sorgen. So besteht schon beim Säugling ein Bedürfnis nach Nahrung und er wird alles daran setzen, seine Bedürfnisse befriedigt zu bekommen – ohne Rücksicht auf die Bedürfnisse anderer Interaktionspartner. Der Säugling wird jedoch im Laufe der Zeit merken, dass die soziale Umgebung sein auf

Tab. 2.1. Entwicklungsphasen in der psychoanalytischen Theorie Freuds

Phasenbezeichnung	Alter	Quelle der Triebbefriedigung
Orale Phase	0–1 Jahr	Nahrungsaufnahme und daran beteiligte Organe
Anale Phase	1–3 Jahre	Nahrungsausscheidung und daran beteiligte Organe
Phallische Phase	3–6 Jahre	Genitale Zonen
Latenzphase	6–11 Jahre	Alle früheren Zonen, aber vorübergehende Abnahme des genitalen Lustgewinns
Genitale Phase	ab 11 Jahren	Wiederbelebung der frühkindlichen Arten des Lustgewinns, Zunahme der Bedeutung der genitalen Zonen

unmittelbare Triebbefriedigung ausgerichtetes Verhalten nicht mit Begeisterung betrachtet. Das Über-Ich repräsentiert dabei nach und nach die Normen der Umgebung, die der Triebbefriedigung entgegenstehen. Gleichzeitig entwickelt sich das Ich, das darum bemüht ist, Wege zu einer Triebbefriedigung zu finden, die den Normen gerecht werden. Man kann also sagen, dass im Laufe der Entwicklung zunächst das Es im Vordergrund steht, während sich das Ich und das Über-Ich später entwickeln. Das Ich erhält dabei im Laufe der Entwicklung eine zunehmend stärkere Bedeutung.

Die Quelle der Triebbefriedigung ändert sich im Laufe der Entwicklung und daraus ergibt sich die Einteilung in verschiedene **Entwicklungsphasen**. Die einzelnen Phasen und die damit verbundenen Altersangaben finden sich in der ◘ Tab. 2.1. In der **oralen Phase** steht zunächst der Lustgewinn durch die Nahrungsaufnahme im Vordergrund. Die hohe Bedeutung des oralen Lustgewinns für Säuglinge wurde beispielsweise dadurch belegt, dass Säuglinge viele Objekte in den Mund nehmen, um sich damit zu befassen. In der **analen Phase** erfolgt der Lustgewinn verstärkt durch die Nahrungsausscheidung, während in der **phallischen Phase** die genitalen Zonen an Bedeutung gewinnen.

In die **phallische Phase** fällt der bekannte **Ödipus**- (bei Jungen) bzw. **Elektrakomplex** (bei Mädchen). Kinder dieses Alters erkennen die genitalen Unterschiede zwischen den Geschlechtern und fühlen sich in besonderem Maße zum gegengeschlechtlichen Elternteil hingezogen, um diesen Elternteil möglichst allein für sich zu haben. Es kommt zur Furcht vor der Rache des gleichgeschlechtlichen Elternteils. Im Anschluss erfolgt eine Identifikation mit dem gleichgeschlechtlichen Elternteil, um dadurch indirekt die eigenen Wünsche zu erfüllen. Durch die Identifikation kommt es zur Übernahme der Werte und Normen des gleichgeschlechtlichen Elternteils und dadurch zur vollen Ausbildung von Über-Ich und Ich. Das Ich entwickelt nun in stärkerem Maße Strategien (Abwehrmechanismen), um Es-Impulse in sozial akzeptable Bahnen zu lenken.

In der **Latenzphase** kommt es zu einer vorübergehenden Abnahme der Rolle des genitalen Lustgewinns und zu einer Zunahme der intellektuellen Wissbegier als Umlenkung von Es-Energien (Sublimierung als Abwehrmechanismus). In der **genitalen Phase** erhalten dann die genitalen Zonen erneut eine verstärkte Bedeutung als Quelle des Lustgewinns.

Nach der Freud'schen Entwicklungskonzeption sind keine **Entwicklungsprobleme** zu erwarten, wenn die Bedürfnisse des Kindes in den einzelnen Entwicklungsphasen auf altersangemessene Weise befriedigt werden. Probleme ergeben sich vor allem dann, wenn eine unzureichende oder übermäßige Bedürfnisbefriedigung stattfand. Es kommt dadurch zu **Fixationen**, die damit verbunden sind, dass auch in späteren Entwicklungsphasen in besonderem Maße Bedürfnisbefriedigungen aus Quellen bezogen werden, die nicht der altersentsprechenden Entwicklungsphase zuzuordnen sind (z. B. aus übermäßigen oralen Aktivitäten im Erwachsenenalter wie Rauchen).

Im Laufe der Entwicklung ändert sich die Quelle der Triebbefriedigung. In der **oralen Phase** stehen die Nahrungsaufnahme, in der **analen Phase** die Nahrungsausscheidung und in der **phallischen Phase** die genitalen Zonen im Vordergrund.

Ein bedeutsamer Entwicklungsprozess in der phallischen Phase bezieht sich auf den **Ödipus**- bzw. **Elektrakomplex**. Er führt zur Identifikation mit dem gleichgeschlechtlichen Elternteil und zur Übernahme von dessen Normen und Werten. Damit verbunden kommt es zur vollen Ausprägung des Über-Ich und Ich.

Nach der oralen, der analen und der phallischen Phase folgen die **Latenzphase** und die **genitale Phase**.

Zu **Fixationen** – und damit zu Entwicklungsproblemen – kommt es, wenn in den einzelnen Entwicklungsphasen eine unzureichende oder übermäßige Bedürfnisbefriedigung stattfindet.

2.1.2 Die psychoanalytische Konzeption Erik Eriksons

Die psychoanalytische Konzeption von Erik Erikson baut auf der Theorie Freuds auf (u. a. Erikson 1974, 1988). Bei ihm nimmt die **Ich-Entwicklung** einen deutlich stärkeren Stellenwert ein als bei Freud, bei dem vor allem die Es-Impulse und ihre Bewältigung durch Ich und Über-Ich im Vordergrund stehen. Ein Verdienst von Erikson ist insbesondere darin zu sehen, dass er die **Entwicklung als lebenslangen Prozess** sieht und auch über das Jugendalter hinaus noch spezifische Entwicklungsphasen postuliert.

Auch in dieser Theorie werden verschiedene **Entwicklungsphasen** angenommen, die das Individuum im Laufe seiner Entwicklung durchläuft. Die einzelnen Phasen sind durch spezifische **psychosoziale Krisen** charakterisiert, die vom Individuum gelöst werden müssen. Durch die Art der Aufgabenlösung entwickelt sich die Persönlichkeit des Individuums. Betrachtet man beispielsweise die **orale Phase** aus der Perspektive Eriksons, so geht es für den Säugling in diesem Entwicklungsabschnitt darum, ein **Urvertrauen** in die Umgebung zu entwickeln. Gelingt dies nicht, kommt es zu einem **Urmisstrauen**. Eine positive Entwicklung hin zu Urvertrauen kommt dann zustande, wenn eine regelmäßige und vorhersagbare Befriedigung der eigenen Bedürfnisse stattfindet. Der Säugling erlebt dann, dass immer eine Bezugsperson da ist, um sich um seine Bedürfnisse zu kümmern. Er entwickelt also ein grundsätzliches Vertrauen in seine Umgebung und zu seinen Bezugspersonen. Geschieht dies jedoch nicht, kommt es zum Urmisstrauen. Ein nächstes Beispiel ist die **anale Phase** aus der Sicht Eriksons. Hier steht die Auseinandersetzung zwischen **Selbst- und Fremdkontrolle** im Mittelpunkt, die sich insbesondere in der Sauberkeitserziehung manifestiert. Auf der einen Seite stehen die eigenen Bedürfnisse und die eigene Freiheit, auf der anderen Seite die Interessen der sozialen Umgebung. In dieser Phase kommt es darauf an, einen Ausgleich zwischen den verschiedenen Interessen herzustellen. Die Konsequenz besteht in dem Empfinden von **Autonomie**, während es auf der anderen Seite zu **Selbstzweifeln** kommt, wenn das Gefühl der Fremdkontrolle überwiegt.

In ähnlicher Weise sind alle Entwicklungsphasen nach Erikson konzipiert, wobei die ersten fünf Phasen analog zu der Theorie von Freud benannt sind und weitere 3 Phasen sich auf das Erwachsenenalter beziehen, sodass insgesamt **8 Phasen** unterschieden werden (◘ Tab. 2.2). Als eine der wichtigsten Phasen gilt das **Jugendalter**, da hier die Ich-Entwicklung ihren Höhepunkt erreicht. Das zentrale Thema ist dabei die Findung einer eigenen Identität versus (als Gegenpol) die Rollendiffusion. Mit Rollendiffusion ist gemeint, dass keine eigenständige Identität entwickelt wird, sondern die Identität sich nach der Situation richtet, in der man sich gerade befindet. Dies könnte

---

In der psychoanalytischen Konzeption von Erikson kommt der **Ich-Entwicklung** und der **Entwicklung als lebenslangem Prozess** eine besondere Bedeutung zu.

Nach der Theorie von Erikson durchläuft ein Mensch im Laufe seiner Entwicklung verschiedene **psychosoziale Krisen**. Seine individuelle Persönlichkeit wird durch die Art, wie er die Krisen für sich löst, geprägt.

Insgesamt werden **8 psychosoziale Krisen** angenommen. Eine besondere Bedeutung kommt dabei dem **Jugendalter** zu, da hier die eigene Identität in entscheidendem Maße geprägt wird. Auch für das nachfolgende **Erwachsenenalter** werden jedoch weitere psychosoziale Krisen postuliert. Damit wird betont, dass Entwicklung prinzipiell ein lebenslanger Prozess ist.

◘ **Tab. 2.2.** Übersicht zu den Entwicklungsphasen nach der Theorie von Erikson

Altersabschnitt	Psychosoziale Krise
Säuglingsalter (1. Lebensjahr)	Urvertrauen versus Urmisstrauen
Frühes Kindesalter (1–3 Jahre)	Autonomie versus Selbstzweifel
Mittleres Kindesalter (3–5 Jahre)	Initiative versus Schuldgefühl
Spätes Kindesalter (bis Pubertät)	Fleiß versus Minderwertigkeitsgefühl
Adoleszenz (ab Pubertät)	Identitätsfindung versus Rollendiffusion
Frühes Erwachsenenalter (ab 20 Jahren)	Intimität versus Isolation (Rückzug)
Mittleres Erwachsenenalter (ab 40 Jahren)	Generativität versus Stagnation
Höheres Erwachsenenalter (ab 60 Jahren)	Ich-Integrität versus Verzweiflung

beispielsweise bedeuten, dass man bei Freunden ein anderer Mensch ist als zuhause bei den Eltern. Auch wenn die Identitätsentwicklung von Erikson schwerpunktmäßig in das Jugendalter gelegt wurde, sieht er sie grundsätzlich als einen lebenslangen Prozess. Im **frühen Erwachsenenalter** wird dabei insbesondere der Umgang mit Partnerschaft und Sexualität als zentraler Lernbereich gesehen. Es folgt im **späteren Erwachsenenalter** die Fortpflanzung und die Fürsorge für die Kinder. Im höheren Erwachsenenalter stehen die Auseinandersetzung mit dem Tod und der Aufbau reifer Wertesysteme im Mittelpunkt.

Man könnte einwenden, dass nicht alle Erwachsenen Kinder haben und dass dann eine zentrale Aufgabe des mittleren Erwachsenenalters offenbar entfällt. Hierzu ist die Antwort, dass zumindest eine Auseinandersetzung mit dieser Thematik erfolgen muss und dass ggf. **Ersatztätigkeiten** stattfinden, die die Rolle übernehmen, die anderenfalls mit der Fortpflanzung und Fürsorge für die Kinder verbunden ist.

> Auch wenn manche Krisen auf den ersten Blick nicht für alle Menschen relevant erscheinen, ist dennoch eine Auseinandersetzung mit der Thematik jeder Krise erforderlich.

2.1.3 Neuere Konzeptionen der Psychoanalyse

Auch in neueren Konzeptionen der Psychoanalyse wird Entwicklung nicht mehr in erster Linie unter dem Gesichtspunkt des Triebwandels gesehen, sondern die Entwicklung des Ich und der Persönlichkeit stehen im Vordergrund.

Eine besondere Bedeutung nimmt dabei das Konzept der **Objektbeziehungen** ein (Mahler, Pine & Bergman, 1999), bei dem das Bedürfnis nach physischem und sozialem Kontakt und seiner Befriedigung im Vordergrund steht (vor allem in den ersten Lebensjahren). Die »Objekte« (vor allem die Mutter) werden dabei weniger in ihrer Funktion zur Triebbefriedigung (z. B. durch Nahrungszufuhr) gesehen, sondern in ihrer Funktion, die Entwicklung des Ich und der psychischen Unabhängigkeit zu ermöglichen. Vor allem der emotionalen Verfügbarkeit der Mutter während der frühen Entwicklungsphasen wird dabei eine besondere Bedeutung zugemessen.

> In neueren Konzeptionen der Psychoanalyse wird vor allem den **frühkindlichen Beziehungen** zu den Bezugspersonen eine besondere Bedeutung zugesprochen.

Ein gemeinsames Charakteristikum der psychoanalytischen Konzeptionen ist darin zu sehen, dass es sich fast durchgängig um Konzeptionen handelt, die aus Beobachtungen in klinisch-therapeutischen Kontexten entstanden sind, die jedoch nicht systematisch empirisch überprüft wurden. Gleichwohl ist unbestritten, dass viele Annahmen aus psychoanalytischen Theorien in die empirische Forschung zu entwicklungspsychologischen Fragestellungen eingeflossen sind und sie heuristisch befruchtet haben. Dies gilt beispielsweise für die **Bindungsforschung**, die ursprünglich zu wesentlichen Anteilen auf psychoanalytische Wurzeln zurückgeht.

> Auch wenn viele Annahmen der Psychoanalyse bisher wenig durch Empirie gestützt sind, waren sie dennoch von **heuristischer Bedeutung** für die Entwicklungspsychologie (z. B. im Bereich der Bindungsforschung).

2.2 Psychobiologische Konzeptionen

Ein ebenfalls historisch weit zurückreichender Ansatz, Entwicklungsprozesse zu beschreiben und zu erklären, ist der psychobiologische Ansatz. Da in den ersten Lebensmonaten noch kaum Lernerfahrungen stattgefunden haben können, ist es naheliegend, eine starke **biologische Prägung** vor allem für die frühen Lebensabschnitte anzunehmen. Einflussreich für die Entwicklungspsychologie waren vor allem die Ethologie und die Soziobiologie. Daher sollen diese beiden Ansätze im Folgenden näher betrachtet werden.

> **Psychobiologische Ansätze** sind insbesondere für die Erklärung frühkindlichen Verhaltens von Relevanz. Einen besonderen Stellenwert nehmen dabei die **Ethologie** sowie die **Soziobiologie** ein.

2.2.1 Ethologische Ansätze

Die Ethologie befasst sich im Wesentlichen mit der vergleichenden Verhaltensforschung. Im Bereich der **Humanethologie** geht es spezifischer um die Identifizierung

> Der Humanethologie geht es um die **Identifizierung angeborener Verhaltensbestandteile**.

der biologischen Grundlagen menschlichen Verhaltens (Kappeler, 2005). Entwicklungspsychologisch von Bedeutung sind dabei Fragen
- nach artspezifischen angeborenen Verhaltensmustern,
- nach der evolutionären Angepasstheit des Verhaltens und
- nach angeborenen Lerndispositionen (Miller, 1993).

Ähnlich wie es angeborene physische Merkmale gibt, lassen sich auch **artspezifische angeborene Verhaltensmuster** identifizieren. Ein Verhalten gilt als angeboren, wenn es den folgenden Kriterien genügt:
1. weitgehend stereotypes Auftreten (gleichförmiges Auftreten bei allen Vertretern einer Art),
2. keine vorausgehenden Lernerfahrungen, die das Auftreten erklären könnten,
3. universelles Auftreten (bei allen Individuen einer Art) und
4. geringe Beeinflussbarkeit durch Lernerfahrungen.

> Angeborene Verhaltensmuster sind dadurch charakterisiert, dass sie weitgehend **stereotyp** und **universell** auftreten. Sie sind nicht durch Lernerfahrungen entstanden und lassen sich durch Lernerfahrungen wenig beeinflussen.

Beispielhaft sind in diesem Zusammenhang **Reflexe** oder **festgelegte Handlungsmuster** (»fixed action patterns«) zu nennen, wie sie beispielsweise Eichhörnchen (beim Vergraben von Nüssen) oder Stichlinge (beim Paarungsverhalten) an den Tag legen. Als angeborene Verhaltensweisen können im Humanbereich insbesondere die Reflexe (▶ Kap. 7) genannt werden.

> Beispiele für angeborene Verhaltensmuster sind **Reflexe** und **festgelegte Handlungsmuster**.

Bezogen auf die **evolutionäre Angepasstheit des Verhaltens** wird angenommen, dass sich Verhaltensmerkmale aufgrund eines Anpassungsvorteils herausgebildet haben müssen. Unterschiede zwischen den Arten gehen auf unterschiedliche Umweltgegebenheiten zurück, die eine unterschiedliche Verhaltensanpassung notwendig gemacht haben. Das allgemeine Prinzip besteht dabei darin, dass die am besten angepassten Verhaltensmerkmale sich im Evolutionsprozess mit erhöhter Wahrscheinlichkeit durchgesetzt haben und bestehen geblieben sind. Betrachtet man angeborene Verhaltensmuster, so sind sie demnach immer auch auf ihren Überlebensvorteil hin zu sehen. Wenn man beispielsweise Reflexe im Humanbereich betrachtet, dann haben sie ursprünglich und teilweise auch bis heute einen Vorteil bei der Sicherung des Überlebens mitgebracht. Die Identifikation angeborener Verhaltensbestandteile ist demnach auch mit der Frage nach ihrem Überlebensvorteil verknüpft.

> Angeborene Verhaltensmuster sind entstanden, weil sie für eine Art einen **Überlebensvorteil** mit sich gebracht haben.

Eine biologische Fundierung findet sich nicht nur bei spezifischen Verhaltensweisen, sondern auch bei **Lerndispositionen**. Dies lässt sich beispielsweise daran erkennen, dass bei niedriger entwickelten Arten weniger Lernformen zur Verfügung stehen als bei höher entwickelten Arten. Ein weiteres Indiz ist darin zu sehen, dass es spezifische **sensible Perioden** gibt, in denen Lernen besonders effektiv vonstatten geht. Beispielsweise geht der Spracherwerb in den ersten Lebensjahren während der Ontogenese besonders leicht vonstatten, während es danach zunehmend schwerer wird, eine Sprache neu zu erlernen. Es lässt sich weiterhin zeigen, dass nicht alle Lerninhalte gleich leicht erworben werden. Es gibt Verhalten, das sich leicht erlernen lässt, und anderes, das nur schwer erworben wird. Man kann also festhalten, dass auch das Lernen ein Produkt der Evolution ist, das zur Sicherung des Überlebensvorteils einer Art beiträgt. Neben den angeborenen Verhaltensweisen ergibt sich dadurch die notwendige Flexibilität, sich verschiedenen Umweltbedingungen anzupassen.

> Nicht nur spezifische Verhaltensweisen können angeboren sein, sondern auch die **Fähigkeit zu spezifischen Lernleistungen**. Auch über bestimmte Lernformen zu verfügen, kann mit einem Überlebensvorteil verbunden sein, da dies mit einer höheren Anpassungsfähigkeit an unterschiedliche Umweltbedingungen verknüpft ist.

Anwendungen des ethologischen Ansatzes in der Entwicklungspsychologie finden sich vor allem im Bereich der **Bindung** zwischen einem Kind und seinen Bezugspersonen. Weiterhin sind die Bereiche der **sozialen Hierarchiebildung** sowie des **Gesichtsausdrucks und der Körpersprache** zu nennen. In all diesen Fällen lassen sich aus interkulturellen Vergleichen und aus Vergleichen mit korrespondierenden Verhaltensweisen im Tierreich Rückschlüsse auf angeborene Verhaltensbestandteile ziehen.

> Der ethologische Ansatz fand in der Entwicklungspsychologie vor allem bei der **Bindung**, bei der **sozialen Hierarchiebildung** sowie bei **Gesichtsausdruck und Körpersprache** Anwendung.

2.2.2 Soziobiologische Ansätze

Soziobiologische Ansätze wenden neodarwinistische Evolutionskonzepte auf das Sozialverhalten von Tieren und Menschen an. Die Grundidee lautet, dass erfolgreiches Handeln im Sinne der Evolution vor allem darin besteht, Gene weiterzugeben, um damit das **Überleben der Art** zu sichern. Dabei muss es nicht ausschließlich um die Weitergabe der eigenen Gene gehen, sondern es kann sich auch um die Weitergabe der Gene eines sozialen Verbandes handeln. Damit wird gleichzeitig **altruistisches Handeln innerhalb eines Sozialverbandes** erklärbar: Vor allem wenn verwandtschaftliche Beziehungen innerhalb eines Sozialverbandes bestehen, erhöht sich durch soziale Unterstützungen innerhalb des Sozialverbandes auch die Wahrscheinlichkeit einer Weitergabe von Anteilen der eigenen Genausstattung. Besonders deutlich wird dies innerhalb von Familien, da Vollgeschwister und Eltern/Kinder etwa die Hälfte des Genbestandes gemeinsam haben. Dies soll erklären, warum gerade innerhalb der Familie eine hohe Bereitschaft zu altruistischem Handeln besteht, während die Aggressionsbereitschaft entsprechend niedriger ist. Umgekehrt wird das fehlende genetische Interesse als Erklärung dafür herangezogen, dass die Häufigkeit von Misshandlungen bis hin zu Kindstötungen deutlich erhöht ist, wenn ein Elternteil ein Stiefelternteil ist. Bei diesem Ansatz geht es also prinzipiell darum, genetische Interessen und Verhalten miteinander in Beziehung zu setzen.

> Die Soziobiologie befasst sich mit der Analyse von **Beziehungen zwischen genetischen Interessen** (Weitergabe von Genen) **und Verhalten**.

2.3 Lerntheoretische Konzeptionen

Auch die Lerntheorie kann auf eine lange Tradition in der Anwendung auf entwicklungspsychologische Fragestellungen zurückblicken. Im Gegensatz zu den psychobiologischen Konzeptionen wird Entwicklung hier weniger als endogen, sondern vorrangig als exogen gesteuert angesehen. Dies bedeutet, dass **weniger die Anlagen als vielmehr die Umwelt als entscheidend** für die Entwicklung angesehen wird. Vor allem die Lernerfahrungen aus der Interaktion mit der Umgebung stehen dabei im Vordergrund.

Lerntheoretische Konzeptionen werden in der **Praxis** vielfach genutzt, um das Verhalten von Kindern und Jugendlichen pädagogisch zu beeinflussen. Auch in klinisch-psychologischen Kontexten lassen sich vielfache Anwendungsmöglichkeiten identifizieren. Die hier dargestellten Techniken können dabei als die Grundtechniken angesehen werden, die ggf. um einige spezifischere Techniken zu ergänzen sind.

In den frühen lerntheoretischen Konzeptionen wird vor allem den Lernformen des **klassischen und des operanten Konditionierens** eine hohe Bedeutung zugemessen. Auf diese beiden Lernformen soll im Folgenden zunächst eingegangen werden.

> Bei den lerntheoretischen Konzeptionen steht im Gegensatz zu den psychobiologischen Konzeptionen die **exogene Steuerung** von Entwicklung im Vordergrund.

> Techniken aus der Lerntheorie finden insbesondere in der **pädagogischen** und der **klinisch-psychologischen Verhaltensmodifikation** Verwendung.

> Als zentrale Lernformen werden das **klassische und das operante Konditionieren** unterschieden.

2.3.1 Klassisches Konditionieren

Das **klassische Konditionieren** erfolgt auf der Basis einer bereits vorhandenen Reiz-Reaktions-Verbindung im Verhaltensrepertoire eines Individuums.

> **Definition**
>
> Das **klassische Konditionieren** beruht auf einer bereits im Verhaltensrepertoire bestehenden Reiz-Reaktions-Verbindung. Wenn ein zuvor neutraler Reiz wiederholt mit dem ursprünglichen Auslösereiz gekoppelt wird, löst er im Anschluss nun ebenfalls die Reaktion aus.

> Beim klassischen Konditionieren wird eine bereits vorhandene **Reiz-Reaktions-Verbindung** mit einem **neuen Auslösereiz** gekoppelt.
>
> ▶ Definition Klassisches Konditionieren

Beim klassischen Konditionieren kann es zu einer **Reizgeneralisierung** und zu einer **Reizdiskrimination** kommen.	So wird beispielsweise bei der Darbietung der Brust oder der Flasche (**unkonditionierter Auslösereiz**) beim Säugling eine Saugreaktion (**unkonditionierte Reaktion**) ausgelöst. Wenn nun ein weiterer Reiz (wie beispielsweise ein Glockenton) mit dem ursprünglichen Auslösereiz gekoppelt wird (indem beispielsweise der Glockenton in zeitlicher Nähe zur Darbietung der Brust oder der Flasche präsentiert wird), dann löst später bereits der gekoppelte Reiz (**konditionierter Reiz**) die Saugreaktion (**konditionierte Reaktion**) aus. Der Säugling fängt nun also bereits an zu saugen, wenn er nur den Glockenton hört. Es kann dabei zu **Generalisierungen** kommen, indem die konditionierte Reaktion auf eine Reihe ähnlicher Auslösereize hin ausgeführt wird (z. B. auf unterschiedliche Glockentöne). Auch **Diskriminationslernen** ist möglich, wenn im Laufe der Zeit gelernt wird, dass nur spezifische Auslösereize zuverlässig mit der unkonditionierten Reiz-Reaktions-Verbindung gekoppelt sind.

2.3.2 Operantes Konditionieren

Beim **operanten Konditionieren** wird – im Gegensatz zum klassischen Konditionieren – nicht davon ausgegangen, dass bereits eine Reiz-Reaktions-Verbindung vorhanden ist.

Beim operanten Konditionieren wird die **Auftretenswahrscheinlichkeit eines Verhaltens** durch die darauf folgenden Konsequenzen **erhöht oder gesenkt**.

▶ **Definition**
Operantes Konditionieren

> **Definition**
> Beim **operanten Konditionieren** zeigt das Individuum mehr oder weniger zufällig ein Verhalten, das dann durch entsprechende Reaktionen aus der Umgebung verstärkt wird (z. B. durch eine Belohnung). Durch die Verstärkung wird die Auftretenswahrscheinlichkeit des Verhaltens erhöht. Das Individuum zeigt das Verhalten nun häufiger, um die Verstärkung zu erhalten.

Wenn die erwartete Verstärkung über einen mehr oder weniger langen Zeitraum ausbleibt, kommt es zur Löschung bzw. **Extinktion** des Verhaltens.

Im Hinblick auf ein eher unerwünschtes Verhalten könnte man sich beispielsweise vorstellen, dass ein kleiner Junge mit seiner Mutter einkaufen geht und an der Kasse unbedingt einen der dort ausliegenden Schokoriegel haben möchte. Er quengelt, weil seine Mutter ihm den Schokoriegel zunächst nicht kaufen möchte. Die Hartnäckigkeit des Quengelns führt schließlich zum Erfolg und der Junge bekommt den ersehnten Schokoriegel. Was wird das Kind in Zukunft tun? Es wird wahrscheinlich noch häufiger an der Kasse quengeln, um weitere Süßigkeiten zu erhalten. Erfolgt allerdings über einen mehr oder minder langen Zeitraum keine Verstärkung (z. B. weil die Mutter sich vom Quengeln längere Zeit nicht beeindrucken lässt), kommt es zur Löschung (**Extinktion**) des Verhaltens. Die Auftretenswahrscheinlichkeit des Verhaltens nimmt wieder ab. Es lassen sich viele Beispiele für die Wirkung von Verstärkung im Alltag finden, da viele Kinder (und auch Erwachsene) ein erfolgreiches Verhalten in Zukunft weiter ausführen.

Eine wichtige Bedeutung für die Aufrechterhaltung eines Verhaltens kommt der Unterscheidung zwischen **kontinuierlichen und intermittierenden Verstärkungen** zu. Bei intermittierender Verstärkung kommt es typischerweise zu einem stabileren Verhalten.

Beim operanten Konditionieren lassen sich verschiedene **Arten von Verstärkungen** unterscheiden. Zu erwähnen ist insbesondere die Unterscheidung zwischen **kontinuierlichen** und **intermittierenden** Verstärkungen.

▶ **Definition**
Kontinuierliche und intermittierende Verstärkung

> **Definition**
> Eine **kontinuierliche Verstärkung** ist dadurch gekennzeichnet, dass nach jedem Zeigen des Zielverhaltens die Verstärkung erfolgt. Bei einer **intermittierenden Verstärkung** erfolgt die Verstärkung nicht nach jedem Zeigen des Zielverhaltens, sondern in unregelmäßigen oder zufälligen Abständen.

Eine kontinuierliche Verstärkung würde in dem Beispiel von oben bedeuten, dass das Kind bei jedem Einkauf aufgrund seines Quengelns eine Süßigkeit erhält. Würde das Kind jedoch nur von Zeit zu Zeit Erfolg mit seinem Quengeln haben, würde dies einer intermittierenden Verstärkung entsprechen. Insbesondere dann, wenn die Verstärkung in zufälligen Abständen erfolgt, führt dies zu einer relativ stabilen Beibehaltung des Verhaltens, da man ja nie sicher sein kann, ob die Verstärkung nicht doch noch irgendwann eintritt. Am Beispiel des Supermarktes bedeutet dies, dass das Kind trotz eines erfolglosen Quengelns in zukünftigen Situationen wieder quengeln wird, weil es damit in der Vergangenheit gelegentlich Erfolg hatte. Ein Erfolg bleibt aus der Sicht des Kindes damit durchaus im Bereich des Möglichen. Hier hilft dann nur ein konsequentes Verhalten über einen relativ langen Zeitraum, um dem Kind vor Augen zu führen, dass es mit diesem Verhalten grundsätzlich keinen Erfolg mehr hat.

Neben der Unterscheidung zwischen kontinuierlicher und intermittierender Verstärkung kann weiterhin zwischen **primärer und sekundärer Verstärkung** differenziert werden. Primäre Verstärker beziehen sich auf unmittelbare Verstärkungen (z. B. Lob oder Süßigkeiten als Belohnung), während sekundäre Verstärker als Ersatz für primäre Verstärkungen deren Funktion einnehmen können. Ein gutes Beispiel ist der Erhalt von Geld als Verstärkung, mit dem man sich dann primäre Verstärker (z. B. Süßigkeiten) kaufen kann.

> Als Verstärkerformen lassen sich weiterhin **primäre und sekundäre Verstärkungen** voneinander abgrenzen. Sekundäre Verstärker können dabei stellvertretend für primäre (unmittelbare) Verstärker eingesetzt werden.

Exkurs

Token-Systeme als sekundäre Verstärker

Eine spezielle Anwendung von Verstärkern ist in sog. Token-Systemen zu sehen. Den Kindern werden in diesem Fall Token (z. B. Kärtchen, Plättchen etc.) ausgehändigt, wenn sie eine erwünschte Handlung ausgeführt haben. Sie können die Token ansammeln und später in Belohnungen eintauschen. Es wird zuvor mit den Kindern vereinbart, für welche erwünschten Aktivitäten sie Token bekommen und gegen welche Belohnungen sie eingetauscht werden können. Bei jüngeren Kindern ist der Einsatz dieser sekundären Verstärker häufig recht erfolgreich. Beim Einsatz in Kindergruppen ist allerdings zu bedenken, dass es häufig für einige Kinder leichter ist als für andere, das erwünschte Zielverhalten zu zeigen (z. B. nicht den Unterricht zu stören). Um Frustrationen zu vermeiden und allen Kindern die Gelegenheit zu geben, Token zu erwerben, kann es daher sinnvoll sein, individuelle Anpassungen vorzunehmen bzw. individuelle Regeln für einzelne Kinder festzulegen.

Man kann weiterhin **externe von interner Verstärkung** unterscheiden. Bei der bisherigen Darstellung stand durchgängig die externe Verstärkung von außen im Vordergrund. Davon kann jedoch die interne Verstärkung in Form einer Selbstverstärkung abgegrenzt werden. Mit einer internen Verstärkung ist gemeint, dass man sich auch selbst beispielsweise für den erfolgreichen Abschluss einer Arbeit belohnen kann (indem man sich selbst lobt etc.).

> Bei **externen Verstärkungen** kommt die Verstärkung von außerhalb, während es sich bei der **internen Verstärkung** um eine Selbstverstärkung handelt (durch Eigenlob etc.).

Zu erwähnen ist weiterhin die Unterscheidung zwischen **direkter und indirekter oder stellvertretender Verstärkung**, wobei mit indirekter Verstärkung gemeint ist, dass man eine Verstärkung für ein bestimmtes Verhalten bei einer anderen Person beobachtet. Ein Kind, das bei einem anderen Kind beobachtet, dass es mit einem bestimmten Verhalten Erfolg hat, wird dieses Verhalten wahrscheinlich ebenfalls ausprobieren, weil es vermutet, dass es damit ebenfalls erfolgreich sein wird.

> Bei einer **indirekten bzw. stellvertretenden Verstärkung** wird beobachtet, dass jemand anderes für ein Verhalten verstärkt wurde. Es kommt zur Nachahmung, um die Verstärkung ebenfalls zu erhalten.

Wichtig ist weiterhin die Unterscheidung zwischen **positiver und negativer Verstärkung**.

> **▶ Definition**
> **Positive und negative Verstärkung**

--- Definition ---
Während bei der **positiven Verstärkung** nach dem Verhalten eine positiv bewertete Konsequenz folgt, fällt bei der **negativen Verstärkung** auf das Verhalten hin eine negativ bewertete Konsequenz weg.

In dem oben beschriebenen Supermarkt-Beispiel findet neben der **positiven Verstärkung** des kindlichen Verhaltens ebenfalls eine negative Verstärkung des mütterlichen

> Sowohl bei der positiven als auch bei der negativen **Verstärkung erhöht sich die Auftretenswahrscheinlichkeit** eines Verhaltens.

Verhaltens statt: Das Quengeln des Kindes ist der Mutter sicherlich peinlich und sie möchte die stressende Situation gerne beenden, was sie durch ihr Nachgeben erreicht. Durch den Wegfall der negativ bewerteten Konsequenz (das stressige Quengeln) endet die Situation zunächst positiv für die Mutter, wodurch sie ein ähnliches Verhalten in Zukunft vermutlich wieder zeigen wird. Eine negative Verstärkung führt also ähnlich wie eine positive Verstärkung zu einer erhöhten Auftretenswahrscheinlichkeit des verstärkten Verhaltens.

Anders verhält es sich dagegen bei einer **Bestrafung**. Hier wird die **Auftretenswahrscheinlichkeit eines Verhaltens gesenkt**, da in der Regel niemand daran interessiert ist, für sein Verhalten eine Bestrafung zu bekommen. Dies muss natürlich nicht bedeuten, dass das unterdrückte Verhalten in einem unbeobachteten Augenblick dennoch gezeigt wird, da eine Bestrafung nicht mit einer Verhaltenslöschung gleichzusetzen ist.

▶ Definiton Bestrafungsformen

— Definition —
Es lassen sich zwei **Formen der Bestrafung** unterscheiden: Das Setzen einer negativen Konsequenz und die Wegnahme einer positiven Konsequenz nach einem Verhalten.

Bei einer **Bestrafung** wird im Gegensatz zu einer positiven oder negativen Verstärkung die **Auftretenswahrscheinlichkeit** eines Verhaltens **gesenkt**.

Das **Setzen einer negativen Konsequenz** ist sicherlich die klassische Form der Bestrafung, indem ein Kind beispielsweise für ein Verhalten, das von den Eltern missbilligt wird, eine Strafe erhält. Die **Wegnahme einer positiven Konsequenz** bedeutet beispielsweise, dass die Eltern auf ein unangemessenes Verhalten des Kindes mit Liebesentzug oder Fernsehverbot reagieren. Insgesamt lassen sich damit neben der positiven und negativen Verstärkung zwei Formen der Bestrafung unterscheiden. Die damit verbundene Systematik ist in ◘ Tab. 2.3 zusammengefasst.

◘ **Tab. 2.3.** Unterscheidung zwischen Bestrafung sowie positiver und negativer Verstärkung

Aktion	Positive Konsequenz	Negative Konsequenz
Setzen	Positive Verstärkung (Auftretenswahrscheinlichkeit des Verhaltens wird erhöht)	Bestrafung (Auftretenswahrscheinlichkeit des Verhaltens wird gesenkt)
Wegnehmen	Bestrafung (Auftretenswahrscheinlichkeit des Verhaltens wird gesenkt)	Negative Verstärkung (Auftretenswahrscheinlichkeit des Verhaltens wird erhöht)

2.3.3 Beobachtungslernen

Neben dem klassischen und operanten Konditionieren kommt vor allem auch dem **Beobachtungslernen** eine große Bedeutung innerhalb lerntheoretischer Konzeptionen zu.

Mit Verfahren des klassischen und (vor allem) des operanten Konditionierens können viele Lernphänomene erklärt werden. Es hat sich jedoch gezeigt, dass Individuen nicht jede Lernerfahrung selbst machen müssen, sondern dass auch aus den Erfahrungen anderer gelernt werden kann. Einen wichtigen Stellenwert nimmt in diesem Zusammenhang das **Beobachtungslernen** ein.

Nach Bandura (1986) müssen die folgenden Bedingungen vorliegen, damit ein Beobachtungslernen zustande kommt:
1. **Aufmerksamkeit**: Der Beobachter muss seine Aufmerksamkeit auf das Modell und sein Verhalten richten.
2. **Behalten**: Der Beobachter muss das Verhalten des Modells im Gedächtnis speichern.
3. **Motorische Reproduktionskompetenz**: Der Beobachter muss von seinen motorischen Kompetenzen her in der Lage sein, das beobachtete Verhalten zu reproduzieren.
4. **Motivation**: Der Beobachter muss motiviert sein, das beobachtete Verhalten zu realisieren.

Aufmerksamkeit und Behalten dienen dabei der **Aneignung des Verhaltens**, während die motorischen Reproduktionskompetenzen und die Motivation die **Ausführung des Verhaltens** bestimmen. Es leuchtet ein, dass eine Aufmerksamkeit auf das Modell sowie ein Behalten der relevanten Verhaltensbestandteile notwendige Bestandteile sind, um das gesehene Verhalten gedanklich zu repräsentieren. Um es dann tatsächlich realisieren zu können, erfordert dies die Fähigkeit zur motorischen Reproduktion des Repräsentierten: Es nützt beispielsweise einem einjährigen Kind nichts, den großen Bruder Fahrrad fahren zu sehen. Wenn es motorisch noch nicht dazu in der Lage ist, die notwendigen Bewegungsabläufe zu produzieren, kann es das Modellverhalten nicht in eigenes Handeln übersetzen. Neben der motorischen Reproduktionskompetenz ist auch noch eine Handlungsmotivation erforderlich, um das gesehene Modellverhalten in eigenes Handeln umzusetzen. Nach der Theorie des Modelllernens spielen dabei vor allem die wahrgenommenen oder selbst erhaltenen **Verstärkungen** eine Rolle. Dies bedeutet, dass Verstärkungen des Modells für sein Verhalten eine Motivation schaffen können, dieses Verhalten selbst ebenfalls zu zeigen. Selbstverstärkungen und Verstärkungen durch die soziale Umgebung können dazu beitragen.

> Um sich das Verhalten eines Modells anzueignen, sind **Aufmerksamkeit** und **Behalten** erforderlich, für die Verhaltensausführung kommt den **motorischen Reproduktionskompetenzen** sowie der **Motivation** eine entscheidende Bedeutung zu.

Studie

Experiment zum Beobachtungslernen

Dass es tatsächlich sinnvoll ist, zwischen der Aneignung und der Ausführung eines Verhaltens zu differenzieren, zeigt ein mittlerweile klassisches Experiment (Bandura, 1965; Bandura, Ross & Ross, 1963). Ein erwachsenes Modell zeigte eine Reihe aggressiver Handlungen (wie Schlagen, Treten etc.) an einer Stehauf-Puppe. Es gab in diesem Experiment **3 Gruppen von Kindern**. Bei einer Gruppe von Kindern wurde das erwachsene Modell im Anschluss für sein Verhalten **belohnt**, bei einer weiteren Gruppe wurde es **bestraft** und in der dritten Gruppe erfolgte **keine Konsequenz**. Im Anschluss durften die Kinder jeweils mit der Puppe spielen.

Erwartungsgemäß zeigte sich, dass die Kinder, die das belohnte Modell gesehen hatte, am häufigsten ebenfalls ein aggressives Verhalten im Umgang mit der Puppe zeigten. Das Verhalten fiel ähnlich aus, wenn keine Konsequenz gefolgt war, während bei einer Bestrafung des Modells wesentlich weniger aggressives Verhalten gezeigt wurde. Es fanden sich weiterhin deutliche Geschlechtsunterschiede, indem Mädchen insgesamt – unabhängig von der experimentellen Bedingung – weniger aggressives Verhalten zeigten als Jungen.

In einem **zweiten Teil des Experiments** wurde den Kindern eine **Belohnung in Aussicht gestellt**, wenn sie das Verhalten des Modells imitieren. Nun zeigte sich, dass fast alle Kinder – unabhängig von der experimentellen Bedingung – das Verhalten zeigten. Auch die Geschlechtsunterschiede waren erheblich verringert.

Was zeigt dieses Experiment? Offenbar hatten die Kinder das Modellverhalten nahezu durchgängig angeeignet und internal repräsentiert, ausgeführt hatten sie es dagegen deutlich weniger häufig. Ob sie es ausgeführt hatten oder nicht, hing wesentlich von den jeweiligen Anreizbedingungen ab (ob das Modell belohnt oder bestraft worden war). Weiterhin spielen hier offenbar auch zurückliegende Verstärkungserfahrungen eine Rolle, da die Geschlechtsunterschiede möglicherweise damit zusammenhängen, dass Mädchen weniger häufig positive Verstärkungen im Zusammenhang mit aggressiven Handlungen erfahren als Jungen.

2.4 Anforderungs-Bewältigungs-Theorien

Schon in der Theorie von Erikson wurde der Gedanke vertreten, dass Entwicklung auch darin bestehen kann, eine Reihe von **psychosozialen Krisen** erfolgreich zu bewältigen. Dieser Gedanke wurde in allgemeiner Form ebenfalls von Havighurst (1972) vertreten. Die Grundidee besteht dabei darin, dass jedes Individuum im Laufe seiner Entwicklung mit verschiedenen **Entwicklungsaufgaben** konfrontiert wird. Es geht dabei darum, diese Entwicklungsaufgaben in angemessener Weise zu bewältigen. Die Bewältigung nachfolgender Aufgaben wird wiederum erleichtert, wenn frühere Aufgaben erfolgreich bewältigt wurden. Der Grund liegt dabei darin, dass **Bewältigungsmechanismen**

> In **Entwicklungsaufgaben-Konzeptionen** wird davon ausgegangen, dass Kinder, Jugendliche und Erwachsene im Laufe ihres Lebens mit vielfältigen **Entwicklungsaufgaben** konfrontiert werden, deren erfolgreiche Lösung zu einer positiven Weiterentwicklung beiträgt.

aufgebaut werden, auf die später zurückgegriffen werden kann. Im Unterschied zu Erikson postuliert Havighurst jedoch nicht eine spezifische Abfolge von 8 psychosozialen Krisen, mit der jedes Individuum konfrontiert wird. Jedem Individuum stellen sich vielmehr unterschiedliche Entwicklungsaufgaben, die von den individuellen Lebensumständen abhängen.

Ein Teil der Aufgaben ist von allen Mitgliedern einer Gesellschaft zu bewältigen, während mit anderen nur Teile der Gesellschaft konfrontiert werden. Auf viele Aufgaben kann bereits antizipatorisch vorbereitet werden (z. B. Schuleintritt, Heirat etc.), während andere Aufgaben plötzlich und unerwartet eintreten können (wie die Konfrontation mit Krankheit und Tod). Die Bewältigung kann daher unterschiedlich gut vorbereitet sein und unterschiedlich leicht gelingen.

> Entwicklungsaufgaben lassen sich danach unterscheiden, ob sie **vorhersehbar** oder **unvorhersehbar** auftreten.

Die einzelnen Entwicklungsaufgaben können sich dabei auf unterschiedliche Zeiträume erstrecken, die von kurzen **alltäglichen Aufgaben** (wie den Umgang mit Streitigkeiten) über **Aufgaben mit mittlerer Erstreckung** (wie das Erleben einer Schwangerschaft) bis zu Entwicklungsaufgaben reichen, die auf den **gesamten Lebenslauf** bezogen sind (wie die Erhaltung der Gesundheit).

> Entwicklungsaufgaben erstrecken sich über **unterschiedliche Zeitstrecken**.

Der Entwicklungsaufgaben-Konzeption von Havighurst kommt eine wichtige Vorreiterfunktion bei der Einführung des **Anforderungs-Bewältigungs-Paradigmas** in die Entwicklungspsychologie zu. Entwicklungsaufgaben stellen Anforderungen, die vom Individuum zu lösen sind. Die Bewältigung kann dabei unterschiedlich gut gelingen. Vor allem beim **Misslingen einer Anforderungsbewältigung** kann es zu einem **Belastungserleben** kommen. Anforderungen sind demnach nicht mit Belastungen gleichzusetzen. Anforderungen werden individuell unterschiedlich bewertet und entwickeln sich erst durch den Bewertungsvorgang und das Bewertungsergebnis zur Belastung.

> Die Entwicklungsaufgaben-Konzeption weist Ähnlichkeiten zu dem **Anforderungs-Bewältigungs-Paradigma** auf, da Entwicklungsaufgaben Anforderungen stellen, die vom Individuum zu bewältigen sind.

Diese Idee wird in dem **Anforderungs-Bewältigungs-Modell** (Lazarus & Folkman, 1984; Lazarus & Launier, 1981) aufgegriffen, das zwei zentrale Bewertungsschritte umfasst (zusammenfassend Abb. 2.1):
1. Die Bewertung der Situation
2. Die Bewertung des vorhandenen Bewältigungspotenzials

> Das Anforderungs-Bewältigungs-Modell unterscheidet die Bewertung der **Situation** und des **Bewältigungspotenzials** als zentrale Bewertungsschritte.

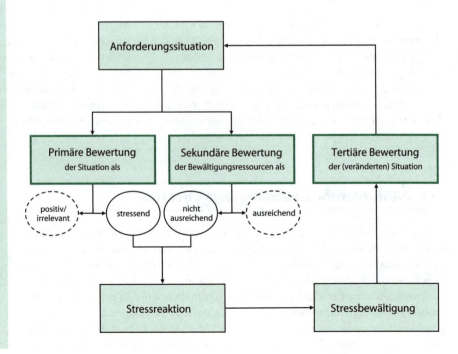

Abb. 2.1. Übersicht zum Anforderungs-Bewältigungs-Paradigma

2.4 · Anforderungs-Bewältigungs-Theorien

Bei der Konfrontation mit einer Anforderungssituation (**potenzieller Stressor**) kommt es zu einer Bewertung der Ausgangssituation (**primäre Bewertung**). Möglicherweise wird die Anforderungssituation als **positiv** oder **irrelevant** aufgefasst. Dies würde dann bedeuten, dass das Ereignis als nicht stressbezogen aufgefasst wird und demnach auch kein Bewältigungsverhalten erforderlich ist. Wenn das Ereignis jedoch als **stresserzeugend** wahrgenommen wird, ist ein Bewältigungsverhalten erforderlich. Das Ereignis kann beispielsweise als bedrohlich aufgefasst werden oder als Herausforderung. Es ist darüber hinaus auch möglich, dass bereits ein Ereignis eingetreten ist, das als Schaden oder Verlust aufgefasst wird. Auch in diesem Fall ist ein Bewältigungsverhalten notwendig.

> Bei der **Bewertung der Situation** (primäre Bewertung) wird danach unterschieden, ob die Situation als positiv, irrelevant oder stresserzeugend bewertet wird.

> **Beispiel**
>
> Ein Beispiel, das Kinder häufiger in der Schule erleben werden, ist die Ankündigung einer Klassenarbeit als potenzieller Stressor (s. auch Klein-Heßling, 1997). Wenn Kinder dieses Ereignis als positiv oder irrelevant auffassen (weil es vielleicht nur ein Übungstest ohne Benotung ist), kommt es möglicherweise zu keinem Stresserleben. Bei einer echten Klassenarbeit werden dagegen viele Kinder das Ereignis entweder als bedrohlich (weil sie einen negativen Ausgang befürchten) einschätzen oder zumindest als Herausforderung (wobei sie ihre Kompetenzen unter Beweis stellen können und die Hoffnung auf einen positiven Ausgang überwiegt). Wenn eine Bedrohung oder Herausforderung wahrgenommen wird, kommt es zu einem mehr oder minder ausgeprägten Stresserleben. Dies gilt auch, wenn bereits ein Schaden oder Verlust eingetreten ist, indem ein Schüler beispielsweise eine schlecht bewertete Klassenarbeit zurückbekommen hat. Auch in diesem Fall kann Stresserleben resultieren.

Es ist davon auszugehen, dass eine Anforderungssituation erst dann zur **Belastung** wird, wenn sie als potenziell stresserzeugend wahrgenommen wird und gleichzeitig das zur Verfügung stehende Bewältigungspotenzial als unzureichend bewertet wird. Ein zweiter Bewertungsschritt besteht also (neben der Bewertung der Ausgangssituation) in der Bewertung des vorhandenen Bewältigungspotenzials (**sekundäre Bewertung**). Ein Schüler, der die drohende Klassenarbeit als Herausforderung betrachtet, wird vielleicht intensiv lernen, um mit einem guten Gefühl in die Klassenarbeit gehen zu können. Die Klassenarbeit wird als umso weniger belastend wahrgenommen werden, je besser der Schüler darauf vorbereitet ist. Umgekehrt wird sich ein Schüler, der die Klassenarbeit als Bedrohung wahrnimmt und der nicht weiß, wie er sich sinnvoll darauf vorbereiten kann (da er bereits über enorme Lerndefizite verfügt), mit dem Näherrücken der Klassenarbeit zunehmend belastet fühlen. Aufgrund der positiven oder auch negativen Versuche, die Situation zu bewältigen, kann es zu einer Neubewertung der Ausgangssituation kommen (**tertiäre Bewertung**).

> Bei der **Bewertung des Bewältigungspotenzials** (sekundäre Bewertung) geht es um die Frage, ob das vorhandene Bewältigungspotenzial als hinreichend eingeschätzt wird, um mit der Anforderungssituation zurecht zu kommen.

Es gibt unterschiedliche Systeme zur **Klassifikation des Bewältigungsverhaltens**. Typischerweise wird aber mindestens zwischen den folgenden Bewältigungsformen unterschieden:

1. einer **direkten Bewältigung**, die auf eine Veränderung der Belastungssituation selbst abzielt sowie
2. einer **indirekten Bewältigung**, in der die Belastungssituation nicht unmittelbar angegangen wird (z. B. durch die Kontrolle der Belastungsreaktionen).

> Es werden **direkte und indirekte Bewältigungsformen** unterschieden.

> **Beispiel**
>
> Bezogen auf die Klassenarbeit würde dies bedeuten, dass der Schüler versuchen kann, sein Belastungserleben zu verringern, indem er den Belastungscharakter der Ausgangssituation reduziert (z. B. durch Lernen). Es ist jedoch auch möglich, dass es durch das Belastungserleben zu Belastungsreaktionen kommt (z. B. Kopfschmerzen). Wenn nun geeignete Maßnahmen getroffen werden, um die Kopfschmerzen zu reduzieren (z. B. durch Entspannungsverfahren), werden die Belastungsreaktionen reduziert. Die Ausgangssituation bleibt jedoch bestehen.

Marginalien

Bei der Bewältigung lassen sich **personale und soziale Bewältigungsressourcen** unterscheiden.

Günstig für eine angemessene Problembewältigung ist ein **breites Bewältigungsrepertoire**, das **situationsgerecht** eingesetzt wird.

Kritisch können im Kindes- und Jugendalter vor allem **Mehrfachbeanspruchungen** sein (z. B. Alltagsanforderungen mit einem hinzutretenden kritischen Lebensereignis), da dadurch ein Potenzial zu **Überforderungen** entstehen kann.

Entwicklung wird aufgefasst als **Konfrontation mit Entwicklungsaufgaben**, aus deren Bewältigung sich ein Potenzial zum Umgang mit späteren Entwicklungsaufgaben ergibt.

Zentraler Gegenstand der kognitiven Theorie Piagets ist die **kognitive Entwicklung**.

Ein **Denkschema** ist definiert als kognitive Denkeinheit zur Verarbeitung von Information. **Assimilation** bedeutet die **Einordnung** von Information auf der Basis vorhandener Schemata, **Akkommodation** die **Anpassung der Schemata**, falls eine Einordnung nicht erfolgreich ist.

Haupttext

Den **personalen Bewältigungsressourcen**, die sich auf das eigene Bewältigungspotenzial beziehen, stehen die **sozialen Bewältigungsressourcen** gegenüber, die man bei der Bewältigung von Problemen mobilisieren kann. Hier ist vor allem das soziale Netzwerk zu benennen, das für unterschiedliche Problemlagen spezifische Bewältigungsfunktionen übernehmen kann und das bei der Suche nach sozialer Unterstützung zur Verfügung steht.

Die Wahrscheinlichkeit einer angemessenen Problemlösung erhöht sich mit der Verfügbarkeit eines breiten **Bewältigungsrepertoires**, das situationsgerecht eingesetzt werden kann. So kann es in Situationen, die durch eigenes Handeln kontrollierbar sind, sinnvoll sein, direkte Bewältigungsstrategien einzusetzen, um den Belastungscharakter der Ausgangssituation zu reduzieren. In unkontrollierbaren Situationen, an denen sich durch eigenes Handeln nicht viel ändern lässt, kann dagegen eher der Umgang mit den eigenen Belastungsreaktionen sinnvoll sein (z. B. durch Entspannung oder die Suche nach sozialer Unterstützung; Lazarus, 1993).

Obwohl Kinder und Jugendliche nicht selten einer Vielzahl von alltäglichen Anforderungen ausgesetzt sind, kommt es **selten zu Überlastungen**. Es ist sogar sinnvoll, dass sie mit Anforderungen konfrontiert werden, da dadurch ein Bewältigungspotenzial aufgebaut wird, das ihnen in späteren Entwicklungsabschnitten zur Verfügung steht. Anders kann die Situation bei einer **Kumulierung der Anforderungen** aussehen (Hampel, 2007). Wenn kritische Lebensereignisse hinzukommen (wie Erkrankungen, Umzug, Trennung der Eltern), kann es zu einer deutlichen Erhöhung des Belastungspotenzials kommen. Durch die **Mehrfachbeanspruchung** bereiten dann oftmals auch alltägliche Probleme Mühe. In derartigen Situationen kann es also auch im Kindes- und Jugendalter bereits zu **Überforderungssituationen** kommen.

Entwicklung wird also nach dieser Konzeption aufgefasst als eine fortlaufende Konfrontation mit mehr oder minder umfassenden Entwicklungsaufgaben unterschiedlicher zeitlicher Erstreckung, wobei mit ihrer Bewältigung gleichzeitig ein Potenzial aufgebaut wird, das in der Konfrontation mit zukünftigen Entwicklungsaufgaben genutzt werden kann.

2.5 Die kognitive Theorie Jean Piagets

Während bei Anforderungs-Bewältigungs-Konzepten der Schwerpunkt auf den Aufbau eines Bewältigungspotenzials im Entwicklungsverlauf gesetzt ist, liegt er in der Theorie Piagets (beispielsweise Piaget, 1969) im Wesentlichen auf der **kognitiven Entwicklung**. Die Entwicklungstheorie Piagets gehört sicherlich zu den einflussreichsten entwicklungspsychologischen Theorien der letzten Jahrzehnte und soll daher hier ausführlicher dargestellt werden (hierzu auch Scharlau, 2007).

2.5.1 Akkomodation und Assimilation

Ein zentraler Begriff der Theorie Piagets ist in dem Begriff des **Schemas** zu sehen. Ein **Schema** ist definiert als eine kognitive Denkeinheit zur Verarbeitung von Information. Schemata dienen der **Einordnung** eingehender Information sowie der **Verbindung** von eingehender und ausgehender Information, sind hierarchisch organisiert und aus Erfahrung aufgebaut. So können beispielsweise mit dem Schema »Ball« verschiedene ballförmige Gegenstände eingeordnet werden, während mit dem Greifschema nach einem Ball gegriffen werden kann.

2.5 · Die kognitive Theorie Jean Piagets

> **Definition**
> Wenn Sachverhalte mithilfe der vorhandenen Schemata eingeordnet werden, so spricht man von einer **Assimilation**. Wenn dagegen eine Diskrepanz zwischen dem einzuordnenden Sachverhalt und den vorhandenen Schemata wahrgenommen wird, kommt es zur Anpassung der vorhandenen Schemata (**Akkommodation**).

▶ Definition
Assimilation und Akkomodation

Beispiel

Emma ist anderthalb Jahre alt und liebt es, mit Bällen jeglicher Art zu spielen. Sie rollt sie umher oder wirft sie sich mit ihren größeren Geschwistern zu. Eines Tages erblickt sie einen neuen Ball in der Küche, mit dem sie zuvor noch nie gespielt hat. Als Emma den Ball vom Tisch nimmt und ihn auf den Boden wirft, stellt sie fest, dass der Ball am Boden liegenbleibt und nicht hüpft. Da betritt Emmas Mutter den Raum. »Emma, das ist eine Orange, die ist nicht zum Spielen.« Die Mutter schält die Orange vor Emmas Augen und gibt ihr ein Stück zum Probieren. Emma hat nun erkannt, dass nicht alle runden Objekte Bälle sind. Sie muss also ein neues Schema für Orangen entwickeln und diese künftig von Bällen zum Spielen differenzieren.

Der **Assimilations-Akkommodations-Prozess** beginnt üblicherweise mit dem Versuch zu assimilieren. Es folgt gegebenenfalls die Wahrnehmung von Widersprüchen, wenn ein Sachverhalt sich offenbar nicht eindeutig mit den vorhandenen Schemata einordnen lässt oder wenn er sich in mehrere Schemata einordnen lässt und dadurch Widersprüche entstehen. Im Anschluss kommt es zu einer Akkommodationsleistung. Dies bedeutet in der Regel gleichzeitig, dass ein Entwicklungsfortschritt stattgefunden hat und dass die ursprünglich vorhandenen Widersprüche nun aufgehoben sind. Es entstehen dadurch im Laufe der Entwicklung zunehmend komplexere Organisationsstrukturen. Wenn Widersprüche innerhalb der Strukturen oder zwischen Struktur und Umgebung auftreten, spricht man auch von einem **Disäquilibrium**, das durch die Veränderung (Verbesserung) der Strukturen wieder aufgehoben wird (**Äquilibrium**). Durch kontinuierliche Verbesserungen kommt es zu einer zunehmenden Adaptation an die Umgebung. Die **Adaptation** erfolgt dadurch, dass Rückmeldungsprozesse auftreten, die zur Korrektur von fehlerhaften Einordnungsversuchen in Schemata beitragen. Man denke beispielsweise an die Eltern, die ihrem Kind erklären, dass der sichelförmige Gegenstand am Firmament, den das Kind soeben als Banane bezeichnet hat, in Wirklichkeit der Mond ist.

Im Assimilations-Akkommodations-Prozess kommt es zunächst zum **Disäquilibrium**, wenn eine Assimilation misslingt. Durch die Aufhebung der vorhandenen Diskrepanzen kommt es wieder zum Äquilibrium.

2.5.2 Entwicklungsstufen

Betrachtet man die kontinuierlichen Assimilations- und Akkommodationsprozesse und die dadurch resultierende zunehmende Organisation und Adaptation, könnte man zu der Vermutung gelangen, dass Piaget von einem kontinuierlichen Entwicklungsverlauf ausgeht. Tatsächlich postuliert er jedoch einen **diskontinuierlichen Entwicklungsverlauf mit 4 Entwicklungsstufen**. Die Annahme einer Stufenabfolge ergibt sich vor allem durch die Veränderung zentraler Denkstrukturen, die eine Vielzahl von Reorganisationen mit sich bringt. Es lassen sich dabei 4 Entwicklungsphasen unterscheiden, die in ◘ Tab. 2.4 zusammengestellt sind. Die Altersangaben sind dabei lediglich als Orientierungshinweise zu verstehen, da sich die Entwicklungsgeschwindigkeiten von Kindern unterscheiden können. Die Stufen können dementsprechend unterschiedlich schnell durchlaufen werden, können aber nicht übersprungen werden. Dies liegt daran, dass die späteren Entwicklungsstufen jeweils die Entwicklungsschritte aus den früheren Stufen logisch voraussetzen.

Piaget nimmt einen **diskontinuierlichen Entwicklungsverlauf** an, weil er davon ausgeht, dass in bestimmten Entwicklungsabschnitten zentrale Denkstrukturen verändert werden.

Tab. 2.4. Entwicklungsstufen nach der Theorie Piagets

Entwicklungsstufe	Alter	Stufenbezeichnung
1	0–2 Jahre	Sensumotorische Phase
2	2–6 Jahre	Präoperationale Phase
3	7–11 Jahre	Konkret-operationale Phase
4	ab 12 Jahren	Formal-operationale Phase

Sensumotorische Entwicklungsphase

Die zentrale Veränderung in der sensumotorischen Entwicklungsphase besteht in der **Verinnerlichung äußerer Handlungen**.

Betrachtet man zunächst die **sensumotorische Entwicklungsphase**, so besteht der Entwicklungstrend allgemein darin, dass die zunächst äußeren Handlungen zunehmend verinnerlicht werden. Für die Handlungen werden kognitive Schemata gebildet, die zunehmend unabhängig von der tatsächlichen Handlung werden. Später kann mit den Schemata operiert werden, ohne dass die Handlung stattfinden muss. Dadurch wird verinnerlichtes Handeln möglich. Die einzelnen Entwicklungsabfolgen in der sensumotorischen Entwicklungsstufe sind im Detail in Tab. 2.5 zusammengestellt.

Tab. 2.5. Entwicklungsphasen in der sensumotorischen Entwicklungsstufe

	Entwicklungsphase	Entwicklungsgeschehen
1.	Reflexhandlungen	Angeborene Reflexe (Beispiel: Greifreflex)
2.	Einfache Gewohnheiten (primäre Kreisreaktionen)	Modifikation der Reflexe in Richtung einfacher Gewohnheiten (durch Erfahrung)
3.	Aktive Wiederholung von Handlungsfolgen (sekundäre Kreisreaktionen)	Entwicklung einer Vielfalt von Schemata, die interessante Umwelteffekte hervorbringen. Stark nach außen gerichtet, um Effekte zu erzielen (z. B. rhythmisches Bewegen einer Rassel)
4.	Koordination sekundärer Kreisreaktionen	Verknüpfung sekundärer Kreisreaktionen und Anwendung auf neue Situationen; Herstellen von Mittel-Zweck-Verbindungen
5.	Aktives Experimentieren mit Handlungsabfolgen (tertiäre Kreisreaktionen)	Versuch und Irrtum als Verfahren beim Experimentieren mit Handlungsabfolgen. Folge: Entdecken neuer Mittel, um Ziele zu erreichen
6.	Erfinden von neuen Handlungsmustern durch verinnerlichtes Handeln	Entwicklung der Symbolfunktion; Übergang von der sensumotorischen zur symbolischen Art der kognitiven Handlung

Ein zentraler Entwicklungsschritt in der sensumotorischen Entwicklungsphase ist weiterhin in der Entwicklung der **Objektpermanenz** zu sehen.

Die Bedeutung kognitiver Schemata lässt sich nicht nur bei der Motorik, sondern auch bei der Sensorik (Wahrnehmung) zeigen. Solange kein Schema für einen Gegenstand vorliegt, ist der Gegenstand nicht mehr existent, sobald er aus dem Blickfeld verschwunden ist. Es liegt noch keine **Objektpermanenz** vor. Wenn man beispielsweise vor den Augen eines Kindes im Alter von bis zu 4 Monaten ein Objekt (z. B. ein Stofftier) unter einer Decke verschwinden lässt, zeigt das Kind in der Regel kein Suchverhalten, um das Stofftier wiederzuerlangen (Abb. 2.2). Es verfolgt das Stofftier zwar bis zu seinem Verschwinden mit den Augen, aber danach beginnt es mit neuen Handlungen, ohne nach dem Tier zu suchen. Es sieht also so aus, als ob die Objekte für das Kind verschwunden sind, wenn es sie nicht mehr sieht. Dies wird als Hinweis darauf interpretiert, dass das Kind noch keine Schemata entwickelt hat, um ein Objekt über längere Zeiträume hinweg kognitiv zu **repräsentieren**.

Am Anfang der Entwicklung ist ein Objekt für ein Kind nicht mehr existent, wenn es aus dem Gesichtsfeld verschwunden ist. Die **Objektpermanenz** entwickelt sich im Laufe der sensumotorischen Phase.

Im Alter von 4–8 Monaten zeigen sich erste Ansätze von **Suchverhalten**. Das Kind sucht aber nicht mehr, wenn es das versteckte Objekt nicht gleich findet. Schwierigkeiten bereiten dem Kind auch teilverdeckte Objekte (z. B. ein Elefant, der nur teilweise zu erkennen ist). Im Alter von 8–12 Monaten werden auch teilverdeckte Objekte erkannt und aufgedeckt. Wenn ein Gegenstand nacheinander unter mehreren Objekten ver-

2.5 · Die kognitive Theorie Jean Piagets

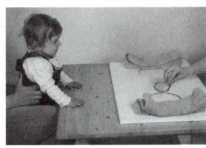

2.2 2.3

Abb. 2.2. Experiment zur Objektpermanenz. Ein 6 Monate altes Mädchen sucht nicht weiter nach dem Clown, nachdem er unter der Decke verschwunden ist

Abb. 2.3. A-Non-B-Suchfehler. Ein 9 Monate altes Mädchen findet den versteckten Ring zunächst auf der Position A. Obwohl sie gesehen hat, dass der Ring dann bei der Position B versteckt wurde, sucht sie weiter bei A

steckt wird, erfolgt kein systematisches Suchen. In der Regel sucht das Kind das Objekt dort, wo es zuerst versteckt wurde. Dieses Phänomen wird auch als **A-Non-B-Suchfehler** bezeichnet (Abb. 2.3). Erst ab einem Alter von ca. 12 Monaten findet ein systematischeres Suchen nach dem versteckten Objekt statt.

Am Ende der sensumotorischen Periode sind sowohl für die Motorik als auch für die Sensorik Schemata aufgebaut, die zum einen die Steuerung und Koordinierung der Motorik erleichtern und zum anderen die Orientierung in der Umgebung verbessern. Ursprünglich auf der Basis der Reflexe sind zunehmend komplexere sensumotorische Handlungsmuster entstanden. Die Handlungsmuster sind mit sprachlichen und gestischen Symbolen verknüpft. Die Verknüpfung mit dem sprachlichen Symbolsystem ermöglicht ein **Denken, das nicht mehr an Handlungen geknüpft ist**. Das Denken wird dadurch erheblich effektiver und flexibler. Da dadurch ganz neue Qualitäten des Denkens erreicht werden, markiert dieser Übergang einen **qualitativen Sprung**, der nach Piaget dazu berechtigt, von einer neuen Entwicklungsphase zu sprechen. Nach der sensumotorischen Phase folgt nun also die präoperationale Entwicklungsphase.

Präoperationale Entwicklungsphase

In der **präoperationalen Entwicklungsphase** ist das Kind zwar zu sprachlich-symbolischen Operationen in der Lage, es bleibt jedoch noch eng an die konkret wahrnehmbare Umgebung und an die eigenen Handlungen gebunden. Es gibt nach Piaget eine Reihe von weiteren Kennzeichen, die ein präoperationales Denken charakterisieren.

Im Laufe der sensumotorischen Phase entwickeln sich die kognitiven Schemata so weit, dass die **Kontrolle der Motorik** und die **Orientierung in der Umgebung** entscheidend verbessert werden.

Kennzeichen der präoperationalen Entwicklungsphase ist eine **enge Gebundenheit des Denkens an Konkretes und die eigenen Handlungen**.

Dazu gehören:
- Egozentrismus des Denkens,
- statisches, wenig prozesshaftes Denken und
- unzureichende Beachtung mehrerer Dimensionen.

Eines der Kennzeichen der präoperationalen Entwicklungsphase ist der **Egozentrismus des Denkens**, der sich beispielsweise anhand des Drei-Berge-Versuchs zeigen lässt.

Egozentrismus des Denkens. Es fällt dem Kind schwer, die Perspektive einer anderen Person einzunehmen und einen Sachverhalt aus einer fremden Perspektive zu betrachten. Prototypisch deutlich wird dies an dem klassischen **Drei-Berge-Versuch** (Piaget und Inhelder, 1956). Hier wird ein Kind vor einem Tisch platziert, auf dem eine Gebirgslandschaft mit 3 größeren Bergen aufgebaut ist. An einer anderen Seite des Tisches sitzt eine Puppe (oder auch eine andere Person). Das Kind soll nun die Gebirgslandschaft aus der Sicht der Puppe beschreiben. Ein Kind der präoperationalen Entwicklungsphase beginnt nun typischerweise, die Szenerie aus seiner eigenen Sicht zu beschreiben, ohne zu berücksichtigen, dass die Puppe ja etwas anderes sieht. Durch seinen Egozentrismus des Denkens fällt es einem jüngeren Kind schwer, ein kognitives Verständnis für die Intentionen und Wünsche anderer Personen aufzubringen und sie mit seinen eigenen Intentionen und Wünschen in Einklang zu bringen. Dies zeigt sich auch in Gesprächen jüngerer Kinder untereinander, die häufig dadurch charakterisiert sind, dass die einzelnen Redebeiträge nicht aufeinander bezogen sind. Viele Untersuchungen zur Perspektivübernahmefähigkeit jüngerer Kinder zeigen allerdings, dass eine starke **Abhängigkeit von der Schwierigkeit der Aufgabenstellung** besteht. So impliziert der Drei-Berge-Versuch bereits eine recht anspruchsvolle Aufgabenstellung. Nimmt man beispielsweise stattdessen ein Bilderbuch mit einem Löwen auf der Vorderseite und einem Elefanten auf der Rückseite, kann selbst ein 3- bis 4-jähriges Kind häufig sowohl sagen, was es selbst sieht, als auch das, was die andere Person auf der Rückseite des Bilderbuches sieht. Bei der Frage nach dem Alter, in dem ein Kind zur Perspektivübernahme in der Lage ist, spielt also offenbar die Aufgabenschwierigkeit eine entscheidende Rolle.

Ein weiteres Kennzeichen ist in einem **statischen, wenig prozesshaften Denken** zu sehen, das sich anhand von Aufgaben zur Mengenerhaltung zeigen lässt.

Statisches, wenig prozesshaftes Denken. Das Denken in der präoperationalen Entwicklungsphase ist vielfach auf den augenblicklichen Zustand gerichtet, während das prozesshafte Denken noch wenig ausgeprägt ist. Dies lässt sich gut an **Aufgaben zur Mengenerhaltung** demonstrieren. Man kann beispielsweise einem Kind zwei exakt gleiche Knetgummikugeln zeigen und das Kind zur Sicherheit zunächst fragen, welche der beiden Kugeln mehr Knetgummi enthält. Nachdem das Kind bestätigt hat, dass beide Kugeln gleich sind, rollt man eine der beiden Kugeln, bis ein wurstförmiger Zustand erreicht ist. Auf die Frage, ob beide Formen nun gleichviel Knetgummi enthalten, sagt ein Kind in der präoperationalen Phase typischerweise, dass das wurstförmig gerollte Knetgummi mehr Knetgummimasse enthält, weil es länger erscheint. Es orientiert sich also an dem aktuellen Zustand und kann sich nicht vorstellen, dass man den Verformungsprozess ja rückgängig machen könnte und dann wieder die gleich großen Kugeln entstehen würden (mangelnde Fähigkeit zu reversiblem Denken).

Exkurs

Aufgaben zum Problem der Mengenerhaltung

Es gibt eine Vielzahl ähnlicher Aufgaben, die sich ebenfalls auf das Phänomen der Mengenerhaltung beziehen. So kann man einem Kind zwei gleiche Wassergläser mit gleich hohem Flüssigkeitsstand zeigen und danach eines der Gläser in ein breiteres Glas umfüllen. Das Kind in der präoperationalen Entwicklungsphase wird nun sagen, dass das hohe, schmale Glas mehr Flüssigkeit enthält (Abb. 2.4). Ähnliches gilt, wenn zwei Reihen mit jeweils zehn Knöpfen untereinander vor einem Kind auf einen Tisch gelegt werden. Das Kind wird bestätigen, dass beide Reihen gleich viele Knöpfe enthalten. Legt man nun bei einer der beiden Reihen die Knöpfe weiter auseinander als bei der anderen Reihe, ändert sich das Urteil. Das Kind in der präoperationalen Entwicklungsstufe wird typischerweise zu der Einschätzung gelan-

Abb. 2.4. Ein 4½-jähriger Junge bei einer Aufgabe zur Mengenerhaltung

gen, dass die Reihe, bei der die Knöpfe weiter auseinander liegen, mehr Knöpfe enthält. Allgemein zeigen diese Urteile, dass eine Zentrierung auf den aktuellen Zustand stattfindet, dass jedoch Schwierigkeiten bestehen, den Prozess gedanklich rückgängig zu machen und sich vorzustellen, dass der aktuelle Zustand in den ursprünglichen Zustand zurückgeführt werden könnte. Dass Zustände nicht ineinander überführt werden, hängt mit einer Reihe weiterer Denkcharakteristika in diesem Entwicklungsabschnitt zusammen. So fällt es dadurch weiterhin schwer, Ursache-Wirkungs-Ketten zu verstehen, deren Verständnis ja ebenfalls ein prozesshaftes Denken verlangt.

Unzureichende Beachtung mehrerer Dimensionen. Kinder der präoperationalen Entwicklungsphase zentrieren häufig auf nur eine Dimension, auch wenn die Aufgabe, mit der sie konfrontiert sind, eine Beachtung mehrerer Dimensionen verlangt. So hat sich vielfach gezeigt, dass Kinder in diesem Entwicklungsabschnitt bei **Flächeneinschätzungsaufgaben** entweder nur auf die Höhe oder nur auf die Breite zentrieren, dass sie jedoch nicht beide Dimensionen in ihrem Urteil berücksichtigen. Auch bei **multiplen Klassifikationen** zeigt sich dieses Phänomen. Bei diesem Aufgabentyp geht es darum, Gegenstände gleichzeitig nach mehreren Kriterien zu sortieren (z. B. nach Farbe und Form). In der präoperationalen Entwicklungsphase gelingt es den Kindern häufig nur, eines der beiden Kriterien zu beachten. Ähnliches gilt für die **multiple Seriation**, bei der Rangfolgen nach verschiedenen Gesichtspunkten erstellt werden sollen (z. B. Ordnung von Gefäßen nach Höhe und Breite). Weiterhin bestehen dadurch Probleme bei **Klasseninklusionsaufgaben**. Hier geht es um die Erkenntnis, dass es Teilmengen innerhalb von Klassen gibt (z. B. eine Teilmenge von Tulpen innerhalb der Klasse der Blumen). Typischerweise wird den Kindern dazu ein Strauß mit Blumen gezeigt, der überwiegend – aber nicht vollständig – aus Tulpen besteht. Die Frage an die Kinder lautet, ob der Strauß mehr Tulpen oder mehr Blumen enthält. Viele Kinder der präoperationalen Entwicklungsstufe zentrieren auf die größere Teilmenge der Tulpen und übersehen dabei die Gesamtmenge der Blumen.

Das Grundproblem der präoperationalen Entwicklungsstufe ist – verallgemeinert – in der Zentrierung auf eine Dimension (eine Perspektive, einen Zustand etc.) zu sehen. Dies äußert sich in unterschiedlichen Denkbegrenztheiten und lässt sich beim **Egozentrismus**, beim **statischen Denken** und bei der **mangelnden Beachtung mehrerer Dimensionen** beobachten. Der Übergang zum mehrdimensionalen Denken ist ein wichtiger Entwicklungsschritt, da er eine weitere Flexibilisierung des Denkens ermöglicht. Dies ist der entscheidende Entwicklungsschritt, der den Übergang zum konkret-operationalen Denken markiert.

Konkret-operationale Entwicklungsphase

In der konkret-operationalen Entwicklungsstufe findet eine Ablösung der Denkoperationen von den beobachteten Abläufen statt, aber die Denkoperationen sind noch immer auf konkrete Handlungen und Wahrnehmungen bezogen und die Abstraktionsfähigkeit ist dementsprechend noch immer gering. Die Fähigkeit zur Perspektivüber-

Als Charakteristikum des präoperationalen Denkens gilt weiterhin eine **Zentrierung auf einzelne Dimensionen**, was sich beispielsweise bei multiplen Klassifikationsaufgaben zeigt, bei denen Gegenstände nach mehreren Dimensionen gleichzeitig sortiert werden sollen.

Die **Tendenz zur Zentrierung** auf einzelne Aspekte gilt als ein **Grundproblem der präoperationalen Phase**, das sich in verschiedenen Denkproblemen äußert (z. B. in der Zentrierung auf einen Zustand, auf eine Dimension, auf eine Perspektive etc.).

In der konkret-operationalen Entwicklungsstufe erhöht sich die **Fähigkeit zu einem mehrdimensionalen Denken**, wodurch viele der Begrenzungen, die sich in der präoperationalen Entwicklungsstufe zeigen, aufgehoben werden.

nahme entwickelt sich, sodass zunehmend die Wünsche und Intentionen anderer Personen berücksichtigt werden können. Die Perspektivübernahmefähigkeit bleibt jedoch auf konkrete Personen bezogen und bezieht sich beispielsweise noch nicht auf abstrakte Perspektiven (wie beispielsweise die gesamtgesellschaftliche Perspektive). Das **prozesshafte Denken** entwickelt sich in zunehmendem Maße und dadurch ist beispielsweise die Lösung von Mengenerhaltungsaufgaben in diesem Entwicklungsabschnitt kein Problem mehr. Aufbauend auf Klassifikations- und Seriationsfähigkeiten entwickelt sich die **Fähigkeit zu logischen und arithmetischen Operationen**. Es entstehen weiterhin zunehmende Kompetenzen zur **Planung von Handlungsabläufen** und zur **Koordinierung von Handlungen** (durch die Perspektivübernahmefähigkeit auch die Kompetenz zur Koordinierung eigener Handlungen mit den Handlungen anderer). Die Kinder werden dabei unterstützt durch ihre zunehmende Fähigkeit zu **Operationen in Raum und Zeit**. Allgemein lässt sich sagen, dass eine größere Beweglichkeit des Denkens entsteht und dass ein Operieren mit mehreren Schemata simultan ermöglicht wird. Dadurch kommt es zu einem komplexeren Denken, das aber noch an konkrete Abläufe gebunden ist. Die zunehmende Lösung von konkreten Abläufen erhöht ein weiteres Mal die realisierbare Flexibilität des Denkens und markiert dadurch den Übergang in die formal-operationale Entwicklungsphase.

Formal-operationale Entwicklungsphase

Die formal-operationale Entwicklungsphase ist durch ein zunehmend **abstrakteres Denken** gekennzeichnet. Dies zeigt sich u. a. in einem zunehmend **systematischen Denken nach formal-logischen Regeln**. Dies lässt sich beispielsweise gut an dem klassischen **Pendelversuch** von Inhelder und Piaget (1958) demonstrieren. Kindern und Jugendlichen der konkret-operationalen und der formaloperationalen Entwicklungsstufe werden in diesem Versuch mit einem Pendel konfrontiert und sollen den Einfluss von Pendellänge und Pendelgewicht auf die Pendelfrequenz bestimmen. Die Frage ist, ob Pendellänge, Pendelgewicht oder beide gemeinsam einen Einfluss auf die Pendelfrequenz haben. Hier zeigt sich, dass Kinder und Jugendliche der formal-operationalen Entwicklungsstufe systematisch alle Kombinationen durchprobieren, während in der konkret-operationalen Entwicklungsstufe ein deutlich weniger systematisches Vorgehen zu beobachten ist. Dementsprechend fällt es Kindern und Jugendlichen der formal-operationalen Entwicklungsstufe zunehmend leichter, mit abstrakten Symbolen (z. B. Buchstaben anstelle von konkreten Zahlen) zu operieren (z. B. bei mathematischen Aufgaben). Weiterhin können bei Planungsaufgaben Alternativen hypothetisch durchdacht werden, von denen dann eine Alternative nach systematischer Abwägung der jeweiligen Vor- und Nachteile realisiert wird.

> Die formal-operationale Entwicklungsphase ist durch die **Fähigkeit zu abstraktem und systematischem Denken** nach formal-logischen Regeln gekennzeichnet.

Für die Praxis

Implikationen für die Erziehung

Es ist möglich, die Denkentwicklung durch den Aufbau von Diskrepanzen zu den vorhandenen Auffassungsmöglichkeiten in Grenzen zu beschleunigen. Wenn die Diskrepanzen nicht zu groß sind, entsteht ein Ungleichgewicht, das Weiterentwicklungsprozesse in Gang setzen kann. Wenn ein Kind, das sich im Übergang von der präoperationalen in die konkret-operationalen Entwicklungsstufe befindet beispielsweise vor zwei Knopfreihen mit jeweils zehn Knöpfen sitzt und zu der Einschätzung gelangt, dass die Anzahl der Knöpfe größer wird, wenn man eine der Knopfreihen weiter auseinanderlegt, kann man das Kind nachzählen lassen. Ein Kind, das bereits zählen kann und versteht, dass jeder Zahl eine Einheit in der Objektwelt zugeordnet ist, wird nun eine Diskrepanz zwischen seiner ursprünglichen Einschätzung und dem Zählergebnis wahrnehmen, das möglicherweise zu einer Revision der ursprünglichen Einschätzung führt. Der Aufbau sog. dosierter Diskrepanzen zu den ursprünglichen Denkweisen kann daher Akkommodationen und damit Weiterentwicklungen in Gang setzen.

2.5.3 Weiterentwicklungen und neuere Ansätze

Ein besonderes Verdienst von Piaget ist darin zu sehen, dass er – wahrscheinlich wie kein anderer Entwicklungspsychologe – die weitere Forschung in der Entwicklungspsychologie angeregt hat. Dies liegt vor allem auch an der Vielzahl an Forschungsfragestellungen, die aus seiner Theorie hervorgegangen sind. So sind allein zu Thematiken wie der Perspektivübernahmefähigkeit hunderte weiterer Forschungsarbeiten entstanden. Ähnliches gilt für die Fähigkeit zur Objektpermanenz oder zur Mengenerhaltung, um nur einige weitere Beispiele zu nennen. Es hat sich jedoch vielfach gezeigt, dass Piaget die **Kompetenzen von Kindern** in vielen Inhaltsbereichen **eher unterschätzt** hat. Vor allem durch die Verwendung vereinfachter Aufgaben oder noch sorgfältigerer Beobachtung des Entwicklungsgeschehens konnte vielfach gezeigt werden, dass zumindest die **Altersangaben eher zu hoch angesetzt** sind. Auch einzelne Aspekte der Theorie gelten mittlerweile als widerlegt, wobei die Grundideen jedoch so allgemein angelegt sind, dass eine Widerlegung schwer fällt.

> Obwohl Piaget die Kompetenzen von Kindern vermutlich eher unterschätzt hat, kommt ihm dennoch das besondere Verdienst zu, auf vielfältige Weise **die Forschung in der Entwicklungspsychologie angeregt** zu haben.

In neueren Ansätzen, die auf der Theorie Piagets aufbauen, wird versucht, eine **Verbindung zu informationsverarbeitungstheoretischen Ansätzen** herzustellen (neopiagetianische Theorien). Einen zentralen Stellenwert nimmt dabei das Konstrukt der **Gedächtniskapazität** ein, das als die maximale Anzahl unabhängiger Schemata, die ein Kind zu einem gegebenen Zeitpunkt aktivieren kann, definiert wird. Als treibender Motor der Entwicklung wird dabei die zunehmende Effizienz bei der Ausnutzung von vorhandenen Kapazitäten gesehen. Die Ursachen der zunehmenden Effizienz werden in einer Zunahme der **Automatisierungsprozesse**, einer Erhöhung der Verarbeitungsgeschwindigkeit, einer Zunahme paralleler Informationsverarbeitung und neurologischen Reifungsprozessen gesehen.

> **Neopiagetianische Konzeptionen** versuchen eine Verbindung zwischen der kognitiven Entwicklungstheorie Piagets und informationsverarbeitungstheoretischen Konzepten herzustellen.

Auf dieser Basis werden – wie in der Theorie Piagets – 4 große Entwicklungsstadien voneinander unterschieden (Case, 1985; auch Miller, 1993):

1. **Sensumotorisches Verarbeitungsstadium:** Die Körperbewegungen werden mit mentalen Repräsentationen verbunden (Bezug zwischen motorischer Handlung und mentalem Schema).
2. **Interrelationales Verarbeitungsstadium:** Die mentalen Repräsentationen enthalten Relationen zwischen Objekten, Personen und Ereignissen.
3. **Dimensionales Verarbeitungsstadium:** Bedeutsame Dimensionen der Umgebung werden erkannt und extrahiert. Zwischen den Dimensionen werden systematische Beziehungen hergestellt.
4. **Abstraktes Verarbeitungsstadium.** Abstrakte Denksysteme werden erworben, mit deren Hilfe logische Schlussfolgerungen gezogen werden können.

> Nach der neopiagetianischen Konzeption von Case werden das **sensumotorische**, das **interrelationale**, das **dimensionale** und das **abstrakte Verarbeitungsstadium** unterschieden.

Allgemein zeigt sich eine Ähnlichkeit mit der Stufenabfolge, die von Piaget postuliert wurde. Die Denkschemata, die vor dem Hintergrund der vorhandenen Gedächtniskapazitäten aktiviert werden können, werden jedoch stärker betont.

2.6 Informationsverarbeitungstheorien

Grundanliegen der Informationsverarbeitungstheorien ist die Beschreibung der Informationsverarbeitung durch das kognitive System des Menschen. Die entwicklungspsychologische Variante besteht dabei darin, sich auf Veränderungen der Informationsverarbeitung im Laufe der Entwicklung zu konzentrieren.

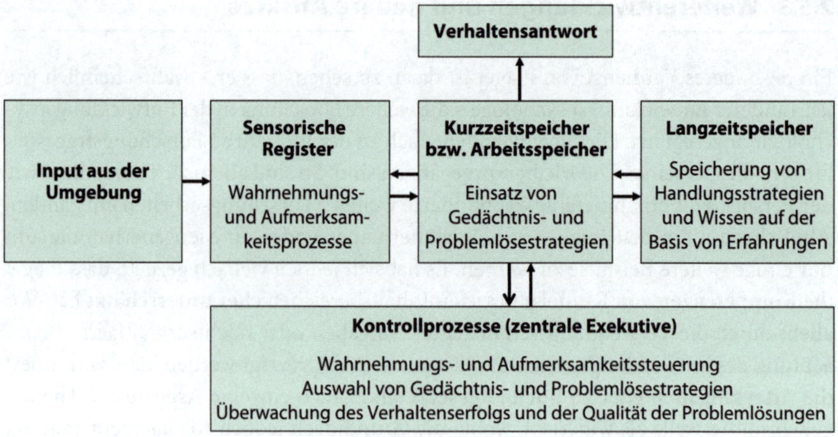

Abb. 2.5. Mehrspeichermodell der Informationsverarbeitung

```
                                              Verhaltensantwort
                                                    ↑
                        Sensorische        Kurzzeitspeicher        Langzeitspeicher
   Input aus der        Register       ↔   bzw. Arbeitsspeicher ↔  Speicherung von
   Umgebung       →     Wahrnehmungs-       Einsatz von              Handlungsstrategien
                        und Aufmerksam-     Gedächtnis- und          und Wissen auf der
                        keitsprozesse       Problemlösestrategien    Basis von Erfahrungen
                              ↕                   ↕                       ↕
                        Kontrollprozesse (zentrale Exekutive)
                        Wahrnehmungs- und Aufmerksamkeitssteuerung
                        Auswahl von Gedächtnis- und Problemlösestrategien
                        Überwachung des Verhaltenserfolgs und der Qualität der Problemlösungen
```

2.6.1 Mehrspeichermodelle

Es gibt verschiedene Modellierungen des Informationsverarbeitungsprozesses, wobei die sog. **Mehrspeicheransätze** die größte Popularität erhalten haben. Dabei wird davon ausgegangen, dass die Informationsverarbeitung unter Einbezug mehrerer Gedächtnisspeicher erfolgt. Das Grundmodell dazu ist in der ◘ Abb. 2.5 zusammengefasst.

Ultrakurzzeitgedächtnis

Nach dem Mehrspeichermodell wird die Information aus der Umgebung zunächst über die Sinnesorgane aufgenommen und dann in **sensorischen Registern** zwischengespeichert. Es wird dabei davon ausgegangen, dass für jede Sinnesmodalität (visuell, akustisch, taktil, olfaktorisch, gustatorisch) eigene sensorische Register existieren. Die Information wird in den sensorischen Registern für kurze Zeit gespeichert (im Millisekunden- bis Sekundenbereich). Vor allem, wenn keine Aufmerksamkeit darauf gerichtet wird, zerfällt sie schnell. Dies wird schnell deutlich, wenn man einen Blick in die Umgebung richtet und danach die Augen schließt. Unmittelbar nach dem Schließen der Augen kann man noch relativ viele Einzelheiten identifizieren, danach wird dies schnell schwieriger (vor allem wenn es sich um eine unbekannte Umgebung handelt und auch Information aus dem Langzeitspeicher nicht weiterhilft). Da die Zeitdauer bis zum Zerfall der Information sehr kurz ist, spricht man in diesem Zusammenhang auch von dem **Ultrakurzzeitgedächtnis**.

Arbeitsspeicher

Wenn Aufmerksamkeit darauf gerichtet wurde, kann eine Weiterverarbeitung der Information aus dem sensorischen Gedächtnis im **Arbeitsspeicher** erfolgen. Im Arbeitsspeicher erfolgt eine Verknüpfung mit Information aus dem Langzeitspeicher, um die wahrgenommene Information zu identifizieren und ihr eine Bedeutung zu verleihen. Umgekehrt wird auch Information aus dem Arbeitsspeicher an den Langzeitspeicher gegeben, um Informationen über längere Zeiträume zu speichern. Der Arbeitsspeicher wird weiterhin auch zur Vorbereitung und Ausführung einer Verhaltensantwort genutzt. Ein Charakteristikum des Arbeitsspeichers besteht darin, dass die Verweildauer von Information ebenfalls kurz ist, wobei je nach den eingesetzten Gedächtnisstrategien Größenordnungen von Sekunden bis in den Minutenbereich erreicht werden. Gleichzeitig ist der Speicherplatz auf relativ wenige Informationseinheiten, die gleichzeitig bearbeitet werden können, begrenzt. Als Größenordnung werden hier etwa 7±2 Informationseinheiten genannt (Miller, 1956). Auch hier können jedoch durch den Einsatz von entsprechenden Strategien Zugewinne erzielt werden.

Marginalien:

Bei der Anwendung informationsverarbeitungstheoretischer Ansätze in der Entwicklungspsychologie geht es um **Veränderungen der Informationsverarbeitungsfähigkeiten** im Laufe der Entwicklung. Besonders populär sind dabei die **Mehrspeicheransätze**.

Nach dem Mehrspeichermodell wird die Information zunächst im **Ultrakurzzeitgedächtnis** (bzw. in einem sensorischen Register) gespeichert.

Im **Arbeitsspeicher** erfolgt eine Weiterverarbeitung der Information aus dem Ultrakurzzeitgedächtnis und eine Verknüpfung mit Information aus dem Langzeitspeicher.

2.6 · Informationsverarbeitungstheorien

Baddeley (2000) unterscheidet zwischen **verschiedenen Anteilen des Arbeitsspeichers**. Er unterscheidet
1. einen **visuell-räumlichen Speicher** für visuell-vorstellungsmäßige Information,
2. eine **phonologische Schleife** für auditive und verbale Information sowie
3. einen **episodischen Puffer**, der die Integration von Informationen zur Generierung ganzheitlicher Episoden übernimmt und dabei Informationen aus den unterschiedlichen Gedächtnissystemen nutzt.

Darüber hinaus postuliert er eine **zentrale Exekutive** zur Verteilung der Aufmerksamkeitsressourcen von und zu den Subsystemen. Die zentrale Exekutive übernimmt dabei die Steuerung des Prozesses der Informationsaufnahme durch Aufmerksamkeitslenkung, die Auswahl von Strategien zur Verarbeitung von Information (z. B. die Auswahl geeigneter Einspeicherungs- oder Abrufstrategien) sowie die Überwachung des Erfolgs des Strategieeinsatzes und des Erreichens der gewünschten Ziele.

Um eine effektive Verarbeitung zu erreichen, kommen vielfach **Gedächtnisstrategien** zum Einsatz. Vor allem die auditive und verbale Information in der phonologischen Schleife kann durch den Einsatz geeigneter Gedächtnisstrategien länger verfügbar gehalten werden. Eine mögliche Strategie besteht im Einsatz des **Rehearsals**, das dadurch charakterisiert ist, dass sprachliche Information innerlich wiederholt wird, um sie dadurch aufrechtzuerhalten. Ein Beispiel ist die Wiederholung von Zahlenfolgen (z. B. einer Telefonnummer), um sie bis zum Wählvorgang im Gedächtnis zu behalten. Eine weitere Möglichkeit, den vorhandenen begrenzten Speicherplatz effektiv zu nutzen, besteht im Einsatz von **Chunking-Strategien**, bei denen kleinere Informationseinheiten zu größeren Einheiten zusammengefasst werden, um dadurch weniger Speicherplatz zu benötigen und mehr Speicherplatz zur Berücksichtigung weiterer Informationseinheiten zu erhalten. So lässt sich die Zahlenfolge 12112030 leichter merken, wenn jeweils 2 Ziffern zusammengefasst werden (also 12, 11, 20, 30). Statt der ursprünglich 8 Informationseinheiten müssen nun nur noch 4 behalten werden.

Langzeitspeicher

Strategien wie das Chunking erleichtern nicht nur die Informationsverarbeitung im Arbeitsspeicher, sondern können auch die **Einspeicherung in den Langzeitspeicher** unterstützten, da dadurch auch im Langzeitspeicher weniger Speicherplatz benötigt wird. Diese Doppelfunktion findet sich auch bei weiteren Gedächtnisstrategien wie den Organisations- und den Elaborations- bzw. Anreicherungsstrategien. Bei **Organisationsstrategien** wird die Speicherung dadurch erleichtert, dass Ordnungs- oder Klassenbildungen stattfinden, um eine Struktur in das einzuspeichernde Material zu bringen. Bei **Elaborations- bzw. Anreicherungsstrategien** findet dagegen eine Bedeutungsanreicherung statt, indem beispielsweise Assoziationen zu bereits vorhandenen Gedächtnisinhalten hergestellt werden, um dadurch das Behalten zu erleichtern.

Betrachtet man nun den **Langzeitspeicher**, so besteht hier prinzipiell eine unbegrenzte Speicherkapazität. Probleme bereitet beim Langzeitspeicher vorrangig der Informationsabruf. Daher sind neben den **Enkodierstrategien** weiterhin auch **Dekodierstrategien** zum Abruf von Information notwendig. Um einen verlorenen Schlüssel wieder zu finden, kann es beispielsweise hilfreich sein, sich die Tätigkeiten, denen man nachgegangen ist, seit man den Schlüssel zum letzten Mal in der Hand hatte, noch einmal in chronologischer Reihenfolge vor Augen zu führen.

Ähnlich wie für den Arbeitsspeicher werden auch für den Langzeitspeicher verschiedene Teilkomponenten unterschieden. Die wichtigsten **Teilkomponenten** beziehen sich dabei auf
1. das episodische Gedächtnis,
2. das semantische Gedächtnis und
3. das prozedurale Gedächtnis.

Beim Arbeitsspeicher wird zwischen einem **visuell-räumlichen Speicher**, der **phonologischen Schleife** sowie dem **episodischen Puffer** unterschieden.

Zusätzlich wird eine **zentrale Exekutive** postuliert, die Steuerungs- und Kontrollfunktionen übernimmt.

Als **Gedächtnisstrategien**, die eine optimale Nutzung des Arbeitsspeichers gewährleisten, sind insbesondere das **Rehearsal** sowie das **Chunking** zu nennen.

Als weitere Gedächtnisstrategien können die **Organisations- und die Anreicherungsstrategien** gelten.

Von den **Enkodierstrategien** sind die **Dekodierstrategien** abzugrenzen, die den Abruf von Informationen aus dem Langzeitspeicher unterstützen.

Als wichtigste Komponenten des Langzeitspeichers werden das **episodische**, das **semantische** und das **prozedurale Gedächtnis** unterschieden.

Abb. 2.6. Beispiel für ein semantisches Netzwerk mit Integration eines Handlungsskripts

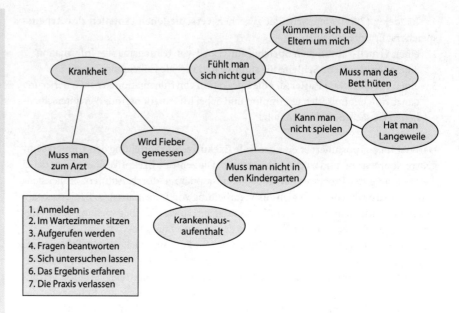

Im episodischen Gedächtnis sind vor allem **autobiografische Ereignisse** gespeichert.

Das **episodische Gedächtnis** bezieht sich im Wesentlichen auf eigene autobiografische Erfahrungen und ist zeitlich organisiert. Es enthält eigene Erlebnisse und dementsprechend vielfach zeitliche Sequenzen. Ein Beispiel wären die Erinnerungen an die Geburtstagsfeier im vergangenen Jahr.

Das semantische Gedächtnis umfasst insbesondere das **lexikalische Wissen**, das in semantischen Netzwerken organisiert ist.

Das **semantische Gedächtnis** fasst das »**Weltwissen**« einer Person zusammen und ist in semantischen Netzwerken organisiert. Ein semantisches Netzwerk enthält die Wissensbestandteile einer Person, die durch Verbindungen unterschiedlicher Stärke miteinander verknüpft sind. Ein Beispiel ist das Wissen über Erkrankungen, Erkrankungssymptome und Behandlungsmöglichkeiten. Ein Teil des Wissens liegt in Form von **Skripten** vor, die das Wissen darüber enthalten, wie bestimmte Ereignisse normalerweise ablaufen. So meldet man sich bei einem Arztbesuch typischerweise zunächst beim Empfang an und nimmt dann im Wartezimmer Platz, bis man aufgerufen wird. Danach folgen die Untersuchungen beim Arzt und gegebenenfalls eine Diagnose, die mit spezifischen weiteren Handlungen verknüpft ist. Ähnliche Skripte gibt es beispielsweise für einen Restaurantbesuch oder für den Ablauf eines Kindergeburtstags. Die Skripte sind – wie man an den Beispielen erkennen kann – kulturabhängig. Ein Beispiel für ein semantisches Netzwerk mit Integration eines Handlungsskripts findet sich in der Abb. 2.6. Ein weiterer Teil des semantischen Netzwerks einer Person enthält das **Wissen über das eigene Gedächtnis** und über Möglichkeiten, das Gedächtnis effektiv zu nutzen (z. B. durch den Einsatz geeigneter Einspeicherungs-, Abruf- oder Kontrollstrategien). Dieser spezielle Gedächtnisanteil wird auch als **Metagedächtnis** bezeichnet.

Den episodischen und semantischen Gedächtnisinhalten, die als **deklaratives Gedächtnis** zusammengefasst werden, steht das **nondeklarative Gedächtnis** gegenüber. Als wesentlicher Bestandteil ist das prozedurale, auf Fertigkeiten bezogene Gedächtnis zu nennen.

Die **episodischen** und **semantischen** Gedächtnisanteile werden als **deklaratives** (bzw. auch **explizites**) Gedächtnis zusammengefasst. Damit soll zum Ausdruck gebracht werden, dass diese Gedächtnisanteile Inhalte umfassen, die prinzipiell bewusstseinsfähig sind und damit dem Bewusstsein zugänglich sind. Davon abgegrenzt werden die **nondeklarativen** (bzw. **impliziten**) Gedächtnisanteile, zu denen insbesondere das **prozedurale Gedächtnis** gehört. Hier handelt es sich im Wesentlichen um automatisierte Fertigkeiten, die ohne bewusste Steuerung eingesetzt werden. Beispielhaft sind hier Tätigkeiten wie Fahrradfahren oder die Bedienung einer Tastatur nach dem Zehn-Finger-System zu nennen. Hier kann zwar bewusst eingegriffen werden, prinzipiell laufen die Tätigkeiten jedoch weitgehend automatisiert ab. Auch Teilbestandteile des Metagedächtnisses sind dem prozeduralen Gedächtnis zuzuordnen, da Wissen über das Gedächtnis auch implizit (ohne bewusste Steuerung) eingesetzt werden kann.

Ablauf der Informationsverarbeitung in Mehrspeichermodellen

Zusammenfassend lässt sich festhalten, dass Informationen nach diesem Ansatz zunächst (je nach Sinnesmodalität) in eines oder mehrere **sensorische Register** gelangen, wobei ein Teil der Information relativ schnell verfällt, wenn keine Aufmerksamkeit seitens der **zentralen Exekutive** darauf gerichtet wird. Ein Teil der Information gelangt weiter in den **Arbeitsspeicher** und wird mit dem **semantischen Netzwerk** des Langzeitspeichers in Verbindung gebracht. Dadurch werden die mit den Informationen assoziierten Wissensbestandteile des semantischen Netzwerks aktiviert, wobei die Information dann im Arbeitsspeicher verarbeitet wird. Bei der Weiterverarbeitung wird ggf. auch das **Metagedächtnis** involviert, um beispielsweise auf bereits vorliegende Gedächtnisstrategien (zur Einspeicherung oder zum Abruf von Informationen) zurückzugreifen.

*Zusammenfassend ergibt sich als Abfolge, dass die Information zunächst in die **sensorischen Register** gelangt, dann im **Arbeitsspeicher** weiterverarbeitet und ggf. im **Langzeitgedächtnis** gespeichert wird.*

2.6.2 Entwicklungsveränderungen bei der Informationsverarbeitung

Die bisherige Darstellung bezog sich auf das allgemeinpsychologische Mehrspeichermodell der Informationsverarbeitung. Wenn man dies von der entwicklungspsychologischen Seite her betrachtet, stellt sich die Frage, welche **Entwicklungsveränderungen** sich dabei ergeben. In diesem Zusammenhang sind insbesondere zu nennen:
1. der Einsatz effizienterer Gedächtnisstrategien,
2. die effizientere Nutzung der Kapazität des Arbeitsspeichers,
3. die Zunahme automatisierter Informationsverarbeitung,
4. die Zunahme der Verarbeitungsgeschwindigkeit,
5. die Zunahme des Inhaltswissens.

*Bei vielen Aspekten der Informationsverarbeitung ergeben sich **Entwicklungsveränderungen**.*

Einsatz von Gedächtnisstrategien. Betrachtet man zunächst den Einsatz von Gedächtnisstrategien, so lassen sich vielfache Hinweise darauf finden, dass ältere Kinder effizientere Strategien zur Informationsverarbeitung nutzen als jüngere. Betrachtet man beispielsweise das Lernen einer Wortliste (z. B. Vogel, Gemüse, Auto, Erde, Zucker), so findet man häufig das Phänomen, dass jüngere Kinder (z. B. im Vorschulalter) sehr unsystematisch vorgehen. Wenn ihnen beispielsweise die Wortliste vorgelesen wird mit dem Auftrag, sich möglichst viele Worte zu merken, konzentrieren sie sich jeweils auf das letztgenannte Wort, vergessen dabei aber die vorausgegangenen. Ältere Kinder versuchen dagegen, möglichst viele Worte durch innerliches Wiederholen im Gedächtnis zu behalten. Sie nutzen also eine Rehearsal-Strategie, um die Worte im Kurzzeitspeicher festzuhalten. Grundsätzlich können die Defizite jüngerer Kinder im Umgang mit Gedächtnisstrategien auf Produktions- oder Nutzungsdefizite zurückgeführt werden (Bjorklund, Miller, Coyle & Slawinsky, 1997). Im Falle eines **Produktionsdefizits** würde dies bedeuten, dass Kinder Memorisierungsstrategien nicht spontan einsetzen, obwohl sie prinzipiell (z. B. nach gezielter Instruktion) in der Lage sind, sie mit Gewinn einzusetzen. Im Falle eines **Nutzungsdefizits** können die Kinder (noch) nicht von einer Strategie profitieren, selbst wenn sie sie einsetzen würden.

*Beim Einsatz von Gedächtnisstrategien können sich **Produktions- und Nutzungsdefizite** bei Kindern zeigen.*

Man kann allerdings davon ausgehen, dass häufig das Ausmaß der Stimulation (z. B. durch Training) entscheidend ist. Potenzielle Nutzungsdefizite verschwinden häufig mit der Intensität des Trainings. Der Grund für die Nichtnutzung von Strategien ist eher darin zu sehen, dass die Kosten der mentalen Anstrengung für den Einsatz neuer Strategien höher sind als der wahrgenommene Nutzen. Dies lässt sich dadurch belegen, dass die Verwendungshäufigkeit steigt, wenn
1. die Kinder für Verwendung einer Strategie belohnt werden (Erhöhung des Nutzens) oder
2. Material dargeboten wird, das für die Verwendung einer Strategie besonders geeignet ist (Senkung der Kosten)

***Nutzungsdefizite** verschwinden häufig, wenn Kinder erkennen, dass der Nutzen einer Gedächtnisstrategie höher ist als die dabei aufgewandte mentale Anstrengung.*

Wenn die Kosten gesenkt werden oder der Nutzen erhöht wird, steigt die Wahrscheinlichkeit einer Nutzung von neu gelernten Gedächtnisstrategien demnach bereits bei jüngeren Kindern (Kunzinger & Wittryol, 1984).

Effizientere Nutzung der Kapazität des Arbeitsspeichers. Mit steigendem Alter zeigt sich darüber hinaus eine zunehmend effizientere Nutzung der Kapazität des Arbeitsspeichers. Dies wird unter anderem durch **verbesserte Fähigkeiten zur Chunk-Bildung** erreicht. Selbst wenn der Arbeitsspeicher begrenzt bleibt, findet dadurch eine effizientere Nutzung der begrenzten Kapazitäten statt. Hinzu kommt, dass durch die Zunahme der Ausdehnung des semantischen Netzwerkes vielfältigere Verknüpfungen mit anderen Informationen bestehen. Weiterhin ist die höhere Effizienz der Kontrollprozesse durch zunehmende Erfahrungsbildung hervorzuheben.

> Die Fähigkeit zu einer effizienten Nutzung des Arbeitsspeichers steigt mit dem Alter, wobei dazu unter anderem verbesserte **Kompetenzen zur Nutzung von Gedächtnisstrategien** beitragen.

Zunahme automatisierter Informationsverarbeitung. Im Entwicklungsverlauf kommt es weiterhin zu einer Zunahme automatisierter Informationsverarbeitung. Eine automatisierte Informationsverarbeitung erfordert keine bewusste kognitive Mühe. Dies lässt sich beispielsweise beim Erlernen des Umgangs mit einer Tastatur erläutern. Zunächst muss viel Kapazität des Arbeitsspeichers darauf verwandt werden, jeden einzelnen Buchstaben zu suchen. Später ist die Suche dagegen automatisiert und die Kapazität des Arbeitsspeichers wird frei für andere Aufgaben (z. B. zusätzliche Kontrollprozesse). Die Tätigkeit wird damit zu einem Bestandteil des prozeduralen Gedächtnisses.

> Eine weitere Entwicklungsveränderung bezieht sich auf die Zunahme **automatisierter Informationsverarbeitung**, die zu einer Entlastung des Arbeitsspeichers führt.

Zunahme der Verarbeitungsgeschwindigkeit. Die Zunahme der Verarbeitungsgeschwindigkeit im Entwicklungsverlauf lässt sich erkennen, wenn man die Geschwindigkeit misst, mit der Kinder verschiedener Altersgruppen Aufgaben bearbeiten (Kail, 1997). Dabei lässt sich in vielen kognitiven und auch motorischen Entwicklungsbereichen eine Zunahme der Verarbeitungsgeschwindigkeit zeigen (z. B. beim Addieren von Zahlen, aber auch beim Suchen von versteckten Objekten in Abbildungen, bei mentaler Rotation etc). Da sich die Zunahme der Verarbeitungsgeschwindigkeit bei verschiedenartigen Aufgaben kulturunabhängig zeigen lässt, handelt sich vermutlich um ein **Reifungsphänomen**, das zurückgeht auf
- die zunehmende **Myelinisierung** der Nervenbahnen sowie
- eine effektivere **Vernetzung** der Nervenzellen.

> Durch die zunehmende Myelinisierung der Nervenbahnen und eine effektivere Vernetzung der Nervenzellen kommt es weiterhin im Entwicklungsverlauf zu einer **Zunahme der Verarbeitungsgeschwindigkeit**.

Die zunehmende Myelinisierung wirkt dabei wie eine Isolierung, die die Reizweiterleitung zwischen den Nervenzellen beschleunigt. Da die Myelinisierung bei Kindern noch nicht abgeschlossen ist, erreicht die Reizweiterleitungsgeschwindigkeit noch nicht das Niveau von Erwachsenen. Hinzu kommt die noch geringere Effektivität der Vernetzung der Nervenzellen.

Zunahme des Inhaltswissens. Die Zunahme des Inhaltswissens und die Zunahme des Umfangs semantischer Netzwerke erleichtern wiederum das Erkennen und Einordnen von Informationen. Wenn neue Information aus der Umgebung eintrifft, kann sie auf der Basis des Vorwissens schnell und differenziert eingeordnet werden. In vielen Fällen bestehen dabei bereits Bezüge zu geeigneten Handlungsskripten oder Verhaltensautomatismen, sodass eine schnelle Handlungsreaktion ermöglicht wird.

> Der zunehmende **Umfang semantischer Netzwerke** erleichtert das Erkennen und die Einordnung von Informationen.

2.6.3 Sequenzielle versus parallele Informationsverarbeitung

> Die klassischen Mehrspeicher-Modelle betonen die **sequenzielle Informationsverarbeitung**. Konnektionistische Theorien legen ihren Schwerpunkt dagegen auf die **parallele Informationsverarbeitung**.

Die **klassischen Mehrspeichermodelle** der Informationsverarbeitung gehen im Wesentlichen von einer **sequenziellen Informationsverarbeitung** aus. Davon abzugrenzen sind Informationsverarbeitungsansätze, die die **parallele Informationsverarbei-**

tung betonen (auch als **konnektionistische Theorien** bezeichnet). Ausgangspunkt ist dabei die Idee, dass an der Informationsverarbeitung eine Vielzahl miteinander verschachtelter Neuronen beteiligt ist. Sie sind so miteinander verknüpft (als **neuronale Netzwerke**), dass sie ein System vieler einfacher Einheiten bilden, das eine parallele Informationsverarbeitung ermöglicht. In der Regel werden Computersimulationen eingesetzt, um die Arbeit von Neuronen zu simulieren. Beispielsweise wurde ein solches System von McClelland und Rumelhart (1986) erfolgreich eingesetzt, um das Erlernen von Vergangenheitsformen im Englischen zu simulieren. Mit zunehmendem Input lernt das System dabei bei zunehmend mehr Verben, die korrekte Vergangenheitsform zu bilden und auch Ausnahmen von der Regel zu identifizieren. Es geht also prinzipiell darum, mithilfe simulierter neuronaler Netzwerke den Entwicklungsverlauf der Informationsverarbeitungsfähigkeiten von Kindern in unterschiedlichen Inhaltsbereichen (wie dem Spracherwerb) nachzubilden.

2.7 Theorien domänenspezifischer Entwicklung

Unabhängig davon, ob die Informationsverarbeitung sequenziell oder parallel erfolgt, stellt sich die Frage, ob Entwicklung **domänen- bzw. bereichsübergreifend gleichförmig** oder **domänen- bzw. bereichsspezifisch unterschiedlich** erfolgt. Weil Kinder am Anfang ihrer Entwicklung in allen Inhaltsbereichen Lernprozesse durchlaufen, können sie als universelle Novizen bezeichnet werden. Dadurch, dass Kinder typischerweise gleichermaßen mit vielen Inhaltsbereichen konfrontiert sind, entsteht der Eindruck einer gleichartigen Entwicklung. Treten dagegen Spezialisierungen auf, wird deutlich, dass Entwicklung bereichsspezifisch unterschiedlich verlaufen kann. In einer mittlerweile klassischen Studie zeigte sich beispielsweise, dass schacherfahrene Kinder der 3.–8. Klasse die Positionen von Schachfiguren besser als Erwachsene behalten konnten, was zeigt, dass eine Entwicklungsbeschleunigung in einzelnen Inhaltsbereichen auftreten kann, wenn die Kinder ein besonderes Interesse und dadurch bedingt ein Expertentum für diese Bereiche entwickeln (Chi, Glaser & Reese, 1982).

Nach Bransford, Brown und Cocking (1999) lassen sich weiterhin privilegierte und nichtprivilegierte Wissensdomänen unterscheiden. Als **privilegierte Wissensdomänen** sind dabei solche Wissensbereiche definiert, in denen bereits vom Säuglingsalter an ein intuitives Kernwissen besteht, das sich die Säuglinge kaum aus eigener Erfahrung angeeignet haben können. Für den Wissenserwerb in **nichtprivilegierten Wissensdomänen** ist dagegen Erfahrungserwerb erforderlich, ohne dass auf vorhandene Grundlagen aufgebaut werden kann. Zu den privilegierten Wissensdomänen zählen insbesondere die Physik, die Biologie und die Psychologie, zu denen bereits sehr früh intuitives Kernwissen nachgewiesen werden kann, das durch eigene Lernerfahrungen kaum zu erklären ist. Auf diese Wissensbestände wird später noch genauer eingegangen werden, an dieser Stelle soll lediglich darauf hingewiesen werden, da die Annahme nicht unplausibel ist, dass es eine endogene Basis gibt, die den Erwerb bestimmter Wissensbestandteile erleichtert, da auch auf diese Weise zum Überleben der Art beigetragen wird. In den privilegierten Wissensdomänen kann Lernen relativ leicht und intuitiv erfolgen (was jedoch die Notwendigkeit expliziten Lernens nicht ausschließt), während in den nichtprivilegierten Domänen vielfach ein explizites Lernen durch Unterweisung und umfangreiche Erfahrungsbildung erforderlich ist.

Aufbauend auf dem vorhandenen Ausgangswissen kann sich eine bereichsspezifische Entwicklung entweder durch kontinuierliche Anreicherung oder als Abfolge von Umstrukturierungen vollziehen. Mit **kontinuierlicher Anreicherung** ist gemeint, dass Kinder über ein Ausgangswissen verfügen, das im Lauf der Entwicklung lediglich weiter ausdifferenziert wird. Qualitative Veränderungen des Wissensbestandes werden dabei nicht angenommen. Die Annahme einer **Abfolge von Umstrukturierungen** im-

---

*In Theorien domänenspezifischer Entwicklung wird davon ausgegangen, dass Entwicklung nicht bereichsübergreifend gleichförmig erfolgt, sondern dass die **Entwicklung in verschiedenen Inhaltsbereichen unterschiedlich** erfolgen kann.*

*In sog. **privilegierten Wissensdomänen** bestehen bereits früh im Entwicklungsverlauf **intuitive Wissensbestände**, auf denen im Laufe der weiteren Entwicklung aufgebaut werden kann.*

*Die domänenspezifische Entwicklung kann als **kontinuierliche Anreicherung** oder als **Abfolge von Umstrukturierungen** erfolgen.*

pliziert, dass ein relativ kohärentes System von Überzeugungen aufgebaut wurde, das resistent gegen punktuelle Veränderungen ist. In diesem Fall würden die Kinder über einen umfassenden **Interpretationsrahmen** verfügen, den sie auf neue Informationen anwenden. Die Veränderung des gesamten Interpretationsrahmens ist dabei ein langwieriger Prozess. Kommt es jedoch zu einer Änderung des Interpretationsrahmens (weil er sich als zunehmend unangemessen erweist), kommt es zu umfangreichen Umstrukturierungen, die einem Paradigmenwechsel in der Wissenschaft ähneln.

> **Beispiel**
>
> Jüngere Kinder können sich nur schwer vorstellen, dass die Erde eine Kugel ist und dass auf der anderen Seite der Erde (»unten«) ebenfalls Menschen leben, die offenbar nicht herunterfallen. Erst wenn sie das Prinzip der Erdanziehung verstanden haben und also einen Interpretationsrahmen erworben haben, der dieses Phänomen erklären kann, wird die ursprüngliche Inkonsistenz (zwischen dem Wissen, dass dort Menschen leben, und der Annahme, dass sie ja eigentlich herunterfallen müssten) aufgehoben. Es kann also zu Umstrukturierungen von Wissensbeständen kommen, wenn ein neuer Interpretationsrahmen erworben wird, der die vielen unerklärlichen oder widersprüchlichen Fakten in einem anderen Licht erscheinen lässt.

Wenn eine Verknüpfung von Wissenselementen über einen **gemeinsamen Interpretationsrahmen** besteht, lassen sich einzelne Wissenselemente möglicherweise schwer korrigieren. Hier ist eine Änderung des Interpretationsrahmens erforderlich.

Möglicherweise ist es sinnvoll, die Frage nach einer kontinuierlichen versus diskontinuierlichen Entwicklung nicht generell, sondern **bereichsabhängig** zu stellen.

Es besteht eine enge Beziehung zwischen **Theorien domänenspezifischer Entwicklung** und **informationsverarbeitungstheoretischen Ansätzen**.

Als Konsequenz kann man davon ausgehen, dass sich fehlerhafte Wissensbestände vergleichsweise leicht korrigieren lassen sollten, wenn sie aus relativ isolierten Wissenskomponenten bestehen (wie beispielsweise beim Vokabellernen). Wenn aber enge Verknüpfungen zwischen den Wissenselementen über einen gemeinsamen Interpretationsrahmen bestehen, dürften sich einzelne Elemente weniger leicht beeinflussen lassen.

Bereits früher wurde die Unterscheidung zwischen **kontinuierlicher und diskontinuierlicher Entwicklung** als klassische Thematik der Entwicklungspsychologie eingeführt (▶ Kap. 1). An dieser Stelle wird deutlich, dass es vielleicht sinnvoller ist, diese Unterscheidung **domänenabhängig** vorzunehmen. In einigen Bereichen kann es im Laufe der Entwicklung zu Umstrukturierungen kommen, die qualitativen Veränderungen gleichkommen, während es in anderen Bereichen eher zu kontinuierlichen, eher quantitativen Anreicherungen kommt.

Theorien domänenspezifischer Entwicklung sind eng mit informationsverarbeitungstheoretischen Ansätzen verknüpft. Sie betrachten den Informationsverarbeitungsprozess domänenspezifisch und betrachten den Entwicklungsprozess innerhalb der einzelnen Wissensdomänen.

2.8 Systemorientierte Theorien

Die Entwicklung eines Individuums vollzieht sich in Systemen, die sich ebenfalls weiterentwickeln. Da dabei wechselseitige Einflussprozesse stattfinden, ist eine **systemorientierte Perspektive** sinnvoll.

Bei allen vorausgegangenen Theorien lag der Fokus jeweils auf der Entwicklung des **einzelnen** Individuums. Entwicklung bezieht sich jedoch nicht isoliert auf ein Individuum, sondern bezieht auch die Umgebung mit ein. Ein System besteht aus einer Menge ineinander verschachtelter Strukturen, die sich gegenseitig beeinflussen. Dementsprechend ist Entwicklung immer auch vor dem Hintergrund des Gesamtsystems, in das sie eingeschlossen ist, zu betrachten. Weiterhin wird auch das umgebende System von dem sich entwickelnden Individuum beeinflusst. Beispielsweise gibt es für Eltern typischerweise keine ein für allemal festgelegten Erziehungstechniken, die sie unabhängig vom Verhalten des Kindes anwenden. Es findet vielmehr eine ständige Anpassung in der Interaktion mit dem Kind statt. Die Eltern entwickeln sich also ebenso weiter wie das Kind.

Nach Bronfenbrenner (1979) kann das soziale System aufgegliedert werden in eine Reihe von **Teilsystemen**. Die einzelnen Teilsysteme sind in ◘ Abb. 2.7 zusammengefasst. Dabei wird insbesondere unterschieden zwischen den Systemebenen
- Mikrosystem,
- Mesosystem,

2.8 · Systemorientierte Theorien

- Exosystem,
- Makrosystem und
- Chronosystem.

Mikrosysteme sind dabei als Lebensbereiche definiert, in denen Menschen leicht direkte Interaktionen mit anderen aufnehmen können. Sie beziehen sich auf die unmittelbare Umgebung eines Menschen. Beispiele sind Familie, Schule oder Arbeitsplatz. **Mesosysteme** sind dagegen Lebensbereiche, die Wechselbeziehungen zwischen unterschiedlichen Lebensbereichen (Mikrosystemen) umfassen, die für eine Person von Bedeutung sind. Ein Beispiel ist die Beziehung zwischen Schule und Elternhaus. Als **Exosysteme** sind Lebensbereiche definiert, an denen eine Person nicht unmittelbar beteiligt ist, die jedoch Einfluss auf die eigenen Lebensbereiche einer Person nehmen. Beispielhaft sind hier Freunde der Eltern zu nennen, die über Ratschläge an die Eltern Auswirkungen auf das Kind haben können. **Makrosysteme** bilden die höchste Stufe der Hierarchie. Sie umfassen die Gemeinsamkeiten und Ähnlichkeiten der untergeordneten Systeme einer Subkultur bzw. einer Kultur. Es handelt sich also um gemeinsame Einflüsse, die auf alle Mitglieder einer Kultur oder Subkultur wirken. Dies können beispielsweise die gemeinsamen kulturellen Werte einer Gesellschaft sein. Mit der Einführung des **Chronosystems** wird zum Ausdruck gebracht, dass sich alle Systemebenen nicht nur untereinander beeinflussen, sondern auch über die Zeit hinweg weiterentwickeln. Dementsprechend kann man neben der Entwicklung des einzelnen Individuums weiterhin auch die Entwicklung von Mikrosystemen in den Fokus der Aufmerksamkeit rücken (z. B. die Entwicklung einer Familie). Auch die Entwicklung sozialer Netzwerke bis hin zu gesellschaftlichen Veränderungen können dementsprechend in den Fokus des Interesses rücken.

Unter entwicklungspsychologischen Gesichtspunkten hat vor allem das **Mikrosystem der Familie** besondere Beachtung gefunden. Daher soll vor allem dieses System im Folgenden etwas näher betrachtet werden. Eine Grundfrage lautet auch hier, ob die **Familienentwicklung kontinuierlich oder diskontinuierlich** erfolgt. Die Annahme, dass die Familienentwicklung **diskontinuierlich** verläuft, wird vor allem dadurch gestützt, dass es bei vielen Familien im Laufe der Zeit **Einschnitte** gibt, die eine Umorientierung und Neuanpassung erfordern. Dabei werden vor allem drei bedeutsame Ereignisse genannt, die regelmäßig mit mehr oder weniger tiefen Einschnitten verbunden sind:

- Veränderungen in der Zahl der Mitglieder einer Familie,
- Beginn neuer Lebensabschnitte beim ersten Kind (Eintritt in den Kindergarten, die Schule etc.),
- Ausscheiden der Haupterwerbsperson aus dem Arbeitsleben

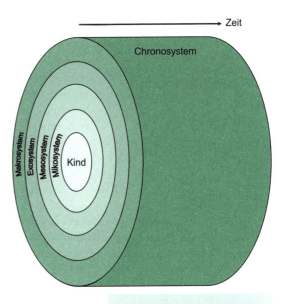

Abb. 2.7. Systemebenen nach der Konzeption von Bronfenbrenner.

Es lassen sich verschiedene Systemebenen unterscheiden, zu denen **Mikrosysteme, Mesosysteme, Exosysteme** und **Makrosysteme** gehören. Darüber hinaus wird das **Chronosystem** eingeführt, um die Veränderung der Systemebenen über die Zeit hinweg zu berücksichtigen.

Auf der Systemebene ist vor allem das **System der Familie** entwicklungspsychologisch von Bedeutung. Auch hier stellt sich die Frage, ob eine kontinuierliche oder diskontinuierliche Entwicklung anzunehmen ist.

Beispiel

Wenn ein Familienmitglied hinzukommt (z. B. das erste Kind oder ein Geschwisterkind) oder wenn die Familie ein Mitglied verliert (z. B. durch Auszug aus dem Elternhaus oder durch Tod), ist unmittelbar einleuchtend, dass eine Neuanpassung der Familienmitglieder erforderlich ist. Ebenso gilt der Beginn neuer Lebensabschnitte als wichtiges Ereignis, wobei bei den Kindern vor allem Veränderungen beim ersten Kind häufig eine große Rolle spielen, da hier der Verunsicherungsgrad am höchsten ist. Bei nachfolgenden Kindern können sich alle Beteiligten an den früheren Erfahrungen orientieren, was die wahrgenommene Verunsicherung reduziert. Das Ausscheiden der Haupterwerbsperson aus dem Arbeitsleben wird ebenfalls als ein zentrales Ereignis definiert, da auch hier vielfältige Neuorientierungen notwendig sind.

In **Familienstufenkonzepten** werden **verschiedene Entwicklungsstufen** postuliert, die durch mehr oder weniger tiefe Einschnitte voneinander abgegrenzt sind.

Auf der Basis solcher bedeutsamer Ereignisse wurde der Versuch unternommen, den Familiezyklus in eine **Reihe chronologisch aufeinanderfolgender Familienstufen** zu unterteilen. Die Stufen werden dabei als Entwicklungsabschnitte gesehen, die durch mehr oder weniger tiefe Einschnitte voneinander getrennt sind. Die Stufen können eine unterschiedlich lange zeitliche Erstreckung aufweisen. Wenn diese Stufenfolge innerhalb eines bestimmten gesellschaftlichen Kontextes auf eine Vielzahl von Familien zutrifft, spricht man von einer **normativen Familienentwicklung**.

Weiterhin lassen sich auch für einzelne **Phasen innerhalb der Familienentwicklung** eigenständige Phasenmodelle entwickeln (z. B. für den Übergang zur Elternschaft).

Exkurs

Phasenmodell zum Übergang in die Elternschaft

Als Beispiel kann die **Schwangerschaft** gelten, für die Gloger-Tippelt (1988) ein Phasenmodell entwickelt hat. Am Anfang der Schwangerschaft kommt es demnach zu

1. einer Verunsicherungsphase. Es folgen
2. eine Anpassungs- und
3. eine Konkretisierungsphase, bei der die Vorstellungen über das Kind und die damit verbundenen Konsequenzen konkreter werden. Im Anschluss daran kommt es
4. zu einer Antizipations- und Vorbereitungsphase und
5. zur Geburtsphase. Nach der Geburt folgen dann die Phasen
6. der Überwältigung und Erschöpfung sowie
7. der Herausforderung und Umstellung. Abschließend erfolgt dann
8. eine Gewöhnungsphase, bei der allmählich wieder der (allerdings nun veränderte) Alltag eintritt.

Die Phasenmodelle der Familienentwicklung gehen von **idealtypischen Verläufen** aus, die nur für bestimmte Familienkonstellationen gültig sind.

Das gemeinsame Charakteristikum aller **Phasenmodelle der Familienentwicklung** besteht darin, dass sie von einem **idealtypischen Verlauf** ausgehen, von dem es jedoch in der Realität vielfältige Abweichungen gibt. Dies gilt insbesondere im Fall der Familienentwicklung, da es vielfältige Abweichungen von der klassischen Familienstruktur gibt. So wachsen beispielsweise viele Kinder bei alleinerziehenden Elternteilen auf, für die das idealtypische Familienentwicklungsmuster in der beschriebenen Form wohl nur eingeschränkt gilt. Es gibt vielmehr vielfältige Formen des Zusammenlebens, für die grundsätzlich eigenständige Entwicklungsmodelle zu beschreiben wären. Es ist also davon auszugehen, dass es nicht mehr nur die klassischen Familienentwicklungsstufen gibt, sondern dass zunehmende Ausdifferenzierungen durch die Vielzahl möglicher Lebensformen und möglicher Lebenswege entstehen.

Eine Alternative zu den Stufenmodellen ist in dem Ansatz zu sehen, das **Anforderungs-Bewältigungs-Modell** auf die **Entwicklung von Systemen** zu übertragen.

Vielversprechender ist es dementsprechend, das **Anforderungs-Bewältigungs-Modell** auch auf größere Systeme als auf einzelne Individuen zu übertragen (u. a. Bodenmann, 2000). Auch sozialen Systemen stellen sich Anforderungen, die zu bewältigen sind. So kann man beispielsweise den Eintritt in eine Schule, den ein Kind erlebt, auch als eine Entwicklungsaufgabe betrachten, die sich dem gesamten System der Familie stellt. Die **Auseinandersetzung mit den Entwicklungsaufgaben** dürften die eigentlichen Faktoren sein, die zur Fortentwicklung einer Familie beitragen. Je nachdem, wie die Aufgabenbewältigung gelingt, kommt es zu einer positiven oder weniger positiven Fortentwicklung der Familie. Mit dem Gelingen der Aufgabenbewältigung gehen Zufriedenheit, Anerkennung und Erfolg bei späteren Aufgabenbewältigungen einher, während ein Misslingen mit Unzufriedenheit, Missbilligung und Schwierigkeiten bei späteren Aufgabenbewältigungen zusammenhängt.

Familienstress entsteht, wenn die **Anforderungen einer Situation** die **Fähigkeiten und Ressourcen der Familie** zum Umgang mit der Situation übersteigen.

Die Auseinandersetzung mit Entwicklungsaufgaben kann **Familienstress** erzeugen (Schneewind, 2008). Charakteristisch ist dabei, dass ein tatsächliches oder wahrgenommenes Ungleichgewicht zwischen den Anforderungen einer Situation und den Fähigkeiten und Ressourcen der Familie zum Umgang mit einer Situation besteht. Als Familienstressor gilt dabei ein auf das Familiensystem einwirkendes Lebensereignis oder Übergangsstadium, das im sozialen System der Familie Veränderung hervorruft oder das Potenzial zur Veränderung in sich trägt.

Inwieweit im Umgang mit den Stressoren Probleme auftreten, hängt im Wesentlichen vom intrafamiliären Bewältigungspotenzial und von extrafamiliären Unterstützungssystemen ab.

Intrafamiliäre Ressourcen. Im Bereich des **intrafamiliären Bewältigungspotenzials** lassen sich die folgenden Ressourcen unterscheiden:
- die persönlichen Bewältigungsressourcen der Familienmitglieder und
- die Ressourcen des Familiensystems.

Zu den **persönlichen Bewältigungsressourcen** der Familienmitglieder gehören beispielsweise die **sozialen Kompetenzen** der einzelnen Familienmitglieder, da dadurch dazu beigetragen werden kann, potenzielle Konflikte in konstruktiver Weise zu bewältigen. Weiterhin sind Problemlösekompetenzen als individuelle Ressourcen zu sehen, die für das Zusammenleben in einer Familie nützlich sein können. Auch das Vorhandensein impliziter oder expliziter **Regeln des Zusammenlebens** kann das Auftreten von Konflikten reduzieren. Allgemein sind als persönliche Bewältigungsressourcen solche Ressourcen zusammengefasst, die für das Zusammenleben in der Familie sowie die Familienentwicklung förderlich sind.

*Im Bereich der Bewältigungsressourcen lassen sich das **intrafamiliäre Bewältigungspotenzial** sowie die **extrafamiliären Unterstützungssysteme** voneinander unterscheiden.*

*Im Bereich des **intrafamiliären Bewältigungspotenzials** kommt vor allem den sozialen Kompetenzen der Familienmitglieder und den Regeln des Zusammenlebens eine wichtige Bedeutung zu.*

Extrafamiliäre Ressourcen. Von den intrafamiliären lassen sich die extrafamiliären Ressourcen abgrenzen, die dem Familiensystem zur Verfügung stehen. Man kann **verschiedene Formen extrafamiliärer Unterstützung** unterscheiden:
- soziale Unterstützung (z. B. emotionale Unterstützung, Wertschätzung etc.),
- instrumentelle Unterstützung (z. B. professionelle oder paraprofessionelle Hilfe durch Beratung und Therapie),
- aktive Unterstützung (z. B. aktive Hilfeleistung durch unterstützende Tätigkeiten),
- materielle Hilfe (z. B. durch Bereitstellung von Geld, Gütern oder Dienstleistungen).

*Unter den **extrafamiliären Ressourcen** lassen sich soziale, instrumentelle, aktive und materielle Unterstützung voneinander abgrenzen.*

Obwohl grundsätzlich davon ausgegangen werden kann, dass extrafamiliäre Ressourcen die Wahrscheinlichkeit einer positiven Familienentwicklung erhöhen, kann dies jedoch auch problematisch sein. Vor allem aktive Unterstützung und materielle Hilfe können beispielsweise zu Abhängigkeiten der Familie (z. B. von den Großeltern) führen, die neue Probleme nach sich ziehen können.

Die systemische Betrachtung zeigt, dass Entwicklung nicht immer nur als individuelle Entwicklung zu betrachten ist, sondern dass sie das System, in dem sie stattfindet, einbeziehen sollte. Obwohl sich die Entwicklungspsychologie über weite Strecken auf einzelne Individuen konzentriert, sollte dieser Blickwinkel nicht außer Acht gelassen werden.

*Auch wenn extrafamiliäre Ressourcen in der Regel mit positiven Folgen für die Familie verbunden sind, können sie unter Umständen die **Abhängigkeit erhöhen**.*

2.9 Abschließende Überlegungen

Die in diesem Kapitel zusammengefassten Theorien lassen sich nach verschiedenen Gesichtspunkten voneinander unterscheiden. So nimmt nur ein Teil der Theorien an (wie beispielsweise die Psychoanalyse oder die Theorie Piagets), dass sich verschiedene **Entwicklungsstufen** voneinander abgrenzen lassen, während andere Theorien von einer **kontinuierlichen Entwicklung** ausgehen (wie die lerntheoretischen oder die informationsverarbeitungstheoretischen Konzeptionen). Häufig ist mit der Annahme einer stufenförmigen Entwicklung verbunden, dass ein **Endniveau** (oder ein Zielzustand) der Entwicklung spezifiziert wird. So sieht beispielsweise die psychoanalytische Konzeption Freuds das Erreichen der genitalen Phase als Endniveau, während der Zielzustand in der kognitiven Theorie Piagets im Erreichen der formal-operationalen Entwicklungsstufe gesehen wird. Bei den meisten Stufenkonzepten wird weiterhin da-

Theorien der Entwicklungspsychologie lassen sich nach verschiedenen Kriterien (wie Annahme einer kontinuierlichen versus diskontinuierlichen Entwicklung, Annahme eines Endniveaus, Annahmen zur Reversibilität und Universalität von Entwicklung) voneinander unterscheiden.

von ausgegangen, dass Entwicklung in der Regel **nicht reversibel** ist. Dies bedeutet, dass man sich von einer höheren Entwicklungsstufe typischerweise nicht auf eine niedrigere zurückentwickelt. Weiterhin wird postuliert, dass die Entwicklungsstufen von allen Individuen durchlaufen werden. Es wird also der **universelle Charakter** von Entwicklung betont, auch wenn nicht notwendigerweise alle Individuen das angenommene Endniveau der Entwicklung erreichen.

> Die lerntheoretische Konzeption kann als Gegenpol zu den stufentheoretischen Konzeptionen angesehen werden.

Betrachtet man dagegen beispielsweise die lerntheoretische Konzeption als Gegenpol, so findet man **keinen Hinweis auf ein vorgesehenes Endniveau** der Entwicklung. Da Entwicklung nach dieser Konzeption wesentlich auf Lernen beruht, kann auch Verlernen stattfinden. Dadurch, dass die jeweiligen kulturellen Bedingungen gewisse Bahnungen fördern, kommt es dennoch vielfach zu ähnlichen Entwicklungsverläufen, die jedoch lediglich auf **gemeinsamen Lernerfahrungen** (z. B. durch die Schule) zurückgehen.

> Ein weiteres Unterscheidungsmerkmal bezieht sich auf die Frage, ob das **einzelne Individuum** oder ein **System** im Zentrum des Interesses steht. Auch hinsichtlich ihres Gegenstandsbereichs unterscheiden sich die einzelnen Entwicklungstheorien.

Weiterhin lassen sich die dargestellten Theorien danach unterscheiden, ob der Fokus überwiegend auf die **Entwicklung des Individuums** gerichtet ist (wie bei der Theorie Piagets) oder ob die **Interaktion mit der sozialen Umgebung** und die **Entwicklung des Gesamtsystems**, in das das Individuum eingebettet ist, im Zentrum des Interesses stehen (wie bei den systemischen Konzeptionen). Besonders hervorzuheben ist darüber hinaus, dass der **Gegenstandsbereich**, auf den sich die Theorien beziehen, unterschiedlich ist. So beziehen sich beispielsweise die Informationsverarbeitungstheorien im Wesentlich auf die kognitive Entwicklung, während die psychobiologischen Theorien ihren Anwendungsschwerpunkt auf die Analyse evolutionär angelegter Verhaltensmuster legen.

> Es gibt bisher **keine allgemeingültige Entwicklungstheorie**.

Man kann also zusammenfassend davon ausgehen, dass es eine übergreifende und breite Entwicklungstheorie, die allgemein anerkannt ist, gegenwärtig nicht gibt. Jede der vorgestellten Theorien hat ihre spezifische Perspektive auf die Entwicklung, wobei einige Theorien jedoch besser mit der Vielzahl der vorhandenen empirischen Befunde zur Entwicklung in Einklang zu bringen sind als andere. Einige Theorien werden in den folgenden Kapiteln wieder aufgegriffen, wobei jedoch ergänzend auch noch einige spezifische Theorien vorgestellt werden, die lediglich auf einzelne Entwicklungsbereiche bezogen sind und nicht den Anspruch einer bereichsübergreifenden und breiten Entwicklungstheorie haben.

? Kontrollfragen

1. Welche Ausgänge können sich nach der Theorie Eriksons bei einer Identitätskrise im Jugendalter ergeben?
2. Was versteht man unter einer negativen Verstärkung?
3. Welche Konsequenzen ergeben sich bei einer kontinuierlichen und einer intermittierenden Verstärkung für die Aufrechterhaltung eines Verhaltens?
4. Wie lässt sich beim Modellernen empirisch zeigen, dass es sinnvoll ist, zwischen Aneignung und Ausführung eines Verhaltens zu unterscheiden?
5. Welche zentralen Bewertungsschritte sind nach dem Anforderungs-Bewältigungs-Ansatz zu unterscheiden?
6. An welchen Kennzeichen lässt sich erkennen, ob ein Kind der präoperationalen Entwicklungsstufe zuzuordnen ist?
7. Was sind Teilkomponenten des Langzeitgedächtnisses und wofür sind sie zuständig?
8. Welche Systemebenen lassen sich nach der Konzeption von Bronfenbrenner unterscheiden?

▶ **Weiterführende Literatur**

Flammer, A. (2008). *Psychologische Theorien der menschlichen Entwicklung* (4., vollst. überarb. Aufl.). Bern: Huber.

Miller, P. H. (2001). *Theories of developmental psychology* (4th ed.). New York: Worth.

3 Methoden der Entwicklungspsychologie

3.1 Querschnittmethode – 42

3.2 Längsschnittmethode – 44

3.3 Konvergenzmodell – 46

3.4 Datenerhebungsmethoden in der frühen Kindheit – 47

3.5 Datenerhebungsmethoden in späteren Entwicklungsabschnitten – 50

Lernziele
- Quer- und Längsschnittmethode mit ihren Vor- und Nachteilen darstellen können.
- Das Konvergenzmodell als Alternative zu reinen Quer- und Längsschnittmethoden verstehen.
- Methoden der Datenerhebung in frühen Entwicklungsphasen, wenn Sprache als Kommunikationsform noch nicht zur Verfügung steht, kennen.
- Möglichkeiten zur Anpassung von Datenerhebungsmethoden an den Entwicklungsstand von Kindern kennen.

In diesem Kapitel soll zunächst auf einige grundlegende Erhebungspläne (bzw. Erhebungsdesigns) eingegangen werden, die zur Erhebung entwicklungsbezogener Veränderungen genutzt werden. Einen Schwerpunkt bilden dabei quer- und längsschnittliche Erhebungspläne sowie davon abgeleitete Erweiterungen. Im zweiten Teil des Kapitels wird dann auf einige Besonderheiten eingegangen, die bei der Planung von Datenerhebungen im Kindes- und Jugendalter zu berücksichtigen sind.

Grundsätzlich gilt, dass bei einer Entwicklungsstudie zunächst die Variable zu bestimmen ist, die über das Alter hinweg betrachtet werden soll (wie beispielsweise Ängstlichkeit oder aggressives Verhalten). Wie in jedem Bereich der Psychologie muss diese Variable zunächst **operationalisiert** werden.

▶ Definition Operationalisierung

Definition
Bei der **Operationalisierung** geht es darum, Variablen messbar zu machen. Wenn die Erhebung aggressiven Verhaltens angezielt ist, dann sind beispielsweise Verhaltensweisen festzulegen, die Aggressivität indizieren. Das Ausmaß, in dem die festgelegten Verhaltensweisen auftreten, weist dann auf das Ausmaß aggressiven Verhaltens hin.

Bevor Überlegungen zu einem Erhebungsdesign angestellt werden können, ist zunächst die **Variable**, die im Zentrum des Interesses steht, zu **definieren** und zu **operationalisieren**.

Die gewählte Operationalisierung muss das gewünschte Merkmal **reliabel** und **valide** erfassen (▶ Kap. 5). Wenn diese Voraussetzungen gegeben sind, können Querschnitt- und Längsschnittmethode eingesetzt werden, um Entwicklungsveränderungen und Zusammenhangsmuster über die Zeit zu erfassen.

3.1 Querschnittmethode

▶ Definition Querschnittmethode

> **Definition**
> Bei der **Querschnittmethode** werden Stichproben aus verschiedenen Altersgruppen zu einem bestimmten Zeitpunkt einmalig untersucht.

Bei einer Querschnittmethode werden Stichproben unterschiedlichen Alters einbezogen, wobei typischerweise das **Lebensalter als unabhängige Variable** definiert wird und die **erfassten Merkmale als abhängige Variable**.

▶ Definition Abhängige und unabhängige Variable

> **Definition**
> In einer empirischen Studie wird eine Variable als **abhängige Variable** definiert, wenn ihre Ausprägung in Abhängigkeit von einer oder mehreren anderen **(unabhängigen) Variablen** betrachtet wird (z. B. die kognitive Entwicklung in Abhängigkeit vom Alter).

In der Querschnittmethode werden Stichproben aus **unterschiedlichen Altersgruppen** miteinander verglichen.

Unterschiede zwischen den Stichproben werden auf **Altersunterschiede** zurückgeführt. Eine grafische Darstellung des Prinzips der Querschnittmethode findet sich in ◘ Abb. 3.1.

Beispiel

Ein Beispiel für eine Querschnittuntersuchung ist die Betrachtung der Entwicklung der intellektuellen Leistungsfähigkeit über das Alter hinweg. In diesem Fall könnte eine querschnittliche Erhebung so aussehen, dass die intellektuelle Leistungsfähigkeit von mehreren Untersuchungsstichproben unterschiedlichen Alters untersucht wird (z. B. von 8-, 10-, 12-, 14- und 16-Jährigen). Alle Stichproben würden im gleichen Jahr (z. B. 2010) erhoben. Im Anschluss könnte man die Mittelwerte der einzelnen Stichproben berechnen und dann den Entwicklungsverlauf über das Alter hinweg darstellen.

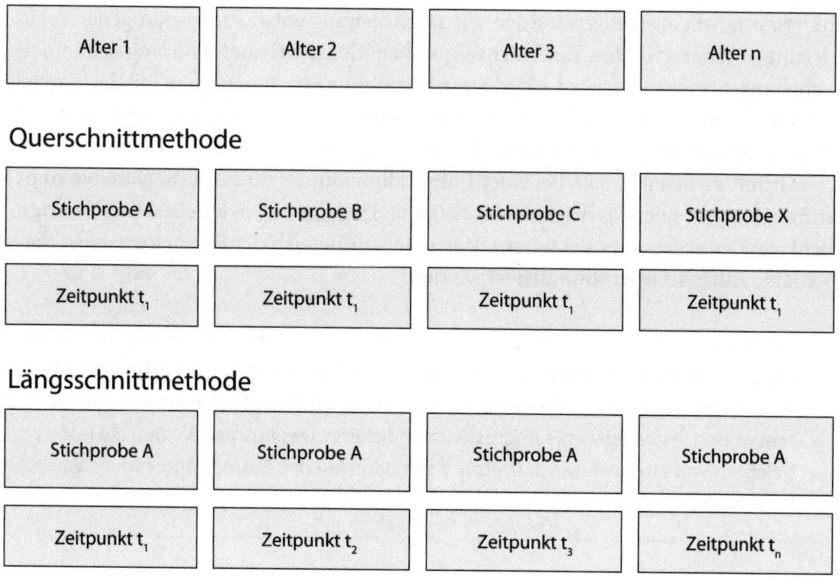

◘ **Abb. 3.1.** Grundprinzip einer Quer- und Längsschnittmethode

| Alter 1 | Alter 2 | Alter 3 | Alter n |

Querschnittmethode

| Stichprobe A | Stichprobe B | Stichprobe C | Stichprobe X |
| Zeitpunkt t_1 | Zeitpunkt t_1 | Zeitpunkt t_1 | Zeitpunkt t_1 |

Längsschnittmethode

| Stichprobe A | Stichprobe A | Stichprobe A | Stichprobe A |
| Zeitpunkt t_1 | Zeitpunkt t_2 | Zeitpunkt t_3 | Zeitpunkt t_n |

3.1 · Querschnittmethode

Betrachtet man zunächst die **Vorteile** der Querschnittmethode, so ist zu konstatieren, dass die **Zeitspanne** zwischen Beginn der Untersuchung und dem Vorliegen der Ergebnisse **recht kurz** ist, da nur ein Erhebungszeitpunkt vorliegt. Auch der **Personalaufwand ist gering**, da nur zu einem Zeitpunkt eine Datenerhebung stattfinden muss. Hinzu kommt, dass es leichter ist, Teilnehmer für eine einmalige Untersuchung zu gewinnen als für eine mehrmalige, die sich über einen längeren Zeitraum erstreckt. Daraus folgt, dass es bei Verwendung einer Querschnittmethode in der Regel leichter ist, **repräsentative Stichproben** zu erhalten. Von der Anlage her ist damit eine Querschnittuntersuchung als **recht effektiv und ökonomisch** anzusehen.

Diesen Vorteilen stehen auf der anderen Seite einige gravierende **Nachteile** gegenüber (Trautner, 1993). Der wichtigste Nachteil ist dabei darin zu sehen, dass die Querschnittmethode **keine Information über intraindividuelle Veränderungen und Entwicklungsverläufe** enthält. Eine durchschnittliche Kurve über das Alter hinweg kann sich aus einer Vielzahl individueller Verläufe zusammensetzen. Die Analyse von verschiedenen Verlaufstypen wird unmöglich. Der typischerweise berechnete Durchschnittsverlauf lässt unterschiedliche Verlaufsmuster nicht erkennen.

Ein weiterer Nachteil ist darin zu sehen, dass **Alters- und Generationsunterschiede** bei der Querschnittmethode **nicht trennbar bzw. konfundiert** sind. Wenn Unterschiede zwischen den Altersstichproben auftreten, können sie sowohl auf Altersunterschiede als auch auf Generationsunterschiede zurückführbar sein.

> Vorteile der Querschnittmethode bestehen darin, dass der **Zeit- und der Personalaufwand gering** sind. Weiterhin ist es leichter, **repräsentative Stichproben** zu gewinnen.

> Hauptnachteil der Querschnittmethode ist, dass **keine Information über intraindividuelle Veränderungen** und über Entwicklungsverläufe gewonnen wird.

> Weiterhin sind **Alters- und Generationsunterschiede** miteinander **konfundiert**.

Beispiel

Wenn beispielsweise 20- und 40-Jährige im Querschnitt miteinander verglichen werden und dabei Altersunterschiede erkennbar werden, ist zu bedenken, dass die 40-Jährigen möglicherweise andere Entwicklungsbedingungen (z. B. hinsichtlich der Schulbildung) vorgefunden haben als die 20-Jährigen. Die auftretenden Unterschiede können daher nicht nur durch Altersunterschiede, sondern auch dadurch erklärbar sein, dass sich mittlerweile die gesellschaftlichen Bedingungen oder die Bildungsbedingungen geändert haben. Die Unterschiede wären dann zu einem unbekannten Anteil durch Altersunterschiede oder Unterschiede in den Entwicklungsbedingungen der einzelnen Generationen erklärbar, da ja bei der Querschnittmethode unterschiedliche Generationen (mit unterschiedlichem Geburtsjahr) verglichen werden.

Ein weiterer Nachteil ist darin zu sehen, dass die Ergebnisse zunächst **nur für den jeweiligen Erhebungszeitpunkt gelten**. Es bleibt fraglich, ob sie auf andere Zeitpunkte übertragbar sind. Um sicherzustellen, dass eine Generalisierung auf andere Zeitpunkte möglich ist, müssten Replikationen der Untersuchung zu unterschiedlichen Zeitpunkten erfolgen.

Problematisch kann bei einer Querschnittmethode weiterhin sein, dass die **Altersstichproben möglicherweise nicht vergleichbar** sind. Dies ist besonders dann problematisch, wenn sich die Stichproben in mehr als nur der Altersvariablen unterscheiden. Wenn man beispielsweise in den jüngeren Altersgruppen alle Schultypen repräsentiert hat, in den älteren Gruppen aber nur Gymnasiasten, leuchtet unmittelbar ein, dass hier Selektionen eintreten, die Merkmale wie Intelligenz beeinflussen. Um diesem Einwand zu begegnen, müssten also alle Altersstichproben repräsentativ für die jeweilige Grundgesamtheit sein.

Zusammenfassend lässt sich festhalten, dass die Querschnittmethode ungeeignet ist, um Entwicklungsveränderungen festzustellen, da **keine intraindividuellen Veränderungen** erfasst werden. Die Querschnittsmethode kann jedoch sinnvoll sein

1. um erste Anhaltspunkte über Entwicklungsphänomene zu erhalten, ohne eine aufwendige Längsschnittuntersuchung durchzuführen,
2. wenn es von der Fragestellung her darum geht, Unterschiede zwischen Altersstichproben zu einem bestimmten Zeitpunkt festzustellen (z. B. zur Erhebung der Wählermeinung von verschiedenen Altersgruppen vor einer politischen Wahl oder zur Bestimmung von Altersnormen für einen Schultest, der für einige Jahre zum Einsatz kommen soll).

> Als Nachteil kann auch gelten, dass die **Übertragbarkeit auf andere Erhebungszeitpunkte fraglich** ist.

> Fraglich kann bei einer Querschnittmethode weiterhin sein, ob die **Altersstichproben vergleichbar zusammengesetzt** sind.

> Einsetzbar ist die Querschnittmethode insbesondere zur **Heuristik** sowie bei **Fragestellungen, die an einen bestimmten Zeitpunkt gebunden sind** (z. B. Wählermeinungen vor einer Wahl).

Für genuin entwicklungspsychologische Fragen ist dagegen, die Längsschnittmethode zu präferieren, obwohl sie wegen des höheren Aufwands vergleichsweise seltener durchgeführt wird.

3.2 Längsschnittmethode

▶ Definition
Längsschnittmethode

— Definition —
Bei der **Längsschnittmethode** wird eine Stichprobe zu verschiedenen Zeitpunkten mit demselben oder einem vergleichbaren Erhebungsinstrument untersucht.

Bei der **Längsschnittmethode** werden **wiederholte Erhebungen bei einer Stichprobe** vorgenommen, um Entwicklungsverläufe feststellen zu können.

Bei einer Längsschnittmethode finden wiederholte Datenerhebungen statt, wobei das **Lebensalter** auch hier als **unabhängige Variable** gesehen wird und die **erhobenen Merkmale als abhängige Variable**. Unterschiede zwischen den Messzeitpunkten werden auf **Altersunterschiede** zurückgeführt. Eine Darstellung des Prinzips der Längsschnittmethode findet sich ebenfalls in der ◘ Abb. 3.1.

Beispiel

Eine längsschnittliche Erhebung der intellektuellen Leistungsfähigkeit könnte beispielsweise so aussehen, dass eine Stichprobe von 8-jährigen Kindern weiterverfolgt wird mit Wiederholungsmessungen im Alter von 10, 12, 14 und 16 Jahren. Die Ausgangstichprobe wird in diesem Fall also im 2-jährigen Abstand erneut untersucht. Im Anschluss werden die Mittelwerte für die einzelnen Erhebungszeitpunkte berechnet und dann der Entwicklungsverlauf über das Alter hinweg dargestellt.

Ein entscheidender **Vorteil** der Längsschnittmethode ist darin zu sehen, dass **Informationen über intraindividuelle Veränderungen** und Verläufe zu erhalten sind. Auch die **Veränderungsmuster bei verschiedenen Merkmalen** können miteinander verglichen werden.

Zu den entscheidenden **Vorteilen** der Längsschnittmethode gehört, dass **direkte Informationen über intraindividuelle Veränderungen** zu erhalten sind. Dadurch, dass die Individuen über die Zeit verfolgt werden, können **individuelle Verlaufsformen** und Verlaufstypen bestimmt werden. Dies ermöglicht gleichzeitig die Feststellung der **Stabilität** oder **Instabilität von Merkmalen**: Da man die Merkmale der einzelnen Individuen über die Zeit hinweg betrachten kann, ist feststellbar, ob die erhobenen Merkmale relativ konstant oder stark variabel sind. Bei einem Merkmal wie Ängstlichkeit kann man beispielsweise prüfen, ob die Individuen über das Alter hinweg ihre relative Position im Vergleich zur Gesamtstichprobe beibehalten. Daher ist es mit diesem Verfahren möglich, Korrelationen zu berechnen, um die Stabilität von Merkmalen über die Zeit hinweg zu bestimmen. Weiterhin lassen sich die **Veränderungsmuster** bei mehreren Merkmalen vergleichen und Zusammenhänge zwischen den Veränderungsmustern herstellen. Beispielsweise könnte dadurch der Frage nachgegangen werden, ob der Entwicklungsverlauf der Ängstlichkeit mit dem Entwicklungsverlauf der Intelligenz korreliert. Auch das Problem der Vergleichbarkeit der Altersgruppen ist bei einer Längsschnittstichprobe leichter zu lösen als bei einer Querschnittstichprobe. Dies liegt daran, dass die Stichprobe bei der Längsschnittmethode im Idealfall (falls kein Stichprobenausfall stattfindet) aus den gleichen Personen besteht, sodass daher die **Stichproben unmittelbar vergleichbar** sind.

Ein entscheidender Nachteil ist darin zu sehen, dass es bei Längsschnittstudien wegen der Messwiederholungen zu **Testungseffekten** kommen kann.

Den Vorteilen der Längsschnittmethode steht jedoch auch hier eine Reihe von **Nachteilen** gegenüber. Zunächst ist in diesem Zusammenhang auf das mögliche Auftreten von **Testungseffekten (Serialeffekten)** hinzuweisen, die dadurch zustande kommen, dass die Teilnehmer wiederholt befragt werden. Wird beispielsweise ein Intelligenztest wiederholt eingesetzt, kann ein Übungseffekt eintreten, der bei der Messwiederholung zu verbesserten Werten führt. Ein weiteres Beispiel ist in der allgemeinen Gewöhnung an die Untersuchungssituation zu sehen. Dadurch werden möglicherweise Ängste abgebaut und auch dies kann die Ergebnisse beeinflussen. Weiterhin können

3.2 · Längsschnittmethode

Sättigungseffekte durch die Wiederholung der Erhebung auftreten, wodurch es zu einem Motivationsabfall bei der Wiederholungserhebung kommen kann. Testungseffekte sind insbesondere bei mehreren relativ umfangreichen Wiederholungserhebungen in kurzen Zeitabständen zu erwarten.

Ein weiterer Nachteil der Längsschnittmethode besteht darin, dass **Alters- und Testzeiteffekte konfundiert** sind bzw. nicht voneinander getrennt werden können.

> Weiterhin ist eine **Konfundierung von Alters- und Testzeiteffekten** möglich.

> **Beispiel**
>
> Wenn man eine Alterskohorte beispielsweise über 5 Jahre verfolgt, ist nicht kontrolliert, ob die Veränderungen nicht auch durch Einflüsse zustande kommen, die neben dem Alter in diesem Zeitabschnitt auf die Kohorte wirken. Ändern sich gleichzeitig die ökonomischen Verhältnisse, kann dies beispielsweise neben dem Alter die subjektiv erlebte Unsicherheit verändern (aufgrund drohender Arbeitslosigkeit, wenn man beispielsweise eine Gruppe Jugendlicher über die Zeit betrachtet). Auch hier kann daher nicht eindeutig auf Alterseffekte geschlossen werden, da auch das zwischenzeitliche Geschehen zwischen den Erhebungszeitpunkten (Testzeiteffekt) für die auftretenden Effekte verantwortlich sein kann.

Weiterhin ist die **Generalisierbarkeit auf andere Kohorten** bzw. Generationen **fraglich**. Da nur eine Kohorte erfasst wird, ist unklar, ob man die Ergebnisse auf spätere Kohorten gleichen Alters übertragen kann. Hier könnte allenfalls durch Replikationsstudien festgestellt werden, ob eine Übertragbarkeit auf nachfolgende Generationen möglich ist.

> Ein weiterer Nachteil ist darin zu sehen, dass die **Generalisierbarkeit** auf andere Kohorten **fraglich** ist.

Darüber hinaus ist zu bedenken, dass es bei einer Längsschnittmethode zu **selektiven Stichprobenveränderungen** kommen kann. Typischerweise gelingt es nicht, alle Individuen einer Stichprobe über die Zeit weiterzuverfolgen.

> Bei der Längsschnittmethode kann es weiterhin zu **Stichprobenselektionen** kommen.

> **Beispiel**
>
> Beispielsweise kann es durch Desinteresse, Umzug, Krankheit oder Tod zu Stichprobenveränderungen kommen, die sich systematisch auf die Ergebnisse auswirken können. Wenn beispielsweise eine Längsschnittstudie zu Gesundheitsfragen im Erwachsenenalter durchgeführt wird, kann es von Bedeutung sein, wenn die Stichprobe mit zunehmendem Alter durch Krankheit oder Tod verändert wird, da möglicherweise nur noch die besonders gesunden Personen teilnehmen. Hinzu kommt, dass schon die Ausgangsstichprobe selektiert sein kann, da sich vielleicht nur Menschen mit bestimmten Merkmalen dazu bereit erklären, an einer Längsschnittstudie, die über einen längeren Zeitraum läuft und mehrere Erhebungen umfasst, teilzunehmen.

Um die Ergebnisse angemessen interpretieren zu können, sollte die **Ausgangsstichprobe** bei einer Längsschnittmethode möglichst **repräsentativ für die Grundgesamtheit** sein. Darüber hinaus sollte es bei den weiteren Erhebungen **nicht zu selektiven Stichprobenveränderungen** (durch den systematischen Ausfall von Personen mit spezifischen Merkmalen) kommen.

> Die Ausgangsstichprobe sollte bei einer Längsschnittmethode **repräsentativ für die Grundgesamtheit** sein und selektive Stichprobenveränderungen über die Erhebungszeitpunkte hinweg sollten nicht auftreten.

Weiterhin ist zu bedenken, dass Längsschnittuntersuchungen im Vergleich zu Querschnittuntersuchungen **recht aufwendig** sind. Es ergibt sich ein hoher Personalbedarf über einen längeren Zeitraum, weil mehrere Erhebungszeitpunkte vorliegen. Hinzu kommt das Erfordernis, die Stichprobe über einen längeren Zeitraum hinweg zu erhalten. Als mögliche Probleme sind in diesem Zusammenhang Schulwechsel, Ortswechsel oder das Nichteinhalten von Terminen zu nennen. Bei Längsschnittuntersuchungen im Schulalter kann sich beispielsweise das Problem ergeben, dass beim Übergang von der Grundschule in eine weiterführende Schule die bestehenden Klassenverbände aufgelöst werden, sodass es sehr schwierig wird, die Schüler längsschnittlich weiterzuverfolgen.

> Problematisch ist bei einer Längsschnittmethode darüber hinaus der **hohe Zeit- und Personalaufwand**.

Trotz der vielfältigen Nachteile und Probleme ist dennoch davon auszugehen, dass **intraindividuelle Entwicklungsveränderungen**, mit denen sich die Entwicklungspsy-

Längs- und querschnittliche Befunde können divergieren.

chologie per definitionem vorrangig befasst, am ehesten mit längsschnittlichen Methoden zu erfassen sind.

Es gibt viele Hinweise darauf, dass **Längs- und Querschnittmethoden nicht immer zu gleichen Ergebnissen** gelangen. Insbesondere das mögliche Auftreten von Testungseffekten bei Wiederholungsmessungen, wie sie im Längsschnitt notwendig sind, ist gut dokumentiert.

Exkurs

Ergebnisdifferenzen bei Längs- und Querschnittuntersuchungen

Als klassisches Beispiel für Ergebnisdivergenzen kann die Messung der Intelligenz über das Alter hinweg gelten (Trautner, 1992). Hier zeigte sich in Querschnittuntersuchungen typischerweise ein deutlicher Intelligenzabfall, während die Intelligenz in Längsschnittuntersuchungen relativ konstant blieb. Wie lässt sich diese Diskrepanz erklären? Wie schon ausgeführt wurde, sind bei der Querschnittmethode Alters- und Kohorteneffekte konfundiert. Im Querschnitt werden unterschiedliche Kohorten (bzw. Generationen) miteinander verglichen. Die einzelnen Kohorten (bzw. Generationen) wiederum waren unterschiedlichen Sozialisationserfahrungen ausgesetzt. Dadurch, dass die Schulbildung insgesamt zugenommen hat, schneiden die jüngeren Kohorten besser ab als die älteren. Es wird dadurch der Anschein erweckt, dass die Intelligenz über das Alter hinweg absinkt. Im Längsschnitt dagegen wird eine spezifische Kohorte weiterverfolgt. Eine Konfundierung mit unterschiedlichen Sozialisationsbedingungen erfolgt nicht. Dadurch tritt ein Intelligenzabfall hier nicht in Erscheinung.

3.3 Konvergenzmodell

Das Konvergenzmodell bietet die Möglichkeit einer Kombination von längs- und querschnittlichen Designs.

Da Längsschnittuntersuchungen sehr zeitaufwendig sind, wurde bereits von Bell (1953) eine Alternative vorgeschlagen, die aus einer **Kombination von Längs- und Querschnitt** besteht. Teiluntersuchungen werden so miteinander kombiniert, dass ein zusammengesetzter, sich teilweise überlappender Gesamtlängsschnitt entsteht. Das Grundprinzip des Konvergenzmodells ist in ◘ Abb. 3.2 zusammengefasst.

Beispiel

Betrachtet man noch einmal das Beispiel der intellektuellen Leistungsfähigkeit, so könnte man beispielsweise 8-, 10-, 12- und 14-Jährige jeweils über einen Zeitraum von 2 Jahren wiederholt untersuchen. Am Ende des Untersuchungszeitraums sind die 8-Jährigen dann 10 Jahre alt, die 10-Jährigen 12 Jahre bis hin zu den 14-Jährigen, die 16 Jahre alt sind. Die Idee ist nun, die einzelnen Teillängsschnitte zu einem Gesamtlängsschnitt zu verbinden, der dann das gesamte Altersspektrum von 8 bis 16 Jahren umfasst. Voraussetzung für die Verbindung der einzelnen Teilstichproben ist dabei jedoch, dass die Mittelwerte an den Stichprobenübergängen keine deutlichen Abweichungen voneinander erkennen lassen. Erst wenn sich hier keine Diskrepanzen ergeben, kann man davon ausgehen, dass eine hinreichende Konvergenz besteht, die die Zusammenfassung zu einem Gesamtlängsschnitt rechtfertigt. In diesem Fall wird davon ausgegangen, dass Kohorten- und Testungseffekte nicht auftreten, da sie zu Diskrepanzen an den Stichprobenübergängen geführt hätten. Insgesamt ergibt sich durch dieses Erhebungsdesign eine deutliche Zeitersparnis gegenüber einer klassischen Längsschnittstudie.

Im Idealfall lassen sich die Teilstichproben im Konvergenzmodell so verbinden, dass ein zusammengesetzter Längsschnitt entsteht.

In dem oben dargestellten Beispiel ist es beispielsweise so, dass es zwei Stichproben gibt, für die Erhebungen im Alter von 10 Jahren vorliegen. Bei der ersten Stichprobe handelt es sich um die Stichprobe, die mit 8 Jahren erstmals erhoben wurde und die dann längsschnittlich weiterverfolgt wurde, bis zu der wiederholten Messung mit 10 Jahren. Die zweite Stichprobe wurde erstmals untersucht, als die Kinder der ersten Stichprobe 8 Jahre alt waren. Auch hier handelt es sich um 10-Jährige, die jedoch in diesem Alter erstmals untersucht wurden und dann längsschnittlich weiterverfolgt wurden. Um nun die erste und die zweite Stichprobe miteinander verbinden zu können, müssten beide Stichproben im Alter von 10 Jahren vergleichbare Messwerte aufweisen. Ist dies nicht der

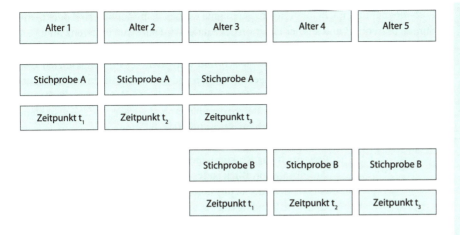

Abb. 3.2. Grundprinzip des Konvergenzmodells

Fall, könnten beispielsweise Testungseffekte dafür verantwortlich sein, da die erste Stichprobe ja mehrfach untersucht wurde, während bei der zweiten Stichprobe nur eine Erhebung stattfand.

Das Konvergenzmodell kann eine gute Alternative zu reinen Querschnittuntersuchungen darstellen, da der **Aufwand vergleichsweise gering** ist. Dies gilt vor allem dann, wenn umfangreiche Längsschnittuntersuchungen nicht möglich sind. Einige Nachteile von reinen Querschnitt- und Längsschnittmethoden lassen sich dadurch vermeiden. Es ist weiterhin darauf hinzuweisen, dass an dieser Stelle nur die grundlegenden Erhebungspläne dargestellt werden. Es gibt eine **Vielzahl an Erweiterungsmöglichkeiten**, die die Aussagefähigkeit der Grundpläne erhöhen.

Mit dem Konvergenzmodell lassen sich einige **Nachteile** von reinen Quer- oder Längsschnittmethoden **vermeiden**.

Neben der Entscheidung für einen Erhebungsplan besteht ein weiteres methodisches Problem in der Entwicklungspsychologie darin, die Datenerhebungsmethode so zu gestalten, dass sie den Kompetenzen von Kindern und Jugendlichen gerecht wird. Gerade in den jüngeren Altersgruppen bestehen nur unzureichende Möglichkeiten, das eigene Erleben zum Ausdruck zu bringen. Will man beispielsweise im Säuglingsalter etwas über interne Verarbeitungen erfahren, so wird man nach Alternativen zum Sprachausdruck suchen müssen. Auch in späteren Entwicklungsabschnitten sind die sprachlichen Ausdruckmöglichkeiten zunächst begrenzt, so dass **Datenerhebungsverfahren an die vorhandenen Kompetenzen anzupassen** sind. Im Folgenden soll dementsprechend auf Möglichkeiten einer altersadäquaten Datenerhebung in der Entwicklungspsychologie eingegangen werden (hierzu auch Lohaus, 1989, 2007).

Nicht nur die Frage nach Erhebungsdesigns spielt in der Entwicklungspsychologie eine Rolle, sondern auch die Frage danach, wie die Erhebung (Erhebungsinstrument, Erhebungssituation) gestaltet werden kann, um aussagekräftige Daten zu erhalten

3.4 Datenerhebungsmethoden in der frühen Kindheit

Vor allem im Säuglingsalter kann sprachliche Kommunikation zur Datenerhebung noch nicht genutzt werden. Daher sind in diesem Altersbereich Beobachtungsverfahren die hauptsächlich genutzte Datenerhebungsmethode. In den letzten Jahrzehnten sind in der Säuglingsforschung vor allem durch **Beobachtungen in experimentellen Kontexten** entscheidende Fortschritte erzielt worden. Dies bedeutet, dass systematisch Stimuli eingesetzt werden und die Reaktion des Säuglings auf die Stimuli beobachtet wird. Im Folgenden sollen zunächst die wichtigsten Datenerhebungsmethoden für das Säuglingsalter beschrieben werden. Es handelt sich um

- das Präferenzparadigma,
- das Habituations-Dishabituations-Paradigma,
- das Erwartungs-Induktions-Paradigma,
- das Erwartungs-Enttäuschungs-Paradigma sowie
- das Paradigma der verzögerten Nachahmung (s. auch Deutsch & Lohaus, 2006).

Im Säuglingsalter werden vielfach Beobachtungen in experimentellen Kontexten zur Datenerhebung genutzt. Gebräuchlich sind vor allem das **Präferenzparadigma**, das **Habituationsparadigma**, das **Erwartungs-Induktions-Paradigma**, das **Erwartungs-Enttäuschungsparadigma** und das **Paradigma der verzögerten Nachahmung**.

Mit dem Präferenzparadigma werden **Vorlieben** von Säuglingen für bestimmte Stimuli erhoben.

Präferenzparadigma. Beim Präferenzparadigma werden dem Säugling zwei oder mehr Stimuli präsentiert und aus der Reaktion des Kindes wird auf seine Präferenz für einen der Stimuli geschlossen. So können dem Säugling beispielsweise Gesichter mit typisch und untypisch zusammengesetzten Gesichtspartien gezeigt werden und aus seinem Blickverhalten kann dann seine Präferenz erkannt werden (z. B. Slaughter & Heron, 2004). Das Präferenzparadigma wird vorwiegend bei **visuellem und akustischem Stimulusmaterial** eingesetzt, kann jedoch auch bei **Geruchs- oder Geschmacksstimuli** Verwendung finden. Auch das Reaktionsspektrum kann recht breit sein. So ist der Einsatz von **Blick- oder Körperbewegungen** ebenso denkbar wie der Einsatz **physiologischer Messungen**. Da orale Aktivitäten im Säuglingsalter einen recht großen Stellenwert besitzen, wurden beispielsweise auch Saugreaktionen von Säuglingen zur Bestimmung von Präferenzen eingesetzt. Der Säugling kann dabei durch Steigerung oder Senkung der Saugfrequenz (je nach experimenteller Voreinstellung) das Erscheinen eines präferierten Stimulus (z. B. eine präferierte Melodie) kontrollieren. Er kann damit also auch ohne sprachliche Kommunikation Auskunft über seine Präferenzen geben.

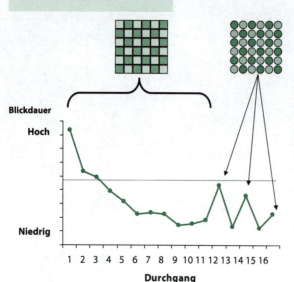

Abb. 3.3. Vorgehen bei einer Habituations-Dishabituations-Methode. **Habituationsstimuli** sind die quadratischen Muster, Dishabituationsstimuli die kreisförmigen Muster; in den Durchgängen 12, 14 und 16 erscheinen die Dishabituationsstimuli

Mit dem Habituations-Dishabituations-Paradigma kann geprüft werden, ob ein Säugling **Reize voneinander differenzieren** kann. Folgt nach der Gewöhnung an eine Reihe gleichartiger Reize ein neuer Reiz und der Säugling dishabituiert, folgt daraus, dass er den neuen Reiz als **abweichend wahrgenommen hat**.

Beim Erwartungs-Induktions-Paradigma geht es um die Frage, ob ein Säugling **Relationen innerhalb von Stimulusserien** erkennt.

Habituations-Dishabituations-Paradigma. Die Grundidee beim Habituations-Dishabituations-Paradigma besteht darin, dem Säugling eine Reihe gleichartiger Stimuli wiederholt darzubieten, bis eine **Reizgewöhnung (Habituation)** eingetreten ist. Wird nun ein Reiz präsentiert, den der Säugling als abweichend wahrnimmt, kommt es zu einer **Orientierungsreaktion**. Der Säugling schaut wieder länger hin (Abb. 3.3). Auch die physiologischen Reaktionen weisen wieder auf eine erhöhte Aufmerksamkeit hin, was sich beispielsweise an einer sinkenden Herzrate erkennen lässt (Abb. 3.4). Aus dem Auftreten einer Orientierungsreaktion lässt sich nun schließen, dass der Säugling den neuen Stimulus von den bekannten Stimuli, an die er sich bereits gewöhnt hatte, unterscheidet. Das Habituations-Dishabituation-Paradigma bietet vielfältige Einsatzmöglichkeiten, die nicht auf den Nachweis einer Unterscheidung zwischen zwei verschiedenen Stimuli beschränkt sind. Es kann vielmehr auch um die Unterscheidung zwischen Reizklassen gehen. Das Habituations-Dishabituations-Paradigma kommt mittlerweile in einer Vielzahl von Studien zum Einsatz, um die **kognitiven Kompetenzen von Säuglingen** zu analysieren.

Erwartungs-Induktions-Paradigma. Beim Erwartungs-Induktions-Paradigma (auch als Assoziationslernen bezeichnet) werden beim Säugling durch die Präsentation von Stimuli bestimmte **Erwartungen** erzeugt. Dem Säugling werden Reizserien gezeigt und er soll **Relationen erkennen**, die in der Reizserie enthalten sind. Ob die Relationen erkannt wurden, lässt sich dann durch Beobachtung seines Verhaltens erkennen.

> **Beispiel**
>
> Dem Säugling werden beispielsweise Serien von Stimuli gezeigt, die abwechselnd auf der linken und rechten Seite eines Bildschirms erscheinen. Wenn der Säugling die Regel erkannt hat, wird er nach einigen Durchgängen antizipierend seinen Blick auf die Bildschirmseite richten, auf der er den Reiz als nächstes erwartet. Durch Messung der Reaktionszeiten lässt sich dann darauf schließen, dass der Säugling die Relation zwischen den Stimuli erkannt hat. Das Paradigma kann also genutzt werden, um die Fähigkeit zur Wahrnehmung von Kontingenzen zwischen Stimuli zu überprüfen.

3.4 · Datenerhebungsmethoden in der frühen Kindheit

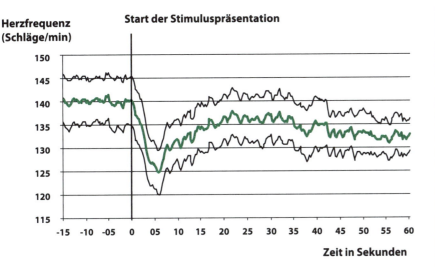

Abb. 3.4. Veränderung der Herzrate nach Präsentation eines neuen Stimulus (durchschnittliche Herzrate mit 95%-Konfidenzintervallen, nach Domsch, Lohaus & Thomas, 2010)

Es kann sich dabei um Kontingenzen zwischen Stimuli oder um Kontingenzen zwischen Stimuli und eigenem Verhalten handeln. Die Fähigkeit zur Wahrnehmung verhaltensabhängiger Kontingenzen kann beispielsweise mit einem Mobile überprüft werden, das am Bein des Säuglings befestigt wird (Gross, Hayne, Herbert & Sowerby, 2002; Rovee-Collier, 2001). Wenn der Säugling einen Zusammenhang zwischen seinen Beinbewegungen und den Bewegungen des Mobiles erkennt, ist dies an einer Zunahme des Strampelns erkennbar.

Die wahrzunehmenden Relationen können sich auf **Kontingenzen zwischen Stimuli** sowie auf **Kontingenzen zwischen Stimuli und eigenem Verhalten** beziehen.

Erwartungs-Enttäuschungs-Paradigma. Das Erwartungs-Enttäuschungs-Paradigma beruht auf der Annahme, dass bereits im Säuglingsalter **Erwartungen über eintretende Ereignisse** vorliegen können. Die Grundidee besteht dabei darin, dass diese Erwartungen erkennbar werden, wenn etwas geschieht, das den Erwartungen widerspricht. Die **Erwartungsenttäuschung** wird dann beispielsweise dadurch beobachtbar, dass die Säuglinge die unerwarteten Ereignisse länger betrachten oder **Anzeichen von Verunsicherung** zeigen. Beispielsweise zeigen sich Verhaltenserwartungen in der Interaktion eines Säuglings mit seiner Mutter. Wenn diese Verhaltenserwartungen durch die Mutter enttäuscht werden, reagiert der Säugling mit Verunsicherung und einer Abnahme des Lächelns (Hains & Muir, 1996; Nadel, Carchon, Kervella, Marcelli & Plantey-Reserbat, 1999). Auch andere unerwartete Ereignisse, wie ein Ball, der über dem Boden springt und dann (durch einen Trick) plötzlich in der Luft bleibt, ohne weiterzuspringen, führen zu erhöhten Aufmerksamkeitsreaktionen (und dadurch zu längerer Betrachtung des Ereignisses). Die Verhaltensreaktionen des Säuglings weisen darauf hin, dass er offenbar über bestimmte Erwartungen verfügte, die nun nicht eingetreten sind.

Beim Erwartungs-Enttäuschungs-Paradigma geht es darum, Erwartungen erkennbar werden zu lassen, indem Ereignisse induziert werden, die den **Erwartungen widersprechen**.

Paradigma der verzögerten Nachahmung. Die Grundidee des Paradigmas der verzögerten Nachahmung besteht darin, Kindern eine **Modellhandlung** zu zeigen, die beispielsweise an bestimmten Objekten durchgeführt wird. In einem mehr oder minder großen zeitlichen Abstand erhalten dann die Kinder die Gelegenheit, die Modellhandlung ebenfalls durchzuführen. Wenn dies gelingt, kann daraus geschlossen werden, dass das Kind die Modellhandlung gespeichert hatte. Durch eine Variation des zeitlichen Abstandes lässt sich feststellen, über welche Zeiträume hinweg die Handlung gespeichert werden konnte. Dieses Verfahren erfordert (anders als die anderen vorgestellten Paradigmen) **motorische Reproduktionsfähigkeiten** seitens des Kindes. Daher ist ein Einsatz erst ab einem Alter von etwa 6 Monaten möglich (Barr, Dowden & Hayne, 1996). Das Haupteinsatzgebiet ist bei diesem Verfahren in der Lern- und Gedächtnisforschung zu sehen.

Bei der verzögerten Imitation werden Kindern **Modellhandlungen** vorgeführt, die nach einem mehr oder minder großen Zeitintervall **imitiert** werden sollen.

Die bisher darstellten Untersuchungsparadigmen beziehen sich auf **Beobachtungen in experimentellen Kontexten**. Davon abzugrenzen sind Beobachtungen, bei denen keine experimentellen Untersuchungsparadigmen zum Einsatz gelangen (z. B. die Beobachtung des Spielverhaltens von Kindern in natürlichen Situationen oder des Interaktionsverhaltens von Kindern mit ihren Eltern). Es geht hierbei typischerweise um die **Beobachtung von Verhaltenssequenzen**. Dabei kann unterschieden werden, ob die gesamte Verhaltenssequenz Gegenstand ist oder Ereignis- bzw. Zeitstichproben gezogen werden. Im Fall von **Ereignisstichproben** wird nur dann beobachtet, wenn ein zuvor festgelegtes Ereignis auftritt (z. B. wenn das Kind sich aggressiv verhält), während im Fall von **Zeitstichproben** in bestimmten Zeitintervallen beobachtet wird (z. B. nur an drei Zeitpunkten innerhalb des Vormittags). Bei diesen Beobachtungsverfahren werden häufig Kategoriensysteme oder Schätzurteile (Einschätzungen der Häufigkeit oder Intensität von Verhaltensweisen) eingesetzt, um die Beobachtungen zu systematisieren.

> Auch aus **Beobachtungen in nicht-experimentellen Kontexten** lassen sich Rückschlüsse auf das Erleben und Verhalten von Kindern ziehen.

3.5 Datenerhebungsmethoden in späteren Entwicklungsabschnitten

In der Regel geht die Entwicklung des Sprachverständnisses den Kompetenzen zur **Sprachproduktion** voraus. Daher können relativ frühzeitig neben Beobachtungsverfahren auch Datenerhebungsmethoden zum Einsatz gelangen, die lediglich ein **Sprachverständnis** erfordern. Dazu gehören beispielsweise Sortieraufgaben, bei denen ein Material nach bestimmten Kriterien sortiert werden soll (wie beispielsweise bei Aufgaben zur multiplen Klassifikation, bei denen Klötzchen nach Farbe und Größe zu ordnen sind).

> Wenn die Fähigkeit zur Sprachproduktion noch gering ist, bieten sich Datenerhebungstechniken an, die lediglich ein **Sprachverständnis** erfordern (z. B. Sortieraufgaben).

Höhere Anforderungen stellen dagegen Datenerhebungsmethoden, die sowohl Sprachverständnis- als auch Sprachproduktionskompetenzen erfordern. Hierzu gehören beispielsweise **Interviewtechniken**, die in frühen Entwicklungsphasen Anpassungen an die sprachlichen Kompetenzen der Kinder erfordern. Darüber hinaus sollte die Interviewsituation so gestaltet sein, dass
- die emotionale Anpassung an die Untersuchungssituation erleichtert,
- das wahrgenommene soziale Gefälle zum (in der Regel erwachsenen) Interviewer reduziert und
- das Kommunikationsverhalten eines Kindes gefördert wird.

> Interviewtechniken stellen **höhere Anforderungen** sowohl an das Sprachverständnis als auch an die Sprachproduktion. Gegebenenfalls sind **Anpassungen an die besondere Situation von Kindern** erforderlich.

Die **emotionale Anpassung an die Untersuchungssituation** kann beispielsweise durch die Vorschaltung von **Aufwärmphasen** erleichtert werden. Dies kann dadurch geschehen, dass vor der Datenerhebungsphase eine Spielphase stattfindet, in der das Kind sich an eine möglicherweise ungewohnte Situation (z. B. die fremde Umgebung oder die Interaktion mit einem fremden Erwachsenen) gewöhnen kann. Auch sog. **Ersatzbindungsobjekte** (wie das Lieblingskuscheltier des Kindes) können dabei hilfreich sein, da sie dem Kind möglicherweise mehr Sicherheit geben können (Becker, Lohaus, Frebel & Kiefert, 2002).

> Mögliche Maßnahmen bestehen im Einsatz von **Aufwärmphasen** und **Ersatzbindungsobjekten**.

Das **wahrgenommene soziale Gefälle** zu dem (in der Regel) erwachsenen Untersucher kann beispielsweise dadurch reduziert werden, dass **Sichtbarrieren** (wie Puppentheaterkulissen) oder (Spiel-)Telefone eingesetzt werden, um einen unmittelbaren Sichtkontakt zu vermeiden. Auch Befragungen mithilfe von **Puppen** sind denkbar, da auch hier der Befragende in den Hintergrund rückt. Grundsätzlich geht es dabei darum, den erwachsenen Untersucher weniger deutlich in Erscheinung treten zu lassen.

> Weitere Maßnahmen können dazu dienen, das wahrgenommene **soziale Gefälle zum Untersucher zu reduzieren** (z. B. durch Sichtbarrieren etc.).

Mit Maßnahmen zur **Förderung des Kommunikationsverhaltens** soll es Kindern erleichtert werden, ihre Denkinhalte zu kommunizieren. Dies kann beispielsweise bedeuten, dass man Kindern die Möglichkeit gibt, ihre Denkinhalte nicht verbal, sondern

> Maßnahmen zur **Erleichterung der Kommunikation** können unterstützend wirken, wenn die sprachlichen Kompetenzen noch unzureichend sind (z. B. Rollen- oder Puppenspielmethoden).

gestalterisch zum Ausdruck zu bringen (z. B. durch Zeichnen oder durch Rollen- oder Puppenspiel). Hier geht es vor allem darum, **alternative Kommunikationsformen** anzubieten, falls die sprachlichen Kompetenzen noch unzureichend sind.

> **Exkurs**
>
> **Besonderheiten von Rollen- und Puppenspieltechniken**
> Obwohl Rollen- und Puppenspieltechniken sicherlich eine gute Eignung als kindgerechte Datenerhebungsmethoden besitzen, ist auf der anderen Seite zu bedenken, dass sie gleichzeitig viel Raum für Phantasie und Fiktion bieten. Dies ließ sich in einer Studie zeigen (Lohaus, 1986a), in der als Ausgangssituation einem Kind ein Wasserglas herunterfiel, das auf dem Boden zersprang. Ein Teil der Vorschulkinder wurde im Interview nach der Reaktion der Mutter befragt, während andere Kinder die mütterliche Reaktion im Rollenspiel oder im Puppenspiel darstellen sollten. Es zeigte sich, dass die gespielten Reaktionen signifikant von den im Interview beschriebenen Reaktionen abwichen. Gleichzeitig gaben die Kinder an, dass die im Interview berichteten Reaktionen stärker mit den tatsächlichen mütterlichen Reaktionen übereinstimmen. Es ist also damit zu rechnen, dass Datenerhebungen, die sich auf Rollenspiel oder Puppenspiel stützen, in erhöhtem Maße fiktive Elemente enthalten.

Ein Grundproblem bei der Wahl von Datenerhebungsmethoden besteht darin, dass auch die **Fähigkeit zum Umgang mit der Methode** einem Entwicklungsprozess unterliegen kann. Wenn jüngere Kinder noch Schwierigkeiten mit einer Methode (wie beispielsweise der Nutzung von Schätzskalen) haben, ältere aber nicht mehr, dann bilden die Daten nicht nur die angezielten Inhalte, sondern auch die Kompetenz zum Umgang mit einer Datenerhebungsmethode ab. Die Datenerhebungsmethode muss also so gewählt sein, dass alle einbezogenen Altersgruppen gleichermaßen damit umgehen können (Lohaus, 1986b, 1989).

> Datenerhebungsmethoden im Kindesalter sollten so gestaltet sein, dass die Kinder problemlos damit umgehen können. Andernfalls gibt der erhobene Entwicklungsverlauf eher Aufschluss über die **Entwicklung im Umgang mit der Datenerhebungsmethode**.

? Kontrollfragen

1. Mit welchen Nachteilen ist der Einsatz einer Querschnittmethode zur Datenerhebung in der Entwicklungspsychologie verbunden?
2. Wie könnte ein Untersuchungsdesign aussehen, bei dem das Konvergenzmodell zum Einsatz gelangt?
3. Was ist mit einem Erwartungs-Induktions-Paradigma gemeint und wie könnte eine Untersuchung aussehen, in der dieses Paradigma zum Einsatz gelangt?
4. Wie könnten mögliche Maßnahmen aussehen, um eine Interviewsituation kindgerecht zu gestalten?

▶ **Weiterführende Literatur**

Teti, D.M. (2005). (Ed.). *Handbook of research methods in developmental science*. Malden: Blackwell.
Trautner, H. M. (1992). *Lehrbuch der Entwicklungspsychologie, Band 1: Grundlagen und Methoden*. Göttingen: Hogrefe.

4 Anlage und Umwelt

4.1 Zwillingsstudien – 53

4.2 Adoptionsstudien – 56

4.3 Weitere Vorgehensweisen und grundsätzliche Probleme – 57

Lernziele

- Die Zwillingsmethode zur Abschätzung von Anlage- und Umweltanteilen und ihre Nachteile kennen.
- Adoptivstudien als Alternative zur Zwillingsmethode kennen.
- Bedeutung und Interpretation von Erblichkeitsschätzungen verstehen.
- Zwischen aktiven, passiven und evozierenden Wirkungen des Genotyps unterscheiden können.

Die Frage nach den Anlage- und Umweltanteilen bei der Entwicklung hat eine lange Tradition in der Entwicklungspsychologie.

Eine Fragestellung, die in der Entwicklungspsychologie eine lange Tradition hat, ist die Frage nach den Anlage- und Umweltanteilen an der Entwicklung. Kommt Entwicklung hauptsächlich durch exogene oder endogene Faktoren zustande? Oder anders gefragt: Entfalten sich die individuellen Eigenheiten eines Menschen, ohne dass dabei die Umwelt eine entscheidende Rolle spielt, oder ist umgekehrt die Umwelt dominierend und die Anlagen steuern lediglich eine Grundausstattung bei, die ohne größere Varianz zwischen Menschen vorliegt?

*Deprivationsstudien lassen sich **aus ethischen Gründen** im Humanbereich nicht einsetzen, um die Wirkung endogener Faktoren bei der Entwicklung zu analysieren.*

Der **Anteil endogener Faktoren** lässt sich am ehesten bestimmen, wenn die Wirkung exogener Faktoren so weit wie möglich ausgeschaltet wird. Beim Menschen sind Experimente dieser Art jedoch aus ethischen Gründen nicht durchführbar. Im tierexperimentellen Bereich gibt es derartige **Deprivationsstudien**. Hier werden im Extremfall alle Umwelteinflüsse außer der lebensnotwendigen Nahrung für eine mehr oder weniger umfangreiche Zeitspanne vorenthalten (in der Regel von der Geburt an). Die Tiere leben in einer dunklen und lautlosen Umgebung und ohne Kontakt mit Artgenossen, von denen sie Verhaltensweisen lernen könnten. Durch den Vergleich mit Tieren, die unter normalen Umständen aufgewachsen sind, zeigt sich dann, welche Verhaltensweisen als angeboren gelten können. Im Humanbereich gibt es allenfalls Einzelfälle, bei denen weitgehende Deprivationen stattgefunden haben, die jedoch aufgrund ihres Einzelfallcharakters kaum weitreichende Schlussfolgerungen zulassen (wie beispielsweise das Schicksal von Victor von Aveyron, der im 18. Jahrhundert im Alter von etwa 9 Jahren offenbar erstmals mit der Zivilisation in Berührung kam und zuvor ohne Kontakt zu anderen Menschen in einem Waldgebiet in Südfrankreich gelebt hatte).

4.1 Zwillingsstudien

Im Humanbereich gilt die Zwillingsmethode als gebräuchlichster Ansatz zur Abschätzung von Anlage- und Umweltanteilen. Grundlage dieses Ansatzes ist die Existenz zweier Typen von Zwillingen: eineiige und zweieiige Zwilinge.

Eineiige Zwillinge. Hier wird eine Eizelle befruchtet, die sich aber relativ früh in zwei Individuen mit völlig gleicher Erbinformation teilt. Die genetische Übereinstimmung zwischen den Geschwistern beträgt dabei 100%. Da das Erbgut übereinstimmt, wird davon ausgegangen, dass Unterschiede zwischen eineiigen Zwillingen nur auf die Umweltvariation zurückzuführen sind.

Zweieiige Zwillinge. Hier werden zwei Eizellen getrennt voneinander befruchtet. Demnach sind zweieiige Zwillinge genetisch genauso unterschiedlich wie normale Geschwister, aber ansonsten in einer ähnlichen Situation wie eineiige Zwillinge (gleiches Alter und im Regelfall zusammen aufgewachsen). Die durchschnittliche genetische Übereinstimmung liegt bei 50% (wie auch sonst bei Geschwistern).

Zusätzlich wird häufig danach unterschieden, ob die Zwillinge **zusammen oder getrennt aufgewachsen** sind: Wenn die Zwillinge zusammen aufgewachsen sind, ist die angenommene Umweltvariation relativ gering. Bei getrennt aufgewachsenen Zwillingen ist sie dagegen hoch. Wenn die Unterschiede zwischen getrennt und zusammen aufgewachsenen Zwillingen minimal sind, spricht dies für einen verstärkten Einfluss der Anlage. Wenn man nun wissen möchte, wie stark die Erblichkeit bei einem Merkmal ausgeprägt ist, werden die entsprechenden Messreihen bei eineiigen und zweieiigen Zwillingen erhoben. In ◘ Tab. 4.1 ist dargestellt, wie diese Messreihen typischerweise aussehen.

> Zur Abschätzung von Anlage- und Umweltanteilen bieten sich im Humanbereich **Zwillingsstudien** an.

> **Eineiige Zwillinge** entstehen aus einer befruchteten Eizelle, die sich frühzeitig in zwei Individuen mit identischer Erbinformation teilt.

> **Zweieiige Zwillinge** entstehen aus zwei getrennt voneinander befruchteten Eizellen.

> Unterschieden wird zwischen **zusammen und getrennt aufgewachsenen** ein- und zweieiigen Zwillingen.

Beispiel

Am Beispiel der Intelligenz würde dies bedeuten, dass bei einer Stichprobe von eineiigen und zweieiigen Zwillingen jeweils die Intelligenzquotienten der Paarlinge bestimmt werden. Man kann nun über die Zwillingspaare hinweg die Korrelationen zwischen den Messwerten der eineiigen Zwillinge sowie zwischen den Messwerten der zweieiigen Zwillinge berechnen. Als Resultat ergeben sich die jeweiligen Intraklassenkorrelationen. Wenn nun die Intraklassenkorrelation der eineiigen Zwillinge deutlich höher liegt als die Intraklassenkorrelation der zweieiigen Zwillinge, spricht dies für eine erhöhte Erblichkeit des Merkmals. Wenn sie dagegen gleich hoch sind, dürfte der Erblichkeitsanteil bei dem Merkmal unerheblich sein.

◘ Tab. 4.1. Verfahren zur Bestimmung der Intraklassenkorrelationen bei eineiigen und zweieiigen Zwillingen

	Eineiige Zwillinge			Zweieiige Zwillinge	
	Erster Zwilling (Messwerte)	Zweiter Zwilling (Messwerte)		Erster Zwilling (Messwerte)	Zweiter Zwilling (Messwerte)
Familie EZ-1	$X1_{EZ-1}$	$X2_{EZ-1}$	Familie ZZ-1	$X1_{ZZ-1}$	$X2_{ZZ-1}$
Familie EZ-2	$X1_{EZ-2}$	$X2_{EZ-2}$	Familie ZZ-2	$X1_{ZZ-2}$	$X2_{ZZ-2}$
Familie EZ-3	$X1_{EZ-3}$	$X2_{EZ-3}$	Familie ZZ-3	$X1_{ZZ-3}$	$X2_{ZZ-3}$
Familie EZ-4	$X1_{EZ-4}$	$X2_{EZ-4}$	Familie ZZ-4	$X1_{ZZ-4}$	$X2_{ZZ-4}$
Familie EZ-n	$X1_{EZ-n}$	$X2_{EZ-n}$	Familie ZZ-n	$X1_{ZZ-n}$	$X2_{ZZ-n}$

> Erblichkeitsschätzungen geben an, welcher **Anteil an der Variation eines Merkmals** auf die genetische Ausstattung bzw. die Umweltvariation entfällt.
>
> ▶ Definition Erblichkeitsschätzungen

Es gibt eine Reihe statistischer Verfahren, um die **Erblichkeit eines Merkmals** zu bestimmen, wobei in der Regel Werte zwischen 0 und 1 resultieren. Ein Wert von 0 bedeutet dabei, dass keine Erblichkeit nachgewiesen werden konnte, während ein Wert von 1 entsprechend den maximalen Erblichkeitskoeffizienten repräsentiert.

> **Definition**
> **Erblichkeitsschätzungen** geben an, welcher Anteil der Variation eines Merkmals auf die genetische Ausstattung entfällt und welcher Anteil auf die Umweltvariation zurückgeht.

Beispiel

Selbst wenn 100 Prozent der Variation eines Merkmals auf die genetische Ausstattung zurückginge, hieße dies jedoch nicht, dass die Umwelt keine Rolle spielt. Dies lässt sich beispielsweise als Analogie anhand des Flächeninhalts eines Rechtecks erläutern (auch Siegler, Deloache & Eisenberg, 2005). Selbst wenn die Höhe immer konstant bleibt und nur die Breite variiert wird, ist dennoch offensichtlich, dass die Fläche immer auch durch die Höhe mitbestimmt wird. Sie variiert nur nicht, sondern bleibt konstant. Wenn jedoch sowohl Höhe als auch Breite variieren, kann ihr jeweiliger Beitrag an der Variation des Flächeninhalts bestimmt werden. Wenn beispielsweise die Höhe stärker variiert als die Breite, wird ihr Beitrag an der Bestimmung der Variation des Flächeninhalts größer sein als der Beitrag der Breite. In ähnlicher Weise sind Erblichkeitsmaße so zu interpretieren, dass sie Auskunft geben über den relativen Beitrag der Anlage- und Umweltvariation an der Variation eines Merkmals.

> Hohe Erblichkeitsschätzungen findet man vielfach im Bereich der **Intelligenz**, wobei die Schätzungen deutlich niedriger liegen, wenn einzelne intellektuelle Teilfertigkeiten betrachtet werden.

Am häufigsten untersucht wurden **Anlage- und Umweltbeiträge im Bereich der Intelligenz**. Man kann zusammenfassend konstatieren, dass die Erblichkeitsindizes in diesem Bereich auf einen erheblichen Anteil der Anlage an der Merkmalsvariation hinweisen. Die meisten Studien kommen hier auf Werte von .50 und höher (Plomin, Pedersen, Lichtenstein & McClearn, 1994). Die Werte fallen jedoch deutlich niedriger aus, wenn einzelne intellektuelle Teilfähigkeiten (wie räumliche Fähigkeiten oder Verarbeitungsgeschwindigkeit) betrachtet werden.

> Niedriger liegen die Erblichkeitsschätzungen bei vielen anderen **Persönlichkeits- und Verhaltensbereichen**.

Deutlich niedriger liegen die Erblichkeitsschätzungen dagegen in der Regel **in anderen Persönlichkeits- oder Verhaltensbereichen** (beispielsweise im Bereich beruflicher Interessen oder sozialer Einstellungen). Auch hier lassen sich jedoch substanzielle Erblichkeitseinflüsse konstatieren. Dabei stellt sich allerdings die Frage, wie es möglich ist, dass soziale Einstellungen überhaupt durch Anlagefaktoren beeinflusst werden, da doch offensichtlich das soziale Umfeld einen wesentlichen Einfluss auf diese Bereiche hat. Um diese Frage zu beantworten, sollen kurz die verschiedenen **Formen von Anlagewirkungen** betrachtet werden. Es lassen sich **aktive, passive und evozierende Auswirkungen** der genetischen Ausstattung unterscheiden (Plomin, DeFries & Loehlin, 1977; Scarr, 1992).

> Mit **aktiven Anlagewirkungen** ist gemeint, dass ein Individuum aktiv eine Umgebung sucht, die zu seinen Anlagen passt.

Aktive Anlagewirkungen. Mit aktiven Wirkungen ist dabei gemeint, dass ein Kind mit einer spezifischen genetischen Ausstattung sich möglicherweise **aktiv eine Umgebung sucht**, die zu seiner spezifischen Anlage passt. Ein aktives und extravertiertes Kind wird sich wahrscheinlich eine Umgebung suchen, die zu seiner Persönlichkeit passt. Es wird wahrscheinlich abenteuerlustig sein und Tätigkeiten bevorzugen, die mit viel Sozialkontakten verbunden sind. Dies kann sich bis hin zur Wahl eines entsprechenden Berufes ausprägen. Hier sind es also spezifische Temperamentsmerkmale, die durch die Anlage geprägt sind, die jedoch in viele andere Bereiche hineinwirken und dazu führen, dass das Kind sich dazu passende Umgebungsbedingungen schafft, die auch das soziale Umfeld einschließen.

> Mit **passiven Anlagewirkungen** ist gemeint, dass die biologischen Eltern ein Umfeld schaffen, das zu ihrer eigenen Genausstattung passt, das jedoch wegen der genetischen Überlappung gleichzeitig auch ein günstiges Umfeld für die Kinder schafft.

Passive Anlagewirkungen. Mit passiven Wirkungen ist angesprochen, dass die biologischen Eltern über eine Genausstattung verfügen, die mit denen des Kindes überlappt ist. Vermutlich werden also schon die Eltern (ohne aktives Zutun des Kindes) ein Umfeld schaffen, das ihrer eigenen Genausstattung (und ihrem eigenen Temperament) entspricht. Wegen der Überlappungen mit der Genausstattung des Kindes wird dieses Umfeld jedoch gleichzeitig auch günstige Entwicklungsbedingungen für das Kind bieten, ohne dass das Kind von sich aus aktiv dazu beiträgt.

Evozierende Anlagewirkungen. Evozierende Wirkungen des Genotyps beziehen sich auf Verhaltensweisen, die ein Kind in seiner sozialen Umgebung hervorruft. Ein aktives und lebendiges Kind wird in seiner Umgebung verstärkt Reaktionen hervorrufen, die dieses Verhalten unterstützen (z. B. indem die Eltern häufiger aktivitätsfördernde Spiele und Unternehmungen initiieren). Das Kind sucht sich nicht nur aktiv eine »passende« Umgebung, sondern ruft durch sein Verhalten auch entsprechende Reaktionen in der sozialen Umgebung hervor, die an seinen Genotyp angepasst sind.

> Mit **evozierenden Anlagewirkungen** ist gemeint, dass ein Kind durch sein Verhalten Wirkungen in seiner sozialen Umgebung hervorruft, die zu seiner Anlage passen.

In der Regel (insbesondere wenn das Kind mit seinen biologischen Eltern aufwächst) werden die drei Wirkungsformen im Zusammenhang stehen und sich in ihrer Wirkung verstärken. Durch derartige Mechanismen ist erklärlich, dass auch bei Erlebens- und Verhaltensaspekten, die nicht direkt durch den Genotyp bestimmt werden, Anlageeinflüsse erkennbar werden (z. B. bei der Einstellung zum Lesen von Büchern oder zum Achterbahnfahren; Olson, Vernon, Harris & Lang, 2001). Weiterhin ist dadurch das auf den ersten Blick überraschende Ergebnis erklärbar, dass die **Schätzungen des Anlageanteils** bei einem Merkmal wie Intelligenz **über das Alter hinweg zunehmen**. Intuitiv könnte man vermuten, dass die Umwelt im Laufe des Lebens von immer größerer Bedeutung wird. Die Zunahme des Anlageanteils ist vermutlich dadurch zu erklären, dass die aktiven und evozierenden Genotypwirkungen verstärkt in Erscheinung treten, indem die Umgebung zunehmend in Übereinstimmung mit den eigenen Anlagen gesucht wird. Dadurch kann der Genotyp sich zunehmend stärker ausprägen.

> Aktive, passive und evozierende Anlagewirkungen können sich in ihrer Wirkung **gegenseitig verstärken**.

Für die Praxis

Genetische Ausstattung und soziale Umgebung

Vor allem die aktiven und evozierenden Genwirkungen weisen auf Tendenzen hin, sich Umgebungsbedingungen zu schaffen, die den eigenen Anlagen entsprechen. Um diese Tendenzen zu unterstützen, sollte die Erziehung dementsprechend auf das Naturell eines Kindes abgestimmt sein, solange sich ein Kind in einem sozial tolerierbaren Bereich entwickelt. Für ein eher gehemmtes und zurückhaltendes Kind ist es ein schwieriges Umfeld, wenn ein sozialer Druck in die Richtung besteht, sich zu einem extravertierten Kind zu entwickeln. Umgekehrt ist es für ein sehr aktives und geselliges Kind schwierig, wenn es in ein Umfeld gerät, das ein stilles und in sich zurückgezogenes Verhalten erwartet. Das Erziehungsverhalten und die Erwartungen des sozialen Umfelds sollten also möglichst an den Neigungen eines Kindes orientiert sein.

Auch wenn Zwillingsstudien die am häufigsten genutzte Methode sind, um Anlage- und Umweltanteile an Merkmalsvariationen zu bestimmen, gibt es eine Reihe von **Bedenken, die die eindeutige Interpretierbarkeit der Befunde von Zwillingsstudien einschränken**. Dabei sind insbesondere die folgenden Punkte zu nennen:
- die Nichtrepräsentativität von Zwillingsstichproben,
- die Annahme gleicher Umweltvariation bei eineiigen und zweieiigen Zwillingen sowie
- die Beschränkung der Aussagen auf die vorgefundenen Umweltvariationen.

> Es gibt eine Reihe von Bedenken, die die **Interpretierbarkeit** der Ergebnisse von Zwillingsstudien **einschränken**.

Nichtrepräsentativität von Zwillingsstichproben. Zwillinge sind möglicherweise nicht repräsentativ für die Gesamtbevölkerung. Dies gilt insbesondere für die Paarsituation, die eine Ausnahmesituation darstellt. Noch weiter verstärkt gilt dies für eineiige Zwillinge, die in einer Doppelgängersituation leben, die einerseits zu einer symbiotischen Beziehung führen kann, die andererseits aber auch dazu führen kann, dass die Zwillinge

> Die Zwillingssituation ist **nicht repräsentativ** für die Gesamtbevölkerung.

verstärkt nach Individualität streben. Dies kann die Schätzungen beeinflussen und vor allem die Übertragbarkeit der Ergebnisse einschränken.

Annahme gleicher Umweltvariation bei eineiigen und zweieiigen Zwillingen. Es wird davon ausgegangen, dass die Umwelten bei eineiigen und zweieiigen Zwillingen jeweils gleich sind. Dies trifft jedoch nicht zu. Schon die pränatale Umgebung ist bei beiden Zwillingstypen unterschiedlich. Sie ist ähnlicher bei eineiigen Zwillingen, da der Entwicklungsstand schon pränatal stärker aneinander angeglichen ist. Dies setzt sich in den Folgejahren fort, da bei (zusammen aufgewachsenen) eineiigen Zwillingen häufiger darauf geachtet wird, dass die Bedingungen sehr ähnlich sind (ähnliche Kleidung, ähnlicher Haarschnitt etc.). Dies gilt für eineiige Mädchen häufig noch deutlicher als für Jungen. Die Situation von (zusammen aufgewachsenen) eineiigen und zweieiigen Zwillingen lässt sich demnach nicht vergleichen. Auch dieser Effekt kann die Erblichkeitsschätzungen beeinflussen.

> Die Umwelten von eineiigen und zweieiigen Zwillingen sind **nicht** in jeder Beziehung **vergleichbar**.

Beschränkung der Aussagen auf die vorgefundenen Umweltvariationen. Die Erblichkeitsschätzungen gelten nur für die jeweils vorgefundenen Umweltvariationen und sagen nichts darüber aus, was bei einer größeren Umweltvariation geschehen wäre. Bei zusammen aufgewachsenen Zwillingspaaren besteht die Idealannahme darin, dass die Umwelten absolut übereinstimmen, während sie bei getrennt aufgewachsenen Zwillingen darin besteht, dass kein Zusammenhang (also eine Nullkorrelation) zwischen den Umwelten existiert. In der Realität dürfte jedoch weder die eine noch die andere Annahme zutreffen. Auch wenn Zwillinge zusammen aufwachsen, werden ihre Umwelten und die daraus resultierenden Umwelteinflüsse nicht identisch sein. Umgekehrt gilt auch bei getrennt aufwachsenden Zwillingen, dass ihre Umgebungen sich häufig dennoch ähneln. Zumindest die gesellschaftlichen Bedingungen werden ähnlich sein, da beispielsweise eine Trennung in völlig andere Kontexte ausgesprochen selten sein dürfte (wie beispielsweise so, dass ein Zwilling in Europa, der andere in Asien aufwächst). Durch diese Beschränkung wird der Erblichkeitsanteil vermutlich überschätzt, da erst bei stärkerer Umweltvariation der gesamte Beitrag der Umwelt deutlich werden könnte.

> Die Aussagemöglichkeiten sind beschränkt auf die **vorgefundene Umweltvariation**. Es ist unklar, ob sie auch bei extremerer Umweltvariation noch gelten.

Es gibt daher einige Argumente, die dafür sprechen, dass mit der Zwillingsmethode von der Tendenz her der **Erblichkeitsanteil überschätzt** wird. Die wichtigste Alternative zu Zwillingsstudien besteht in Adoptionsstudien, auf die im Folgenden eingegangen werden soll.

> Es ist zu vermuten, dass der **Erblichkeitsanteil** mit der Zwillingsmethode **überschätzt** wird.

4.2 Adoptionsstudien

Bei Adoptivstudien macht man sich den Umstand zunutze, dass man für Verwandte und Nichtverwandte abschätzen kann, wie hoch jeweils das Ausmaß der genetischen Ähnlichkeit ist. So findet sich zwischen biologischen Eltern und ihren Kindern (wie zwischen Geschwisterkindern) eine genetische Übereinstimmung von durchschnittlich 50%. Zwischen Großeltern und ihren Enkeln liegt der Wert bei 25% und zwischen Urgroßeltern und ihren Urenkeln dementsprechend bei 12,5%. Demgegenüber geht man bei fremden Personen von einem Verwandtschaftsgrad nahe null aus.

> Für jeden Verwandtschaftsgrad lässt sich das **Ausmaß der genetischen Übereinstimmung** abschätzen. Dies bildet die Grundlage für die Verwendung von **Adoptionsstudien** zur Erblichkeitsbestimmung.

Wenn nun frühzeitig eine Adoption stattgefunden hat, sodass das Kind von seinen biologischen Eltern getrennt wurde, würde man bei einem starken Anlageeinfluss trotz der Trennung erwarten, dass die Merkmale des Kindes enge Bezüge zu den Merkmalen der biologischen Eltern aufweisen. Ist der Umwelteinfluss dagegen hoch, würde man eine stärkere Übereinstimmung zu den Merkmalen der Adoptiveltern erwarten. Auch hier können Korrelationen zwischen den Kindern und ihren biologischen Eltern bzw. Adoptiveltern berechnet werden. Das Grundprinzip dazu ist in ◘ Tab. 4.2 zusammengefasst. Häufig werden nur die Daten der Mütter zugrunde gelegt, da die Väter in der

> Bei starkem Erblichkeitseinfluss sollte eine hohe Ähnlichkeit zu den biologischen Eltern bestehen, bei starkem Umwelteinfluss sollte dagegen die Ähnlichkeit zu den Adoptiveltern hoch sein.

4.3 · Weitere Vorgehensweisen und grundsätzliche Probleme

Tab. 4.2. Beispiele für erforderliche Messwertreihen im Rahmen von Adoptivstudien

Kind	Messwert des Kindes	Messwert der biologischen Mutter	Messwert der Adoptivmutter
Kind 1	x_{K1}	x_{M1}	x_{A1}
Kind 2	x_{K2}	x_{M2}	x_{A2}
Kind 3	x_{K3}	x_{M3}	x_{A3}
Kind 4	x_{K4}	x_{M4}	x_{A4}
Kind n	x_{Kn}	x_{Mn}	x_{An}

Regel sehr viel schwerer erreichbar sind. Aus den vorliegenden Daten können auch hier **Erblichkeitsindizes** berechnet werden.

Wenn man die wichtigsten Ergebnisse kurz zusammenfasst, kann man sagen, dass die Ergebnisse aus den Zwillingsstudien im Wesentlichen durch Adoptivstudien zu bestätigen sind. Auch hier zeigen sich bei vielen Merkmalen (wie beispielsweise Intelligenz) **substanzielle Anlageanteile an der Merkmalsvariation**. Bei einigen anderen Persönlichkeitsmerkmalen (wie Extraversion, Neurotizismus oder Aggressivität) finden sich bei Adoptivstudien jedoch geringere Erblichkeitsschätzungen als bei der Zwillingsmethode, was die Vermutung bestätigt, dass der Erblichkeitsanteil mit der Zwillingsmethode tendenziell überschätzt wird (Asendorpf, 2008). Erwähnenswert ist an dieser Stelle, dass sich in Adoptivstudien gezeigt hat, dass **mit zunehmendem Alter die Übereinstimmung mit den biologischen Eltern zunimmt**. Auch hier würde die intuitive Erwartung vermutlich eher sein, dass die Umwelteinflüsse durch die Adoptiveltern im Laufe der Zeit immer bestimmender werden. Man kann vermuten, dass für diesen Effekt die aktiven und evozierenden Wirkungen des Genotyps verantwortlich sind. Je älter das Kind wird, desto eher ist es in der Lage, sich die Umwelt so zu arrangieren, dass sie in möglichst optimaler Weise zu seiner genetischen Ausstattung passt.

> Adoptivstudien führen zu **ähnlichen Ergebnissen** wie Zwillingsstudien. Über das Alter hinweg findet sich häufig eine **zunehmende Ähnlichkeit zu den biologischen Eltern**, was mit aktiven und evozierenden Anlagewirkungen erklärbar ist.

Auf der anderen Seite ist jedoch ebenfalls zu konstatieren, dass auch **Adoptivstudien** einige **Schwächen** enthalten, wobei die folgenden beiden besonders hervorzuheben sind.

> Auch bei Adoptivstudien findet sich eine Reihe von **Schwächen**.

- Jeder Umwelteinfluss der leiblichen Eltern auf die adoptierten Kinder muss ausgeschlossen sein. Dies kann jedoch nur dann annähernd gegeben sein, wenn die Trennung unmittelbar nach der Geburt erfolgte und wenn kein weiterer Kontakt zu den biologischen Eltern besteht.

> Häufig kann **nicht jeder Umwelteinfluss** seitens **der leiblichen Eltern ausgeschlossen** werden.

- Zwischen den Umweltmerkmalen der Herkunfts- und der Adoptivfamilie sollte als Idealannahme eine Nullkorrelation bestehen. Wie bei der Zwillingsmethode dürfte dies auch bei der Adoptivmethode in der Regel nicht gegeben sein. Ein Kind, das von einer Familie in eine andere wechselt, erlebt häufig insgesamt recht ähnliche Bedingungen (z. B. bei einer Adoption innerhalb eines bestimmten kulturellen Kontextes). Es bleibt daher vielfach unklar, ob sich bei deutlicher und radikaler Veränderung der Umgebungsbedingungen niedrigere Erblichkeitsschätzungen ergeben hätten.

> Auch die theoretisch geforderte **Nullkorrelation** zwischen den **Umweltmerkmalen der Herkunfts- und der Adoptivfamilie** ist de facto kaum realisierbar.

4.3 Weitere Vorgehensweisen und grundsätzliche Probleme

Um die Schwächen von Zwillings- und Adoptionsmethoden auszugleichen, wird in einigen Studien eine **Kombination beider Methoden** eingesetzt (Asendorpf, 2008). Auch wenn es schwierig sein dürfte, mit den vorhandenen Methoden den absoluten

> Interessanter als die Kenntnis des absoluten Anteils von Anlage und Umwelt an der Merkmalsvariation ist die **Kenntnis des relativen Anteils** bei verschiedenen Merkmalen.

Außer Zwillings- und Adoptivstudien kommen auch **gentechnische Verfahren** in Frage, um Gene zu identifizieren, die für bestimmte Merkmalsausprägungen verantwortlich sind.

Hilfreich wäre die Kenntnis von **Modifikationsbreiten** bei Merkmalen mit erblicher Komponente.

Vielfach wird von einseitigen Wirkungen von Genen auf Persönlichkeits- oder Verhaltensmerkmale ausgegangen. Angemessener wäre es jedoch, **Wechselwirkungen** anzunehmen.

Anteil an der Merkmalsvariation zu bestimmen, der auf Anlage- oder Umweltanteile zurückgeht, eröffnen sie dennoch die Möglichkeit, Merkmale hinsichtlich des **relativen Anlageanteils** zu vergleichen (Asendorpf, 2008). Man kann dementsprechend verschiedene Merkmale danach ordnen, wie hoch die Erblichkeitseinflüsse (bei konstanten Umweltgegebenheiten) jeweils sind. Dies kann Auskunft darüber geben, wie schwer oder leicht die einzelnen Merkmale jeweils durch Umwelteinflüsse beeinflussbar sind.

Neben den klassischen Techniken der Zwillings- und Adoptivstudien kommen zunehmend auch **gentechnische Verfahren** in Frage, um die genetischen Grundlagen von Merkmalen zu identifizieren. Zur Identifikation von Genen, die zur Ausprägung der Intelligenz beitragen, kann beispielsweise so verfahren werden, dass zwei Gruppen von Personen mit besonders hoher Intelligenz und normaler Intelligenzausprägung auf einer großen Zahl potenzieller Genorte verglichen werden. Allgemein ist zu diesem Ansatz zu sagen, dass viele (vor allem komplexe) Merkmale polygen vererbt werden, sodass es schwierig ist, einzelne Genorte mit starkem Einfluss auf die Ausprägung eines Merkmals zu identifizieren. Entsprechend war dieser Forschungsansatz bei der Identifikation von Genen, die für die Ausprägung der Intelligenz zuständig sein könnten, bisher nicht sehr erfolgreich (Plomin et al., 2001, 2008; Spinath & Deary, 2008).

Ein grundsätzliches Problem von Erblichkeitsstudien besteht darin, dass sich aus den Ergebnissen nicht ableiten lässt, wie groß die **Modifikationsbreite** eines Merkmals ist. Hilfreicher als die Angabe eines fixierten Erblichkeitswertes wäre die Kenntnis der Bandbreite, über die sich ein Merkmal durch Umwelteinflüsse beeinflussen lässt. Die Angabe von Modifikationsbreiten würde zeigen, welche Merkmalsausprägungen sich unter den ungünstigsten und günstigsten Umgebungsbedingungen erreichen ließen und möglicherweise auch, wie optimale Umgebungsbedingungen aussehen könnten. Obwohl dies für Entwicklungsinterventionen sehr wichtig wäre, wird hierzu durch Erblichkeitsindizes kaum etwas ausgesagt. Möglicherweise können hierzu in Zukunft genanalytische Verfahren weiterführende Befunde liefern.

Weiterhin ist auch die Annahme einer einseitigen Wirkrichtung von den Genen auf das Verhalten, die für die Forschung in diesem Bereich typisch ist, zu hinterfragen. Es ist vielmehr zu vermuten, dass auch **Rückwirkungen vom Verhalten auf die Genaktivierung** stattfinden, indem durch spezifische Verhaltensmuster zum Ab- oder Anschalten von Genen beigetragen wird (Asendorpf, 2007). Es kann also von einer **Wechselwirkung zwischen Genen, Umwelt und Verhalten** ausgegangen werden.

Kontrollfragen

1. Mit welchen Nachteilen ist die Zwillingsmethode zur Abschätzung von Erblichkeitsanteilen behaftet?
2. Welche Intraklassenkorrelationen vergleicht man typischerweise bei einer Adoptivstudie?
3. Wie lässt es sich erklären, wenn bei Adoptivstudien mit zunehmendem Lebensalter eine zunehmend höhere Übereinstimmung mit den leiblichen Eltern auftritt?
4. Was ist der Unterschied zwischen einer aktiven und einer passiven Wirkung des Genotyps?
5. Was ist mit der Modifikationsbreite eines Merkmals gemeint?

▶ **Weiterführende Literatur**

Neyer, F. & Spinath, F. M. (2008). (Hrsg.). *Anlage – Umwelt: Neue Perspektiven der Verhaltensgenetik und Evolutionspsychologie.* Stuttgart: Lucius & Lucius.

Plomin, R., DeFries, J. C., McClearn, G. E. & McGuffin, P. (2008). *Behavioural genetics* (5th ed.). New York: Worth Publishers.

5 Diagnose des Entwicklungsstandes

5.1 Methodische Grundlagen – 60
5.1.1 Objektivität – 61
5.1.2 Reliabilität – 62
5.1.3 Validität – 63
5.1.4 Normierung – 64

5.2 Beispiele für Entwicklungstests – 64
5.2.1 Screeningtests – 64
5.2.2 Allgemeine Entwicklungstests – 65
5.2.3 Spezielle Entwicklungstests – 66

Lernziele
- Objektivität, Reliabilität und Validität eines Entwicklungstests voneinander abgrenzen können.
- Bedeutung der Normierung für die Anwendung eines Entwicklungstests verstehen.
- Screeningtests zur Diagnose des Entwicklungsstandes kennen.
- Zwischen allgemeinen Entwicklungstests und Tests für spezifische Entwicklungsbereiche unterscheiden können.

Die Entwicklungsdiagnostik befasst sich mit der Frage, wie weit ein Kind entwickelt ist. Es geht dabei zum einen um die Charakterisierung des **bisherigen Entwicklungsverlaufs**, zum anderen aber auch um die Frage, welche **Voraussetzungen für die weitere Entwicklung** gegeben sind. Ziel ist also sowohl die Bestimmung des gegenwärtigen **Status quo** als auch die Abgabe von **Vorhersagen** für den künftigen Entwicklungsverlauf.

> Bei der Entwicklungsdiagnostik geht es um die Feststellung des Entwicklungsstandes eines Kindes und um Schlussfolgerungen, die sich daraus ergeben.

Orientierung am Lebensalter

Traditionelle Entwicklungstests orientieren sich bei ihren Aussagen ausschließlich am **Lebensalter** eines Kindes: Der Entwicklungsstand eines Kindes wird daran gemessen, ob es **in einem gegebenen Alter den Entwicklungsstand zeigt, den auch andere Kinder dieses Alters** zeigen. Am Beispiel der motorischen Entwicklung bedeutet dies, dass ein Kind außerhalb des Normbereichs liegt, wenn es mit 18 Monaten noch nicht laufen kann und wenn gleichzeitig bekannt ist, dass 95% aller Kinder in diesem Alter laufen können. Bei Entwicklungstests, die ihre Aussagen am Alter des Kindes orientieren, liegt zumindest implizit ein **biologisches Reifungskonzept** zugrunde, da ja davon ausgegangen wird, dass die Entwicklung mit dem Alter voranschreitet.

Eine Entwicklungsdiagnostik, die sich am Lebensalter orientiert, hat jedoch verschiedene **Nachteile**:

> Entwicklungstests orientieren sich vielfach am Lebensalter eines Kindes und gehen der Frage nach, ob ein Kind **altersgerecht entwickelt** ist.

> Aus einer **lebensaltersorientierten Diagnostik** lassen sich kaum Rückschlüsse ziehen auf die Bedingungen, die zu einem Entwicklungsergebnis geführt haben. Sie ist vorrangig in Altersabschnitten einsetzbar, in denen eine Reifungsabhängigkeit zu vermuten ist.

1. Es ergeben sich kaum Aussagemöglichkeiten über die spezifischen Bedingungen, die zu den aufgefundenen Defiziten geführt haben, und damit über gezielte Fördermöglichkeiten.
2. Die Anwendbarkeit beschränkt sich im Wesentlichen auf Lebensaltersgruppen, bei denen eine stärkere Reifungsabhängigkeit vermutet werden kann (d. h. vorrangig frühe Lebensabschnitte).

Trotz der damit verbundenen Nachteile ist jedoch zu konstatieren, dass Entwicklungstests, die sich am Lebensalter orientieren, in der Praxis noch immer über den größten Verbreitungsgrad verfügen.

Orientierung an Entwicklungssequenzen

> Die Alternative besteht darin, den **Entwicklungsstand** eines Kindes innerhalb einer definierten **Entwicklungssequenz** zu diagnostizieren. Hier spielt das Lebensalter erst nachrangig eine Rolle.

Die Alternative zu einer lebensaltersorientierten Entwicklungsdiagnostik besteht darin, den **Entwicklungsstand innerhalb einer Entwicklungssequenz** zu diagnostizieren. Hier wird davon ausgegangen, dass die Entwicklung in typischen Sequenzen erfolgt, die sich theoretisch und empirisch aufweisen lassen. Wenn eine Sequenz der kognitiven Entwicklung bekannt ist (wie z. B. sensumotorisches, präoperationales, konkret-operationales und formal-operationales Entwicklungsstadium), dann lässt sich nach diesem Ansatz durch entsprechende Tests feststellen, in welchem **Entwicklungsstadium** sich ein Kind befindet. Das Alter spielt dabei nur sekundär eine Rolle. Interessanter ist die Frage, welches Stadium ein Kind in einer bestimmten Entwicklungssequenz erreicht hat. Wenn das Alter überhaupt von Interesse ist, dann insofern, als festgestellt werden kann, in welchem Alter ein bestimmter Entwicklungsstand erreicht wurde.

> Den **Vorteilen** einer Orientierung am Entwicklungsstand steht der **Nachteil** gegenüber, dass es kaum Entwicklungsbereiche gibt, die eine stringente Anwendung dieses Konzeptes zulassen. In der Praxis überwiegen dementsprechend Diagnoseinstrumente, die sich am Lebensalter orientieren.

Ein **Vorteil** dieses Ansatzes ist darin zu sehen, dass er **über die gesamte Lebensspanne einsetzbar** ist, da keine Abhängigkeit vom Lebensalter vorliegt. Weiterhin wird eine **genaue Bestimmung des Entwicklungsstandes** ermöglicht und dadurch eine gezielte Förderung auf der Basis der vorliegenden Entwicklungsbedingungen. Diesen Vorteilen steht jedoch der **entscheidende Nachteil** gegenüber, dass zunächst eine Entwicklungssequenz präzise bestimmt sein muss, bevor man versuchen kann, einen Test zur Erfassung des Entwicklungsstandes innerhalb dieser Sequenz zu konstruieren. Es gibt jedoch nur wenige Entwicklungsbereiche, in denen der Forschungsstand so weit fortgeschritten ist, dass dies problemlos möglich wäre. Dies dürfte der wesentliche Grund dafür sein, dass lebensaltersorientierte Entwicklungstests noch immer den höchsten Verbreitungsgrad aufweisen.

Im Folgenden wird daher dementsprechend überwiegend auf lebensaltersorientierte Verfahren zur Entwicklungsdiagnostik eingegangen. Der Schwerpunkt wird dabei zunächst auf die **methodischen Grundlagen der Entwicklungsdiagnostik** gesetzt, bevor dann **exemplarisch einige Testverfahren** dargestellt werden. Bei der Darstellung der methodischen Grundlagen wird die klassische Testtheorie zugrunde gelegt, da sie die Basis der überwiegenden Anzahl der vorliegenden Entwicklungstests bildet.

5.1 Methodische Grundlagen

> Zur Konstruktion eines Erhebungsinstruments ist zunächst der **Merkmalsbereich zu definieren**, der erfasst werden soll. Darüber hinaus muss nach Items gesucht werden, die den Merkmalsbereich möglichst repräsentativ abbilden.

Nachdem zunächst der zu erfassende Merkmalsbereich definiert wurde, stellt sich die Frage, wie die zu erfassenden Merkmale (wie z. B. Sprachverständnis) operationalisiert werden können. Die Frage ist dabei, welches Spektrum an Aufgaben ein Kind lösen können muss, damit ihm ein bestimmter Entwicklungsstand zugeschrieben werden kann. Dazu müssen **Aufgaben** bestimmt werden, die die relevanten Merkmale möglichst gut und repräsentativ abbilden. Bei einem Sprachentwicklungstest müssen beispielsweise Aufgaben gefunden werden, deren Lösung bzw. Nichtlösung auf einen spezifischen Entwicklungsstand hinweisen. Die Aufgaben sollten möglichst theoretisch begründet sein und den Entwicklungsstand möglichst umfassend abbilden. Es ist allerdings zu konstatieren, dass nicht für alle gängigen Entwicklungstests eine derartige theoretische Ableitung vorliegt. In vielen Fällen wird vielmehr von empirischen Beobachtungen ausgegangen, die den Testaufgaben zugrunde gelegt werden. Ein Beispiel wäre die Beobachtung der typischen motorischen Fähigkeiten von Kindern, wobei auf dieser Basis (und nicht auf der Basis theoretischer Konzepte) die Konstruktion von entsprechenden Aufgaben erfolgt.

Am Ende dieses Konstruktionsschrittes liegt eine Anzahl von Aufgaben vor, die Kinder eines bestimmten Alters oder Entwicklungsstandes lösen können sollten. Der folgende Schritt besteht nun darin, die Angemessenheit der ausgewählten Aufgaben zu überprüfen. Hier geht es um die folgenden Fragen:

1. Ist die Aufgabe vom Schwierigkeitsgrad her so gewählt, dass es gelöste und nicht gelöste Aufgaben gibt? Als ideal gilt dabei, dass der Anteil gelöster Aufgaben zwischen 20 und 80% liegt. Wenn alle oder fast alle Kinder die Aufgabe lösen bzw. nicht lösen, ist die Aufgabe ungeeignet. Es würde ja beispielsweise zur Differenzierung zwischen den Kindern nichts beitragen, wenn alle Kinder die Aufgabe lösen würden, oder wenn eine Aufgabe so schwierig ist, dass überhaupt kein Kind sie lösen kann.
2. Bildet die Aufgabe das angezielte Merkmal ab? Bei altersorientierten Tests stellt sich die Frage, ob die Aufgabenbeantwortung mit dem Alter korreliert: Die Aufgabe muss von älteren Kindern eher gelöst werden als von jüngeren. Wenn von Entwicklungssequenzen ausgegangen wird, muss die Aufgabe von Kindern gelöst werden, die auf der Entwicklungsstufe stehen, der die Aufgabe zugeordnet ist.

> Nach der Auswahl der Items ist zu prüfen, ob die Items vom **Schwierigkeitsgrad** her geeignet sind und ob sie **zwischen unterschiedlich weit entwickelten Kindern differenzieren**.

Am Ende der Aufgabenanalyse werden die Aufgaben, die sich als geeignet erwiesen haben, zu einer ersten Testform zusammengefasst. Der neu entstandene Test ist aber nun noch hinsichtlich **Objektivität, Reliabilität und Validität** zu überprüfen.

> Sobald eine Testform vorliegt, stellt sich die Frage nach **Objektivität, Reliabilität und Validität**.

5.1.1 Objektivität

Definition

Mit **Objektivität** ist gemeint, dass das Testergebnis unabhängig sein muss von Einflüssen des Untersuchers.

▶ Definition
Objektivität

Bei der Objektivität unterscheidet man zwischen
- Durchführungsobjektivität,
- Auswertungsobjektivität und
- Interpretationsobjektivität.

> Objektivität bezieht sich auf die Frage, ob das Testergebnis **unabhängig von Einflüssen des Untersuchers** ist.

Damit ist gemeint, dass das Testergebnis unabhängig davon zustande gekommen sein soll, wer den Test **durchgeführt** hat, wer ihn **ausgewertet** hat und wer ihn **interpretiert** hat. Andernfalls kommt keine zuverlässige Messung zustande, da dies bedeuten würde, dass je nach Untersucher ein anderes Ergebnis entsteht.

Als Folge ergibt sich hieraus, dass der Test und seine Durchführung, Auswertung und Interpretation möglichst weitgehend standardisiert sein sollen. Erreichbar ist dies durch
- Durchführungsinstruktionen an die Testleiter,
- Auswertungsschablonen, die die Auswertung objektivieren und
- Interpretationshilfen für die Testresultate.

> Bei der Objektivität lassen sich Durchführungs-, Auswertungs- und Interpretationsobjektivität unterscheiden.

In der Praxis gibt es allerdings häufig Situationen, in denen der Untersucher entscheidet, ob ein Ergebnis als Aufgabenlösung zu bewerten ist oder nicht. Gerade im Kindesalter gibt es häufig Grauzonen, da es oft schwierig ist, die **Handlungen eines Kindes zu bewerten**. Man kann zwar eine weitestmögliche, aber fast nie eine vollständige Objektivität erreichen.

5.1.2 Reliabilität

▶ Definition
Reliabilität

> **Definition**
>
> **Reliabilität** bezieht sich auf die Zuverlässigkeit, mit der ein Test das misst, was er misst (unabhängig davon, ob es das ist, was er messen soll).

Reliabilität bezieht sich auf die Frage, ob ein Test das, was er misst, **zuverlässig** misst.

Bei der Reliabilität geht es darum zu bestimmen, ob die **Messgüte eines Messinstruments** hinreichend ist. Das Merkmal, das ein Test misst, soll er zuverlässig messen, auch wenn an dieser Stelle noch unklar ist, ob das angezielte Merkmal angemessen erfasst wird. Es werden im Wesentlichen vier Formen der Reliabilität unterschieden:
- Retest-Reliabilität,
- Paralleltest-Reliabilität,
- Split-Half-Reliabilität und
- Konsistenzanalyse.

Bei der **Retest-Reliabilität** wird geprüft, ob der Test bei einer **Testwiederholung** zu einem vergleichbaren Ergebnis führt.

Retest-Reliabilität. Zur Bestimmung der Retest-Reliabilität wird der Entwicklungstest nach einem bestimmten Zeitintervall wiederholt (z. B. nach 4 Wochen). Wenn der Test zuverlässig misst, sollte er bei beiden Messungen zu einem vergleichbaren Ergebnis gelangen. Dies ist allerdings gerade bei Entwicklungstests ein Problem, da auch das zu messende Merkmal sich verändert. Eine mangelnde Übereinstimmung der Messungen kann also auch Ausdruck von Entwicklungsveränderungen sein. Daher ist die Bestimmung der Retest-Reliabilität nur bei einem Zeitintervall sinnvoll, in dem noch nicht mit Entwicklungsveränderungen zu rechnen ist.

Paralleltest-Reliabilität. Voraussetzung zur Bestimmung der Paralleltest-Reliabilität ist, dass zu einem Entwicklungstest ein Paralleltest mit vergleichbaren Aufgaben vorliegt. In diesem Fall können beide Tests in kurzem Zeitabstand parallel zueinander eingesetzt werden. Wenn beide Tests zu einem vergleichbaren Ergebnis kommen, dann spricht dies für eine hohe Zuverlässigkeit der Messungen. Auch hier gilt einschränkend, dass das Zeitintervall zwischen beiden Messungen nicht so hoch sein darf, dass Konfundierungen mit Entwicklungsveränderungen auftreten können.

Bei der **Paralleltest-Reliabilität** wird geprüft, ob eine **Parallelform des Tests** zu einem vergleichbaren Ergebnis führt.

Bei der **Split-Half-Reliabilität** wird geprüft, ob bei einem Test **beide Testhälften** zu einem vergleichbaren Ergebnis führen.

Split-Half-Reliabilität. Wenn kein Paralleltest vorliegt, besteht eine mögliche Alternative in der Bestimmung der Split-Half-Reliabilität. Dazu splittet man den Test in **zwei vergleichbare Testhälften** und vergleicht anschließend das Testergebnis der beiden Testhälften. Bei einem zuverlässigen Test sollten beide Testhälften zu einem vergleichbaren Testergebnis führen. Da hier eine zeitgleiche Messung durchgeführt wird, kann es nicht zu Konfundierungen mit Entwicklungsveränderungen kommen.

Die **Konsistenzanalyse** gibt Aufschluss über die durchschnittliche Reliabilität, die sich bei **beliebigen Testhalbierungen** ergeben würde.

Konsistenzanalyse. Ähnliches gilt für die Konsistenzanalyse, die als Verallgemeinerung des Split-Half-Verfahrens aufzufassen ist. Beim Split-Half-Verfahren wird eine spezifische Testhalbierung vorgenommen. Das Ergebnis kann dabei davon abhängen, welche Halbierung vorgenommen wurde. Die Konsistenzanalyse bildet **beliebige Testhalbierungen** und berechnet die durchschnittliche Reliabilität, die sich bei beliebigen Testhalbierungen ergeben würde.

5.1.3 Validität

> **Definition**
> Bei der Prüfung der **Validität** wird analysiert, ob der Test in der Tat das misst, was er messen soll.

Validität bezieht sich auf die Frage, ob ein Test das misst, was er messen soll. Voraussetzung für eine Validität ist das Vorliegen einer reliablen Messung. Wenn ein Test unreliabel misst, ändert sich das Testergebnis bei jeder Messung. Wenn die Reliabilität der Messung sichergestellt ist, kann also nach der Validität der Messung gefragt werden. Dabei werden im Wesentlichen drei Validitätsformen unterschieden:
- die Inhaltsvalidität,
- die kriterienbezogene Validität und
- die Konstruktvalidität.

Inhaltsvalidität. Bei der Inhaltsvalidität wird lediglich **vom Augenschein her** überprüft, ob der Test das angezielte Merkmal abbildet. Bei einigen Merkmalen kann diese Art der Validitätsbestimmung ausreichend sein. Vor allem bei Motoriktests ist oft unmittelbar evident, dass der Test das Merkmal optimal abbildet. Wenn es darum geht festzustellen, ob ein Kind laufen kann, ist der optimale Test, das Kind laufen zu lassen. In solchen Fällen wäre es unsinnig anzunehmen, dass der Test nicht valide ist.

Kriterienbezogene Validität. Die Bestimmung der kriterienbezogenen Validität ist erforderlich, wenn nicht unmittelbar klar ist, ob ein Test ein Merkmal optimal abbildet. In diesem Fall ist es notwendig, nach **Außenkriterien** zu suchen, die ebenfalls das Merkmal abbilden. Der Test sollte dann mit diesen Außenkriterien korrelieren. Wenn ein Test beispielsweise seine Aussagen zum Entwicklungsstand am Lebensalter orientiert, dann sollten die Testergebnisse mit dem Lebensalter korrelieren: Kinder mit höherem Lebensalter sollten besser abschneiden als Kinder mit geringerem Lebensalter. Weitere Außenkriterien könnten **Expertenurteile** zum Entwicklungsstand sein, die mit den Testergebnissen korreliert werden. Eine weitere Möglichkeit besteht darin, einen anderen, **schon existierenden Entwicklungstest** einzusetzen und dessen Ergebnisse mit dem neuen Test zu korrelieren. Beide Testergebnisse müssten miteinander korrelieren, wenn sie dasselbe Merkmal messen sollen. Ein wichtiger Bestandteil der kriterienbezogenen Validität ist die **prognostische Validität** eines Entwicklungstests. Der Entwicklungstest sollte in der Lage sein, die künftige Entwicklung zu prognostizieren. Um dies zu überprüfen, kann man spätere Entwicklungsergebnisse mit dem zuvor gemessenen Entwicklungsstand in Beziehung setzen.

Konstruktvalidität. Bei der Bestimmung der Konstruktvalidität wird der Frage nachgegangen, ob die Konstrukte, die erfasst werden sollen, tatsächlich mit dem Erhebungsinstrument erfasst wurden. Viele Entwicklungsmerkmale sind lediglich Konstrukte, die nicht unmittelbar erkennbar sind, sondern nur erschlossen werden können.

> **Beispiel**
> Ein Beispiel ist ein Konstrukt wie das Temperament des Kindes. Hier stellt sich beispielsweise die Frage, wie viele Temperamentsdimensionen unterschieden werden können. Dazu kann zunächst eine theoretische Konzeption erstellt werden, auf deren Basis dann ein Test mit verschiedenen Temperamentsdimensionen entwickelt wird. Im Anschluss stellt sich die empirische Frage, ob die theoretisch unterschiedenen Temperamentsdimensionen empirisch voneinander abgegrenzt werden können.

▶ **Definition Validität**

Die **Validität** gibt Aufschluss darüber, ob ein Test das misst, was er messen soll.

Bei der **Inhaltsvalidität** wird vom **Augenschein** her geprüft, ob der Test das misst, was er messen soll.

Bei der **kriterienbezogenen Validität** wird durch die Korrelation mit **Außenkriterien** überprüft, ob der Test das misst, was er messen soll.

Bei der **Konstruktvalidität** wird geprüft, ob ein **theoretisch postuliertes Konstrukt mit einem Erhebungsinstrument empirisch erfasst** wird.

Bei der Konstruktvalidität stellt sich also die Frage, ob das theoretisch postulierte Konstrukt empirisch durch das entwickelte Erhebungsinstrument erfasst werden kann.

5.1.4 Normierung

Als abschließende Phase der Testkonstruktion folgt die Normierung des Tests. Hier geht es um die Erhebung von Normen, an denen ein Testergebnis gemessen werden kann. Der Test wird an einer möglichst umfangreichen und repräsentativen Stichprobe durchgeführt. Die Ergebnisse späterer Testdurchführungen können dann **mit dieser Normstichprobe verglichen** werden. Wenn man einen Aufgabenpool für jede Altersgruppe hat und weiß, wie sich die Altersgruppe bei der Lösung der Aufgaben verteilt, kann man angeben, wie weit sich die Lösung des einzelnen Kindes von der durchschnittlichen Lösung der Altersgenossen entfernt. Man benutzt dazu **z-Werte** oder **T-Werte**, die aus der Normalverteilung abgeleitet sind und angeben, wie weit der individuelle Wert eines Kindes vom Durchschnitt der Bezugsgruppe entfernt liegt (▶ Kap. 10). Dadurch lässt sich eine Aussage darüber treffen, wie über- oder unterdurchschnittlich ein Kind im Verhältnis zu seinen Altersgenossen entwickelt ist. Liegt ein individuelles Testergebnis weit unterhalb der entsprechenden Altersnorm, spricht man von einer Entwicklungsverzögerung. Liegt das Ergebnis oberhalb der Altersnorm, spricht man von einer Entwicklungsbeschleunigung.

5.2 Beispiele für Entwicklungstests

5.2.1 Screeningtests

Um einen raschen Eindruck über den Entwicklungstand eines Kindes zu erhalten, bieten sich **Screeningtests** an, die keinen hohen Zeitaufwand erfordern und lediglich eine allgemeine Aussage darüber zulassen, ob ein Kind altersentsprechend entwickelt ist oder ob ggf. Entwicklungsauffälligkeiten vorliegen. Bei Auffälligkeiten ist das Testergebnis durch den Einsatz weiterer (umfangreicherer) Tests zu objektivieren und zu differenzieren.

Zu nennen ist in diesem Zusammenhang beispielsweise die »**Erweiterte Vorsorgeuntersuchung« (EVU)** von Melchers et al. (2003). Es handelt sich hierbei um ein diagnostisches Instrument, das in Ergänzung zu den üblichen kinderärztlichen Vorsorgeuntersuchungen U4 bis U9 eingesetzt werden kann. Der EVU kann dementsprechend im Altersbereich von 3 bis 64 Lebensmonaten genutzt werden. Der Zeitbedarf liegt zwischen 10 und 20 Minuten. Das Instrumentarium ist dadurch sehr ökonomisch einsetzbar. Durch standardisierte Untersuchungen werden die Entwicklungsbereiche motorische Entwicklung, Sprachentwicklung und kognitive Entwicklung erfasst. Weiterhin wird den Eltern ein Fragebogen zur Erhebung früh auftretender Verhaltensauffälligkeiten vorgelegt. Mit diesem Instrument lässt sich lediglich feststellen, ob ein Entwicklungsbefund **unauffällig** ist, ob ein **grenzwertiger Befund** vorliegt oder ob eine **Entwicklungsgefährdung** besteht. Bei einem grenzwertigen Befund bzw. einer Entwicklungsgefährdung sind weitere Beobachtung und ggf. eine differenziertere Diagnostik sowie unter Umständen die Einleitung von Interventionsmaßnahmen erforderlich. Detaillierte Angaben zur Reliabilität und Validität des EVU liegen vor. Die Normierung erfolgte anhand einer Stichprobe von 1743 Kindern aus 6 Altersgruppen im Altersbereich zwischen 3 und 64 Lebensmonaten.

Neben dem EVU ist das »**Neuropsychologische Entwicklungsscreening« (NES)** von Petermann und Renziehausen (2005), das zum Einsatz in den ersten beiden Lebensjahren gedacht ist, als ein weiteres aktuelles Screeningverfahren für die frühkindliche Entwicklung zu nennen.

Mit einem normierten Testverfahren lässt sich feststellen, wie weit ein Kind im Verhältnis zu seinen Altersgenossen entwickelt ist.

Screeningtests lassen sich nutzen, um einen raschen Überblick zum Entwicklungstand eines Kindes zu erhalten.

Die »Erweiterte Vorsorgeuntersuchung« (EVU) kann als Beispiel für einen Screeningtest zur Entwicklungsdiagnostik dienen.

5.2.2 Allgemeine Entwicklungstests

Als Beispiel für einen allgemeinen Entwicklungstest, der über den Anspruch, ein kurzes Screeningverfahren zu sein, hinausgeht, ist der »**Wiener Entwicklungstest**« von Kastner-Koller und Deimann (2002) zu nennen. Dieses Instrumentarium überprüft sechs für die Entwicklung zwischen 3 und 6 Jahren relevante Funktionsbereiche. Es handelt sich um

- Motorik,
- visuelle Wahrnehmung,
- kognitive Entwicklung,
- Sprache,
- Gedächtnis und Lernen sowie
- sozial-emotionale Entwicklung.

> Allgemeine Entwicklungstests lassen sich nutzen, um den **allgemeinen Entwicklungsstand** eines Kindes differenzierter zu erfassen, als es mit einem Screeningtest möglich ist.

Exkurs

Beispielaufgaben aus dem »Wiener Entwicklungstest«

Im Bereich **Lernen und Gedächtnis** soll das Kind beispielsweise die in einem **Schatzkästchen** versteckten Gegenstände wiederfinden. In dem Schatzkästchen (◘ Abb. 5.1) werden mehrere Gegenstände versteckt und das Kind soll sich merken, in welcher Schublade sich welcher Gegenstand befindet. Der Testleiter kodiert, wie viele Gegenstände sich das Kind nach einmaliger Darbietung der Gegenstände in dem Schatzkästchen gemerkt hat (unmittelbare Reproduktion). Danach werden die Verstecke der Gegenstände systematisch gelernt, und zwar so lange, bis das Kind alle Dinge auf Anhieb findet. Es wird die Anzahl der benötigten Lerndurchgänge notiert, bis maximal 10 Lerndurchgänge erreicht sind, danach wird abgebrochen. Dann wird das Schatzkästchen entfernt und es werden andere Aufgaben durchgeführt. Nach 20 Minuten wird es wieder hervorgeholt und es wird wieder gefragt, wo welcher Gegenstand versteckt ist. Insgesamt gibt dieser Aufgabentyp Aufschluss über die Lern- und Gedächtnisfähigkeiten eines Kindes. Bei einem weiteren Aufgabentyp zu diesem Entwicklungsbereich werden dem Kind Zahlenreihen unterschiedlicher Länge genannt und das Kind soll sie reproduzieren. Im Bereich der kognitiven Entwicklung geht es beispielsweise darum, vorgegebene Muster mit Mosaiksteinen zu legen, während im Bereich der Motorik ein sog. Lernbär zum Einsatz gelangt (◘ Abb. 5.2), bei dem verschiedene Formen von Verschlüssen (wie beispielsweise das Binden einer Schleife) bewältigt werden sollen.

Die **Durchführungsdauer** liegt beim Wiener Entwicklungstest zwischen 75 und 90 Minuten. Es liegen nicht nur Angaben vor, die die **Reliabilität** und **Validität** des Verfahrens belegen, sondern auch eine **Normierung** mit einer Stichprobe von über 1200 österreichischen und deutschen Vorschulkindern.

Neben dem Wiener Entwicklungstest sind weiterhin der »**Entwicklungstest sechs Monate bis sechs Jahre**« (**ET 6-6**) von Petermann, Stein und Macha (2006) sowie die »**Bayley Scales of Infant and Toddler Development, Third Edition**« (Bayley III) von Bayley (2006) zu nennen. Der zuletzt genannte Entwicklungstest ist vor allem im internationalen Raum sehr gebräuchlich.

> Der »**Wiener Entwicklungstest**« ist ein Beispiel für einen allgemeinen Entwicklungstest, der die Entwicklung in einem breiten Funktionsspektrum erfasst.
>
> Als **weitere allgemeine Entwicklungstests** sind der »Entwicklungstest sechs Monate bis sechs Jahre« (ET 6-6) sowie die »Bayley Scales« zu nennen.

◘ **Abb. 5.1.** Das »Schatzkästchen« aus dem »Wiener Entwicklungstest«

◘ **Abb. 5.2.** Der »Lernbär« aus dem »Wiener Entwicklungstest«

5.2.3 Spezielle Entwicklungstests

Neben den allgemeinen Entwicklungstests, die die Entwicklung über mehrere Funktionsbereiche hinweg erfassen, gibt es **spezielle Entwicklungstests**, die auf **einzelne Funktionsbereiche** (wie Sprache oder Motorik) bezogen sind. Auch hierzu soll im Folgenden exemplarisch ein Verfahren vorgestellt werden. Es handelt sich um den »**Marburger Sprachverständnistest für Kinder**« (MSVK) von Elben und Lohaus (2000).

> Neben den allgemeinen Entwicklungstests gibt es **spezielle Entwicklungstests**, die der differenzierten Erfassung des Entwicklungsstandes in Teilbereichen der Entwicklung (wie Sprache oder Motorik) dienen.

Marburger Sprachverständnistest für Kinder (MSVK). Der **MSVK** von Elben und Lohaus (2000) prüft das Sprachverständnis von Kindern im Alter von 5–7 Jahren in den Bereichen
- **Semantik** mit den Untertests »Passiver Wortschatz« und »Wortbedeutung«,
- **Syntax** mit den Untertests »Satzverständnis« und »Instruktionsverständnis« und
- **Pragmatik** mit den Untertests »Personenbezogene Sprachzuordnung« und »Situationsbezogene Sprachzuordnung«.

> Mit dem »**Marburger Sprachverständnistest**« für Kinder kann des **Sprachverständnis** in den Bereichen Semantik, Syntax und Pragmatik geprüft werden.

In allen Untertests wird mit Bildmaterial gearbeitet. Den Kindern werden jeweils Sprachäußerungen präsentiert, die sie anschließend dem korrekten Bild (bei jeweils mehreren Auswahlbildern) zuordnen sollen. Von den Kindern selbst werden keine Sprachäußerungen verlangt, es geht vielmehr ausschließlich um das **Sprachverständnis**. Im Bereich der Situationsbezogenen Sprachzuordnung werden den Kindern beispielsweise drei Situationen bildlich präsentiert und sie sollen die Sprachäußerung »Pass auf, dass du da nicht herunterfällst« dem Bild zuordnen, zu dem die Sprachäußerung passt. Zu jedem Untertest gibt es jeweils mehrere Aufgaben, die von den Kindern zu lösen sind. Zum MSVK liegen ebenfalls Angaben zu Reliabilität und Validität vor sowie Vergleichsnormen für Kinder im Alter von 5–7 Jahren.

> Beim »**Marburger Sprachverständnistest**« werden **keine Sprachäußerungen** von den Kindern verlangt. Für die geforderten Zuordnungen von Sprachäußerungen zu Bildern ist lediglich ein Sprachverständnis vonnöten.

Weitere Sprachentwicklungstests. Neben dem MSVK gibt es eine Reihe weiterer Sprachentwicklungstests. Hervorzuheben sind der »**Sprachentwicklungstest für zweijährige Kinder**« (SETK-2) von Grimm (2000) sowie der »**Sprachentwicklungstest für drei- bis fünfjährige Kinder**« (SETK 3-5) von Grimm (2001). Darüber hinaus gibt es ein »**Sprachscreening für das Vorschulalter**«, das aus dem SETK 3-5 abgeleitet wurde (Grimm, 2003a). Daneben gibt es als aktuelle Verfahren weiterhin den »**Entwicklungstest Sprache für Kinder von vier bis acht Jahren**« (ETS 4-8) von Angermaier (2007) sowie den »**Elternfragebogen für die Früherkennung von Risikokindern**« (ELFRA) von Grimm und Doil (2000).

> Es gibt eine Reihe von **Sprachentwicklungstests** und **Sprachscreenings**, die auf mögliche Sprachverzögerungen hinweisen können.

Spezielle Entwicklungstests zu verschiedenen Teilbereichen. Neben der Sprachentwicklung gibt es vor allem für die Bereiche **Motorikentwicklung**, **Wahrnehmungsentwicklung**, **kognitive Entwicklung** und **Sozialverhalten** weitere spezielle Entwicklungstests. Eine Übersicht findet sich u. a. im »Brickenkamp Handbuch psychologischer und pädagogischer Tests« von Brähler, Holling, Leutner und Petermann (2002).

> **Spezielle Entwicklungstests** gibt es insbesondere zu Bereichen wie Motorik, Wahrnehmung, Kognition und Sozialverhalten.

Für die Praxis

Beobachtung und Abklärung bei Hinweisen auf Entwicklungsabweichungen

Auch wenn es nicht immer notwendig ist, formelle Entwicklungstests durchzuführen, ist es in jedem Fall sinnvoll zu beobachten, ob sich ein Kind altersgerecht entwickelt. Wichtige Anhaltspunkte ergeben sich aus den vorgesehenen ärztlichen Vorsorgeuntersuchungen, die Aufschlüsse über mögliche Gefährdungen für eine normale körperliche und geistige Entwicklung liefern. Weiterhin lassen sich auch aus Vergleichen mit anderen gleichaltrigen Kindern und aus Ratgebern Hinweise entnehmen. Bei einem Verdacht auf bedeutsame Entwicklungsabweichungen sollte eine genauere Abklärung durch Experten (Kinderärzte, Kinderpsychologen etc.) erfolgen, um ggf. rechtzeitig mit Interventionen zu beginnen.

Abschließend ist zum Testeinsatz im Kindesalter zu sagen, dass die Testergebnisse **niemals unkritisch betrachtet** werden sollten, sondern dass immer auch zu berücksichtigen ist, **unter welchen Bedingungen ein Testergebnis zustande gekommen ist**. Gerade in der Entwicklungsdiagnostik kann dies ein Problem sein, da der Zustand, in dem sich ein Kind bei der Testdurchführung befand, sein Ergebnis mit hoher Wahrscheinlichkeit beeinflussen wird.

Nachdem nun die wesentlichen begrifflichen, theoretischen und methodischen Grundlagen der Entwicklungspsychologie dargestellt wurden, werden im Folgenden inhaltliche Befunde zur Entwicklung im Kindes- und Jugendalter im Zentrum der Aufmerksamkeit stehen. Am Anfang steht dabei die frühe Kindheit.

> Die **Ergebnisse** von Entwicklungstests sollten **nicht unkritisch interpretiert** werden, da insbesondere die Bedingungen, unter denen ein Testergebnis zustande kam, in Betracht zu ziehen sind (z. B. der Zustand des Kindes während der Testdurchführung).

? Kontrollfragen

1. Welche Formen der Reliabilitätsbestimmung lassen sich unterscheiden?
2. Welche spezifischen Probleme ergeben sich bei der Reliabilitätsbestimmung in der Entwicklungspsychologie?
3. Worauf beziehen sich die Begriffe der kriterienbezogenen Validität und der Konstruktvalidität?
4. Welche Aussagemöglichkeiten eröffnen sich, wenn ein Entwicklungstest normiert ist?
5. Welche Aussagen über den Entwicklungsstand erlaubt ein Screeningtest?

Kavšek, M. (2004). Entwicklungsdiagnostik. In H.-J. Fisseni (Hrsg.), *Lehrbuch der psychologischen Diagnostik* (3. Aufl., S. 321–331). Göttingen: Hogrefe

Petermann, F. & Macha, T. (2008). Entwicklungsdiagnostik. In F. Petermann & W. Schneider (Hrsg.), *Enzyklopädie der Psychologie: Entwicklungspsychologie - Band 7: Angewandte Entwicklungspsychologie* (S. 19–59). Göttingen: Hogrefe.

▶ **Weiterführende Literatur**

B Frühe Kindheit

6 Physische Entwicklung – 70

7 Motorik- und Sensorikentwicklung – 80

8 Frühe Eltern-Kind-Interaktion und Bindung – 92

6 Physische Entwicklung

6.1 Pränatale physische Entwicklung – 70
6.1.1 Entwicklungsstadien – 70
6.1.2 Pränatale Einflussfaktoren – 72
6.1.3 Frühgeburten – 73

6.2 Postnatale physische Entwicklung – 74
6.2.1 Prüfung der physischen Funktionsfähigkeit und Säuglingssterblichkeit – 74
6.2.2 Entwicklung zirkadianer Rhythmen – 75
6.2.3 Gehirnentwicklung – 77
6.2.4 Körperwachstum – 79

Lernziele

— Zygoten-, Embryonal- und Fötalstadium während der pränatalen Entwicklung differenzieren können.
— Teratogene und risikoerhöhende Faktoren für den plötzlichen Säuglingstod kennen.
— Aktivierungszustände des Säuglings und frühkindliche Signale verstehen.
— Gehirnentwicklung im Säuglingsalter beschreiben können.

In diesem Kapitel erfolgt die Darstellung der **prä- und postnatalen physischen** Entwicklung.

Mit diesem Kapitel beginnt die Darstellung der Entwicklungsveränderungen im Kindes- und Jugendalter. Der Schwerpunkt wird zunächst auf die Entwicklung im **Säuglingsalter** gesetzt, später werden dann einzelne Themenkomplexe (wie kognitive Entwicklung, Intelligenzentwicklung etc.) gesondert behandelt. Innerhalb des Säuglingsalters wird zunächst auf die pränatale Entwicklungsphase eingegangen, bevor dann die postnatale Entwicklung folgt. Der Schwerpunkt liegt zunächst bei der physischen Entwicklung.

6.1 Pränatale physische Entwicklung

6.1.1 Entwicklungsstadien

Zygotenstadium

Als **Zygotenstadium** wird die Zeitspanne von der Befruchtung bis zur Einnistung der befruchteten Eizelle in die Gebärmutterwand definiert.

Die pränatale Entwicklung beginnt mit der Verschmelzung von Ei- und Samenzelle. Es folgt das **Zygotenstadium**, mit dem die Phase von der Befruchtung bis zur Einnistung der befruchteten Eizelle (Zygote) in die Gebärmutterwand charakterisiert ist. Dieses Stadium umfasst die **ersten zwei Lebenswochen**.

Embryonalstadium

Es folgt das **Embryonalstadium** (im Alter von 3–8 Lebenswochen), in dem bereits eine Differenzierung von Organsystemen stattfindet. Die entscheidenden Entwicklungsmechanismen sind dabei

- Zellteilung,
- Zellspezialisierung,
- Zellmigration und
- Zellsterben.

Nach der Befruchtung teilen sich die Zellen in rascher Folge weiter, sodass in einem relativ kurzen Zeitraum eine große Zellanzahl entsteht. Dieser Vorgang allein kann jedoch nicht erklären, wie es zu differenzierten Organsystemen kommen kann. Hinzu tritt der Vorgang der **Zellspezialisierung**, bei dem aus den zunächst gleichartigen embryonalen Stammzellen Zellen mit spezifischen Strukturen und Funktionen werden. Die Spezialisierung steht im Zusammenhang mit der **Zellmigration**, die den Prozess der Wanderung neu gebildeter Zellen vom Ausgangspunkt an den jeweiligen Bestimmungsort kennzeichnet. Die Zellspezialisierung findet in der Regel erst statt, wenn die Zelle ihren jeweiligen Bestimmungsort erreicht hat. Auch wenn die Entwicklung gerade erst begonnen hat, kommt es schon in frühen Entwicklungsstadien zum gezielten Absterben von Zellen. Dieses auch als **programmierter Zelltod** bezeichnete Phänomen dient dazu, überflüssige oder hinderliche Zellen zu beseitigen. So wird beispielsweise die Struktur einer Hand durch das gezielte Absterben von Zellen modelliert. Erst durch das Zusammenspiel von Zellteilung, Zellspezialisierung, Zellmigration und programmiertem Zellsterben kommt es zur **Ausbildung von spezialisierten Strukturen und Funktionen innerhalb eines Organismus**. Die Morphogenese wird dabei zum einen durch endogene Impulse gesteuert, zum anderen aber auch exogen im Rahmen der individuellen Modifikationsbreite von Merkmalen.

Zeitgleich mit dem sich entwickelnden Embryo entsteht ein Unterstützungssystem, das für den Embryo unabdingbar ist. Dazu gehört die **Plazenta**, die den Stoffaustausch zwischen den Blutkreisläufen der Mutter und des Kindes ermöglicht. Es kommt dabei nicht zu einer direkten Vermischung des Blutes. Die Membran der Plazenta ist vielmehr **halbdurchlässig**, indem sie bestimmte lebenswichtige Stoffe (wie Sauerstoff und Nährstoffe) durchlässt und andere zurückhält. Dadurch werden manche Gefahren (beispielsweise die Übertragung mancher Giftstoffe und Krankheitserreger) verhindert, der Schutz ist jedoch unvollständig, sodass manche Substanzen dennoch das sich entwickelnde Kind schädigen können. Weiterhin gehört die **Nabelschnur** zu dem Unterstützungssystem; durch sie verlaufen die Blutgefäße, die die Verbindung zwischen dem Embryo und der Mutter herstellen. Als weiterer Bestandteil des Unterstützungssystems kommt die **Fruchtblase** hinzu, in der sich der Embryo befindet. Sie sorgt durch die darin enthaltene Flüssigkeit u. a. dafür, dass der Embryo vor abrupten Bewegungen und größeren Temperaturschwankungen geschützt ist.

Fötalstadium

Nach dem Embryonalstadium folgt das **Fötalstadium**, das von der 9. Schwangerschaftswoche bis zur Geburt reicht. Die Binnendifferenzierung der Strukturen und Funktionen des Organismus setzt sich in diesem Stadium fort, wobei zunehmend **Informationen sensorisch aufgenommen** werden können. Die Sinnesorgane entwickeln sich im Laufe der Embryonalzeit so weit, dass **alle wesentlichen Sinnesleistungen** (Sehen, Hören, Geschmack, Geruch, Tastsinn) schon vorgeburtlich ausgebildet werden und dementsprechend zur Verfügung stehen, wenn der Säugling geboren wird (auch wenn danach noch Weiterentwicklungen stattfinden). Obwohl die Entwicklung der **Schmerzempfindung** noch immer nicht hinreichend bekannt ist, muss man davon ausgehen, dass auch die Fähigkeit zur Schmerzempfindung bereits pränatal ausgeprägt

---

Das **Embryonalstadium** reicht von der 3. bis zur 8. Lebenswoche. Entscheidende Entwicklungsmechanismen sind **Zellteilung, Zellspezialisierung, Zellmigration** und **Zellsterben**.

Im Embryonalstadium kommt es zu einer zunehmenden **Ausbildung von spezialisierten Strukturen und Funktionen** innerhalb des Organismus.

Parallel zu dem Embryo entwickelt sich ein Unterstützungssystem, das aus der **Plazenta**, der **Nabelschnur** und der **Fruchtblase** besteht.

Auf das Embryonalstadium folgt das **Fötalstadium** (9. Schwangerschaftswoche bis zur Geburt).

Tab. 6.1. Verhaltensentwicklung in der Fötalzeit

Lebensmonat	Größe	Verhaltensentwicklung
3. Monat	2 cm	Gehirn übernimmt Impulssteuerung zur Koordination der Funktion der übrigen Organe, erste Reflexe
4. Monat	9 cm	Kopfdrehen, Zwinkern, Runzeln der Stirn, Öffnen und Schließen des Mundes, Bewegung der Extremitäten, individuelle Verhaltensunterschiede zwischen Föten erkennbar
5. Monat	16 cm	Lebhaftere Körperbewegungen, die nun auch von der Mutter spürbar sind
6. Monat	25 cm	Schlaf- und Wachzeiten, Präferenzen für bestimmte Schlafhaltungen, bei Frühgeburt Überlebensmöglichkeit mit entsprechender medizinischer Unterstützung
7. Monat	30 cm	Augenbewegungen, Greifreflex auslösbar, Schluckauf, unregelmäßige Atembewegungen nachweisbar
8. Monat	35 cm	Bei Geburt unabhängiges Überleben möglich, aber erhöhte Infektionsanfälligkeit und Temperaturinstabilität
9. Monat	45 cm	Hoher Aktivitätsanteil, bei Geburt unabhängige Überlebensfähigkeit

ist (Meßlinger, 2002). Nicht nur die Sensorik entwickelt sich pränatal, es werden auch **erste Verhaltensweisen** erkennbar (wie Bewegungen, Schlaf-Wach-Zeiten, erste Lernerfahrungen etc.). Einen kurzen Überblick zur Verhaltensentwicklung im Verlaufe der Fötalzeit gibt die ▪ Tab. 6.1.

6.1.2 Pränatale Einflussfaktoren

▶ Definition
Teratogene

---Definition---
Bei **Teratogenen** handelt es sich um schädigende Einflussfaktoren, die bereits pränatal die Entwicklung eines Kindes beeinträchtigen können.

Zu den **Teratogenen**, die die **pränatale Entwicklung beeinträchtigen** können, gehören Alkohol, Drogen, Rauchen, spezifische Medikamente, Umweltgifte, Strahlenschäden und Infektionserkrankungen der Mutter.

Es gibt eine Reihe von Einflussfaktoren, die bereits pränatal die Entwicklung eines Kindes beeinträchtigen können. Zu den **Teratogenen** zählen insbesondere
- Alkohol oder Drogen,
- Rauchen,
- spezifische Medikamente,
- Umweltgifte oder Strahlenschäden und
- Infektionserkrankungen der Mutter.

Teratogene können mit physischen und psychischen Schädigungen einhergehen.

Wenn das ungeborene Kind über längere Zeit in größerem Umfang den Auswirkungen von **Alkohol** ausgesetzt ist, kommt es beispielsweise zur **Alkoholembryopathie** (▶ Kap. 17), die dadurch gekennzeichnet ist, dass es zu Organschäden, Intelligenzverminderungen und Verhaltensänderungen (z. B. Aufmerksamkeitsstörungen, Hyperaktivität) kommen kann. Beim **Rauchen** kann es zu Gewichtsreduktionen und einem verlangsamten Wachstum kommen. Auch das Risiko für den plötzlichen Säuglingstod ist dadurch erhöht. Weiterhin ist bei einzelnen **Medikamenten** (wie beispielsweise dem Thalidomid als Wirkstoff in Contergan) eine teratogene Wirkung bekannt. Auch verzögerte Wirkungen von Medikamenten können auftreten. Dies bedeutet, dass manche während der Schwangerschaft verschriebenen Medikamente ihre Wirkung erst viele Jahre später bei den Kindern zeigen. Grundsätzlich sollte daher ein Medikamentenkonsum während der Schwangerschaft nur nach ärztlicher Konsultation stattfinden. Unter den **Umweltgiften** sind insbesondere Blei, Quecksilber und Pestizide als Teratogene bekannt, während bei **Strahlenschäden** beispielsweise vor allem radioaktive Strahlung zu nennen ist. Unter den **Infektionskrankheiten** gelten insbesondere Viruserkrankungen der Mutter (z. B. HIV-Infektionen) als Teratogene.

Bei der Wirkung der Teratogene fällt auf, dass in frühen Schwangerschaftsphasen (während der **Embryonalzeit**) vor allem **strukturelle Veränderungen** bewirkt werden, während in den späteren Phasen (während der **Fötalzeit**) **funktionelle Veränderungen** im Vordergrund stehen. Dies bedeutet, dass Teratogene in den ersten Schwangerschaftswochen (etwa bis zur achten bis zwölften Woche) vor allem Schäden verursachen, die die **körperliche Struktur** betreffen, da die Grundstrukturen des Körpers in diesen frühen Phasen ausgebildet werden. Mögliche Schäden können dann beispielsweise in geschädigten Organstrukturen oder Fehlbildungen der Extremitäten bestehen. Am Beispiel des Medikaments Contergan bedeutet dies, dass Fehlbildungen der Extremitäten bei den Kindern vor allem dann eintraten, wenn die Mütter das Medikament in den frühen Phasen der Schwangerschaft eingenommen hatten. In den späteren Phasen der Schwangerschaft liegt die Wirkung von Teratogenen vorrangig in Veränderungen, die die **körperlichen Funktionen** beeinträchtigen, während die äußerlichen Strukturen davon unberührt bleiben. Erkennbar werden die Effekte dann beispielsweise in Intelligenzbeeinträchtigungen oder Verhaltensänderungen.

> Hinsichtlich der teratogenen Wirkungen fällt auf, dass während der Embryonalzeit **strukturelle Veränderungen**, in der Fötalzeit dagegen **funktionelle Veränderungen** im Vordergrund stehen.

Für die Praxis

Teratogene und Schwangerschaftswunsch

Aus der Tatsache, dass Teratogene bereits in den ersten Schwangerschaftswochen gravierende strukturelle Fehlbildungen auslösen können, folgt, dass potenzielle Teratogene (wie Alkohol) möglichst frühzeitig gemieden werden sollten, wenn ein Schwangerschaftswunsch besteht. Fatalerweise ist vielfach das Bestehen einer Schwangerschaft noch gar nicht bekannt, wenn Teratogene bereits ihre Wirkung entfalten können. Potenzielle Teratogene sollten daher möglichst über den gesamten Schwangerschaftszeitraum gemieden werden, wenn die Möglichkeit einer Schwangerschaft besteht.

6.1.3 Frühgeburten

Die **Schwangerschaft** dauert im Durchschnitt etwa **38 Wochen**, wobei eine Überlebensfähigkeit mit medizinischer Unterstützung schon etwa mit 23 Wochen (und sogar darunter) gegeben ist. Zwischen der 23. und 26. Schwangerschaftswoche steigt die Überlebenswahrscheinlichkeit um 2% je zusätzlichem Schwangerschaftstag. Dies bedeutet, dass die Überlebenswahrscheinlichkeit von 16% in der 23. Schwangerschaftswoche auf 57% in der 26. Schwangerschaftswoche steigt (Black, Flint, Lees & Campbell, 1996).

> Eine Schwangerschaft dauert **durchschnittlich etwa 38 Wochen**, wobei eine Überlebensfähigkeit jedoch auch früher schon gegeben ist.

Trotz zunehmender Fortschritte in der Intensivmedizin ist es nicht gelungen, **spätere Entwicklungsdefizite bei Frühgeburten** vollständig zu vermeiden. Dabei spielt insbesondere eine Rolle, dass es mit Zunahme des medizinischen Fortschritts zwar gelingt, immer mehr Kinder zu einem immer früheren Schwangerschaftszeitraum am Leben zu erhalten, dass auf der anderen Seite jedoch das **Risiko medizinischer Komplikationen** steigt. Hierzu gehören beispielsweise **Hirnblutungen**, die vor allem bei den sehr früh geborenen Kindern (bei Geburten vor der 27. Schwangerschaftswoche) vorkommen und die danach sehr viel seltener auftreten (Creasy, 1993; Hack & Fanaroff, 1999). Vor allem **bei Frühgeburten mit medizinischen Komplikationen** finden sich nicht selten **Spätfolgen** bei den betroffenen Kindern, die sich beispielsweise in Intelligenzminderungen, Lernstörungen und Verhaltensproblemen äußern können (Hanke et al., 2003). Je nach Grad der Beeinträchtigungen lassen sich teilweise jedoch Kompensationen durch entsprechende Fördermaßnahmen erzielen.

> Insbesondere **bei sehr frühen Geburten** besteht ein deutlich erhöhtes **Risiko für Komplikationen**, die mit späteren Entwicklungsdefiziten verbunden sein können.

6.2 Postnatale physische Entwicklung

6.2.1 Prüfung der physischen Funktionsfähigkeit und Säuglingssterblichkeit

*Mit dem **Apgar-Index** findet eine frühzeitige Überprüfung der **Herzfrequenz**, der **Atmungsaktivität**, der **Reflexauslösbarkeit**, des **Muskeltonus** und der **Hautfärbung** statt.*

Nach der Geburt findet unmittelbar eine Überprüfung der physischen Funktionen des Säuglings statt. Klassisch ist dabei die Erhebung des **Apgar-Index**, der bereits 1953 von Virginia Apgar eingeführt wurde (Apgar, 1953). Es geht dabei darum festzustellen, ob eine **unmittelbare Überlebensfähigkeit des Säuglings** gegeben ist oder ob ein Zustand vorliegt, der ein **sofortiges medizinisches Eingreifen** erforderlich macht. Dabei werden die folgenden fünf Parameter beurteilt:
- Herzfrequenz,
- Atmungsaktivität,
- Reflexauslösbarkeit,
- Muskeltonus und
- Hautfärbung.

Der Apgar-Index weist auf möglicherweise unmittelbar erforderliche medizinische Interventionen hin.

Je nach Zustand werden dabei entweder 0, 1 oder 2 Punkte vergeben. Die Kriterien für die Vergabe der Punkte finden sich in der Tab. 6.2. Die Erhebung des Apgar-Index erfolgt 1, 5 und 10 Minuten nach der Geburt. Der Apgar-Index gibt lediglich Auskunft darüber, ob ein potenziell lebensbedrohlicher Zustand vorliegt. Er ist dementsprechend für die **Prognose der unmittelbaren Überlebensfähigkeit** von Bedeutung und indiziert mögliche medizinische Interventionen, ist jedoch für die Prognose der weiteren Entwicklung nicht von Bedeutung.

Tab. 6.2. Kriterien für die Punktvergabe beim Apgar-Index

Parameter	0 Punkte	1 Punkt	2 Punkte
Herzrate	Kein Herzschlag	Unter 100 Schläge pro Minute	Über 100 Schläge pro Minute
Atmungsaktivität	Keine Atmung	Unregelmäßige, flache Atmung	Regelmäßige Atmung, Schreien
Reflexauslösbarkeit	Keine	Schwache Reflexe	Starke Reflexe
Muskeltonus	Schlaff	Schwache Bewegung der Extremitäten	Starke Bewegung der Extremitäten
Hautfärbung	Sowohl Körper als auch Extremitäten blau, blass	Körper rosa, Extremitäten blau	Gesamter Körper rosig

*Die Rate der Säuglingssterblichkeit **sinkt im Laufe des 1. Lebensjahres** deutlich ab. Sie ist am höchsten in den ersten 7 Lebenstagen.*

Betrachtet man die **Säuglingssterblichkeit**, so gehört die Bundesrepublik Deutschland zu den Ländern mit eher geringen Sterblichkeitsraten. Im Jahre 2007 entfielen auf insgesamt 684.862 lebend geborene Säuglinge 2.656 Todesfälle (Statistisches Bundesamt, 2008). Dies entspricht einer Quote von etwa 3,9 verstorbenen Säuglingen auf 1.000 Lebendgeborene. Die Quoten liegen vor allem **in Entwicklungsländern teilweise drastisch höher**. Hier finden sich mitunter Quoten von über 100 verstorbenen Kindern auf 1.000 Lebendgeburten. Die Säuglingssterblichkeit liegt **am höchsten in den ersten 7 Tagen nach der Geburt** und sinkt dann deutlich ab. In der Bundesrepublik Deutschland entfallen auf die ersten 7 Lebenstage 53,6% aller verstorbenen Säuglinge. In den Zeitraum vom 7. bis zum 28. Lebenstag fallen 15,0% und in den Zeitraum vom 28. Lebenstag bis zum 12. Lebensmonat nochmals 31,4% der Todesfälle (Statistisches Bundesamt, 2008).

*Zu den **Risikofaktoren** für einen **plötzlichen Säuglingstod** gehören ein bereits aufgetretener lebensbedrohlicher Zustand, ein bereits daran gestorbenes Geschwisterkind, eine Frühgeburt, Drogenkonsum der Mutter, Schlafen in Bauchlage, Rauchen, Verzicht auf Stillen und Überwärmung des Kindes.*

Im 1. Lebensjahr gehört der **plötzliche Säuglingstod** (»sudden infant death syndrome«, SIDS) zu den meistgefürchteten Gefahren für das Kind. Hierbei kommt es (häufig während des Schlafes) zu **plötzlichen und unerklärlichen Todesfällen**. Eine plötzliche und anhaltende Atemunterbrechung aufgrund einer Fehlfunktion des Atemzentrums wird als mögliche Ursache vermutet. Auch wenn die Ursache noch nicht sicher geklärt ist, lassen sich dennoch einige **Bedingungen** angeben, die das **Risiko des plötzlichen Säuglingstods erhöhen**. Zu den Faktoren, die das Risiko deutlich erhöhen, gehören (s. auch Vennemann, Fischer & Findeisen, 2003):

- ein bereits aufgetretener lebensbedrohlicher Zustand,
- ein an SIDS verstorbenes Geschwisterkind,
- eine Frühgeburt (vor der 33. Schwangerschaftswoche) bzw. ein sehr niedriges Geburtsgewicht und
- Drogenkonsum der Mutter.

Das Risiko wird weiterhin erhöht durch

- Schlafen in Bauchlage,
- Rauchen der Mutter während der Schwangerschaft,
- Rauchen in Gegenwart des Säuglings,
- Verzicht auf das Stillen des Kindes und
- Überwärmung des Kindes (hohe Raumtemperatur, zu viel Bekleidung etc.).

Wenn bereits ein lebensbedrohlicher Zustand aufgetreten ist, ein Geschwisterkind an SIDS gestorben ist oder aus anderen Gründen das Risiko deutlich erhöht ist, werden vielfach **Maßnahmen** getroffen, um die Überlebenswahrscheinlichkeit eines Kindes zu vergrößern. Dazu gehört beispielsweise der Einsatz von **Atmungsmonitoren**, um die Atmung eines Säuglings zu überwachen. Erfolgt eine Atmungsunterbrechung, werden die Eltern durch ein Signal alarmiert. In der Regel werden die Eltern gleichzeitig über Wiederbelebungsmaßnahmen im Säuglingsalter informiert, damit sie im Alarmfall schnell lebensrettende Sofortmaßnahmen durchführen können. Problematisch ist dabei, dass es bei der Verwendung von Atmungsmonitoren gelegentlich zu **Fehlalarmen** kommt, die für die Eltern mit entsprechenden emotionalen Belastungen verbunden sind, da sie damit rechnen müssen, dass ein Ernstfall eingetreten ist. Vielen Eltern bereitet weiterhin das **Absetzen des Atmungsmonitors** Probleme (in der Regel gegen Ende des 1. Lebensjahres, wenn das SIDS-Risiko sinkt), da die emotionale Sicherheit, die der Atemmonitor den Eltern trotz möglicher Fehlalarme bietet, dann entfällt.

Durch den Einsatz von Atmungsmonitoren bei deutlich erhöhtem Risiko und durch die Aufklärung über risikoerhöhende Faktoren konnte die **Häufigkeit von SIDS-Todesfällen** in den vergangenen Jahren **deutlich gesenkt werden**. Durch Aufklärungskampagnen konnte insbesondere die Häufigkeit des Schlafens in der Bauchlage von 38% zu Beginn der 1990er Jahre auf unter 9% im Jahre 1995 gesenkt werden (Schlaud et al., 1999). Parallel zu dieser Entwicklung konnte die Häufigkeit des plötzlichen Säuglingstods von 1,62/1000 im Jahre 1987 auf 0,62/1000 im Jahre 2000 gesenkt werden (Vennemann et al., 2003). Dies zeigt den Stellenwert einer **Informiertheit der Eltern** und von **Aufklärungskampagnen** in diesem Gebiet.

6.2.2 Entwicklung zirkadianer Rhythmen

> **Definition**
> Bei **zirkadianen Rhythmen** handelt es sich um endogene bzw. innere Rhythmen des Organismus, die der Anpassung an die zeitlichen Abläufe in der Umgebung dienen und die typischerweise auf eine Tagesperiodik abgestimmt sind.

Wenn der Säugling sich normal entwickelt (was ja in der Regel der Fall ist), gehört zu seinen ersten Entwicklungsaufgaben die Anpassung der eigenen **zirkadianen Rhythmik** (und der damit verbundenen Bedürfnisregulation) an die Rhythmik der sozialen

---

Wenn das Risiko deutlich erhöht ist, können **Atmungsmonitoren** zum Einsatz gelangen, um die Atmung des Säuglings zu überwachen.

Die Häufigkeit des plötzlichen Säuglingstods konnte durch den **Einsatz von Atmungsmonitoren** und **Aufklärungskampagnen** in den vergangenen Jahren **deutlich gesenkt** werden.

▶ Definition
Zirkadianer Rhythmus

Die Entwicklung **zirkadianer Rhythmen** gehört zu den frühen Entwicklungsaufgaben eines Säuglings. Einen wichtigen Stellenwert nimmt dabei der **Schlaf-Wach-Rhythmus** ein.

Umgebung. Der Säugling muss seinen Schlaf-Wach-Rhythmus an die Erfordernisse der Umgebung anpassen und seine Ernährungsbedürfnisse regulieren. Da beides aufeinander bezogen ist, soll im Folgenden vor allem auf den **Schlaf-Wach-Rhythmus** eingegangen werden.

Im Neugeborenenalter wechseln Säuglinge mehrmals während eines 24-Stunden-Zyklus zwischen Schlafen und Wachsein hin und her, wobei die Schlafzeit während der Nacht etwas größer ist als während des Tages. Auch Ernährungsbedürfnisse treten während der Nacht genauso auf wie während des Tages. Insgesamt verbringt der Säugling am Anfang seiner Entwicklung etwa 16 Stunden mit Schlaf, wobei jedoch **deutliche individuelle Unterschiede** zwischen Säuglingen bestehen.

Bei genauerer Betrachtung der Schlaf-Wach-Zustände kann man jedoch neben dem Schlafen und Wachsein **eine Reihe weiterer Aktivierungszustände** unterscheiden. Während der Schlafphasen gehört dazu insbesondere die Differenzierung zwischen dem tiefen, ruhigen und dem aktiven, unruhigen Schlaf. Der **ruhige Schlaf** ist durch eine regelmäßige Atmung, geringe motorische Aktivität und eine geringe Muskelspannung charakterisiert. Der **unruhige Schlaf** zeichnet sich dagegen durch eine unregelmäßige Atmung und eine leicht erhöhte Muskelspannung aus. Auch motorische Aktivität (z. B. Bewegungen der Extremitäten oder Grimassieren) kann auftreten. Auffällig ist, dass in dieser Phase verstärkt **schnelle Augenbewegungen** (»rapid eye movements«, REM) hinter den geschlossenen Augenlidern zu beobachten sind.

Das Verhältnis von **REM- zu Non-REM-Schlaf** verändert sich im Laufe der Entwicklung. Während der REM-Schlaf zu Anfang der Entwicklung ca. 50% der Gesamtschlafzeit ausfüllt, verringert sich der Anteil bereits in einem Alter von 3–4 Jahren auf ca. 20% und bleibt danach nahezu konstant. Dem **REM-Schlaf** wird beim **Lernen** und der **Informationsverarbeitung** eine wichtige Rolle zugeschrieben, wobei der hohe Anteil des REM-Schlafes gerade am Anfang der Entwicklung auch mit der Reifung der Sinnessysteme und der Koordination der damit verbundenen Lernerfahrungen in Zusammenhang gebracht wird.

Ein weiterer wichtiger Entwicklungsschritt besteht darin, dass die Schlafintervalle mit der Zeit länger werden. Während am Anfang der Entwicklung viele Schlafintervalle über den Tag und die Nacht hinweg verteilt liegen, kommt es **zu einer Zunahme des Nachtschlafes und einer Abnahme des Tagschlafes**, wobei die pädagogischen Bemühungen der Eltern in diesem Zusammenhang eine zunehmend größere Rolle spielen, da es auch in ihrem Interesse liegt, dass die Schlafintervalle während der Nacht zunehmen. Während der ersten 3–4 Lebensjahre benötigen jedoch viele Kinder auch weiterhin Schlafintervalle während des Tages (»Mittagsschlaf«).

Neben dem ruhigen und unruhigen Schlaf lassen sich weitere Aktivierungszustände des Säuglings unterscheiden. Dazu gehört eine Phase der **Schläfrigkeit**, die den Übergang zwischen den Schlafstadien und der wachen Aufmerksamkeit markiert. In der Phase der **wachen Aufmerksamkeit** zeigt der Säugling eine geringe Aktivität und wirkt entspannt. In dieser Phase bestehen besonders günstige Bedingungen für Interaktionen mit der Umgebung und für die Informationsaufnahme. Das Stadium des **aufmerksamen, aber quengeligen Zustands** markiert den Übergang zum Stadium des Schreiens. Es kommt zu motorischen Aktivitäten und Vokalisationen, die als Hinweise von Unzufriedenheit und eines Belastungserlebens zu werten sind. In der Phase des **Schreiens** ist der Säugling für äußere Reize kaum noch ansprechbar. In dem Schreien kommt ein deutliches Missbehagen des Säuglings zum Ausdruck. Die einzelnen Phasen (s. auch Ziegenhain, Fries, Bütow & Derksen, 2004) sind in der ◘ Tab. 6.3 zusammengefasst. Die Tabelle gibt auch den Anteil der verschiedenen Phasen im Tagesverlauf eines Neugeborenen an. Auch hier gilt, dass **deutliche individuelle Unterschiede** zwischen Säuglingen bestehen.

Der Schlaf-Wach-Rhythmus und auch die Ernährungsgewohnheiten **weichen** am Anfang der Entwicklung deutlich **von den Rhythmen Erwachsener ab**.

Während der Schlafphasen kann man zwischen dem **tiefen, ruhigen Schlaf** und dem **aktiven, unruhigen Schlaf mit REM-Phasen** unterscheiden.

Der REM-Schlaf ist für das Lernen und die Informationsverarbeitung von Bedeutung.

Im Laufe der Entwicklung verändern sich die Schlafintervalle.

Als **Aktivierungszustände des Säuglings** lassen sich der ruhige Schlaf, der unruhige Schlaf, die Schläfrigkeit, die wache Aufmerksamkeit, der aufmerksame, aber quengelige Zustand sowie das Schreien unterscheiden.

Tab. 6.3. Aktivierungszustände im Säuglingsalter

Schlafphase	Verhaltenscharakteristika	Anteil
Tiefer, ruhiger Schlaf	Geringe Muskelspannung, wenig motorische Aktivität, ruhige und regelmäßige Atmung	Ca. 33%
Aktiver, unruhiger Schlaf	Leicht erhöhte Muskelspannung, motorische Aktivität (Bewegungen der Extremitäten, Grimassieren, Saugbewegungen etc.), schnelle Augenbewegungen	Ca. 33%
Schläfrigkeit	Abwechselndes Öffnen und Schließen der Augen, keine klare Blickrichtung, Atmung flach, Übergang zwischen Schlaf und Wachheit	Ca. 4%
Wache Aufmerksamkeit	Geringe Aktivität, Augen offen und interessiert, entspannte Körperhaltung, regelmäßige Atmung	Ca. 10%
Aufmerksamer, aber quengeliger Zustand	Motorische Aktivitäten und Vokalisationen als Hinweise auf Unzufriedenheit und Belastungserleben, unregelmäßige Atmung, Übergang zwischen wacher Aufmerksamkeit und Schreien	Ca. 10%
Schreien	Starke motorische Aktivität, Gesichtsgrimassen, rote Haut, Schreivokalisationen	Ca. 8%

Schreien

Betrachtet man das Weinen bzw. Schreien eines Säuglings etwas detaillierter, so ist zunächst zu sagen, dass der Säugling damit ein **Signal für seine Umgebung** sendet. Da er seine Bedürfnisse noch nicht auf andere Weise zum Ausdruck bringen kann, nutzt er das Schreien zur Kommunikation seiner Wünsche. Die wichtigsten Gründe für Quengeln, Weinen und Schreien bestehen vor allem in

- Schmerzen,
- Hunger,
- Müdigkeit und
- Langeweile.

Dabei lassen sich teilweise Unterschiede in der Intensität und Intonation feststellen und es ist eine wichtige **Entwicklungsaufgabe für die Eltern**, die verschiedenen **Signale voneinander zu differenzieren**, um die kindlichen Bedürfnisse erfüllen zu können. Es gibt auch beim Ausmaß des Weinens **deutliche individuelle Unterschiede**. In einer Längsschnittstudie von Keller, Lohaus, Völker, Cappenberg und Chasiotis (1998) sollten Mütter über 3 Tage hinweg ein Weinprotokoll ihrer Kinder erstellen. Es ergab sich dabei eine Spannbreite von ca. 1 Stunde bis zu 12 Stunden Weinens über 3 Tage hinweg. Der Mittelwert lag bei 1,4 Stunden je Tag. Über das Alter hinweg nahm das Weinen ab, wobei im Alter von 12 Monaten noch ein Mittelwert von 1 Stunde je Tag zu beobachten war. Es ist dabei interessant, dass die Weinhäufigkeit über das Alter hinweg **relativ stabil ist**: Kinder, die mit 3 Monaten relativ viel weinten, zählten auch mit 1 Jahr eher zu den Kindern mit erhöhter Weinhäufigkeit.

Das Weinen bzw. Schreien stellt ein Signal für die soziale Umgebung dar und kann Schmerzen, Hunger, Müdigkeit und Langeweile zum Ausdruck bringen.

Säuglinge unterscheiden sich hinsichtlich des Ausmaßes, in dem sie weinen, deutlich voneinander.

6.2.3 Gehirnentwicklung

Synapsenbildung und -eliminierung

Die Mehrzahl der Nervenzellen bzw. Neuronen entwickelt sich bereits pränatal durch **Zellteilung und anschließende Migration**, sodass zum Zeitpunkt der Geburt bereits etwa 100 Mrd. Neuronen (wie beim Erwachsenen) vorliegen. Gleichzeitig bilden die Neuronen Synapsen zu einer Vielzahl anderer Neurone, wobei zunächst wesentlich mehr Synapsenverbindungen hergestellt werden, als tatsächlich benötigt werden. Dadurch ist die Synapsenanzahl zunächst teilweise sogar deutlich höher als bei Erwachsenen. Auf der anderen Seite beginnt frühzeitig eine **erfahrungsabhängige Eliminierung von überschüssigen Synapsenverbindungen**. Dies bedeutet, dass wenig aktivierte Synapsenverbindungen mit erhöhter Wahrscheinlichkeit wieder beseitigt werden.

*Im Laufe der Gehirnentwicklung kommt es nicht nur zur **Synapsenbildung**, sondern auch zu einer erfahrungsabhängigen **Eliminierung von Synapsen**.*

Die **Synapsenbildung** und **Synapseneliminierung** erreicht **in unterschiedlichen Hirnregionen** zu unterschiedlichen Entwicklungszeiten ihr Maximum. So erreicht die Entwicklung der Synapsenverbindungen in den Hirnarealen, die für die visuelle Wahrnehmung zuständig sind, bereits im Laufe des 1. Lebensjahres ihren Höhepunkt. Da das visuelle System zu diesem Zeitpunkt bereits seine volle Funktionsfähigkeit erreicht, finden die Synapsenbildung und Synapseneliminierung vorrangig in diesem Altersabschnitt statt. Im Bereich des Frontalhirns, das beispielsweise für die Handlungsplanung und die Aufmerksamkeitssteuerung zuständig ist, erfolgen die wesentlichen Entwicklungsprozesse bei der Synapsenbildung dagegen wesentlich später (im Laufe des Vorschulalters). Auch im Laufe der Pubertät finden Umstrukturierungsprozesse statt, sodass man davon ausgehen kann, dass erst im Erwachsenenalter eine Stabilisierung erreicht ist, die jedoch weitere Synapsenbildungen und Synapseneliminierungen nicht ausschließt.

> Die höchste Zahl an Synapsenbildungen und -eliminierungen findet sich in unterschiedlichen Hirnregionen zu unterschiedlichen Zeitpunkten.

Plastizität des Gehirns

Erfahrungsabhängige Plastizität. Die Fähigkeit, Synapsen auszubilden und zu eliminieren, bildet eine wesentliche Grundlage für die (lebenslange) **Plastizität des Gehirns**. Das Gehirn kann damit auf neue Erfahrungen reagieren und seine Verarbeitungsmöglichkeiten auf die jeweiligen Umweltbedingungen einstellen. So lässt sich beispielsweise zeigen, dass Menschen, die zur Berufsausübung eine starke Fingerfertigkeit benötigen (wie beispielsweise Musiker), über eine verstärkte kortikale Repräsentation ihrer Finger verfügen (Elbert, Pantev, Wienbruch, Rockstroh & Taub, 1995). Da die Synapsen in diesem Fall in Abhängigkeit von den jeweiligen Umwelterfahrungen gebildet werden, wird hier auch von einer **erfahrungsabhängigen Plastizität** des Gehirns gesprochen.

> Die Prozesse der Synapsenbildung und der Synapseneliminierung bilden eine wichtige **Basis für die Plastizität des Gehirns**.

Erfahrungserwartende Plastizität. Umgekehrt lässt sich jedoch ebenso vermuten, dass das **Gehirn** in bestimmten Entwicklungsabschnitten **spezifische Erfahrungen benötigt**, um sich optimal entwickeln zu können. So lassen sich für verschiedene Hirnfunktionen sensible Phasen bestimmen, innerhalb derer bestimmte Erfahrungen notwendig sind, um eine ungestörte Entwicklung zu gewährleisten. Dies gilt beispielsweise für die Entwicklung des visuellen Kortex, dessen Fähigkeit, visuelle Information zu verarbeiten, verschwindet, wenn nicht in den ersten Lebenswochen ein visueller Input erfolgt. Weiterhin ist ein Erstspracherwerb deutlich erschwert, wenn in den ersten Lebensjahren kein Kontakt mit einer Sprache stattgefunden hat. Da das Gehirn offenbar zur optimalen Entfaltung in bestimmten Phasen einen spezifischen Input erwartet, wird hier von einer **erfahrungserwartenden Plastizität** des Gehirns gesprochen. Beide Formen der Plastizität ermöglichen eine Anpassung an die vielfältigen möglichen Umgebungen, an die sich ein menschlicher Organismus anpassen muss.

> Von der erfahrungsabhängigen ist die **erfahrungserwartende Plastizität** abzugrenzen: Erst wenn ein spezifischer Input erfolgt, kommt es zu einer ungestörten Entwicklung bestimmter Funktionen.

Myelinisierung der Nervenbahnen

Neben der **Neurogenese** und der **Synaptogenese** ist die zunehmende **Myelinisierung der Nervenbahnen** als ein weiterer Prozess zu nennen, der den Informationsfluss im neuronalen System verbessert. Insbesondere die Axone, die für die Impulsleitung zu weiteren Neuronen zuständig sind, werden im Laufe der Entwicklung zunehmend mit Myelinschichten umgeben, die wie eine Isolationsschicht wirken und die Reizweiterleitung beschleunigen.

> An der Optimierung des Informationsflusses im neuronalen System hat neben der Neurogenese und der Synaptogenese die **Myelinisierung der Nervenbahnen** einen entscheidenden Anteil.

Die Ausbildung der Myelinschichten folgt einem **cephalocaudalen Trend**, was bedeutet, dass die Myelinschichten bei den gehirnnahen Neuronen früher ausgebildet werden als bei den peripher lokalisierten Neuronen. Daraus ergibt sich, dass die Zunahme der Motorik- und Wahrnehmungsleistungen ebenfalls diesem Entwicklungstrend folgt. Im Bereich der Motorik bedeutet dies beispielsweise, dass das Heben des Kopfes und die Koordination der Gesichtsmuskeln bereits sehr früh erfolgen, während eine koordinierte Steuerung der Hand- und Fußmuskulatur erst erheblich später stattfinden kann. Ähnliche Trends gelten für die Sensorik, wobei hier allerdings wesentliche Sin-

> Die Myelinschichten werden bei gehirnnahen Neuronen früher ausgebildet als bei gehirnfernen.

nesorgane ohnehin gehirnnah platziert sind. Die Myelinisierung kann sich bis in das Jugend- und Erwachsenenalter hinein fortsetzen, wobei die wichtigsten Entwicklungen jedoch im Verlauf des Vorschulalters stattfinden.

Spezialisierung von Gehirnarealen

Ein weiterer wichtiger Aspekt der Gehirnentwicklung bezieht sich auf die **Spezialisierung von Gehirnarealen für bestimmte Funktionen**. So spezialisieren sich bestimmte Hirnareale beispielsweise auf die Verarbeitung bestimmter sensorischer oder motorischer Informationen (z. B. das Wernicke-Areal auf das Sprachverständnis und das Broca-Areal auf die Sprachproduktion). Da gerade am Anfang der Entwicklung die Plastizität des Gehirns noch relativ groß ist, können **Schädigungen von Hirnarealen** in frühen Entwicklungsabschnitten vielfach noch deutlich besser **kompensiert werden** als in späteren Entwicklungsabschnitten.

Eine derartige Funktionsteilung findet sich nicht nur bei einzelnen Hirnarealen, sondern auch bei den beiden Hirnhälften. So wird angenommen, dass die **linke Hirnhälfte** eher für die **sequenzielle Informationsverarbeitung** (z. B. logisches Denken, Sprachverarbeitung) zuständig ist, während die **rechte Hirnhälfte** eher die **ganzheitliche Informationsverarbeitung** (z. B. räumliches Denken, Musikalität) übernimmt. Dieser Entwicklungsprozess wird auch als **Hirnlateralisation** bezeichnet und ist ebenfalls im Verlauf des Vorschulalters weitgehend abgeschlossen.

> Im Laufe der Entwicklung kommt es zu einer **Spezialisierung von Gehirnarealen** für bestimmte Funktionen (z. B. für die Verarbeitung von Sprache).

> Nicht nur bei einzelnen Hirnarealen findet sich eine Funktionsteilung, sondern auch bei den beiden **Hirnhälften**.

6.2.4 Körperwachstum

Die **Geburtsgröße** beträgt bei einem normal ausgetragenen Säugling durchschnittlich etwa 48–53 cm. Postnatal findet das größte Körperwachstum mit etwa 18–25 cm im 1. Lebensjahr statt. Es erreicht im 2. Lebensjahr einen weiteren Zugewinn von etwa 10–13 cm und nimmt danach deutlich ab. In den Folgejahren wird ein durchschnittliches Wachstum von etwa 5–6 cm erreicht, bis dann in der **Pubertät** ein neuer Wachstumsschub ausgelöst wird. Abgeschlossen ist das Größenwachstum im Alter von etwa 14–18 Jahren (bei Mädchen früher als bei Jungen). Weitere Geschlechtsunterschiede beziehen sich auf das Körperwachstum während der Pubertät und die abschließend erreichte Körpergröße, die bei Jungen durchschnittlich höhere Werte erreicht als bei Mädchen. Insgesamt hat sich **über die letzten Generationen hinweg** ein Trend dahingehend gezeigt, dass **die erreichte Körpergröße zugenommen hat** und gleichzeitig auch **die Pubertät vorverlegt wurde**. Als mögliche Erklärung kommt u. a. die Verbesserung der Ernährungsbedingungen in Betracht (Weineck, 2004).

Der Körper wächst nicht nur, sondern auch seine **Proportionen** verändern sich. Auffällig ist vor allem eine starke **Veränderung des Kopf-Rumpf-Verhältnisses im Entwicklungsverlauf**. Während die Größe des Kopfes im Alter von 2 Monaten (pränatal) noch etwa 50% der Gesamtkörperlänge beträgt, reduziert sich die Relation auf 25% bei der Geburt und 12% im Erwachsenenalter (Fogel, 2001).

> Besonders hohe Anteile des **Körperwachstums** entfallen auf die **ersten Lebensjahre**. Danach reduziert es sich, bis dann in der **Pubertät** ein neuer Wachstumsschub ausgelöst wird.

> Im Laufe der Entwicklung kommt es zu einer deutlichen Veränderung des **Kopf-Rumpf-Verhältnisses**.

 **Kontrollfragen**

1. Was sind Teratogene und wie wirken sie typischerweise in der Embryonal- und in der Fötalzeit?
2. Welche Parameter werden mit dem Apgar-Index erhoben und zu welchem Zeitpunkt im Entwicklungsverlauf findet die Erhebung statt?
3. Mit welchen Maßnahmen lässt sich das Risiko eines plötzlichen Säuglingstods reduzieren?
4. Was ist mit einer erfahrungsabhängigen (in Abgrenzung von einer erfahrungserwartenden) Plastizität gemeint?

Bremner, J.G. & Fogel, A. (2004) (Eds.). *Blackwell handbook of infant development*. Malden: Blackwell.
Rauh, H. (2008). Vorgeburtliche Entwicklung und frühe Kindheit. In R. Oerter & L. Montada (Hrsg.), *Entwicklungspsychologie* (6. Aufl., S. 149–224). Göttingen: Hogrefe.

▶ **Weiterführende Literatur**

7 Motorik- und Sensorikentwicklung

7.1 Motorikentwicklung – 80

7.2 Sensorikentwicklung – 84
7.2.1 Visuelle Wahrnehmung – 84
7.2.2 Auditive Wahrnehmung – 88
7.2.3 Intermodale Wahrnehmung – 89

Lernziele
- Wichtige Reflexe im Neugeborenenalter kennen.
- Visuelles Auflösungsvermögen und visuelle Präferenzen von Neugeborenen kennen.
- Entwicklung der Fähigkeit zur Tiefenwahrnehmung beschreiben können.
- Auditive Wahrnehmung und weitere Sinnesmodalitäten kennen.
- Intermodale Wahrnehmung beschreiben und erläutern können.

7.1 Motorikentwicklung

Ein Säugling verfügt über eine Reihe **angeborener Reflexe**, deren Funktion in erster Linie in der Überlebenssicherung liegt.

Eine wichtige Funktion bei der Nahrungsaufnahme übernehmen der **Saugreflex** und der **Rooting-Reflex**.

Der **Greifreflex** hatte ursprünglich vermutlich eine überlebenssichernde Funktion, indem er dem Anklammern an die Mutter diente.

Am Anfang der Motorikentwicklung stehen die **angeborenen Reflexe des Säuglings** im Vordergrund, während eine gezielte Steuerung der Motorik noch sehr rudimentär erfolgt. Die Reflexe dienen der ersten Anpassung des Säuglings an seine Umgebung. Teilweise bilden sie die Basis für die folgende motorische Entwicklung, da die nachfolgende Motorikentwicklung teilweise auf den ursprünglich vorhandenen Reflexen aufbaut. Im Folgenden sollen einige frühkindliche Reflexe kurz beschrieben werden.

Die überlebenssichernde Funktion von Reflexen wird unmittelbar beim **Saugreflex** sichtbar, der ausgelöst wird, sobald sich die Brust oder die Flasche dem Säugling nähert bzw. seinen Mund berührt (◘ Abb. 7.1). Schon bevor der Saugreflex ausgelöst wird, kann der **Rooting-Reflex** in Erscheinung treten, wenn man beispielsweise den Säugling an der Wange berührt. Der Säugling wendet sich nun reflektorisch der Berührung zu in der Erwartung, dass sich dort die Nahrungsquelle (Brust oder Flasche) befindet.

Berührt man die Handinnenflächen des Säuglings, wird der **Greifreflex** ausgelöst (◘ Abb. 7.2). Der Säugling umfasst den berührenden Gegenstand (z. B. den hingehaltenen Finger) und hält sich dabei so fest, dass er sogar sein eigenes Gewicht halten kann. Der Greifreflex kann auch an den Füßen ausgelöst werden. Auch beim Greifreflex ist

7.1 · Motorikentwicklung

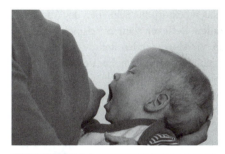

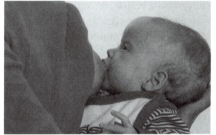

7.1

7.2

Abb. 7.1. Saugreflex bei einem 3 Monate alten Mädchen

Abb. 7.2. Greif- und Schreitreflex im Alter von 3 Monaten

Abb. 7.3. Vom Sitzen in die Krabbelbewegung und Stehen mit Festhalten am Beispiel eines 9 Monate alten Kindes

die ursprünglich überlebenssichernde Funktion erkennbar, da er vermutlich dem Anklammern an die Mutter diente.

Der **Schreitreflex** kann ausgelöst werden, indem man den Säugling leicht nach vorn gebeugt hält und die Füße eine Fläche berühren lässt (Abb. 7.2). Der Säugling zeigt daraufhin Schreitbewegungen, die an Laufen erinnern. Ähnliches gilt für den **Schwimmreflex** im Wasser.

Als einer der dramatischsten Reflexe gilt der **Moro- oder Schreckreflex**, der ausgelöst wird, wenn sich der Säugling erschrickt (z. B. bei lauten Geräuschen wie dem Zuschlagen einer Tür). Er besteht aus einer Reihe schneller rhythmischer Bewegungen der Extremitäten (insbesondere der Arme und Hände), die ursprünglich vermutlich der Anklammerung an die Mutter dienten.

Ein Teil der Reflexe verschwindet wieder, während ein weiterer Teil erhalten bleibt. Zu den **Reflexen, die erhalten bleiben**, gehören der **Rückziehreflex** (bei schmerzhafter

Beim Säugling lassen sich weiterhin ein **Schreitreflex** und ein **Schwimmreflex** auslösen.

Der **Moro- oder Schreckreflex** wird ausgelöst, wenn der Säugling erschrickt. Er diente vermutlich ursprünglich der Anklammerung an die Mutter.

Die verschwindenden Reflexe lassen sich bei normaler Entwicklung **in definierten Zeiträumen nicht mehr nachweisen**.

Berührung) und die **Blinzelreaktion** bzw. das reflektorische Schließen der Augen bei hellen Lichtreizen. Zu den **verschwindenden Reflexen** zählen beispielsweise der **Schreitreflex** und der **Moro-Reflex**. Für die verschwindenden Reflexe gibt es jeweils spezifische Zeitfenster, in denen sie zurückgebildet sein sollten. Für den Moro-Reflex gilt beispielsweise, dass er spätestens nach 6 Lebensmonaten verschwunden sein sollte. Fehlende Reflexe oder Abweichungen von den Zeitfenstern sind insofern von Bedeutung, als sie auf neurologische Störungen hinweisen können.

> Manchen Reflexen wird eine **bahnende Funktion** für komplexere motorische Abläufe in späteren Entwicklungsabschnitten zugeschrieben.

Von vielen Reflexen wird angenommen, dass sie als **Ausgangspunkt für komplexere motorische Abläufe** dienen. So wird vom Greifreflex vermutet, dass er die Basis für den Aufbau einer späteren gezielten Greifbewegung bildet. Die ursprüngliche Reflexbewegung wird dabei in überformter Weise in einen Bewegungsablauf integriert. Teilweise dürften Reflexe das Lernen erleichtern, da sie bestimmte Abläufe vorprogrammieren (z. B. der Schreitreflex das Gehen). Möglicherweise ist dies eine Erklärung für das Phänomen, dass **manche Bewegungsabläufe auch ohne ausgedehnte Erfahrungen schnell erlernbar** sind.

Das allgemeine Prinzip der Motorikentwicklung besteht darin, dass
1. zunächst **einzelne Bewegungsabfolgen** erlernt werden.

Es folgen

> Die Motorikentwicklung geht typischerweise von **Einzelbewegungen** aus, die zu längeren **Verhaltensketten** verknüpft und dann **automatisiert** und **verfeinert** werden.

2. eine **Koordination der einzelnen Bewegungen** und
3. eine **Integration der Bewegungen in längere Verhaltensketten**.

Im weiteren Verlauf kommt es
4. zu einer **zunehmenden Automatisierung** der Einzelabfolgen, wobei dies gleichzeitig den Arbeitsspeicher entlastet und dadurch Kapazität für weitere Informationsverarbeitungsprozesse schafft.

Gegebenenfalls kommt es weiterhin
5. zu einer **zunehmenden Verfeinerung** durch eine Anpassung der Verhaltensabfolgen an spezifische Umgebungsbedingungen.

Exkurs

Motorikentwicklung am Beispiel der Greifbewegung

Das allgemeine Prinzip der Motorikentwicklung lässt sich am Beispiel der Greifbewegung verdeutlichen. Am Anfang der Entwicklung erfolgt das Greifen reflektorisch und auch das Lösen von einem umgriffenen Gegenstand gelingt dem Säugling nur mit Mühe. Erst mit etwa 3–4 Monaten gelingen erste kontrollierte Greifbewegungen, wobei eine Koordination von Arm- und Körperbewegungen und eine Verknüpfung mit sensorischen Informationen notwendig sind. Dadurch können zunehmend auch längere Verhaltensketten gebildet werden, die z. B. aus dem Aufrichten des Oberkörpers und der damit koordinierten Greifbewegung bestehen. Die Schritte, die zu einer gezielten Greifbewegung erforderlich sind, werden im Laufe der Entwicklung zunehmend automatisiert, sodass sie kaum noch Arbeitsspeicherkapazität benötigen. Hinzu kommt, dass auch verfeinerte Greifbewegungen ermöglicht werden. Nachdem Gegenstände in frühen Entwicklungsstadien mit der ganzen Hand gegriffen werden, kann auch der Pinzettengriff Verwendung finden. Dabei wird der Gegenstand zwischen Daumen und Zeigefinger gefasst. Es wird zunehmend nach der Art des Gegenstandes differenziert und je nach Situation zwischen verschiedenen Greifarten variiert.

> Mit dem Erlernen des Laufens kommt es zu einer erheblichen **Erweiterung des sensorischen Spektrums** für das Kind.

Eine der wichtigsten motorischen Errungenschaften im Kleinkindalter bezieht sich auf das **Laufen**. Solange der Säugling überwiegend liegt, ist sein Wahrnehmungsspektrum sehr eingeschränkt und auf die Information beschränkt, die ihm seitens der Interaktionspartner angeboten wird. Dies ändert sich, sobald der Säugling sitzen kann. Durch die nun aufrechte Haltung **erweitert sich das sensorische Spektrum erheblich** (insbesondere die visuelle Information). Geradezu ein Quantensprung ergibt sich, wenn das Kind sich **aktiv fortbewegen** kann (zunächst durch Krabbeln, noch deutlicher durch

7.1 · Motorikentwicklung

Tab. 7.1. Überblick zu den wichtigsten Stationen der Motorikentwicklung

Motorische Leistung	Alter in Monaten
Liegen	0–2 Monate
Heben des Kopfes	1–2 Monate
Sitzen mit Hilfe	3–4 Monate
Sitzen ohne Hilfe	5–7 Monate
Stehen mit Hilfe	6–8 Monate
Stehen mit Festhalten	8–9 Monate
Krabbeln	8–10 Monate
Gehen mit Hilfe	10–11 Monate
Sich hochziehen	11–12 Monate
Treppe hochkriechen	12–13 Monate
Allein stehen	12–14 Monate
Allein gehen	12–15 Monate
Treppen steigen	17–18 Monate

Laufen). Nun kann das Kind die Informationsquellen, die es interessiert, aktiv aufsuchen.

Die einzelnen Entwicklungsschritte beim Übergang vom Liegen bis zum Laufen finden sich in der ◘ Tab. 7.1. Beispiele für den Übergang vom Sitzen in die Krabbelbewegung und für das Stehen mit Festhalten finden sich in der ◘ Abb. 7.3. Es ist darauf hinzuweisen, dass es sich bei den Monatsangaben um **Durchschnittswerte** handelt und dass sich dabei deutliche **interindividuelle Unterschiede** zeigen. Auch die **Entwicklungsabfolge ist nicht einheitlich**. Es gibt Kinder, die zunächst krabbeln, bevor sie laufen, und es gibt ebenso Kinder, die die Phase des Krabbelns vollständig oder fast vollständig überspringen, ohne dass sich dadurch Nachteile für die weitere motorische Entwicklung ergeben.

Insgesamt ist die Motorikentwicklung als eine **Zusammenspiel von Reifung und Lernen** zu charakterisieren. Auf der einen Seite müssen bestimmte **Reifungsgrundlagen** vorhanden sein (wie beispielsweise die Myelinisierung der Nervenbahnen sowie die Ausbildung der Hirnareale, die für die motorische Steuerung zuständig sind). Auf der anderen Seite sind **Lernerfahrungen** erforderlich, um eine Abstimmung zwischen Motorik und Umgebungserfordernissen zu ermöglichen. Dies lässt sich beispielsweise bei blind geborenen Kindern zeigen, bei denen die fehlende visuelle Stimulation mit einer verzögerten Motorikentwicklung verbunden ist. Hier zeigen sich bei fast allen Motorikleistungen **leicht bis deutlich verzögerte Entwicklungen** (Levtzion-Korach, Tennenbaum, Schnitzer & Ornoy, 2000), da die Koordination zwischen der Motorik und den Anforderungen der Umgebung erschwert ist. Durch Interventionen, die die fehlende visuelle Erfahrung **kompensieren** (wie verstärkte Stimulation mit Objekten, Kopplung von Objekten mit auditiven Stimulationen etc.) können die Defizite blind geborener Kinder teilweise wieder kompensiert werden. Das Beispiel zeigt jedoch, dass neben der Reifung auch die Erfahrung mit der Umgebung bei der Motorikentwicklung von Bedeutung ist. Einen entscheidenden Anteil daran hat die Sensorikentwicklung, auf die im Folgenden näher eingegangen werden soll.

> Die Motorikentwicklung ist als **Interaktion von Reifung und Lernen** aufzufassen, wie sich beispielsweise bei blind geborenen Kindern zeigen lässt, deren Motorikleistungen aufgrund eingeschränkter Umwelterfahrungen teilweise verzögert sind.

7.2 Sensorikentwicklung

Zum Nachweis von Sinnesleistungen werden im Säuglingsalter häufig das **Präferenzparadigma** sowie das **Habituations-Dishabituations-Paradigma** eingesetzt.

Im Säuglingsalter ergibt sich ein grundsätzliches Problem beim **Nachweis von Sinnesleistungen**. Da die Säuglinge ihre Wahrnehmungen nicht verbal zum Ausdruck bringen können, müssen andere Methoden genutzt werden, um etwas über ihre Wahrnehmungsleistungen zu erfahren. Am häufigsten kommen dabei das **Präferenzparadigma** und das **Habituations-Dishabituations-Paradigma** zum Einsatz. Verdeutlichen lässt sich dies sehr gut am Beispiel der Bestimmung des visuellen Auflösungsvermögens. Die Fragestellung ist dabei, wie sich die Sehschärfe eines Säuglings feststellen lässt.

Zum Nachweis des **visuellen Auflösungsvermögens** lässt sich das **Präferenzparadigma** nutzen, indem Muster präsentiert werden, die sich nur bei hinreichendem Auflösungsvermögen differenzieren lassen und dann eine eindeutige Präferenz zulassen.

Das einfachste Verfahren besteht im Einsatz der **Präferenzmethode**. Dem Säugling werden in einem bestimmten räumlichen Abstand zwei Flächen präsentiert. Die eine Fläche enthält ein Streifenmuster, während die zweite Fläche einheitlich grau ist (◘ Abb. 7.4). Das Besondere dabei ist, dass das Streifenmuster ebenfalls als einheitlich graue Fläche erscheint, wenn das visuelle Auflösungsvermögen nicht ausreicht, die Streifen voneinander zu differenzieren. Ist das Auflösungsvermögen zur Differenzierung zu niedrig, erscheinen beide Flächen also gleichermaßen grau. Anderenfalls erkennt der Säugling die Streifen und kann sie von der grauen Fläche unterscheiden. Da ein Streifenmuster gegenüber einer gleichmäßig grauen Fläche präferiert wird, schaut der Säugling länger auf die Fläche mit dem Streifenmuster, wenn er die Streifen differenzieren kann. Anderenfalls schaut er auf beide Flächen gleich lang. Aus dem Blickverhalten des Säuglings kann man nun also auf seine Differenzierungsfähigkeit schließen.

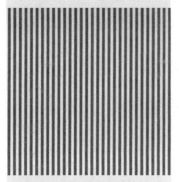

◘ **Abb. 7.4.** Streifenmuster und einheitlich graue Fläche zur Bestimmung des visuellen Auflösungsvermögens

Eine Optimierung dieses Verfahrens lässt sich in **Kombination mit der Habituations-Dishabituations-Methode** erreichen. Man präsentiert dem Säugling zunächst mehrmals nacheinander zwei graue Flächen in einem bestimmten räumlichen Abstand (z. B. mithilfe eines Monitors), bis der Säugling habituiert ist. Im Anschluss wird eine der grauen Flächen durch ein Streifenmuster ersetzt. Man kann dabei die Breite der Streifen sukzessiv erhöhen, sodass eine Differenzierung zunächst noch sehr schwierig ist. Im Laufe von mehreren weiteren Durchgängen wird der Abstand zwischen den Streifen dann zunehmend vergrößert. Es ist dabei zu erwarten, dass der Säugling dishabituiert, sobald er die Streifen von der grauen Fläche unterscheiden kann. Er wird nun das Streifenmuster länger betrachten als die graue Fläche. Das Streifenmuster, bei dem die Dishabituation erfolgt, gibt dann Aufschluss über das visuelle Auflösungsvermögen des Säuglings.

Zum Nachweis des visuellen Auflösungsvermögens lässt sich **ebenso die Habituations-Dishabituations-Methode** einsetzen. Der Säugling wird an ein Muster habituiert und dishabituiert, sobald sein Auflösungsvermögen ausreicht, um ein neues Muster von dem bekannten Muster zu unterscheiden.

Diese und ähnliche Techniken werden genutzt, um die Sinnesleistungen von Säuglingen zu bestimmen. Im Folgenden liegt der Schwerpunkt zunächst bei der visuellen Wahrnehmung, bevor auf weitere Sinnesleistungen eingegangen wird.

7.2.1 Visuelle Wahrnehmung

Durch Verwendung von Präferenz- und Habituationsmethoden ließ sich feststellen, dass das **visuelle Auflösungsvermögen** erst in den ersten Lebensmonaten nach der Geburt seine volle Leistungsfähigkeit erreicht. Das zunächst noch relativ geringe Auflösungsvermögen bietet auch eine Erklärung dafür, dass Säuglinge am Anfang ihrer Entwicklung **einfache Schachbrettmuster komplexeren Schachbrettmustern vorziehen**. Da bei einem komplexen Muster das Auflösungsvermögen nicht ausreicht, um die Quadrate des Schachbrettmusters voneinander zu differenzieren, erscheint es als gleichmäßige Fläche. In dem einfacheren Muster sind dagegen die Quadrate voneinander differenzierbar, sodass es dem Säugling interessanter erscheint als eine Fläche mit homogener Farbgebung.

Betrachtet man die **Augenbewegungen** eines Säuglings **beim Abtasten eines visuell dargebotenen Objektes**, erfolgt das Abtastverhalten anfangs noch recht unsystematisch. Bei der Darbietung eines Dreiecks richtet ein neugeborener Säugling beispielsweise seine Augen möglicherweise nur auf *eine* der Kanten, während ein älterer Säugling *alle* Kanten betrachtet. Das teilweise recht unsystematische Abtasten kann Folge des mangelnden visuellen Auflösungsvermögens sein. Es ist aber darüber hinaus möglich, dass noch kein Plan für ein systematisches Mustererkennen vorliegt: Da das Muster ohnehin nichtssagend ist, sind alle Bildteile gleich wichtig oder unwichtig. Es wird nicht systematisch versucht, etwas zu erkennen. Dies gilt z. B. für Form- oder Musterwahrnehmungen (wie dem Abtasten eines Dreiecks).

Wenn man die **visuellen Präferenzen** insgesamt betrachtet, so lässt sich feststellen, dass am Anfang der Entwicklung folgende **Muster** präferiert werden:
- einfache vor komplexen Mustern,
- symmetrische vor unsymmetrischen Mustern,
- die äußeren vor den inneren Konturen,
- kurvilineare vor geradlinigen Mustern und
- bewegte vor unbewegten Mustern.

> Das mangelnde visuelle Auflösungsvermögen dürfte die Erklärung für die **Präferenz einfacher vor komplexen Schachbrettmustern** bei Säuglingen sein.

> Auch die **Augenbewegungen** beim Abtasten visuell dargebotener Objekte sind am Anfang der Entwicklung noch **recht unsystematisch**.

> Säuglinge zeigen eine Reihe **visueller Präferenzen**. Dazu gehört, dass einfache, symmetrische, kurvilineare und bewegte Muster präferiert werden. Weiterhin besteht eine Präferenz für die Betrachtung der äußeren Konturen eines Objekts.

Für die Praxis

Säuglingspräferenzen und Umweltgestaltung

Die Kenntnis der Präferenzen kann u. a. bei der Auswahl geeigneten Spielzeugs für Säuglinge hilfreich sein. So bevorzugen Säuglinge bewegtes Spielzeug mit kontrastreichen Farben und wenig Detailreichtum, da dies ihren Wahrnehmungsfähigkeiten entspricht. Durch die Kenntnis und den gezielten Einsatz von Präferenzen ist es also möglich, die Umwelt eines Säuglings anregungsreich zu gestalten (und dabei gleichzeitig eine Überstimulation zu vermeiden).

Es ist weiterhin interessant, dass schon sehr früh eine **Präferenz von Gesichtern** vor anderen ähnlich komplexen Gegenständen zu erkennen ist (Mondloch et al., 1999). Die Präferenz für Gesichter korrespondiert mit der Präferenz für Symmetrien. Es lässt sich jedoch zeigen, dass die Gesichtspräferenz nicht vollständig durch die Präferenz für Symmetrie erklärbar ist, da ein Gesichtsmuster noch vor anderen, ebenfalls symmetrisch angeordneten Mustern präferiert wird.

> Säuglinge **präferieren Gesichter** vor anderen Objekten.

Musterergänzungseffekte

Mit der Verbesserung des Abtastverhaltens und des visuellen Auflösungsvermögens kommt es zu einer zunehmenden **Integration von Musterelementen zu Gesamtmustern**. Interessanterweise werden die Musterelemente nicht isoliert betrachtet, sondern es kommt sogar schon zu Musterergänzungseffekten. Beim Betrachten der ◘ Abb. 7.5a sehen Erwachsene beispielsweise ein virtuelles Quadrat. Es kommt also zu einem subjektiven Musterergänzungseffekt. Kann dieser Effekt auch schon bei Säuglingen nachgewiesen werden?

> Schon bei Säuglingen lassen sich **Musterergänzungseffekte** beobachten, indem beispielsweise virtuelle Quadrate wahrgenommen werden.

Exkurs

Nachweis der Wahrnehmung eines virtuellen Quadrats im Säuglingsalter

Da der Säugling nicht mitteilen kann, ob er das virtuelle Quadrat sieht, kann die Habituationstechnik eingesetzt werden, um die Existenz des Musterergänzungseffekts bei Säuglingen nachzuweisen (Ghim, 1990). Dazu wurden 3 Monate alte Säuglinge zunächst an ein Quadrat habituiert. Danach sahen sie entweder das Muster mit einem virtuellen Quadrat oder ein anderes Muster (◘ Abb. 7.5). Die Säuglinge schauten nun länger, wenn eines der Diagramme folgte, auf denen kein virtuelles Quadrat zu erkennen war. Die Erklärung für dieses Blickverhalten ist darin zu sehen, dass das virtuelle Quadrat den Säuglingen vertraut erscheint, da sie ja bereits vorher an ein Quadrat habituiert waren. Unvertraut und daher interessanter erscheinen ihnen die anderen Muster.

Abb. 7.5. Ein virtuelles Quadrat (a) und zwei Alternativanordnungen

Der **Musterergänzungseffekt** zeigt sich nicht nur bei unbewegten Objekten (wie virtuellen Quadraten), sondern **auch bei bewegten Mustern** (z. B. einem sich bewegenden Stab hinter einem Quader).

Abb. 7.6. Stab, der hinter einem Quader hin- und herbewegt wird, und zwei alternative Anordnungen der Stäbe, die nach der Habituationsphase gezeigt werden

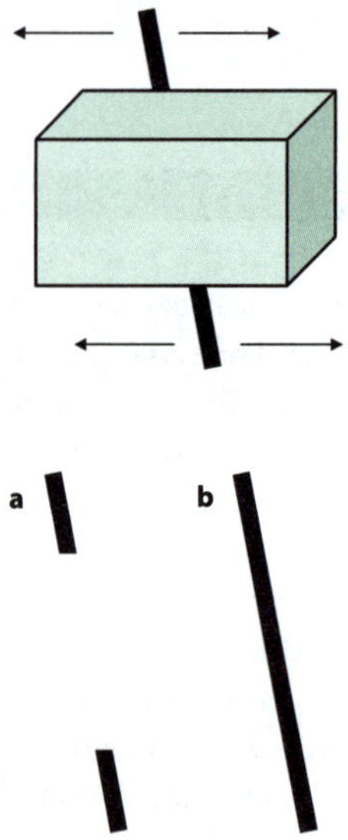

Wenn zunehmende Erfahrungen mit Objekten bestehen, kommt es auch zu **komplexeren Musterergänzungseffekten**.

Der Musterergänzungseffekt lässt sich auch **bei bewegten Mustern** erkennen. In einer Untersuchung von Kellman und Spelke (1983) wurde 4 Monate alten Säuglingen ein Stab gezeigt, der hinter einem Quader hin- und herbewegt wird. Nach der Habituationsphase werden zwei Teilstäbe gegenüber einem vollständigen Stab präferiert (Abb. 7.6). Die Teilstäbe erscheinen nun interessant und erwartungswidrig, da nach der Habituationsphase offenbar ein vollständiger Stab und nicht zwei Teilstäbe erwartet wurden. Die beiden sich bewegenden Teilstäbe waren offenbar in der Habituationsphase **virtuell zu einem Gesamtstab ergänzt** worden.

Bereits mit 12 Monaten sind **noch komplexere Musterergänzungsleistungen** möglich. In einer Studie von Rose, Jankowski und Senior (1997) wurden 12 Monate alte Kinder an Zeichnungen von Motorrädern habituiert, bei denen 33, 50 oder 66% der Ausgangszeichnung fehlte. Die Abbildungen waren also dementsprechend unvollständig. Danach wurde das komplette Motorrad zusammen mit einer Zeichnung eines anderen Gegenstands präsentiert. Die Kinder präferierten nun die neue Zeichnung, wodurch sich zeigt, dass sie die andere Abbildung als bereits bekannt registriert hatten. Bei diesen Musterergänzungsleistungen spielen allerdings zusätzlich **Erfahrungen mit den Gegenständen** eine Rolle, da eine Musterergänzung nur dann möglich ist, wenn zuvor visuelle Erfahrungen mit Motorrädern bestanden.

Tiefenwahrnehmung

Die Fähigkeit zur **Tiefenwahrnehmung** ist bei der Geburt noch nicht vollständig ausgebildet, sondern entwickelt sich erst in den ersten Lebensmonaten.

Ein spezieller Teil der visuellen Wahrnehmung bezieht sich auf die Tiefenwahrnehmung. Einige grundlegende Bestandteile der Tiefenwahrnehmung sind offenbar bereits kurz nach der Geburt nachweisbar, während andere sich erst in den folgenden Monaten entwickeln. Zu den bereits sehr früh nachweisbaren Bestandteilen gehört die **Größenkonstanz**.

> **Beispiel**
>
> Hält man beispielsweise ein DIN A4-Blatt in einem Abstand von etwa 30 cm vor die Augen, so wird das Abbild des Blattes auf der Retina sehr groß sein. In einem Abstand von 2 m betrachtet, ist das Abbild des Blattes auf der Retina dagegen entsprechend klein. Niemand würde jedoch auf den Gedanken kommen, dass das Blatt in einem Abstand von 2 m betrachtet kleiner geworden ist. Das Blatt wird vielmehr als gleich groß wahrgenommen, obwohl das Abbild auf der Retina unterschiedlich groß ist. Es findet also eine interne Korrektur statt, die den Gegenstand konstant gleich groß erscheinen lässt.

Mit dem Habituations-Dishabituations-Paradigma lässt sich zeigen, dass die **Größenkonstanz** schon früh nach der Geburt vorhanden ist.

Wie aber lässt sich zeigen, dass dieser **Korrekturmechanismus** schon im frühen Säuglingsalter stattfindet und dass demnach auch ein Säugling über eine Größenkonstanz verfügt? Auch hier wird das **Habituations-Dishabituations-Paradigma** genutzt. Die

Säuglinge werden an ein Objekt habituiert. Danach wird eine vergrößerte Variante desselben Objektes in einem Abstand präsentiert, der zu einer gleich großen Retinaabbildung führt. Als Ergebnis zeigt sich, dass die Säuglinge den neuen Stimulus länger betrachten. Dies bedeutet, dass sie den neuen Stimulus als größer wahrnehmen, obwohl er auf der Retina gleich groß abgebildet wird. Es muss also eine **interne Korrektur** stattgefunden haben, die dem Säugling zeigt, dass es sich um einen neuen Gegenstand handelt, obwohl er auf der Retina gleich groß abgebildet wurde (u. a. Slater, Mattock & Brown, 1990).

Bei der **Größenkonstanz** handelt es sich um einen recht **elementaren Bestandteil der Tiefenwahrnehmung**. Andere Bestandteile der Tiefenwahrnehmung werden erst deutlich später erworben. Dazu gehört insbesondere das Verständnis von Hinweisen für räumliche Tiefe (**Tiefencues**). So erscheinen beispielsweise näher liegende Objekte größer als entfernt liegende Objekte. Obwohl man weiß, dass es sich um gleich große Objekte handelt (Größenkonstanz), kann man aus den visuellen Größenverhältnissen auf die räumliche Entfernung schließen. Es gibt eine Reihe von Forschungsparadigmen, mit denen sich zeigen lässt, dass diese Kompetenz **nicht von Geburt an vorhanden ist**. Ein besonders bekanntes Beispiel ist die **visuelle Klippe** (Gibson & Walk, 1960).

> Die Fähigkeit zur Tiefenwahrnehmung bzw. das **Verständnis von Tiefencues** lässt sich u. a. mit der **visuellen Klippe** prüfen.

Exkurs

Die visuelle Klippe

Bei der visuellen Klippe befindet sich das Kind auf einer ebenen Fläche mit einem Schachbrettmuster. Vor dem Kind befindet sich ein Abgrund, der mit einer Glasplatte abgedeckt ist. Die gleich großen, durch die Entfernung aber kleiner wirkenden Quadrate im Abgrund wirken als **Tiefencues**. Es stellt sich nun die Frage, ob das Kind die Tiefe wahrnimmt und sich weigert (trotz Lockens durch die Mutter), die Glasplatte zu betreten.

Es zeigt sich, dass Kinder bereits im Alter von 6 Monaten nicht mehr zu bewegen sind, auf die Glasplatte zu kriechen. Die Tiefenwahrnehmung liegt offenbar bereits in diesem Alter vor. Dabei ergibt sich allerdings das Problem, dass jüngere Kinder in der Regel wegen mangelnder Krabbelfähigkeiten ohnehin nicht auf die Platte kriechen könnten. Bei dieser Vorgehensweise bleibt also zunächst unklar, ob die Tiefe auch schon früher erkannt und gefürchtet wird.

Ein Ausweg besteht darin, die **Säuglinge, die noch nicht krabbeln können, auf die Glasplatte zu ziehen** und die **physiologischen Reaktionen** zu messen (Hautwiderstand, EKG etc.). Hier zeigt sich, dass bereits wesentlich jüngere Kinder (im Alter von 2–3 Monaten) physiologische Reaktionen zeigen. Überraschend ist allerdings, dass die Herzrate auf der tiefen Seite der visuellen Klippe nicht ansteigt, sondern sinkt. Die sinkende Herzrate spricht eher für eine **erhöhte Aufmerksamkeit** und ein erhöhtes Interesse, nicht aber für eine erhöhte Angst. Dies wird bestätigt durch einen Vergleich der Herzraten von 5 und 9 Monate alten Säuglingen. Auch hier zeigt sich bei den jüngeren Säuglingen eine sinkende Rate, während sie bei den älteren ansteigt. Erst bei den älteren Kindern scheint also Angst im Spiel zu sein (Schwartz, Campos & Baisel, 1973). Aus diesen Studien folgt, dass die Reaktion auf Tiefe nicht angeboren ist (wie bei beispielsweise bei Küken, die vom ersten Tag an die Tiefe meiden), sondern dass sie im **Zusammenhang mit der Motorikentwicklung** (also Krabbeln und Laufen) gelernt wird.

Ähnliches zeigt sich auch bei Studien, bei denen Kindern ein trapezförmiger Gegenstand monokular präsentiert wurde. Der Ausgangspunkt der Überlegungen besteht dabei darin, dass Kinder nach Objekten greifen wollen, die vor ihnen platziert werden. Bei einem trapezförmigen Gegenstand erscheint das längere Ende näher und das kürzere weiter entfernt. Hier zeigt sich, dass jüngere Kinder (unter 6 Monaten) noch keine eindeutige Tendenz zeigen, zum längeren Ende zu greifen. Erst die älteren Kinder zeigen eine eindeutige Tendenz zum längeren Trapezende (Yonas, Cleaves & Pettersen,

> Mit der visuellen Klippe wird das **Verständnis von Tiefencues** überprüft. Im Alter von etwa 6 Monaten sind Kinder nicht mehr zu bewegen, auf die mit einer Glasplatte abgedeckte tiefere Seite der visuellen Klippe zu krabbeln.
>
> Wenn man Kinder auf die Glasplatte zieht, die noch nicht krabbeln können, weisen die **physiologischen Reaktionen** eher auf **Interesse** als auf Angst hin.
>
> Auch bei monokular präsentierten Tiefencues zeigt sich, dass erst ältere Kinder (ab etwas 6 Monaten) sie systematisch nutzen können. Es ist ein Zusammenhang mit der Motorikentwicklung zu vermuten.

1978). Auch weitere Tiefenindikatoren, wie beispielsweise die Wahrnehmung einer größeren Entfernung bei Objekten, die teilweise von einem anderen Objekt verdeckt werden (Sen, Yonas & Knill, 2001), werden in diesem Alter genutzt. Als Schlussfolgerung ergibt sich auch hier, dass sich eine **systematische Nutzung von Tiefencues erst bei älteren Säuglingen** (ab etwa 6 Monaten) findet.

Widersprüche zwischen unterschiedlichen Studien **hinsichtlich der Altersangaben** lassen sie sich vermutlich dadurch erklären, dass die Tiefencues **sukzessiv** erworben werden, indem einige Lernerfahrungen früher erfolgen als andere. Weitgehende Einigkeit besteht darüber, dass zumindest im Alter von 5–6 Monaten nahezu alle Tiefencues verfügbar sind und dass dabei insbesondere Bezüge zu den Motorikerfahrungen (Beginn des Krabbelns etc.) bestehen (Campos et al., 2000).

> Möglicherweise werden **nicht alle Tiefencues zur gleichen Zeit** erworben. Dies kann Widersprüche hinsichtlich von Altersangaben erklären.

Wahrnehmung von Emotionen

Ein weiterer Spezialfall bei der visuellen Wahrnehmung bezieht sich auf die Wahrnehmung von Emotionen bei anderen Personen. Es wurde bereits darauf hingewiesen, dass bereits bei Säuglingen eine deutliche Präferenz für Gesichter nachgewiesen werden kann. Schon früh zeigt sich, dass Säuglinge nicht nur Gesichter präferieren, sondern auch **unterschiedliche Gesichtsausdrücke** voneinander differenzieren können. Werden 3 Monate alten Säuglingen Bilder präsentiert, die Gesichter mit unterschiedlichen Emotionen zeigen (Freude mit unterschiedlicher Intensität und neutrale Gesichtsausdrücke), schauen sie länger auf die Gesichter mit dem **Ausdruck von Freude**, wobei die Präferenz mit der Höhe der Intensität zunimmt. Es existiert also schon früh eine **Präferenz für positive Emotionen**, die anderen Gesichtsausdrücken vorgezogen werden (Kuchuk, Vibbert & Bornstein, 1986).

> Schon in den ersten Lebensmonaten können Säuglinge verschiedene **Gesichtsausdrücke voneinander unterscheiden**, wobei schon früh eine Präferenz für **positive Emotionen** besteht.

7.2.2 Auditive Wahrnehmung

Bereits vorgeburtlich sind Kinder in der Lage, auf Geräusche zu reagieren. Wenn beispielsweise ein lauter, hochfrequenter Ton nahe am Bauch einer Schwangeren auftritt, steigt die Herzschlagfrequenz des Fötus. Nachgeburtlich haben Säuglinge zunächst noch **nicht die vollen akustischen Hörfähigkeiten** eines Erwachsenen. Das leiseste Geräusch, auf das Säuglinge reagieren, ist etwa 4-mal lauter als das leiseste Geräusch, das ein Erwachsener identifizieren kann (Maurer & Maurer, 1988). Die volle akustische Leistungsfähigkeit erreicht ein Kind erst im Laufe der ersten Lebensjahre.

> Obwohl die auditiven Fähigkeiten noch nicht vollständig ausgebildet sind, verfügen Kinder sogar **schon vorgeburtlich über Hörfähigkeiten**.

Säuglinge können weiterhin schon 4 Tage nach der Geburt die **Stimme der Mutter** von anderen weiblichen Stimmen unterscheiden. Dies lässt sich durch die **Saugreaktion des Säuglings** bei unterschiedlichen Stimmen nachweisen. Man geht dabei so vor, dass zunächst die Grundfrequenz, mit der ein Säugling saugt, bestimmt wird. Danach wird den Kindern die Stimme der Mutter vorgespielt, sobald sie schneller als in der Grundfrequenz saugen. Reduzieren sie die Saugfrequenz, hören sie die Stimme einer anderen Frau. Die Säuglinge bestimmen daher durch ihren Saugrhythmus, ob ihnen die Stimme der Mutter oder eine andere Stimme vorgespielt wird. Offenbar lernen es die Kinder schnell, ihre Saugfrequenz so einzustellen, dass sie die Stimme ihrer Mutter hören. Dies gelingt ihnen ebenso, wenn eine erniedrigte (und nicht eine erhöhte) Saugfrequenz mit dem Hören der mütterlichen Stimme verknüpft ist. Die Säuglinge sind also offenbar in der Lage, die Stimmen voneinander zu unterscheiden, und präferieren die mütterliche Stimme vor einer fremden Stimme (De Casper & Fifer, 1980).

> Schon in den ersten Tagen nach der Geburt zeigen Kinder eine **Präferenz für die Stimme der eigenen Mutter**.

Diese Bevorzugung gilt im Übrigen **nicht für die Stimme des Vaters** im Vergleich zu fremden Männern, auch wenn die Säuglinge die Stimme des Vaters in den ersten Lebenstagen gleich häufig gehört hatten wie die Stimme der Mutter. Vermutlich bestehen schon **vorgeburtliche Erfahrungen** mit der Stimme der Mutter, die die spätere Präferenz für die Stimme der Mutter mitbestimmen.

> Die Präferenz für die Stimme der Mutter geht vermutlich auf vorausgehende **vorgeburtliche Erfahrungen** zurück.

7.2 · Sensorikentwicklung

> **Studie**
>
> **Vorgeburtliche Erfahrungen: Wiedererkennen einer Geschichte**
> Um die Bedeutung vorgeburtlicher Erfahrungen zu prüfen, wurden Mütter gebeten, in den letzten 6 Schwangerschaftswochen eine kurze Geschichte zweimal am Tag laut zu lesen. Nach der Geburt konnten die Kinder durch bestimmte Saugfrequenzen entscheiden, ob sie die bereits früher gehörte oder eine andere Geschichte präferieren. Als Ergebnis zeigte sich eine deutliche Präferenz der Kinder für die bekannte Geschichte (De Casper & Spence, 1986). Dies zeigt, dass bereits vorgeburtliche auditive Erfahrungen bestehen, die die späteren Präferenzen mitbestimmen können. Ähnliche Ergebnisse zeigen sich auch, wenn Kindern wenige Tage nach der Geburt Geschichten in der Muttersprache und einer Fremdsprache vorgelesen werden (von derselben Person). Die Kinder präferieren dabei die Geschichten in der Muttersprache (Moon, Cooper & Fifer, 1993). Dies unterstützt ebenfalls die Annahme vorgeburtlicher auditiver Einflüsse.

Weitere Präferenzen bestehen für **hohe Töne** (bei Geräuschen oder der menschlichen Stimme) gegenüber niedrigen Tönen (Kessen, Haith & Salapatek, 1970). Die hohen Töne wirken beruhigend auf den Säugling, niedrige Töne dagegen erregend. Es ist beachtenswert, dass das typische Sprachverhalten von Erwachsenen im Umgang mit Säuglingen den akustischen Fähigkeiten des Säuglings ideal angepasst ist. Weiterhin können bestimmte **Rhythmen** (wie der Herzschlag) eine beruhigende Wirkung auf Säuglinge haben. Dies könnte der Grund sein, weshalb sich auch in der Sprache mit Säuglingen und in Kinderliedern viele rhythmische Elemente finden.

> Säuglinge zeigen **Präferenzen für hohe Töne** und lassen sich durch **bestimmte Rhythmen** leichter beruhigen.

Neben der visuellen und auditiven Wahrnehmung gibt es noch **weitere Sinnesmodalitäten**, bei denen sich vor allem in den ersten Lebensmonaten noch Entwicklungsfortschritte finden. Die Basiskompetenzen liegen jedoch in den meisten Fällen unmittelbar nach der Geburt bzw. sogar teilweise schon pränatal vor. Betrachtet man beispielsweise den Geschmack, so sind schon Neugeborene in der Lage, die wichtigsten **Geschmacksrichtungen** (süß, sauer, salzig und bitter) zu unterscheiden. Die Unterscheidungsfähigkeit lässt sich anhand der mimischen Reaktionen von Säuglingen auf Geschmacksrichtungen prüfen. Es besteht (wie zu vermuten) eine Präferenz für einen süßen Geschmack, die sich sogar schon pränatal nachweisen lässt.

> Auch bei anderen Sinnesmodalitäten – wie dem Geschmack – zeigen sich schon früh **eindeutige Präferenzen** bei Säuglingen. Hierbei wird ein süßer Geschmack anderen Geschmacksrichtungen vorgezogen.

7.2.3 Intermodale Wahrnehmung

Bei der **intermodalen (bzw. crossmodalen) Wahrnehmung** geht es um die **Verknüpfung von Informationen aus den verschiedenen Sinnesmodalitäten**. Die Fragestellung lautet dabei, ob es bereits Säuglingen gelingt, die Informationen aus verschiedenen Sinnesmodalitäten (z. B. visuelle und auditive Information) miteinander zu integrieren.

> Die Forschung zur intermodalen oder crossmodalen Wahrnehmung befasst sich mit der Kompetenz zur **Verknüpfung von Information**en aus verschiedenen Sinnesmodalitäten.

> **Definition**
>
> Bei der **intermodalen bzw. crossmodalen Wahrnehmung** handelt es sich um die Integration von Informationen aus verschiedenen Sinnessystemen zu einem ganzheitlichen Sinneseindruck.

▶ **Definition Intermodale Wahrnehmung**

Informationen werden häufig über verschiedene Wahrnehmungskanäle hinweg miteinander kombiniert (z. B. haptische mit visueller Information). Schon Neugeborene scheinen zur **Integration der Information aus verschiedenen Sinneskanälen** in der Lage zu sein. Beispielsweise wenden sie sich einer Lautquelle zu und versuchen, danach zu greifen.

> Schon bei Neugeborenen lassen sich Anzeichen für eine **Kompetenz zur intermodalen Wahrnehmung** nachweisen.

Studie

Verknüfung haptischer und visueller Informationen

In einer Studie zur intermodalen Wahrnehmung wurde beispielsweise der Frage nachgegangen, ob Säuglinge in der Lage sind, haptische und visuelle Information miteinander zu verknüpfen. In dieser Studie erhielten Säuglinge zunächst die Gelegenheit, mit zwei verdeckten Ringen zu spielen, die entweder variabel (mit einem Band) oder fest (mit einem Stab) verbunden waren. Nach einer Habituationsphase zeigen bereits 4 Monate alte Säuglinge eine Präferenz für das noch nicht bekannte Ringepaar. Dies zeigt, dass sie das Objekt, mit dem sie gespielt haben, wiedererkannt haben (Streri & Spelke, 1988).

In einer weiteren Studie wurde überprüft, ob Säuglinge einen Schnuller visuell identifizieren können, an dem sie zuvor nur gesaugt hatten. Dazu saugten insgesamt 64 Säuglinge im Alter von 1 Monat zunächst an einem Schnuller, den sie nicht sehen konnten. Danach wurden ihnen zwei Schnuller gezeigt. Beide Schnuller unterschieden sich dadurch, dass die Saugfläche des einen Schnullers mit Noppen versehen war, während der zweite Schnuller eine glatte Fläche aufwies. 72% der Säuglinge betrachteten den Schnuller länger, an dem sie zuvor gesaugt hatten. Es wurde dabei variiert, an welchem Schnuller die Säuglinge zunächst saugten. Es zeigt sich also, dass die Säuglinge schon im Alter von 1 Monat in der Lage sind, die haptische und die visuelle Information miteinander zu verknüpfen. In dieser Studie gelang es demnach sogar in einem früheren Alter als in der zuvor dargestellten Studie, einen Zusammenhang zwischen der visuellen und der haptischen Information herzustellen (Meltzoff & Borton, 1979).

Bei unvollständiger Habituation kommt es vor, dass nach einer Habituationsphase **nicht das neue Objekt**, sondern das **bereits bekannte Objekt** präferiert wird.

Bei einem Vergleich beider Studien wird dem aufmerksamen Leser aufgefallen sein, dass in der einen Studie die **Präferenz für das neue Objekt**, während in der anderen Studie die **Präferenz für das bereits bekannte Objekt** als Beleg für die Verknüpfung der visuellen und haptischen Information gesehen wird. Vor allem bei **unvollständiger Habituation** kommt es nicht selten zu einer Präferenz für das bereits bekannte Objekt, da das Interesse an diesem Objekt noch nicht vollständig abgeflacht ist. Bei **vollständiger Habituation** ist dagegen mit einer Präferenz für das neue, noch unbekannte Objekt zu rechnen. Kommt es nun zu einem Präferenzunterschied, kann man davon ausgehen, dass der Säugling beide Objekte **voneinander unterscheidet** und von dem einen auf das andere Objekt schließen kann. Dies gilt vor allem dann, wenn beide Objekte in unterschiedlichen Stichproben zur Habituation verwendet wurden und die Präferenz bei beiden Ausgangsobjekten in die gleiche Richtung geht (entweder Präferenz des neuen oder Präferenz des bereits bekannten Objekts).

Studie

Verknüpfung visueller und auditiver Informationen

Die Fähigkeit zur Verknüpfung visueller und auditiver Information kann mit einer Studie belegt werden, in der Kindern zwei Videos parallel gezeigt wurden, auf denen sich entweder (a) ein Zug nähert oder (b) ein Zug entfernt. Die Videos wurden mehrfach präsentiert, wobei in der Hälfte der Fälle das begleitende Geräusch lauter wurde und in der anderen Hälfte leiser. Wenn die Säuglinge Bild und Geräusch miteinander integrieren können, sollten sie bei lauter werdendem Geräusch auf den näher kommenden Zug schauen, im anderen Fall auf den sich entfernenden Zug. In einer Kontrollbedingung fuhr ein Zug vom oberen zum unteren Bildrand bzw. umgekehrt. Hier gab es keine sinnvolle Verknüpfung zwischen Bild und Geräusch. Die Säuglinge dürften in ihrem Blickverhalten hier lediglich auf dem Zufallsniveau liegen. Die Ergebnisse zeigen, dass die 5 Monate alten Säuglinge in der ersten Bedingung überzufällig häufig die korrekte Assoziation zwischen Bild und Ton bilden, in der zweiten Bedingung jedoch erwartungskonform auf dem Zufallsniveau bleiben. Es gelingt ihnen also, eine Assoziation zwischen Bild und Ton herzustellen (Pickens, 1994).

Die Fähigkeit zur intermodalen Wahrnehmung lässt sich besonders deutlich zeigen, wenn **Stimmen nicht synchron zum Bild** sind.

Die Integration von visueller und auditiver Information kann in Teilbereichen auch schon **deutlich früher** als mit 5 Monaten nachgewiesen werden. So lässt sich beispielsweise schon vor dem Alter von 5 Monaten zeigen, dass Säuglinge beunruhigt reagieren, wenn die Stimme der Mutter **nicht synchron mit den Lippenbewegungen** ist (z. B. auf einem Videomonitor mit verzögerter Zuspielung der Stimme). Sie erwarten offenbar (wie Erwachsene auch), dass visuelle und auditive Information synchron zueinander sind (Walker, 1982).

Man kann also festhalten, dass die Fähigkeit zur intermodalen Wahrnehmung teilweise bereits von der Geburt an besteht und sich in den nächsten Monaten weiterentwickelt, wobei insbesondere auch die **Erfahrung** (z. B. bei der Assoziation von Gegenstand und zugehörigem Geräusch) eine Rolle spielt.

> Grundsätzlich liegt die Fähigkeit zur intermodalen Wahrnehmung **schon von der Geburt an** vor, entwickelt sich jedoch **mit zunehmender Erfahrung** weiter.

? Kontrollfragen

1. Welche Reflexe lassen sich im Neugeborenenalter nachweisen?
2. Wie lässt sich das visuelle Auflösungsvermögen eines Säuglings mit der Präferenzmethode prüfen?
3. Wie unterscheiden sich jüngere und ältere Kinder in ihrer Reaktion auf die visuelle Klippe?
4. Wie lässt sich nachweisen, dass Kinder bereits in den ersten Tagen eine Präferenz für die Stimme ihrer Mutter zeigen?
5. Was ist mit der Fähigkeit zu einer intermodalen Wahrnehmung gemeint?

Bremner, J.G. & Fogel, A. (2004). (Eds.). *Blackwell handbook of infant development*. Malden: Blackwell.
Slater, A. & Lewis, M. (2007). (Eds.). *Introduction to infant development*. Oxford: Oxford University Press.

▶ **Weiterführende Literatur**

8 Frühe Eltern-Kind-Interaktion und Bindung

8.1 Frühe Eltern-Kind-Interaktion – 92
8.1.1 Bindungs- und Fürsorgesystem – 93
8.1.2 Aktivierung des Fürsorgesystems – 93
8.1.3 Intuitives Elternprogramm – 95

8.2 Bindung – 96
8.2.1 Bindungsentwicklung – 96
8.2.2 Bindungsqualität – 97
8.2.3 Bedeutung früher Bindungserfahrungen – 100

Lernziele
- Bindungs- und Fürsorgesystem differenzieren können.
- Das intuitive Elternprogramm erläutern können.
- Phasen der Bindungsentwicklung kennen.
- Verschiedene Bindungsmuster unterscheiden können.
- Verfahren zur Erhebung von Bindungsmustern kennen.

8.1 Frühe Eltern-Kind-Interaktion

In den folgenden Abschnitten stehen die **frühen sozialen Interaktionen** zwischen dem Kind und seinen Bezugspersonen im Vordergrund.

Nachdem nun die wesentlichen physischen Entwicklungen im Säuglingsalter thematisiert wurden, sollen im Folgenden die **sozialen Entwicklungsschritte** im Vordergrund stehen. Es geht dabei insbesondere um die Entwicklung der sozialen Beziehungen zwischen dem Säugling und seinen Bezugspersonen. Obwohl vielfach gerade in den ersten Lebensjahren die **Mutter die Hauptbezugsperson** ist, gelten die Ausführungen in aller Regel ebenso für weitere kindliche Bezugspersonen, die häufig einen ebenso großen Stellenwert für die Kinder haben. Dass die Mutter besonders hervorgehoben wird, liegt zum einen an dem vielfach größeren Zeitanteil, den sie an der Interaktion in den ersten Lebensjahren hat, und zum anderen daran, dass Mütter auch in den vorliegenden Studien zur frühkindlichen Interaktion häufig **stärker repräsentiert** sind. Um jedoch zu verdeutlichen, dass nicht nur die Mutter gemeint ist, wird im Folgenden in der Regel allgemeiner von **Bezugspersonen oder den Eltern** gesprochen.

Viele Interaktionsverhaltensweisen zwischen Säuglingen und ihren Bezugspersonen basieren vermutlich auf **evolutionsbiologisch geprägten Verhaltensprogrammen**.

Da Säuglinge in den ersten Lebenstagen und -wochen noch nicht auf umfangreiche Lernerfahrungen zurückgreifen können, ist zu vermuten, dass viele frühkindliche Verhaltensweisen **evolutionsbiologisch** geprägt sind. Gleichzeitig kann davon ausgegangen werden, dass evolutionär entstandene **Programme** auch das **Verhalten der Bezugspersonen** prägen, um das Überleben eines Säuglings zu sichern. Während der Säugling bemüht ist, durch entsprechende Signale seine Bedürfnisse mitzuteilen, ist es Aufgabe von Bezugspersonen, auf die Signale im Sinne einer Bedürfnisbefriedigung zu reagieren. Es handelt sich um **aufeinander abgestimmte Verhaltensprogramme**, die das Interaktionsverhalten der beteiligten Interaktionspartner beidseitig entscheidend beeinflussen (Lohaus, Ball & Lißmann, 2004).

8.1.1 Bindungs- und Fürsorgesystem

Zu den historisch frühesten Konzeptionen evolutionsbiologisch geprägter komplementärer Verhaltenssysteme bei Säuglingen und ihren Bezugspersonen gehört die **Bindungstheorie** in der Tradition John Bowlbys (1969/1982, 1973, 1988). In dieser Konzeption wird zwischen einem **Bindungssystem** aufseiten des Kindes und einem **Fürsorgesystem** aufseiten der Bezugspersonen unterschieden. Dem Bindungssystem und seinen Konsequenzen für die kindliche Entwicklung wurde in der psychologischen Forschung viel Aufmerksamkeit zuteil, während das Fürsorgesystem erst in den letzten Jahren in den Mittelpunkt des Interesses gerückt ist.

Das **Bindungssystem** des Säuglings zielt darauf ab, **Nähe und Sicherheit** seitens der Bezugsperson zu gewährleisten. In den frühen Formulierungen der Bindungstheorie stand vor allem der Aspekt der Sicherung der Nähe der Bezugsperson im Vordergrund, während in späteren Formulierungen eine Ausweitung auf die emotional-psychische Sicherheit erfolgte (Bell & Richard, 2000). Das Kind setzt verschiedene Verhaltensweisen (wie Weinen, Quengeln, Lächeln etc.) ein, um einen Zustand der räumlichen Nähe zur Bezugsperson und der emotionalen Sicherheit zu erreichen. Das **Bindungssystem wird vom Säugling aktiviert**, wenn er die eigenen Sicherheitsbedürfnisse bedroht sieht, und deaktiviert, wenn ein Zustand des Schutzes und der Sicherheit erreicht wurde.

Das **Fürsorgesystem** ist darauf ausgerichtet, durch geeignete Fürsorgeverhaltensweisen (wie Aufnehmen, Streicheln, Wiegen, Singen etc.) die Bedürfnisse des Kindes nach Nähe und Sicherheit zu befriedigen. Die Bezugspersonen greifen dazu auf frühere **Fürsorgeerfahrungen**, die in einem inneren Arbeitsmodell gespeichert sind, zurück. Dieses enthält neben Erfahrungen mit erfolgreichen Verhaltensweisen das Wissen über damit erzielte Reaktionen beim Säugling (Bowlby, 1969/1982; Bretherton, 1980), bleibt jedoch grundsätzlich durch neue Erfahrungen veränderbar. Wenn das Fürsorgesystem aktiviert wird, greift die Bezugsperson auf ihr inneres Arbeitsmodell zurück und wählt aus dem dort gespeicherten Verhaltensfundus ein **geeignetes Fürsorgeverhalten** aus. Ziel ist die Herstellung von Nähe und Sicherheit für den Säugling, dessen Bedürfnisse dadurch befriedigt werden.

8.1.2 Aktivierung des Fürsorgesystems

Um das Fürsorgesystem bei den Eltern zu aktivieren, setzt der Säugling verschiedene **Bindungsverhaltensweisen** ein. Dazu gehören vielfältige Signale, die den Eltern zeigen, dass der Säugling Bedürfnisse hat, die er befriedigt haben möchte. Zu diesen Signalen, von denen im Folgenden nur die wichtigsten dargestellt werden, gehören insbesondere:
— Weinen,
— Lächeln,
— Blickkontakt und
— frühkindliche Imitation.

Weinen. Zu den wichtigsten Signalen im Säuglingsalter gehört das Weinen (◘ Abb. 8.1). Die Bezugspersonen reagieren darauf besonders stark mit Zuwendung und Kontaktverhalten. Sie setzen sukzessiv verschiedene Verhaltensweisen ein, bis der Säugling zu weinen aufhört. Die hauptsächlich zu beobachtenden tröstenden Verhaltensmuster

---

In der Bindungstheorie wird zwischen einem **Bindungssystem** auf der Seite des Kindes und einem **Fürsorgesystem** auf der Seite der Bezugsperson unterschieden.

Das Bindungssystem wird aktiviert, wenn der Säugling die eigenen Sicherheitsbedürfnisse bedroht sieht, und zielt darauf ab, **Nähe und Sicherheit** durch die Bezugsperson zu erhalten.

Das Fürsorgesystem dient dazu, die **Bedürfnisse** des Säuglings **nach Nähe und Sicherheit zu befriedigen**.

Zur Aktivierung des Fürsorgesystems setzt der Säugling **Bindungsverhaltensweisen** ein.

Eine der Bindungsverhaltensweisen ist **Weinen**. Es aktiviert das Fürsorgeverhalten von Bezugspersonen.

Abb. 8.1. Lächeln und Weinen bei einem 3 Monate alten Mädchen

sind Auf-den-Arm-Nehmen, An-sich-Drücken, Stillen, Schaukeln und beruhigendes Sprechen. Den meisten Eltern gelingt es, zumindest Schmerz- und Hungerschreie beim Säugling zu unterscheiden und dadurch differenziert auf die Signale des Säuglings zu reagieren.

Lächeln. Die Lächelreaktion (Abb. 8.1) wird als wichtiger Bestandteil des Zustandekommens einer Bindung der Bezugspersonen an das Kind (auch als Bonding bezeichnet) gesehen. Sie ist dementsprechend schon früh beobachtbar (bereits im 1. Lebensmonat). Allerdings wird das frühe Lächeln noch als nichtsoziales Lächeln bezeichnet, da es auch durch nichtsoziale Stimuli ausgelöst werden kann und nicht auf spezifische Personen bezogen ist. Mit etwa 6–10 Wochen folgt dann das echte soziale Lächeln, das spezifisch auf bestimmte Personen bezogen ist und durch spezifische Interaktionsmuster ausgelöst wird (▶ Kap. 11).

Durch **Lächeln** trägt der Säugling ebenfalls dazu bei, die Aufmerksamkeit von Bezugspersonen auf sich zu lenken.

Blickkontakt. Schon das Neugeborene bringt die Fähigkeit zur Gesicht-zu-Gesicht-Interaktion mit, indem es seinen Kopf der menschlichen Stimme zudreht und das Gesicht der Mutter visuell fixiert, auch bevor ihm exaktes Sehen möglich ist (Abb. 8.2). Die Eltern interpretieren diese Kopfzuwendung ebenso wie das noch reflektorische (endogene) Lächeln des Neugeborenen in der Regel als einen Versuch zur Kommunikation.

Auch der **Blickkontakt** trägt dazu bei, die Interaktion zwischen Säugling und Bezugspersonen zu intensivieren und Zuwendung zu erhalten.

Abb. 8.2. Blickkontakt mit 3 Monaten

Frühkindliche Imitation. Schon im Alter von wenigen Tagen sind Säuglinge zu Imitationsleistungen in der Lage. Die Häufigkeit von Imitationen nimmt zwischen dem 3. und 6. Monat aufgrund von kortikalen Reorganisationen ab, um danach wieder anzusteigen. Gerade die frühen Imitationsleistungen werden von den Eltern als ein Versuch der Kontaktaufnahme bewertet und können zur Bindung der Eltern an das Kind beitragen.

Weiterhin trägt auch die **frühkindliche** Imitation dazu bei, Interesse und Zuwendung seitens einer Bezugsperson zu erhalten.

Um ein angemessenes Fürsorgeverhalten zeigen zu können, muss die Bezugspersonen sensitiv für die Signale des Kindes sein. **Sensitivität** bzw. Feinfühligkeit bezieht sich auf die Fähigkeit einer Bezugsperson, in konsistenter Weise die Signale ihres Kindes wahrzunehmen, sie richtig zu interpretieren sowie angemessen und prompt darauf zu reagieren (Ainsworth, Bell & Stayton, 1974). Wenn sich die Bezugspersonen feinfühlig gegenüber den Signalen des Kindes verhalten, fühlt sich das Kind in seiner Umgebung sicher. Es kann die Umgebung bis zu einem gewissen Grad kontrollieren und ist ihr nicht ausgeliefert. Es erlebt, dass die Umgebung verlässlich ist und kann Vertrauen in die Welt entwickeln. Eine Sensitivität der Bezugspersonen für die Signale eines Kindes gilt dementsprechend als wichtige **Grundlage für das Entstehen einer sicheren Bindung** des Kindes an seine Bezugspersonen.

Eine sensitive Bezugsperson ist dadurch charakterisiert, dass sie die **Signale eines Kindes wahrnimmt, richtig interpretiert sowie angemessen und prompt** darauf reagiert.

8.1.3 Intuitives Elternprogramm

Neben der elterlichen Sensitivität für kindliche Signale konnten verschiedene weitere Verhaltensweisen identifiziert werden, die dem elterlichen Fürsorgeverhalten zuzurechnen sind. Sie werden als **intuitives Elternprogramm** (Papoušek & Papoušek, 1987, 2002) zusammengefasst. Es handelt sich dabei um Verhaltensweisen, von denen angenommen wird, dass sie **evolutionsbiologisch** entstanden sind, um Kindern in den ersten Lebensmonaten Entwicklungsbedingungen zu gewährleisten, die ihren frühkindlichen Bedürfnissen entsprechen. Die meisten dieser Verhaltensweisen werden von den Eltern **intuitiv** eingesetzt und entstehen **spontan** in der Interaktion mit dem Kind. Zu den wichtigsten Verhaltensweisen, die als intuitives Elternprogramm zusammengefasst werden, gehören (s. auch Lohaus, Ball & Lißmann, 2004):

- Einhalten eines optimalen Reaktionszeitfensters,
- verbales und präverbales Verhalten der Eltern,
- Herstellen und Aufrechterhalten von Blickkontakt und
- Regulation des Wachheits- und Erregungszustandes.

Mit dem intuitiven Elternprogramm werden **Verhaltensweisen der Bezugsperson** zusammengefasst, die vermutlich **evolutionsbiologisch** entstanden sind und **auf die Bedürfnisse von Säuglingen abgestimmt** sind.

Einhalten eines optimalen Reaktionszeitfensters. Ereignisse können von einem Säugling nur dann als Konsequenzen eigenen Verhaltens wahrgenommen werden, wenn sie innerhalb einer gewissen zeitlichen Kontingenz auftauchen. Da die Gedächtnisspanne eines Säuglings noch kurz ist, reagieren Eltern typischerweise mit einer Reaktionslatenz unterhalb einer Sekunde auf Verhaltenssignale des Säuglings. Das Einhalten eines optimalen Reaktionszeitfensters erleichtert die Kontingenzwahrnehmung sowie das Erfahren von Kausalitäten (auch Keller, Lohaus, Völker, Cappenberg & Chasiotis, 1999).

Mit dem **Einhalten eines optimalen Reaktionszeitfensters** wird sichergestellt, dass Säuglinge Zusammenhänge zwischen eigenem Verhalten und den Reaktionen in der sozialen Umgebung erkennen können.

Verbales und präverbales Verhalten der Eltern. Die Vorbereitung der späteren verbalen Kommunikation zeigt sich besonders deutlich beim »baby talk« der Eltern. Sie reagieren auf kindliche Vokalisationen mit hoher Stimme in übertriebener Intonation. Die Sprachstruktur ist einfach und durch häufige Wiederholungen gekennzeichnet. Dieses typische verbale und präverbale Verhalten der Eltern dient einerseits als Hilfe bei der Lautbildung und andererseits als Hilfe bei der Informationsaufnahme.

Das **verbale und präverbale Verhalten** der Bezugspersonen ist so ausgerichtet, dass es den auditiven und sprachlichen Kompetenzen von Säuglingen entspricht.

Herstellen und Aufrechterhalten von Blickkontakt. Mit der Herstellung von Blickkontakt schaffen Eltern gute Voraussetzungen für positive Vokalisationen des Kindes und für eine dialogische Interaktion. Negative Vokalisationen treten wesentlich häufiger auf, wenn kein Blickkontakt besteht. Der Blickkontakt unterstützt damit die frühe Verhaltensregulation des Säuglings.

Mit dem **Herstellen und Aufrechterhalten von Blickkontakt** regulieren Bezugspersonen das Interaktionsverhalten von Säuglingen.

Regulation des Wachheits- und Erregungszustandes. Die Eltern nutzen verschiedene Prüfroutinen (wie die Prüfung des Muskeltonus durch kurze Berührung des Kinnes oder der Hand des Kindes), um den Aktivierungszustand festzustellen. Sie regulieren das Ausmaß der erforderlichen Stimulation und vermeiden nach Möglichkeit Über- und Unterstimulation. Wenn die Erregung des Kindes zu hoch geworden ist, setzen sie Maßnahmen wie Streicheln oder Singen ein, um ein optimales Erregungsniveau wiederherzustellen.

Die Bezugspersonen setzen weiterhin Verhaltensweisen ein, um den **Wachheits- und Erregungszustand** von Säuglingen **zu regulieren**.

Zusammenfassend dient das elterliche Fürsorgeverhalten dazu, dem Säugling **Wärme und Sicherheit** zu geben, aber auch frühzeitig **Informationen bereitzustellen**, die ihm **Lernerfahrungen ermöglichen**. Durch Lernprozesse und Erfahrungsbildung kommt es im Laufe der weiteren Entwicklung zu einer zunehmend besseren Abstimmung des Verhaltens des Kindes und seiner Bezugspersonen. Die **biologischen Prädisponiertheiten** des Verhaltens treten dabei zunehmend **in den Hintergrund**, während **individuelle Erfahrungsbildungen** in spezifischen Kontexten zunehmend **in den Vordergrund** rücken.

Mit einem angemessenen Fürsorgeverhalten werden nicht nur **Wärme und Sicherheit** gewährleistet, sondern auch **frühkindliche Lernerfahrungen** bereitgestellt.

Die **Bindung eines Kindes** an seine Bezugspersonen erfolgt in der Regel deutlich **später** als die **Bindung der Bezugspersonen** an ein Kind.

Während sich die Eltern in der Regel schon frühzeitig an ihr Kind binden, findet umgekehrt die Bindung des Kindes an seine spezifischen Eltern erst sehr viel später statt. Für die Art der entstehenden Bindung spielt das elterliche Fürsorgeverhalten, das das Kind erlebt, eine entscheidende Rolle. Im Folgenden soll auf die **Entwicklung der Bindung** des Kindes an seine Eltern genauer eingegangen werden.

8.2 Bindung

Die Bindung von Kindern an ihre Bezugspersonen tritt deshalb erst mit zeitlicher Verzögerung auf, weil sie an einige **kognitive Voraussetzungen** (Objektpermanenz, Fähigkeit zur Differenzierung zwischen fremden und vertrauten Personen) gebunden ist.

Dass Kinder sich erst mit zeitlicher Verzögerung an ihre Eltern binden, liegt vor allem daran, dass die Entstehung der Bindung an **kognitive Voraussetzungen** geknüpft ist. Von zentraler Bedeutung ist hier die **Objektpermanenz**, da der Säugling erkennen muss, dass Personen selbst dann noch vorhanden sind, wenn man sie nicht mehr unmittelbar sieht. Eine Bindung an eine spezifische Person ist nur dann sinnvoll, wenn ihre permanente Existenz erwartet wird. Weiterhin muss das Kind **Schemata** aufgebaut haben, **um Menschen voneinander unterscheiden zu können** (z. B. die Eltern von fremden Personen). Erst dann sind spezifische Reaktionen auf die Eltern zu erwarten. Beide kognitiven Voraussetzungen entwickeln sich in den ersten Lebensmonaten.

▶ Definition
Bindungsverhalten und Bindung

> **Definition**
> **Bindungsverhalten** bezieht sich auf Verhaltensweisen des Kindes, um die Nähe der Bezugspersonen zu sichern, während mit **Bindung** das emotionale Band zwischen Kind und Bezugsperson gemeint ist.

8.2.1 Bindungsentwicklung

Säuglinge zeigen zunächst **Bindungsverhalten** bei verschiedenen Personen. Erst später entwickeln sich vertraute Interaktionsmuster und eine spezifische emotionale **Bindung** an spezifische Personen.

Die verschiedenen Phasen der Bindungsentwicklung (nach Bowlby, 1969/1982) finden sich in ◘ Tab. 8.1. Am Anfang der Entwicklung zeigen Säuglinge **Bindungsverhalten** bei verschiedenen (auch fremden) Personen. Es ist dabei wichtig, **Bindungsverhalten nicht mit Bindung gleichzusetzen**. **Bindungsverhalten** bezieht sich auf Verhaltensweisen, die dazu dienen, Nähe und Fürsorge zu sichern (z. B. Weinen, Lächeln, Nähe suchen etc.). **Bindung** dagegen bezieht sich auf das »emotionale Band« zwischen dem Kind und seinen Bezugspersonen. Bindungsverhalten zeigt sich dementsprechend zeitlich früher als die Bindung seitens des Kindes. Das Bindungsverhalten richtet sich im Laufe der weiteren Entwicklung zunehmend spezifischer auf bestimmte Personen aus. Es entwickeln sich **vertraute Interaktionsmuster**, die schließlich in eine spezifische emotionale Beziehung zwischen dem Kind und seiner Bezugsperson münden.

◘ **Tab. 8.1.** Phasen der Bindungsentwicklung nach Bowlby

Bindungsphase	Alter	Beschreibung
Vorphase der Bindung	Zwischen Geburt und 6 Wochen	Bindungsverhalten bei jeder Person, angeborene Signale, um Bedürfnisbefriedigung zu erreichen
Phase der entstehenden Bindung	Zwischen 6 Wochen und 6–8 Monaten	Zunehmend spezifische Reaktionen auf vertraute Personen; Entwicklung spezifischer Erwartungen an das Verhalten der Bezugspersonen
Phase der ausgeprägten Bindung	Zwischen 6–8 Monaten und 1,5–2 Jahren	Entstehen der spezifischen Bindung (aktive Kontaktaufnahme zur Bezugsperson, Unbehagen und Protest bei Trennungen, Spannung in Anwesenheit von Fremden)
Phase reziproker Beziehungen	Ab 1,5 bis 2 Jahren	Entstehen eines inneren Arbeitsmodells zur Bindungsrepräsentation, Akzeptieren von Trennungssituationen

Im Laufe der weiteren Entwicklung entsteht beim Kind ein **inneres Arbeitsmodell** der Bindung, das die bisherigen Bindungserfahrungen mit Bezugspersonen zusammenfasst. Da die Bindungserfahrungen nun repräsentiert sind, kann das Kind zunehmend auch Trennungen von den Bezugspersonen akzeptieren, da es (im positiven Fall) weiß, dass seine Bezugspersonen prinzipiell verfügbar sind, auch wenn sie nicht unmittelbar anwesend sind. Die im inneren Arbeitsmodell repräsentierten Bindungserfahrungen können wiederum das **Eingehen späterer Bindungen beeinflussen**, da dadurch bestimmte Erwartungen an soziale Beziehungen geprägt werden.

Es wird ein **antagonistisches Verhältnis** zwischen **Bindungs- und Explorationsverhalten** angenommen. Ein Kind, das Bindungsverhalten zeigt und daher das Fürsorgeverhalten seiner Bezugspersonen auf sich lenken will, kann nicht gleichzeitig die Umwelt erkunden. Wenn jedoch die kindlichen Bedürfnisse nach Sicherheit und Nähe befriedigt sind, liegen gute Voraussetzungen dafür vor, sich der Exploration der Umgebung widmen zu können.

Mit der Entstehung der Bindung geht vielfach auch das Auftreten des **Fremdelns** einher. Da das Kind zwischen vertrauten und fremden Personen unterscheiden kann, empfindet es nach dem Entstehen der Bindung Sicherheit vor allem im Umgang mit vertrauten Personen. **Unsicherheit und Ängste** entstehen dagegen vor allem in der Interaktion mit **fremden Personen**. Die Fremdelreaktion tritt umso stärker auf, je unähnlicher und unvertrauter die fremde Person dem Kind ist und je geringer die räumliche Distanz ist. Wenn der Höhepunkt des Fremdelns (mit etwa 24 Monaten) überschritten ist, steigt die Bereitschaft, sich von der Bezugsperson zu entfernen und selbstständig die Umgebung zu erkunden.

8.2.2 Bindungsqualität

Fremde-Situations-Test

Zur Erhebung der **Qualität der Bindung** zwischen Kind und Bezugsperson wurde von Ainsworth, Blehar, Waters und Wall (1978) der **Fremde-Situations-Test** eingeführt. Der Test wird typischerweise im Kindesalter von 12–18 Monaten durchgeführt, kann aber mit entsprechenden Anpassungen auch in späteren Altersabschnitten noch eingesetzt werden. In der klassischen Version besteht der Test aus **mehreren Episoden**, in denen die Reaktion eines Kindes auf die **Trennung von seiner Bezugsperson** und die anschließende **Wiedervereinigung** beobachtet wird. Die verschiedenen Episoden des Fremde-Situations-Tests sind in der ◘ Tab. 8.2 zusammengefasst. Von besonderem Interesse sind dabei die Trennungs- und Wiedervereinigungsphasen sowie die Interaktion des Kindes mit der fremden Person. Dabei lassen sich **4 charakteristische Bindungsmuster** voneinander differenzieren:
- sichere Bindung,
- unsicher-vermeidende Bindung,
- unsicher-ambivalente Bindung und
- desorganisiert-desorientierte Bindung.

Sichere Bindung. Die Kinder nutzen die Bezugsperson als sichere Basis, von der aus sie ihre Explorationen starten und zu der sie bei Verunsicherungen zurückkehren. In Trennungssituationen kann Weinen auftreten. Die Kinder vermissen die Bezugsperson, die gegenüber anderen Personen präferiert wird und sind durch eine fremde Person nicht vollständig zu trösten. Die Kinder freuen sich bei der Wiederkehr der Bezugsperson.

Unsicher-vermeidende Bindung. Die Kinder verhalten sich indifferent gegenüber der Bezugsperson. Bei einer Trennung sind sie kaum beunruhigt und zeigen kaum Kum-

Tab. 8.2. Ablauf des Fremde-Situations-Tests

Episode	Dauer	Personen	Handlungsablauf
1	30 Sekunden	Bezugsperson, Kind und Beobachter	Beobachter macht Bezugsperson und Kind mit den Räumlichkeiten (meistens unbekannter Laborraum) vertraut und geht dann
2	3 Minuten	Bezugsperson und Kind	Bezugsperson lässt das Kind den Raum explorieren, initiiert aber erst nach etwa 2 Minuten von sich aus Explorationen
3	3 Minuten	Fremde Person, Bezugsperson und Kind	Eine fremde Person betritt den Raum und verhält sich zunächst für 1 Minute ruhig. Danach unterhält sie sich für 1 Minute mit der Bezugsperson, in der 3. Minute versucht sie, mit dem Kind zu interagieren
4	3 Minuten	Fremde Person und Kind	Die Bezugsperson verlässt den Raum und lässt das Kind mit der fremden Person allein. Die Phase wird vorzeitig beendet, wenn das Kind übermäßig belastet wird (z. B. weint)
5	3 Minuten	Bezugsperson und Kind	Wiedervereinigung: Die Bezugsperson begrüßt das Kind und tröstet es gegebenenfalls. Die fremde Person geht aus dem Raum. Am Ende der Episode verabschiedet sich die Bezugsperson und verlässt ebenfalls den Raum
6	3 Minuten	Kind allein	Das Kind bleibt allein im Raum. Die Phase wird vorzeitig beendet bei übermäßiger Belastung des Kindes
7	3 Minuten	Fremde Person und Kind	Das Kind bleibt weiterhin von der Bezugsperson getrennt. Die fremde Person betritt den Raum und kümmert sich um das Kind. Auch diese Phase wird bei übermäßiger Belastung des Kindes vorzeitig beendet
8	3 Minuten	Bezugsperson und Kind	Erneute Wiedervereinigung: Die Bezugsperson begrüßt das Kind und tröstet es gegebenenfalls, während die fremde Person den Raum verlässt

mer. Sie verhalten sich gegenüber der fremden Person wie bei der Bezugsperson. Sie meiden die Nähe und Interaktion mit der Bezugsperson bei der Wiedervereinigung.

Bei der **unsicher-ambivalenten Bindung** verhalten sich die Kinder nach einer Trennungssituation wütend bis aggressiv gegenüber der Bezugsperson.

Unsicher-ambivalente Bindung. Vor der Trennung suchen die Kinder die Nähe der Bezugsperson und zeigen wenig Explorationsverhalten. Wenn die Bezugsperson zurückkehrt, zeigen sie ein wütendes und aggressives Verhalten ihr gegenüber. Viele weinen weiter, auch nachdem sie von der Bezugsperson hochgehoben wurden, und lassen sich kaum trösten. Sie reagieren wütend oder passiv, wenn sie mit der fremden Person allein gelassen wurden.

Bei einer **desorganisiert-desorientierten Bindung** zeigen Kinder widersprüchliche Verhaltensmuster.

Desorganisiert-desorientierte Bindung. Die Kinder zeigen widersprüchliche Verhaltensmuster, die keinem der anderen Bindungsmuster entsprechen. Auch ungewöhnliche und bizarre Verhaltensmuster (z. B. Einfrieren von Bewegungen, unvollständige Bewegungsmuster, Verhaltensstereotypien) sind hier einzuordnen.

Ursachen für das Entstehen verschiedener Bindungsmuster

Die einzelnen Bindungsmuster kommen durch die **Bindungserfahrungen** zustande, die Kinder in der Interaktion mit ihren Bezugspersonen erlebt haben.

Wie kommt es zu diesen unterschiedlichen kindlichen Verhaltensmustern? Eine **sichere Bindung** kommt zustande, wenn sich die Bezugspersonen feinfühlig darum kümmern, die Verhaltenssignale des Kindes zu beantworten. Das Kind bekommt dadurch das Gefühl, dass seine Umgebung verlässlich ist. Es fühlt sich sicher und kann daher die Bezugsperson als sichere Basis sehen, zu der es jederzeit zurückkommen kann, um seine Bedürfnisse befriedigt zu bekommen. Bei einer **unsicher-vermeidenden Bindung** steht dagegen eher die Erfahrung im Vordergrund, dass von der Bezugsperson keine Zuverlässigkeit und Sicherheit ausgeht. Es ist daher für das Kind nicht sonderlich wichtig, ob sie anwesend oder nicht anwesend ist. Eine fremde Person kann die Bedürfnisse des Kindes ebenso gut befriedigen. Im Falle der **unsicher-ambivalenten Bindung** hat das Kind vermutlich wechselnde Erfahrungen mit der Bezugsperson gemacht. Es gibt Phasen, in denen sich die Bezugsperson zuverlässig um die Signale des

Kindes kümmert, aber ebenso Phasen, in denen keine Zuverlässigkeit erlebt wird. Das Kind neigt daher dazu, an der Bezugsperson zu klammern, um Nähe und Sicherheit herzustellen. In Trennungssituationen und auch bei der Rückkehr kommt es zu Wut und Aggression, vermutlich weil das Kind (erneut) von seiner Bezugsperson enttäuscht wurde. Eine **desorganisiert-desorientierte Bindung** kann (muss aber nicht) auf besonders ungünstige Interaktionserfahrungen (wie beispielsweise Missbrauchserfahrungen) hinweisen.

> **Für die Praxis**
>
> **Bindungsentwicklung und Heimunterbringung**
> Wie wichtig Bindungserfahrungen sind, zeigt sich vor allem bei Kindern in Heimunterbringung, wenn die Bezugspersonen häufig wechseln und keine individuelle Zuwendung erfolgt. Es kommt vielfach zu schweren Entwicklungsstörungen mit emotionalen, sozialen und kognitiven Beeinträchtigungen. Auch wenn extrem negative Heimunterbringungsbedingungen heute zumindest in den westlichen Industrienationen kaum noch vorzufinden sind, zeigt dies doch, dass Bindungserfahrungen für Kinder unerlässlich sind. Wenn mehrere Bezugspersonen zur Verfügung stehen, steigt dabei gleichzeitig die Wahrscheinlichkeit, dass ein Kind positive Bindungserfahrungen erlebt und dass der (potenzielle) Verlust einer Bindungsperson im sozialen Netz aufgefangen werden kann.

Häufigkeit und Stabilität von Bindungsmustern

Betrachtet man die **Häufigkeit der einzelnen Bindungsmuster**, so ist zu konstatieren, dass die sichere Bindung mit einer Häufigkeit von 60–70% überwiegt, gefolgt von der unsicher-vermeidenden Bindung mit 15–20% und der unsicher-ambivalenten Bindung mit 10–15%. Eine desorganisiert-desorientierte Bindung tritt mit einer Häufigkeit von 5–10% vergleichsweise selten auf (zusammenfassend Berk, 2005). Bei der Häufigkeitsverteilung gibt es jedoch kulturelle Unterschiede. Vor allem in den **westlichen Industrienationen**, die die **Individualität und Unabhängigkeit** bei Kindern besonders fördern, ist der Anteil der sicheren Bindung erhöht. In Gesellschaften, bei denen das **Gemeinschaftsgefühl und der familiäre Zusammenhalt** als besonderer Wert gesehen werden, findet sich dagegen ein vergleichsweise erhöhter Anteil unsicher-ambivalenter Bindungen. Dies kann dadurch erklärt werden, dass die Ambivalenz die emotionale Orientierung an der Bezugsperson fördert, was mit den kulturellen Wertvorstellungen in Übereinstimmung steht (Rothbaum, Pott, Azuma, Miyake & Weisz, 2000).

> Am häufigsten finden sich sichere Bindungsmuster, gefolgt von unsicher-vermeidenden, unsicher-ambivalenten und desorganisiert-desorientierten Bindungsmustern. Dabei lassen sich allerdings **kulturelle Unterschiede** erkennen.

Teilweise werden hohe **Langzeitstabilitäten** für die Bindungsmuster berichtet. So zeigte beispielsweise eine Studie von Waters, Merrick, Treboux, Crowell und Albersheim (2000), dass 72% der untersuchten Stichprobe in einer Längsschnittstudie über einen Zeitraum von 20 Jahren eine **Bindungsstabilität** aufwiesen, wobei im Erwachsenenalter eine Interviewtechnik eingesetzt wurde, um den Bindungsstatus zu erheben. Ähnlich hohe Stabilitäten wurden auch für kürzere Zeiträume innerhalb des Kindesalters berichtet, wobei jedoch auch **Ausnahmen** bestehen (z. B. Bar-Haim, Sutton & Fox, 2000). Ein Grund dafür, dass vielfach hohe Stabilitäten berichtet werden, ist darin zu sehen, dass an vielen Studien hauptsächlich Kinder aus der Mittelschicht teilnahmen, bei denen in diesem Zeitraum **kaum Beziehungsveränderungen** stattgefunden hatten. Wenn stärkere Beziehungsveränderungen erlebt werden, ist dagegen mit weniger stabilen Bindungsmustern zu rechnen.

> In der Regel weisen die Bindungsmuster eine recht **hohe Stabilität** über die Zeit hinweg auf.

Grundsätzlich können Kinder **zu mehreren Bezugspersonen Bindungen** entwickeln, auch wenn es häufig eine Hauptbezugsperson gibt. Daraus folgt, dass Kinder, die bei einer Person unsicher gebunden sind, nicht auch zwangsläufig bei einer anderen Person unsicher gebunden sind. Daher ergeben sich teilweise **Kompensationsmöglichkeiten**, wenn beispielsweise keine sichere Bindung zur Mutter vorliegt. Auch andere Familienmitglieder können Bindungsfunktionen übernehmen und damit für einen Ausgleich sorgen.

> Dadurch, dass Kinder häufig Bindungen zu mehreren Personen entwickeln, gibt es in der Regel **Kompensationsmöglichkeiten**, wenn zu einzelnen Personen keine sicheren Bindungen aufgebaut wurden.

Q-Sort-Verfahren

An dem Fremde-Situations-Test wurde kritisiert, dass er zu einer relativ hohen Belastung bei den Kindern führt (vor allem in den Trennungssituationen). Als Alternative bietet sich das **Q-Sort-Verfahren** zur Bestimmung der Bindungsqualität an (van IJzendoorn, Vereijken, Bakermans-Kranenburg & Riksen-Walraven, 2004). Ein weiterer Vorteil liegt dabei darin, dass die Bindungsqualität nicht nur aus der **Sicht eines Beobachters**, sondern auch aus der **Sicht der Bezugsperson** erhoben werden kann. Dazu schätzen entweder ein Beobachter (Fremdeinschätzung), der die Interaktion des Kindes mit einer Bezugsperson über einen längeren Zeitraum beobachtet hat, oder eine Bezugsperson (Selbsteinschätzung) die Interaktion des Kindes mit der Bezugsperson ein. Es gibt dazu ein Itemset mit 90 Items, mit denen das Verhalten des Kindes einzuschätzen ist (Beispielitem: Das Kind lässt sich von anderen Erwachsenen trösten, wenn es verstimmt ist oder sich wehgetan hat).

Für jedes Item liegen Bewertungen durch eine **Expertengruppe** vor, aus denen sich ergibt, wie stark das jeweilige Item eine sichere Bindung repräsentiert. Nach der Einschätzung des Kindes werden die Beurteilungen des Kindes mit den Beurteilungen der Experten verglichen. Je häufiger Items zur Einschätzung des Kindes genutzt wurden, die Bindungssicherheit repräsentieren, desto höher ist der Wert, den das Kind für die Bindungssicherheit erhält. Das Q-Sort-Verfahren gibt Aufschluss über das Ausmaß der **Bindungssicherheit** eines Kindes, lässt jedoch **keine weitere Differenzierung** (z. B. zwischen unsicher-vermeidenden und unsicher-ambivalenten Bindungsmustern) zu. Hinsichtlich der Differenzierung zwischen sicher und unsicher gebundenen Kindern führt das Verfahren zu recht hohen Übereinstimmungen mit den Ergebnissen des Fremde-Situations-Tests.

Erhebung der Bindungsqualität in verschiedenen Altersgruppen

Die Verfahren zur Erhebung der Bindungsqualität lassen sich in verschiedenen Altersgruppen (nicht nur in der frühen Kindheit) einsetzen, wobei teilweise Anpassungen an den jeweiligen Entwicklungsstand notwendig sind. Besonders erwähnenswert ist dabei, dass die Bindungsqualität auch **retrospektiv** (aus der Erwachsenensicht) erhoben werden kann. Als Verfahren ist hier das **Adult Attachment Interview** zu nennen. Mit diesem Verfahren werden die **Erinnerungen von Erwachsenen an ihre Kindheitsbindungen** erhoben (z. B. Erinnerung an Trennungssituationen, an Zurückweisungen etc.). Als **Bindungsmuster** werden (a) die autonome bzw. sichere Bindung, (b) die abweisende Bindung, (c) die verstrickte Bindung und (d) die ungelöst-desorganisierte Bindung unterschieden. Die abweisende Bindung entspricht dabei in etwa der unsicher-vermeidenden und die verstrickte Bindung der unsicher-ambivalenten Bindung im Kindesalter. Die übrigen Bindungsmuster sind analog benannt (s. zusammenfassend Hesse 1999, Gloger-Tippelt, 2001).

Bei Untersuchungen mit dem Adult Attachment Interview ließ sich zeigen, dass die Bindungsmuster, die die Eltern in ihrer eigenen Kindheit erlebt hatten, sich überzufällig häufig auch bei ihren Kindern fanden. Dies weist darauf hin, dass die Bindungsmuster nicht nur im individuellen Lebenslauf relativ stabil sind, sondern vielfach auch **transgenerational** an die Kinder weitergegeben werden. Das, was die Eltern in ihrer Kindheit erlebt haben, geben sie häufig auch in den Interaktionen mit ihren eigenen Kindern weiter (van IJzendoorn, 1995).

8.2.3 Bedeutung früher Bindungserfahrungen

Die frühen Bindungserfahrungen, die in den inneren Arbeitsmodellen repräsentiert sind, können insbesondere für die **spätere soziale Entwicklung** von Bedeutung sein. So scheinen beispielsweise Kinder mit sicheren Bindungen später im Laufe der Kindheit

---

Das **Q-Sort-Verfahren** kann als Alternative zum Fremde-Situations-Test gelten. Es vermeidet emotionale Belastungen aufseiten des Kindes und bietet die Möglichkeit, verschiedene Beurteilerperspektiven zu berücksichtigen.

Mit dem Q-Sort-Verfahren kann das **Ausmaß der Bindungssicherheit** bestimmt werden, während eine weitergehende Differenzierung unterschiedlicher Bindungsmuster nicht möglich ist.

Mit dem **Adult Attachment Interview** können Bindungsqualitäten **retrospektiv** erhoben werden.

Bindungsmuster werden offenbar teilweise auch **über Generationen hinweg** weitertradiert.

Den frühen Bindungserfahrungen eines Kindes kann Bedeutung zukommen für die **spätere soziale und auch kognitive Entwicklung**.

kontaktfreudiger und beliebter zu sein (Vondra, Shaw, Swearingen, Cohen & Owens, 2001). Sie sind eher bereit, nach sozialer Unterstützung zu suchen, da sie erwarten, von ihrer sozialen Umgebung Unterstützung zu erhalten. Weiterhin kann auch die **kognitive Entwicklung** durch eine sichere Bindung unterstützt werden, da sicher gebundene Kinder ihre Bezugspersonen als sichere Basis für die Erkundung der Umgebung nutzen und weniger damit beschäftigt sind, Bindungsverhalten zu zeigen, um das Fürsorgeverhalten ihrer Bezugspersonen zu aktivieren (Korntheuer, Lissmann & Lohaus, 2007). Dies gilt jedoch im Wesentlichen nur dann, wenn die Umgebung eines Kindes konstant bleibt. Wenn sich Veränderungen im sozialen Gefüge eines Kindes ergeben, können sich die Bindungserfahrungen und auch die daraus resultierenden Konsequenzen ändern.

? Kontrollfragen

1. Welche elterlichen Verhaltensweisen gehören zu den Verhaltensweisen, die als intuitives Elternprogramm zusammengefasst werden?
2. Welche Entwicklungsabfolge ergibt sich bei der Entwicklung der Bindung nach Bowlby?
3. Wie kann man die Bindungsqualität mit dem Fremde-Situations-Test erheben?
4. Welche Bindungstypen lassen sich im Kindesalter unterscheiden?
5. Wie wird bei einem Verfahren zur Erhebung der Bindungsqualität vorgegangen, das alternativ zum Fremde-Situations-Test eingesetzt werden kann?
6. Welche Bindungsmuster werden beim Adult Attachment Interview voneinander unterschieden?

Ahnert, L. (2008). (Hrsg.). *Frühe Bindung* (2. Aufl.). München: Verlag Ernst Reinhardt.
Spangler, G. & Zimmermann, P. (2009). (Hrsg.). *Die Bindungstheorie* (5. Auf.). Stuttgart: Klett-Cotta.

▶ **Weiterführende Literatur**

C Entwicklung in einzelnen Funktionsbereichen

9 Kognition – 104

10 Intelligenz – 119

11 Emotion – 134

12 Sprache – 152

13 Selbstkonzept – 164

14 Geschlechtstypisierung – 177

15 Soziale Beziehungen – 191

16 Moral – 208

9 Kognition

9.1 Theorien der kognitiven Entwicklung – 105
9.1.1 Piagets Theorie der kognitiven Entwicklung – 105
9.1.2 Soziokulturelle Theorien – 106
9.1.3 Domänenspezifisches Kernwissen – 106
9.1.4 Informationsverarbeitungstheorien – 107

9.2 Kognitive Entwicklung aus empirischer Sicht – 107
9.2.1 Frühkindliche Lern- und Gedächtnisleistungen – 107
9.2.2 Intuitives physikalisches und biologisches Wissen in der frühen Kindheit – 109
9.2.3 Strukturierung des Denkens: Kategorisierung, Konzeptbildung und die Entwicklung von Klassenhierarchien – 110
9.2.4 Kausales Denken – 112
9.2.5 Schlussfolgerndes Denken – 114
9.2.6 Metakognitive Fähigkeiten – 116
9.2.7 Individuelle Unterschiede in der kognitiven Entwicklung – 117

9.3 Fazit – 118

Lernziele
- Inhaltliche Schwerpunktsetzungen verschiedener Theoriegruppen zur Kognitionsentwicklung kennen.
- Frühkindliche Lern- und Gedächtnisleistungen und frühkindliche Wissensbestände beschreiben können.
- Kategorisierungsleistungen, Konzeptbildungen und Hierarchiebildungen differenzieren können.
- Kausales und schlussfolgerndes Denken nachvollziehen können.
- Die Entwicklung metakognitiver Fähigkeiten kennen.
- Individuelle Unterschiede bei kognitiven Kompetenzen erläutern können.

Die kognitive Entwicklung vollzieht sich Hand in Hand mit der Entwicklung in anderen Bereichen und bildet die **Grundlage für den Erwerb zahlreicher Kompetenzen**.

Kognitive Prozesse sind die **Grundlage vieler Kompetenzen und Fähigkeiten**. Die kognitive Weiterentwicklung bei Kindern und Jugendlichen geht Hand in Hand mit dem Fortschritt in anderen Entwicklungsbereichen. So sind beispielsweise die sprachliche, die intellektuelle und die Wahrnehmungsentwicklung eng mit der kognitiven Entwicklung verknüpft und teilweise sogar mit ihr kongruent.

▶ Definition
Kognitionen

Definition
Kognitionen sind mentale Prozesse, die häufig ganz allgemein mit dem Oberbegriff »Denken« bezeichnet werden. Zu den kognitiven Fähigkeiten gehören unter anderem Lern- und Gedächtnisprozesse, Informationsverarbeitungs- und Problemlösekompetenzen, Handlungsplanung und -steuerung sowie Wissenserwerb und komplexere Denkprozesse.

Im Folgenden werden zentrale und grundlegende Aspekte der kognitiven Entwicklung im Einzelnen beschrieben und es wird auf interindividuelle Unterschiede hinsichtlich der kognitiven Entwicklung eingegangen. Zunächst wird jedoch ein Überblick über verschiedene Theorien gegeben, indem unterschiedliche Perspektiven und Annahmen

9.1 Theorien der kognitiven Entwicklung

9.1.1 Piagets Theorie der kognitiven Entwicklung

Eine der **bekanntesten Theorien der kognitiven Entwicklung** ist sicherlich die von Jean Piaget (z. B. Piaget, 1969). Diese wurde in ▶ Kap. 2 bereits ausführlich beschrieben. Piaget geht davon aus, dass der kognitiven Entwicklung eine Abfolge von **4 qualitativ unterschiedlichen Entwicklungsstadien** zugrunde liegt. Diese Abfolge wird nach Piaget von allen Kindern **universell** durchlaufen.

Assimilation und Akkommodation sind stadienübergreifende Prozesse, die das kindliche Denken vorantreiben. Wie die kognitive Weiterentwicklung jedoch genau abläuft bzw. welche konkreten Prozesse und Mechanismen beteiligt sind, wird in Piagets Theorie nicht beschrieben.

Piaget sieht Kinder als »**kleine Wissenschaftler**«, die intrinsisch motiviert sind, neues Wissen zu erlangen. Er geht davon aus, dass eine stimulierende und explorationsfördernde Umwelt zur kognitiven Entwicklung beiträgt. Grundsätzlich spielt die soziale Umwelt jedoch eine untergeordnete Rolle in Piagets Theorie. Die kognitive Entwicklung wird durch die Kinder selbst vorangetrieben, wobei eine explizite Förderung oder Unterstützung nicht zwingend notwendig ist.

> **Piaget** geht davon aus, dass die kognitive Entwicklung **diskontinuierlich in Stufen** verläuft.
>
> Piaget beschreibt nicht, welche genauen Prozesse die kognitive Entwicklung vorantreiben.
>
> Die **soziale Umwelt** spielt in der Theorie Piagets eine untergeordnete Rolle.

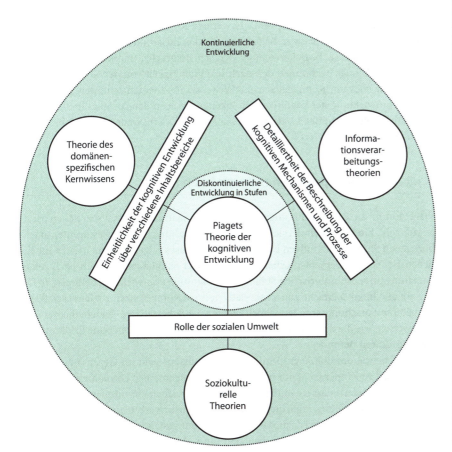

Abb. 9.1. Schwerpunktsetzungen verschiedener Theorien der kognitiven Entwicklung im Vergleich zur Theorie Piagets

Die im Folgenden vorgestellten Theorien werden in Abgrenzung zur Theorie Piagets beschrieben. ◘ Abb. 9.1 verdeutlicht, in welchen Punkten sich die unterschiedlichen Ansätze jeweils von Piagets Theorie unterscheiden.

9.1.2 Soziokulturelle Theorien

> Soziokulturelle Theorien sehen die **Umwelt als zentralen Motor** der kognitiven Entwicklung.

Im Gegensatz zu Piagets Theorie messen soziokulturelle Theorien der **Umwelt des Kindes eine zentrale Rolle** im Hinblick auf die kognitive Entwicklung bei (z. B. Vygotskij, 1934/2002). Diese Theorien sehen **soziale Interaktionsprozesse als wichtigste Antriebsmechanismen** der Weiterentwicklung des kindlichen Denkens.

> Kinder können durch die **Unterstützung** durch Erwachsene oder ältere Kinder Leistungen zeigen, die sie alleine nicht vollbringen könnten.

Dieses geschieht u. a. dadurch, dass Eltern oder andere Personen ihre Kinder bei bestimmten Tätigkeiten so unterstützen, dass sie Leistungen vollbringen, die sie ohne diese Hilfe nicht zeigen könnten. Durch diese **soziale Unterstützung** erreichen Kinder ein höheres Fähigkeitsniveau, ohne dass sie dabei überfordert wären. Man kann sich beispielsweise eine Mutter vorstellen, die ihrem Sohn bei den Hausaufgaben hilft, indem sie ihm Strategien zum Vokabellernen vermittelt (z. B. Eselsbrücken bauen). Oder man denke an einen Vater, der seine Tochter beim Reparieren ihres kaputten Fahrrades unterstützt und ihr dabei erklärt, wie und mit welchem Werkzeug sie diese Aufgabe am besten bewerkstelligen könnte. Idealerweise geben kompetentere Personen (häufig die Eltern) Unterstützungen, die dem Alter und Entwicklungsstand des Kindes angemessen sind, und ermöglichen, dass das Kind davon profitiert.

> In **sozialen Interaktionen** wird Wissen direkt vermittelt.

Wissen wird in sozialen Interaktionen auch **direkt vermittelt**, z. B. durch Erklärungen, Unterweisungen und dadurch, dass bestimmte Tätigkeiten und Handlungen modellhaft gezeigt werden. Dieses bezieht sich auch darauf, dass Kinder mit bestimmten **Kulturwerkzeugen** vertraut gemacht werden. Kulturwerkzeuge beziehen sich auf Kompetenzen, die von basaler Bedeutung für das Zusammenleben innerhalb eines Kulturkreises sind (z. B. Beherrschung der Schriftsprache, mathematische Kompetenzen etc.). Kinder bekommen demnach in Abhängigkeit von der Kultur, in der sie aufwachsen, relevante Kompetenzen und Wissenskomponenten vermittelt. Das Lernen und die Entwicklung der kognitiven Fähigkeiten erfolgen den soziokulturellen Theorien zufolge deutlich variabler, als Piaget es annimmt. Es wird weiterhin keine bestimmte Stufenabfolge spezifiziert.

9.1.3 Domänenspezifisches Kernwissen

> Die **Theorie des domänenspezifischen Vorwissens** spricht Säuglingen größere Kompetenzen zu als Piaget es angenommen hat.

Piaget nimmt an, dass sich die kognitive Entwicklung in allen Wissensbereichen parallel vollzieht. Ein Kind befindet sich nach seinen Annahmen in einer bestimmten altersbezogenen Stufe der kognitiven Entwicklung und dieses zeigt sich dann in allen inhaltlichen Bereichen. Dementsprechend spricht Piaget Säuglingen, die sich nach seiner Annahme im sensomotorischen Stadium der kognitiven Entwicklung befinden, in Bezug auf alle Inhaltsbereiche zunächst relativ geringe Kompetenzen zu. Dieses ließ sich in späteren Forschungsarbeiten jedoch nicht generell bestätigen. Andere theoretische Sichtweisen, wie die des **domänenspezifischen Vorwissens**, liefern eine Erklärung für diese konträren Befunde.

> Man nimmt an, dass Kinder von Geburt an ein **intuitives Vorwissen** bezüglich physikalischer, biologischer und psychologischer Phänomene haben.

Die Theorie des domänenspezifischen Kernwissens geht im Gegensatz zu Piaget davon aus, dass Kinder nicht nur mit angeborenen allgemeinen Lernfähigkeiten ausgestattet sind, sondern dass sie in einzelnen Inhaltsbereichen ein **intuitives Kernwissen** haben (▸ Kap. 2). Dieses erleichtert ihnen auch den Erwerb neuen Wissens in eben diesen Bereichen und führt dazu, dass der Entwicklungsstand im Hinblick auf verschiedene Inhaltsbereiche nicht einheitlich sein muss. Man geht davon aus, dass Kinder insbesondere in Bezug auf die Kerninhalte der Bereiche **Physik, Biologie und Psychologie** über ein derartiges intuitives Wissen verfügen. Psychologisches Grundwissen beinhaltet u. a. die **Theory of Mind** (▶ Kap. 15). Hier zeigte sich beispielsweise, dass Kinder schon im Alter von etwa 3 Jahren dazu in der Lage sind, andere Menschen zu täuschen (Chandler, Fritz & Hala, 1989), obwohl ihr Denken nach Piaget noch stark durch den Egozentrismus geprägt ist, wonach eine Täuschung anderer nicht möglich sein sollte. Bereits im Säuglingsalter lässt sich überdies beobachten, dass Kinder intuitive physikalische und biologische Kenntnisse aufweisen (▶ Abschn. 9.2.2), wodurch sie im Gegensatz zu Piagets Annahmen bereits früh höhere kognitive Leistungen vollbringen können.

9.1.4 Informationsverarbeitungstheorien

Informationsverarbeitungstheorien versuchen im Detail zu erklären, wie kognitive Prozesse ablaufen (▶ Kap. 2). Sie gehen von einer **kontinuierlichen Entwicklung kognitiver Fähigkeiten im Altersverlauf** aus, die nicht durch bestimmte Entwicklungsstufen gekennzeichnet ist. Der Mensch wird als Problemlöser und Planer verstanden, der durch Aufmerksamkeits-, Gedächtnis- und Lernprozesse zu Denk- und Behaltensleistungen fähig ist. Dabei greift er auf **Wissensbestände und metakognitive Kompetenzen** zurück und wendet **Strategien** (z. B. Rehearsal) an, wodurch die kognitiven Leistungen optimiert werden. Die zugrunde liegenden Fähigkeiten verbessern sich im Laufe der Entwicklung: So steigt beispielsweise die Verarbeitungsgeschwindigkeit, das Wissen um und der Einsatz von kognitiven Strategien nimmt zu und das Vor- und Grundwissen zu vielerlei Themen wächst.

Der Entwicklungsprozess ist nach den Informationsverarbeitungstheorien im Gegensatz zu Piagets Annahmen eher durch **quantitative** als durch qualitative Veränderungen zu charakterisieren. Das kindliche Denken entwickelt sich fortdauernd dadurch, dass die Fähigkeiten in den oben beschriebenen Bereichen zunehmen. Ähnlich wie in Piaget Theorie spielt auch bei diesen Theoriegruppen die soziale Umwelt eine eher untergeordnete Rolle.

> Die Informationsverarbeitungstheorien **beschreiben kognitive Prozesse** konkreter als Piaget. Sie sehen den Menschen als **Problemlöser und Planer**.

> Nach den Informationverarbeitungstheorien verändert sich das kindliche Denken eher **quantitativ**. Die soziale Umwelt spielt auch hier keine große Rolle.

9.2 Kognitive Entwicklung aus empirischer Sicht

Während im oberen Abschnitt theoretische Annahmen zu Prozessen und Motoren der kognitiven Entwicklung vor- und gegenübergestellt wurden, werden im Folgenden empirische Erkenntnisse zur Entwicklung einzelner kognitiver Fähigkeits- und Funktionsbereiche beschrieben.

9.2.1 Frühkindliche Lern- und Gedächtnisleistungen

Bereits Säuglinge sind in der Lage, bekannte Reize wiederzuerkennen, Assoziationen zu bilden und Kontingenzen zwischen Ereignissen zu erfassen. Dieses zeigte sich in zahlreichen Studien, die sich mit frühkindlichen Lern- und Gedächtnisprozessen beschäftigt haben.

Habituation

Habituationsexperimente (▶ Kap. 3) verdeutlichen, dass sich bereits wenige Tage alte Säuglinge an Reize »gewöhnen« und diese damit wiedererkennen. Die Aufmerksamkeit, die auf einen wiederholt dargebotenen Reiz gerichtet wird, nimmt im Laufe der Zeit ab und das Kind beginnt sich zu »langweilen« (**Habituation**). Werden nach der

> Bei der **Habituation** gewöhnen sich Säuglinge an wiederholt dargebotene Reize und begegnen neuen Reizen mit gesteigerter Aufmerksamkeit.

Habituationsphase neue Reize dargeboten, die vom Kind auch als neuartig wahrgenommen werden, nimmt die Aufmerksamkeit wieder zu (**Dishabituation**).

> **Studie**
>
> **Habituationsexperiment**
>
> Zu welch beeindruckenden kognitiven Leistungen bereits wenige Monate alte Säuglinge in der Lage sind, zeigte ein Habituationsexperiment von Soska und Johnson (2008). Sie habituierten 4- und 6-monatige Kinder an einen auf einem Bildschirm dargestellten dreidimensionalen Keil, der sich um 15° (also nur teilweise) drehte. Im Anschluss daran sahen die Kinder entweder einen vollständigen Keil, der sich um 360° drehte, oder einen unvollständigen Keil, der zwar von vorne und in der um 15° gedrehten Form genau wie der andere aussah, bei einer 360°-Drehung jedoch von hinten hohl war. Die Forscher nahmen an, dass Kinder den unvollständigen Keil bevorzugen (d. h. länger anschauen) würden, wenn sie bereits bei dem um 15° gedrehten Keil eine dreidimensionale Vorstellung des Objektes entwickelt hatten, da der unvollständige Keil ihnen dann neuartig erscheinen sollte. Dieses Ergebnis konnte bei den 6-monatigen, jedoch noch nicht bei den 4-monatigen Säuglingen bestätigt werden. Diese Fähigkeit der älteren Säuglinge beinhaltet nicht nur eine »einfache« Habituierungs- und Reizdifferenzierungsleistung, sondern verdeutlicht komplexere kognitive Prozesse, da die Kinder im Vorfeld bereits eine Vermutung entwickelt haben mussten, wie das komplette Objekt aussehen müsste. Dieses Experiment veranschaulicht, dass Kinder bereits in den ersten Lebensmonaten Fähigkeiten im Hinblick auf die dreidimensionale Vorstellungskraft entwickeln.

*Säuglinge können **Zusammenhänge zwischen Reizen** erkennen und daraufhin Erwartungen in Bezug auf weitere Reizdarbietungen entwickeln.*

Assoziationslernen

Kinder können darüber hinaus bereits innerhalb der ersten Lebensmonate **Assoziationen** zwischen verschiedenen Reizen erkennen. Sie nehmen Zusammenhänge wahr und bilden Erwartungen im Hinblick auf zukünftige Situationen. Wenn visuelle Stimuli beispielsweise immer abwechselnd rechts und links auf einem Bildschirm präsentiert werden, dann lernen Säuglinge sehr schnell, ihren Blick bereits antizipativ, d. h. bevor der Reiz überhaupt erscheint, auf die richtige Seite zu wenden (z. B. Haith, Hazan & Godman, 1988; Haith & McCarty, 1990). Sie erkennen demnach die Regel der Reizabfolge und entwickeln eine **Antizipation**.

Kontingenzlernen

*Kinder können sehr früh **Zusammenhänge zwischen dem eigenen Handeln und darauf folgenden Konsequenzen** erkennen und sich dementsprechend verhalten.*

Säuglinge erkennen auch Zusammenhänge bzw. **Kontingenzen zwischen dem eigenen Verhalten und darauf folgenden Konsequenzen**. Wenn eine positive Konsequenz eintritt, wird das Verhalten verstärkt gezeigt (operantes Konditionieren). Dieses wurde beispielsweise in Experimenten deutlich, in denen ein Mobile durch ein Band mit dem Bein der Säuglinge verbunden wird. Wenn Säuglinge erkennen, dass sie durch ihre Beinbewegungen das Mobile in Bewegung setzen können (was als positiv erlebt wird), dann beginnen sie schneller zu strampeln (z. B. Fagen, Morrongiello, Rovee-Collier & Gekoski, 1984; Rovee-Collier, 1980). Sie können demnach verstehen, dass sie selber die Bewegung des Mobiles verursachen und kontrollieren können.

Frühkindliche Lern- und Gedächtnisleistungen hängen mit den späteren kognitiven Fähigkeiten zusammen.

Diese frühen Lern- und Gedächtnisleistungen korrelieren mit späteren kognitiven Fähigkeiten. Sie sagen die weitere kognitive Entwicklung (zumindest teilweise) vorher. So ließ sich beispielsweise zeigen, dass die **Habituationsgeschwindigkeit** einen **frühen Indikator der Verarbeitungsgeschwindigkeit und der generellen kognitiven Fähigkeiten** darstellt. Es konnte mehrfach belegt werden, dass Kinder, die in den ersten Lebensmonaten schneller an einen Reiz habituierten, im späteren Kindes- und Jugendalter höhere intellektuelle Leistungen zeigten (Kavšek, 2004; McCall & Carriger, 1993). Damit sind diese frühkindlichen Lernprozesse als erste Schritte der kognitiven und intellektuellen Entwicklung zu sehen (Domsch, Lohaus & Thomas, 2009).

9.2.2 Intuitives physikalisches und biologisches Wissen in der frühen Kindheit

Frühkindliches physikalisches Wissen

Wie bereits oben beschrieben nimmt man an, dass Säuglinge in den Bereichen Biologie, Physik und Psychologie über **ein intuitives Basiswissen** verfügen. Dieses äußert sich beispielsweise darin, dass sie sich über Phänomene »wundern« (d. h. sie schauen länger hin), die aufgrund natürlicher Gesetzmäßigkeiten nicht auftreten können. Bereits mit 3 Monaten erwarten Kinder, dass Gegenstände, die nicht in irgendeiner Form mit einem festen Objekt verbunden sind, herunterfallen, wenn sie losgelassen werden. Mit etwa 5 Monaten können sie bereits die Art der Verbindung der beiden Gegenstände berücksichtigen: Wenn etwas oben aufliegt, fällt es nicht herunter, hängt es an der Seite, sollte es beim Loslassen fallen. Mit etwa einem halben Jahr gelingt es Kindern zusätzlich, das Ausmaß des Kontaktes einzubeziehen. Liegt ein Gegenstand nur zu einem gewissen Teil auf einem anderen und hängt an einer Seite über, dann sollte er herunterfallen, wenn die überhängende Fläche größer als die aufliegende ist. Schließlich sind sie mit etwa 1 Jahr in der Lage, die Proportion und Form des aufliegenden Gegenstandes zu berücksichtigen. Grundsätzlich sollte der Gegenstand nur dann auf dem anderen Objekt liegen bleiben, wenn der größere Anteil des Objektes (unabhängig von seiner Gesamtform) aufliegt und nicht überhängt (Baillargeon, 1995, 1998; Baillargeon, Needham & De Vos, 1992; Needham & Baillargeon, 1993). Auch wenn Säuglinge sich über die physikalischen Gesetzmäßigkeiten natürlich nicht bewusst sind, so erkennen sie in Abhängigkeit ihres Alters doch, dass bestimmte Phänomene nicht eintreten können und reagieren mit Verwunderung, wenn dieses (aufgrund manipulierter Versuchsaufbauten) dennoch geschieht.

Kinder zeigen sehr früh ein **intuitives Vorwissen in Bezug auf physikalische Phänomene**, beispielsweise in Bezug auf die Schwerkraft.

Ähnlich verhält es sich beispielsweise auch bei Situationen, in denen Objekte durch andere verdeckt werden. Bereits mit etwa 2 Monaten erwarten Kinder, dass das verdeckte Objekt nicht sichtbar, das verdeckende Objekt jedoch zu sehen sein sollte (Aguiar & Baillargeon, 1999; Spelke, Breinlinger, Macomber & Jacobson, 1992). Vergleichbares gilt für das Zusammentreffen von soliden Objekten: Hier erwarten Kinder schon in den ersten Lebensmonaten, dass solide Objekte (wie zwei Kugeln), die gegeneinander gestoßen werden, sich nicht durchdringen, sondern voneinander abgestoßen werden. Auch hier wenden sie intuitiv physikalische Gesetze an. Solche und ähnliche Resultate zeigen sich auch bei anderen Versuchsanordnungen und anderen grundlegenden physikalischen Gesetzmäßigkeiten. Kinder verfügen offenbar über ein physikalisches Grundverständnis, das sich rasch verbessert und komplexer wird.

Auch in Bezug auf **Verdeckung und Solidität** verfügen Kinder früh über ein intuitives Verständnis.

Frühkindliches biologisches Wissen

Auch im Hinblick auf biologische Inhalte besitzen Kinder vermutlich ein intuitives Grundwissen. Sie können schon sehr früh **zwischen belebten und unbelebten Dingen unterscheiden** (Legerstee, 1992; Rakison & Poulin-Dubois, 2001). Zunächst zeigt sich, dass Kinder Menschen und menschliche Gesichter bevorzugen. Bereits mit etwa 2 Monaten lächeln Säuglinge Menschen länger an als eine menschlich aussehende Puppe, selbst wenn die Vertrautheit und die Bewegungsaktivität konstant gehalten werden. Sie zeigen gegenüber Menschen auch früh ein anderes Kommunikationsverhalten als gegenüber Objekten, nach denen sie eher zu greifen versuchen.

Kinder können früh zwischen **belebten und unbelebten Dingen** unterscheiden.

Aber welche Informationen nutzen Kinder, um diese Unterscheidungen zu treffen? Aufgrund welcher Merkmale unterscheiden Kinder belebte von unbelebten Dingen? Zum einen scheinen **Gesichter** die Aufmerksamkeit von Säuglingen bereits wenige Minuten nach ihrer Geburt auf sich zu ziehen (Morton & Johnson, 1991). Obwohl Kinder zu diesem Zeitpunkt aufgrund des Entwicklungsstandes ihres visuellen Wahrnehmungsvermögens noch gar nicht in der Lage sind, Gesichter detailliert zu erkennen,

Gesichter werden von Säuglingen gegenüber anderen Reizen bevorzugt.

scheinen die schematischen gesichtstypischen Elemente für Neugeborene schon auszureichen, um ein Gesicht auszumachen und dies gegenüber anderen Reizen zu bevorzugen. Durch diesen frühen selektiven Aufmerksamkeitsbias gelingt es Kindern, grundlegend zwischen Lebewesen und unbelebten Dingen zu unterscheiden.

Wenn Kinder älter werden, nutzen sie weitere Informationen, um Lebewesen von Gegenständen und um Menschen von Tieren abzugrenzen. So orientieren sich wenige Monate alte Säuglinge beispielsweise an der **äußeren Kontur** (z. B. geschwungen vs. eckig), an **Oberflächenbeschaffenheiten** (z. B. Fell vs. Metall), am **Geruch** oder an **Lauten bzw. Geräuschen**. Sie bevorzugen beispielsweise die menschliche Stimme vor nichtsprachlichen Tönen (Glenn, Cunnigham & Joyce, 1981).

> Werden die Kinder älter, werden **weitere Informationen zur Unterscheidung von Gegenständen, Menschen und Tieren** herangezogen: Beispielsweise die Kontur, die Oberflächenbeschaffenheit, der Geruch oder Geräusche.
>
> Kinder nehmen früh an, dass sich **nur Lebewesen eigenständig bewegen** können.

Mit etwa 7 Monaten scheinen Kinder außerdem anzunehmen, dass sich Lebewesen im Gegensatz zu unbelebten Gegenständen **eigenständig bewegen** können (Woodward, Phillips & Spelke, 1993). Ab einem Alter von etwa 9 Monaten reagieren sie irritiert, wenn sich unbelebte Objekte von selbst zu bewegen beginnen (Poulin-Dubois, Lepage & Ferland, 1996).

> Im Kindergartenalter verstehen Kinder, dass Lebewesen bestimmte **biologische Prozesse** durchlaufen, was sie von unbelebten Gegenständen unterscheidet.

Die Unterscheidung zwischen belebten und unbelebten Dingen ist oftmals nicht so einfach, wie es auf den ersten Blick scheint. So tun sich viele Kinder beispielsweise schwer, Pflanzen und Tiere in die gemeinsame Kategorie der belebten Dinge zu ordnen. Erst etwa ab dem Grundschulalter können fast alle Kinder auch Pflanzen korrekt den Lebewesen zuordnen (z. B. Berzonsky, Miller, Woody-Ramsey & Harris, 1987). Schon mit etwa 4 Jahren sind sich Kinder allerdings bewusst, dass Lebewesen bestimmte **biologische Prozesse** durchlaufen, die sie von nicht belebten Objekten unterscheiden. Dazu gehören unter anderem Wachstum, Metamorphose, Heilungsprozesse, Reproduktion, Vererbung, Krankheit und Ansteckung (bei Krankheiten). Sie verstehen beispielsweise, dass eine Wunde am Arm von selbst verheilt, während ein Lackkratzer am Auto bestehen bleibt, wenn das Auto nicht repariert wird.

Die rudimentären Wissensbestände im Hinblick auf Physik und Biologie werden durch zunehmende Erfahrungen mit der Umwelt, durch die fortschreitende kognitive Entwicklung und später auch durch den Schulunterricht zunehmend komplexer und differenzierter. Kinder scheinen in Bezug auf diese Phänomene grundlegend einfacher und schneller Wissen zu erwerben als in anderen Bereichen. Aus evolutionstheoretischer Sicht ist dies sinnvoll, weil es Kindern den Umgang mit der Welt erleichtert und ihr Überleben sichert, da sie zu Beginn ihres Lebens beispielsweise noch sehr von anderen Menschen abhängig sind und diese (fast) von Geburt an von anderen Objekten der Umwelt abgrenzen können.

9.2.3 Strukturierung des Denkens: Kategorisierung, Konzeptbildung und die Entwicklung von Klassenhierarchien

Kinder lernen täglich und werden täglich mit Neuem konfrontiert. Innerhalb der ersten Lebenswochen, -monate und -jahre machen sie (nicht nur in kognitiver Hinsicht) immense Fortschritte und häufen viel Wissen an. Dieses Wissen muss **strukturiert und kategorisiert** werden, damit es **leichter abrufbar** ist und **mit neuen Erfahrungen verknüpft** werden kann.

> Kinder beginnen sehr früh, ihr Wissen zu kategorisieren.

Kategorien helfen dabei, die Umwelt zu ordnen und sich besser in ihr zurecht zu finden. Nach Pauen und Träuble (2006, S. 378) versteht man unter einer **Kategorie** »eine begrenzte Menge von Objekten, Ereignissen, Sachverhalten oder Handlungen, die bestimmte Gemeinsamkeiten aufweisen. Das zugehörige **Konzept** entspricht der mentalen Repräsentation des Wissens um diese Gemeinsamkeiten sowie des Wissens um Unterschiede zwischen Mitgliedern der betreffenden Kategorie und Mitgliedern anderer Kategorien.« Die Fähigkeit zur Kategorie- und Konzeptbildung ist u. a. die Grundlage dafür, dass wir uns in unserer Umwelt orientieren können. Sie versetzt uns bei-

> **Kategorien** umfassen Objekte, Ereignisse usw., die bestimmte Gemeinsamkeiten haben. **Konzepte** sind mentale Konstrukte über die Gemeinsamkeiten der Kategoriemitglieder und über Unterschiede zu Nicht-Kategoriemitgliedern.

9.2 · Kognitive Entwicklung aus empirischer Sicht

spielsweise in die Lage, jegliche Arten von Katzen (egal ob mit oder ohne Fell, ob einfarbig oder gefleckt, ob dick oder dünn) als Katze wahrzunehmen oder beispielsweise bei jeder Tür direkt ihre Funktionsweise (Verbindungselement zwischen verschiedenen Räumen oder zwischen einem Raum und der Außenwelt) zu erkennen.

Die unterschiedlichen Mitglieder einer Kategorie (z. B. Autos) weisen nicht nur gemeinsame Merkmale auf (z. B. 4 Räder, Lenkrad, Motor), sondern auch Eigenschaften, die variieren können (z. B. Farbe). Manche Merkmale werden auch nur von einigen Mitgliedern der Kategorie geteilt (z. B. Antenne). Die Mitglieder, die viele Eigenschaften mit anderen Kategoriemitgliedern teilen und damit als typische Repräsentanten für die Kategorie gelten, werden auch als **Prototypen** bezeichnet. Diese müssen nicht real existieren, sondern können auch lediglich mental bestehen.

Prototypen sind Repräsentanten einer bestimmten Kategorie, da sie viele Eigenschaften mit anderen Kategoriemitgliedern teilen.

Kategorien sind **hierarchisch** angeordnet, wobei die Mitglieder untergeordneter Kategorien (z. B. Hunde) in übergeordnete Kategorien eingeordnet werden können (z. B. Säugetiere). Nach Rosch und Kollegen (Rosch, Mervis, Gray, Johnson & Boyes-Braem, 1976) lassen sich hinsichtlich der Kategoriebildung **4 verschiedene Hierarchieebenen** unterscheiden. Auf der **Basisebene** haben die Mitglieder eine sehr große (vor allem äußerliche) Ähnlichkeit. Ursprünglich nahm man an, dass Kinder als erstes Unterscheidungen auf dieser Ebene treffen können, wodurch die Bezeichnung »Basisebene« entstand. Auf der **untergeordneten Ebene** befinden sich einzelne spezifische Mitglieder der Basiskategorie, auf der **übergeordneten und ontologischen Ebene** sind weiter gefasste und globalere Kategorien angeordnet (◘ Tab. 9.1). Kinder sollten demnach zuerst zwischen Schiffen und Autos auf der Basisebene unterscheiden können, bevor sie unterschiedliche Arten von Schiffen (untergeordnete Ebene) differenzieren.

Kategorieklassen sind hierarchisch geordnet: Der untergeordneten Ebene folgt die Basisebene, darüber liegen die übergeordnete und die ontologische Ebene.

Die Differenzierungsleistungen beruhen größtenteils auf **äußeren Eigenschaften** der Objekte, **funktionelle Aspekte** bleiben in diesem frühen Alter weitestgehend unberücksichtigt. Pauen (2002) konnte allerdings zeigen, dass Kinder offensichtlich bereits im Alter von 11 Monaten nicht nur anhand äußerer Merkmale zwischen verschiedenen Objekten unterscheiden können. Sie verwendete in ihrer Studie Spielzeugobjekte, die wie Möbel oder Tiere aussahen. Allerdings waren die Möbel sehr tierähnlich dargestellt (z. B. hatten sie Augen), während die Tiere ähnlich wie die Möbelstücke aussahen (kantig und wenig naturgetreu). Trotz der geringen äußerlichen Unterschiede konnten die Kinder zwischen den beiden Kategorien unterscheiden, was darauf schließen lässt, dass bereits in der frühen Kindheit neben der äußerlichen Ähnlichkeit auch andere (z. B. funktionelle) Aspekte bei der Kategorisierung berücksichtigt wurden.

Die Einordnung in Kategorien basiert zunächst auf äußeren Eigenschaften. Funktionelle Aspekte werden erst später berücksichtigt.

Heute gehen die meisten Forscher im Gegensatz zu Rosch et al. (1976) davon aus, dass Neugeborene und wenige Wochen alte Kinder **zunächst globalere Unterscheidungen** treffen (z. B. Fahrzeuge vs. Tiere), bevor sie auf der Basisebene beispielsweise zwischen Hunden und Pferden unterscheiden können (Mandler & Bauer, 1988; Mandler, Bauer & McDonough, 1991). Diese globalen Unterscheidungen beziehen sich anfangs auf sehr breite Objektklassen (z. B. unbelebte vs. belebte Dinge) und müssen nicht den Kategorien entsprechen, die Erwachsene bilden würden. Später können Kinder dann spezifischere Differenzierungen auf der Basisebene vornehmen.

Neugeborene können vermutlich erst zwischen sehr globalen Kategorien unterscheiden.

Die Kategoriebildung gleicht sich im Laufe der Entwicklung allmählich der von Erwachsenen an. Nach und nach werden **mehr und differenziertere Kategorien** gebil-

Die Kategoriebildung wird im Laufe der Entwicklung differenzierter.

◘ **Tab. 9.1.** Klassenhierarchien

Hierarchieebene	Beispiel
Ontologische Ebene	Unbelebte Objekte (Artefakte)
Übergeordnete Ebene	Fahrzeuge
Basisebene	Schiffe
Untergeordnete Ebene	Ruderboote, Segelboote, Tretboote, etc.

det. Kinder lernen, relevante Objekteigenschaften zu erkennen und in die Kategoriebildung mit einzubeziehen. Dadurch rücken funktionelle Aspekte und äußerlich schwer erkennbare, aber essenzielle Eigenschaften (wie z. B. der optisch eher unauffällige Docht einer Kerze oder die kleinen Löcher in einem Salzstreuer) mehr und mehr in den Vordergrund.

9.2.4 Kausales Denken

► Definition
Kausales Denken

> **Definition**
> Unter **kausalem Denken** versteht man die Fähigkeit, Ursache-Wirkungs-Zusammenhänge zu erkennen. Diese können zwischen verschiedenen Objekten, zwischen Handlungen oder zwischen Objekten und Handlungen bestehen.

Eine sinnvolle und umfassende Kategoriebildung erfordert das **Erkennen kausaler Zusammenhänge**.

Die Kategorisierung ermöglicht es, die Umwelt zu strukturieren und zu klassifizieren. Um sinnvolle Kategorien bilden zu können, reicht es jedoch oft nicht aus, sich auf die bloßen Eigenschaften und Merkmale des Objektes zu beschränken. Vielmehr ist es häufig notwendig, (kausale) **Zusammenhänge zwischen verschiedenen Objekten und/oder Handlungen** zu erkennen. Um beispielsweise die Bedeutung einer Fernbedienung zu begreifen, muss ein Kind verstehen, dass das manuelle Drücken einer Taste das Einschalten des Fernsehers bewirkt. Die Fernbedienung kann nur durch das Erkennen dieses kausalen Zusammenhangs korrekt kategorisiert werden. Grundsätzlich geht man davon aus, dass es eine menschliche Veranlagung gibt, Zusammenhänge zu erkennen und nach Ursachen und Wirkungen zu suchen. Auf diese Weise werden einzelne Vorkommnisse nicht isoliert voneinander wahrgenommen, sondern fügen sich zu einem größeren Gesamtzusammenhang zusammen.

Bereits im Säuglingsalter können Kinder kausale Zusammenhänge erkennen.

Hinsichtlich **physikalischer Ereignisse** zeigte sich, dass Kinder **bereits im Säuglingsalter kausale Zusammenhänge wahrnehmen und erkennen** können. Das kausale Denken scheint sich dabei bereits in den ersten Lebensmonaten deutlich zu verbessern (► Studie).

> **Studie**
>
> **Wahrnehmung kausaler Zusammenhänge**
> In einer Studie von Leslie und Keeble (1987) wurden 7-monatige Kinder an eine Filmsequenz habituiert. Dieser Film zeigte zwei verschiedenfarbige Klötze. Der eine Klotz bewegte sich auf den anderen zu, stieß ihn an, woraufhin sich der andere ebenfalls in Bewegung setzte. In der einen Filmversion erfolgte der Anstoß unmittelbar (kausale Bedingung), in der anderen Version mit einer zeitlichen Verzögerung (nonkausale Bedingung). Den Kindern wurde, nachdem sie an eine der beiden Filmversionen habituiert waren, derselbe Film in umgekehrter Reihenfolge gezeigt. Die Kinder, die zuvor den Film mit der kausalen Bedingung gesehen hatten, schauten länger auf den umgekehrten Film als die Kinder der nonkausalen Bedingung. Die Autoren interpretierten das Ergebnis dahingehend, dass die Säuglinge den Wechsel hinsichtlich des anstoßenden Objektes und damit eine »Rollenumkehr« der Klötze bemerkten. In der nonkausalen Bedingung erfolgte keine Umkehrung in diesem Sinne, wodurch die Kinder dem Film weniger Interesse schenkten.
>
> In einer anderen Studie wurden komplexere Kausalketten gebildet, in denen mehrere (in diesem Falle drei) Objekte nacheinander angestoßen wurden. 15-monatigen Säuglingen gelang es, diese kausalen Zusammenhänge zu erkennen, während 10-monatige Kinder diese mehrstufigen Ursache-Wirkungs-Beziehungen noch nicht vollkommen erfassen konnten (Cohen, Rundell, Spellman & Cashon, 1999).

Kinder sind mit zunehmendem Alter mehr und mehr dazu in der Lage, **kausale Zusammenhänge in alltäglichen Situationen** zu erfassen.

Während sich die Fähigkeit zum kausalen Denken im Säuglingsalter in sehr grundlegenden (vor allem physikalischen) Phänomenen zeigen lässt, sind ältere Kinder mehr und mehr dazu in der Lage, **ursächliche Zusammenhänge in alltäglichen Begebenheiten** zu erkennen (► Studie).

9.2 · Kognitive Entwicklung aus empirischer Sicht

> **Studie**
>
> **Wahrnehmung kausaler Sequenzen**
>
> In einer Studie wurden Vorschulkindern dreistufige Abfolgen kausaler Sequenzen (z. B. Tasse-Hammer-Scherben oder Orange-Messer-Orangenstücke) gezeigt, die den alltäglichen Erfahrungen der Kinder entsprachen (Gelman, Bullock & Meck, 1980). Im Experiment fehlte immer eine der drei Sequenzstufen und die Kinder sollten aus einer Auswahl mit einer richtigen und zwei falschen Optionen diejenige Abbildung heraussuchen, die die Abfolge korrekt vervollständigte. 92% der 3-jährigen und alle 4-jährigen Kinder konnten das richtige Bild aussuchen, wenn es darum ging, den Verursacher zu bestimmen (Hammer bzw. Messer). Sollten die Kinder den Endzustand auswählen (Scherben bzw. Orangenstücke) konnten 83% der 3-Jährigen und 100% der 4-Jährigen das richtige Bild auswählen. Wurde der Ausgangszustand (Tasse bzw. Orange) gesucht, suchten 66% der jüngeren und 92% der älteren Kinder die richtige Abbildung aus.

Dieses Experiment zur Wahrnehmung kausaler Sequenzen verdeutlicht, wie schnell sich das kausale Denken von Kindern verbessert. Man kann aufgrund der aktuellen Forschungslage davon ausgehen, dass 4-jährige Kinder die grundsätzlichen Prinzipien des kausalen Denkens beherrschen und berücksichtigen.

Wenn es darum geht, **komplexere kausale Zusammenhänge** zu verstehen, bei denen mehrere potentielle ursächliche Faktoren in Frage kommen und entschieden werden muss, welcher dieser Faktoren tatsächlich ursächlich ist, muss ein Verständnis für das **wissenschaftliche Denken** bestehen. Diese Art zu denken erfordert es, **Hypothesen systematisch zu prüfen**, indem alle relevanten Informationen einbezogen und berücksichtigt werden. Kleine Kinder beherrschen das wissenschaftliche Denken in der Regel noch nicht. Sie vernachlässigen relevante Einflussgrößen und entscheiden sich für ursächliche Faktoren, die nur einen Teil, nicht jedoch den gesamten Sachverhalt erklären können (Sodian, Zaitechek & Carey, 1991). Ergebnisse zahlreicher Studien belegen, dass Kinder erst ab einem Alter von etwa 12 oder 13 Jahren ein Verständnis dafür entwickelt haben, wie Hypothesen über kausale Zusammenhänge mit potenziellen Einflussfaktoren bestätigt oder widerlegt werden können (vgl. hierzu auch den Pendelversuch von Piaget in ▶ Kap. 2). Dieses entspricht der theoretischen Annahme Piagets, dass Kinder erst im formal-operatorischen Stadium zum systematischen Hypothesenprüfen in der Lage sind (z. B. Piaget, 1969). Allerdings haben viele Menschen auch im Erwachsenenalter noch Schwierigkeiten damit, Hypothesen sinnvoll zu überprüfen und alle denkbaren Einflussfaktoren in ihre Überlegungen einzubeziehen, was auf die generelle Begrenzung der menschlichen Informationsverarbeitung zurückzuführen ist. Es lässt sich aber festhalten, dass die grundsätzliche Fähigkeit zum wissenschaftlichen Denken mit etwa 12 oder 13 Jahren gegeben ist.

> Im Alter von etwa 4 Jahren beherrschen Kinder das grundlegende kausale Denken und können auch in alltäglichen Phänomenen Ursache-Wirkungs-Beziehungen erkennen.

> **Wissenschaftliches Denken** erfordert das systematische Hypothesenprüfen, zu dem Kinder mit etwa 12 oder 13 Jahren fähig sind.

> **Für die Praxis**
>
> **Intuitive Theorien im Konflikt mit der wissenschaftlichen Sicht**
>
> Kinder entwickeln oft alternative und intuitive Theorien über Phänomene ihrer Umwelt, weil sie sie mit ihrem bestehenden Wissen nicht so erklären können, wie es aus wissenschaftlicher Sicht angemessen wäre. Sie vermuten beispielsweise hinter physikalischen oder mechanischen Prozessen psychologische Erklärungen, indem sie physikalischen Phänomenen und Gegenständen Gefühle, Intentionen und Wünsche unterstellen. Vorschulkinder nehmen z. B. an, dass es regnet, weil der Regen die Pflanzen gießen möchte. Diese alternativen Denkweisen, die vom adäquaten wissenschaftlichen Weltbild abweichen, sind häufig sehr resistent und bleiben nicht selten bestehen, obwohl den Kindern die korrekten Erklärungen vermittelt werden. Daher sollte (z. B. im Schulunterricht) berücksichtigt werden, dass alternative und intuitive Theorien aufseiten der Kinder bestehen. So sollte es im Schulunterricht nicht nur um die reine Wissensvermittlung gehen, sondern auch darum, wie man zu dem Wissen kommen kann (metakognitives Verständnis für hypothesengeleitetes Experimentieren). Wenn Kinder ein Wissenschaftsverständnis entwickeln, fällt es ihnen leichter, ihre alternativen intuitiven Erklärungen zugunsten der wissenschaftlich korrekten Annahmen aufzugeben.

9.2.5 Schlussfolgerndes Denken

▶ Definition
Schlussfolgerndes Denken

Definition

Schlussfolgerndes Denken bedeutet, dass aus gegebenen Informationen neues Wissen abgeleitet wird.

Schlussfolgerndes Denken kann **induktiv** oder **deduktiv** erfolgen. Erfolgreiches Schlussfolgern erfordert **logisches Denken**, da logisch korrekte Ableitungen und Generalisierungen aus gegebenen Informationen erforderlich sind.

Das systematische Hypothesenprüfen erfordert schlussfolgernde Denkleistungen. Dieses kann **induktiv** (vom Besonderen auf das Allgemeine) oder **deduktiv** (vom Allgemeinen auf das Besondere) erfolgen. Während das induktive Schlussfolgern die Generierung neuer Informationen ermöglicht, führt das deduktive Schlussfolgern eher dazu, dass bekannte allgemeine Wissensbestände auf einzelne Objekte oder Situationen angewendet werden. Wenn ein Kind beispielsweise weiß, dass Vögel fliegen können, dann kann es deduktiv erschließen, dass der Kanarienvogel vom Nachbarn ebenfalls dazu in der Lage ist. Andersherum würde eine induktive Schlussfolgerung bedeuten, dass ein Kind beispielsweise mehrere Vögel im Zoo beim Fliegen beobachtet hat, und darum zu dem Schluss kommt, dass die Fähigkeit zum Fliegen eine generelle Eigenschaft von allen Vögeln ist, die auf jedes einzelne Exemplar zutrifft. Das schlussfolgernde Denken basiert auf **logischen Überlegungen**, denn es handelt sich um eine schlüssige und logisch korrekte Ableitung aus gegebenen Informationen (◘ Abb. 9.2 für beispielhafte Aufgaben, die logisches Schlussfolgern erfordern).

Erste Anzeichen **induktiven Schlussfolgerns** zeigen sich bereits bei sehr jungen Kindern.

Bereits 2-Jährige sind dazu in der Lage, induktive Schlussfolgerungen zu ziehen. Gibt man ihnen beispielsweise die Information, dass Vögel in einem Nest leben, und zeigt man ihnen dann Bilder von einzelnen Vögeln verbunden mit der Frage, ob auch diese in einem Nest leben, so können etwa drei Viertel der Kinder in diesem Alter die korrekte Antwort geben (Gelman & Coley, 1990). Die Korrektheit der Antworten ist allerdings abhängig davon, wie typisch der abgebildete Vogel für die Gesamtkategorie der Vögel ist. Zeigt man das Bild einer Blaumeise, so können die Kinder häufiger korrekt antworten, als wenn man das Bild eines untypischen Vogels (in der oben genannten Studie ein »Dodo«) zeigt. (An dieser Stelle wird deutlich, dass es zwischen den hier einzeln vorgestellten Bereichen der kognitiven Entwicklung enge Verknüpfungen gibt, da sich Parallelen zur Kategorie- und Konzeptbildung zeigen.)

Ältere Kinder nutzen im Vergleich zu jüngeren Kindern zusätzliche Informationen, um Schlussfolgerungen zu ziehen.

Ältere Kinder orientieren sich bei ihren Schlussfolgerungen auch daran, **bei wie vielen Kategoriemitgliedern sich bestimmte Merkmale zeigen** und wie wahrscheinlich es ist, dass dieses Merkmal auch bei anderen Mitgliedern der Kategorie zu beobachten ist. Sehen sie beispielsweise verschiedene Hunde, von denen die meisten einen Schwanz haben, dann schließen sie eher darauf, dass auch ein anderer Hund einen Schwanz haben sollte, als wenn nur wenige der vorgestellten Hunde Schwänze haben. Sehen sie darüber hinaus beispielsweise Hunde, die eine Verletzung aufweisen, dann

◘ **Abb. 9.2.** Aufgaben, die logisches Schlussfolgern erfordern

1. Kai ist älter als Peter. Michael ist jünger als Jan. Jan und Peter sind gleich alt? Wer ist der Älteste?

2. Wie lautet der nächste Buchstabe? AWAVAUATA…

3. Welcher der folgenden Begriffe passt nicht zu den anderen?
   Schokolade - Bonbon - Salzstange - Cola - Limonade

4. Mineralwasser verhält sich zu Flasche, wie Zahnpasta zu?

Antworten: 1. Kai, 2. S, 3. Salzstange, 4. Tube

würden sie dieses Merkmal vermutlich als nicht generalisierbar einschätzen und nicht erwarten, dass auch andere Hunde eine derartige Verletzung haben. Je nach Kontext und Vertrautheit des Inhaltsbereiches gelingt es Kindern mehr oder weniger, diese Kriterien zu berücksichtigen. Sie sind jedoch vermutlich im Laufe des Grundschulalters zunehmend dazu in der Lage, derartige Aspekte zu berücksichtigen.

Hinsichtlich des **deduktiven Schlussfolgerns** können Kinder im Alter von etwa 4 Jahren einfache Aufgaben lösen. In einer Studie sollten Kinder die Frage beantworten: »Alle Katzen bellen. Rex ist eine Katze. Bellt Rex?« (Dias & Harris, 1988; 1990). Die Grundaussage, dass alle Katzen bellen, entspricht natürlich nicht der Realität, weshalb sie in eine Phantasiegeschichte eingebettet wurde. Die meisten 4-jährigen Kinder konnten die Frage korrekt beantworten und damit deduktive Schlüsse ziehen, selbst wenn die inhaltliche Information nicht ihrer Erfahrungswelt entsprach. Grundsätzlich ist das deduktive Schlussfolgern allerdings in großem Maße davon abhängig, wie vertraut die Probanden mit den Inhalten der Aufgabe sind. Kinder können schon früh schlussfolgernd denken, wenn ihnen alltägliche und konkrete Aufgaben gestellt werden. Abstrakte Aufgaben, die mental gelöst werden sollen (z. B. wenn A<B und B<C, ist dann A>C oder A<C?) erfordern kognitive Kapazitäten, die jüngere Kinder noch nicht aufbringen können.

Auch wenn **Analogien gebildet** werden, findet schlussfolgerndes Denken statt, da vom Zusammenhang zwischen zwei Objekten auf den Zusammenhang zwischen zwei anderen Objekten geschlossen werden muss. Um beispielsweise eine Antwort auf die Frage: »Baum verhält sich zu Wald wie Grashalm zu?« geben zu können, muss erkannt werden, dass der Baum ein Bestandteil des Waldes ist und damit der Grashalm ein Bestandteil einer Wiese wäre. Um eine Analogie erkennen zu können, muss zunächst der Zusammenhang zwischen den beiden gegebenen Objekten verstanden werden. Kinder, die diesen Zusammenhang nicht verstehen, können auch keine Analogien bilden. Die grundlegende Fähigkeit zur Analogiebildung zeigt sich bereits im Säuglingsalter. Demonstriert man 13-monatigen Kindern, dass sie ein Spielzeug erreichen können, indem sie eine Barriere entfernen und an einem Band ziehen, dann können sie diese Strategie auch analog bei anderen Aufgaben anwenden (Chen, Sanchez & Campbell, 1997). Im Vorschulalter gelingt es Kindern dann, einfache Analogien zu lösen, die sich auf alltägliche Objekte beziehen [z. B. Vogel : Nest = Hund : ? (Hundehütte); Goswami & Brown, 1989; 1990]. Wächst das Verständnis über kausale Zusammenhänge, können auch Analogien höherer Ordnung gebildet werden. Die Fähigkeit zur Analogiebildung wächst demnach parallel zur Entwicklung in anderen kognitiven Bereichen und dem generellen Wissenserwerb.

Im Hinblick auf das **schlussfolgernde Denken** wäre es unangemessen zu behaupten, dass jüngere Kinder grundsätzlich weniger logisch denken als ältere Kinder oder Erwachsene. Grundlegende Fähigkeiten sowohl zum induktiven als auch zum deduktiven Denken bestehen bereits sehr früh. Die Leistungen, die Kinder diesbezüglich zeigen können, beruhen jedoch wie bereits erwähnt sehr stark auf dem dargebotenen Aufgabenmaterial und auf den Anforderungen an andere kognitive Fähigkeiten (z. B. Gedächtniskapazitäten). Stellt man jüngeren Kindern Aufgaben, die sich auf Konzepte beziehen, die ihnen bekannt sind und konkret dargeboten werden, sind sie grundsätzlich in der Lage, logische Schlussfolgerungen zu ziehen. Generell verbessern sich die Fähigkeiten zum logischen Denken natürlich auch mit dem Alter. Allerdings sind ältere Kinder und Erwachsene auch deshalb erfolgreicher im schlussfolgernden Denken, weil sie über ein größeres Wissen verfügen, an das sie anknüpfen können, und bessere mentale Kapazitäten besitzen.

Kinder können bereits im Kindergartenalter **deduktiv schlussfolgern**, wenn die Inhalte der Aufgaben ihrem Entwicklungsstand entsprechen.

Bereits im Säuglingsalter können Kinder **Analogien** erkennen. Die Fähigkeit zur Analogiebildung hängt u. a. davon ab, ob Kinder den Zusammenhang zwischen den gegebenen Objekten überhaupt verstehen können.

Die Fähigkeit zum **schlussfolgernden Denken** verbessert sich mit dem Alter. Jüngere Kinder zeigen aber auch deswegen schlechtere Leistungen, weil ihnen viele Konzepte noch nicht bekannt sind und weil sie Schwierigkeiten mit abstrakten – im Gegensatz zu konkreten – Aufgaben haben.

9.2.6 Metakognitive Fähigkeiten

▶ Definition
Metakognitive
Fähigkeiten

— Definition ———————————————————————
Metakognitive Fähigkeiten sind Kompetenzen, die eingesetzt werden, um eigene kognitive Prozesse zu überwachen, zu kontrollieren und zu regulieren.

Die Metakognition unterteilt sich in das **Wissen über mentale Zustände** und das **Metagedächtnis**.

Metakognition wird oft auch als das **Wissen über das eigene Wissen** bezeichnet. Schneider und Lockl (2006) klassifizieren verschiedene Komponenten des metakognitiven Wissens, die sie aus unterschiedlichen Forschungszweigen ableiten. So teilt sich die **Metakognition** in das **Metagedächtnis** (hierzu auch ▶ Kap. 2) und das **Wissen über mentale Zustände** auf. Letzteres leitet sich aus der Forschung zur Theory of Mind ab, und bezieht sich auf Aspekte wie Verständnis von falschem Glauben, von mentalen Zuständen sowie von mentalen Verben (z. B. glauben, vergessen).

Das **Metagedächtnis** ist wiederum in **einen deklarativen und einen prozeduralen Anteil** unterteilt.

Das Metagedächtnis unterteilt sich wiederum in einen deklarativen und einen prozeduralen Anteil. Das **deklarative Metagedächtnis** beinhaltet das Wissen über die eigenen kognitiven Fähigkeiten und Ressourcen sowie über Aufgaben- und Strategiemerkmale (z. B. Schwierigkeitsgrad der Aufgabe, Wissen über anwendbare kognitive Strategien). Das **prozedurale Metagedächtnis** beinhaltet Überwachungsprozesse (z. B. Abschätzung der Entfernung zum Lernziel und des aktuellen Lernstandes) sowie Kontroll- und Selbstregulationsprozesse (z. B. Einteilung der Lernzeit, Planung der Lernaktivität).

Im Alter von 4 Jahren zeigen Kinder das erste Wissen über mentale Zustände.

Die **metakognitiven Kompetenzen verbessern** sich mit ansteigendem Alter (Schneider & Lockl, 2002). Erste Anzeichen metakognitiver Fähigkeiten zeigen sich bereits im Kindergartenalter. Mit etwa 4 Jahren können Kinder beispielsweise die grundsätzliche Bedeutung mentaler Verben wie »denken« oder »wissen« verstehen, auch wenn sie sie im Vergleich zu älteren Kindern und Erwachsenen weniger gut einsetzen und auch nicht in der vollen Bedeutung verstehen können (z. B. Johnson & Wellman, 1980). Insgesamt zeigte sich, dass frühe Kompetenzen im Hinblick auf das Wissen über mentale Zustände mit späteren Fähigkeiten des Metagedächtnisses zusammenhängen und deshalb als deren Vorläuferfähigkeit verstanden werden können (vgl. Schneider, 2008).

Ab dem Grundschulalter zeigt sich ein deutlicher Anstieg **deklarativer Kompetenzen** des Metagedächtnisses.

Die Komponenten des **Metagedächtnisses** entwickeln sich erst später. Zwar können Kinder bereits mit 4 Jahren grundsätzliche Aufgabenmerkmale hinsichtlich des Schwierigkeitsgrades einschätzen (z. B. wissen sie, dass man sich wenige Items besser merken kann als viele), wodurch erste Anzeichen deklarativen Metawissens deutlich werden. Insgesamt kommt es allerdings erst im Grundschulalter zu einem deutlichen Anstieg deklarativer Kompetenzen (Schneider, 2008). Mit etwa 12 Jahren haben Kinder viele Kompetenzen erworben, die es ihnen ermöglichen, Aufgaben korrekt einzuschätzen, eigene kognitive Fähigkeiten angemessen zu bewerten und Strategien sinnvoll auszuwählen und einzusetzen. Allerdings wird vermutlich erst im frühen Erwachsenenalter der Höhepunkt der Fähigkeiten im Hinblick auf das **deklarative Metagedächtnis** erreicht und selbst dann werden immer noch neue kognitive Strategien erlernt (Schneider & Pressley, 1997).

Das **prozedurale Metagedächtnis** entwickelt sich parallel zum deklarativen Metagedächtnis bis ins Erwachsenenalter.

Das **prozedurale Metagedächtnis** lässt sich in den Bereich der Überwachungsprozesse sowie den der Kontroll- und Selbstregulationsprozesse unterteilen (s. oben). Überwachungsprozesse äußern sich darin, dass die aktuelle Leistung und der Lernstand angemessen eingeschätzt werden können. Kinder im Kindergartenalter überschätzen ihre Leistungen in der Regel, während die Einschätzungen im Laufe der Schulzeit immer realistischer werden (z. B. Wordon & Sladewski-Awig, 1982). Hinsichtlich der Kontroll- und Selbstregulationsprozesse, die sich eher darauf beziehen, die kognitive Aktivität angemessen zu planen, zeigt sich, dass diese ähnlich wie die Überwachungsprozesse ebenfalls im Altersverlauf ansteigen. Dieses scheint vor allem daran zu liegen, dass eigene Leistungen besser eingeschätzt werden können, wodurch auch eine angemessenere Planung der Lernaktivität möglich wird. Die verschiedenen Komponenten des prozeduralen Metagedächtnisses entwickeln sich demnach Hand in Hand. Diese fortschreitende Entwicklung hält über das Kindes- und Jugendalter hinaus bis ins Erwachsenenalter an. Teilweise zeigen selbst Erwachsene Defizite hinsichtlich des prozeduralen Metagedächtnisses, wenn es ihnen nicht gelingt, ihre Lernaktivitäten richtig einzuschätzen und zu planen.

9.2.7 Individuelle Unterschiede in der kognitiven Entwicklung

Bisher wurde die kognitive Entwicklung über verschiedene Kinder hinweg betrachtet. Die Ergebnisse der zitierten Studien beziehen sich größtenteils auf **querschnittliche Daten größerer Stichproben** und nicht auf die längsschnittliche Entwicklung einzelne Kinder. Dass es hinsichtlich verschiedenster Aspekte der kognitiven Entwicklung **Altersunterschiede** gibt, kann als hinreichend belegt angesehen werden: Ältere Kinder und Jugendliche verfügen im Mittel über höhere Kompetenzen als jüngere Kinder. Aus entwicklungspsychologischer Sicht ist es aber zusätzlich von großem Interesse, **intra- und interindividuelle Unterschiede** zu beleuchten. Dadurch können Informationen über den Verlauf der kognitiven Entwicklung innerhalb einzelner Kinder und über unterschiedliche Entwicklungsabläufe zwischen einzelnen Kindern gewonnen werden.

Die Tatsache, dass es zwischen gleichaltrigen Kindern große Unterschiede hinsichtlich der kognitiven Entwicklung gibt, kann sicherlich jeder bestätigen, der mit unterschiedlichen Kindern desselben Alters zu tun hat. Manche Kinder haben eine schnelle Auffassungsgabe, können sich gut Dinge merken oder sind effizient beim Lösen von Problemen oder Aufgaben; andere zeigen schlechtere Leistungen im Hinblick auf diese Aspekte. Die **Spannweite kognitiver Fähigkeiten** reicht dabei von geistiger Behinderung bzw. Minderbegabung bis hin zur Hochbegabung (▶ Kap. 10).

Aus theoretischer Sicht lassen sich die interindividuellen Unterschiede nach Anderson (1992) durch drei zentrale Komponenten begründen. Zunächst geht er davon aus, dass die **genetische Variabilität** für Unterschiede im Hinblick auf die Geschwindigkeit grundsätzlicher kognitiver Prozesse (diese bezeichnet Anderson auch als »allgemeine Intelligenz«) verantwortlich ist. Zusätzlich **reifen domänenspezifische Wissenssysteme** nach Andersons Ansicht – unabhängig von der allgemeinen Intelligenz – unterschiedlich schnell bei verschiedenen Individuen. Letztlich führen **unterschiedliche Lernerfahrungen** zu Unterschieden im Hinblick auf die kognitive Entwicklung: In Abhängigkeit von individuellen Einflussfaktoren (z. B. Motivation, Präferenzen) und umgebungsbedingten Einflussfaktoren (z. B. Lernmöglichkeiten, kulturelle Bedingungen) unterscheiden sich Kinder hinsichtlich ihres Wissenserwerbs und ihres Wissensstandes. Empirischen Ergebnissen zufolge liegen die Ursachen interindividueller Unterschiede sowohl in genetischen als auch in Umweltfaktoren (z. B. Förderung, Schulbesuch, ökonomische Ressourcen der Familie, siehe hierzu auch ▶ Kap. 10), was mit Andersons Annahme kompatibel ist.

Neben interindividuellen sollten auch **intraindividuelle Entwicklungsunterschiede** betrachtet werden. Hier geht es darum, ob ein Kind zu verschiedenen Zeitpunkten sein relatives (im Vergleich zu Gleichaltrigen) Leistungsniveau hält, ob also die kognitiven Leistungen stabil sind. In einer Studie von Weinert und Helmke (1998) zeigte sich beispielsweise, dass Gedächtnisleistungen (z. B. die Gedächtnisspanne für Wörter oder Sätze) bei Kindern zwischen 4 und 12 Jahren und auch schulische Leistungen (Mathe und Deutsch) von der 1. bis zur 4. Klasse relativ stabil sind. Natürlich **steigt die Leistung der Kinder im Altersverlauf generell an**, im Verhältnis zu Gleichaltrigen halten Kinder aber in etwa ihre Rangposition, was auf eine **allgemeine Stabilität kognitiver Leistungen** hinweist. Allerdings separieren sich unterschiedliche Bereiche der kogni-

---

Hinsichtlich der kognitiven Entwicklung sollten auch **intra- und interindividuelle Unterschiede** betrachtet werden, d. h. die **Stabilität innerhalb eines Individuums** und die **Niveauunterschiede zwischen Gleichaltrigen**.

Die kognitiven Fähigkeiten bewegen sich zwischen **Minder- und Hochbegabung**.

Nach Anderson (1992) beruhen diese Unterschiede auf **genetischen Faktoren**, auf unterschiedlich schnellen **Reifungsprozessen** domänenspezifischer Wissenssysteme und auf **unterschiedlichen Lernerfahrungen**.

Intraindividuelle Unterschiede zeigen sich darin, dass die Leistungen in verschiedenen Domänen im Altersverlauf auseinanderdriften.

tiven Entwicklung im Laufe der Zeit. So drifteten die Leistungen in Mathe und Deutsch in der oben beschriebenen Studie mehr und mehr auseinander, was darauf hindeutet, dass sich **unterschiedliche kognitive Domänen nicht vollständig parallel** entwickeln. Im Hinblick auf die mathematischen Leistungen fanden Weinert und Helmke (1998), dass neben der allgemeinen Intelligenz auch die Qualität des schulischen Unterrichts und frühere mathematische Kenntnisse, die aufgrund eines speziellen Talents und Interesses erworben wurden, mit späteren Leistungen in Mathematik zusammenhängen. Die kognitive Entwicklung verläuft demnach nicht in allen Bereichen analog, wodurch sich intraindividuelle Unterschiede hinsichtlich des Entwicklungsstandes in verschiedenen Wissensdomänen ergeben können.

9.3 Fazit

Vermutlich kann keine einzelne Theorie die kognitive Entwicklung vollständig erklären. Nur eine **Verknüpfung unterschiedlicher theoretischer Annahmen** kann die Prozesse der Entwicklung des kindlichen Denkens realistisch abbilden.

Die kognitive Entwicklung bei Kindern und Jugendlichen wurde in diesem Kapitel zunächst aus theoretischer, dann aus empirischer Sicht beleuchtet. Die verschiedenen theoretischen Ansätze unterscheiden sich im Hinblick darauf, welche kognitiven Prozesse und Antriebsmechanismen sie postulieren. Grundsätzlich kann sicherlich keine der beschriebenen Theorien die Entwicklung des Denkens allumfassend beschreiben. Vielmehr ist es vermutlich eine **Verknüpfung verschiedener theoretischer Ansätze**, die der tatsächlichen kognitiven Entwicklung gerecht wird. Allerdings bieten theoretische Annahmen Anknüpfungspunkte für die Erforschung kindlicher Denk- und Lernprozesse. Dadurch konnten viele wertvolle Erkenntnisse hinsichtlich der kognitiven Entwicklung bei Kindern und Jugendlichen gewonnen werden.

Neben der allgemeinen Zunahme kognitiver Leistungen mit dem Alter sind inter- und intraindividuelle Unterschiede zu berücksichtigen.

Aus empirischer Sicht zeigt sich vor allem, dass die **kognitive Leistungsfähigkeit von Kindern im Altersverlauf zunimmt**. Dieses wurde im Hinblick auf zentrale kognitive Prozesse dargestellt. Das kindliche Denken verändert sich zunehmend und wird dem Denken Erwachsener immer ähnlicher. Trotz dieses allgemeingültigen Entwicklungstrends sollte die **inter- und intraindividuelle Variabilität** berücksichtigt werden. Einzelne gleichaltrige Kinder können sich hinsichtlich ihres kognitiven Niveaus deutlich voneinander unterscheiden. Letztlich kann man selbst bei einem bestimmten Kind nicht von einem einheitlichen kognitiven Entwicklungsstand des Kindes sprechen, da sich in unterschiedlichen Bereichen verschiedene Leistungsniveaus ergeben können.

Kontrollfragen

1. Welche Lernformen lassen sich bereits in den ersten Lebensmonaten bei Säuglingen nachweisen?
2. In welchen Inhaltsbereichen wird das Vorhandensein eines frühen intuitiven Basiswissens bei Säuglingen vermutet?
3. Wodurch ist der Prototyp einer Kategorie gekennzeichnet?
4. Wie lassen sich deduktives und induktives Schlussfolgern voneinander abgrenzen?
5. Welche Teilkomponenten der Metakognition lassen sich unterscheiden?

▶ Weiterführende Literatur

Goswami, U. (2007). *Blackwell handbook of childhood cognitive development*. Malden, Mass.: Blackwell.
Schneider, W. & Sodian, B. (Hrsg.) (2006). *Kognitive Entwicklung - Enzyklopädie der Psychologie. Entwicklungspsychologie, Band 2*. Göttingen: Hogrefe.

10 Intelligenz

10.1 Definition – 119	10.3 Intelligenzmessung – 125
	10.3.1 Frühe Intelligenzmessung – 125
10.2 Intelligenzmodelle – 120	10.3.2 Normorientierte Intelligenzmessung – 126
10.2.1 Spearman: Generalfaktor der Intelligenz – 120	10.3.3 Intelligenzmessung in der Praxis – 129
10.2.2 Cattell: Fluide und kristalline Intelligenz – 121	
10.2.3 Thurstone: Primärfaktoren – 121	10.4 Einflussfaktoren auf die Intelligenz – 130
10.2.4 Carroll: Three-Stratum-Theorie der Intelligenz – 122	10.4.1 Genetische Beiträge zur Intelligenz – 130
10.2.5 Alternative Modelle der Intelligenz – 122	10.4.2 Umwelteinflüsse und Intelligenz – 131
	10.5 Die Rolle der Intelligenz im Leben – 133

Lernziele
- Die Definition von Intelligenz und verschiedene Intelligenzmodelle kennen.
- Traditionelle faktorenanalytisch gewonnene Intelligenzmodelle von alternativen Intelligenzmodellen abgrenzen können.
- Normorientierte Intelligenzmessung verstehen und von früheren Formen der Intelligenzmessung abgrenzen können.
- Mögliche Einflussgrößen auf die Entwicklung der Intelligenz kennen.

Wen haben Sie vor Augen, wenn Sie an einen sehr intelligenten Menschen denken? Vermutlich jemanden wie Albert Einstein, Marie Curie, Will Hunting (ein junger straffällig gewordener Gebäudereiniger, der sich als mathematisches Genie entpuppt – gespielt von Matt Damon im Film »Good Will Hunting«), einen Lehrer aus Ihrer Schulzeit, der auf jede Frage eine Antwort wusste, oder einen Kommilitonen, der eine herausragende Prüfung nach der anderen ablegt und dafür noch nicht einmal viel lernen muss. Doch was haben diese Menschen gemeinsam? Warum würde man sie als intelligent bezeichnen und andere als weniger intelligent?

Im Folgenden geht es zunächst um die Frage, was man überhaupt unter Intelligenz versteht und welche unterschiedlichen Sichtweisen es dabei gibt. Darüber hinaus wird es darum gehen, wie man Intelligenz messen kann, wodurch sie bestimmt wird und warum die Intelligenz eine bedeutsame Rolle in der menschlichen Entwicklung spielt.

> Auf die Frage, wen man als intelligenten Menschen bezeichnen würde, hat fast jeder eine Antwort. Doch was versteht man eigentlich unter Intelligenz und warum ist die **Intelligenz ein zentrales Element der menschlichen Entwicklung**?

10.1 Definition

Das Wort Intelligenz stammt von den lateinischen Begriffen »intellegere« (erkennen, begreifen, verstehen) bzw. »intelligentia« (Einsicht, Verständnis, Kennerschaft, Erkenntnisvermögen). Obwohl der Begriff Intelligenz sowohl in der Öffentlichkeit als

> Es gibt keine einheitliche und von allen anerkannte **Definition von Intelligenz**.

auch in der Forschungsliteratur häufig wie selbstverständlich gebraucht wird, gibt es **keine einheitliche und von allen Seiten anerkannte Definition**.

Eine auch als operational bezeichnete Definition – »Intelligenz ist das, was der Intelligenztest misst« – stammt ursprünglich von dem amerikanischen Psychologen Edwin G. Boring (1886–1968) und ist sicherlich eine der am häufigsten angeführten Begriffsbestimmungen von Intelligenz. Diese Beschreibung umgeht das Definitionsproblem und ist daher wohl eher als »Ausweichlösung« zu verstehen. Zusätzlich macht sie aber auch deutlich, dass es eine Vielzahl verschiedener Sichtweisen geben kann, wie sich Intelligenz definieren lässt.

> **Definition**
> Nach einer Definition, die relativ breite Zustimmung findet, versteht man unter **Intelligenz** die Fähigkeit, sich an neue Situationen und Anforderungen der Umwelt anzupassen, und ebenso die Fähigkeit, die umgebende Umwelt zu verändern.

Der Ansatz, Intelligenz als »the mental abilities necessary for adaptation to, as well as selection and shaping of, any environmental context« (Sternberg, 1997, S. 1030) zu verstehen, findet inzwischen breite Zustimmung. Diese relative globale Definition beinhaltet Fähigkeiten wie Problemlösen, das effektive Nutzen von Erfahrung oder Übung, abstraktes und logisches Denken sowie die generelle Lernfähigkeit.

10.2 Intelligenzmodelle

Gemäß der oben genannten Definition ist Intelligenz eine einheitliche Persönlichkeitseigenschaft. Diese Sichtweise wird auch von Spearman in seiner Annahme eines Generalfaktors (g-Faktor) der Intelligenz vertreten (▶ Abschn. 10.2.1). Andere Ansätze sehen Intelligenz als ein aus mehreren Teilkomponenten bestehendes Konstrukt. Im Folgenden werden zunächst einige traditionelle faktorenanalytisch gewonnene Intelligenzmodelle vorgestellt werden. Ergänzend folgen zwei alternative Intelligenzmodelle.

10.2.1 Spearman: Generalfaktor der Intelligenz

Spearmans Theorie (1927) geht davon aus, dass es eine **allgemeine Intelligenz** gibt, die auch als **g-Faktor (oder Generalfaktor)** bezeichnet wird. Diese allgemeine Intelligenz wirkt sich auf die gesamte Denk- und Lernfähigkeit eines Menschen aus. Neben dem g-Faktor gibt es zusätzlich **spezifische Begabungsfaktoren** (**s-Faktoren**, z. B. für Aufgaben mit verbalen oder mathematischen Problemstellungen), die die Leistungen in einzelnen Aufgabenbereichen neben dem g-Faktor bestimmen. Diese zusätzlichen s-Faktoren werden jedoch stark durch den g-Faktor beeinflusst. Das Modell geht demnach davon aus, dass alle intellektuellen Leistungen in unterschiedlichen Bereichen auf der gemeinsamen Grundlage der allgemeinen Intelligenz entstehen.

Die Annahme einer allgemeinen Intelligenz als Basis verschiedenster Leistungen findet vielfach **empirische Bestätigung**, da sich zahlreiche Belege dafür finden lassen, dass die allgemeine Intelligenz zum Beispiel positiv mit schulischen Leistungen (Deary, Strand, Smith & Fernandes, 2007; Laidra, Pullmann & Allik, 2007) und dem beruflichen Erfolg (Brody, 1997) korreliert.

Eine **operationale Definition von Intelligenz:** »Intelligenz ist das, was der Intelligenztest misst.«

▶ Definition Intelligenz

Intelligenz äußert sich vor allem durch Problemlösefähigkeiten, die Fähigkeit, die eigene Erfahrung oder Übung zu nutzen, abstrakt und logisch zu denken und lernfähig zu sein.

Spearman geht davon aus, dass es einen **g-Faktor (allgemeine Intelligenz)** der Intelligenz gibt, der den intellektuellen Leistungen in unterschiedlichsten Bereichen zugrunde liegt. Daneben gibt es **spezifische Begabungsfaktoren (s-Faktoren)**, die die Leistungen in einzelnen Aufgabenbereichen neben dem g-Faktor mitbestimmen.

Die **allgemeine Intelligenz** korreliert positiv mit **schulischen Leistungen** und **beruflichem Erfolg**.

10.2.2 Cattell: Fluide und kristalline Intelligenz

Cattell (1987) unterteilt die Intelligenz in seinem Modell in **2 Komponenten**. Er nimmt an, dass es einen fluiden und einen kristallinen Anteil der Intelligenz gibt. Die **fluide Intelligenz** entspricht im Wesentlichen dem g-Faktor und umfasst die generelle Denkfähigkeit, Verarbeitungsgeschwindigkeit, schlussfolgerndes und spontanes Denken. Es wird angenommen, dass dieser Intelligenzanteil kaum durch äußere Einflüsse bestimmt wird, sondern weitestgehend angeboren ist. Die **kristalline Intelligenz** umfasst Faktenwissen über die Welt, den Wortschatz, Rechenfähigkeiten und andere wissensorientierte Informationen. Sie ist demnach stark bildungs- und kulturabhängig, wird aber auch durch die fluide Intelligenz beeinflusst, da Personen mit einer hohen fluiden Intelligenz leichter Wissen erwerben und generell schneller lernen als Personen mit einer geringeren fluiden Intelligenz.

Fluide und kristalline Intelligenzanteile sind durch unterschiedliche Entwicklungsverläufe charakterisiert (Kray & Lindenberger, 2007). Beide Komponenten nehmen im Kindes- und Jugendalter zu, d. h. sowohl hinsichtlich der fluiden als auch der kristallinen Intelligenz zeigen sich deutliche Entwicklungsfortschritte. Die **fluide Intelligenz erreicht im frühen Erwachsenenalter ihren Höhepunkt** und sinkt dann mit dem Alter. Die **kristalline Intelligenz hingegen bleibt weitestgehend stabil oder nimmt sogar weiter zu**. In der Regel kommt es – wenn überhaupt – erst im sehr fortgeschrittenen Seniorenalter zu einer Abnahme der kristallinen Intelligenz. Dieses Entwicklungsphänomen ist auch im Alltag gut beobachtbar: Während die generelle Denkfähigkeit bei älteren Menschen häufig eingeschränkt ist, können sie doch häufig auf einen großen Erfahrungs- und Wissensschatz zurückgreifen, den sie im Laufe ihres Lebens angesammelt haben.

> **Cattells Intelligenzmodell** beinhaltet 2 Komponenten: die **fluide Intelligenz** umfasst die generelle Denkfähigkeit, Verarbeitungsgeschwindigkeit, schlussfolgerndes und spontanes Denken, die **kristalline Intelligenz** beinhaltet Faktenwissen und andere bildungs- und kulturabhängige Wissensanteile.

> **Unterschiedliche Entwicklungsverläufe**: Die **fluide Intelligenz sinkt** ab dem frühen Erwachsenenalter, die **kristalline Intelligenz** bleibt bis ins hohe Alter relativ **stabil**.

10.2.3 Thurstone: Primärfaktoren

Thurstone (1938) postuliert keinen g-Faktor sondern beschreibt Intelligenz als eine aus mehreren spezifischen Komponenten zusammengesetzte Fähigkeit. Er unterscheidet **7 Primärfaktoren**, die gemeinsam die Intelligenz bilden (◘ Tab. 10.1).

Der **Unterschied zwischen der Theorie Thurstones und Cattells Modell** der fluiden und kristallinen Intelligenz liegt darin, dass Thurstone einzelne Intelligenzanteile

> **Thurstones** Modell der Intelligenz beinhaltet **7 Primärfaktoren**: räumliches Vorstellungsvermögen, schlussfolgerndes Denken, Merkfähigkeit, Wahrnehmungsgeschwindigkeit, Rechenfähigkeit, Sprachverständnis und Wortflüssigkeit.

> **Thurstones** Primärfaktoren lassen sich theoretisch der von **Cattell** angenommenen fluiden und kristallinen Intelligenz zuordnen.

◘ Tab. 10.1. Primärfaktoren der Intelligenz nach Thurstone (1938)

Primärfaktoren	Beschreibung
1. Räumliches Vorstellungsvermögen	Fähigkeit, räumliche Anordnungen zu erkennen und damit zu operieren (z. B. mentale Rotationen von Körpern und Objekten im Raum)
2. Schlussfolgerndes Denken	Fähigkeit, einen Sachverhalt zu erschließen, Implikationen, Regelmäßigkeiten und Wirkungszusammenhänge zu erkennen (z. B. logische Schlüsse ziehen, Gesetzmäßigkeiten in einer Reihe von Symbolen erkennen und diese fortsetzen)
3. Merkfähigkeit	Fähigkeit, sich Informationen gut und schnell kurz- und langfristig einprägen und wieder abrufen zu können
4. Wahrnehmungsgeschwindigkeit	Fähigkeit, neue Sachverhalte schnell zu erschließen (z. B. werden Unterschiede zwischen Objekten schnell und korrekt erkannt)
5. Rechenfähigkeit	Fähigkeit, rechnerische Operationen korrekt und schnell durchführen zu können
6. Sprachverständnis	Fähigkeit, Wörter zu verstehen und gebrauchen zu können; Wortschatz (z. B. Synonyme für Begriffe finden)
7. Wortflüssigkeit	Fähigkeit, Begriffe und Wörter schnell finden und nennen zu können (z. B. Wörter nennen, die mit »B« beginnen)

präziser benennt und separiert, obwohl sich die ersten vier Faktoren theoretisch der fluiden und die letzten drei der kristallinen Intelligenz zuordnen lassen.

Im **Gegensatz zur Theorie von Spearman**, die einen g-Faktor und mehrere spezifische Begabungsfaktoren annimmt, geht Thurstone nicht davon aus, dass den Primärfaktoren ein globaler Faktor oder eine allgemeine Intelligenz zugrunde liegt. Die Leistungen in verschiedenen Aufgaben eines Intelligenztests sind nach Spearman zu einem bedeutenden Teil von der allgemeinen Intelligenz abhängig, während Thurstone davon ausgeht, dass die Ausprägung der spezifischen Primärfaktoren die Leistung in den einzelnen Aufgaben bestimmt. So zeigt ein Proband z. B. gute rechnerische Leistungen, weil er eine gute Rechenfähigkeit hat oder er erzielt schlechte Ergebnisse in einem Gedächtnistest, weil seine Merkfähigkeit weniger gut ausgeprägt ist. Spearman würde annehmen, dass die Leistungen in beiden Tests zum einen von der spezifischen Begabung im jeweiligen Aufgabenbereich, zum anderen aber auch in großem Maße von der allgemeinen Intelligenz abhängen.

Das Modell von Thurstone **konnte empirischen Überprüfungen nicht standhalten**. Trotz der angenommenen Unabhängigkeit der einzelnen Primärfaktoren zeigten sich Korrelationen zwischen ihnen. Demnach scheint es entgegen Thurstones Annahmen doch einen allgemeinen Intelligenzfaktor zu geben, der allen Einzelfähigkeiten zugrunde liegt (Myers, 2008, S. 469/470).

> **Thurstone** nimmt im Gegensatz zu **Spearman** nicht die Existenz eines globalen oder allgemeinen Intelligenzfaktors an.

> **Empirische Erkenntnisse** weisen darauf hin, dass es – anders als von Thurstone angenommen – einen **allgemeinen Intelligenzfaktor** gibt.

10.2.4 Carroll: Three-Stratum-Theorie der Intelligenz

Nachdem diese verschiedenen Vorstellungen von Intelligenz jahrzehntelang nebeneinander standen, entwickelte Carroll (1993) auf der Grundlage der Ergebnisse zahlreicher empirischer Studien zur Intelligenz ein Modell, das die verschiedenen oben beschriebenen **Ansätze integriert**. In seiner **Three-Stratum-Theorie der Intelligenz** (»stratum« = Schicht) findet man übergeordnet die **allgemeine Intelligenz (g)**, auf der Ebene darunter befinden sich **8 eher breite Intelligenzfaktoren**, die den Primärfaktoren von Thurstone ähneln. Die unterste Ebene schließlich beinhaltet **69 spezifische Einzelfähigkeiten**, die den breiteren Intelligenzfaktoren zugeordnet werden können. Dabei sollte berücksichtigt werden, dass die spezifischen Einzelfähigkeiten häufig nicht nur von einem, sondern teilweise auch von mehreren der breiteren Intelligenzfaktoren abhängen. So wird z. B. die Lesegeschwindigkeit nicht nur durch die kristalline Intelligenz, sondern auch durch die kognitive Schnelligkeit bestimmt, welche wiederum der allgemeinen Intelligenz untergeordnet sind (Abb. 10.1).

Dieses hierarchische Modell der Intelligenz nimmt also ebenfalls die **Existenz einer übergeordneten allgemeinen Intelligenz** an, geht aber dann von einer **Aufspaltung in einzelne Teilfaktoren** aus, die sich wiederum in **viele spezifische Einzelfähigkeiten** unterteilen lassen. Carrolls Theorie verdeutlicht und berücksichtigt die Komplexität und gegenseitige Abhängigkeit unterschiedlicher intellektueller Fähigkeiten und bietet eine Grundlage für die sinnvolle Verknüpfung verschiedener Intelligenzmodelle (Spearman, Thurstone und Cattell).

> Auf der obersten Ebene von Carrolls Modell wird eine **allgemeine Intelligenz (g)** angenommen, auf der Ebene darunter befinden sich **8 breite Intelligenzfaktoren** und darunter **zahlreiche spezifische Fähigkeiten**, die sich auf sehr konkrete Aufgabenbereiche beziehen.

> Die **Three-Stratum-Theorie der Intelligenz von Carroll** kombiniert verschiedene andere Intelligenzmodelle.

10.2.5 Alternative Modelle der Intelligenz

Bisher wurde dargestellt, dass man Intelligenz entweder als ein allgemeines und eher globales, oder als ein aus mehreren Einzelkomponenten bestehendes Konstrukt verstehen kann. Alle bisher vorgestellten Darstellungen der Intelligenz beschränken sich allerdings auf einen eher eng gefassten Fähigkeitsbereich, der hauptsächlich in der Schule relevante kognitive Prozesse und Leistungen, insbesondere im sprachlichen und logisch-mathematischen Bereich, umfasst.

> Alternative Intelligenzmodelle decken einen breiteren Fähigkeitsbereich ab.

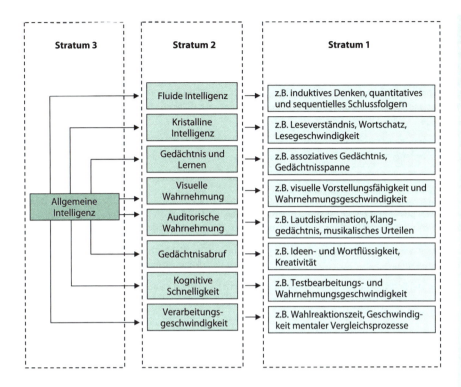

Abb. 10.1. Three-Stratum-Theorie der Intelligenz nach Carroll (1993)

Was aber ist mit Personen wie Beethoven und van Gogh? Ihre außerordentlichen Fähigkeiten liegen in ganz anderen als den oben angesprochenen Fähigkeitsbereichen. Gehören musische und künstlerische Fähigkeiten nicht zu dem, was man gemeinhin als Intelligenz versteht?

Gardner: Multiple Intelligenzen

Gardner (1983) vertritt die Ansicht, dass derartige Fähigkeiten sehr wohl als Komponenten der Intelligenz zu sehen sind. Er sieht Intelligenz als ein sehr viel breiteres Konstrukt an und entwickelte das **Modell der multiplen Intelligenzen**, das sich ursprünglich aus 7 unabhängigen Intelligenzen zusammensetzt (◘ Tab. 10.2). Später wurde das Modell in anderen Publikationen Gardners (1998, 1999) um zwei weitere Intelligenzarten erweitert (naturalistische und existenzielle).

Gardner geht davon aus, dass die **Ausprägungen der unterschiedlichen Intelligenzarten unabhängig voneinander** sind. Er nimmt, wie schon Thurstone, nicht an, dass es eine allgemeine Intelligenz gibt, die den Leistungen in unterschiedlichen Fähigkeitsbereichen zugrunde liegt.

Gardners Theorie findet vor allem **in der pädagogischen Praxis großen Anklang**, da sie einen begabungsspezifischen Schulunterricht fordert. So sollten z. B. Kinder mit einer ausgeprägten linguistischen Intelligenz vor allem durch sprachliche Informationen und Texte, dagegen Kinder mit hoher sozial-interpersonaler Intelligenz eher durch Diskussionen und Gespräche lernen. Der Unterricht sollte demnach auf die spezifischen Intelligenzausprägungen des Kindes ausgerichtet sein.

Trotz der praktischen Eingängigkeit der Theorie Gardners erfährt sie von verschiedenen Seiten heftige **Kritik** (Rost, 2008). Dabei wird vor allem die **fehlende empirische**

Gardner entwickelte das **Modell der multiplen Intelligenzen**, das von mehreren **unabhängigen Intelligenzarten** ausgeht (z. B. linguistische und musikalische Intelligenz) und **breiter angelegt** ist als »klassische« Intelligenzmodelle.

Nach Gardner sind die Ausprägungen in den unterschiedlichen Intelligenzbereichen unabhängig voneinander.

Nach Gardners Konzept von Intelligenz sollten Kinder einen **begabungsspezifischen Unterricht** erhalten, der ihren Fähigkeiten entspricht.

Gardners Theorie findet empirisch wenig Bestätigung.

Tab. 10.2. Multiple Intelligenzen nach Gardner (1983, 1998, 1999)

Intelligenzart	Beschreibung	Beispiele für Vertreter der Intelligenzarten
Linguistische Intelligenz	Sensibilität für sprachliche Laute, Syntax und Bedeutung von Wörtern; kompetenter Umgang mit gesprochener und geschriebener Sprache	Dichter, Journalisten und Schriftsteller, z. B. Thomas S. Eliot
Logisch-mathematische Intelligenz	Fähigkeit zum logisch-deduktiven Denken und zur Abstraktion; Verstehen komplexer mathematischer Zusammenhänge	Mathematiker und Naturwissenschaftler, z. B. Albert Einstein
Visuell-räumliche Intelligenz	Fähigkeit, sich real und mental räumlich zu orientieren; Sensibilität für räumliche Komposition und Ausgewogenheit	Künstler, Ingenieure und Piloten, z. B. Pablo Picasso
Musikalische Intelligenz	Produktive und rezeptive musikalische Fähigkeiten; Verständnis für Tonkombinationen, musikalische Rhythmen und Strukturen	Musiker, Sänger und Komponisten, z. B. Igor Stravinsky
Körperlich-kinästhetische Intelligenz	Fähigkeit, eigene Körperbewegungen gezielt und flexibel zu koordinieren und einzusetzen	Sportler, Tänzer, z. B. Martha Graham (amerikanische Tänzerin und Choreographin)
Sozial-interpersonale Intelligenz	Hohe Sensibilität und Berücksichtigung der Empfindungen, Gefühle und Motive anderer; Fähigkeit, mit anderen Menschen zu agieren und zu kooperieren	Politische und religiöse Führer, Verkäufer, Therapeuten, z. B. Mahatma Gandhi
Sozial-intrapersonale Intelligenz	Fähigkeit, die eigene Person und den eigenen Körper zu verstehen und sich sowohl psychischer als auch körperlicher Vorgänge bewusst zu sein, diese realistisch einzuschätzen und angemessen damit umzugehen	Schauspieler und Therapeuten, z. B. Sigmund Freud
Naturalistische Intelligenz	Befähigung, Naturphänomene erkennen, kategorisieren und verstehen zu können	Tierärzte, Botaniker und Köche, z. B. Charles Darwin
Existenzielle Intelligenz	Fähigkeit, Fragen des Daseins zu erkennen, sich damit zu beschäftigen und aktiv nach Antworten dafür zu suchen	Geistige Führer, Philosophen, z. B. Dalai Lama

Sternberg geht davon aus, dass Intelligenz vor allem darin zum Ausdruck kommt, wie **erfolgreich** man im Leben ist. Er nimmt **3 große Intelligenzbereiche** an: **analytische, praktische und erfahrungsbezogene Fähigkeiten**.

Die **analytischen Fähigkeiten** unterteilen sich nach Sternberg in **Meta-, Ausführungs- und Wissenserwerbskomponenten**.

Bewährung der Theorie bemängelt. Wie schon bei Thurstone scheint die angenommene Unabhängigkeit der unterschiedlichen Intelligenzarten und die Auswahl genau dieser Intelligenztypen wenig Bestätigung zu finden.

Sternberg: Triarchische Intelligenztheorie oder Theorie der erfolgreichen Intelligenz

Sternberg (1985, 1999) geht ebenfalls von **unterschiedlichen Intelligenzkomponenten** und nicht von einer allgemeinen Intelligenz aus. Er vertritt die Auffassung, dass Intelligenz vor allem dadurch gekennzeichnet ist, dass Menschen **im Leben erfolgreich** sind. Diesen Erfolg erreichen sie durch analytische (komponentenbezogene Intelligenz), praktische (kontextuelle Intelligenz) und kreative (erfahrungsbezogene Intelligenz) Fähigkeiten.

Die **analytischen Fähigkeiten** bezeichnen die »klassischen Komponenten« der Intelligenz und unterteilen sich in Meta-, Ausführungs- und Wissenserwerbskomponenten. **Metakomponenten** sind höhere mentale Prozesse, die zum erfolgreichen Problemlösen notwendig sind und die körperliche und geistige Vorgänge steuern und kontrollieren (z. B. Problem- und Zielerkennung, Strategieauswahl, Planung und Kontrolle). Die **Ausführungskomponenten** beinhalten mentale Prozesse, die auf einer niedrigeren Ebene angesiedelt sind und sich auf ein konkretes Verhalten, eine Aufgabe oder Situation beziehen (z. B.: Wie löse ich eine bestimmte Mathematikaufgabe?). Die **Wissenserwerbskomponenten** schließlich steuern, wie Informationen im Verlauf eines Problemlöseprozesses erworben und genutzt werden (z. B. gezielt die Aufmerksamkeit auf die relevanten Informationen richten und Verknüpfungen zwischen bestimmten verwandten Informationen herstellen). Diese analytischen Fähigkeiten entsprechen den kognitiven Aspekten der Intelligenz, da sie intelligentes Verhalten wesentlich beeinflussen und steuern.

Sternberg nimmt weitere Intelligenzkomponenten an, die ebenfalls einen Einfluss darauf haben, wie erfolgreich eine Person in ihrem Leben ist. Die **praktischen Fähigkeiten** beziehen sich darauf, Probleme im Alltag lösen zu können, indem man sich an seine Umwelt anpasst oder seine Umwelt entsprechend verändert und dabei sein kulturelles und soziales Umfeld berücksichtigt. Es geht also darum, die oben beschriebenen analytischen Fähigkeiten kontextspezifisch und in seiner realen Lebensumwelt anwenden zu können (z. B. würde man einen Konflikt mit seinem Vorgesetzten anders lösen als den mit seiner Ehefrau).

Kreative Fähigkeiten schließlich beziehen sich auf den Austausch zwischen neuen Anforderungen bzw. Situationen und bestehenden Erfahrungen. Dabei geht es darum, dass automatisierte Fertigkeiten schnell auf neue Situationen angewandt werden, wodurch kreative Leistungen entstehen können (z. B.: Welche Unterrichtsmethode kann ein Lehrer einsetzen, um seine gelangweilten Schüler für ein bestimmtes physikalisches Phänomen zu begeistern?).

Intelligenz umfasst nach Sternberg demnach mehr als analytische Fähigkeiten. Nach seiner Theorie können Personen, die in »klassischen« Intelligenztests schlechte Leistungen erbringen oder sogar als »geistig behindert« bezeichnet werden, durchaus lebenstüchtige Menschen sein, indem sie auf die anderen Intelligenzkomponenten zurückgreifen und so ihr Leben meistern. Sternbergs Verständnis von Intelligenz weicht damit von den »klassischen« Theorien ab, indem es Intelligenz vielmehr als die **Grundlage einer erfolgreichen Lebensbewältigung und Lebensführung** versteht und nicht als ein reines Maß kognitiver Leistungen und Erfolge.

10.3 Intelligenzmessung

Nachdem in den vorangegangenen Abschnitten die Frage im Vordergrund stand, welche verschiedenen Intelligenztheorien es gibt, wird es nun darum gehen, wie man Intelligenz erfassen kann. Dazu wird zunächst kurz auf historische Aspekte der Intelligenzmessung eingegangen. Danach wird das heute übliche Vorgehen der normorientierten Intelligenzmessung vorgestellt und anhand einer beispielhaften Auswahl aktueller Intelligenztests für das Kindes- und Jugendalter ergänzt.

10.3.1 Frühe Intelligenzmessung

Alfred Binet (1857–1911), ein französischer Psychologe und Pädagoge, entwickelte Anfang des 20. Jahrhunderts im Auftrag des französischen Bildungsministeriums zusammen mit seinem Kollegen Théodore Simon den ersten Intelligenztest (Binet & Simon, 1905, für einen Überblick s. Funke, 2006).

Die Grundidee dieses ersten Intelligenztests war es, die **intellektuellen Leistungen von Kindern zu quantifizieren**. Es sollte überprüft werden, inwieweit die intellektuellen Leistungen eines Kindes seinem Alter entsprechen. Binet prägte damit den Begriff des **Intelligenzalters** (IA). Das IA bezeichnet das Alter (in Jahren), das den intellektuellen Leistungen in einem Test entspricht.

Um das IA zu bestimmen, wurden Aufgaben entwickelt, die von Kindern in einem bestimmten Alter gelöst werden können. Wenn ein Kind so viele Aufgaben löst wie der Durchschnitt der gleichaltrigen Kinder, entspricht sein IA dem Lebensalter (LA). Wenn es weniger oder mehr Aufgaben löst, liegt sein IA unter oder über seinem LA. Der **Intelligenzquotient** (IQ) wurde anschließend anhand der Formel (IA/LA)×100 berechnet (▶ Beispiel).

Praktische Fähigkeiten zeigen sich nach Sternberg in der Problemlösekompetenz im Alltag.

Kreative Fähigkeiten äußern sich, wenn bestehende Erfahrungen oder Fertigkeiten auf neue Situationen angewendet werden.

Sternberg sieht **Intelligenz als Grundlage einer erfolgreichen Lebensbewältigung und Lebensführung**.

Binet und Simon entwickelten 1905 den **ersten Intelligenztest**.

Die intellektuellen Leistungen sollen mithilfe eines Intelligenztests quantifiziert werden. Binet und Simon entwickelten daraufhin das Konzept des **Intelligenzalters**.

Aus dem **Verhältnis von Intelligenz- und Lebensalter** wurde in früheren Intelligenzmessungen der **Intelligenzquotient** berechnet.

> **Beispiel**
>
> In der revidierten Fassung des Binet-Simon-Tests von 1911 gibt es für jede Altersstufe 5 Aufgaben. Wenn ein Kind alle Aufgaben seiner Altersstufe löst, entspricht das IA dem LA. Wenn also ein 8-Jähriger alle altersentsprechenden Aufgaben löst, liegt sein IA ebenfalls bei 8 und der IQ damit bei 100 [IQ=(8/8)×100]. Wenn dasselbe Kind es zusätzlich schafft, auch noch 2 Aufgaben für die 9-Jährigen Kinder zu lösen, steigt sein IA um 2×1/5=0,4 an, da es 2 der 5 Aufgaben lösen kann. Damit beträgt das IA 8,4 Jahre (8+0,4) und der IQ 105 [(8,4/8)×100]. Falls das Kind nur drei der Aufgaben für die 8-Jährigen löst, beträgt das IA 7,6 Jahre (8–0,4) und der IQ 95 [(7,6/8)×100]. Ein IQ von 100 kennzeichnet damit eine altersangemessene oder durchschnittliche intellektuelle Leistung, während Werte darunter für unterdurchschnittliche und darüber für überdurchschnittliche Leistungen stehen.

Die ursprüngliche Form der Bestimmung des Intelligenzquotienten eignet sich nur im Kindes- und Jugend-, nicht jedoch im Erwachsenenalter.

Diese Form der Intelligenzbestimmung **eignet sich nur für das Kindes- und Jugendalter**, da die intellektuellen Leistungen in dieser Zeit eng an das Lebensalter geknüpft sind. Ab dem jungen Erwachsenenalter jedoch steigen die intellektuellen Leistungen nicht weiter an, was dazu führt, dass das IA stabil bleibt. Durch die Berechnung des IQ als (Intelligenzalter/Lebensalter)×100 würde dieses dazu führen, dass der IQ mit steigendem Alter kontinuierlich abnimmt, was allerdings so nicht zu beobachten ist.

Aus diesem Grund findet die Intelligenzbestimmung in der heutigen Zeit sowohl im Kindes- und Jugend- als auch im Erwachsenenalter auf der Grundlage der normorientierten Intelligenzmessung statt.

10.3.2 Normorientierte Intelligenzmessung

*Die **normorientierte Intelligenzmessung** setzt das Testergebnis einer Person ins Verhältnis zu einer **Bezugsnorm**.*

Bei der normorientierten Intelligenzmessung wird das individuelle Testergebnis einer Person ins Verhältnis zu einer **Bezugsnorm** gesetzt. Diese Bezugsnorm entsteht, indem der Test einer großen repräsentativen **Normstichprobe** gestellt wird. Anhand der Ergebnisse der Normstichprobe kann das individuelle Ergebnis eingeordnet und interpretiert werden.

Innerhalb der Normstichprobe werden in der Regel Altersgruppen und teilweise auch getrennte Geschlechtsgruppen gebildet. Das bedeutet, dass man das Testergebnis eines 6-jährigen Mädchens auch nur mit den Ergebnissen anderer 6-jähriger Mädchen vergleicht und nicht z. B. mit allen Kindern zwischen 5 und 13. Durch dieses Vorgehen erhält man ein gutes Bild darüber, wie eine **einzelne Person im Vergleich zu ihrer Alters- und Geschlechtsgruppe** abschneidet.

*Die Transformation der Rohwerte eines Tests in **IQ-Werte** ermöglicht eine inhaltliche Interpretation des Testergebnisses.*

Aber wie kommt man nun von einem Testergebnis zum IQ? Zunächst erhält man **Roh- bzw. Summenwerte**; also die Anzahl an Aufgaben, die von einer Person bei einem Intelligenztest richtig gelöst wurden. Diese Rohwerte lassen sich in **standardisierte Werte** transformieren, die wie schon bei Binet als IQ bezeichnet werden. Dadurch lässt sich erklären, warum man in dem einen Test beispielsweise 15 Aufgaben richtig lösen muss, um einen durchschnittlichen IQ zu haben, und in einem anderen 25. Der Rohwert der richtig gelösten Aufgaben enthält für sich also noch keinerlei Informationen. Erst die **Transformation in IQ-Werte** ermöglicht eine inhaltliche Interpretation des Testergebnisses.

Intelligenzquotient

▶ **Definition Intelligenzquotient**

> **Definition**
>
> Der **Intelligenzquotient** gibt Auskunft darüber, wie die intellektuellen Fähigkeiten einer Person in Relation zu einer Vergleichsgruppe ausgeprägt sind.

*Der **IQ** ist **normalverteilt**.*

Der IQ folgt, wie auch andere menschliche Eigenschaften (z. B. Körpergröße und Gewicht), der **Normalverteilung** (◘ Abb. 10.2).

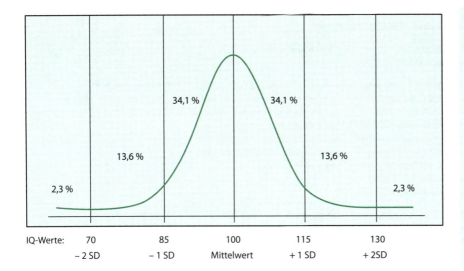

Abb. 10.2. Darstellung einer Normalverteilung

Die Fläche unter der Kurve zeigt dabei an, wie viele Personen eine bestimmte Ausprägung der Intelligenz zeigen. Die meisten Menschen haben eine durchschnittliche Intelligenz. Diese wird typischerweise auf den Wert 100 festgelegt. Damit ist der Wert **100 der Mittelwert der IQ-Skala**. Neben dem Mittelwert gibt es eine weitere entscheidende Größe: Die Standardabweichung. Diese gibt an, wie sehr die Werte aller Personen im Durchschnitt um den Mittelwert streuen. Bei der IQ-Skala liegt die **Standardabweichung bei 15**.

Da der Intelligenzquotient der Normalverteilung folgt, kann man genau bestimmen, wie viele Personen eine bestimmte Ausprägung der Intelligenz aufweisen. Insgesamt ca. **68,2%** aller Personen (also die große Mehrheit) bewegen sich im Bereich **zwischen 1 Standardabweichung über oder unterhalb des Mittelwertes**, also zwischen einem Wert von 85 und 115. Vergrößert man das Intervall auf 2 Standardabweichungen über und unter dem Mittelwert (70–130), dann liegen sogar 95,4% aller Personen innerhalb dieses Bereichs. In den Randbereichen, das heißt **unter einem IQ-Wert von 70 oder über 130** liegen **nur sehr wenige Personen** (jeweils ca. 2,3%). In diesen Fällen wird auch von **Minder- bzw. Hochbegabung** gesprochen.

Der **Mittelwert** der IQ-Skala wird bei **100**, die **Standardabweichung** bei **15** festgelegt.

95,4% aller Menschen haben einen **IQ zwischen 70 und 130**. Nur jeweils 2,3 % liegen darüber oder darunter und werden als **minder- bzw. hochbegabt** klassifiziert.

Gängige Intelligenztests im Kindes- und Jugendalter

In der Praxis kommen **verschiedene Intelligenztests für das Kindes- und Jugendalter** zum Einsatz. Tab. 10.3 gibt eine Übersicht über drei beispielhaft ausgewählte Tests zur Intelligenzdiagnostik. Eine ausführliche Auflistung deutschsprachiger Intelligenztests findet sich außerdem im Internet unter http://www.testzentrale.de oder im »Brickenkamp Handbuch psychologischer und pädagogischer Tests« (Brähler et al., 2002). In Abb. 10.3 ist ein Kind bei der Bearbeitung einer beispielhaften Intelligenztestaufgabe zu sehen.

Intelligenztests können sehr unterschiedlich konzipiert sein. Sie können als **Papier-Bleistift**-Test oder als **computergestütztes Verfahren** vorliegen. Bezüglich des Antwortformates kann das **freie Format** (es sollen offene Antworten gegeben werden, ohne Vorgabe von Alternativen) oder das **»Multiple-choice«-Format** (man muss aus verschiedenen Antwortalternativen eine oder mehrere auswählen) unterschieden werden; außerdem lassen sich

Für das Kindes- und Jugendalter gibt es verschiedene Intelligenztests.

Abb. 10.3. Ein 5-jähriger Junge bei einer Intelligenztestung mit dem HAWIK

Intelligenztests können sich hinsichtlich ihrer Konzeption unterscheiden.

Tab. 10.3. Beispiele für Intelligenztests für das Kindes- und Jugendalter

Test	Zugrunde liegendes Intelligenzkonstrukt	Skalen und Untertests	Besonderheiten
HAWIK IV (Hamburg-Wechsler-Intelligenztest für Kinder IV, Petermann & Petermann, 2008)	Mehrdimensionales Intelligenzkonstrukt, bestehend aus den Faktoren (Indizes) Sprachverständnis (SV), Arbeitsgedächtnis (AG), Bearbeitungsgeschwindigkeit (BG) sowie Wahrnehmungsorganisation und logisches Denken (WLD), außerdem Berechnung eines Gesamt-IQ (g-Faktor)	Insgesamt 10 Untertests/Kerntests (z. B. Wortschatz-Test, Mosaik-Test), anhand derer die Indizes und der Gesamt-IQ bestimmt werden können, zusätzlich 5 optionale Untertests, mit denen weitere Informationen erhoben werden können	Einzeltestverfahren Altersbereich: 6;0–16;11 Jahre Dauer: 60–90 min
K-ABC (Kaufman Assessment Battery for Children, von Kaufman & Kaufman, dtsch. Bearbeitung von Melchers & Preuß, 2003)	Mehrdimensionales Intelligenzkonstrukt, bestehend aus: Skala einzelheitlichen Denkens, Skala ganzheitlichen Denkens, Fertigkeitsskala und sprachfreie Skala	Insgesamt 16 Untertests (altersabhängiger Einsatz, z. B. Zahlennachsprechen, Wiedererkennen von Gesichtern), die den Skalen zugeordnet werden	Einzeltestverfahren Altersbereich: 2;6–12;5 Jahre Dauer: 30–90 min (je nach Alter)
CFT 1, CFT 20-R (Grundintelligenztests, Cattell, Weiß & Osterland, 1997; Weiß 2006)	Intelligenz nach dem Konzept von Cattell (s.o.), Erfassung der fluiden Komponente der Intelligenz (weitgehend kultur- und sprachfrei), im CFT 20-R auch Erfassung der kristallinen Komponente	CFT 1: Insgesamt 5 Untertests mit ausschließlich figuralem Material CFT 20-R: Zwei Testteile mit je 4 Untertests mit ausschließlich figuralem Material; zusätzlich 2 Ergänzungstests zum Wortschatz und zu Zahlenfolgen, um verbale und numerische Fähigkeiten zu erfassen	CFT 1: Einzel- und Gruppentestverfahren Altersbereich: 5;3–9;5 Jahre Dauer: 30–60 min CFT 20-R: Einzel- und Gruppentestverfahren Altersbereich: 8;5–19 Jahre Dauer: ca. 60 min

die Tests danach unterscheiden, ob die **Schnelligkeit** (»speed«) oder eher die **Richtigkeit** (»power«) der Bearbeitung als zentral angesehen wird (vgl. Daseking, Janke & Petermann, 2006).

Für die Praxis

Auswahl des passenden Intelligenztests

In der Praxis stellt sich häufig die Frage, welcher Intelligenztest denn nun zum Einsatz kommen sollte, um eine zuverlässige Aussage über die Intelligenz eines Kindes treffen zu können. Bei der Auswahl eines Intelligenztests sollte zum einen darauf geachtet werden, dass die Gütekriterien Reliabilität, Validität und Objektivität (▶ Kap. 5) erfüllt bzw. in ausreichendem Maße gegeben sind. Außerdem muss natürlich berücksichtigt werden, vor welchem Hintergrund und in welchem Kontext der Test stattfindet. Soll ein einzelnes Kind oder eine Gruppe von Kindern getestet werden? Viele Tests können nur in Einzeltestungen durchgeführt werden, da man auf das einzelne Kind spezifisch eingehen können muss. Für Gruppentestungen (die häufiger im wissenschaftlichen Kontext Anwendung finden) eignen sich Tests, die von den Kindern in Stillarbeit und parallel bearbeitet werden können.

Des Weiteren muss feststehen, ob es eher um eine allgemeine Einschätzung des intellektuellen Niveaus geht oder ob man spezifische Informationen über bestimmte Fähigkeitsbereiche erhalten möchte. Hier muss dann zwischen ein- und mehrdimensionalen Tests unterschieden werden, die die Intelligenz als globales Konstrukt oder in verschiedenen Facetten untersuchen. Damit einhergehend sollte man sich darüber im Klaren sein, dass jeder Test die Intelligenz in unterschiedlicher Form erfasst, da es keine einheitliche Sichtweise gibt, was unter Intelligenz zu verstehen ist.

Weiterhin gibt es Tests, die die Intelligenz »sprachfrei« (wie z. B. die Grundintelligenztests, CFT) messen. Dabei fließen keine verbalen Aspekte in die Messung ein und es müssen keine Aufgaben gelöst werden, die in irgendeiner Form mit geschriebener Sprache zu tun haben (wie z. B. Textaufgaben und Wortanalogien finden). Dieses ist besonders dann angezeigt, wenn Kinder Defizite im Lesen und Schreiben aufweisen, da dadurch das Ergebnis eines sprachabhängigen Intelligenztests verzerrt werden würde.

10.3.3 Intelligenzmessung in der Praxis

Intelligenztests werden im Kindes- und Jugendalter vor allem in der **schulpsychologischen Diagnostik** eingesetzt (für einen Überblick s. Holling, Preckel & Vock, 2004). Dabei geht es darum, die kognitiven Fähigkeiten eines Kindes mit den schulischen Anforderungen abzugleichen, da die Schulleistungen bedeutsam mit den intellektuellen Fähigkeiten zusammenhängen (Deary et al., 2007; Laidra et al., 2007). Allerdings ist der Intelligenztest immer nur als **ein Bestandteil einer umfassenderen Diagnostik** zu verstehen, da nicht nur die intellektuellen Fähigkeiten einen Einfluss auf schulrelevante Aspekte haben.

So werden Intelligenztests neben Einschulungstests in der **Schuleignungsdiagnostik** eingesetzt, um entscheiden zu können, ob die nötigen kognitiven Voraussetzungen für einen Schuleintritt vorliegen und um damit z. B. eine Entscheidungshilfe bezüglich einer vorzeitigen Einschulung oder Zurückstellung zu liefern. Auch bei der **Schullaufbahnberatung** wird auf Intelligenztests zurückgegriffen, um Unterstützung zu liefern, den geeigneten Schultyp und die geeignete Schullaufbahn (z. B. Überspringen einer Klasse) für ein Kind zu finden.

Darüber hinaus ist es zur Abklärung, ob eine **Lese-Rechtschreib-Störung** oder eine **Dyskalkulie** (Rechenstörung) vorliegt, notwendig, ebenfalls die Intelligenz zu erfassen. Nur wenn die Leistungen im Lesen, Schreiben bzw. Rechnen unterdurchschnittlich sind, die intellektuellen Fähigkeiten jedoch im Durchschnitt (oder auch darüber) liegen, wird eine solche Störung nach dem ICD-10 oder dem DSM IV diagnostiziert (▶ Kap. 17 zur Erläuterung des ICD-10 und DSM IV).

Im Kontext von **Lernbehinderungen** werden Intelligenztests herangezogen, um festzustellen, ob mögliche Schulleistungsprobleme eines Kindes mit einer **Intelligenzminderung oder geistigen Behinderung** zusammenhängen. Intelligenzminderung bedeutet, dass die Entwicklung der geistigen Fähigkeiten entweder verzögert oder unvollständig ist. Wie bereits oben erwähnt, spricht man bei einem **IQ unter 70** von einer Intelligenzminderung.

Man kann durch eine Intelligenzmessung aber auch das sog. **Underachievement** aufdecken. Das bedeutet, dass die Leistungen eines Kindes unter dem liegen, was es aufgrund seines intellektuellen Potenzials eigentlich erreichen könnte. In einem solchen Fall ist es natürlich unerlässlich, dieser Problematik näher auf den Grund zu gehen und die Ursachen für die unerwartet schlechten Leistungen aufzuklären (z. B. fehlende Motivation, fehlende Lernstrategien, Probleme im emotionalen Bereich).

Auf der anderen Seite, kann ein Intelligenztest auch eine vorliegende **Hochbegabung**, also weit überdurchschnittliche kognitive Fähigkeiten, aufdecken. Von Hochbegabung wird in der Regel dann gesprochen, wenn der **IQ über 130** liegt. Es ist nicht einfach zu beschreiben, wodurch sich hochbegabte Kinder und Jugendliche konkret auszeichnen, da sich eine Hochbegabung in sehr unterschiedlicher Art und Weise äußern kann. Hinsichtlich des Lern- und Leistungsverhaltens ist gemäß Rost (2004, S. 43) jedoch generell zu beobachten, dass eine intellektuell hochbegabte Person
1. »sich effektiv und effizient deklaratives und prozedurales Wissen aneignen kann,
2. in der Lage ist, dieses Wissen besser als andere in variierenden Situationen zur Lösung von (individuell neuen) Problemen adäquat einzusetzen,
3. fähig ist, rasch aus den dabei gemachten Erfahrungen zu lernen und
4. erkennen kann, auf welche neuen Situationen bzw. Problemstellungen die gewonnenen Erkenntnisse transferierbar sind – Generalisierung – und auf welche nicht – Differenzierung«.

Im Alltag äußern sich diese Fähigkeiten häufig dadurch, dass Hochbegabte eine für ihr Alter übermäßig schnelle Auffassungs- und Beobachtungsgabe besitzen, Probleme und Aufgaben sehr eigenständig und selbstmotiviert erfassen und lösen, wobei sie nicht

---

Intelligenztests werden häufig in der **schulpsychologischen Diagnostik** eingesetzt.

Im Speziellen werden sie u. a. im Rahmen der **Schuleignungsdiagnostik** sowie bei der **Schullaufbahnberatung** verwendet.

Zudem finden Intelligenztests Anwendung bei der Abklärung der Frage, ob eine **Lese-Rechtschreib-Störung** oder **Dyskalkulie** vorliegt.

Weiterhin dienen sie zur Feststellung von **Intelligenzminderung** und **Underachievement**.

Außerdem werden Intelligenztests zur Feststellung einer **Hochbegabung** herangezogen.

Eine **Hochbegabung** äußert sich häufig dadurch, dass Wissen schneller erworben, angewendet und transferiert werden kann.

selten eine enorm perfektionistische und selbstkritische Haltung zeigen, ein hohes Detailwissen in einzelnen Bereichen haben, eine überdurchschnittlich gute Merkfähigkeit und häufig außergewöhnliche verbale Fähigkeiten (u. a. großer Wortschatz) aufweisen (BMBF, 2003).

> **Exkurs**
>
> **Spezielle Fördermaßnahmen für hochbegabte Kinder?**
> Bei hochbegabten Kindern und Jugendlichen stellt sich die Frage, wie sie angemessen gefördert und gefordert werden können. In »Regelschulen« entsteht schnell das Problem, dass die Kinder in der ihrem Alter entsprechenden Klassenstufe intellektuell unterfordert sind, sich langweilen, dadurch nicht die von ihnen zu erwartenden schulischen Leistungen zeigen und teilweise durch Störverhalten im Unterricht auffallen (Gauck, 2007). Als Lösung wird dabei häufig das Überspringen einer oder mehrerer Klassenstufen gewählt. Dieses Vorgehen birgt jedoch oft neue Probleme, da hochbegabte Kinder ihren Altersgenossen zwar intellektuell voraus, hinsichtlich der emotionalen und sozialen Entwicklung jedoch häufig auf demselben Stand sind. Kommen sie nun in eine höhere Klassenstufe, ergibt sich hinsichtlich dieser Faktoren eine Diskrepanz, die erneut Probleme mit sich bringen kann.
>
> Um dieser Problematik gerecht werden zu können, werden vermehrt spezielle Fördermaßnahmen für Hochbegabte angeboten. Diese reichen von gesonderten Aufgabenstellungen innerhalb des »normalen« Klassenverbandes über ausgegliederte Unterrichtsstunden mit Inhalten, die an die Kompetenzen der hochbegabten Kinder angepasst sind, bis hin zu speziellen Schulen und Einrichtungen, die nur von Kindern mit Hochbegabung besucht werden. Eine Studie von Delcourt, Cornell und Goldberg (2007) zeigte, dass hochbegabte Kinder bessere akademische Leistungen zeigen, wenn sie in speziellen Schulen bzw. Klassen für Hochbegabte oder in gesonderten Unterrichtsstunden außerhalb des Klassenverbandes unterrichtet werden. Die Studie zeigte jedoch auch, dass hochbegabte Kinder sich innerhalb von speziellen Klassen oder Schulen für Hochbegabte wie auch in leistungsheterogenen Regelschulklassen gleichermaßen sozial akzeptiert fühlen und dass spezielle Hochbegabten-Schulen sogar teilweise dazu führen können, dass die Kinder eine geringer ausgeprägte Selbsteinschätzung ihrer schulischen Leistungen zeigen. Die Autoren ziehen aus ihren Ergebnissen die Schlussfolgerungen, dass nicht nur die kognitiven Aspekte bei der Hochbegabtenförderung eine Rolle spielen, sondern dass insbesondere die emotionale Entwicklung der Kinder und die Gestaltung der Lernumgebung im Mittelpunkt stehen sollten. Insgesamt scheint die Hochbegabtenförderung in jedem Kontext eine besondere Herausforderung für das Lehrpersonal darzustellen, die nur dann erfolgreich sein kann, wenn die Kinder in akademischen und kognitiven wie auch in sozial-emotionalen Aspekten unterstützt werden.

10.4 Einflussfaktoren auf die Intelligenz

Die bisherigen Ausführungen haben bereits verdeutlicht, dass die intellektuellen Leistungen zwischen verschiedenen Personen sehr unterschiedlich sein können. Doch warum unterscheiden sich Menschen hinsichtlich ihrer Intelligenz? Liegt es eher an der genetischen Ausstattung, also den **Anlagen,** oder an den Erfahrungen, die mit der **Umwelt** gemacht werden?

10.4.1 Genetische Beiträge zur Intelligenz

Intelligenz gilt als eine der **stabilsten Persönlichkeitseigenschaften.**

Die Intelligenz wird oft als eine der »**stabilsten Persönlichkeitseigenschaften**« bezeichnet. Tatsächlich konnten zahlreiche Studien belegen, dass der IQ spätestens ab dem Schulalter bis ins hohe Erwachsenenalter sehr stabil ist, dass also die individuellen Testergebnisse einer Person zu unterschiedlichen Testzeitpunkten relativ hoch miteinander korrelieren (z. B. Bartels, Rietveld, Van Baal & Boomsma, 2002; Deary, Whiteman, Starr, Whalley & Fox, 2004; s. dazu auch Bjorklund & Schneider, 2006). Das bedeutet natürlich nicht, dass Kinder sich ab dem Schulalter intellektuell nicht weiterentwickeln, sondern dass sie im Vergleich zu ihrer Bezugsgruppe aus gleichaltrigen Kindern ihre Rangposition beibehalten. Aus diesem Grund ist es naheliegend anzunehmen, dass intellektuelle Fähigkeiten vor allem durch die genetische Ausstattung festgelegt werden und dass Umweltfaktoren, die häufig viel variabler und inkonsistenter sind, eine eher untergeordnete Rolle spielen.

Tatsächlich belegen Zwillings- und Adoptionsstudie, dass die Intelligenz **zu einem großen Teil durch genetische bzw. erbliche Faktoren bestimmt** wird (z. B. Brody, 1992; Scarr, Weinberg & Waldmann, 1993). Eineiige Zwillinge weisen höhere Ähnlichkeiten auf als zweieiige Zwillinge und Adoptivkinder sind ihren biologischen Eltern hinsichtlich der Intelligenz ähnlicher als ihren Adoptiveltern. Man kann davon ausgehen, dass etwa **50% der interindividuellen IQ-Unterschiede auf Unterschiede in der genetischen Ausstattung** zurückzuführen sind (Plomin & Petrill, 1997). Diese Angabe bezieht sich allerdings nicht auf einzelne Personen. Es wäre also nicht korrekt zu sagen, dass 50% der Intelligenz eines Menschen durch seine Gene bestimmt sind. Zu berücksichtigen sind dabei auch die Kritiken an der Zwillings- und Adoptivmethode (► Kap. 4).

Neben der großen Auswirkung, die die genetische Ausstattung auf die Intelligenz hat, gibt es ebenfalls zahlreiche Umweltfaktoren, die die intellektuelle Entwicklung fördern oder hemmen können.

> Die **Intelligenz** ist zu einem großen Teil **durch die genetische Ausstattung bestimmt**. Etwa 50% der IQ-Unterschiede zwischen Personen sind auf genetische Faktoren zurückzuführen.

10.4.2 Umwelteinflüsse und Intelligenz

Es gibt viele Hinweise darauf, dass die **intellektuelle Entwicklung** nicht nur durch genetische Faktoren, sondern auch **durch die Umwelt beeinflusst** wird: So zeigten z. B. verschiedene Studien, dass Heimkinder große Fortschritte hinsichtlich ihrer intellektuellen Fähigkeiten machten, wenn sie das Heim verließen und in Familien aufgenommen wurden, die ihnen ein größeres Ausmaß an Förderung und Stimulierung boten (O'Connor et al., 2000; Skeels, 1966).

Außerdem deuten **Generations- bzw. Kohortenunterschiede**, bei denen ältere Generationen im Schnitt ein deutlich geringeres intellektuelles Niveau erreichen als jüngere Generationen (bei gleichem biologischem Alter), darauf hin, dass Umweltfaktoren einen Einfluss haben (z. B. Flynn, 1987). Ältere Generationen sind in der Regel in weniger stimulierenden und fördernden Bedingungen aufgewachsen; es ist jedoch anzunehmen, dass sie eine sehr ähnliche genetische Ausstattung wie jüngere Generationen besitzen.

Darüber hinaus zeigen die bereits oben angesprochenen **Adoptionsstudien**, dass die Intelligenz adoptierter Kinder neben der genetischen Ausstattung ebenfalls sehr stark durch ihre Lebenssituation in der Adoptivfamilie und die dort herrschenden Umweltfaktoren bestimmt wird (Scarr et al., 1993; van Ijzendoorn, Juffer & Poelhuis, 2005).

> Die **intellektuelle Entwicklung** wird nicht nur durch die Anlage, sondern auch **durch zahlreiche Umweltfaktoren beeinflusst**.

> **Kohortenunterschiede** und Befunde aus **Adoptionsstudien** belegen den Einfluss des Lebenskontextes auf die Intelligenz.

> **Studie**
>
> **Gene und Umwelt – Erkenntnisse zur Auswirkung auf die Intelligenz anhand der Ergebnisse einer Adoptionsstudie**
>
> Adoptionsstudien zeigen sehr deutlich, dass genetische und Umweltfaktoren ausschlaggebend für die intellektuelle Entwicklung sind. Capron und Duyme (1989) untersuchten Adoptivkinder, deren leibliche Eltern entweder einen hohen oder niedrigen sozialen Status aufwiesen und deren Adoptiveltern wiederum einen hohen oder niedrigen sozialen Status hatten. Sie konnten zeigen, dass Kinder, deren biologische Eltern einen hohen sozialen Status besaßen, einen höheren IQ aufweisen als Kinder, deren biologische Eltern einen niedrigen sozialen Status hatten, unabhängig vom sozialen Status der Adoptiveltern. Außerdem hatten Kinder mit besser situierten Adoptiveltern höhere IQ-Werte als Kinder von Adoptiveltern mit niedrigem sozialem Status, unabhängig vom sozialen Status der leiblichen Eltern. Demnach wirken die Einflüsse der genetischen Ausstattung und der Umwelt parallel und unabhängig voneinander auf die intellektuelle Entwicklung.
>
> Weinberg (1989) geht in diesem Zusammenhang davon aus, dass der IQ etwa 20–25 Punkte um den Wert schwanken kann, der durch die genetische Ausstattung prädisponiert ist (Modifikationsbreite). Demnach kann der tatsächliche IQ (Phänotyp) aufgrund von Umwelteinflüssen relativ weit von dem abweichen (in positiver und negativer Richtung), was durch den Genotyp bestimmt ist.

Wie bereits im obigen Beispiel erwähnt erreichen Kinder aus Familien mit höherem Status im Durchschnitt einen höheren IQ (z. B. Tong, Baghurst, Vimpani & McMichael, 2007). Außerdem spielen auch andere **Merkmale einer Familie** eine große Rolle. So hat z. B. die **Anzahl der Kinder** einen Einfluss: Je mehr Kinder in einer Familie leben, desto geringer fallen die intellektuellen Leistungen aus. In diesem Zusammenhang muss auch die **Geschwisterposition** berücksichtigt werden: Erstgeborene weisen im Schnitt einen etwas höheren IQ auf als Kinder, die bereits bei ihrer Geburt eines oder mehrere Geschwister haben (Zajonc & Markus, 1975; Zajonc & Mullally, 1997). Die Einflüsse der Kinderanzahl und Geschwisterposition sind jedoch vergleichsweise gering.

> Der **soziale Status** hängt mit den intellektuellen Leistungen zusammen. Dabei spielt u. a. die **Kinderanzahl** und die **Geschwisterposition** eine Rolle.

Insgesamt spielt das familiäre Umfeld in Bezug auf die Intelligenz eines Kindes eine große Rolle. Sameroff, Seifer Baldwin und Baldwin (1993) identifizierten in ihrer Studie mehrere **familiäre Risikofaktoren**, die das **Risiko für einen geringeren IQ bei Kindern erhöhen** und kumulativ auf die intellektuelle Entwicklung wirken (d. h. je mehr einzelne Faktoren zutreffen, desto negativer sind die Auswirkungen auf den IQ). Dazu zählen neben zahlreichen Faktoren, die eng mit dem sozialen bzw. sozioökonomischen Status verknüpft sind (geringe Schulbildung der Mutter, hohe Kinderzahl, gering verdienender Haushaltsvorstand, Zugehörigkeit zu ethnischer oder kultureller Minderheit, alleinerziehender Elternteil) auch Faktoren wie übermäßige Ängstlichkeit der Mutter, hohe Anzahl belastender Stresserlebnisse, rigide mütterliche Vorstellung hinsichtlich des Erziehungsverhaltens und der kindlichen Entwicklung, negative Mutter-Kind-Interaktion und eine eingeschränkte seelische Gesundheit aufseiten der Mutter. Kinder, die einer Vielzahl der oben genannten Risikofaktoren ausgesetzt sind, zeigen häufig Einbußen hinsichtlich ihrer intellektuellen Entwicklung.

> Es gibt **familiäre Risikofaktoren**, die sich negativ auf die intellektuelle Entwicklung auswirken können.

Andersherum gibt es auch Faktoren des familiären Umfeldes, die sich sehr **förderlich auf die Intelligenzentwicklung** eines Kindes auswirken können. Eltern, die eine interessante und stimulierende Umwelt (z. B. durch anregende Spielzeuge) für ihre Kinder schaffen, emotional responsiv sind, viel mit ihren Kindern sprechen und ihnen viel erklären, Möglichkeiten zum Explorieren und Ausprobieren geben sowie positive und angemessene Entwicklungserwartungen an das Kind stellen, unterstützen damit die intellektuelle Entwicklung in positiver Weise.

> Es gibt **Faktoren des familiären Umfeldes**, die sich förderlich auf die intellektuelle Entwicklung auswirken können.

Neben den beschriebenen familiären Einflüssen kommt aber auch der **Schule** eine große Bedeutung zu (Ceci, 1991). Kinder lernen in der Schule, wodurch ihre Intelligenz ansteigt. Dieses ist unter anderem abhängig davon, wie lange sie schon zur Schule gehen. Kinder desselben biologischen Alters, die unterschiedliche Klassenstufen besuchen und damit nicht die gleiche **Anzahl an Schuljahren** hinter sich haben, zeigen unterschiedliche intellektuelle Leistungen: Die Kinder in einer höheren Klassenstufe schneiden besser ab als diejenigen in der darunterliegenden Stufe (Cahan & Cahan, 1989). Außerdem deuten Befunde, dass der **IQ während längerer Schulferien absinkt**, darauf hin, dass der Schulbesuch an sich einen positiven Einfluss auf die intellektuelle Entwicklung hat (Huttenlocher, Levine & Vevea, 1998)

> Der **Schulbesuch** hat einen positiven Einfluss auf die Intelligenz eines Kindes.

Ergebnisse wie diese haben dazu geführt, dass vor allem in den USA zahlreiche, teilweise sehr umfangreiche **Förderprogramme** für Kinder aus weniger privilegierten und sozial schwächeren Familien, in denen eine Reihe der oben genannten Risikofaktoren vorliegen, ins Leben gerufen wurden. Eines dieser Programme ist »**Head Start**«, welches zum Ziel hat, bei Kindern die Bildungsbenachteiligung abzubauen und ihnen damit eine bessere schulische und akademische Karriere zu ermöglichen. Erreicht werden soll dieses Ziel durch **spezielle Angebote und Einrichtungen,** in denen die Kinder betreut und gefördert werden. Es zeigte sich, dass die teilnehmenden Kinder im Hinblick auf die Intelligenz zwar kurzfristig, häufig jedoch nicht langfristig profitieren (z. B. Ripple & Zigler, 1993). Die Kinder profitierten allerdings dennoch hinsichtlich anderer Variablen durch das Programm: Sie zeigten u. a. ein besseres Sozialverhalten, erreichten mit höherer Wahrscheinlichkeit einen Schulabschluss und erfreuten sich besserer Gesundheit als vergleichbare Kinder ohne eine derartige Förderung. Andere gezielte

> **Förderprogramme** für Kinder aus sozial benachteiligten Familien wirken sich häufig nur kurzfristig auf die intellektuelle Entwicklung aus, können langfristig jedoch in anderen Bereichen einen positiven Einfluss auf die kindliche Entwicklung nehmen.

Trainingsprogramme kommen auch teilweise zu besseren Ergebnissen hinsichtlich langfristiger Wirksamkeiten. Förderprogramme scheinen demnach durchaus einen positiven Einfluss auf die Entwicklung der Kinder auszuüben, auch wenn sich dieses nicht immer anhand einer Verbesserung intellektueller Leistungen zeigt.

10.5 Die Rolle der Intelligenz im Leben

Abschließend kann man sich die Frage stellen, warum die Intelligenz eine so zentrale menschliche Eigenschaft ist und warum sie einen so entscheidenden Stellenwert in der Entwicklung einnimmt.

Intelligenz ist neben anderen Faktoren ein **wichtiger Prädiktor dafür, wie erfolgreich jemand in akademischer und beruflicher Hinsicht in seinem Leben ist**. Der Erfolg kennzeichnet sich dadurch, welche Schule man besucht, wie gut die schulischen Leistungen sind, welchen beruflichen Weg man einschlagen kann und wie erfolgreich man in diesem Beruf und in seinem Leben ist (Brody, 1992). Natürlich gibt es neben der Intelligenz andere wichtige Eigenschaften, die ebenfalls einen Einfluss haben: Beispielsweise wie motiviert jemand ist, welche Interessen vorliegen und wie die sozialen Fähigkeiten ausgeprägt sind. Die Intelligenz ist hinsichtlich des Lebenserfolgs demnach ein wichtiger, aber nicht alles entscheidender Faktor.

Die Intelligenz ist ein **Prädiktor** dafür, wie erfolgreich man in seinem Leben ist.

 Kontrollfragen

1. Wie lautet eine operationale Definition der Intelligenz?
2. Wie unterscheiden sich kristalline und fluide Intelligenz und welcher Entwicklungsverlauf zeigt sich bei diesen beiden Intelligenzarten über den Lebenslauf hinweg?
3. Beschreiben Sie die drei Ebenen der Intelligenz nach der Three-Stratum-Theorie von Carroll.
4. Welche Theorien der Intelligenz sind in der Three-Stratum-Theorie von Carroll integriert?
5. Welche Intelligenzkomponenten sind als analytische Fähigkeiten in der triachischen Intelligenztheorie von Sternberg zusammengefasst?
6. Beschreiben Sie das Prinzip der lebensaltersorientierten Intelligenzmessung.

Holling, H., Preckel, F. & Vock, M. (2004). *Intelligenzdiagnostik*. Göttingen: Hogrefe.
Rost, D. H. (Hrsg.). (2009). *Hochbegabte und hochleistende Jugendliche: Befunde aus dem Marburger Hochbegabtenprojekt* (2. Aufl.). Münster: Waxmann.

▶ **Weiterführende Literatur**

11 Emotion

11.1	**Ansätze in der Emotionsforschung – 134**		**11.3**	**Entwicklung der Regulierung von Emotionen – 142**
11.1.1	Strukturalistischer Ansatz – 135		11.3.1	Temperament – 143
11.1.2	Funktionalistischer Ansatz – 136		11.3.2	Emotionsregulation in der Kindheit – 146
11.1.3	Soziokultureller Ansatz – 136		11.3.3	Emotionsregulation in der Jugend – 149
11.2	**Entwicklung von Emotionen – 137**		**11.4**	**Entwicklung des Emotionswissens und -verständnisses – 149**
11.2.1	Positive Emotionen – 138		11.4.1	Verständnis von Emotionsauslösern – 150
11.2.2	Negative Emotionen – 139		11.4.2	Verständnis von ambivalenten Emotionen – 151
11.2.3	Selbstbewusste Emotionen – 141			

Lernziele

— Zwischen verschiedenen theoretischen Positionen in der Emotionsforschung unterscheiden können.
— Entwicklungsabfolgen bei positiven, negativen und selbstbewussten Emotionen kennen.
— Entwicklung der Emotionsregulation in verschiedenen Altersabschnitten beschreiben können.
— Bedeutung des Temperaments bei der emotionalen Entwicklung verstehen.
— Entwicklung des Wissens über Emotionen und Emotionsregulation erläutern können.

Die entwicklungspsychologische Emotionsforschung befasst sich mit der **Konzeptualisierung** von Emotionen, der **Entwicklung spezifischer Emotionen** und der **Emotionsregulation** sowie mit der Entwicklung von **Emotionswissen**.

Dieses Kapitel wird sich mit der Frage beschäftigen, was Emotionen eigentlich sind und welche **theoretischen Ansätze in der Emotionsforschung** skizziert worden sind. Es wird sich darüber hinaus mit der Frage beschäftigen, was sich im Bereich der Emotionen eigentlich entwickelt. Hierbei werden viele Aspekte der emotionalen Entwicklung in der Kindheit beleuchtet, die sich auf die **Entwicklung positiver, negativer und selbstbewusster Emotionen** beziehen. Es wird beispielsweise der Frage nachgegangen, ab welchem Alter zentrale Emotionen wie Freude oder Angst auftreten und welche Bedeutung einem Lächeln bei Kindern unterschiedlichen Alters zugeschrieben werden kann. Der sich anschließende Abschnitt befasst sich mit der **Entwicklung der Emotionsregulation** und den entscheidenden Entwicklungsfaktoren, die in zahlreichen Studien über das Kindes- und Jugendalter markiert werden konnten. Der letzte Abschnitt geht schließlich der Frage nach, wie sich das **Wissen um Emotionen** im Laufe der Kindheit entwickelt.

Unterschiedliche **theoretische Ansätze** in der Emotionsforschung gehen mit bestimmten **Forschungsparadigmen** und **Schwerpunkten** einher.

11.1 Ansätze in der Emotionsforschung

Nach Holodynski (2006) existieren zumindest drei sehr unterschiedliche theoretische Ansätze in der Emotionsforschung: Der strukturalistische Ansatz, der funktionalistische Ansatz und der sozio-kulturelle Ansatz. Jeder dieser Ansätze steht mit konkreten **Forschungsparadigmen** in Verbindung und setzt grundlegend unterschiedliche Schwerpunkte im Bereich der emotionalen Entwicklung.

11.1.1 Strukturalistischer Ansatz

Der strukturalistische Ansatz konzentriert sich auf die Frage, anhand welcher **Indikatoren** eine Emotion zweifelsfrei von anderen psychischen Phänomenen und verschiedene Emotionen voneinander unterschieden werden kann. Es geht Vertretern dieser Forschungsrichtung um die Identifikation von **Basisemotionen**, von denen sie annehmen, dass sie universell und angeboren sind (Izard, 1991) und dass sie mit einem spezifischen, **subjektiven Erleben** (dem Gefühl), typischen **physiologischen Reaktionen** und abgrenzbaren Mustern des **Ausdrucksverhaltens** in Beziehung stehen.

Beispiele für ein Ausdrucksverhalten bei den Emotionen Freude und Angst im Kindesalter finden sich in der 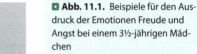 Abb. 11.1. Der strukturalistische Ansatz geht davon aus, dass sich aus der Mischung der **8 Basisemotionen** (Furcht, Wut, Freude, Trauer, Vertrauen, Ekel, Überraschung und Neugierde) das gesamte Spektrum des emotionalen Erlebens abbilden lässt.

Der **strukturalistische Ansatz** geht davon aus, dass der Mensch von Geburt an mit **Basisemotionen** ausgestattet ist und dass diese anhand des **subjektiven Erlebens**, der **physiologischen Reaktion** und des **Ausdrucksverhaltens** voneinander unterschieden werden können.

Das emotionale Erleben lässt sich durch **8 Basisemotionen** abbilden.

Abb. 11.1. Beispiele für den Ausdruck der Emotionen Freude und Angst bei einem 3½-jährigen Mädchen

> **Beispiel**
>
> Heute sind Oma und Opa zu Besuch gekommen, um den gerade einmal 8 Wochen alten Enkel Phillip zu besuchen. Als es klingelt, ist die gesamte Familie Dries, Vater Bernd, Mutter Edith und der 5-jährige Bruder Jonas, natürlich in heller Aufregung. Noch ehe die Großeltern die Mäntel abgelegt haben, zückt Opa Heinz seine Kamera und fragt: »Wo ist denn unser Kleiner?« Jonas springt aufgeregt vor ihm auf und ab und ruft: »Hier, hier bin ich!« Aber der Opa lächelt ihn an und geht an ihm vorbei in die Stube, wo seine Tochter Edith mit dem kleinen Phillip auf dem Arm steht. Jonas läuft in sein Zimmer und holt seine neue Eisenbahn, während Opa die ersten Fotos macht. »Jetzt sieh doch mal«, sagt Oma Lotte. »Schau doch, wie er mich anlacht. Kennst du die Oma? Ja, kennst du die Oma schon?« Phillip strahlt über das ganze Gesicht. »Sieh mal meine neue Eisenbahn«, ruft Jonas laut. »Brüll doch nicht so, Jonas!«, sagt Vater Bernd und streichelt Jonas über den Kopf. Unbeeindruckt davon, dass seine Oma inzwischen seinen kleinen Bruder auf dem Arm trägt, zerrt er an ihr, sodass sie erschrickt. »Das darfst du nicht tun, Jonas, mich so zu erschrecken. Der Phillip fällt doch runter.« Jonas verzieht das Gesicht, wirft seine Lok gegen den Wohnzimmerschrank und rennt in sein Zimmer.

Es hat sich gezeigt, dass es äußerst schwierig ist, notwendige Kriterien empirisch zu ermitteln, die hinreichend sind, um eine diskrete Emotion zweifelsfrei diagnostizieren zu können (Russel, 1994). So lassen sich verschiedene Emotionen häufig weder physiologisch noch auf der Handlungsebene voneinander unterscheiden. Das Beispiel oben lässt an vielen Stellen darauf schließen, dass Personen Freude erleben. Jonas springt vor seinem Großvater auf und ab: Ein ausdrucksbezogener Indikator für den emotionalen Zustand der Freude? – Sicherlich. Aber kann man auch ein ähnliches Erleben von Freude beim Großvater vermuten, der Jonas anlächelt, während er sich seinem neuen

Empirisch ist es bisher nicht gelungen, notwendige und hinreichende **Kriterien für das Vorliegen einer bestimmten Emotion** zu bestimmen.

Enkelkind zuwendet? – Gerade das Lächeln ist als ein unsicherer Indikator für das Erleben von Freude zu werten, da dieses in sozialen Interaktionen auch als Mittel der Täuschung anderer verwendet wird (▶ Abschn. 11.2). Phillip lächelt seine Oma an, und selbstverständlich tut er dies nicht, weil sie für ihn eine vertraute Person ist, schließlich besucht sie ihren Enkel das erste Mal. Dennoch befindet sich dieser – wie im folgenden Abschnitt näher ausgeführt wird – in einem Alter, in dem das an Menschen gerichtete **soziale Lächeln** entsteht.

11.1.2 Funktionalistischer Ansatz

> Der **funktionalistische Ansatz** geht davon aus, dass einzelne Emotionen die **Funktion** erfüllen, **Handlungsbereitschaften** zu ändern, um **Motive** zu verfolgen und **Bedürfnisse** zu befriedigen.

Historisch gesehen resultiert der funktionalistische Ansatz aus den Schwierigkeiten, die der strukturalistische Ansatz mit der empirischen Absicherung hatte. Die Analyse emotionaler Zustände wird in diesem Ansatz um die Funktion von Emotionen erweitert. Diese besteht darin, eine **Handlungsbereitschaft zu ändern**, um individuelle **Motive zu befriedigen** oder **Ziele zu verfolgen**. Es werden 3 Komponenten postuliert, die in einem Prozess miteinander in Beziehung stehen, der in der Regel sehr schnell abläuft. Die **Bewertung** (»appraisal«) eines bestimmten Umweltreizes als motiv- oder zielrelevant löst die eigentliche Emotion aus, die sich als (veränderte) **Handlungsbereitschaft** (»action readiness«) niederschlägt, die wiederum mit **Handlungskonsequenzen** verbunden ist. Entscheidend ist, dass die Qualität der jeweiligen Emotion unmittelbar von den individuellen Bewertungen der situativen Merkmale abhängig ist. Das Erleben von Ärger geht beispielsweise auf die Wahrnehmung einer Barriere zurück, die das Individuum an der Zielerreichung hindert (Lazarus, 1991). In dem obigen Beispiel erscheint es plausibel anzunehmen, dass Jonas Ärger erlebt, weil ihm nicht die Aufmerksamkeit zuteil wird, die er gerne hätte. Als Konsequenz müssen die Erwachsenen erleben, dass die Spielzeuglok gegen den Wohnzimmerschrank geworfen wird. Auch Jonas Vater ärgert sich über das als unangemessen laut bewertete Reden seines Sohnes. Er versucht, um sein Ziel zu erreichen, jedoch eine andere Strategie: Er streichelt Jonas über den Kopf.

> Im Laufe der Kindheit und Jugend werden die **Handlungsbereitschaften von Handlungen abgekoppelt**.

Diese Form des Umgangs mit Emotionen macht auf einen weiteren Schwerpunkt des funktionalistischen Ansatzes aufmerksam, der im dritten Abschnitt dieses Kapitels näher ausgeführt wird: Die Entwicklung der **Emotionsregulation**. Mit zunehmendem Alter ist es Kindern möglich, die unmittelbar aktivierten **Handlungsbereitschaften von den tatsächlichen Handlungen abzukoppeln**. Es gelingt Kindern zunehmend, Einfluss auf die eigenen Emotionen auszuüben und angemessene Strategien zur Bewältigung von Emotionen zu entwickeln. Unberücksichtigt bleibt in diesem Ansatz hingegen, dass die Entwicklung des skizzierten Systems aus Bewertungen, Handlungsbereitschaften und Handlungskonsequenzen in hohem Maße durch das soziale Umfeld des Individuums beeinflusst ist.

11.1.3 Soziokultureller Ansatz

> Der **soziokulturelle Ansatz** geht davon aus, dass Emotionen und deren Regulation durch die soziale Interaktion konstruiert werden. Hierbei spielen die **Normen, Einstellungen und Verhaltensweisen** der jeweiligen Kultur eine entscheidende Rolle.

Diesen letztgenannten Aspekt macht nun der soziokulturelle Ansatz zum Schwerpunkt, indem er davon ausgeht, dass Emotionen und ihre Regulation durch das soziale Miteinander, die Summe der zwischenmenschlichen Interaktionen, erst konstruiert werden. Die **Sozialisation** des Menschen wird somit als der entscheidende Entwicklungsmechanismus aufgefasst. Die jeweilige **Kultur**, in der ein Individuum aufwächst bzw. in die es hineinwächst, ist ein **System aus Normen, Einstellungen und Verhaltensweisen**, das von Generation zu Generation weitergegeben, aber auch auf diesem Wege modifiziert wird. Das soziale System nimmt zentralen Einfluss auf die erlebten Emotionen und auf die Strategien zur Emotionsregulation.

> **Exkurs**
>
> **Fago**
> In der Alltagssprache der Bewohner des Ifaluk-Atolls, welches nördlich von Papua-Neuguinea gelegen ist, konnte die Forscherin Catherine A. Lutz ein zentrales emotionales Konzept identifizieren, welches sich nicht mit prototypischen Emotionsbegriffen der amerikanischen Kultur in Übereinstimmung bringen ließ. Am ehesten ließ sich »fago«, ein Begriff, den Lutz für diese Emotion einführte, mit einer Kombination aus den drei englischen Emotionswörtern Mitgefühl (»compassion«), Liebe (»love«) und Trauer (»sadness«) beschreiben. Während aber Liebe in der westlichen Kultur stärker mit der emotionalen Verbundenheit von Paaren assoziiert ist, betont »fago« eher den Fürsorgeaspekt in der Beziehung zwischen Eltern und Kind oder zwischen Häuptling und Volk. Mitgefühl beschränkt sich in der westlichen Kultur darauf, dass sich Personen beispielsweise in problematische Lebenslagen von anderen emotional hineinversetzen. Im Konzept »fago« hingegen wird stärker der Handlungsaspekt, also der Ausdruck von Mitleid durch Hilfeleistungen, Spenden und Gaben, hervorgehoben. Das Gefühl von Trauer, welches beispielsweise durch den Verlust eines geliebten Menschen empfunden wird, beschreibt in der westlichen Kultur Folgen für das eigene Selbst und ein Gefühl der Hilflosigkeit und mangelnden Kontrollierbarkeit. Obwohl in der Ifaluk-Kultur »fago« in derselben Situation erlebt würde, spielen Verluste für das Selbst keine Rolle (Lutz, 1988).

Wie der funktionalistische Ansatz sieht auch der soziokulturelle Ansatz in den **Bewertungen von Umweltreizen** die Grundlage des emotionalen Erlebens. Darüber hinaus sieht er die Kultur als den Ursprung dieser Bewertungen. Das Erleben von Emotionen geschieht also auf der Grundlage erlernter Interpretationsmuster. Im Sozialisationsprozess lernt das Kind **Situationstypen mit Emotionen zu assoziieren**. Dadurch wird das emotionale Erleben zu einer Reaktion, die sozial vermittelt ist. Körperliche Empfindungen, ein zentraler Bestandteil und das determinierende Moment im strukturalistischen Ansatz, werden lediglich als mögliche Manifestation von Emotionen gesehen.

Lutz (1988) beschäftigte sich als zentrale Vertreterin des soziokulturellen Ansatzes mit dem Vergleich des **euroamerikanischen Emotionskonzeptes** mit dem anderer Kulturen. In verschiedenen Studien zeigte sich dabei nicht nur, dass in unterschiedlichen Kulturen unterschiedliche Emotionen voneinander unterschieden werden (▶ Exkurs), sondern auch dass **kulturspezifische Emotionen** und Emotionsbevorzugungen sowie kulturspezifische Formen von Bewältigungshandlungen existieren (Frijda, Markam, Sato & Wiers, 1995). Beispielsweise zeigte sich, dass **soziale Ängstlichkeit** in der **westlichen Kultur** mit geringen sozialen Kontakten, Ablehnung durch Gleichaltrige und einem negativen Selbstbild in Verbindung steht, während entsprechend zu klassifizierende Kinder in der **chinesischen Kultur** ihre Beziehungen zu anderen positiv bewerten und ein positives Selbstbild entwickelt haben. Die Erklärung hierfür sehen Forscher dieses Ansatzes darin, dass soziale Ängstlichkeit in westlichen Ländern als Problemverhalten angesehen wird, da Selbstsicherheit und Durchsetzungsfähigkeit wertgeschätzt werden. Demgegenüber sind schüchterne Verhaltensweisen in der chinesischen Kultur Indikatoren für Leistungsorientierung und akademischen Erfolg und dementsprechend weitaus positiver bewertet.

> Das Kind lernt **soziale Situationen** mit dem Erleben bestimmter **Emotionen** zu assoziieren.

> Das kulturspezifische **Erleben** und die **Regulierung von Emotionen** werden unter dem Begriff des **kulturspezifischen Emotionskonzeptes** zusammengefasst.

11.2 Entwicklung von Emotionen

Der 5-jährige Jonas erlebt eine Reihe von Emotionen, die sein Bruder Phillip sehr wahrscheinlich (noch) nicht erlebt. **Selbstbewusste Emotionen**, wie Stolz, Scham oder aber auch Eifersucht, die im Verhalten des Jungen beim Besuch der Großeltern recht deutlich zum Ausdruck kommen, entwickeln sich erst über das Kleinkind- und Vorschulalter hinweg. Sroufe (1996) geht sogar davon aus, dass sich so basale **negative Emotionen** wie Ärger oder Furcht im 1. Lebensjahr aus einem allgemeinen Unbehagen – aus einem Konglomerat von Vorläuferemotionen – entwickeln und sich auch erst dann differen-

> Positive wie negative **Emotionen** unterliegen einer **Entwicklung** über die ersten Lebensjahre. **Selbstbewusste Emotionen** treten erst ab einem gewissen Alter auf.

zieren lassen. Und wie bereits angedeutet wurde, unterliegt auch die **positive Emotion** Freude einer besonderen Entwicklung über die ersten beiden Lebensjahre.

Sroufe (1996) geht – im Sinne des funktionalistischen Ansatzes – davon aus, dass spezifische Regulationsfunktionen, anhand derer diskrete Emotionen voneinander unterschieden werden können, nicht von Geburt an existieren, sondern sich im Laufe der Ontogenese entwickeln. Ein anderer grundlegender Mechanismus, der zur Abgrenzung und Entwicklungsbeschreibung verschiedener Emotionen herangezogen worden ist, ist das **Ausdrucksverhalten**. Beispielsweise wurden das Weiten oder Verengen der geöffneten Augen, das Heben, Senken oder Zusammenziehen der Augenbrauen oder die Rundung der Lippen in ihren Kombinationen als Indikatoren für ein bestimmtes, distinktes emotionales Erleben herangezogen. Die Fähigkeit, eindeutige und beobachtbare **Zeichen für ein emotionales Erleben** für andere zugänglich zu machen und bei anderen erkennen zu können, stellt eine wichtige Grundlage für zwischenmenschliche Kommunikation dar. Daher erfolgt die Beschreibung der Entwicklung der Emotionen Freude, Angst, Ärger und Trauer ausgehend von den Funktionen, die die jeweilige Emotion sowohl für die eigene Person als auch für den Interaktionspartner besitzt.

> Im Sinne des funktionalistischen Ansatzes können **Emotionen** anhand **spezifischer Funktionen** und des **Ausdrucksverhaltens** unterschieden werden. Letzteres umfasst körperliche Zeichen, die anderen das eigene emotionale Erleben vermitteln.

11.2.1 Positive Emotionen

Das Erleben von **Freude** zeigt sich in Situationen, in denen Vertrautheit oder eine genussvolle Stimulation vorliegt. Freude regt das Individuum dazu an, die momentane Aktivität fortzuführen und fördert die soziale Beziehung zum jeweiligen Interaktionspartner. Aus evolutionspsychologischer Sicht ist es nicht verwunderlich, dass Säuglinge schon kurz nach der Geburt **lächeln**, da dies den Aufbau bzw. die **Initiierung einer Bindung** zur Bezugsperson unterstützt. Allerdings lässt sich dieses Lächeln auch durch nichtsoziale Reize auslösen und es ist nicht auf spezifische Personen bezogen. Man muss daher davon ausgehen, dass dieses erste Lächeln im Wesentlichen auf biologische Prozesse und **Reflexe** zurückzuführen ist (Wolff, 1987).

> **Freude** motiviert das Individuum, die momentane Aktivität fortzuführen und fördert die soziale Beziehung zum Interaktionspartner. Das erste Lächeln als Ausdruck von Freude vollzieht sich nicht bewusst sondern eher reflexhaft.

Dies ändert sich zwischen der **6. und 10. Lebenswoche**. Das Anlächeln von interessanten Objekten tritt in den Hintergrund und die Säuglinge bilden eine deutliche Präferenz für das menschliche Gesicht aus (Ellsworth, Muir & Hains, 1993). Dieses ausdrücklich an Menschen gerichtete Lächeln wird als **soziales Lächeln** bezeichnet. Es beinhaltet auch das regelmäßige Zurücklächeln als Reaktion auf das Lächeln einer anderen Person, die dem Säugling in diesem Altersabschnitt allerdings nicht unbedingt vertraut sein muss. Mit der Fähigkeit zum sozialen Lächeln bietet sich dem Erwachsenen eine wichtige Möglichkeit, das emotionale Erleben des Säuglings zu regulieren. Mit etwa 7–8 Monaten differenziert sich dieses Interaktionsverhalten des Säuglings noch einmal. In diesem Altersbereich konzentriert sich das (selektive) soziale Lächeln auf die Interaktionen mit **vertrauten Personen**. Interaktionen mit fremden Personen führen in diesem Alter sogar häufig zu Beunruhigung und stark negativen Emotionen (▶ Abschn. 11.2.2).

> Zwischen der **6. und 10. Lebenswoche** spricht man vom **sozialen Lächeln**, das explizit an (vertraute wie fremde) Menschen gerichtet ist. Mit 7–8 Monaten konzentriert sich das Lächeln auf **vertraute Personen**.

Neben sozialen Interaktionen erweisen sich aber auch schon bei etwa **2 Monate** alten Säuglingen andere Situationen als Anlässe für ein Erleben von Freude. Das Entstehen von **Erwartungen** aufgrund eines rudimentären **Verständnisses einer Ziel-Mittel-Relation** führt dazu, dass Säuglinge ab diesem Alter Freude empfinden und ausdrücken, wenn sie Ereignisse kontrollieren. Dies konnten Lewis, Allessandri und Sullivan (1990) in einem Konditionierungsexperiment zeigen, in dem 2, 4, 6 und 8 Monate alte Säuglinge durch ein Ziehen an einer Schnur Bilder von Babys auf einem Bildschirm erscheinen lassen konnten. Durch den Vergleich einer Experimentalgruppe, in der diese Verbindung zwischen dem eigenen Handeln und der Veränderung in der Umwelt kontingent geschah, d. h. über den gesamten Versuch hinweg bestehen blieb, und einer Gruppe, in der die Verbindung durch den Versuchsleiter unterbrochen wur-

> Mit **2 Monaten** entsteht ein erstes Verständnis für **Ziel-Mittel-Relationen** – der Säugling empfindet Freude an der Kontrolle von Ereignissen. Es zeigt sich ein erstes **Bewusstsein für die eigene Urheberschaft**.

11.2 · Entwicklung von Emotionen

de (also nicht kontingent war), konnten die Autoren zeigen, dass die Ursache für das Erleben von Freude das **Bewusstsein der eigenen Urheberschaft** war.

Die **kognitive Entwicklung** des Kindes führt dazu, dass Kinder gegen Ende des 1. und vor allem während des **2. Lebensjahres** zunehmend Freude erleben, wenn sie durch ihr eigenes Handeln andere zum Lachen bringen. Dieses Bedürfnis, mit Eltern oder anderen vertrauten Personen auf diese Art einen **Austausch positiver Affekte** zu vollziehen, bleibt auch weiterhin erhalten. Doch selbst wenn Kinder in ein und derselben Situation ein äußerlich gleiches Verhalten an den Tag legen, kann man bei näherer Betrachtung feststellen, dass sich der tatsächliche Anlass für ein Erleben von Freude aufgrund der kognitiven Entwicklung deutlich unterscheiden kann. Dies soll an dem folgenden Beispiel (in Anlehnung an Selman, 1980) illustriert werden.

Nach dem 1. Geburtstag findet verstärkt ein **sozialer Austausch positiver Affekte** statt – das Kind freut sich darüber, andere zum Lachen zu bringen. Der Anlass für Freude hängt dabei von der kognitiven Entwicklung ab.

> **Beispiel**
>
> Der 5-jährige Tom und sein kleinerer Bruder Jan (3) teilen sich ein Doppelbett. Eines Abends, nachdem das Licht gelöscht ist, warten beide Kinder wie üblich auf den Gute-Nacht-Kuss der Eltern. Tom schlägt vor, heimlich die Betten zu tauschen, und als die nichts ahnenden Eltern das Zimmer betreten, hören sie zwei hysterisch kichernde Kinder unter ihren Bettdecken. Als die Eltern dann noch die Kinder mit dem Namen des jeweils anderen beim Zurückziehen der Decke ansprechen, ist die Freude riesig.
>
> Auch wenn die Situation für alle Beteiligten ein freudiges Erlebnis darstellt, kann man davon ausgehen, dass unterschiedliche Aspekte der Interaktionssequenz für die Beteiligten den Anlass zur Freude darstellen. Der 3-jährige Jan lacht mit hoher Wahrscheinlichkeit aufgrund der Tatsache, dass ein Fehler begangen wurde, indem die Namen der Kinder von den Eltern verwechselt wurden. Ob dies mit Absicht der Eltern geschah oder nicht, spielt keine Rolle, da man davon ausgehen kann, dass 3-Jährige aufgrund der kognitiven Entwicklung in der Regel nicht in der Lage sind, das Geschehene aus einer anderen als ihrer eigenen Perspektive zu betrachten. Für Tom hingegen wäre es enttäuschend gewesen, wenn er (aufgrund des Verhaltens der Eltern) den Verdacht gehabt hätte, dass diese nicht wirklich hereingelegt worden wären. Für ihn ist das »Witzige« an dieser Situation, dass er die Eltern getäuscht hat.

11.2.2 Negative Emotionen

Wie bereits oben beschrieben wurde, gingen viele Emotionsforscher davon aus, dass Säuglinge zunächst nur undifferenzierte Lust-Unlust-Zustände erleben, aus denen sich die sog. Basisemotionen erst entwickeln. Empirisch ist es hingegen gelungen, negative Emotionen wie Wut und Traurigkeit von Unbehagen/Schmerz anhand der Gesichtsausdrücke bereits bei 2 Monate alten Säuglingen relativ eindeutig abzugrenzen (Izard & Malatesta, 1987).

Mit etwa **2 Monaten** lassen sich bestimmte **negative Emotionen** anhand des **Gesichtsausdrucks** voneinander abgrenzen.

Angst

Das Erleben von Angst zeigt sich in Situationen, in denen das Individuum mit einer Gefahr bzw. einer Bedrohung konfrontiert wird. Ein **Angsterleben** unterstützt die Identifikation einer solchen Bedrohung und **fördert Flucht- und Vermeidungstendenzen**, während gleichzeitig einem Interaktionspartner Unterwerfung oder aber das Eintreten einer Notlage vermittelt wird, die – von fremder Seite wahrgenommen – ein Hilfeverhalten begünstigen kann. Aus evolutionspsychologischer Sicht ist es sinnvoll anzunehmen, dass das Erleben von Angst beim Säugling früh und zuverlässig vonseiten der Betreuungspersonen wahrgenommen werden kann. Andererseits mag es aus Sicht der Eltern unbedeutend sein, ob ihr Kind Angst, Wut oder einfach nur ein allgemeines Unbehagen erlebt, da es vor allem darauf ankommt zu erkennen, dass es dem eigenen Kind nicht gut geht.

Es hat sich gezeigt, dass es bis zu einem Alter von etwa **7 Monaten** sehr schwierig ist, ein Angsterleben von anderen negativen emotionalen Zuständen anhand von körperlichen oder physiologischen Indikatoren zu unterscheiden. Erste eindeutige Indika-

Angst motiviert das Individuum, einer drohenden Gefahr oder Bedrohung auszuweichen oder diese zu vermeiden. Sie signalisiert dem Interaktionspartner Unterwerfung oder das Bedürfnis nach Hilfeleistung.

Bis zu einem Alter von **7 Monaten** ist es kaum möglich, eindeutige Angstindikatoren zu identifizieren. Danach sind die **Angst vor Fremden** sowie die **Trennungsangst** gut beobachtbar. Dabei beeinflussen **Charakteristika der fremden Person** den Ausdruck von Angst.

toren für das Erleben von Angst zeigen sich bei der **Angst vor Fremden** (»Fremdeln«) sowie der **Trennungsangst** (»8-Monats-Angst«). Dies geht einher mit dem Entstehen einer ausgeprägten Bindung, einer Phase, in der Kinder aktiv Kontakt zu ihrer Bezugsperson suchen und laut protestieren, wenn diese weggehen will oder sie mit einer fremden Person allein gelassen werden. Bestimmte **Charakteristika der fremden Person** haben darüber hinaus einen verstärkenden Einfluss auf den Ausdruck von Angst, wie z. B. das Alter (Erwachsene lösen stärker Angst aus als Kinder), das Geschlecht (Männer stärker als Frauen), die Haarfarbe (dunkel stärker als hell) sowie der Gesichtsausdruck (neutral stärker als lächelnd). Mit 10–12 Monaten ist diese Reaktion auf Fremde bei fast allen Säuglingen zu beobachten.

Zum **Ende des 1. Lebensjahres** beziehen Kinder bereits **Kontextinformationen** ein, die dann die Angstreaktion beeinflussen. Einjährige wurden beispielsweise mit einem attraktiven Spielzeug auf die bereits in ▶ Kap. 7 erwähnte »visuelle Klippe« gelockt (Sorce, Emde, Campos & Klinnert, 1985). Ob die Kinder sich tatsächlich über die Klippe hin zu der dort wartenden Mutter und dem Spielzeug wagten, hing deutlich von dem Gesichtsausdruck ab, den die Mutter zeigte. Etwa 75% der Kinder gingen das »Wagnis« tatsächlich ein, wenn die Mutter ihr Kind anlächelte, während sich kein einziges Kind auf den Abgrund traute, wenn die Mutter sich ängstlich zeigte. Die aktive Suche des Kindes nach affektiven Informationen bei anderen bezeichnet man als **soziales Referenzieren**. Der **Emotionsausdruck der Bezugsperson** hilft dem Kind also bei der Bewertung einer unsicheren Situation und des Gefahrenpotenzials. Es ist sogar so, dass Kinder in diesem Alter zunehmend eine Affektabstimmung mit ihren Bezugspersonen erwarten (Stern, 1992).

Viele Eltern von **2- bis 4-jährigen** Kindern klagen, dass ihre Kinder in der Nacht wach werden, weinen und rufen oder ins elterliche Bett wollen, weil sie Angst vor Tieren oder Gespenstern unter ihrem Bett oder in ihren Schränken haben. Die kognitive Entwicklung von Kindern in diesem Alter erlaubt es ihnen, Objekte zu imaginieren und auf Vorstellungen zurückzugreifen, die sie gleichzeitig für äußerst real halten. Diese **Unfähigkeit, Fantasie und Realität zu trennen**, wird erst mit dem Erreichen des konkret-operatorischen Stadiums mit etwa 5–7 Jahren überwunden. Auf emotionaler Ebene zeigt sich dies in der zunehmenden Angst vor realen Gefahrensituationen, z. B. vor Unfällen, Verletzungen, Feuer oder Naturkatastrophen.

Mit dem **Eintritt in die Schule** basiert der **Selbstwert** des Kindes in stark erhöhtem Maße auf schulischen Leistungen und vor allem ab der Adoleszenz zunehmend auch auf der Anerkennung der eigenen Person durch Gleichaltrige. Dementsprechend können Untersuchungen eine Zunahme an **Bewertungs- und sozialen Ängsten** belegen (King, 1993). Obwohl Angstreaktionen in Situationen, in denen Leistungs- oder soziale Bewertungen für das Selbst eine Rolle spielen, durchaus dienlich sein können, um Entwicklungsaufgaben zu meistern, können sie langfristige Folgen haben und Risikofaktoren für weitere psychische Störungen darstellen.

Ärger

Im Rahmen der bereits angesprochenen Studie von Lewis et al. (1990) zeigte sich, dass vor allem die Gruppe von **4- bis 8-monatigen** Kindern, die das Erscheinen von Babyfotos auf dem Bildschirm nicht steuern konnten, mehr Ärger ausdrückten, als die Kinder der anderen Gruppe, die das Erscheinen der Babyfotos steuern konnte. Das Erleben von Ärger zeigt sich in Situationen, in denen das **Individuum daran gehindert wird, ein Ziel zu erreichen**. Ein Ärgererleben aktiviert den Organismus, damit die Barrieren und Quellen der Zielfrustration beseitigt werden können und warnt andere vor einem möglichen Angriff. Erst wenn – wie in dem beschriebenen Experiment – eine Ziel-Mittel-Relation und damit eine Möglichkeit erkannt wird, durch eigenes Handeln das Ziel zu erreichen, ist es – aus funktionalistischer Sicht – sinnvoll, von einem Ärgererleben zu sprechen.

Ab dem **1. Geburtstag** beeinflussen **Kontextinformationen** das Angsterleben des Kindes (z. B. der Gesichtsausdruck der Mutter). Das Kind nutzt das **soziale Referenzieren**, um aktiv nach affektiven Informationen bei anderen zu suchen.

Zwischen dem 2. und 4. Lebensjahr sind die Kinder aufgrund ihrer kognitiven Entwicklung zur **Imagination** fähig. Dies führt dazu, dass das Imaginierte möglicherweise als real erlebt wird und zu einem **Angstauslöser** werden kann. Dies wird mit 5–7 Jahren überwunden, von wo an **reale Gefahrensituationen** als angstauslösend erlebt werden.

Im **Schulalter** treten die **Anerkennung durch Gleichaltrige** und die **schulische Leistung** als angstauslösende Themen in den Vordergrund. Entsprechend treten ab diesem Alter soziale Ängste und **Bewertungsängste** auf.

Ärger motiviert das Individuum, eine Barriere, die eine Zielerreichung verwehrt oder behindert, zu beseitigen, und warnt Interaktionspartner vor einem möglichen Angriff. Voraussetzung scheint das Verständnis für eine Ziel-Mittel-Relation zu sein.

11.2 · Entwicklung von Emotionen

Mit der Zunahme der Fähigkeit, die Umwelt kontrollieren zu können, steigen das Erleben von Ärger und die Häufigkeit von **Wutreaktionen** besonders im 2. Lebensjahr an. Vielfach erleben Eltern Wut- und Trotzverhalten bei Routineversorgungen wie Waschen, Anziehen oder Baden, wenn dem Kind von einem anderen Kind oder einem Elternteil etwas weggenommen wird oder wenn Eltern ohne Aufforderung Hilfe anbieten oder Hilfestellung leisten. Auch die Bandbreite verschiedener aggressiver Handlungen weitet sich rapide aus. Finden sich **aggressive Verhaltensweisen** wie z. B. schlagen, etwas wegnehmen, stoßen, anrempeln oder beißen im 1. Lebensjahr nicht oder nur selten, so können diese Verhaltensweisen bei Kindern im 2. Lebensjahr zunehmend häufiger beobachtet werden. Hinzu kommt, dass die in diesem Alter rapide fortschreitende Sprachentwicklung dazu führt, dass auch **sprachliche Reaktionen**, die auf ein Ärgererleben hinweisen, zunehmend beobachtet werden können.

Das Ausmaß an **Wutausbrüchen**, der offene Ausdruck ärgerlichen Erlebens, nimmt jedoch nach dem 2. Lebensjahr über das gesamte Vorschulalter hinweg kontinuierlich ab. Welche Entwicklungen können hierfür ursächlich sein? Vor allem scheint es daran zu liegen, dass sich das Repertoire der regulationsbedürftigen Emotionen über das Erleben einer negativen Emotion wie Ärger hinaus auf selbstbewusste Emotionen (z. B. Scham) erweitert. In dem Beispiel, welches zu Beginn des Kapitels zu lesen war, verzieht Jonas, als er die Aufmerksamkeit der Großeltern nicht auf sich lenken kann, das Gesicht, wirft seine Lok wütend gegen den Wohnzimmerschrank und rennt in sein Zimmer. Man darf annehmen, dass der Junge ein Bewusstsein über die Regeln und Normen in seiner Familie entwickelt hat und dass er durch sein Verhalten wahrscheinlich den Unmut der anwesenden Erwachsenen hervorruft. Sein Rückzug in sein Zimmer mag also auch dadurch begründet sein, dass er sich schämt und der Aufmerksamkeit der Erwachsenen entziehen will. Für die fortschreitende Entwicklung der Emotionsregulationsfähigkeiten (▶ Abschn. 11.3.2) spielt also die Entstehung **selbstbewusster Emotionen** eine wichtige Rolle.

> Im **2. Lebensjahr** steigt die Häufigkeit des Erlebens und des Ausdrucks von Ärger (z. B. von **Wutreaktionen**) an. Die Bandbreite **aggressiver Handlungen** wird größer. **Sprachliche Reaktionen**, die auf ein Ärgererleben hinweisen, können beobachtet werden.

> Ab dem 3. Lebensjahr nimmt der Ausdruck von Wut und Ärger ab. Das Auftreten **selbstbewusster Emotionen** (wie z. B. Scham) und die Entwicklung von **Emotionsregulationsstrategien** sind hierfür wahrscheinlich als ursächlich anzusehen.

11.2.3 Selbstbewusste Emotionen

Beispiel

Alina ist heute mit ihrer Mutter zu Besuch in der Universität. Sie sind in einen Raum gegangen, in dem eine Frau auf sie gewartet hat. Im Raum gibt es viele Sachen, mit denen man spielen kann. Das macht Alina auch. »Schau mal«, sagt die Frau und gibt Alina eine wunderschöne Stoffpuppe. »Das ist Pat, meine allerliebste Puppe.« Und sie zeigt Alina, was man mit der Puppe alles machen kann. »Hier, ich gebe dir Pat. Pass gut auf sie auf! Ich muss kurz weg und etwas holen.« Dann geht die Frau und Alina freut sich, dass sie mit Pat spielen kann. Doch plötzlich fällt Pat ein Bein ab. Alina nimmt das Bein und schaut sich um. Danach versucht sie das Bein wieder an Pat zu befestigen, aber es klappt nicht. Dann kommt die Frau zurück und Alina will die Frau gar nicht ansehen und geht zu ihrer Mutter. Die Frau schaut auf Pats Bein, das auf dem Boden liegt. Alina möchte auf den Schoß ihrer Mutter. »Das ist aber traurig, dass Pat ihr Bein verloren hat. Sie ist doch meine Lieblingspuppe.« Alina schaut ihre Mutter an und drängt ihre Mutter jetzt nach Hause zu gehen. »Aber das war nicht deine Schuld, Alina«, sagt die Frau. »Pats Bein war schon vorher kaputt.« Das ist Alina aber egal. Sie steht auf und will jetzt gehen.

Das Verhalten Alinas hätte in der Studie von Barrett, Zahn-Waxler und Cole (1993) recht eindeutig kodiert werden können: Das Mädchen zögert kurz, als Pat während des Spiels ihr Bein verliert, versucht dann das Bein wieder an Pat zu befestigen. Als die Versuchsleiterin den Raum wieder betritt, schaut Alina sie nicht an und geht zu ihrer Mutter. Selbst nachdem die Frau ihre Trauer um das abgefallene Bein der Puppe bekundet, macht Alina keine Anstalten, darauf zu reagieren. Schließlich bittet sie ihre Mutter sogar darum zu gehen. Die Forscher interpretierten die Beobachtung eines solchen Verhaltens bei den teilnehmenden Kindern als deutliche Anzeichen eines Schamerlebens – einer selbstbewussten Emotion.

Selbstbewusste Emotionen wie Scham, Schuld, Stolz, Verlegenheit oder Eifersucht werden mit dem Auftreten eines **objektiven Selbstbewusstseins** möglich.

Neben einem **Schamerleben** kann bei Kindern wie Alina ab der Mitte des **2. Lebensjahres** auch **Verlegenheits-, Schuld- und Stolzerleben** oder aber **Eifersucht** beobachtet werden. Lewis und Brooks-Gunn (1979) gehen davon aus, dass die wesentliche Voraussetzung für das Erleben dieser Emotionen das Vorhandensein eines **objektiven Selbstbewusstseins** ist, welches etwa ab der Mitte des 2. Lebensjahres zu erwarten ist. Die Kinder sind sich dann darüber bewusst, dass sie als Person von anderen Personen getrennt sind und von diesen als Objekt beobachtet und bewertet werden können. Daher zeigen Kinder nun in bestimmten Situationen ein verschämtes Verhalten (typischerweise an einem gesenkten Blick und hängenden Schultern zu beobachten).

Kinder erkennen sich im Spiegel und benutzen den eigenen Namen als Selbstreferenz. Für das Auftreten selbstbewusster Emotionen spielt auch das **Bewusstsein für die Regeln und Normen des sozialen Umfelds** eine Rolle.

Kinder erkennen sich bei vorhandenem objektivem Selbstbewusstsein in einem Spiegel und benutzen zunehmend Personalpronomina (Ich, Du etc.) und den eigenen Namen als Selbstreferenz. Eine zweite wichtige Komponente, die beim Auftreten von selbstbewussten Emotionen eine Rolle spielt, ist das **Bewusstsein für die Regeln und Normen**, die in der jeweiligen Kultur (oder Familie) gelten (Lewis, 1998).

Exkurs

Eifersucht – Eine besondere Emotion?

In verschiedenen Studien konnte gezeigt werden, dass ein objektives Selbstbewusstsein frühestens ab der zweiten Hälfte des 2. Lebensjahres zu erwarten ist. Lewis (2007) zufolge bedarf es auch für das Erleben von Eifersucht eines objektiven Selbstbewusstseins, da Eifersucht dadurch charakterisiert ist, dass man sich selbst von anderen getrennt sieht und dass man etwas oder jemanden für sich selbst haben und nicht mit jemand anderem teilen möchte. Wenn also ein 18 Monate alter Junge mitansieht, wie seine Mutter dem neugeborenen Bruder verhältnismäßig viel Zeit widmet, und er dann aggressives Verhalten gegenüber seinem Bruder zeigt, scheint es plausibel anzunehmen, dass dies auf ein Erleben von Eifersucht zurückzuführen ist.

Die Annahme, dass erst ab der Mitte des 2. Lebensjahres Eifersucht erlebt werden kann, konnte jedoch in mehreren Studien widerlegt werden. Im Gegenteil liefern beispielsweise Hart, Carrington, Tronick und Carroll (2004) in einer experimentellen Studie Hinweise darauf, dass bereits 6 Monate alte Säuglinge Eifersucht erleben. Hierzu baten die Forscher die Mütter, nacheinander in drei verschiedenen Formen mit ihren Säuglingen zu interagieren. Zunächst spielten die Mütter mit ihren Säuglingen 2 Minuten lang, so wie es die Kinder gewohnt waren (»face-to-face play«). Danach folgten jedoch zwei Interaktionsepisoden, die Kinder in diesem Alter möglicherweise beunruhigen. Eine der beiden Episoden sah vor, dass die Mütter ihre Kinder zwar anblicken, dabei aber 2 Minuten lang keinerlei Regung oder Reaktion zeigen (»still-face«). Die andere Episode war dazu gedacht, Eifersucht zu evozieren, indem die Mütter wiederum 2 Minuten lang ihr Kind ignorierten und gleichzeitig liebevoll mit einer lebensechten Babypuppe interagierten. Es zeigte sich, dass die Säuglinge in den beiden letzten Episoden in gleichem Maße beunruhigter sind (weniger Ausdruck von Freude und mehr negative Emotionalität) als in der Spielsequenz. Allerdings unterschieden sich die Reaktionen in diesen beiden Episoden in hohem Maße bezüglich des Ausdrucks von Trauer (stärker in der Eifersuchtsepisode) und des Aufsuchen-Meiden-Verhaltens gegenüber der Bezugsperson (Aufsuchen in der Eifersuchtsepisode und Meiden in der »Still-face«-Episode). Diese affektiv-behaviorale Reaktion ist auch charakteristisch für das Erleben von Eifersucht in späteren Altersgruppen, sodass die Autoren vorschlagen, diese spezifische Emotion nicht als eine selbstbewusste Emotion anzusehen (die eine gewisse kognitive Reife voraussetzen würde), sondern sie in das Temperamentkonstrukt (s. nächster Abschnitt) zu integrieren. Somit würde das Erleben von Eifersucht einer zum Teil angeborenen, stabilen und früh auftretenden emotionalen Reaktionsbereitschaft entsprechen.

11.3 Entwicklung der Regulierung von Emotionen

Neben dem Temperament spielt die Fähigkeit zur Emotionsregulation eine bedeutsame Rolle für die Entwicklung im Kindes- und Jugendalter.

Auch wenn das Kind, wie im folgenden Abschnitt deutlich werden wird, mit seinem Temperament eine gewisse Bereitschaft mitbringt, auf bestimmte interne oder externe Reize emotional zu reagieren, spielt die Entwicklung der Fähigkeit zur Emotionsregulation in der Kindheit und in der Jugend eine entscheidende Rolle. Dies soll in den darauffolgenden Abschnitten deutlich gemacht werden.

11.3.1 Temperament

> **Definition**
>
> Das **Temperament** eines Kindes umfasst stabile behaviorale und emotionale Verhaltensreaktionen, wie beispielsweise Ausdauer, Intensität oder Regelmäßigkeit. Die Reaktionsmuster können bereits sehr früh beobachtet werden und stehen sogar mit pränatalem Verhalten in Verbindung. Sie sind darüber hinaus in einem hohen Maße genetisch determiniert.

▶ Definition
Temperament

1950 deklarierten zwei prominente Vertreter des Behaviorismus, John Dollard und Neal Miller, dass das Verhalten, welches Menschen charakterisiert, erlernt sei (Dollard & Miller, 1950). Das elterliche Verhalten als grundlegende Bestimmungsgröße für das kindliche Verhalten zu betrachten, wurde auch vonseiten der Bindungstheorie (»mütterliche Responsivität«) proklamiert. Heute stellt sich das Bild differenzierter dar: Elterliches Verhalten kann ebenso als Ursache wie auch als Folge von kindlichem Verhalten gesehen werden.

1956, also inmitten dieser Zeit eines einseitig umwelttheoretisch ausgerichteten Entwicklungsgedankens, begannen Stella Chess und Alexander Thomas mit der Durchführung einer großen **Längsschnittstudie** (New York Longitudinal Study, NYLS), um festzustellen, in welchen **Verhaltensmerkmalen** sich **Säuglinge** unterscheiden. Man erkannte nicht nur, dass Säuglinge sich schon unmittelbar nach der Geburt in ihrem Verhalten unterscheiden (ein Umstand, der Eltern wahrscheinlich schon immer intuitiv bewusst war). Es zeigt sich auch bis heute in zahlreichen Untersuchungen, dass die in der Längsschnittstudie ermittelten kindlichen Verhaltensdimensionen, die als Ausdruck des kindlichen Temperaments aufgefasst wurden, eine entscheidende Bestimmungsgröße für das elterliche Verhalten darstellen.

Aus moderner Sicht kann **elterliches Verhalten** ebenso Ursache wie Folge **kindlichen Verhaltens** sein.

Säuglinge unterscheiden sich bereits kurz nach der Geburt in ihrem **Verhalten**. Diese Unterschiede stellen eine entscheidende **Bestimmungsgröße des elterlichen Verhaltens** dar.

Temperamentsdimensionen

Temperament bezieht sich nach Kagan (1994) auf **stabile behaviorale und emotionale Verhaltensreaktionen**, die bereits sehr früh beobachtet werden können und in hohem Maße genetisch determiniert sind. Die individuellen Besonderheiten des Verhaltens beschrieben Thomas und Chess (1977) anhand von **9 Temperamentsdimensionen** (◘ Tab. 11.1).

Das **Temperamentskonzept** beschreibt anhand von **9 Dimensionen** interindividuelle Unterschiede im Verhalten, die bereits bei Säuglingen beobachtet werden können, zeitlich relativ **stabil** und zum Teil **genetisch determiniert** sind.

◘ **Tab. 11.1.** Temperamentsdimensionen von Thomas und Chess

Dimension	Beschreibung
Annäherung/Vermeidung	Charakteristische Reaktion auf neue Personen oder Situationen
Aktivität	Niveau motorischer Aktivität (während Essen, Schlaf, Spiel etc.)
Intensität	Heftigkeit von Reaktionen
Stimmungslage	Vorherrschende Stimmungslage
Ablenkbarkeit	Leichtigkeit, mit der ein Kind von Reizen abgelenkt wird
Ausdauer	Durchhalten einer Tätigkeit trotz Hindernissen und Schwierigkeiten
Anpassungsfähigkeit	Toleranz gegenüber bzw. Gewöhnung an Veränderungen
Sensorische Empfindlichkeit	Empfindlichkeit gegenüber sensorischen Reizen (z. B. Licht, Geräuschen)
Regelmäßigkeit	Vorhersagbarkeit biologischer Funktionen (z. B. Schlaf, Hunger)

> Andere Temperamentskonzepte betrachten neben Unterschieden bezüglich negativer auch solche bezüglich **positiver Emotionen**.

Diese Struktur des Temperaments wurde später überarbeitet und auf 7 Dimensionen reduziert. Andere Forscher, wie Rothbart und Bates (1998) schlagen ein 6-dimensionales Modell vor, welches sich vor allem dadurch auszeichnet, dass es neben negativen Emotionen auch **positive Emotionen** (wie z. B. das Ausmaß an Kooperationsbereitschaft) **als Komponenten des Temperaments** eines Kindes berücksichtigt.

Biologische Grundlagen und Stabiliät

> Die **Temperamentsdimensionen** korrelieren zwischen eineiigen Zwillingen höher als zwischen zweieiigen Zwillingen. Man geht davon aus, dass die **genetische Determination** der Varianz des Temperaments bei **40–60%** liegt.

Das Temperamentskonzept sieht vor, dass die individuellen Ausprägungen auf den einzelnen Dimensionen eine **genetische Grundlage** besitzen und **über die Zeit relativ stabil** bleiben. In einer Metaanalyse von Goldsmith, Buss und Lemery (1997) wurden die Korrelationen der Ausprägungen auf den Temperamentsdimensionen bei eineiigen Zwillingen mit denen bei zweieiigen Zwillingen verglichen. Während die Übereinstimmung bei den eineiigen Zwillingen im Durchschnitt bei $r=0{,}70$ liegt, findet sich bei den zweieiigen Zwillingen ein deutlich niedrigerer Zusammenhang von $r=0{,}38$. Den Autoren zufolge beträgt der in den gesichteten Studien ermittelte **Anteil genetischer Determination 40–60%**, d. h. 40–60% der Unterschiede in den Temperamentsdimensionen innerhalb der Population gehen auf Unterschiede in der genetischen Ausstattung zurück.

> Einige der **Temperamentsdimensionen** sind **zeitlich stabiler** als andere. Besonders scheint dies für die **Verhaltenshemmung** der Fall zu sein.

Die Temperamentsdimensionen weisen insgesamt über das Alter hinweg eine **große Variabilität** auf. Als **besonders stabil** hat sich hingegen eine bereits in der früheren Kindheit feststellbare **Verhaltenshemmung** des Kindes herausgestellt. Verhaltensgehemmte Kinder neigen zu starkem **Unwohlsein** und erhöhter **Besorgnis** in **stressreichen oder neuen Situationen**. Kagan, Reznick und Snidman (1987) konfrontierten 300 Säuglinge im Alter von 21 Monaten mit unvertrauten Personen und Objekten. Sie luden die besonders gehemmten und die besonders wenig gehemmten Probanden 5½ Jahre später erneut ein und stellten als beeindruckendes Ergebnis fest, dass drei Viertel der Kinder die entsprechenden Verhaltensmerkmale noch immer zeigten. Diese Stabilität konnte zudem durch **physiologische Indikatoren**, wie Herzschlagrate oder Kortisolkonzentration, untermauert werden (Kagan, Reznick & Snidman, 1988).

Temperamentstypen

> Auf der Basis der **Temperamentsdimensionen** werden **3 Temperamentstypen** unterschieden: Einfache, schwierige und langsam auftauende Kinder.

Auf der Basis der Temperamentsdimensionen lassen sich Kinder in **3 Temperamentstypen** gruppieren: **einfache Babys, schwierige Babys und langsam auftauende (»slow-to-warm-up«) Babys**. Tab. 11.2 zeigt die charakteristischen Ausprägungen auf Temperamentsdimensionen, die sich zur Differenzierung der 3 Temperamentstypen besonders eignen.

Etwa 65% der Kinder der Längsschnittstudie von Thomas und Chess ließen sich einem der 3 Typen zuordnen, wobei nahezu zwei Drittel dieser klassifizierbaren Kinder als einfach galten und sich lediglich 15% als schwierig darstellten. Die restlichen Kinder

Tab. 11.2. Temperamentsdimensionen zur Beschreibung von 3 Temperamentstypen

Temperamentsdimension	Temperamentstyp		
	Einfach	Schwierig	Langsam auftauend
Annäherung/Vermeidung	Annäherung	Vermeidung	Vermeidung
Aktivität		Hoch	Niedrig
Intensität	Niedrig bis moderat	Hoch	Niedrig
Stimmungslage	Positiv	Negativ	
Anpassungsfähigkeit	Positiv	Negativ	Negativ
Regelmäßigkeit	Hoch	Niedrig	

bildeten die Gruppe der langsam auftauenden Kinder, die im Längsschnitt dadurch gekennzeichnet waren, dass sie zunächst etwas schwierig im Umgang waren, dann aber über die Zeit einfacher wurden.

Anpassung und Passung

In einer aufwendigen und viel zitierten Längsschnittstudie untersuchten Caspi, Henry, McGee, Moffitt und Silva (1995), inwieweit Beziehungen zwischen dem kindlichen Temperament mit 3 bzw. 5 Jahren und jugendlichem Anpassungs- bzw. Problemverhalten mit 9, 11, 13 und 15 Jahren bestehen. Letztlich verfolgten die Forscher damit die zentrale Frage nach einer **frühkindlichen Grundlage für spätere Anpassungsschwierigkeiten** und dies auf der Basis einer Stichprobe von 800 Kindern sowie deren Eltern und Lehrern. Tatsächlich zeigten sich bedeutsame Zusammenhänge zwischen dem Temperament und späterem illegalem Verhalten und Kriminalität sowie sozialer Kompetenz, Intimität und Vertrauen in Freundschaften und sozialer Unterstützung. Obwohl diese Ergebnisse auf die Bedeutsamkeit des Temperamentkonstrukts für das gesamte Leben hinweisen, muss man einschränkend sagen, dass die Zusammenhänge insgesamt eher gering sind und dass mit dem Einbezug des elterlichen Verhaltens bessere Vorhersagen ermöglicht werden als mit dem Einbezug des Temperaments alleine.

Dies greift das **Passungsmodell** auf, welches davon ausgeht, dass erst das soziale Umfeld bzw. der kulturelle Kontext dem Temperament seine Bedeutung verleiht und über den sozialen Kontext Temperament und Langzeitfolgen verknüpft sind. Besonders deutlich zeigen dies die Untersuchungen von de Vries, Visser und Prechtl (1984): Auf der Grundlage der vorgestellten Klassifikation identifizierten sie jeweils zehn besonders einfache und schwierige Babys in einem südkenianischen Stamm. Fünf Monate später kehrte der Forscher zurück und musste feststellen, dass nach einer zwischenzeitlichen Dürreperiode alle schwierigen aber nur zwei der einfachen Kinder überlebt hatten. Trotz der geringen Datengrundlage weist das Ergebnis darauf hin, dass schwierige Kinder in dieser afrikanischen Kultur ein höheres Ansehen besitzen oder aufgrund ihres häufigeren Schreiens in höherem Maße wahrgenommen und verpflegt wurden.

Es gibt starke empirische Hinweise darauf, dass eine Passung zwischen den Erwartungen des sozialen Umfeldes und den Temperamentsmerkmalen des Kindes nicht nur für die emotionale Entwicklung eines Kindes günstig ist, sondern dass auf diese Weise auch das **Selbstwertgefühl** und das **Selbstvertrauen** gestärkt werden. Die Anforderungen eines schwierigen Kindes an seine Eltern sind ohne Zweifel höher als die eines einfachen Kindes. Oft kommt es vor, dass Eltern von unruhigen und schreienden Kindern mit der Zeit an Geduld, Motivation und guten Vorsätzen verlieren und stärker zu strafenden, disziplinierenden Maßnahmen greifen. Dies jedoch fördert wiederum eine Stabilisierung oder Verstärkung des kindlichen Verhaltens, weil viele Eltern ein inkonsistentes Erziehungsverhalten an den Tag legen und das kindliche Verhalten zumindest zeitweise verstärkt wird (und sich dadurch stabilisiert).

Eine zwischen dem kindlichen (unangemessenen) Verhalten und den elterlichen (dysfunktionalen) Erziehungspraktiken vermittelnde Variable scheinen die **Attributionstendenzen** der Eltern, die Deutung der besonderen Eigenschaften des Kindes, zu sein (Dix, 1991). Wenn Eltern davon ausgehen, dass das Kind anders hätte handeln können und ihm damit für das unerwünschte Handeln eine Absicht unterstellen, führt dies zu negativen Emotionen, aus denen dann entsprechende Verhaltensweisen der Eltern resultieren können. Langfristig besteht nicht nur die Gefahr, dass sich die Verhaltensprobleme chronifizieren oder verstärken, sondern auch, dass die Eltern-Kind-Beziehung negativ beeinflusst wird. Es scheint entscheidend darauf anzukommen, dass es Eltern gelingt, eine positive Deutung der kindlichen Temperamentsmerkmale vorzunehmen.

Es bestehen bedeutsame **Zusammenhänge** zwischen dem **frühkindlichen Temperament** und **späteren Verhaltensproblemen**.

Das **Passungsmodell** geht davon aus, dass das Temperament seine (soziale) Bedeutsamkeit erst durch den kulturellen Kontext, vor allem durch die Passung zum elterlichen Verhalten erhält.

Eine fehlende Passung kann auch das **Selbstwertgefühl** und das **Selbstvertrauen** schwächen. Strafende, disziplinierende Maßnahmen bei schwierigen Kindern können das kindliche Verhalten verstärken und die Eltern-Kind-Beziehung negativ beeinflussen.

Wichtig scheinen die **Attributionstendenzen der Eltern** zu sein; entscheidend ist, dass die Eltern eine positive Deutung der Temperamentsmerkmale vornehmen.

> **Für die Praxis**
>
> **Temperamentsbezogene Familienberatung – Was ist wirksam?**
>
> Anfang der 90er widmeten sich zahlreiche Studien im Kontext der Temperamentsforschung der Frage nach dem praktischen Umgang mit dem Temperament des Kindes und der Wirksamkeit von temperamentsbezogener Beratung für Familien, Kindertagesstätten und Schulen. Das erstaunliche Ergebnis: Allein die individuellen Informationen, die Eltern im Rahmen der Beratung bezüglich ihres Kindes erhielten, reichten aus, um ein besseres Verständnis für das kindliche Verhalten und eine höhere Akzeptanz, eine größere Selbstsicherheit im Umgang mit dem Kind und letztlich auch eine Verbesserung der Eltern-Kind-Beziehung zu erreichen. Der Grund für die Wirksamkeit einer einfachen Informationsvermittlung scheint darin zu liegen, dass Eltern hierdurch dazu gebracht werden, das Verhalten ihres Kindes in einem anderen Licht zu betrachten und anders zu deuten. Auch mit einem schwierigen Temperamentstyp sind dann nicht nur Schwächen, sondern auch Stärken verbunden. Beispielsweise kann ein Kind, das eine hohe Intensität in seinem Verhalten zeigt, in fordernden Situationen eine große Begeisterungsfähigkeit zeigen. Ein anderes Kind mag aufgrund seiner Schüchternheit den Eltern viele Sorgen bereiten. Aber Eltern könnten in diesem Verhalten durchaus positive Aspekte sehen, nämlich dass dieses Kind nicht so leicht in Situationen gerät, die Gefahren bergen und in denen sich andere Kinder leichtsinnig verhalten.

11.3.2 Emotionsregulation in der Kindheit

*Die **Entwicklung der Emotionsregulation** vollzieht sich auf den beiden Dimensionen der **intrapsychischen** und der **interpsychischen Regulation**. Während Erstere die selbstständigen Regulationsstrategien abbildet, umfasst Letztere solche, bei denen andere Personen bei der Regulation unterstützend (mit)wirken.*

Neben der Tatsache, dass sich nur ein Teil der Temperamentsfaktoren als relativ zeitlich stabil erwiesen hat, kann das Kind bei entsprechenden Gelegenheiten selbst eigene Kompetenzen entwickeln, seine Emotionen zu regulieren. Anhand der Unterscheidung von **intrapsychischer Regulation** (bei der die Person Bewältigungshandlungen selbst ausführt) und **interpsychischer Regulation** (bei der die Person andere Personen veranlasst, die Bewältigungshandlung zumindest zu unterstützen) soll die Entwicklung der Emotionsregulation in diesem Abschnitt erläutert werden. Auch wenn beide Funktionen über die gesamte Lebensspanne von Bedeutung sind, stellt sich der wesentliche Entwicklungsprozess als allmählicher Übergang von der inter- zur intrapsychischen Regulation dar.

Säuglings- und Kleinkindalter

*Erste Formen der **intrapsychischen Regulation** sind die Blickabwendung oder das Saugen an den Fingern. Bereits zwischen dem 3. und 6. Lebensmonat wird bei größeren Belastungen aktiv die Unterstützung durch die Bezugspersonen eingefordert.*

Mit etwa 2 Monaten sind Säuglinge in der Lage, ihre Kopf- und Augenbewegungen derart zu kontrollieren, dass sie ihre **visuelle Aufmerksamkeit regulieren** können. Neben der Blickabwendung nutzen 2 Monate alte Kinder auch das Saugen an den Fingern als **selbstberuhigende Maßnahmen**. Diese bemerkenswert früh zu beobachtenden intrapsychischen Regulationsstrategien erweisen sich allerdings nur in Situationen als erfolgreich, in denen die Belastung nicht allzu groß ist, sodass diese Strategien von den Säuglingen nur in einem sehr begrenzten Maß eingesetzt werden können. Daher kommt zusätzlich den Bezugspersonen die Aufgabe zu, das Erregungsniveau des Säuglings zu regulieren. Indem die Eltern auf die Ausdruckszeichen ihres Kindes prompt reagieren, lernen Säuglinge Kontingenzrelationen zwischen dem Emotionsanlass, dem Emotionsausdruck und den folgenden Bewältigungshandlungen herzustellen. Das Kind bildet in diesem Interaktionsprozess Erwartungen aus, auf deren Grundlage es zwischen dem 3. und 6. Lebensmonat damit beginnt, aktiv die Unterstützung der Regulation durch die Bezugsperson einzufordern.

*Bis zum 1. Geburtstag weitet sich das **Repertoire an Regulationsstrategien** aus. Hierbei spielen die motorische Entwicklung und das soziale Referenzieren eine wichtige Rolle. Durch die **Affektabstimmung** können Eltern auf das emotionale Erleben des Kindes Einfluss nehmen.*

In der zweiten Hälfte des 1. Lebensjahres erweitert sich allein durch die fortschreitende **motorische Entwicklung** das Repertoire der Regulationsstrategien: Kinder können sich aktiv Reizen nähern oder sich von ihnen entfernen. Dabei greifen sie auf das bereits erwähnte **soziale Referenzieren** zurück, um sich anhand der Reaktion der Bezugsperson die Bedeutung von unsicheren, möglicherweise gefährlichen situativen Reizen zu erschließen. Auch hier spielt also das kontingente Verhalten der Bezugsperson eine wichtige Rolle. Bezugspersonen gelingt es in dieser Zeit, durch gezielt eingesetzte **Abstimmungen des affektiven Ausdrucks** das Verhalten und emotionale Erleben des Kindes zu modulieren. Wenn beispielsweise ein Kind bei seinen Erkundungen fällt, sich stößt und dann den Blick zur Mutter wendet, diese aber (bewusst) nicht ängstlich oder besorgt schaut, stattdessen vielleicht sogar lächelt und dem Kind aufhilft, wird die Reaktion des Kindes in der Regel entsprechend wenig negativ ausfallen.

Ab der Mitte des 2. Lebensjahres spielt für die Emotionsregulation vor allem der sich rasch vollziehende Spracherwerb eine wichtige Rolle. Die **Äußerung von Zuständen und Befindlichkeiten** sowie die **Benennung von Ursachen und Folgen von Gefühlen** in der Familie nehmen überproportional zum normalen Anstieg von Gesprächsäußerungen zu (Dunn, Bretherton & Munn, 1987). Situationen und Handlungen werden auf diese Weise zwischen den familiären Interaktionspartnern »etikettiert«, Vergangenes (Auslöser von Emotionen) und Zukünftiges (Folgen von Emotionen und entsprechenden Regulationshandlungen) können über die Sprache miteinander in Beziehung gesetzt werden. Das Sprechen über Gefühle kann die Fähigkeit zur **affektiven Perspektivübernahme**, also das Erkennen und Teilen des Gefühls eines anderen, fördern. Diese wiederum steht bis in das Schulalter hinein mit einem ausgeprägten kooperativen Spiel (Slomkowski & Dunn, 1996), einem **differenzierten Emotionsverständnis** (d. h. ambivalente Emotionen in Situationen erkennen und benennen; ▶ Abschn. 11.4) und empathischem Erleben in Beziehung.

> Die ab dem 18. Lebensmonat rasch fortschreitende Sprachentwicklung führt zu einer Zunahme an Äußerungen bezüglich des eigenen **emotionalen Erlebens** sowie der Benennung von **Ursachen und Folgen von Gefühlen**. Familiäre Gespräche über Gefühle fördern die **affektive Perspektivübernahme**.

Vorschulalter

Zwischen dem 3. und dem 6. Lebensjahr vollzieht sich ein offensichtlicher **Wechsel von der inter- zur intrapsychischen Regulation**. Kinder entwickeln bis zum Eintritt in die Schule in stärkerem Maße die Fähigkeit, eine emotionale Regulation selbstständig und zumindest in geringerem Umfang ohne soziale Unterstützung auszuführen (Holodynski & Upmann, 2003). Die Kinder können sich dadurch beispielsweise in zunehmend stärkerem Maße bei emotionaler Erregung (Wut, Ärger etc.) selbst beruhigen und sind nicht auf die Unterstützung durch andere angewiesen. Durch die zunehmende Aneignung entsprechender Regulationsstrategien kommt es zu einem Übergang von der Fremdregulation zur Selbstregulation von Emotionen. Dies befähigt die Kinder gleichzeitig zunehmend, sich von den direkten Einflüssen des emotionalen Erlebens zu lösen und stattdessen das (regulierte) emotionale Erleben für das Erreichen von Zielen nutzbar zu machen. Wenn einem Jungen im Kindergarten ein Spielzeug weggenommen wird, mag man beobachten, dass der Junge sich ganz offensichtlich ärgert und zunächst versuchen wird, dem anderen Kind das Spielzeug zu entreißen. In zunehmendem Maße wird man allerdings auch beobachten können, dass Kinder dem anderen Kind ein alternatives Spielzeug anbieten, um ihres zurückzubekommen. Das Erleben von Ärger wird so reguliert, dass das Erleben dem Kind nicht im Wege steht (indem das andere Kind beispielsweise attackiert wird), sondern motivdienlich eingesetzt werden kann.

> Im Vorschulalter vollzieht sich ein augenfälliger **Wechsel von der inter- zur intrapsychischen Regulation**. Kinder sind zunehmend in der Lage die emotionale Regulation selbstständig auszuführen und das (regulierte) emotionale Erleben für die Initiierung motivdienlicher Handlungen einzusetzen.

Dass aggressives Verhalten Konsequenzen (beispielsweise Bestrafung) für die eigene Person haben kann, ist Kindern bereits früh bewusst. Eine besondere Fähigkeit, die jedoch erst ab dem Vorschulalter entwickelt wird, ist die, **negative emotionale Folgen für sich und andere Personen vorherzusehen**. In dem »Happy-wrongdoer«-Paradigma konnten Nunner-Winkler und Sodian (1988) nachweisen, dass diese Fähigkeit bei Vorschulkindern allerdings nur in beschränktem Maße entwickelt ist. Während noch drei Viertel der 4-Jährigen einem Jungen, der einem anderen Jungen Bonbons stiehlt, positive Emotionen aufgrund der Zielerreichung zuschreiben, reduziert sich dies bei den 6-Jährigen (zu 40%) und vor allem den 8-Jährigen (zu 10%) deutlich. In den beiden Gruppen älterer Kinder wird das emotionale Erleben auch stärker mit dem »unmoralischen« Verhalten und nicht auf der Grundlage der Zielerreichung begründet.

> Vorschulkinder entwickeln die Kompetenz, **negative emotionale Folgen für sich und andere vorherzusehen**, wenn sie auf eine bestimmte Art und Weise handeln.

Ein weiterer Bereich, in dem sich ein Einfluss der sich entwickelnden Emotionsregulation im Vorschulalter äußert, besteht in der allmählichen **Entkopplung des eige-**

> Im Vorschulalter entkoppeln sich allmählich das innere Erleben und das Ausdrucksverhalten. Dies drückt sich im Verhalten aus, kann aber noch nicht verbalisiert werden.

nen inneren Erlebens und des von anderen **wahrnehmbaren Emotionsausdrucks**. Vorschulkindern gelingt es beispielsweise häufig, trotz eines für sie enttäuschenden Geschenks dieses eigentlich negative Empfinden durch ein freudiges oder überraschtes Gesicht zu maskieren (Cole, 1986). Den meisten Vorschulkindern gelingt es allerdings nicht, die Möglichkeit einer bewussten Täuschung zu verbalisieren. Erst 5-Jährige sind dazu in der Lage, alle Grundemotionen auf Aufforderung hin vorzutäuschen (bis auf Angst und Ärger, Lewis, Sullivan & Vasen, 1987).

Obwohl bei Kindern im Vorschulalter beeindruckende Entwicklungen im Bereich der intrapersonalen Regulation beobachtbar sind und Eltern in der Regel auch eine zunehmend selbstständige Regulation der Handlungen und Emotionen fordern, erfüllt die interpersonale Regulation weiterhin eine wichtige Funktion. **Eltern** leben Kindern vor allem vor, wie sie selbst mit negativen wie positiven Emotionen umgehen und stellen somit wichtige, saliente **Modelle für den Umgang mit Emotionen für Kinder** dar. Wenn die Mutter ausnahmsweise mal ihren Jungen zum Kindergarten fährt und dieser von hinten auf andere Autofahrer schimpft, mag die Mutter einen begründeten Verdacht haben, was sich im Auto üblicherweise abspielt, wenn der Vater seinen Sohn fährt.

> Eltern stellen saliente Modelle für den Umgang mit Emotionen dar.

Schulalter

Im Schulalter weitet sich das **Spektrum der Regulationsstrategien** nicht nur weiter aus, sondern es wird auch mehr und mehr auf die **Akzeptanz durch Gleichaltrige** und die situativen Anforderungen hin differenziert eingesetzt. Vor allem aber greifen Kinder nun zunehmend auf **kognitive Regulationsstrategien** zurück. Beispielsweise erkennen sie nun, dass Emotionen aufgrund von Gedanken beeinflusst werden und dass daher beispielsweise eine Möglichkeit zur Regulation von Ärger eine Neubewertung der entsprechenden Situation sein kann. Ob ich mich dafür entscheide, jemandem etwas heimzuzahlen und entsprechende Strategien abwäge und schließlich auswähle, um dieses Ziel zu erreichen, hängt ganz entscheidend davon ab, ob ich dem Handelnden eine feindselige Absicht unterstelle (Crick & Dodge, 1994). Der zugrunde liegende Gedanke entscheidet hier also über die Auswahl der Regulationsstrategie.

> Kinder im Schulalter setzen in zunehmendem Maße **kognitive Strategien** zur Emotionsregulation ein, da sie erkennen können, dass **Gedanken Gefühle beeinflussen** können. Eine zentrale Strategie, die Schulkinder einzusetzen beginnen, ist die der **Neubewertung** einer Situation.

Wesentliche Erkenntnisse zur Entwicklung von Emotionsregulationsstrategien im Schulalter können dabei vor allem aus der Stressforschung gewonnen werden, in der Bewältigungsstrategien als Mediatoren, also Vermittler, zwischen emotionalen Zuständen beschrieben werden (Folkman & Lazarus, 1988). Um negative Emotionen zu bewältigen, spielen zunächst die **Merkmale der potenziellen Belastungssituation** eine Rolle. Bietet die Situation beispielsweise Einfluss- und Kontrollmöglichkeiten bzw. werden diese wahrgenommen, dann ist eine **problemorientierte Bewältigungsstrategie** als angemessen anzusehen. Demgegenüber erfordern eher unkontrollierbare Situationen (wie z. B. der Besuch beim Zahnarzt) eher **indirekte Strategien** (z. B. kognitive Ablenkung, d. h. die gedankliche Beschäftigung mit schönen Dingen), um angemessen bewältigt zu werden (Compas, Malcarne & Fondacaro, 1988). Bereits im Grundschulalter zeigt sich, dass Kinder ihre Bewältigungsversuche situationsangemessen variieren, und es lässt sich weiterhin zeigen, dass der Einfluss der Stresssituation auf das Bewältigungsverhalten mit dem Alter des Kindes zunimmt (Vierhaus, Lohaus & Ball, 2007).

> **Merkmale einer potenziell belastenden Situation**, wie die Kontrollierbarkeit, werden von Schulkindern bei der Auswahl von Regulationsstrategien berücksichtigt.

Insgesamt nimmt der Einsatz von **kognitiven Regulationsstrategien** mit dem Alter zu, während verhaltensbezogene Vermeidungsstrategien und aggressionsbezogene Strategien seltener beobachtet werden. Von Salisch (2001) weist jedoch darauf hin, dass die (wahrgenommenen) Normen der Gruppe der Gleichaltrigen den Einsatz von **Distanzierungsstrategien** begünstigen können. Diese Strategien intendieren die Unterdrückung des emotionalen Ausdrucks. Salisch (2001) geht davon aus, dass insbesondere in der späten Kindheit und frühen Jugend vermehrt mit einem reduzierten Ausdruck von Ärger oder Angst in konflikthaften Peer-Interaktionen reagiert wird.

> Während **kognitive Strategien** zunehmend genutzt werden, nehmen vermeidende und aggressionsbezogene Strategien ab.

11.3.3 Emotionsregulation in der Jugend

Im Jugendalter setzt sich der bereits in der späten Kindheit zu beobachtende Trend zu einer größeren **Vielfalt und Nutzungsflexibilität von Regulationsstrategien** fort (Fields & Prinz, 1997). Problemorientierte und kognitive Strategien nehmen in dieser Zeit weiter an Bedeutung zu. Diese generellen Trends sind jedoch nicht sehr ausgeprägt, vielmehr spielt das Geschlecht ab dem Jugendalter eine große Rolle. In der Grundschulzeit konnten **Geschlechtseffekte** in Bezug auf den Einsatz von Regulationsstrategien dagegen nur in einzelnen Studien beobachtet werden und auch die Befunde über die Studien hinweg liefern hier ein sehr inkonsistentes Bild.

Während die aktive **Suche nach sozialer Unterstützung** bis in das Schulalter hinein eine wichtige Funktion für Jungen wie Mädchen besitzt, wird diese Strategie über das Jugendalter hinweg von Jungen immer seltener genutzt (Frydenberg & Lewis, 2000). Stattdessen scheinen **Jungen** stärker als Mädchen **vermeidende Strategien** zur Stressbewältigung einzusetzen (Hampel & Petermann, 2005) – ein Befund, der sich im Übrigen auch für das Erwachsenenalter nachweisen ließ. In diesem Zusammenhang ist auch zu erwähnen, dass es die männlichen Jugendlichen sind, die im Jugendalter vermehrt über **Risikoverhaltensweisen, wie Tabak-, Drogen oder Alkoholkonsum** zur Stressbewältigung berichten. Insgesamt konzentriert sich das Auftreten gesundheitsgefährdender Verhaltensweisen besonders im Jugendalter und reduziert sich danach in der Regel wieder. Es wird von verschiedenen Seiten angenommen, dass diese gegen die gesellschaftliche Norm verstoßenden Verhaltensweisen im Entwicklungsprozess in gewissem Sinne funktional sind und die Ablösung vom Elternhaus und die Anerkennung in der Gruppe der Gleichaltrigen unterstützen. Empirische Ergebnisse weisen jedoch auch auf die Gefahr hin, dass sie sich festigen und bis in das Erwachsenenalter hinein fortsetzen (Seiffge-Krenke, 1994) und damit zu einem gesundheitlichen Risiko werden. Der Substanzmissbrauch wird ebenso zur **externalisierenden Problemverarbeitung** gezählt wie delinquentes und antisoziales Verhalten. Und die meisten Studien bestätigen für diese Facetten einen bedeutsamen Geschlechtseffekt mit höheren Ausprägungen bei männlichen Jugendlichen.

Ein scheinbar größer werdender und nicht unbeträchtlicher Teil **jugendlicher Mädchen** zeigt ebenfalls in erhöhtem Maße (offen) aggressives Verhalten (Popp, 1997). Dennoch ist die Tendenz, dass der größere Teil der Mädchen ab der frühen Pubertät in zunehmendem Maße zu eine **internalisierender Problemverarbeitung** neigt, als ein weitgehend gesicherter Befund anzusehen. Zu dieser Gruppe von problematischen Verhaltensweisen zählen **Depressionen, Ängstlichkeit, sozialer Rückzug und körperliche Symptome** (wie z. B. Kopfschmerzen). Als besonders gravierende Form müssen suizidale Tendenzen gesehen werden, die bei Mädchen zweimal so häufig zu finden sind wie bei Jungen. Für die naheliegende Erklärung hormoneller oder genetischer Unterschiede scheint es wenig empirische Belege zu geben (Hankin & Abramson, 1999). Vielmehr scheint das geschlechtstypische Stresserleben in der Jugendzeit eine Rolle zu spielen. Mädchen machen sich aufgrund der **gesellschaftlichen Normierungen physischer Attraktivität** mehr Gedanken über ihr äußeres Erscheinungsbild und kommen hierbei häufiger zu negativen Schlussfolgerungen. Dies geschieht vor allem deshalb, weil sie zu einen **ruminierenden, grübelnden Bewältigungsstil** neigen und ihre Aufmerksamkeit nach innen richten (Nolen-Hoeksema, 1994).

> Die **Vielfalt und Nutzungsflexibilität** von Regulationsstrategien nimmt im Jugendalter weiter zu. **Geschlechtseffekte** bezüglich des Einsatzes von Strategien werden im Jugendalter zunehmend bedeutsam.

> **Jungen** im Gegensatz zu Mädchen suchen weniger soziale Unterstützung, greifen eher auf **vermeidende Strategien** zurück und berichten in größerem Ausmaß **Risikoverhaltensweisen** zur Belastungsreduktion.

> Jugendliche **Mädchen** tendieren im Gegensatz zu Jungen zu einer **internalisierenden Problemverarbeitung**, was sich in mehr depressiven Symptomen, Ängstlichkeit und sozialem Rückzug äußern kann. Ursachen hierfür sind weniger in den hormonellen Unterschieden als in der **Orientierung an gesellschaftlichen Attraktivitätsnormen** und einem **ruminierenden Bewältigungsstil** bei Mädchen zu suchen.

11.4 Entwicklung des Emotionswissens und -verständnisses

Anhand des sog. **Enttäuschungsparadigmas** (Cole, 1986) konnte gezeigt werden, dass bereits Vorschulkinder in der Lage sind, wesentliche, emotionale Gesichtsausdrücke gegenüber anderen Personen vorzutäuschen bzw. im konkreten Fall eine Enttäuschung

> **Emotionswissen** umfasst das Wissen um das Ausdrucksverhalten, um Indikatoren des emotionalen Erlebens und um Auslöser von Emotionen.

zu maskieren (z. B. eine Enttäuschung nicht erkennbar werden zu lassen). Allerdings können Kinder diese Entkopplung von innerem Erleben und von außen beobachtbarem Ausdruck erst im Schulalter verbalisieren. Das **Wissen um die Regulierung des Ausdrucksverhaltens** scheint daher zunächst prozedural vorzuliegen und somit schwer zu verbalisieren zu sein. Erst im Schulalter scheint dieses Wissen um diesbezügliche Fakten sprachlich beschrieben werden zu können (semantisches Wissen). Die entwicklungspsychologische Forschung zum Emotionswissen und Emotionsverständnis beschäftigt sich darüber hinaus auch mit den Fragen nach den Indikatoren, die Kinder für ein emotionales Erleben bei anderen heranziehen, oder den prototypischen Situation, die aus der Sicht von Kindern bestimmte Emotionen auslösen.

11.4.1 Verständnis von Emotionsauslösern

> Das **Wissen um Auslöser von Emotionen** beeinflusst das Interpretieren von Verhaltensweisen und das eigene Regulationsverhalten. Erfasst wird dieses Wissen anhand von **Vignetten** bzw. Situationsbeschreibungen, denen ein emotionales Erleben zuzuordnen ist. Bei älteren Kindern wird das Wissen auch direkt über die **Benennung von Auslösern für bestimmte Emotionen** erfasst.

Das Wissen um Anlässe von Emotionen spielt nicht nur für die **Interpretation des Verhaltens und der Verhaltensmotive anderer** eine wichtige Rolle. Darüber hinaus stellt dieses Wissen auch eine wichtige Einflussgröße für das eigene Regulationsverhalten dar. Wenn ein Kind sich darüber bewusst ist, dass eine zeitlich nahe Situation mit Angsterleben in Verbindung steht, kann es die antizipierte Bedrohung (Lazarus, 1991) zur Vorbereitung und zum Einsatz angemessener Regulationsstrategien nutzen. Um die Kenntnis von Emotionsauslösern zu überprüfen, werden Kindern beispielsweise kurze Geschichten erzählt (meist mit Unterstützung durch Bilder), die – aufgrund von vorherigen Expertenratings – typischerweise eine bestimmte Emotion auslösen. Die Kinder werden dann gebeten, das Gefühl des Hauptakteurs in der **Vignette** zu benennen bzw. mit einem von mehreren möglichen Gesichtern mit unterschiedlichem Emotionsausdruck in Verbindung zu bringen. Eine zweite Gruppe von Studien versucht das Wissen um Emotionsauslöser zu erfassen, indem (in der Regel ältere) Kinder gebeten werden, Auslöser für bestimmte Emotionen zu verbalisieren.

> Bis in das Schulalter hinein zeigen Kinder Defizite bezüglich des Wissens um die Auslöser von negativen Emotionen.

Das Wissen um Emotionsauslöser entwickelt sich in der Kindheit relativ früh und schnell. Bereits mit 3 Jahren können Kinder mehrheitlich Situationen korrekt einschätzen, die **Freude** auslösen (Borke, 1971). Allerdings haben Kinder bis in das Schulalter hinein **Schwierigkeiten in Bezug auf negative Emotionen**, wobei sich deutlichere Alterseffekte für die Emotionen Angst, Überraschung und Ekel als für Ärger und Trauer zeigen (Denham & Couchoud, 1990; Michalson & Lewis, 1985). Im Schulalter erweitert sich das Wissen auch um Auslöser von selbstbewussten Emotionen wie **Stolz** und **Schuld**.

> Als **Auslöser positiver Emotionen** (Freude) werden von Schulkindern eher Aktivitäten und Ereignisse genannt, bei Ärger Provokationen oder ein Verlust. Kinder differenzieren auch **interpersonale Ursachen** (bei Ärger oder Trauer) und **externe Ursachen** (bei Freude oder Angst). Zunehmend werden auch **interne Ursachen** (z. B. Erinnerungen) genannt.

Wenn man sich anschaut, welche Situationen Kinder als Auslöser von Emotionen angeben, dann fällt auf, dass Kinder bereits mit 5 Jahren ein sehr differenziertes Wissen besitzen. Während für ein **freudiges Erleben positive Aktivitäten und Ereignisse** genannt werden, führen Kinder für ein **Ärgererleben Provokationen** durch andere oder einen **Verlust** (einer Person oder eines Gegenstandes) an. Darüber hinaus ist in den Angaben der Kinder zu erkennen, dass sie zwischen **interpersonalen Ursachen** (für das Erleben von Ärger und Trauer) und **externen Ursachen** (für das Erleben von Freude und Angst) unterscheiden können. Zudem sind Kinder in diesem Alter auch in der Lage zu erkennen, dass Kognitionen (z. B. Erinnerungen), also **interne Ursachen**, in der Lage sind, Emotionen auszulösen (Lagattuta, Wellman & Flavell, 1997).

> Das Wissen um Emotionsauslöser erweitert sich bei Schulkindern um **emotionsspezifische Regulationsstrategien**.

Einen erweiternden Aspekt emotionsbezogenen Wissens untersuchen Vierhaus und Lohaus (2009). Das Wissen um die Relation zwischen dem Erleben von Emotionen und bestimmten Situationen wird ergänzt um das Wissen um eine entsprechende Regulationsstrategie. Es zeigt sich, dass Kinder im Grundschulalter das Erleben von Angst mit palliativen und vermeidenden Strategien oder der Suche nach sozialer Unterstützung in Verbindung bringen. Das Erleben von Ärger hingegen assoziieren sie mit externalisierenden Strategien, mit dem Alter jedoch in stärkerem Maße auch mit vermeidenden Strategien (von Salisch, 2001).

11.4.2 Verständnis von ambivalenten Emotionen

Ergebnisse wie die von Vierhaus und Lohaus (2009) bestätigen die Annahme von **Emotionsskripten** (Saarni, 1997), die Kinder bereits in diesem Alter nutzen, um Situationen, Emotionen und Regulationsstrategien zu verknüpfen und das Handeln in zukünftigen Situationen zu erleichtern. Allerdings scheinen Situationen selten mit nur einer einzigen Emotion in Verbindung zu stehen, sondern können durchaus **mehrdeutig** sein oder gar einen **ambivalenten** Charakter haben.

Vorschulkindern fällt es sehr schwer, **zweideutige Gefühlsempfindungen zu verbalisieren**, wenn sich beispielsweise einem Kind in einer Geschichte ein Hund nähert. Dies bedeutet allerdings nicht, dass Kinder nicht schon im **Kleinkindalter ambivalente Gefühle zum Ausdruck bringen** können (Dunn, 1988). Jedoch weisen Studien darauf hin, dass Kinder erst mit etwa 7 Jahren in der Lage sind, multiple Emotionen der gleichen Valenz (positiv oder negativ) als Ergebnis ein und derselben Situation zu beschreiben (Wintre & Vallance, 1994). Erst mit 11 Jahren, also ab der späten Kindheit, scheint es Kindern möglich zu sein, ein Verständnis für widerstreitende Gefühle in einer Situation wahrzunehmen bzw. auszudrücken.

> **Emotionsskripte** sind Wissensstrukturen, in denen Situationen, Emotionen und Regulationsstrategien verknüpft sind.

> Vorschulkindern fällt es noch schwer, das **Erleben multipler Emotionen** zu verbalisieren, auch wenn sie diese durchaus erleben und zeigen.

? Kontrollfragen

1. Welche theoretischen Ansätze lassen sich in der Emotionsforschung unterscheiden?
2. Welche Emotionen lassen sich den selbstbewussten Emotionen zuordnen? Benennen Sie mindestens 3 selbstbewusste Emotionen.
3. Welche Temperamentsdimensionen lassen sich nach der Konzeption von Thomas und Chess unterscheiden? Benennen Sie mindestens 4 Temperamentsdimensionen.
4. Auf der Basis der Temperamentsdimensionen lassen sich 3 Temperamentstypen unterscheiden. Welche Typen werden außer den einfachen Säuglingen weiterhin differenziert?
5. Welche Verhaltensweisen nutzen Säuglinge schon in den ersten Lebensmonaten zur intrapsychischen Emotionsregulation?
6. Wie unterscheiden sich jugendliche Mädchen und Jungen hinsichtlich ihrer Bewältigungsstile?

Holodynski, M. (2006). *Emotionen – Entwicklung und Regulation*. Heidelberg: Springer.
Petermann, F. & Wiedebusch, S. (2008). *Emotionale Kompetenz bei Kindern*. Göttingen: Hogrefe.

▶ **Weiterführende Literatur**

12 Sprache

12.1 Komponenten der Sprachentwicklung – 152

12.2 Sprache und Gehirnentwicklung – 153

12.3 Voraussetzungen für den Spracherwerb: Sprachwahrnehmungskompetenzen – 154
12.3.1 Kategoriale Wahrnehmung von Sprachlauten – 155
12.3.2 Eingrenzung der unterscheidbaren Sprachlaute – 155
12.3.3 Abgrenzung von Spracheinheiten – 156
12.3.4 Bildung von Begriffskategorien – 156
12.3.5 Zuordnung von Sprache zu Begriffskategorien – 157

12.4 Sprachproduktion – 158
12.4.1 Erste Worte – 158
12.4.2 Zusammenstellung von Worten zu Sätzen – 159
12.4.3 Unterstützende Maßnahmen durch die soziale Umgebung – 160
12.4.4 Entwicklung der syntaktischen Struktur – 160
12.4.5 Entwicklung der Sprachpragmatik – 161

12.5 Spezielle Probleme der Sprachentwicklung – 162
12.5.1 Bilinguale Entwicklung – 162
12.5.2 Gehörlosigkeit – 163

Lernziele

— Zwischen verschiedenen Komponenten der Sprache (Syntax, Semantik, Pragmatik, Phonologie) differenzieren können.
— Frühe Sprachwahrnehmungskompetenzen als Voraussetzung für den Spracherwerb darstellen können.
— Entwicklung des Sprachverständnisses beschreiben können.
— Beginn der Sprachproduktion und soziale Unterstützung beim Spracherwerb kennen.
— Spezielle Probleme der Sprachentwicklung bezogen auf Bilingualität und Gehörlosigkeit erläutern können.

Im Folgenden wird ein Überblick zur Sprachentwicklung gegeben, wobei der Schwerpunkt auf der Entwicklung in den ersten Lebensjahren liegt, da hier die wichtigsten Entwicklungsschritte stattfinden. Die Darstellung beginnt mit einer Differenzierung verschiedener **Komponenten der Sprachentwicklung**. Es folgt eine Beschreibung von Bezügen zwischen **Sprach- und Gehirnentwicklung**. Daran anschließend werden die wichtigsten **Stationen der Sprachentwicklung** dargestellt. Abschließend wird auf einige **Spezialfälle** bei der Sprachentwicklung eingegangen.

12.1 Komponenten der Sprachentwicklung

*Als zentrale Teilkomponenten der Sprache werden **Syntax, Semantik, Pragmatik** und **Phonologie** unterschieden.*

Wenn man sich mit der Entwicklung der Sprache befasst, stellt man schnell fest, dass sich viele Teilkomponenten der Sprache unterscheiden lassen, die sämtlich Entwicklungsprozessen unterliegen. Im Folgenden sollen lediglich die wichtigsten Teilkomponenten der Sprache kurz voneinander differenziert werden. Klassisch ist dabei zunächst die Unterscheidung zwischen **Syntax, Semantik, Pragmatik und Phonologie**.

> **Definition**
>
> Als **Syntax** wird das Regelsystem der Sprache bezeichnet, das die jeweilige Sprachgrammatik definiert. Die **Semantik** bezieht sich demgegenüber auf die Bedeutung der Sprache und dementsprechend also auf die Inhalte, die mit einem Wort bzw. einem Satz ausgedrückt werden. Mit **Pragmatik** ist das Wissen über die Verwendung von Sprache zur Kommunikation gemeint, während **Phonologie** sich auf das Lautsystem der Sprache bezieht.

▶ Definition
Syntax, Semantik, Pragmatik und Phonologie

Entwicklungspsychologisch bedeutet dies, dass es im Bereich der Syntax um die Entwicklung der grammatischen Sprachstrukturen geht. Im Bereich der Semantik steht die Entwicklung von Wort- und Satzbedeutungen im Vordergrund und im Bereich der Pragmatik die Entwicklung kommunikativer Kompetenzen. Bei der Phonologie wiederum geht es um die entwicklungspsychologischen Grundlagen des Verständnisses und der Produktion des Lautsystems einer Sprache.

Im Kontext der Entwicklungspsychologie stehen Entwicklungsveränderungen bei Syntax, Semantik, Pragmatik und Phonologie im Zentrum des Interesses.

Innerhalb der Semantik bilden die **Morpheme** die kleinsten bedeutungstragenden Einheiten. Beispielsweise enthält das Wort »Schirme« zwei Morpheme: Neben dem Bedeutungsinhalt von »Schirm« wird durch das Anhängen eines »e« darauf hingewiesen, dass es sich um mehrere Schirme handelt. Innerhalb der Phonologie bilden wiederum die **Phoneme** die kleinsten lautlichen Einheiten. Sie charakterisieren also die einzelnen Laute, die in einem Sprachsystem vorkommen.

Innerhalb der Semantik bilden die **Morpheme** und innerhalb der Phonologie die **Phoneme** die kleinsten Einheiten.

Als weitere Komponente der Sprache wird vielfach weiterhin das **metalinguistische Wissen** angesehen. Es handelt sich hier um das Wissen eines Menschen über das System der Sprache. Es geht dabei insbesondere um das Wissen über die Eigenschaften von Sprache(n) und über den Sprachgebrauch. Auch das metalinguistische Wissen unterliegt einem Entwicklungsprozess.

Das **metalinguistische Wissen** wird häufig als eine weitere Komponente der Sprache abgegrenzt.

12.2 Sprache und Gehirnentwicklung

Vor allem bei Rechtshändern werden die **Sprachfunktionen** überwiegend von der **linken Hirnhälfte** kontrolliert. Bei Linkshändern gibt es sowohl den Fall einer überwiegenden Kontrolle durch die rechte Hirnhälfte als auch eine beidseitige Lokalisation der Steuerungsfunktionen. Vor allem das Wernicke- sowie das Broca-Areal werden mit Sprachfunktionen in Verbindung gebracht. Das **Wernicke-Areal** ist dabei im Wesentlichen für das **Sprachverständnis** und das **Broca-Areal** für die **Sprachproduktion** zuständig.

Das **Wernicke-Areal** wird mit dem **Sprachverständnis** und das **Broca-Areal** mit der **Sprachproduktion** in Zusammenhang gebracht.

Die Spezialisierung der Hirnhälften ist teilweise schon pränatal erkennbar (de Lacoste, Horvath & Woodward, 1991) und setzt sich im Laufe der Kindheit weiter fort. Gleichzeitig zeigt sich jedoch auch, dass andere Hirnregionen diese Funktionen übernehmen können, wenn die Hirnregionen, die typischerweise für die Sprachentwicklung zuständig sind, in den ersten Lebensjahren verletzt werden. Gerade in den ersten Lebensjahren zeigt das Gehirn eine erstaunlich **hohe Plastizität**, um Funktionsausfälle zu kompensieren.

Schon pränatal finden sich Hinweise auf eine **Spezialisierung der Hirnhälften**, die sich in den Folgejahren fortsetzt.

Die hohe neuronale Plastizität wird auch als wesentliche Grundlage für die besonderen sprachlichen Lernfähigkeiten von Kindern verantwortlich gemacht. Es wird überwiegend davon ausgegangen, dass es eine **sensible Periode für den Spracherwerb** gibt, die mit dem Abschluss der Hirnlateralisation beendet ist. In dieser Periode fällt der Spracherwerb besonders leicht und geht weitgehend ohne bewusste Lernanstrengung vonstatten. Frühe Belege für diese These stammen aus Untersuchungen an Kindern mit Misshandlungserfahrungen.

Die **Kindheit** kann als eine **sensible Periode für den Spracherwerb** angesehen werden, in der der Erwerb einer Sprache besonders leicht vonstatten geht.

> **Exkurs**
>
> **Fallbeispiel Genie**
> Der bekannteste Fall ist das Mädchen Genie, das mit 13½ Jahren entdeckt wurde und zuvor von seinen Eltern extrem vernachlässigt worden war. Die Eltern hatten kein Wort mit dem Mädchen gesprochen, weil sie es für retardiert gehalten hatten. Das Mädchen wurde nur mit dem Notwendigsten versorgt. Bei Lautäußerungen wurde es vom Vater bestraft. Nach der Befreiung zeigte das Kind keinerlei Lautproduktion (auch kein Weinen oder Lachen). Im Anschluss fand eine intensive Sprachförderung statt, es kam jedoch nicht mehr zu einem normalen Spracherwerb. Das Mädchen zeigte mehr Sprachverständnis als aktive Sprachproduktion. Die Sprachproduktion war durch eine eingeschränkte Syntax und einen stark stereotypen Sprachgebrauch gekennzeichnet (Curtiss, 1989).

*Das Fallbeispiel Genie zeigt, dass der **Erwerb einer Primärsprache** nach Eintritt der **Pubertät** nur noch eingeschränkt möglich ist.*

Das **Fallbeispiel** wird als Beleg dafür angesehen, dass die Hirnspezialisierung spätestens in einem Alter von 13½ Jahren weitgehend abgeschlossen ist. Daher unterstützt es die These, dass ein normaler Spracherwerb nach dieser Phase stark eingeschränkt ist. Fallbeispiele dieser Art sind jedoch nicht zwingend als Beleg für diese These zu sehen, da die Missbrauchserfahrung sich auf die spätere Fähigkeit zum Spracherwerb auswirken kann. Hinzu kommt in diesem speziellen Fall, dass letztlich unklar ist, ob das Mädchen tatsächlich intellektuelle Defizite hatte (wie von den Eltern vermutet), die die sprachlichen Kompetenzen ebenfalls beeinträchtigt haben können.

*Auch die Sprachkompetenzen von Immigranten unterschiedlichen Alters belegen, dass sich insbesondere **bei frühem Wechsel** in einen anderen Sprachraum **kaum Sprachprobleme** zeigen.*

Es gibt jedoch auch weitere Belege dafür, dass die Sprachlernfähigkeiten während der Kindheit besonders ausgeprägt sind und danach abnehmen. So lässt sich zeigen, dass die Sprachkompetenzen bei **Immigranten** umso höher sind, je früher sie in einen neuen Sprachkontext gewechselt sind. Vor allem Immigranten, die schon als Kind mit einem Wechsel in einen neuen Sprachraum konfrontiert waren, hatten kaum Probleme, die neue Sprache schnell und akzentfrei zu lernen. Deutlich schwerer fiel dies Immigranten, die erst als Erwachsene in den neuen Sprachraum wechselten (Hakuta, Bialystok & Wiley, 2003). Es zeigte sich weiterhin, dass auch die **aktivierten Hirnareale** beim Erlernen der neuen Sprache bei Kindern und Erwachsenen unterschiedlich waren, wobei eine linkshemisphärische Verarbeitung verstärkt bei den Kindern zu beobachten war.

*In frühen Entwicklungsabschnitten fällt es Kindern leicht, auch **mehrere Sprachen parallel** zu erwerben.*

In diesem Zusammenhang ist erwähnenswert, dass es Kindern in der Regel ebenfalls nicht schwer fällt, **zwei Sprachen parallel zu erwerben**. Kinder, die **bilingual** aufwachsen, weil beispielsweise ihre Eltern unterschiedliche Sprachen mit ihnen sprechen, scheinen dadurch selten verwirrt zu sein, sondern schaffen es in der Regel, beide Sprachsysteme zu erwerben. Auch wenn gelegentlich zu beobachten ist, dass die Sprachkompetenzen am Anfang der Entwicklung bei einer bilingualen Erziehung in Teilbereichen etwas geringer ausgeprägt sind, wird dies in der Regel im Laufe der weiteren Entwicklung kompensiert. Das mühelose und eher beiläufige Erlernen einer weiteren Sprache in der Kindheit, das ohne bewusstes Sprachlernen erfolgt, unterstreicht die **besondere Lernbereitschaft für Sprachen** während der Kindheit.

12.3 Voraussetzungen für den Spracherwerb: Sprachwahrnehmungskompetenzen

*Am Anfang der Entwicklung spielen insbesondere die **Sprachwahrnehmungskompetenzen** eine entscheidende Rolle.*

Im Folgenden soll näher auf die einzelnen Stationen des Spracherwerbs eingegangen werden. Dabei stehen zunächst die **Sprachwahrnehmungskompetenzen** im Vordergrund, die eine wichtige Voraussetzung für den Spracherwerb darstellen. Die zentrale Frage lautet dabei, wie es Kinder am Anfang ihrer Entwicklung schaffen, aus der Sprachinformation, die sie in ihrer Umgebung hören, relevante Spracheinheiten zu bilden.

12.3.1 Kategoriale Wahrnehmung von Sprachlauten

Um zunächst die Sprachinformation der Umgebung zu segmentieren, muss ein Kind in der Lage sein, Sprachlaute voneinander zu unterscheiden. Die Frage ist also, ob Kinder bereits am Anfang ihrer Entwicklung **Sprachlaute voneinander abgrenzen** können und – darüber hinaus – ob Abgrenzungen zwischen den Sprachlauten identisch zu denen Erwachsener sind. Um zu prüfen, ob Säuglinge zwischen Sprachlauten unterscheiden können, kann man ihnen einen Sprachlaut bis zur Habituation präsentieren und ihnen danach einen anderen Sprachlaut vorspielen. Wenn der Säugling zwischen den Sprachlauten differenzieren kann, sollte es zur **Dishabituation** kommen.

> Mit einem Habituations-Dishabituations-Verfahren lässt sich nachweisen, dass Säuglinge die **Grenzen zwischen Sprachlauten** analog zu Erwachsenen wahrnehmen.

Studie

Wahrnehmungsgrenzen zwischen Sprachlauten

Eine Studie von Eimas, Siqueland, Jusczyk und Vigorito (1971) ging noch einen Schritt weiter, indem sie nicht nur nachwies, dass Säuglinge Sprachlaute unterscheiden können, sondern auch, dass die Grenzen zwischen den Lauten so wahrgenommen werden wie bei Erwachsenen. Die Sprachlaute »b« und »p« – einander gegenübergestellt in den Silben »ba« und »pa« – unterscheiden sich beispielsweise durch eine unterschiedliche **Voice Onset Time**. Dies bedeutet, dass die Zeitdauer bis zum Einsetzen der Stimmbandvibrationen bei beiden Lauten unterschiedlich ist. Wenn man eine systematische Variation vornimmt, dann hören Erwachsene bis zu einer bestimmten Voice Onset Time ein »b« und danach schlägt die Wahrnehmung um in ein »p«. Es ließ sich zeigen, dass bereits Säuglinge im Alter von 1 und 4 Monaten dieselben Unterscheidungen treffen. Dazu wurden ihnen Laute einer Kategorie (z. B. »ba«) vorgespielt, während sie an einem Schnuller saugten. Nachdem die Säuglinge habituiert waren und die Saugrate abgenommen hatte, wurde ihnen ein Laut einer anderen Kategorie (z. B. »pa«) präsentiert. Wenn nun die Saugrate wieder zunahm, wurde dies als Hinweis auf eine Dishabituierung und demnach auf eine Unterscheidung der Laute gewertet. Wenn die Saugrate dagegen nicht zunahm, wurde dies als Hinweis auf eine Nicht-Differenzierung gewertet, was beispielsweise bei einer Variation der Voice Onset Time innerhalb einer Lautkategorie der Fall war.

Mit dieser Technik ließ sich zeigen, dass die Lautgrenzen, ab der die Säuglinge einen anderen Laut wahrnehmen, identisch mit denen von Erwachsenen waren. Dadurch konnte nachgewiesen werden, dass **Säuglinge viele Lautkategorien wie Erwachsene** unterscheiden (Aslin, Jusczyk & Pisoni, 1998).

> Mit einer Habituationstechnik ließ sich zeigen, dass bereits Säuglinge viele Lautkategorien wie Erwachsene unterscheiden.

12.3.2 Eingrenzung der unterscheidbaren Sprachlaute

Es ließ sich jedoch auch zeigen, dass Säuglinge sogar mehr Lautkategorien unterscheiden als Erwachsene. Dies weist darauf hin, dass sich das **Lautspektrum**, das Kinder unterscheiden können, im Laufe der Entwicklung auf das Lautpotenzial einschränkt, das in dem umgebenden Sprachraum von Relevanz ist. Da nicht alle Laute in allen Sprachen eine Rolle spielen, schränkt sich die Unterscheidbarkeit allmählich auf die jeweils relevanten Laute ein. Dabei ließ sich zeigen, dass bis zu einem Alter von etwa 6 Monaten noch sämtliche Laute unterschieden werden können und dass danach eine Einschränkung auf das Lautpotenzial der jeweiligen Sprachumgebung erfolgt.

> Anfangs unterscheiden Säuglinge sogar mehr Lautkategorien als Erwachsene, später schränkt sich die Unterscheidungsfähigkeit auf das **Lautpotenzial der jeweiligen Sprachumgebung** ein.

Studie

Zunehmende Einschränkung der Unterscheidbarkeit von Lauten

Dies konnte beispielsweise durch eine Studie von Werker und Desjardins (1995) gezeigt werden. In dieser Studie wurden Kindern im Alter von 6–8 Monaten und von 10–12 Monaten Vokal- und Konsonantenpaare aus dem Englischen, aus einer indianischen Sprache sowie aus einer Hindi-Sprache präsentiert. Hier zeigten die 6–8 Monate alten Kinder eine deutlich bessere Diskrimierungsfähigkeit als die 10–12 Monate alten Kinder.

Die **Eingrenzung des Lautpotenzials** zeigt sich nicht nur bei der **Sprachwahrnehmung**, sondern auch bei der **Sprachproduktion**. Auch hier zeigt sich eine zunehmende Einschränkung auf das Lautpotential der sprachlichen Umgebung.

12.3.3 Abgrenzung von Spracheinheiten

Auch Säuglinge sind also bereits dazu in der Lage, Sprachlaute voneinander abzugrenzen. Gelingt es ihnen aber auch, größere sprachliche Einheiten zu identifizieren? Tatsächlich gibt es Hinweise darauf, dass Säuglinge dazu in der Lage sind, Silben im Sprachstrom zu identifizieren. Um dies nachzuweisen, wurde eine **Konditionierungstechnik** eingesetzt, bei der den Säuglingen beigebracht wird, ihren Kopf in eine bestimmte Richtung zu drehen, sobald sie einen Laut oder eine Lautkombination gehört haben (Werker, Polka & Pegg, 1997). Wenn sie den Laut korrekt identifiziert haben, bekommen sie eine Belohnung, die beispielsweise darin bestehen kann, dass ein animiertes Spielzeug sichtbar wird. Nachdem die Kinder gelernt haben, auf die Laute oder Lautkombinationen zu reagieren, wird die gelernte Lauteinheit in einen umfangreicheren Sprachtext integriert. Es stellt sich nun die Frage, ob die Säuglinge in der Lage sind, die **Lauteinheit zu identifizieren**. Mit dieser Technik ließ sich feststellen, dass Säuglinge im Alter von 6 Monaten in der Lage sind, einzelne Silben (wie die Silbe »ba«) aus einer Reihe von Kunstwörtern (wie kobako oder tibati) herauszuhören (Goodsitt, Morse, Ver Hoeve & Cowan, 1984).

> **Studie**
>
> **Fähigkeit zur Identifikation von Lautkombinationen im Sprachfluss**
> In einer weiteren Studie wurde Säuglingen in einer Serie von Testdurchgängen ein Tondokument vorgespielt, das aus vier verschiedenen mehrsilbigen Kunstwörtern bestand, die ohne Pause zwischen den Wörtern aneinandergereiht waren. Im Anschluss wurden den Kindern **dieselben Kunstwörter** oder **andere Kunstwörter** vorgespielt, die dieselben Silben, aber in anderer Kombination enthielten. Die Säuglinge brachten den **Kunstwörtern in neuer Kombination mehr Aufmerksamkeit** entgegen, wodurch deutlich wird, dass sie die bereits bekannten Kunstworte wiedererkannt hatten. Auch dies zeigt, dass bereits Säuglinge dazu in der Lage sind, nicht nur Laute, sondern auch Lautkombinationen im Sprachfluss zu identifizieren (Aslin, Saffran & Newport, 1998).

Bei der Segmentierung von Silben und Worten nutzen die Kinder darüber hinaus **Wortpausen**, da sie ebenfalls darauf hinweisen, wo Spracheinheiten voneinander abzugrenzen sind. Weiterhin nutzen sie die **Prosodie** (Betonung, Rhythmus und Sprechmelodie), da auch diese Sprachmerkmale Aufschluss über abgrenzbare Spracheinheiten liefern (Kuhl, 2004).

12.3.4 Bildung von Begriffskategorien

Die Wissensbestände, die im Laufe der Entwicklung generiert werden, entstehen nicht allein durch Informationsaufnahme und Informationsverknüpfung. Eine wesentliche Bedeutung kommt zusätzlich **Kategorisierungsprozessen** zu, die **Ordnung** in die Vielfalt der Informationen bringen, die im Organismus eintreffen. Ohne die Fähigkeit, Informationen zu kategorisieren, wäre jede Information einzigartig und es müsste jedes Mal neu entschieden werden, wie auf die Information zu reagieren ist. Kategorisierungen erleichtern also das Verständnis der Umgebung und dadurch gleichzeitig die Reaktionsbildung. Die Kategorien bilden zudem eine bedeutende **Basis für die Sprachentwicklung**. Die vielfach zunächst vorsprachlich gebildeten Kategorien werden mit sprachlichen Begriffen belegt. Als Folge ergibt sich ein effektiverer Umgang mit Kategorien und Kategoriemerkmalen. Vor diesem Hintergrund ist zu erwarten, dass erste Kategorisierungsleistungen bereits früh im Leben eines Kindes nachweisbar sind (Goswami, 2001).

> **Studie**
>
> **Vorsprachliche Kategorisierung**
> Ein Beispiel für vorsprachliche Kategorisierungsleistungen zeigt eine Studie von Quinn und Eimas (1996), in der 3 und 4 Monate alten Säuglingen Fotografien von Tierpaaren gezeigt wurden, die jeweils einer bestimmten Tierart zugehörten (z. B. über mehrere Durchgänge hinweg Fotografien von zwei Katzen). Bei jeder Präsentation wurden zwei neue Katzen gezeigt. Nachdem die Säuglinge habituiert waren, wurde ihnen ein Bildpaar gezeigt, das neben einem Katzenfoto ein Hundefoto zeigte. Interessanterweise wurde nun die neue Tierart länger betrachtet als die bereits bekannte Tierart. Die Kinder hatten also offenbar eine Kategorie für Katzen gebildet und unterschieden diese Kategorie von Hunden. Wie eine Studie von Behl-Chadha (1996) zeigt, gehen die frühkindlichen Kategorisierungsleistungen noch weiter: Kinder können nicht nur Kategorien für eine spezifische Tierart bilden, sondern auch mehrere Tierarten zu einer Kategorie zusammenfassen. In dieser Studie erkannten 6 Monate alte Kinder die gemeinsamen Merkmale von Säugetieren und differenzierten sie von anderen Tierarten.

12.3.5 Zuordnung von Sprache zu Begriffskategorien

Die Kategorien werden zunehmend mit sprachlichen Begriffen belegt, wobei hier vor allem die zentrale Frage von Interesse ist, wie es Kindern am Anfang ihrer Entwicklung gelingt, eine Beziehung zwischen einer Objektkategorie und ihrer sprachlichen Bezeichnung herzustellen. Wenn die Mutter beispielsweise das Wort »Hund« sagt, woher weiß dann das Kind, was damit gemeint ist? Selbst wenn die Mutter dabei auf den Hund zeigt, gibt es grundsätzlich eine Vielzahl von Auffassungsmöglichkeiten. Es könnte das gesamte Tier gemeint sein, aber ebenso gut nur sein Fell, seine Ohren oder sein Bellen. Es wird davon ausgegangen, dass sich die Kinder von einer Reihe von Vorannahmen leiten lassen, wenn sie mit neuen sprachlichen Begriffen konfrontiert werden und versuchen, eine Beziehung zu dem damit Bezeichneten herzustellen (Markman, 1989; Woodward und Markman, 1998). Hierzu gehören insbesondere die **Ganzheits-**, die **Taxonomie-** und die **Disjunktionsannahme**.

Kinder lassen sich durch die **Ganzheits-**, *die* **Taxonomie-** *und die* **Disjunktionsannahme** *leiten, wenn es darum geht, bestimmten Objektkategorien eine sprachliche Bezeichnung zuzuordnen.*

Ganzheitsannahme. Die Ganzheitsannahme besagt, dass ein Kind davon ausgeht, dass sich in einer Benennungssituation **Worte auf ganze Objekte beziehen** (und nicht auf Bestandteile eines Objektes). Wenn ein Erwachsener also auf ein Tier zeigt und dabei das Wort »Elefant« sagt, so ist die Vorannahme, dass sich das Wort auf das ganze Tier bezieht und nicht auf einzelne Bestandteile (wie beispielsweise auf die Ohren des Elefanten oder auf den Stall, in dem er sich befindet).

Nach der **Ganzheitsannahme** *wird davon ausgegangen, dass Worte sich auf* **ganze Objekte** *beziehen.*

Taxonomieannahme. Die Taxonomieannahme besagt, dass das Kind davon ausgeht, dass sich in einer Benennungssituation **Worte auf Objekte desselben Typs beziehen**. Der Begriff »Elefant« bezieht sich also auf verschiedene Elefanten, aber nicht beispielsweise auf eine Assoziation zwischen dem Elefanten und dem Wärter, der sich gerade um ihn kümmert.

Die **Taxonomieannahme** *besagt, dass sich Worte auf* **Objekte desselben Typs** *beziehen.*

Disjunktionsannahme. Nach der Disjunktionsannahme geht ein Kind davon aus, dass **jedes Objekt nur eine Bezeichnung** hat. Wenn für ein Objekt schon eine Bezeichnung vorliegt, nimmt das Kind zunächst an, dass das neue Wort für etwas anderes steht (z. B. für Objektteile oder Eigenschaften eines Objekts). Wenn jemand also auf einen Elefanten zeigt und dabei »Rüssel« sagt, geht ein Kind, das schon das Wort »Elefant« kennt, davon aus, dass nun nicht der Elefant als Ganzes gemeint sein kann, sondern ein Bestandteil des Elefanten.

Nach der **Disjunktionsannahme** *wird davon ausgegangen wird, dass* **jedes Objekt nur eine Bezeichnung** *hat.*

> Neben den Vorannahmen spielen auch **Unterstützungen aus der sozialen Umgebung** und der **sprachliche Kontext**, in dem ein Wort gebraucht wird, bei der Entwicklung von Wortbedeutungen eine Rolle.

Hinzu kommt, dass Kinder eine Vielzahl von **Unterstützungen aus ihrer sozialen Umgebung** erhalten, die auf korrekte Wortzuordnungen hinweisen und fehlerhafte Wortzuordnungen korrigieren. Auch dies trägt dazu bei, das Wortverständnis zunehmend an das Erwachsenenverständnis anzunähern. Weiterhin liefert zunehmend auch der **sprachliche Kontext**, in dem ein Wort verwendet wird, Aufschlüsse über seine Bedeutung. So kann ein Kind aus dem Satz »Dies ist ein Fess« schließen, dass es sich bei dem Wort »Fess« offenbar um ein Objekt handelt, während eine Verwendung in einem Satz wie »Dies ist ein fesses Tier« darauf hinweist, dass es sich bei »fess« um eine Eigenschaft handelt. Wenn ein grundsätzliches Verständnis für die Struktur einer Sprache vorliegt, kann also auch der sprachliche Kontext, in dem ein neues Wort verwendet wird, Rückschlüsse auf seine Bedeutung liefern (Hall, Waxman & Hurwitz, 1993). Vor allem in späteren Entwicklungsabschnitten spielt der sprachliche Kontext, in dem ein Wort verwendet wird, eine immer größere Rolle (z. B. beim Lesen von Texten, s. Nagy & Scott, 2000).

> Der **passive Wortschatz** ist grundsätzlich größer als der **aktive Wortschatz**.

Die Wortbedeutungsentwicklung basiert also offenbar auf bestimmten Vorannahmen, von denen sich die Kinder leiten lassen, auf Schlussfolgerungen, die sie aus dem jeweiligen Verwendungskontext ziehen sowie auf Hinweisen und Rückmeldungen, die sie aus ihrer sozialen Umgebung erhalten. Grundsätzlich entwickelt sich dabei das **Sprachverständnis** schneller als die **Sprachproduktion**. Der **passive Wortschatz** ist daher größer als der **aktive Wortschatz**.

> Zwischen den Kategorisierungsleistungen und den sprachlichen Differenzierungsleistungen kann ein **reziprokes Verhältnis** angenommen werden.

Es wäre jedoch eine zu starke Vereinfachung, wenn man annehmen würde, dass grundsätzlich zuerst die (vorsprachlichen) Kategorien gebildet werden, bevor sie mit sprachlichen Bezeichnungen belegt werden. Die Kenntnis der sprachlichen Bezeichnungen kann vielmehr umgekehrt auch neue Differenzierungsmöglichkeiten aufzeigen und damit zu einer Differenzierung der Kategorisierungsleistungen beitragen. Es ist also von einem reziproken Verhältnis zwischen den kognitiven Kategorisierungsleistungen und sprachlichen Bezeichnungen auszugehen (Weinert, 2004).

12.4 Sprachproduktion

12.4.1 Erste Worte

> Vor der Produktion von Sprache beginnen Säuglinge mit einem **Plappern**, das bereits in vielerlei Hinsicht den Sprachmerkmalen der Umgebungssprache entspricht.

Schon vor der Produktion eines ersten Wortes beginnen Säuglinge damit, die Sprachlaute aus ihrer sozialen Umgebung zu imitieren (Kuhl & Meltzoff, 1984). Zwischen dem 6. und 10. Lebensmonat kommt es dann zu einem »**Plappern**«, bei dem einzelne Silben und Silbenkombinationen aneinandergereiht werden. Das Plappern nähert sich dabei hinsichtlich der Lautgebung und Rhythmik zunehmend den Charakteristika der **Muttersprache** an. Dies konnte nachgewiesen werden, indem Erwachsenen Tonaufnahmen des Plapperns eines 8 Monate alten französischen Säuglings und anderer gleichaltriger Säuglinge mit einem anderen Sprachhintergrund (arabisch und kantonesisch) vorgespielt wurden. Die Erwachsenen waren mit einer deutlich überzufälligen Trefferquote dazu in der Lage, den Säugling mit französischem Sprachkontext zu identifizieren (de Boysson-Bardies, Sagart & Durant, 1984). Die Brabbelhäufigkeit nimmt wiederum ab, sobald das Kind in der Lage ist, erste Worte zu bilden.

> Die Phase der Einwortsätze wird häufig auch als **holophrasische Phase** bezeichnet, da mit einem Wort vielfach bereits komplexe Aussagen ausgedrückt werden sollen.

In der Phase der **Einwortsätze** übernimmt ein einzelnes Wort Funktionen, die sonst mit komplexen grammatischen Strukturen ausgedrückt werden. Diese Phase wird daher auch als **holophrasische Phase** bezeichnet. So kann der Ausruf des Wortes »Milch« beispielsweise bedeuten, dass der Säugling Milch haben möchte. Der Säugling kann damit jedoch ebenso darauf hinweisen wollen, dass die Milchflasche auf den Boden gefallen ist und die Milch sich nun dort ausbreitet. Im Verlauf der Einwortphase kommt es zu einer Veränderung vom Gebrauch isolierter Einzelworte zur **Aneinanderkettung von Worten**. Die aufeinander folgenden Einwortäußerungen können dabei jede für sich eine ganzheitliche Funktion übernehmen, werden aber im Laufe der Entwicklung zunehmend aufeinander bezogen.

Gerade am Anfang der Entwicklung bestehen noch viele **sprachliche Lücken**, die die Kinder mit verschiedenen Strategien zu überbrücken versuchen. Am weitesten verbreitet ist dabei die **sprachliche Überdehnung**. Damit ist gemeint, dass die Kinder ein Wort über den sprachlichen Kontext hinaus, in dem sie es ursprünglich gelernt haben, generalisieren. So kommt es nicht selten vor, dass das Wort »Hase« auch für ein Meerschweinchen, ein Eichhörnchen oder für andere kleine Säugetiere genutzt wird. Das Kind identifiziert einige gemeinsame Merkmale (wie das Vorhandensein einer Behaarung und Beinen) und nutzt die wahrgenommene Gemeinsamkeit zur Wahl desselben Wortes. Die Neigung zur Überdehnung nimmt in dem Maße ab, in dem der Wortschatz wächst und demnach die korrekten Worte bekannt sind.

Zu Anfang der Entwicklung fehlen den Kindern noch viele Worte in ihrem Vokabular. Eine Strategie, um dies zu überbrücken, besteht in der sprachlichen **Überdehnung**.

Nach der Produktion der ersten Worte (typischerweise am Ende des 1. bzw. Beginn des 2. Lebensjahres) kommt es zunächst zu einem allmählichen **Anstieg der Wortanzahl**, die die Kinder aktiv nutzen. Die Kinder beschränken sich dabei auf einfache Worte (wie Mama oder Papa) und setzen darüber hinaus **Vereinfachungsstrategien** ein, um sich die Aussprache zu erleichtern (z. B. »Fant« statt »Elefant«). In der zweiten Hälfte des 2 Lebensjahres kommt es dann zu einem rapiden Anstieg des aktiven Wortschatzes, der auch als **Vokabelspurt** oder **Wortschatzexplosion** bekannt ist. Mit 20 Monaten liegt der durchschnittliche aktive Wortschatz bei etwa 170 Worten, wobei allerdings große interindividuelle Unterschiede bestehen. Wenn der aktive Wortschatz mit 24 Monaten noch unterhalb von 50 Worten liegt, gehört ein Kind zu den »**late talkern**« mit einem überdurchschnittlichen Risiko für eine spätere Störung der Sprachentwicklung (Grimm, 2003b).

In der zweiten Hälfte des 2 Lebensjahres setzt bei den meisten Kindern eine **Wortschatzexplosion** *ein. Dabei kommt es zu einem rapiden Anstieg des Wortschatzes.*

Der Wortschatz wächst in den kommenden Jahren mit einer durchschnittlichen Rate von etwa 9 Worten täglich weiter an. Eine wichtige Bedeutung kommt dabei der Leistungsfähigkeit des phonologischen Arbeitsspeichers zu, der für die Ablegung sprachlichen Materials im Kurzzeitspeicher zuständig ist. Dies zeigt sich u. a. daran, dass Kinder mit Sprachentwicklungsstörungen häufig gleichzeitig Defizite im Bereich des phonologischen Arbeitsgedächtnisses aufweisen (Weinert & Grimm, 2008).

Die Leistungsfähigkeit des phonologischen Arbeitsgedächtnisses ist von großer Bedeutung für die Sprachentwicklung.

12.4.2 Zusammenstellung von Worten zu Sätzen

Mit der Zunahme des Wortschatzes kommt es vermehrt auch zur Zusammenstellung mehrerer Einzelworte zu semantischen Einheiten. Universell lässt sich beim Spracherwerb nicht nur in der Zweiwort-, sondern auch in der Mehrwortphase beobachten, dass Kinder bei ihren ersten Wortkombinationen systematisch bestimmte **Satzelemente auslassen**. Vorwiegend sind dies Artikel, Hilfsverben oder Funktionswörter (wie Präpositionen). Da man beim Abfassen eines Telegramms vergleichbar vorgehen würde, nennt man diese Sprachform **telegrafische Sprache**. Der Unterschied zum Telegrammstil eines Erwachsenen besteht jedoch darin, dass viele der telegrafischen Kinderäußerungen nicht zu verstehen sind, ohne die Situation zu kennen, in der sie entstanden sind. Häufig sind daher nur die Sozialpartner, die gut mit einem Kind vertraut sind (wie beispielsweise die Eltern), in der Lage, sie zu verstehen.

Wenn Kinder Worte zu Sätzen zusammenstellen, lassen sie auf charakteristische Weise Satzelemente aus. Es kommt zu einer **telegrafischen Sprache**.

Es ist interessant, dass bereits die telegrafische Sprache **bestimmten Regeln** folgt. So lassen die Kinder zwar einige Satzelemente aus, folgen in der Aneinanderreihung der Satzelemente jedoch der typischen Satzstellung in der jeweiligen Sprache. So würde ein Kind den Satz »Meine Hose ist nass« möglicherweise in den telegrafischen Satz »Hose nass« verwandeln, aber nicht in »nass Hose«. Trotz der sprachlichen Verkürzung ist die **Satzbildung also bereits regelgeleitet**.

Die telegrafische Sprache ist nicht regellos. Auch hier erfolgt die Satzbildung bereits **regelgeleitet**.

12.4.3 Unterstützende Maßnahmen durch die soziale Umgebung

Durch eine **Abstimmung mit dem Blickverhalten des Kindes** gelingt es Erwachsenen, insbesondere die Semantikentwicklung bei ihrem Kind zu unterstützen.

Die soziale Umgebung bietet vielfache **didaktische Unterstützungen** bei der Sprachentwicklung von Kindern. Bei der Wortbedeutungsentwicklung sind dies vor allem didaktische Hinweisfunktionen, die den Kindern verdeutlichen, welche Bedeutung mit einem Wort verbunden ist. Dies beginnt damit, dass **die Bezugsperson der Blickrichtung des Kindes folgt** und ihm dabei erläutert, was es gerade sieht. Das Kind lernt dabei bereits in einem sehr frühen Entwicklungsstadium, dass ein Objekt, das es gerade ansieht, eine Bezeichnung hat. Später lernt umgekehrt auch das Kind, der Blickrichtung der Bezugsperson zu folgen und auf diese Weise mit **geteilter Aufmerksamkeit** ein Objekt anzublicken. Durch die gemeinsame Aufmerksamkeit auf das Objekt sind die Voraussetzungen geschaffen, sich sprachliche Informationen über das Objekt anzueignen.

Bei der **Ammensprache** handelt es sich um eine Sprechweise, die auf den Entwicklungsstand eines Kindes bezogen ist.

Von didaktischer Bedeutung ist dabei zusätzlich, dass sich die Bezugsperson in der an ein Kind gerichteten Sprache an dem **Entwicklungsstand des Kindes** orientieren. Charakteristisch ist dabei insbesondere die **Ammensprache** (auch als »Baby Talk« bezeichnet). Es handelt sich dabei um eine verkürzte Sprechweise mit besonderer Intonation und repetitiven Elementen, die in besonderer Weise den Entwicklungsvoraussetzungen eines Kindes gerecht wird und ihm die Identifikation von sprachlichen Elementen erleichtert.

In der Phase der telegrafischen Sprache setzen viele Erwachsene **Spracherweiterungen** ein, um die Sprachentwicklung von Kindern zu unterstützen.

Nicht nur bei der Entwicklung von Wortbedeutungen, sondern auch in der **Phase der telegrafischen Sprache** haben die Bezugspersonen einen wichtigen Anteil am Erwerb von Sprachstrukturen. Hilfreich für das Kind sind dabei vor allem **Spracherweiterungen** durch Erwachsene, die auf die telegrafischen Sprachverkürzungen von Kindern eingehen. Wenn das Kind beispielsweise »Milch drin« sagt, wiederholt der Erwachsene die erweiterte Sprachfassung (»Ja, in der Tasse ist Milch drin«). Das Kind lernt dadurch die korrekte Sprachverwendung.

Allgemein lässt sich sagen, dass die Bezugspersonen also intuitiv vielfältige didaktische Strategien einsetzen, um die Sprachentwicklung von Kindern zu unterstützen. Neben den **Hinweisfunktionen**, die die Wortbedeutungsentwicklung unterstützen, sind insbesondere die **Spracherweiterungsfunktionen** und die sprachlichen **Korrekturfunktionen** zu nennen, die nicht nur die Wortbedeutungsentwicklung, sondern auch die Satzkonstruktion unterstützen.

Wichtige didaktische Strategien von Erwachsenen bestehen in der Nutzung von **Hinweisfunktionen**, von **Spracherweiterungsfunktionen** und von **Korrekturfunktionen**.

12.4.4 Entwicklung der syntaktischen Struktur

Im Bereich der Syntax lässt sich zwischen der **Tiefen- und der Oberflächenstruktur** von Sätzen unterscheiden.

Eine wichtige Unterscheidung im Bereich der **Syntaxentwicklung** bezieht sich auf die Differenzierung zwischen der **Tiefen- und der Oberflächenstruktur** von Sätzen. Die Tiefenstruktur bezieht sich dabei auf die semantische Bedeutung eines Satzes. Die Tiefenstruktur wird mithilfe grammatischer Regeln in die Oberflächenstruktur übersetzt. Als Oberflächenstruktur wird das, was artikuliert wird, bezeichnet.

Die Oberflächenstruktur eines Satzes kann unterschiedlich sein, obwohl ihm dieselbe **Tiefenstruktur** zugrunde liegt.

Dieselbe Tiefenstruktur kann mithilfe unterschiedlicher Regeln in **verschiedene Oberflächenstrukturen** übersetzt werden. Als Beispiel hierfür kann ein Aktiv- und Passivsatz gleichen Inhalts dienen (wie »Der Hund jagt den Jungen« oder »Der Junge wird von dem Hund gejagt«). Trotz gleicher Tiefenstruktur lässt sich der Satzinhalt in verschiedene Oberflächenstrukturen übersetzen.

Ein jüngeres Kind wird einen Satz mit **einfacher Oberflächenstruktur** leichter verstehen und auch selbst eher produzieren.

Je nach den angewandten Regeln kann ein Satz leichter oder schwerer enkodiert bzw. dekodiert werden. Das Regelsystem der Grammatik wird im Laufe der Entwicklung aufgebaut, wobei **einfache vor komplexeren Regeln** gelernt werden. Ein jüngeres Kind wird daher eine **einfache Oberflächenstruktur** wählen und hat auch weniger Verständnisprobleme, wenn der Kommunikationspartner eine einfache Oberflächenstruktur wählt.

Vor allem die **Komplexität der zu beachtenden Regeln** bestimmt über die **Erwerbsabfolge bei der Syntaxentwicklung** in unterschiedlichen Sprachen. Deutlich wird dies vor allem dann, wenn sich eine eindeutige Unterscheidbarkeit hinsichtlich der Komplexität von Regeln ergibt. So lässt sich beispielsweise feststellen, dass im Englischen einfache Umformungen von Aussagesätzen in Fragesätze weniger komplex sind als Umformungen, bei denen zusätzlich ein Wh-Wort (Who, Where, When etc.) integriert werden muss. Die empirische Erwerbsreihenfolge entspricht in der Tat der Komplexität der erforderlichen Umformungen. Da die Komplexitäten der erforderlichen Umformungsregeln jedoch selten eindeutig theoretisch bestimmbar sind, kann häufig nur die Empirie Aufschluss über die Erwerbsreihenfolge von Syntaxregeln in unterschiedlichen Sprachen geben.

Ähnlich wie beim Erwerb von Wortbedeutungen finden sich auch im Bereich der **Syntaxentwicklung** zunächst vielfache **Übergeneralisierungen von Regeln**. In diesem Fall bedeutet dies insbesondere, dass Syntaxregeln auch auf **Ausnahmen** angewendet werden (z. B. »Er gehte« anstelle von »Er ging«). Die Anwendung auch auf die Ausnahmen indiziert dabei, dass die allgemeine Regel erkannt wurde. Durch zunehmende Erfahrungsbildung und entsprechende Korrekturen kommt es allmählich zu einer Differenzierung zwischen den korrekten Anwendungen von Syntaxregeln und ihren Ausnahmen.

12.4.5 Entwicklung der Sprachpragmatik

Obwohl Kinder die Bedeutung der von ihnen verwendeten Worte verstehen und grammatische Regeln nutzen, sind sie am Anfang ihrer sprachlichen Entwicklung bei Weitem nicht immer in der Lage, ihre sprachlichen Kompetenzen zu einer **effektiven Kommunikation** mit ihrer sozialen Umgebung zu nutzen. Betrachtet man noch einmal die telegrafische Sprache, so fällt auf, dass Kinder häufig auch Inhalte auslassen, die der Gesprächspartner zum Verständnis benötigt. In frühen Entwicklungsabschnitten sind Kinder häufig noch nicht in der Lage, **den Wissensstand ihres Interaktionspartners** zu berücksichtigen. Sie setzen Dinge als bekannt voraus, da sie davon ausgehen, dass der Interaktionspartner über denselben Wissensstand verfügt wie sie selbst. Dass unterschiedliche Wissensstände und unterschiedliche Perspektiven vorliegen, wird im Sprachgebrauch noch nicht berücksichtigt. Die Sprache ist dementsprechend am Anfang der Entwicklung noch stark **egozentrisch** und geht von der eigenen Perspektive aus. Eine **sozialisierte Sprache** ist dagegen auf die Person bezogen, mit der man gerade spricht (Berücksichtigung des Informationsstandes des anderen, der kognitiven Kompetenzen des anderen, der emotionalen Lage des anderen).

Die egozentrische Sprache von jüngeren Kindern im Vorschulalter lässt sich beispielsweise in Gesprächen zwischen gleichaltrigen Kindern erkennen. Hier fällt auf, dass die **Gesprächsbeiträge häufig nicht aufeinander bezogen** sind. Wenn das eine Kind »Wir haben gestern Blumen gepflückt« sagt, könnte das nächste Kind einen völlig anderen Beitrag liefern wie beispielsweise »Ich baue gerade einen Turm mit Lego«. Beide Kinder gehen von ihrer eigenen Perspektive aus und kümmern sich nicht um die Perspektive des jeweils anderen Kindes. Im Laufe der Entwicklung steigt der Anteil der unmittelbar aufeinander bezogenen Äußerungen deutlich an.

Die Fähigkeit, die Perspektive eines anderen Menschen in einem Gespräch zu berücksichtigen, ist ein bedeutsamer Aspekt der Kommunikationsfähigkeit. Hinzu kommen jedoch **weitere kommunikative Kompetenzen** wie beispielsweise die Fähigkeit, auf kompetente Weise ein Gespräch zu beginnen, aufrechtzuerhalten und zu beenden. Auch bei diesen Kompetenzen zeigen sich deutliche Verbesserungen im Entwicklungsverlauf, wobei hierzu ebenfalls die wachsende Perspektivübernahmefähigkeit beiträgt.

Nachdem die wichtigsten Stationen der Sprachentwicklung zusammenfassend dargestellt wurden, soll im Folgenden auf einige spezielle Probleme der Sprachentwicklung eingegangen werden.

12.5 Spezielle Probleme der Sprachentwicklung

12.5.1 Bilinguale Entwicklung

> In vielen Regionen wachsen Kinder zweisprachig auf, ohne dass dies mit erkennbaren Nachteilen für die Kinder verbunden wäre. Vielfach zeigen sich im Gegenteil eher **Vorteile für die bilingual aufgewachsenen Kinder**.

Obwohl nicht selten befürchtet wird, dass das Aufwachsen mit zwei Sprachen Kinder überfordern könnte, trifft dies nur selten zu. Es gibt viele Gebiete, in denen zwei Sprachen gesprochen werden (z. B. in Grenzregionen oder in Regionen, in denen neben der offiziellen Sprache auch Dialekte gesprochen werden). In all diesen Fällen wachsen Kinder **zweisprachig** auf und es ist nicht bekannt, dass dadurch gravierende Nachteile entstehen. Stattdessen gibt es eher Hinweise darauf, dass sowohl die **kognitiven Kompetenzen** als auch die **metalinguistischen Fähigkeiten** (Wissen über Sprache) von Kindern mit bilingualem Hintergrund durchschnittlich ausgeprägter sind als ohne einen solchen Hintergrund (Bialystok, 2001; Bialystok & Herman, 1999).

> Das Überwiegen der Vorteile eines bilingualen Aufwachsens spricht dafür, **das frühe Zeitfenster zu nutzen**, um die Sprachkompetenzen von Kindern zu fördern.

Zweisprachig aufwachsende Kinder erlernen die Zweitsprache wie die Erstsprache **ohne bewusste Anstrengung**. Es gelingt ihnen in aller Regel, die Sprachen problemlos auseinanderzuhalten, auch wenn gelegentlich Wortlücken durch das entsprechende Wort der jeweils anderen Sprache gefüllt werden. Dies geschieht jedoch nicht aus Verwirrung, sondern ist eine **Strategie zum Umgang mit Wortlücken** (wie auch die Übergeneralisierung). Da die Sprachlernfähigkeiten gerade im Kindesalter besonders ausgeprägt sind, spricht einiges dafür, dieses **Zeitfenster zu nutzen**, um die (Fremd-)Sprachkompetenzen von Kindern zu fördern.

> Problematisch kann es dann werden, wenn ein Kind aufgrund des Aufwachsens in verschiedenen Sprachkontexten **keine der Sprachen richtig lernt**, weil keinerlei angemessene Förderung erfolgt.

Überforderungen sind vor allem dann zu erwarten, wenn die kognitiven Kompetenzen eines Kindes eher gering sind. In diesem Fall würde eine Konfrontation mit einer weiteren Sprache möglicherweise die Auffassungsgrenzen des Kindes überschreiten. Problematisch kann ein bilinguales Aufwachsen weiterhin dann sein, wenn die Gefahr besteht, dass als Entwicklungsergebnis **keine der Sprachen korrekt erlernt** wird. Dies kommt teilweise bei Kindern mit Migrationshintergrund vor, wenn sowohl hinsichtlich der Muttersprache als auch hinsichtlich der Sprache des Landes, in das gewechselt wurde, **keine hinreichende Förderung** erfolgt. Voraussetzung für eine angemessene bilinguale Entwicklung ist grundsätzlich, dass eine Sprachförderung stattfindet, die ein korrektes Sprachverständnis und eine korrekte Sprachproduktion gewährleistet. Auch wenn der Spracherwerb ohne größere kognitive Anstrengung vonstatten gehen mag, ist gegebenenfalls **Unterstützung durch die soziale Umgebung** erforderlich.

Für die Praxis

Bilinguales Aufwachsen und bilinguale Erziehung

Wenn man von wenigen Ausnahmesituationen absieht, spricht mehr für als gegen eine bilinguale Erziehung. Dies bedeutet nicht, dass ein systematischer Unterricht erforderlich ist. Typischerweise erlernen Kinder in den ersten Lebensjahren eine Sprache beiläufig. Ein entsprechendes Sprachmodell (z. B. eine Person oder Personengruppe, die regelmäßig in einer zweiten Sprache mit einem Kind spricht) kann bereits die erforderlichen Grundlagen zum Erwerb einer Zweitsprache legen. In Grenzregionen, in denen zwei Sprachsysteme überlappend vorkommen, oder in Regionen, in denen neben einer Hochsprache auch Dialekte gesprochen werden, geschieht der Spracherwerb ebenfalls dadurch, dass ein Kind regelmäßig mit zwei (oder mehr) Sprachsystemen in Kontakt kommt, ohne dass ein systematischer Sprachunterricht stattfindet. Auch wenn dies nicht zwingend notwendig ist, kann es für ein Kind hilfreich sein, wenn die verschiedenen Sprachmodelle konsistent jeweils ein Sprachsystem vertreten, da dies dem Kind die Zuordnung der Sprachelemente zu den einzelnen Sprachen erleichtern kann.

12.5.2 Gehörlosigkeit

Ein Kind, das von Geburt an gehörlos ist, hat keine Möglichkeit, **auf direktem Weg aus dem Sprachinput der sozialen Umgebung** eine Sprache zu erlernen. Wenn auch die Eltern gehörlos sind, wachsen gehörlose Kinder in der Regel in einem Kontext auf, in dem die **Gebärdensprache** zur Kommunikation genutzt wird. So wie hörende Kinder den Sprachfluss analysieren, nutzen diese Kinder die Abfolge der Gebärden als Informationsgrundlage, aus der sie **natürlich und ohne bewusste Anstrengung** die Gebärdensprache erlernen. Der Erwerb der Gebärdensprache erfolgt dabei weitgehend analog zur Sprachentwicklung bei hörenden Kindern. Dies beginnt schon im frühkindlichen Bereich, wenn gehörlose Kinder, die in ihrer sozialen Umgebung mit der Gebärdensprache umgeben sind, **mit Gebärden zu plappern beginnen**, während hörende Kinder zum gleichen Entwicklungszeitpunkt ein sprachliches Plappern zeigen (Petitto, Holowka, Sergio & Ostry, 2001). Die Gebärdensprache passt sich dann allmählich so an, dass erkennbare Gebärdenspracheelemente produziert werden.

Wenn jedoch in der sozialen Umgebung nicht in der Gebärdensprache kommuniziert wird (z. B. weil die Eltern nicht gehörlos sind), müssen auch gehörlose Kinder die Gebärdensprache bewusst und systematisch erlernen. Auch hier kommt es darauf an, mit dem Erwerb frühzeitig zu beginnen, da dadurch das Erlernen erleichtert wird. Ähnliches gilt für den **Erwerb des Sprechens**, das für ein gehörloses Kind bewusstes und intensives Üben erfordert, da kein unmittelbares Sprachmodell zur Verfügung steht. Hier ist umfangreiche Unterstützung durch eine **gezielte Frühförderung** notwendig.

> Auch eine Gebärdensprache kann frühzeitig **ohne bewusste Anstrengung** erlernt werden.

> Unter Umständen ist jedoch **gezielte Frühförderung erforderlich**, um die Gebärdensprache oder die gesprochene Sprache zu erlernen.

Kontrollfragen

1. Welche Komponenten der Sprache lassen sich voneinander unterscheiden?
2. Wie lässt sich nachweisen, dass schon Säuglinge Sprachlaute kategorial wahrnehmen und dass dabei die Lautgrenzen ähnlich wie bei Erwachsenen liegen?
3. Von welchen Vorannahmen lassen sich Kinder leiten, um eine Beziehung zwischen sprachlichen Begriffen und dem damit Bezeichneten herzustellen?
4. Welche didaktischen Maßnahmen setzen Erwachsene ein, um die Sprachentwicklung von Kindern zu fördern?
5. Was ist mit einem egozentrischen Sprachgebrauch gemeint?
6. Welche Vorteile können sich bei einer bilingualen Sprachentwicklung ergeben?
7. Welche Parallelen ergeben sich bei hörenden und gehörlosen Kindern hinsichtlich ihrer frühen Sprachentwicklung?

Grimm, H. (2000). (Hrsg.). *Sprachentwicklung*. Enzyklopädie der Psychologie: Sprache (Band 3). Göttingen: Hogrefe.

Weinert, S. & Grimm, H. (2008). Sprachentwicklung. In R. Oerter & L. Montada (Hrsg.), *Entwicklungspsychologie* (S. 502–534). Weinheim: Beltz.

▶ **Weiterführende Literatur**

13 Selbstkonzept

13.1 Theoretische Ansätze der Selbstkonzeptforschung – 165
13.1.1 Frühe Ansätze – 165
13.1.2 Aktuelle Ansätze – 167

13.2 Entwicklung des Selbstkonzepts – 171
13.2.1 Das Selbst in der Kindheit – 171
13.2.2 Das Selbst in der Jugend – 174

13.3 Entwicklungspsychologische Aspekte des Selbstwertes – 175

Lernziele

- Die begrifflichen und theoretischen Grundlagen der Selbstkonzeptentwicklung kennen.
- Die Anfänge der Selbstkonzeptentwicklung im Kleinkind- und Schulalter darstellen können.
- Das Jugendalter als zentrales Stadium der Selbstkonzeptentwicklung verstehen.
- Die Entwicklung des Selbstwerts als affektive Komponente des Selbstkonzepts erläutern können.

Nicht nur bei Menschen, sondern auch an dem Verhalten bestimmter Tiere lässt sich erkennen, dass sie über ein Selbstbewusstsein verfügen müssen.

Der **Rouge- oder Spiegel-Test** ist ein notwendiges, aber nicht hinreichendes Kriterium für ein Selbstbewusstsein. Das **Selbstkonzept** ist eine kognitive Struktur, die das selbstbezogene Wissen einer Person enthält. Der Selbstwert resultiert aus der Bewertung dieser Wissensinhalte.

Als man P. vor den Spiegel setzte, sah sie hinein und ging zunächst neugierig davor auf und ab. Dann verharrte sie kurz und schaute vorsichtig hinter den Spiegel. Irgendetwas an dem, was sie im Spiegel erblickte, schien ihre Aufmerksamkeit erregt zu haben. Die Forscher hatten – ohne dass P. es gemerkt hatte – vor dem Versuch einen Farbtupfer an ihrem Hals angebracht. Plötzlich trat P. auf den Spiegel zu und versuchte den Farbtupfer durch Reiben an ihrem Kehlkopf zu entfernen. Ganz offensichtlich hatte sie erkannt, dass das Bild, das sie sah, sie selbst war und dass sie den Farbtupfer an ihrem eigenen Körper und nicht am Spiegelbild entfernen musste. Ein für die Forscher überraschender Befund – nicht so sehr, da P. nur wenige Wochen alt war, sondern vielmehr weil P. mit vollständigem Namen Pica pica hieß – die korrekte Bezeichnung der heimischen Elster (Bolz, 2000).

Neben der Elster hat man ein ganz ähnliches Verhalten auch bei Schimpansen, Orang-Utans und Zahnwalen (vor allem bei Delfinen) beobachten können. Das Bestehen des sog. »Rouge- oder Spiegel-Tests« (Amsterdam, 1972) wird in der Forschungsliteratur als ein notwendiges, aber kein hinreichendes Kriterium für die Existenz eines **Selbstbewusstseins** gewertet. Sich seiner selbst bewusst zu sein – ein Bild mit der eigenen Person in Zusammenhang bringen zu können – ist also nicht allein dem Menschen vorbehalten, stellt aber auch nur einen ersten Schritt bei der Entwicklung eines Selbstkonzeptes (▶ Abschn. 13.2.1) dar. Das **Selbstkonzept** stellt die kognitive Komponente des Selbst dar, während der **Selbstwert** die affektive Komponente des Selbst bildet.

13.1 · Theoretische Ansätze der Selbstkonzeptforschung

> **Definition**
> Das **Selbstkonzept** besteht als kognitive Komponente des Selbst aus der Selbstwahrnehmung und dem Wissen um das, was die eigene Person ausmacht. Neben persönlichen Eigenschaften und Fähigkeiten, die man besitzt, gehören zu diesem Wissen auch Neigungen, Interessen und typische Verhaltensweisen.

▶ Definition Selbstkonzept

> **Definition**
> Der **Selbstwert** resultiert als affektive Komponente des Selbst aus den Bewertungen der eigenen Person oder von Aspekten, die die eigene Person ausmachen. Somit können sich die Bewertungen auf Persönlichkeitseigenschaften, Fähigkeiten oder aber auch auf das eigene emotionale Erleben beziehen.

▶ Definition Selbstwert

Über diese Definitionen der Komponenten des Selbst herrscht in den heutigen Ansätzen der Selbstkonzeptforschung weitgehend Einigkeit. Andererseits offenbaren diese Ansätze auch deutliche Unterschiede. In dem folgenden Abschnitt werden zwei der modernen **Ansätze zum Selbstkonzept** vorgestellt, die in der entwicklungspsychologischen Forschung Beachtung gefunden haben, nachdem zuvor eine kurze Einführung in frühe Ansätze erfolgt ist, die die modernen Konzeptionen prägten. Der zweite Abschnitt widmet sich intensiv der **Entwicklung des Selbstkonzepts** von den Anfängen in der frühen Kindheit bis ins Jugendalter. Abschließend wendet sich das Kapitel der **affektiven Komponente** des Selbst zu und beschreibt entwicklungspsychologische Aspekte des Selbstwertes.

Auch wenn über die Komponenten des Selbstkonzepts weitgehend Einigkeit besteht, gibt es deutliche Unterschiede zwischen den Selbstkonzepttheorien.

13.1 Theoretische Ansätze der Selbstkonzeptforschung

13.1.1 Frühe Ansätze

Die Ansätze von James, Cooley und Mead

Moderne Ansätze der Selbstkonzeptforschung sind sich darüber einig, dass die Annahme eines **globalen Selbstkonzeptes unangemessen** ist und dass sich das Selbstkonzept aus sehr unterschiedlichen und zum Teil (empirisch) kaum miteinander in Beziehung stehenden Bereichen zusammensetzt. Man mag vermuten, dass frühe Ansätze noch von der Annahme eines globalen Selbstkonzepts ausgingen und dass sich moderne Ansätze gerade in diesem Punkt davon unterscheiden. Doch bereits William **James** (1890) beschreibt das **Selbst als duales Phänomen**, nämlich als das erkennende Subjekt (Selbst als Subjekt, »self as knower«) und das zu erkennende Objekt (Selbst als Objekt, »self as known«). Ersteres bezieht sich auf das unmittelbare Selbst-Erleben, während Letzteres dem entspricht, was eingangs als Selbstkonzept definiert wurde, nämlich dem Wissen um die eigene Person, die dabei zum Objekt des Erkenntnisgewinns wird. Dieses Wissen setzt sich nach James zusammen aus dem **materiellen, dem spirituellen sowie dem sozialen Selbst**. Damit meint James nichts anderes als das Wissen über den eigenen Körper (Körper-Selbstkonzept), die eigenen Persönlichkeitseigenschaften und Einstellungen sowie das Wissen um die Sicht anderer auf die eigene Person.

Diese Konzeption hat sich auch in den aktuellen Konzeptionen des Selbstkonzepts niedergeschlagen (▶ Abschn. 13.1.2). Insbesondere der letztgenannte Aspekt des sozialen Selbst wurde von den Vertretern des **symbolischen Interaktionismus** aufgegriffen und ausdifferenziert. **Cooley** (1902) sprach in diesem Zusammenhang von dem **Spiegel-Selbst** (»looking-glass self«) und meint damit, dass das Selbst sich aus den wahrgenommenen Zuschreibungen anderer zur eigenen Person zusammensetzt. Für den Aufbau des Selbstkonzepts kommt es also Cooley zufolge nicht darauf an, was

James unterscheidet das Selbst als Subjekt und das Selbst als Objekt. Letzteres, das **Selbstkonzept**, setzt sich aus **unterschiedlichen Bereichen** zusammen: Das **materielle Selbst** (Wissen um den eigenen Körper), das **spirituelle Selbst** (Wissen um die eigenen geistigen Eigenschaften) und das **soziale Selbst** (Wissen um die Sicht anderer auf sich selbst).

Cooley stellt das **soziale Umfeld** bei der Selbstentwicklung in den Vordergrund und geht davon aus, dass sich das **Selbstkonzept** aus den internalisierten Wahrnehmungen anderer auf sich selbst zusammensetzt: Das Selbstkonzept spiegelt die wahrgenommen Zuschreibungen anderer (»**looking-glass self**«).

Personen über mich denken, sondern darauf, wovon ich überzeugt bin, dass sie es denken.

Für diese Form des Selbsterkenntnisgewinns spielt nach Mead (1934) die **Fähigkeit zur Perspektivübernahme** eine entscheidende Rolle, ein Konzept, das im Rahmen der **Moralentwicklung** von Selman und Kohlberg aufgegriffen worden ist (▶ Kap. 8). Der entscheidende Faktor, der das Selbstkonzept aus Sicht des symbolischen Interaktionismus prägt, ist das **soziale Umfeld**.

Die Ansätze von Freud, Erikson und Marcia

Eine ganz andere Sicht auf das Selbst und seine Entwicklung bietet die Psychoanalyse (▶ Kap. 2). Die Entwicklung des Selbst in der Tradition der Psychoanalyse ist ein von Konflikten belastetes Geschehen. Entscheidend für die Entwicklung des Selbst sind die **innerpsychischen Konflikte** bzw. die **Qualität der Lösung dieser Konflikte**. Kollidieren bei Freud (1930, 1933) die ungebremsten Wünsche des Es mit den Normen des Über-Ich, was durch ein vermittelndes, realitätsorientiertes Vorgehen des Ich gelöst werden kann, so sieht Erikson (1974, 1988) die Entwicklung des Selbst als eine Abfolge von normativen, d. h. an das Lebensalter gebundenen, **sozialen Konfliktsituationen**. Diese Konflikte bauen entwicklungspsychologisch insofern aufeinander auf, als die Qualität der Lösung eines Konfliktes die Konfliktlösung in den folgenden Phasen beeinflusst.

Wenn das Kind Aufgaben früher Stufen bewältigt, also beispielsweise ein Urvertrauen aufbaut, Autonomie erlebt, Aufgaben mit Initiative begegnet und ein Gefühl der Kompetenz entwickeln konnte, sind nach Erikson die Grundlagen für die Entwicklung eines **kohärenten Selbstbildes**, einer **Identität** gelegt. Die Identitätsbildung gilt nach Erikson als zentrale **Entwicklungsaufgabe des Jugendalters**, wird aber prinzipiell als **lebenslanger Prozess** gesehen.

Aufbauend auf den Arbeiten Eriksons befasste sich Marcia (1980) intensiv mit der Identitätsfindung. Er stellte eine Klassifikation von **Identitätsstadien** auf, die anhand von zwei Dimensionen – dem Auftreten einer Krise und dem Erleben einer inneren Verpflichtung – voneinander unterschieden werden können (◘ Tab. 13.1).

Im Stadium der **diffusen Identität** mangelt es dem Individuum an einer klaren Richtung, bestimmten Wertvorstellungen oder einer Zielverpflichtung. Es ist keine Aktivität zu beobachten, diesen Zustand zu ändern. Jugendliche mit einer **übernommenen Identität** (oder auch »**Foreclosure**«) fühlen sich Werten und Zielen verpflichtet, die sie (ohne Alternativen zu bedenken) von Autoritätspersonen (z. B. den Eltern) übernommen haben.

Der entscheidende Schritt in der Identitätsentwicklung vollzieht sich in dem Modell mit dem Eintreten der von Erikson postulierten Krise. Dieses Stadium des psychosozialen **Moratoriums** ist dadurch gekennzeichnet, dass verschiedene alternative Orientierungen an Werten und Zielverpflichtungen gegeneinander abgewogen werden. Äußerlich kann sich diese Phase durch wechselnde (und für Eltern häufig kritisch betrachtete) Verhaltensweisen, Kleidungsstile, Ansichten und Frisuren zeigen. Das Moratorium scheint eine Exklusivität der westlichen Welt zu sein. In eher traditionellen Gesellschaften wissen Kinder schon früh, welche Erwachsenenidentität sie besitzen werden, da sie ihr Leben im Allgemeinen so führen, wie ihre Eltern es vor ihnen getan haben. Im Stadium der **erarbeiteten Identität** ist die Krise abgeschlossen und das In-

---

> Aus Sicht des **symbolischen Interaktionismus** führt die Fähigkeit zur **Perspektivübernahme** zu der Möglichkeit, sich selbst aus der Sicht anderer wahrzunehmen.

> Aus **psychoanalytischer Sicht** vollzieht sich die **Entwicklung des Selbst** auf der Grundlage **normativer sozialer Konfliktsituationen**, die das Individuum in einzelnen Lebensphasen zu bewältigen hat.

> Ziel ist die Entwicklung eines **kohärenten Selbstbild** bzw. einer **Identität**.

> Marcia unterscheidet **4 Identitätsstadien**.

> Eine **diffuse Identität** bedeutet, dass das Individuum keine klare Vorstellung von sich selbst hat.

> Eine **übernommene Identität** bedeutet, dass sich das Individuum – ohne Alternativen zu bedenken – auf eine Identität festgelegt hat.

> Ein **Moratorium** bedeutet, dass das Individuum in einer bestehenden Krise unterschiedliche Identitätsfestlegungen gegeneinander abwägt.

> Eine **erarbeitete Identität** bedeutet, dass das Individuum sich am Ende einer Krise auf eine Identität festgelegt hat.

◘ **Tab. 13.1.** Vier Identitätsstadien nach Marcia (1980)

	Krise	Keine Krise
Innere Verpflichtung	Erarbeitete Identität	Übernommene Identität
Keine innere Verpflichtung	Moratorium	Diffuse Identität

dividuum fühlt sich einer von vielen Identitätsalternativen mit entsprechenden Werten und Zielen verpflichtet. Oft wird dies erreicht, indem sich der Jugendliche kritisch mit der eigenen Person, aber auch mit den Eltern auseinandersetzt.

Anders als Erikson geht Marcia nicht davon aus, dass die Entwicklung der meisten Jugendlichen einem **prototypischen Verlauf** von eher niedrigen Stadien (Übernommene oder diffuse Identität) über das Moratorium hin zu einer erarbeiteten Identität folgt. Vielmehr sind im Entwicklungsverlauf Wechsel zwischen verschiedenen Stadien möglich. In empirischen Arbeiten konnten Marcia, Waterman, Matteson, Archer und Orlofsky (1993) dementsprechend die Annahme einer Irreversibilität der Identitätsfindung widerlegen, obwohl sich eine erarbeitete Identität als das stabilste Stadium erwies.

Die bis hierher beschriebenen Ansätze gelten nach Gergen (1984) als »**Säulen der Selbstkonzeptforschung**«, und ihre Ideen haben die im folgenden Abschnitt vorgestellten zwei modernen Ansätze sowie die im zweiten Abschnitt beschriebene Entwicklung des Selbstkonzeptes geprägt.

> Individuen können **zwischen den Stadien wechseln**, ohne dass dabei ein prototypischer Verlauf erkennbar ist. Eine **erarbeitete Identität** ist dabei das stabilste Stadium.

13.1.2 Aktuelle Ansätze

Hierarchische Modelle des Selbstkonzepts: Der Ansatz von Shavelson und Marsh

Mitte der 70er Jahre veröffentlichten Shavelson, Hubner und Stanton (1976) eine Konzeption des Selbstkonzeptes, welches vor allem eine **hierarchische und differenzierte Organisation des Selbstkonzeptes** in den Mittelpunkt stellte (Abb. 13.1).

Folgende **Eigenschaften des Selbstkonzeptes** zählen die Autoren auf:
1. Das Selbstkonzept ist ein **strukturiertes Gefüge**, in welches sich alltägliche, selbstbezogene Informationen einfügen.
2. Das Selbstkonzept ist **mehrdimensional**, setzt sich also aus ganz unterschiedlichen Facetten des Selbst zusammen.
3. Das Selbstkonzept ist **hierarchisch organisiert**. Schlussfolgerungen aus konkret beobachteten Verhaltensweisen in spezifischen Situationen bilden die mittlere Ebe-

> Das **hierarchische Modell** von Shavelson et al. geht davon aus, dass das Selbstkonzept ein strukturiertes, mehrdimensionales, hierarchisches Gefüge ist, das vor allem auf den hohen Hierarchieebenen eine gewisse Stabilität hat und sich mit zunehmendem Alter ausdifferenziert. Es unterscheidet u. a. ein schulisches und ein **nichtschulisches Selbstkonzept**.

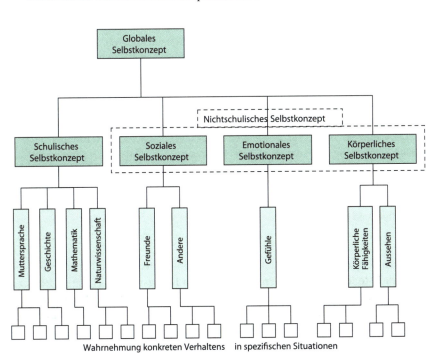

Abb. 13.1. Hierarchisches Selbstkonzeptmodell nach Shavelson et al. (1976)

ne des Modells, in dem auf einer weiter generalisierten Ebene ein schulisches von einem nichtschulischen Selbstkonzept unterschieden wird. An der Spitze steht das globale Selbstkonzept.
4. Das Selbstkonzept gewinnt mit jeder Hierarchieebene an **Stabilität**, sodass es einer Vielzahl an Erfahrungen bedarf, um beispielsweise das schulische oder gar das globale Selbstkonzept zu verändern.
5. Das Selbstkonzept erfährt mit dem Entwicklungsstand des Individuums eine **Ausdifferenzierung**. Es bilden sich verschiedene Facetten des Selbstkonzeptes heraus und Erfahrungen in Bezug auf eine dieser Facetten wirken sich nicht notwendigerweise auf andere Facetten aus.
6. Das Selbstkonzept enthält bedeutsame **Bezüge zu Drittvariablen**, wobei dies in besonderem Maße gilt, wenn spezifische Facetten des Selbstkonzepts betrachtet werden (z. B. Bezüge zwischen dem körperbezogenen Selbstkonzept und dem Interesse an sportlicher Betätigung).

> Das mehrdimensional und hierarchisch organisierte Selbstkonzept gewinnt im Laufe der Entwicklung an Stabilität und Differenziertheit.

Das Modell und seine Annahmen wurden in zahlreichen empirischen Arbeiten auf ihre Gültigkeit hin überprüft. Diese Arbeiten (z. B. Marsh & Shavelson, 1985) bestätigen die Modellannahmen der Mehrdimensionalität, des hierarchischen Aufbaus und der altersabhängigen Ausdifferenzierung.

Gleichzeitig gewann man die Erkenntnis, dass das Modell einer wichtigen Modifikation bedurfte. Es zeigte sich nämlich, dass das **schulische Selbstkonzept** in zwei distinkte, d. h. unabhängige Facetten, nämlich das **sprachliche und mathematische Selbstkonzept**, unterteilt werden muss. Sparfeldt, Rost und Schilling (2003) resümieren, dass das allgemeine Selbstkonzept mit objektiven Schulleistungen in Zusammenhang steht ($r=0{,}21$) und dass dieser Zusammenhang substanziell verbessert wird, wenn das schulische Selbstkonzept anstelle des allgemeinen Selbstkonzepts genutzt wird ($r=0{,}42$). Noch deutlicher werden die Zusammenhänge, wenn fachspezifische Selbstkonzepte und Leistungen (z. B. Selbstkonzept im Fach Mathematik und schulische Leistung im Fach Mathematik) miteinander korreliert werden (bis zu $r=0{,}70$).

> Das **schulische Selbstkonzept** besteht aus zwei unabhängigen Facetten: Einem **mathematischen** und einem **sprachlichen Selbstkonzept**. Bei Differenzierung dieser Facetten ergeben sich bedeutsame, fachspezifische Bezüge zu objektiven Schulleistungen.

Für die Praxis

Schulische Leistungen in den Augen der Eltern

Schulische Misserfolge können bei Schulkindern nicht nur den Aufbau eines Kompetenzbewusstseins negativ beeinflussen, sondern auch die Beziehungen zu den Eltern – dies vor allem dann, wenn sich die elterliche Zuneigung mit den Lernerfolgen verändert. Zu den Belastungen durch die Misserfolge tritt eine Zusatzbelastung durch die unzufriedenen Eltern. Natürlich fühlen sich Eltern verantwortlich für die Schulleistungen ihrer Kinder. Häufig betrachten sie auch bereits die Leistungen in der ersten Schulphase als einen gewichtigen Wegweiser für den weiteren Lebenserfolg, da sich hiernach bereits die Entscheidung für einen weiterführenden Schultyp anschließt. Leistungsprobleme können so leicht zu Beziehungsproblemen zwischen Eltern und Kind werden, insbesondere bei unangemessenen Leistungserwartungen. Besonders deutlich tritt dies bei der Hausaufgabenbetreuung zutage. Es hat sich gezeigt, dass Eltern es vermeiden sollten, emotionale Reaktionen in diese Tätigkeit einfließen zu lassen. Besonders eine intensive, kontrollierende und vor allem negative Aufsicht der Hausaufgaben verunsichert Kinder bezüglich ihres Leistungsvermögens und kann sich auf die weitere Entwicklung der schulischen Leistungen bis in das Jugendalter hinein ausgesprochen negativ auswirken. Eltern sollte es gelingen, eine Ausgewogenheit zwischen Lenkung und Kontrolle auf der einen Seite und einer Erziehung zur Selbstständigkeit auf der anderen Seite zu erreichen.

> Die Unabhängigkeit des mathematischen und sprachlichen Selbstkonzepts (bei gleichzeitiger Korrelation der entsprechenden schulischen Leistungen) wird durch das **Modell des externalen und internalen Bezugrahmens** erklärt.

In diesem Zusammenhang ist auf einen häufig replizierten Befund hinzuweisen, der durch das **Modell des externalen und internalen Bezugsrahmens** (Marsh, 1986) zu erklären versucht wurde. Häufig findet man relativ starke Zusammenhänge zwischen den schulischen Leistungen in den Fächern Mathematik und Sprache, während die fachspezifischen Selbstkonzepte nahezu unkorreliert sind (Marsh & Yeung, 1998). Darüber hinaus zeigt sich, dass die Leistungen in dem einen Fach häufig mit dem Selbstkonzept in dem anderen Fach negativ korreliert sind. Als Erklärung wird das **Zusammenwirken von zwei Vergleichsprozessen** postuliert: Kinder können demnach aus objektiven Leistungen Rückschlüsse für ihr eigenes Selbstkonzept ziehen, indem sie **externale, interindividuelle Vergleiche** (eigene Leistungen im Fach Mathematik verglichen mit denen anderer) oder aber **internale, intraindividuelle Vergleiche** (eigene Leistungen im Fach Mathematik verglichen mit Sprache) anstellen. Das folgende Beispiel soll das Zusammenwirken der beiden Prozesse verdeutlichen.

> Dieses nimmt an, dass neben dem Vergleich eigener mit fremden Leistungen in jeweils einem Fach auch der Vergleich der eigenen Leistungen in beiden Fächern für die Einschätzung der eigenen Leistungen relevant ist.

Beispiel

Simone hat in den letzten beiden Wochen zwei Arbeiten geschrieben. In Mathematik hat sie eine 2 bekommen, und ihre Arbeit gehört damit zu den besten der Klasse. Gestern hat sie auch die letzte Englischarbeit zurückbekommen, die ebenfalls mit einer 2 bewertet worden ist. Auch mit dieser Leistung liegt Simone im oberen Drittel.

Der Vergleich mit den anderen (zum Großteil schlechteren) Schülern ihrer Klasse – also die Bewertung anhand des externalen Bezugsrahmens – führt dazu, dass die fachbezogenen Fähigkeitsselbstkonzepte in Mathematik und Englisch aufgewertet werden. Dies allein würde zu einer positiven Korrelation zwischen den Leistungen sowie zwischen den Selbstkonzepten führen. Simone ist allerdings eher enttäuscht über die 2 in Englisch, da sie eigentlich eine sehr gute Note erwartet hatte. Auf der anderen Seite freut sie sich sehr über die 2 in Mathematik, ein Fach, das ihr scheinbar zunehmend liegt und immer besser gefällt. Der internale Bezugsrahmen – also der Vergleich zwischen den eigenen Leistungen – führt eher zu einer Abwertung des Fähigkeitsselbstkonzeptes in Englisch und zu einer Aufwertung in Mathematik. Durch dieses Zusammenwirken sinkt nun die Korrelation zwischen den beiden Selbstkonzepten ab.

Die Forschung zum Selbstkonzept hat gezeigt, dass sich **auf allgemeiner Ebene kaum geschlechtsbezogene Selbstkonzeptdifferenzen** ausmachen lassen. Dies gestaltet sich hinsichtlich spezifischer Selbstkonzeptmaße anders. In einer Studie von Schilling, Sparfeldt und Rost (2006) wurden Facetten des schulischen Selbstkonzepts (Mathematik, Physik, Englisch, Biologie und Geschichte) hinsichtlich ihrer geschlechtstypischen Struktur, ihrer Bezüge zu objektiven Leistungsmaßen sowie ihrer Mittelwertsprofile untersucht. Es zeigte sich, dass Jungen in Mathematik und Physik ein positiveres Selbstkonzept berichten als Mädchen, während diese die Jungen in den Selbstkonzepten in Englisch und Deutsch übertrafen. Das weitaus interessantere Ergebnis der Studie war nun, dass sich die Unterschiede in den Fächern Englisch und Deutsch (und hier nahezu vollständig), nicht aber in den Fächern Mathematik und Physik durch bessere Zensuren erklären ließen. Als mögliche Erklärungen hierfür können an Geschlechtsrollenstereotype orientierte Erwartungen und damit verbundene Attributionsprozesse herangezogen werden: Mädchen mögen ein positives Resultat in Mathematik eher als Ergebnis von Anstrengung sehen und nicht als Begabung, sodass sich bei ihnen – im Gegensatz zu den Jungen – keine Bezüge zum Fähigkeitsselbstkonzept finden.

> **Jungen und Mädchen** unterscheiden sich in ihrem globalen Selbstkonzept nicht, wohl aber bezüglich ihres **mathematischen Selbstkonzeptes** (Jungen mit positiveren Werten als Mädchen) und des **sprachlichen Selbstkonzepts** (Mädchen mit positiveren Werten als Jungen). Diese Unterschiede lassen sich nur zum Teil durch Unterschiede in den objektiven Leistungsmaßen erklären.

Informationstheoretische Ansätze des Selbstkonzepts: Der Ansatz von Filipp

Informationstheoretische Modelle gehen grundsätzlich davon aus, dass der **Mensch ein aktiver Konstrukteur des eigenen Wissens** (eben auch über sich selbst) ist. Hierzu zieht er mehrere Informationsquellen heran, um den Aufbau und Wandel einer Wissensstruktur (auch seiner selbst) zu erreichen. Die Modelle gehen weiterhin davon aus, dass die Aufnahme, Verarbeitung und der Abruf der in der Struktur repräsentierten Informationen in bestimmten Phasen geschieht. Das **Selbst** wird somit **als das momentane Ergebnis der Verarbeitung selbstbezogener Informationen** verstanden.

Filipp (1984) bietet ein **Modell der selbstbezogenen Informationsverarbeitung** an, welches sowohl den Prozess der Selbstkonzeptentwicklung als auch das Produkt (das Selbstkonzept) erklären soll. Das Modell geht davon aus, dass der Aufbau und der Wandel interner Selbstmodelle auf der Grundlage von 5 Quellen selbstbezogenen Wissens stattfinden:

> **Informationstheoretische Modelle** sehen den Menschen als aktiven Konstrukteur des eigenen Wissens, das aus unterschiedlichen Quellen bezogen wird. Die Verarbeitung der Informationen vollzieht sich in unterschiedlichen Phasen. Das Selbstkonzept ist daher aus dieser Sicht ein aktuelles Ergebnis der Verarbeitung selbstbezogener Informationen.

> Im **Modell der selbstbezogenen Informationsverarbeitung** werden 5 Quellen selbstbezogenen Wissens unterschieden: Direkte und indirekte Prädikatenzuweisungen durch andere Personen sowie komparative, reflexive und ideationale Prädikaten-Selbstzuweisungen.

- direkte Prädikatenzuweisungen durch andere Personen,
- indirekte Prädikatenzuweisungen durch andere Personen,
- komparative Prädikatenselbstzuweisungen,
- reflexive Prädikatenselbstzuweisungen und
- ideationale Prädikatenselbstzuweisung.

In verbalen Interaktionen können dem jeweiligen Gegenüber direkt Eigenschaften zugeschrieben (»Du bist wirklich eine Bereicherung für die Mannschaft. Wenn wir dich nicht hätten!«) und somit selbstbezogene Informationen bereitgestellt werden, die als **direkte Prädikatenzuweisungen** durch andere beschrieben werden. Häufig stehen diese Informationen allerdings nicht zur Verfügung, da sie in sozialen Interaktionen durch Höflichkeitsnormen gefiltert werden (vor allem bei negativen Attributen).

In größerem Maße beziehen Personen selbstbezogene Informationen daher aus dem **Verhalten anderer ihnen gegenüber**, indem sie dieses interpretieren. **Indirekte Prädikatenzuweisungen** durch andere Personen zeigen sich beispielsweise, wenn ein Schüler häufig von anderen Mitschülern um Hilfestellung gebeten wird und daher annimmt, dass er eine gewisse fachliche Kompetenz besitzen muss. Die Integration von Informationen aus den beiden bisher genannten Quellen in das Selbstkonzept entspricht dem was eingangs als »looking-glass self« (Cooley, 1902) bezeichnet worden ist: Widerspiegelungen von Fremdzuschreibungen.

Jedoch verarbeiten Menschen nicht einfach nur Informationen, die ihnen direkt oder indirekt durch das soziale Umfeld angetragen werden, sondern generieren diese auch, indem sie sich selbst mit anderen vergleichen. Als Ergebnis solcher Vergleiche resultieren Informationen, die in dem Modell als **komparative Prädikatenselbstzuweisungen** beschrieben werden. Kinder greifen etwa ab dem Eintritt in die Schule verstärkt auf diese Quelle selbstbezogenen Wissens zurück. Zudem spielen sie eine zunehmend aktive Rolle bei der Wahl ihrer Interaktionspartner, wodurch sie auch die beiden erstgenannten Informationsquellen beeinflussen. Dieser soziale Bezugsrahmen spielt für komparative Prädikatenselbstzuweisungen eine entscheidende Rolle: Ob sich ein Schüler als besonders begabt ansieht, hängt entscheidend davon ab, wie gut die Leistungen der Referenzpersonen eingeschätzt werden (z. B. die Leistungen der übrigen Schüler in einer Schulklasse). Es können dabei Aufwärts- oder Abwärts-Vergleiche (Vergleiche mit besseren oder schlechteren Schülern) stattfinden und entsprechende Konsequenzen für das Selbstkonzept resultieren.

Zwei weitere, sehr wesentliche Quellen werden erst ab der späten Kindheit oder dem frühen Jugendalter für den Aufbau und Wandel des Selbstkonzepts zentral. Beide demonstrieren die zunehmende Unabhängigkeit von externen Quellen für den Aufbau eines Selbstkonzepts. Zum einen können Informationen aus der Beobachtung des eigenen Verhaltens gewonnen werden. Es handelt sich in diesem Fall um **reflexive Prädikatenselbstzuweisungen**. Zum anderen können Personen über sich als Person nachdenken und dabei vergangene oder antizipierte, also zukünftige (Selbst-)erfahrungen heranziehen. Letztere Informationen werden in dem Modell als **ideationale Prädikatenselbstzuweisungen** bezeichnet. Der Rückgriff auf diese verschiedenen Quellen selbstbezogenen Wissens ist, wie bereits angedeutet, in Abhängigkeit vom Lebensalter zu betrachten, was im folgenden Abschnitt verdeutlicht wird.

Die Verarbeitung der aus diesen Quellen resultierenden Informationen vollzieht sich nach Annahme des Modells in **4 Phasen** (Abb. 13.2), die an ein allgemeines Modell der Informationsverarbeitung angelehnt sind, wie es bereits in ▶ Kap. 2 beschrieben wurde.

Phase der Vorbereitung. Der erste Schritt bei der Verarbeitung von Informationen, die für das Selbstkonzept relevant sind, stellt die **Diskrimination von selbstbezogenen Informationen** aus dem gesamten »Strom« an Informationen dar, auf die das Individuum potenziell zugreifen könnte. In der Vorbereitungsphase werden dementspre-

---

Direkte Prädikatenzuweisungen durch andere Personen sind Informationen, die einem Individuum durch andere Personen in verbalen Interaktionen mitgeteilt werden.

Indirekte Prädikatenzuweisungen durch andere Personen sind Informationen, die aus dem Verhalten eines Interaktionspartners erschlossen bzw. interpretiert werden (müssen).

Komparative Prädikatenselbstzuweisungen sind Informationen, die Individuen durch den Vergleich mit anderen erhalten, wobei Kinder mit zunehmendem Alter selbst bestimmen, mit wem sie sich vergleichen. Je nach sozialem Bezugsrahmen finden so Aufwärts- oder Abwärtsvergleiche statt.

Ab der späten Kindheit oder dem frühen Jugendalter werden **reflexive und ideationale Prädikatenselbstzuweisungen** als Quellen selbstbezogenen Wissens relevant. Mit erstgenannten Informationen sind solche gemeint, die aus Selbstbeobachtungen resultieren, während sich Letztere durch das Nachdenken über die eigene Person und den Einbezug vergangener oder zukünftiger Eigenschaften des Selbst auszeichnen.

Die **Verarbeitung selbstbezogener Informationen** vollzieht sich **in 4 Phasen**: den Phasen der Vorbereitung, der Enkodierung, der Speicherung und des Abrufs.

13.2 · Entwicklung des Selbstkonzepts

Phase 1: Vorbereitung — Diskrimination selbstbezogener Informationen: Besondere Bereitschaft für die Aufnahme selbstbezogener Informationen

Phase 2: Aneignung — Enkodierung selbstbezogener Informationen: Assimilation selbstbezogener Informationen an bereits bestehende Selbstschemata

Phase 3: Speicherung — Speicherung selbstbezogener Informationen: Strukturelle Repräsentation der selbstbezogenen Informationen

Phase 4: Erinnerung — Abruf selbstbezogener Informationen: Aktualisierung handlungsleitender Kognitionen

Abb. 13.2. Vier Phasen der Verarbeitung selbstbezogener Informationen. (Nach Filipp, 1984)

chend durch **Aufmerksamkeitslenkung, -steigerung oder Wahrnehmungsabwehr** Informationen für eine weitere Verarbeitung bereitgestellt. Ein bekanntes Phänomen (»Cocktailparty-Effekt«) ist die besondere Aufnahmebereitschaft für selbstbezogene Informationen, d. h. die prinzipielle Neigung von Individuen, entsprechende Informationen bevorzugt herauszufiltern (z. B. den eigenen Namen trotz hohen Geräuschpegels auf einer Party herauszuhören).

Phase der Enkodierung. Im zweiten Schritt findet dann die Enkodierung von selbstbezogenen Informationen statt. In diesem Schritt erfolgt eine **Selektion** der durch Diskrimination bereitgestellten Informationen. Zum einen besteht die Tendenz, dass Informationen ausgewählt werden, die an bereits bestehende Selbstschemata angeglichen (assimiliert) werden können oder aber in der Lage sind, einen positiven Selbstwert zu erhalten oder auszubauen. Die Ausprägung dieser Tendenz hängt im Wesentlichen von der Stabilität eines bereits bestehenden Selbstschemas ab.

Phase der Speicherung. Die Speicherung der selektierten Informationen wird im darauffolgenden, dritten Schritt vorgenommen. Die Informationen werden dabei in einer organisierten Form als selbstbezogenes Wissen mental repräsentiert. Hierbei kann es zu einer **Stabilisierung oder einer Veränderung der bisherigen Struktur** kommen.

Phase des Abrufs. Die Frage ist abschließend, wann und unter welchen Umständen welche Informationen aus den selbstbezogenen Wissensstrukturen abgerufen werden. Indem dieser Abruf stattfindet, werden die aktuell erinnerten Aspekte des Selbst für konkrete Handlungsplanungen, -durchführungen und -bewertungen relevant.

13.2 Entwicklung des Selbstkonzepts

13.2.1 Das Selbst in der Kindheit

Anfänge des Selbst in der frühen Kindheit

Das **Verhalten gegenüber dem eigenen Spiegelbild**, wie es zu Beginn dieses Kapitel vorgestellt worden ist, stellt ein klassisches Versuchsparadigma dar, das unter dem Namen »**Rouge-Test**« bekannt geworden ist. In zahlreichen Versuchen zeigte sich, dass Kinder etwa ab der **Mitte des 2. Lebensjahres** in der Lage sind zu erkennen, dass der rote Punkt an der Person im Spiegel nicht dort, sondern am eigenen Körper zu suchen und zu entfernen ist (Abb. 13.3). Der Zeitpunkt des **visuellen Selbsterkennens** wird als **Meilenstein in der Selbstentwicklung** angesehen. Zeitgleich beginnen Kinder, sich in Gesprächen mit ihrem **eigenen Namen** auf sich selbst zu beziehen und **Personalpronomina** (Ich, Du etc.) zu verwenden.

In der **Vorbereitungsphase** findet die Diskrimination von selbstbezogenen Informationen durch Aufmerksamkeitslenkung oder -steigerung statt. Informationen können auch durch Wahrnehmungsabwehr ausgeblendet werden und somit einer Aufnahme nicht zur Verfügung stehen.

Im zweiten Schritt, der **Enkodierungsphase**, werden tendenziell diejenigen bereitgestellten Informationen selektiert, die sich an bestehende Schemata angleichen lassen oder den Selbstwert schützen oder ausbauen.

In der Phase der **Speicherung** werden die enkodierten Informationen in einer organisierten Form als selbstbezogenes Wissen dauerhaft mental repräsentiert. Die bestehende Struktur kann hierdurch stabilisiert oder verändert werden.

In der **Abrufphase** werden gespeicherte Informationen in Abhängigkeit von der jeweiligen Situation aktualisiert. Die so abgerufenen Informationen können dann für Handlungsplanungen, -durchführungen und -bewertungen relevant werden.

In der **Mitte des 2. Lebensjahres** sind Kinder zur **visuellen Selbsterkenntnis** in der Lage.

Zeitgleich mit der visuellen Selbsterkenntnis findet man in den sprachlichen Äußerungen den **eigenen Namen als Selbstreferenz** und die **Nutzung von Personalpronomina**.

◧ Abb. 13.3. Rouge-Test bei einem 1½- und einem 2½-jährigen Kind

Kinder bringen nun **dem eigenen** (und nicht einem fremden) **Gesicht mehr Interesse** entgegen.

Mit 14 Monaten zeigen Kinder bereits eine **sichere Differenzierung zwischen sich selbst und anderen.**

Erst mit etwa **4 Jahren** kann man von der **Existenz eines autobiografischen Gedächtnisses** ausgehen. Erst in diesem Alter erleben sich Kinder als eine zeitlich invariante Entität. Dies konnte durch eine Modifikation des Rouge-Tests und die Analyse kindlicher Erzählungen untermauert werden.

Ab dem **Vorschulalter** können Kinder **sich selbst aus einer fremden Perspektive** betrachten und bewerten. Wahrgenommene Diskrepanzen zwischen dem **Real-Selbst** (subjektive Einschätzung des Selbst) und dem **Fremd-Soll-Selbst** (subjektive Erwartung anderer an das Selbst) stehen mit negativen selbstbezogenen Emotionen wie Schuld und Scham in Zusammenhang.

Das **Selbstkonzept** besteht in dieser Zeit noch aus **relativ unzusammenhängenden, inkohärenten Selbstaspekten**, die sich auf physische Eigenschaften, Aktivitäten, soziale und psychische Eigenschaften beziehen. Die Repräsentation des Selbst ist in unrealistischem Maße positiv und folgt dem »Alles-oder-Nichts«-Prinzip.

Sehen sie ihr eigenes und ein fremdes Gesicht gleichzeitig, dann bringen sie ihrem **eigenen Gesicht mehr Interesse** entgegen (Nielsen, Dissanayake & Kashima, 2003). Es ist jedoch gleichzeitig bemerkenswert, dass Säuglinge bereits ab etwa **3 Monaten** beim Betrachten von Videoaufnahmen mit Säuglingen eine umgekehrte, aber eindeutige Präferenz zeigen, nämlich das Gesicht eines fremden Kindes länger zu betrachten (Bahrick, Moss & Fadil, 1996).

Ein Versuch mit 14 Monate alten Säuglingen (Meltzoff, 1990) zeigte, dass Säuglinge eine **Beziehung zwischen dem eigenen Verhalten und dem einer fremden Person** herstellen können. Sie reagierten mit mehr Interesse auf Personen, die exakt das Verhalten imitierten, das sie selbst unmittelbar zuvor gezeigt hatten, als auf ein Verhalten des Gegenübers, welches sie nicht gezeigt hatten. Selbst wenn Kinder also vor der Mitte des 2. Lebensjahres keine spezifische Reaktion auf ihr eigenes Spiegelbild zeigen, scheinen sie dennoch eine konsistente **Differenzierung zwischen sich selbst und anderen** vornehmen zu können.

Eine andere Frage betrifft die **zeitliche Extension**, d. h. den Übergang von einer aktuellen Selbsterfahrung hin zu einem Erleben einer **zeitlich invarianten Entität**. Damit ist vor allem das Forschungsfeld zum **autobiografischen Gedächtnis** angesprochen. Um diesen Entwicklungsaspekt zu ergründen, wurde der Rouge-Test modifiziert, indem Kindern Videoaufnahmen gezeigt wurden, in denen die Kinder eine unmittelbar beendete Aufzeichnung von sich selbst sahen. Ergebnis einer solchen Studie von Lemmon und Moore (2001) war, dass Kinder **erst ab einem Alter von 4 Jahren** beim zeitlich versetzten Betrachten dieser Aufnahmen einen Sticker an der eigenen Stirn entfernten, der auf der Aufnahme zu erkennen war. Dass sich dieser Entwicklungsschritt erst in diesem Alter vollzieht, wird auch durch kindliche Erzählungen und den altersabhängigen Rückgriff auf das darin enthaltene vergangene Selbst bestätigt.

Das Selbst im Vorschulalter

Ab dem Vorschulalter ist es dem Kind also möglich, sich selbst als distinkte Einheit zu erkennen, die mit einer »Lebensgeschichte« verbunden ist und sich selbst aus der Perspektive eines anderen als »objektives Selbst« wahrzunehmen (▶ Kap. 11). Damit öffnet sich – neben der zeitlichen Extension – eine weitere Dimension des Selbst: Das **Fremd-Soll-Selbst** (die subjektiven Erwartungen anderer an die eigene Person) und seine **Diskrepanz zum Real-Selbst** (die subjektive Einschätzung der eigenen Person). Eine hohe Diskrepanz geht dabei mit einem Auftreten negativer selbstbezogener Emotionen (wie Schuld und Scham) und eventuell auch mit Selbstwerteinbußen (▶ Abschn. 13.3) einher.

Das Selbstkonzept stellt sich in diesem Altersabschnitt eher als ein unstrukturiertes Konglomerat von sehr konkreten und beobachtbaren Selbstaspekten dar, wodurch das Selbstbild wenig Kohärenz besitzt. Damon und Hart (1988) zufolge beziehen sich die Selbstaspekte dabei auf **physische Eigenschaften** (»Ich habe blaue Augen.«), **Aktivitäten** (»Ich spiele Fußball.«), **soziale Eigenschaften** (»Ich habe einen großen Bruder.«) oder **psychische Eigenschaften** (»Ich kann schon bis 10 zählen.«). Die Repräsentation des Selbst ist darüber hinaus durch ein »**Alles-oder-Nichts**«-Denken gekennzeichnet, sodass es für ein Kind dieses Alters undenkbar ist, gleichzeitig gute und schlechte Eigenschaften zu besitzen (z. B. nett und auch gemein sein zu können). Vielmehr ist es so, dass Kinder sich selbst **in einem unrealistischem Maße positiv** beschreiben.

> **Beispiel**
>
> Nach dem letzten Spiel von Arminia Bielefeld in der Saison 2008/2009 war klar, dass die Mannschaft in die 2. Bundesliga abgestiegen war. Als die enttäuschten Fans ins Stadtzentrum gelangt waren, machte sich auch auf dem zeitgleich stattfindenden Stadtfest eine gedrückte Stimmung breit.
>
> Ein Fan schenkte einem 5-Jährigen sein gesamtes Fan-Equipment, woraufhin der Junge aufmunternd sagte: »Ich kann super Fußball spielen. Das nächste Mal, wenn Bielefeld spielt, spiele ich mit und dann machen wir 20 Tore, okay?!«

Das Selbst im Schulalter

Mit dem Eintritt in die Schule weitet sich das soziale Umfeld des Kindes stark auf die **Gruppe der Gleichaltrigen** aus, und **soziale Vergleiche** mit den Gleichaltrigen stellen nun eine entscheidende Quelle selbstbezogenen Wissens dar. Zwar weisen Studienergebnisse darauf hin, dass bereits 5-Jährige durchaus auf Informationen aus sozialen Vergleichsprozessen zurückgreifen, doch nur dann, wenn es sich um vertraute Aktivitäten handelt, in denen eine Beurteilung anhand eines einfachen Gütemaßstabs vorgenommen werden kann. Insbesondere im Schulalter treten **leistungsbezogene Vergleiche** in den Vordergrund. **Offene Formen von Vergleichen** (z. B. das laute Kommentieren von fremden Leistungen) treten dagegen in den Hintergrund und werden von **subtilen Formen** (z. B. das Erfragen eines fremden Leistungsstandes) abgelöst (Pomerantz, Ruble, Frey & Greulich, 1995).

Im Zusammenhang mit Fähigkeitsselbstkonzepten hat häufig der sog. **Fischteicheffekt** (»big fish little pond effect«) Erwähnung gefunden. Dieser beschreibt das Phänomen, dass Leistungen in einem sozialen Umfeld von eher leistungsschwächeren Kindern (»big fish in a little pond«) zu einem gesteigerten Fähigkeitsselbstkonzept beitragen, während sich dies in einer Bezugsgruppe leistungsstarker Kinder umkehrt. Marsh und Hau (2003) konnten in der größten interkulturellen Studie zum Fischteicheffekt zeigen, dass dieser in 26 verschiedenen Kulturen (z. B. Australien, Tschechien, Deutschland, Korea, Mexiko und Vereinigte Staaten) nachweisbar ist und damit als generalisierbar gelten kann.

Neben den Gleichaltrigen gewinnen auch die **Lehrer als Quelle selbstbezogenen Wissens** an Gewicht. Dies bezieht sich nicht allein darauf, dass den Kindern **direkte Prädikatenzuschreibungen** der Lehrer wichtig sind, sondern dass sie auch aus dem Interaktionsverhalten mit dem Lehrer Rückschlüsse auf eigene Merkmale ziehen (**indirekte Prädikatenzuschreibungen**). Dementsprechend zeigt sich im Verlauf der Grundschulzeit, dass sich die Selbsteinschätzungen zunehmend den Fremdeinschätzungen der Lehrer annähern (Marsh, Craven & Debus, 1998).

Eine wesentliche Entwicklung vollzieht sich auch in der **Strukturierung und Kohärenz des Selbstkonzeptes**. Die Selbstkonzepte von Schulkindern weisen bereits eine deutlich hierarchische Struktur auf, in der Konzepte höherer Ordnung (»traits«, Eigenschaften) durch die Integration spezifischer Verhaltensweisen repräsentiert sind (Harter, 1999). Dies bringt auch eine differenzierte Betrachtung des Selbst mit sich, sodass Schulkinder in der Lage sind, positive wie negative Aspekte des Selbstkonzeptes zu integrieren und eine balanciertere Sicht auf sich Selbst zu entwickeln. Somit äußern Kinder in diesem Alter sowohl positive wie negative Selbstbeurteilungen – ein »Alles-oder-Nichts«-Denken wird weitgehend aufgegeben. Diese Differenzierung ist als sehr vorteilhaft anzusehen, da sich negative Erfahrungen somit nicht auf den globalen Selbstwert auswirken, sondern in der Regel allenfalls bereichsspezifische Konsequenzen mit sich bringen.

Ab dem Schulalter werden **soziale Vergleiche** und damit die **komparative Prädikatenselbstzuweisung** als Quelle selbstbezogenen Wissens relevant. **Leistungsbezogene Vergleiche** treten in den Vordergrund, wobei offene Formen des Vergleichs durch subtile Formen des Vergleichs abgelöst werden.

Der **Fischteicheffekt** bezieht sich darauf, dass eigene Leistungen in Abhängigkeit von den Leistungen der sozialen Bezugsgruppe bewertet werden, was sich bei einem Bezugsgruppenwechsel u. U. nachteilig auswirken kann. Dieser Effekt konnte unabhängig von der jeweiligen Kultur nachgewiesen werden.

Die **Einschätzungen der eigenen Leistungen** orientieren sich zunehmend an Fremdeinschätzungen durch Bezugspersonen (vor allem Lehrer) und werden dadurch zunehmend realistischer.

Die **hierarchische Struktur des Selbstkonzeptes** tritt nun zunehmend zutage. Spezifische Verhaltensweisen auf der niedrigsten Ebene werden in Konzepte höherer Ordnung (»traits«) integriert. Durch diese Differenzierung ist es Schulkindern nun auch möglich, positive und negative Aspekte des Selbstkonzeptes zu integrieren und dadurch ein realistisches Selbstbild zu haben.

13.2.2 Das Selbst in der Jugend

Eine **erhöhte Selbstaufmerksamkeit** und **Selbstreflexion** ist für das Jugendalter charakteristisch. Informationen aus der eigenen Biografie werden bei der Interpretation aktueller Selbstbeobachtungen einbezogen.

Das Jugendalter ist seit jeher thematisch mit der Selbst- und Identitätsfindung verbunden gewesen, welche als die zentrale Entwicklungsaufgabe dieses Lebensabschnitts bezeichnet wurde. Das Jugendalter ist durch eine **erhöhte Selbstaufmerksamkeit** und ein **hohes Ausmaß an Selbstreflexion** gekennzeichnet – Aspekte, die die Suche nach einem unverwechselbaren Individuum, das über Situationen und Zeiten hinweg eine gewisse Konstanz besitzt, charakterisieren. Bei der Interpretation aktueller Selbstbeobachtungen ziehen Jugendliche systematisch Informationen aus ihrer eigenen Biografie ein, wodurch sie zu einer neuen Quelle selbstbezogenen Wissens kommen, nämlich den **ideationalen Prädikatenzuweisungen**: Neues Wissen über die eigene Person wird durch Reflexion vergangener Erfahrungen und deren Einfluss auf aktuelle Erfahrungen gewonnen.

Das Selbstkonzept wird durch vergangene und antizipierte, d. h. zukünftig erwartete Selbsterfahrungen ergänzt. Parallel hierzu vollzieht sich die **Ausbildung eines Persönlichkeitskonzepts**.

Entsprechend verändert sich auch die Struktur des repräsentierten, selbstbezogenen Wissens im Jugendalter. Die Konstruktion eines kohärenten Selbstbildes aus vergangenen, gegenwärtigen und (antizipierten) zukünftigen Erfahrungen führt zu der **Ausbildung eines Persönlichkeitskonzeptes** (Allik, Laidra, Realo & Pullmann, 2004), welches wiederum die Kohärenz des Selbstbildes unterstützt. Jugendliche beschreiben sich dementsprechend in weitaus stärkerem Maße als Schulkinder anhand von **Persönlichkeitseigenschaften** und erklären ihre Handlungen auf dieser Grundlage. Diese abstrakten Konzepte hoher Ordnung stehen gerade in der frühen Jugend häufig unverbunden nebeneinander und Jugendliche äußern Schwierigkeiten damit, gegensätzliche Abstraktionen miteinander in Einklang zu bringen.

Kohärenz gewinnt das Selbstbild, indem Selbstkonzeptaspekte in konkreten, situationalen Kontexten gesehen werden. Jugendliche führen Verhaltensunterschiede zunehmend auf **unterschiedliche soziale Rollen** zurück, die sie je nach Situation und Bezugsrahmen übernehmen.

Die Aufhebung dieser Widersprüchlichkeiten vollzieht sich vor allem durch die **Kontextualisierung der abstrakten Selbstkonzeptaspekte**. Je nachdem, in welchem sozialen Kontext sich die Person bewegt, kann sie lieb und tolerant sein (zu engen Freunden) oder aber rowdymäßig und intolerant (in Freundesgruppen, wenn ein solches Verhalten dort unterstützt wird). Jugendliche beginnen sich also zunehmend auf der Grundlage verschiedener **sozialer Rollen** zu beschreiben. Die damit einhergehende Zunahme an Differenzierung des Selbstbildes verstärkt auf der anderen Seite wiederum das Bedürfnis des Jugendlichen, sich mit der Frage auseinanderzusetzen, welches das »wahre Ich« ist.

Das **Körperselbstkonzept** rückt durch die pubertätsbedingten, körperlichen Veränderungen in den Mittelpunkt. **Jungen** besitzen in den zentralen Facetten des Körperselbstkonzepts positivere Werte als Mädchen.

Die **körperliche Entwicklung in der Pubertät** rückt die Einschätzung der äußeren Erscheinung, das Körperselbstkonzept, als eine zentrale Größe in den Mittelpunkt, die sich nicht nur auf das Selbstkonzept, sondern vor allem auch auf die Selbstbewertungen (▶ Abschn. 13.3) auswirkt. Das **Körperselbstkonzept** scheint sich aus vier verschiedenen Facetten zusammenzusetzen: sportliche Kompetenz, physische Attraktivität, körperliche Fitness und physische Kraft. Diese Struktur findet sich in beiden Geschlechtsgruppen, wobei adoleszente **Jungen** in allen Bereichen positivere Werte erzielen als Mädchen (Hagger, Biddle & Wang, 2005).

Das **negativere Selbstbild von Mädchen** wird mit Depressionen und Essstörungen in Verbindung gebracht und durch die Übernahme einer Geschlechtsrollenidentität erklärt, die sich an gesellschaftlichen Schönheitsidealen orientiert.

Mädchen scheinen sich insbesondere bezüglich ihres Körperselbstkonzeptes deutlich negativer einzuschätzen als Jungen. Gleichzeitig aber kommt dieser Facette des Selbstkonzeptes in der Jugend, wie bereits erwähnt, eine dominante Bedeutung zu. Unrealistische und überhöhte weibliche Schönheitsideale werden im Rahmen der Entwicklung einer Geschlechtsrollenidentität (▶ Kap. 14) internalisiert (Cole et al., 2001). Beides kann – insbesondere bei weiblichen Adoleszenten – dazu führen, dass ein negatives Körperselbstbild im Zusammenhang mit Depressionen und Essstörungen (Lindberg, Hyde & McKinley, 2006) steht.

Jugendliche **lösen sich vom Elternhaus ab** und wählen ihre Erfahrungsräume in hohem Maße selbst. Die **Aufrechterhaltung einer Verbundenheit mit den Eltern** scheint für die Entwicklung des Selbst jedoch wichtig zu sein.

Ein entscheidender Faktor, der die Entwicklung des Selbst im Jugendalter prägt, ist die Tatsache, dass **Jugendliche sich vom Elternhaus ablösen,** ihre **Erfahrungsräume selbst wählen** und somit das, was sie über sich selbst erfahren, selbst bestimmen. Dennoch scheint die Aufrechterhaltung einer Verbundenheit mit den Eltern einer der wichtigsten Prädiktoren für die zukünftige psychische Gesundheit zu sein (Steinberg & Silk,

2002). Es scheint daher angemessen zu sein, Jugendliche bei der Erhaltung einer Balance zwischen Autonomie und Individuation auf der einen und Verbundenheit und Identifikation auf der anderen Seite zu unterstützen.

13.3 Entwicklungspsychologische Aspekte des Selbstwertes

Man wird intuitiv davon ausgehen, dass sich das Wissen über das eigene Selbst auf die Bewertung der eigenen Person auswirkt. Die Beziehung zwischen dem Selbstkonzept und dem Selbstwert scheint allerdings nicht ganz so einfach zu sein. Studien, die den **Zusammenhang zwischen Selbstkonzept und Selbstwert** untersuchen, lieferten den überraschenden Befund, dass Personen mit einem niedrigen Selbstwert keinesfalls ein negatives Selbstkonzept besitzen müssen. Vielmehr scheint es so zu sein, dass diese Personen weniger über sich selbst wissen und dass dadurch eine größere Unsicherheit und Instabilität bei ihren Einschätzungen zutage tritt (Campbell, 1990). Wie also stellt sich die Entwicklung des Selbstwertes über die Kindheit und Jugend dar und wie stehen Selbstwert und Selbstkonzept dabei im Zusammenhang?

Eine Querschnittstudie von Robins, Trzesniewski, Tracy, Gosling und Potter (2002) zeigt den typischen **Entwicklungsverlauf des Selbstwerts** über das Kindes- und Jugendalter. In der **mittleren Kindheit** zeigen sich dabei relativ hohe Werte, die vor allem darauf zurückgeführt werden können, dass sich das Selbstkonzept von Kindern in diesem Alter in unrealistischem Maße positiv darstellt. Spätestens mit dem **Eintritt in die Schule** orientieren sich Kinder, wie oben bereits ausgeführt, an Fremdurteilen (z. B. durch Lehrer) und an sozialen Vergleichen (mit den Leistungen von Gleichaltrigen). Hierdurch wird die Wahrscheinlichkeit erhöht, dass ein negatives Feedback nicht ausgeblendet wird, sondern in das Selbstkonzept integriert wird. Als Folge ist in den Entwicklungsverläufen zu erkennen, dass der Selbstwert in der **späten Kindheit** kontinuierlich sinkt.

Dieser absinkende Verlauf setzt sich dann in der **Jugend** fort und findet in der späten Jugend seinen Tiefpunkt. Dies mag, wie oben ausgeführt wurde, mit körperlichen Veränderungen und der zunehmenden Bedeutung des Körperselbstkonzeptes im Zusammenhang stehen. Darüber hinaus beziehen Jugendliche in stärkerem Maße (stabile) Persönlichkeitseigenschaften als Verhaltensursachen mit ein und berücksichtigen für die Beurteilung der eigenen Person vergangene, persönliche Ereignisse (und verpasste Chancen) sowie ihre (u. U. pessimistischen) Zukunftsperspektiven.

Von großer Bedeutung ist, dass sich **Jungen und Mädchen** in der mittleren Kindheit nicht in ihrem Selbstwert unterscheiden, während die Diskrepanz zwischen den Geschlechtern zuungunsten der Mädchen bis in die Jugend hinein zunimmt und bis in das hohe Erwachsenenalter stabil bleibt. Obwohl es bisher kein umfassendes theoretisches Erklärungsmodell für diesen relativ gesicherten Befund gibt (Robins et al., 2002), scheinen sowohl geschlechtstypische Sozialisationsbedingungen als auch biologische Faktoren eine Rolle zu spielen.

So konnten Zimmerman, Copeland, Shope und Dielman (1997) **4 Verlaufsgruppen** bei Jugendlichen in ihrer Entwicklung zwischen der 6. und 10. Klasse identifizieren, die sich zudem hinsichtlich der Geschlechterverteilung unterschieden (◘ Abb. 13.4). Während signifikant mehr Jungen in der Gruppe der Jugendlichen zu finden waren, die einen kontinuierlich steigenden Selbstwert berichteten, fanden sich umgekehrt mehr Mädchen in der Gruppe Jugendlicher, deren Selbstwert kontinuierlich absank.

Rund die Hälfte der Jugendlichen (48%) zeigte über die gesamte Zeit einen stabil hohen Selbstwert. Diese Gruppe zeichnete sich zudem dadurch aus, dass sie weniger als die anderen Gruppen anfällig für negative Gruppeneinflüsse war, weniger Alkoholkonsum und -missbrauch sowie weniger Devianz berichtete. Die negativsten Ausprägun-

---

Der **Zusammenhang zwischen Selbstkonzept und Selbstwert** ist nicht einfach. Personen mit einem niedrigen Selbstwert zeigen in ihrem Selbstkonzept häufig Unsicherheit und Instabilität.

Der typische **Entwicklungsverlauf des Selbstwertes** zeigt ein **kontinuierliches Absinken** von der mittleren Kindheit bis zur Jugend. Während jüngere Kinder noch ein unrealistisch positives Bild von sich selbst haben, orientieren sich Schulkinder stärker an externen Einschätzungen, wobei negative Einschätzungen einen zunehmenden Einfluss auf die Selbsteinschätzung gewinnen.

Durch den Einbezug vergangener und zukünftiger Ereignisse sowie von Persönlichkeitseigenschaften setzt sich dieser Trend in der Jugend fort.

Jungen und Mädchen unterscheiden sich zunehmend in ihrem Selbstwert, wobei Mädchen die negativere Entwicklung zeigen. Dabei scheinen sowohl sozialisatorische wie biologische Ursachen eine Rolle zu spielen.

Es lassen sich **4 typische Entwicklungsverläufe des Selbstwertes** über die Jugend zeigen: Neben einem **kontinuierlich hohen bzw. niedrigen Selbstwert** scheint es Gruppen zu geben, in denen ein **Anstieg bzw. ein Absinken des Selbstwertes** stattfindet. Es gibt Hinweise darauf, dass bei der Entwicklung des Selbstwertes deutliche interindividuelle Unterschiede existieren.

Abb. 13.4. Entwicklung des Selbstwertes in vier Gruppen. (Nach Zimmerman et al., 1997)

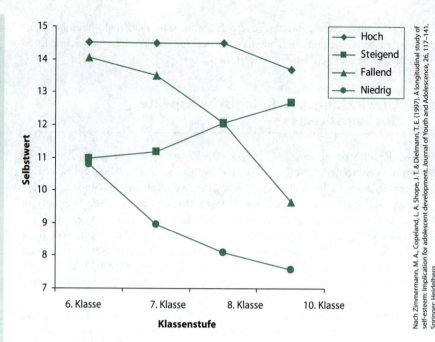

Die vier Gruppen stehen deutlich mit Alkoholkonsum und -missbrauch, Devianz und Anfälligkeit für negative Gruppeneinflüsse in Verbindung. Besonders gravierend scheinen die Zusammenhänge für die Gruppe derjenigen Jugendlichen zu sein, deren einstmals hoher Selbstwert kontinuierlich absinkt.

Die späte Kindheit oder die frühe Jugend scheinen ein **günstiger Zeitpunkt für Maßnahmen zur Verbesserung des Selbstwerts** zu sein, um die Stabilisierung eines negativen Selbstwerts in der Jugend zu verhindern.

gen und Entwicklungen bezüglich der letztgenannten Variablen berichtete die Gruppe derjenigen Jugendlichen, deren Selbstwert kontinuierlich abfiel (20%). Offenbar hat insbesondere ein ursprünglich hoher und über die mittlere Jugend kontinuierlich absinkender Selbstwert gravierende Folgen für die weitere psychosoziale Entwicklung.

Dass daher die frühe Jugend oder späte Kindheit als ein wichtiger und geeigneter Zeitpunkt für **entsprechende Interventionsmaßnahmen** gelten muss, wird zudem dadurch untermauert, dass sich die Stabilität (d. h. Retest-Korrelation) des Selbstwertes über die Jugend kontinuierlich erhöht. Während also in der Kindheit ein geringer Selbstwert nicht unbedingt zeitlich stabil ist, erweist sich die Zeit der Jugend, in der eine eigene Identität und Persönlichkeit gesucht wird, als eine Zeit, in der ein geringer oder sinkender Selbstwert von zunehmender Dauerhaftigkeit sein kann.

? Kontrollfragen

1. Welche Aspekte des Selbst werden unterschieden, wenn von dem Selbst als dualem Phänomen die Rede ist?
2. Was ist mit dem Begriff des Spiegel-Selbst oder Looking-Glass Self gemeint?
3. Welche Identitätsstadien lassen sich nach der Konzeption von Marcia unterscheiden?
4. Welche Formen der Prädikatenselbstzuweisung lassen sich nach dem informationstheoretischen Ansatz zum Selbstkonzept unterscheiden?
5. Was ist mit dem Fischteicheffekt bzw. Big-Fish-Little-Pond-Effekt gemeint?
6. Wie sieht der typische (durchschnittliche) Entwicklungsverlauf beim Selbstwert aus?

▶ **Weiterführende Literatur**

Mummendey, H. D. (2006). *Psychologie des Selbst. Theorien, Methoden und Ergebnisse der Selbstkonzeptforschung.* Göttingen: Hogrefe.

Streblow, L. (2007). *Bezugsrahmen und Selbstkonzeptgenese.* Waxmann: Münster.

14 Geschlechtstypisierung

14.1 Bedeutsamkeit von Geschlechtsunterschieden – 177
14.1.1 Unterschiede in motorischen Fähigkeiten – 178
14.1.2 Unterschiede in intellektuellen Fähigkeiten – 178
14.1.3 Unterschiede im sozialen Verhalten – 180

14.2 Theorien zur Erklärung von Geschlechtsunterschieden – 181
14.2.1 Biologische Grundlagen – 181
14.2.2 Soziale Lerntheorie: Konditionierung und Modelllernen – 183
14.2.3 Kognitive Ansätze: Geschlechtskonstanz und Geschlechtsschemata – 185

14.3 Entwicklung von Merkmalen der Geschlechtstypisierung – 188
14.3.1 Geschlechtsrollenpräferenzen – 188
14.3.2 Geschlechtsrollenstereotype – 189

14.4 Fazit – 190

Lernziele

- Geschlechtsunterschiede in motorischen und intellektuellen Fähigkeiten sowie im Sozialverhalten kennen.
- Mögliche biologische Grundlagen von Geschlechtsunterschieden benennen können.
- Sozialisatorische und kognitive Ansätze zur Erklärung von Geschlechtsunterschieden darlegen können.
- Entwicklung von Geschlechtsrollenpräferenzen und Geschlechtsrollenstereotype kennen.

Worin unterscheiden sich Jungen und Mädchen, Männer und Frauen? Sind Unterschiede im sozialen Verhalten, in körperlichen Leistungen oder intellektuellen Fähigkeiten zu erkennen? Und sind diese Unterschiede bedeutsam, d. h., sind die Unterschiede zwischen den Geschlechtern größer als innerhalb der Geschlechtsgruppen? Der erste Teil dieses Kapitels wird einen ausgewählten Überblick über die **Befundlage zu Geschlechtsunterschieden** geben und damit Antwort auf die Frage geben, inwieweit Geschlechtsunterschiede überhaupt existieren. Der zweite Teil des Kapitels wird dann sehr unterschiedliche theoretische Ansätze vorstellen, die sich mit der **Erklärung von Geschlechtsunterschieden** befassen. Das Kapitel widmet sich abschließend der **Entwicklung einzelner Merkmale der Geschlechtstypisierung**, d. h. der Entwicklung von Geschlechtsrollenpräferenzen und -stereotypen.

Bei der Forschung zur Entwicklung der Geschlechtstypisierung geht es um die Befundlage zur Entstehung von Geschlechtsunterschieden sowie ihre Erklärung.

14.1 Bedeutsamkeit von Geschlechtsunterschieden

Die Bedeutsamkeit von Geschlechtsunterschieden ist ein Thema, das eine lange Tradition in der psychologischen, pädagogischen und soziologischen Forschung hat und dem sich auch Bestseller wie »Du kannst mich einfach nicht verstehen. Warum Männer und Frauen aneinander vorbeireden« (Tannen, 1998) widmen. Hyde (2005) stellt dem **Modell der Geschlechtsunterschiede**, das davon ausgeht, dass sich Frauen und

Das **Modell der Geschlechtsähnlichkeiten** geht davon aus, dass sich Frauen und Männer nur in sehr wenigen psychologischen Variablen bedeutsam unterscheiden. Hierzu gehören vor allem motorische Fähigkeiten und das soziale Verhalten. Eine entwicklungspsychologische Betrachtung von Geschlechtsunterschieden erscheint angemessen und sinnvoll.

Männer in einer Vielzahl psychologischer Phänomene sehr unterschiedlich darstellen, ein **Modell der Geschlechtsähnlichkeiten** gegenüber. Sie sichtete die am häufigsten zitierten Metaanalysen zu Geschlechtsunterschieden bei kognitiven Leistungen, beim Kommunikationsverhalten, bei sozialem Verhalten und Persönlichkeitsvariablen, bei Aspekten psychologischen Wohlbefindens und bei motorischen Fähigkeiten. Auf der Grundlage der Ergebnisse von 124 einbezogenen Studien kommt sie zu dem Schluss, dass 78% der berichteten Effektgrößen allenfalls sehr klein oder sogar nahe null sind ($d<0{,}35$). Dennoch gibt es auch markante und stärkere Unterschiede, so z. B. im Bereich der motorischen Fähigkeiten oder des sozialen Verhaltens. Zudem zeigen sich über die gesamte Lebensspanne teilweise recht starke Fluktuationen, die die Relevanz einer entwicklungspsychologischen Betrachtung hervorheben. Im Folgenden werden daher Ergebnisse zu Geschlechtsunterschieden im Bereich motorischer und intellektueller Fähigkeiten sowie im sozialen Verhalten näher betrachtet.

14.1.1 Unterschiede in motorischen Fähigkeiten

> Bereits ab dem 1. Lebensjahr kann man **Unterschiede im Aktivitätsniveau** zwischen Jungen und Mädchen feststellen, die sich bis in das Jugendalter hinein ausbauen.

Am augenfälligsten treten wohl Geschlechtsunterschiede bezüglich motorischer Leistungen zutage. In einer Metaanalyse (Eaton & Enns, 1986) konnte auf der Basis von mehr als 100 Studien gezeigt werden, dass **Jungen** bereits ab dem 1. Lebensjahr und dann bis ins Jugendalter kontinuierlich zunehmend ein deutlich **höheres Aktivitätsniveau** zeigen als Mädchen. Diese Temperamentsdimension (▶ Kap. 11) bezieht sich auf die Häufigkeit, Intensität und Dauer, mit der der Körper oder Teile davon in Bewegung sind.

> Besonders deutlich werden **Unterschiede im Entwicklungsverlauf bei motorischen Leistungen**, die eine gewisse Körperkraft, Muskelkraft und Ausdauer erfordern. Ein bedeutsamer Anteil dieser Unterschiede kann durch **anthropometrische Variablen** (Fettanteil am Körpergewicht und Körpergröße) erklärt werden.

In einer weiteren Metaanalyse untersuchten Thomas und French (1985) die Entwicklung von Geschlechtsunterschieden bezüglich einer **Vielzahl motorischer Leistungen** wie Werfen, Springen, Gleichgewicht halten oder Griffstärke. Aufgaben, die eine gewisse **Körpergröße, Muskelkraft oder Ausdauer** erfordern, zeigen teilweise bereits im Vorschulalter und dann bis in die Pubertät hinein zunehmende Geschlechtsdifferenzen zugunsten der Jungen. Eine Vielzahl dieser Unterschiede zwischen den Geschlechtsgruppen kann dabei durch **Unterschiede in anthropometrischen Maßen** (Fettanteil am Körpergewicht und Körpergröße) erklärt werden (zwischen 50 und 100% der Varianz; Smoll & Schutz, 1990).

> Es gibt Hinweise darauf, dass Frauen Vorteile gegenüber den Männern bei **feinmotorischen Aufgaben** haben, wobei dies nicht unumstritten ist, da die Berücksichtigung der anlagebedingten Fingergröße und des Fingerumfangs einen Einfluss auf die Leistung hat.

Vorteile des weiblichen Geschlechts im Bereich der motorischen Leistungen zeigen sich in mehreren Studien bei **feinmotorischen Aufgaben**, wobei die Stärke und teilweise auch die Richtung der Geschlechtsunterschiede zwischen den verschiedenen Paradigmen variieren. Relativ robust stellen sich die Vorteile weiblicher Versuchsteilnehmer sowohl im Kindes-, Jugend- als auch im Erwachsenenalter beim Purdue-Steckbrett-Test (Tiffin, 1968) dar, bei dem es sich um einen Geschicklichkeitstest handelt. Allerdings konnten Peters, Servos und Day (1990) zeigen, dass der Geschlechtsunterschied allein durch die **Kontrolle der Fingergröße und der Fingerumfangs** aufgehoben werden konnte. Die Autoren gehen sogar davon aus, dass sich die motorikbezogenen Vorteile von Männern auch im feinmotorischen Bereich zeigen, wenn für beide Geschlechtsgruppen identische Voraussetzungen in den Versuchsaufbauten gegeben sind.

14.1.2 Unterschiede in intellektuellen Fähigkeiten

Mathematisch-naturwissenschaftliche und sprachliche Leistungen

> **Jungen** haben einen **Leistungsvorsprung im Bereich mathematisch-naturwissenschaftlicher Fächer** (besonders Physik und Chemie), **Mädchen** zeigen (zumindest tendenziell) **bessere Leistungen im Bereich der Biowissenschaften**.

Geschlechtsunterschiede im Bereich schulischer Leistungen sind schon lange ein Thema in der psychologischen und pädagogischen Forschung und wurden in der 1970er Jahren zur Grundlage der Entwicklung und Implementierung von Programmen zur Chancengleichheit. Trotz der Bemühungen in diesem Bereich zeigt sich in jüngeren, internationalen Studien (z. B. TIMMS; Baumert et al., 1997; Baumert, Bos & Lehmann,

2000) weiterhin ein **Leistungsvorsprung der Jungen in mathematisch-naturwissenschaftlichen Fächern**. Bei der differenzierteren Betrachtung der Unterschiede in den Kompetenzen zeigt sich, dass Jungen in Aufgaben der Physik und Chemie besonders hervorstechen, während **Mädchen** (zumindest tendenziell) bessere Leistungen bei Aufgaben erzielen, die den **Biowissenschaften** zuzurechnen sind. Im mathematischen Bereich heben sich vor allem Aufgaben zum Problemlösen zugunsten der Jungen hervor, während in anderen Bereichen (z. B. Arithmetik) keine oder nur sehr geringe Geschlechtsunterschiede auszumachen sind.

Umgekehrt galt lange Zeit als gesichert, dass Mädchen den Jungen in ihren **sprachlichen Kompetenzen** deutlich überlegen sind. Zwischenzeitlich konstatierte man, dass sich die empirische Befundlage zur sprachlichen im Gegensatz zur mathematisch-naturwissenschaftlichen Kompetenz erheblich weniger umfangreich und heterogener darstellt. Zudem zeigten die Ergebnisse einer Metaanalyse (Hyde & Linn, 1988) nur sehr geringe Geschlechtsunterschiede (am stärksten in der Redegewandtheit und im Lösen von Anagrammen, beides zugunsten der Mädchen). Allerdings konnten in jüngeren Studien sehr wohl **bedeutsame und vielschichtige Vorteile der Mädchen** im Bereich sprachlicher Kompetenzen nachgewiesen werden (z. B. Halpern & Lamay, 2000). Befunde aus der Sprachentwicklungsforschung stützen dies ebenfalls. Im Allgemeinen vollzieht sich die **Sprachentwicklung bei Mädchen früher und reibungsloser** und der Sprachschatz wächst bei ihnen rascher an.

Jungen hingegen offenbaren häufiger **Sprachentwicklungsschwierigkeiten und -störungen** (z. B. Stottern oder Lese-Rechtschreib-Schwäche). Befunde zur Entwicklung der Lesekompetenz und des Schriftspracherwerbs sind dagegen bis in das Jugendalter hinein relativ uneinheitlich, tendenziell scheinen Jungen jedoch einen möglicherweise verzögerten Reifungsprozess in dieser Zeit wieder aufzuholen.

Räumliche Fähigkeiten

Was die Entwicklung und Stabilisierung von Geschlechtsunterschieden über die Kindheit und das Jugendalter betrifft, so liefern Studien zu räumlichen Fähigkeiten ein weitaus konsistenteres Bild. Die Aufgaben, die den Probanden in diesem Zusammenhang gestellt werden, erfordern beispielsweise die Bestimmung der Beziehung des eigenen Körpers zu anderen Objekten (**räumliche Wahrnehmung**) oder die gedankliche Drehung eines zwei- oder dreidimensionalen Objektes zur Beurteilung der Gleichheit mit einem vorgegebenen Muster (**mentale Rotation**). Voyer, Voyer und Bryden (1995) belegen anhand ihrer Metaanalyse, dass sich die Unterschiede in **derartigen Aufgaben zugunsten der Jungen** vom 5.–11. Lebensjahr zunehmend ausbauen und über die Jugend und das Erwachsenalter stabil bleiben. Es ist zu vermuten, dass den Leistungen im Bereich räumlicher Aufgaben ein basaler Anteil an der **Erklärung von Geschlechtsunterschieden im mathematischen Bereich** zukommt, da mathematische Leistungen auch räumliche Fähigkeiten einschließen (wie beispielsweise Aufgaben zur Geometrie und Trigonometrie).

Mittelwerts- oder Variabilitätsunterschiede

Der Großteil der Studien betrachtet bei Geschlechtsunterschieden lediglich den Mittelwert. Feingold (1992) weist in seiner Übersicht jedoch darauf hin, dass es sich lohnt, einen differenzierten Blick auf die **Verteilungen der Leistungen in verschiedenen kognitiven Tests** zu werfen (◘ Abb. 14.1).

Die Unterschiede in den Verteilungen spiegeln hypothetische Unterschiede in der Varianz der Verteilung bei gleichbleibendem Mittelwertsunterschied wieder. Während in ◘ Abb. 14.1a Jungen und Mädchen identische Varianzen zeigen, illustrieren die ◘ Abb. 14.1b und c höhere Varianzen bei Jungen bzw. Mädchen. Diese Unterschiede werden dann bedeutsam, wenn man die **Geschlechtsunterschiede in überdurchschnittlichen bzw. unterdurchschnittlichen Leistungen** betrachtet. Hedges und Nowell (1995) berichten, dass die Varianz bei männlichen Jugendlichen (vor allem im Bereich

---

Jüngere Studien können bedeutsame **Leistungsvorteile von Mädchen in vielen sprachlichen Kompetenzen** nachweisen. Die Sprachentwicklungsforschung weist darauf hin, dass Mädchen eine **frühere und reibungslosere Sprachentwicklung** und einen **rascheren Zuwachs des Sprachschatzes** zeigen.

Jungen sind in stärkerem Maße von **Sprachentwicklungsschwierigkeiten und -störungen** betroffen.

Forschungen im Bereich der **Entwicklung von räumlichen Fähigkeiten** zeigen einen konsistenten **Vorsprung des männlichen Geschlechts**. Die Vorteile bauen sich über die Kindheit aus und stabilisieren sich im Jugend- und Erwachsenenalter. Vermutlich stellen diese Fähigkeiten eine Grundlage für die Unterschiede in den mathematischen Fähigkeiten dar.

Neben Unterschieden in den mittleren Leistungen zwischen den Geschlechtern zeigen sich **Unterschiede in der Variabilität der Leistungen.**

Vorteile für Jungen gegenüber Mädchen zeigen sich im **mathematisch-naturwissenschaftlichen Bereich** vor allem bei Kindern mit überdurchschnittlichen Leistungen.

Abb. 14.1. Hypothetische Verteilungen der Geschlechtsunterschiede bei kognitiven Leistungen. Verteilung mit gleichen Varianzen (a), größere Varianz bei den Jungen (b), größere Varianz bei den Mädchen (c)

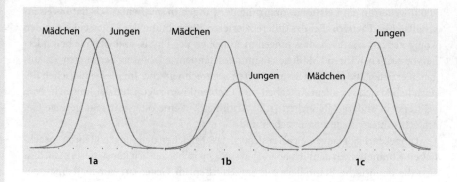

mathematisch-naturwissenschaftlicher Aufgaben) um bis zu 20% größer ist als bei den Mädchen und die Verteilungen folglich der mittleren Abbildung (◘ Abb. 14.1b) entsprechen. Der Vorteil, den Jungen gegenüber Mädchen in diesen Aufgaben haben, ist also vor allem im Bereich der überdurchschnittlichen Leistungen zu finden, in dem die Überrepräsentiertheit von Jungen zwischen 2:1 (Mathematik) und 7:1 (Naturwissenschaft) liegt. Ähnliches könnte im sprachlichen Bereich für die Mädchen gelten.

14.1.3 Unterschiede im sozialen Verhalten

Hilfsbereitschaft

Auf den ersten Blick scheint es so zu sein, dass Männer eher helfen als Frauen (Eagly & Crowley, 1986). Bei einem genaueren Blick auf die Ergebnisse der 172 Studien, die in dieser Metaanalyse betrachtet wurden, wird jedoch schnell deutlich, dass der **Kontext**, in dem Hilfsbereitschaft beobachtet oder berichtet wurde, eine **entscheidende und geschlechtstypische Einflussgröße** darstellt. **Männliche Probanden** (ab 14 Jahre) zeigen eine größere Hilfsbereitschaft, wenn

1. Hilfsbereitschaft in einer Felduntersuchung außerhalb des Labors erfasst wird,
2. andere potenzielle Helfer zugegen sind,
3. das Opfer weiblichen Geschlechts ist und
4. die Notlage offensichtlich ist.

Für die **Hilfsbereitschaft von Frauen** spielt das Geschlecht keine bedeutsame Rolle. Zudem helfen Frauen eher dann, wenn das Opfer seine Hilfsbedürftigkeit äußert, sich also bezüglich der Hilfsbedürftigkeit anderen gegenüber öffnet. Obwohl die Bereitschaft sich mitzuteilen tendenziell stärker auf weiblicher Seite ausgeprägt ist, hängt diese wiederum ebenfalls von Rahmenbedingungen ab (Dindia & Allen, 1992), beispielsweise dem Geschlecht des potenziellen Helfers (gegenüber Frauen stärker als gegenüber Männern) und der Beziehung zwischen Opfer und potenziellem Helfer (gegenüber Freunden und Verwandten stärker als gegenüber Fremden).

Eine wichtige Rolle bei der Initiierung von Hilfeverhalten spielt auch die **Sensitivität für das Ausdrucksverhalten eines Gegenübers**. Die Vorteile von Frauen gegenüber Männern zeigen sich hierbei von der Kindheit an, sodass McClure (2000) davon ausgeht, dass somit nicht allein die geschlechtstypischen Erwartungen, die aufgrund sozialer Rollen angetragen und übernommen werden, einen bedeutsamen Beitrag leisten (Eagly & Crowley, 1986). Der Unterschied in der Sensitivität könnte zu einem gewissen Teil auch auf eine geschlechtsspezifische neurologische Reifung zurückzuführen sein (▶ Abschn. 14.2.1). Eine weitere Variable, die als motivationale Grundlage für Hilfsbereitschaft gelten kann, ist **Empathie** (Hoffman 1991). Es gibt Hinweise darauf, dass der Geschlechtsunterschied bezüglich des empathischen Erlebens zugunsten weiblicher Personen zum einen durch die Geschlechtsrollenorientierung (Karniol, Gabay, Ochion

& Harari, 1998), zum anderen aber auch durch Geschlechtsunterschiede in Gehirnstrukturen und hormonellen Einflüssen erklärt werden kann (▶ Abschn. 14.2.1).

Aggressivität

Neben der Hilfsbereitschaft stellt die Aggressionsbereitschaft, quasi als Gegenpol, eine zentrale soziale Verhaltensweise dar, die in Studien und Metaanalysen zu Geschlechtsunterschieden Beachtung gefunden hat. Aggression umfasst eine große Bandbreite von Verhaltensweisen, die in unterschiedlicher Weise klassifiziert werden können. Bezüglich der Geschlechtsunterschiede erscheint es sinnvoll, eine Unterscheidung zwischen physischer und sozialer Aggression zu treffen. Die deutlichsten und bereits früh (Côté, Vaillancourt, Barker, Nagin & Tremblay, 2007) zu beobachtenden Geschlechtsunterschiede treten dabei im Bereich **physischer Aggression** zutage. Jedoch scheint der zu beobachtende Geschlechtseffekt zugunsten von Jungen eher in westlichen Kulturen aufzutreten und kann von daher nicht als universell angesehen werden (Cook, 1992).

Auch Formen **indirekter bzw. sozialer Aggression** intendieren die Schädigung einer anderen Person; allerdings zielen diese Strategien darauf ab, den Selbstwert oder die sozialen Beziehungen der betreffenden Person zu beschädigen. Hierzu zählt, Unwahrheiten zu verbreiten, andere aus sozialen Gruppen auszuschließen, sie zu ignorieren, sich in Interaktionen mit diesen abzuwenden oder Freundschaften aufzukündigen (Galen & Underwood, 1997). In einer Vielzahl von Studien konnte gezeigt werden, dass Mädchen bereits im Vorschulalter (Côté et al., 2007) in stärkerem Maße auf diese indirekten Aggressionsformen zurückgreifen (z. B. Crick & Grotpeter, 1995) und diese auch als schädigender einschätzen als Jungen (Galen & Underwood, 1997).

Auf der Basis der soeben beschriebenen Geschlechtsunterschiede widmete sich Crick (1997) der interessanten Frage nach den Folgen eines Rückgriffs auf geschlechtstypische bzw. **nicht geschlechtstypische Aggressionsformen**. Hierbei zeigte sich, dass Jungen, die in stärkerem Maße indirekte Aggression zeigten, sowie Mädchen, die sich durch erhöhte Maße physischer Aggression auszeichneten, durch Anpassungsprobleme auffälliger waren als Kinder, die ihr aggressives Verhalten an den »Geschlechtsnormen« ausrichten oder sich nicht aggressiv verhalten.

14.2 Theorien zur Erklärung von Geschlechtsunterschieden

Nachdem die Bedeutsamkeit von Geschlechtsunterschieden aufgezeigt worden ist, sollen in diesem Abschnitt drei wesentliche Erklärungsgrundlagen vorgestellt werden: biologische, lerntheoretische und kognitive Erklärungsansätze.

14.2.1 Biologische Grundlagen

Im Wesentlichen sind es vier biologische Faktoren, die zur Erklärung von Geschlechtsunterschieden in der Forschung Beachtung gefunden haben: **Chromosomale Einflüsse**, **hormonelle Einflüsse** sowie Unterschiede in **Gehirnstrukturen** und dem **Reifungstempo**.

Chromosomale Einflüsse

Auf der Grundlage der Vererbungsgesetze wurde bereits in den 1960er und 1970er Jahren die Hypothese aufgestellt, dass eine **X-rezessive Vererbung von Merkmalen** in der Lage sein kann, Geschlechtsunterschiede aufzuklären. Hiermit ist gemeint, dass ein Merkmal durch ein Allel eines rezessiven X-chromosomalen Gens bestimmt wird. Dies bedeutet, dass eine entsprechende Merkmalsausprägung bei Männern (da sie ihr

---

Geschlechtsunterschiede zeigen sich in Bezug auf physische und soziale Aggression. **Jungen** zeigen dabei bereits früh deutlich stärkere Tendenzen hinsichtlich der **physischen Aggression**, wenngleich dieses Phänomen nicht universell zu sein scheint.

Mädchen zeigen stärkere Tendenzen als Jungen im Bereich der **sozialen Aggression**, die eine Beschädigung des Selbstwerts oder der sozialen Beziehungen einer Person intendieren. Dieser Geschlechtsunterschied ist bereits im Vorschulalter zu beobachten. Mädchen schätzen Formen der sozialen Aggression als schädigender ein, als Jungen dies tun.

Das individuelle Ausmaß **geschlechtsuntypischer Aggressionsformen** steht mit stärkeren **Anpassungsproblemen** in Zusammenhang.

Eine **X-rezessive Vererbung** bedeutet, dass ein Merkmal durch ein Allel eines rezessiven X-chromosomalen Gens bestimmt wird. Dies hat zur Folge, dass sich dieses Merkmal bei Männern mit einer größeren Wahrscheinlichkeit im Phänotyp äußert als bei Frauen.

X-Chromosom von der Mutter haben) auf jeden Fall erfolgt, während dies bei Frauen nur dann der Fall ist, wenn sich das Allel auf dem X-Chromosom beider Elternteile befindet. Die Wahrscheinlichkeit der Wirksamkeit eines X-rezessiven Gens im Phänotyp beträgt somit bei Männern 0,5 während sie bei Frauen lediglich bei 0,25 liegt.

Diese Erklärungsgrundlage hat aufgrund ihrer Plausibilität und den positiven Ergebnisse erster Studien eine gewisse Popularität erlangt. Auf der Grundlage jüngerer Studien, deren Ergebnisse auf weitaus größeren Stichproben basieren, konnte jedoch keine Replikation erzielt werden (Gittler & Vitouch, 1994), sodass man davon ausgehen darf, dass die Erklärung von psychologischen **Geschlechtsunterschieden aufgrund einer X-rezessiven Vererbung** (im Gegensatz zu einer Reihe von Erbkrankheiten wie der Hämophilie) **nicht aufrechterhalten** werden kann.

> Auf der Grundlage jüngerer Studien kann die **Erklärung von psychologischen Geschlechtsunterschieden** durch eine x-rezessive Vererbung nicht aufrechterhalten werden.

Hormonelle Einflüsse

Hormonelle Einflüsse in der pränatalen Entwicklung scheinen auf der Grundlage der Ergebnisse zahlreicher Studien nicht nur einen **Einfluss auf Fehlentwicklungen im Bereich physischer Charakteristiken** (primäre Geschlechtsmerkmale) zu haben. Ein erhöhtes Niveau der Androgene (wie z. B. Testosteron) in kritischen Phasen der pränatalen Entwicklung, welches für diese Fehlentwicklungen verantwortlich ist, steht vielmehr auch mit Langzeiteffekten im Bereich **geschlechtstypischen Verhaltens** in Verbindung. Zunächst auf der Grundlage tierexperimenteller Studien lieferten in der Folge auch Untersuchungen in klinischen Stichproben und in jüngerer Zeit darüber hinaus Studien in der Allgemeinbevölkerung Hinweise auf die Bedeutsamkeit dieses Zusammenhangs (für einen umfangreichen Überblick Cohen-Bendahan, Van de Beek & Berenbaum, 2004).

> **Hormonelle Einflüsse** zeigen sich nicht nur in Form von Fehlentwicklungen im Bereich physischer Charakteristiken, sondern auch in Langzeiteffekten auf geschlechtstypisches Verhalten.

Tierversuche konnten zunächst beispielsweise zeigen, dass weibliche Nagetiere, denen unmittelbar nach der Geburt hohe Dosen von Androgenen injiziert wurden, später in stärkerem Maße Verhaltensweisen männlicher Nagetiere zeigten. Studien an Affen konnten diese Ergebnisse bestätigen und zudem zeigen, dass **kritische Perioden für den Einfluss von Hormonen auf das Verhalten** existieren und dass dem **sozialen Kontext einen moderierende Rolle** bei der hormonellen Einflussnahme zukommt.

> In **Tierversuchen** konnte der Einfluss von Androgenen auf das Verhalten weiblicher Tiere und die Existenz kritischer Perioden für hormonelle Einflüsse nachgewiesen werden.

Der Vergleich klinisch auffälliger Stichproben mit Kontrollstichproben im **Humanbereich** führte zu einer Reihe weiterer wichtiger Erkenntnisse. Die meisten Studien wurden hierbei zur **angeborenen Nebennierenrindenhyperplasie** durchgeführt, wobei gezeigt werden konnte, dass die bei dieser Störung auftretende Fehlproduktion der Nebennierenrinde (Androgen statt Kortisol) bei Frauen mit männlichen Aktivitäten, aggressiven und unempathischen Tendenzen und ausgeprägten räumlichen Fähigkeiten in Zusammenhang steht. Aufgrund der begrenzten Generalisierbarkeit von Ergebnissen klinischer Studien wurden in den letzten Jahren vermehrt **Studien in der Allgemeinbevölkerung** durchgeführt. Insgesamt konnten die Ergebnisse dieser Studien weitere Hinweise auf die Bedeutsamkeit hormoneller Einflüsse liefern. Knickmeyer, Baron-Cohen, Raggat, Taylor und Hackett (2006) untersuchten beispielsweise den Zusammenhang zwischen dem fetalen Testosteronspiegel und einer Aufgabe zur Theory of Mind (▶ Kap. 16), die Indikatoren des empathischen Erlebens im Alter von 4 Jahren erfasst. Es zeigte sich, dass ein Großteil des Geschlechtsunterschiedes in der Aufgabenbewältigung durch den **fetalen Testosteronspiegel** erklärt werden konnte. In der Tat muss man also davon ausgehen, dass zumindest ein Teil der Geschlechtsunterschiede durch den Einfluss hormoneller Größen erklärbar ist.

> Im **Vergleich klinischer mit Kontrollstichproben** zeigte sich ein Zusammenhang zwischen einer **Androgenüberproduktion** und männlichen Aktivitäten, aggressivem und unempathischem Verhalten sowie räumlichen Fähigkeiten. Ähnliche Befunde wurden in Studien in der Allgemeinbevölkerung nachgewiesen.

Unterschiede in Gehirnstrukturen

Die Hemisphären des menschlichen Gehirns sind lateralisiert, d. h., sie sind hinsichtlich ihrer Funktion spezialisiert: Während die **linke Hirnhälfte** bei verbalen und analytischen Verarbeitungsprozessen dominiert, zeigt sich in Messungen der Gehirnaktivitäten (z. B. bei funktionellen Magnetresonanzaufnahmen), dass die **rechte Hirnhälfte** bei visuell-räumlichen und ganzheitlichen Verarbeitungsprozessen aktiv ist. Aufgrund

> Mit der **Lateralisation der Gehirnhemisphären** ist die Spezialisierung der Gehirnhälften für verbale und analytische (linke Hemisphäre) bzw. visuell-räumliche und ganzheitliche (rechte Hemisphäre) Verarbeitungsprozesse gemeint.

der im vorangehenden Kapitel erläuterten Geschlechtsunterschiede erscheint es plausibel, davon auszugehen, dass sich die Lateralisation in den Geschlechtsgruppen sehr unterschiedlich darstellt.

In der Tat konnten Studien belegen, dass Leistungen in **visuell-räumlichen Aufgaben** (wie mentale Rotationen) in Abhängigkeit von der Lateralisation der Gehirnhälften stehen (Voyer & Bryden, 1990), wobei Männer zu einer rechts-hemisphärischen Verarbeitung und Frauen zu einer bilateralen Verarbeitung neigen. Diese Lateralisation steht mit entsprechenden Leistungsunterschieden zugunsten der Männer in Verbindung. Umstrittener ist die Frage nach Geschlechtsunterschieden in der Lateralisation bei **verbalen Aufgaben**. Obschon ältere Studien Befunde erbrachten, die eine stärkere Lateralisation bei weiblichen Probanden nahelegen, weisen Studien, die sich auf neuere bildgebende Verfahren stützen (Frost et al., 1999) auf sehr ähnliche Hirnaktivationsmuster bei Frauen und Männern hin.

Stabilere Befunde konnten bezüglich der **Empathizing-Systemizing-Theorie** (Baron-Cohen, 2003) erbracht werden. Diese postuliert einen Zusammenhang zwischen der psychometrisch erfassten Dimension »**Empathizing**« (Tendenz zur empathischen Informationsverarbeitung mit einer stärkeren Ausprägung bei Frauen) versus »**Systemizing**« (Tendenz zur analytischen Informationsverarbeitung mit einer stärkeren Ausprägung bei Männern) und entsprechenden Unterschieden in Gehirnstrukturen. Letztere zeigen sich vor allem im Ausmaß der **interhemisphärischen Konnektivität (größer bei Frauen)** oder der **Neuronendichte im zerebralen Kortex (größer bei Männern)** und in der altersabhängigen Veränderungen der grauen und weißen Hirnsubstanz (Baron-Cohen, Knickmeyer & Belmonte, 2005). Es wird vermutet, dass die Unterschiede in den Gehirnstrukturen wiederum in bedeutsamem Maße auf hormonelle Einflüsse zurückzuführen sind (Goldstein et al., 2001).

Unterschiede im Reifungstempo

Bereits **bei Neugeborenen** findet sich ein **Reifungsvorsprung der Mädchen** (Taylor & Ounsted, 1972), der sich in einer Reihe von Entwicklungsmerkmalen bis in das Jugendalter hinein manifestiert. Das jugendliche Reifungstempo, d. h. das Verhältnis des Pubertätsstatus zum Alter des Individuums, ermöglicht eine Einteilung in **Früh-, Normativ- und Spätpubertierende**. Diese Einteilung hat in vielen Studien einen bedeutsamen Einfluss auf verschiedenste Aspekte des sozialen und emotionalen Verhaltens gezeigt. Die Geschlechtsunterschiede im Reifungstempo und der weitreichende Einfluss des Reifungstempos auf das Verhalten legen die Vermutung nahe, dass Geschlechtsunterschiede durch das Reifungstempo erklärt werden können. Obschon es Hinweise darauf gibt, dass das Reifungstempo mit der Leistung in Aufgaben zu räumlichen Fähigkeiten in Beziehung steht, ist es fragwürdig, inwieweit dies als Grundlage für die Erklärung von Geschlechtsunterschieden herangezogen werden kann. Zum einen finden sich in den Studien die Zusammenhänge gleichermaßen in beiden Geschlechtsgruppen. Zum anderen steht das Reifungstempo eng mit anderen sozialen und biologischen Variablen (hormonelle Einflüsse oder Hirnlateralisation) in Beziehung, sodass eine **isolierte Betrachtung des Reifungstempos kaum Evidenz** besitzt.

14.2.2 Soziale Lerntheorie: Konditionierung und Modelllernen

Als Gegenentwurf zu den beschriebenen biologischen Erklärungsansätzen würde man aus Sicht der lerntheoretischen Ansätze postulieren, dass es im Laufe der Entwicklung gar nicht zu einer **Geschlechtstypisierung** kommen würde, wenn das **soziale Umfeld** keine diesbezüglichen, kontingenten Verhaltensweisen zeigen würde. Somit werden für die Entwicklung geschlechtstypischen Verhaltens sowie geschlechtstypischer Einstellungen und Präferenzen die gleichen **Lernprinzipien** (▶ Kap. 2) verantwortlich gemacht

---

Männer neigen in **visuell-räumlichen Aufgaben** stärker zu einer **Lateralisation** als Frauen, die eher eine bilaterale Gehirnaktivität zeigen. Bei **verbalen Aufgaben** konnte eine geschlechtsspezifische Lateralisation **nicht nachgewiesen** werden.

Die **Empathizing-Systemizing-Theorie** geht davon aus, dass **Geschlechtsunterschiede in Gehirnstrukturen** (interhemisphärische Konnektivität, Neuronendichte im zerebralen Kortex, altersabhängige Veränderung der Hirnsubstanzen) mit **unterschiedlichen Informationsverarbeitungsstilen** (Empathizing versus Systemizing) in Zusammenhang stehen.

Geschlechtsunterschiede im Reifungstempo finden sich bereits bei Neugeborenen und konnten (innerhalb der Geschlechtsgruppen) mit Unterschieden im sozialen und emotionalen Verhalten in Beziehung gesetzt werden. Dennoch ist der Einfluss des Reifungstempos als isolierte Variable fragwürdig.

Lerntheoretische Ansätze gehen davon aus, dass es nicht zur Geschlechtstypisierung kommen würde, wenn keine diesbezüglichen, **kontingenten Verhaltensweisen im sozialen Umfeld** auftreten. Untersucht wurde in diesem Zusammenhang der Einfluss der Eltern und der Gleichaltrigen.

wie für jedes andere Verhalten. Dementsprechend wurde in diesem Zusammenhang vor allem das **elterliche Bekräftigungsverhalten**, daneben aber auch der **Einfluss von Gleichaltrigen** empirisch untersucht, um die Annahmen des operanten Konditionierens und des Modelllernens zu bestätigen.

Konditionierung (Bekräftigungstheorie)

Die Bekräftigungstheorie geht davon aus, dass Geschlechtsunterschiede auf der Grundlage von **Belohnung und Bestrafung** entstehen. Wenn ein identisches Verhalten in Abhängigkeit vom Geschlecht des Handelnden durch das soziale Umfeld unterschiedlich beantwortet wird, sollte die Auftretenswahrscheinlichkeit dieses Verhaltens innerhalb der jeweiligen Geschlechtsgruppe erhöht bzw. gesenkt werden. Die Theorie geht also davon aus, dass

— Personen des sozialen Umfeldes von Jungen und Mädchen unterschiedliche Verhaltensweisen erwarten und
— diese Personen entsprechend den Erwartungen angemessene Verhaltensweisen verstärken bzw. belohnen und unangemessene Verhaltensweisen bestrafen bzw. ignorieren und
— in der Folge das Auftreten eines geschlechtstypischen Verhaltens zunehmend häufiger wird.

> Die **Bekräftigungstheorie** sieht den Einsatz von **Belohnung und Bestrafung** durch Erziehungsinstanzen als wesentliche Einflussgrößen auf geschlechtsunterschiedliche Auftretenswahrscheinlichkeiten für bestimmte Verhaltensweisen.

Relativ gut scheint die Annahme bestätigt zu sein, dass **Eltern unterschiedliche Erwartungen bezüglich des Verhaltens ihrer Söhne bzw. Töchter** haben, was sich gut anhand der Erziehungsziele zeigen lässt. Hastings und Coplan (2007) untersuchten in ihrer Studie den Zusammenhang zwischen mütterlichen Erziehungszielen und dem aggressiven und oppositionellen Verhalten ihrer Kinder. Hier zeigte sich, dass Töchtern bezüglich beider Verhaltensweisen weniger mütterliche Akzeptanz entgegengebracht wird und dass die Mütter von Mädchen das Verhalten in stärkerem Maße als beeinflussbar bewerteten als die Mütter von Jungen.

> Eltern scheinen tatsächlich **geschlechtsspezifische Erwartungen** an Töchter und Söhne zu haben. Dies zeigte sich z. B. für **aggressives und oppositionelles Verhalten**: Mütter zeigen weniger Akzeptanz für dieses Verhalten bei ihren Töchtern und erwarten bei diesen größere Einflussmöglichkeiten.

Schlagen sich die geschlechtsspezifischen Erwartungen der Eltern nun aber auch in ihrem Erziehungsverhalten nieder? Bekräftigen Eltern also ihre Kinder für ein geschlechtsangemessenes Verhalten? Man muss aufgrund der bisherigen Befunde konstatieren, dass der Einfluss einer entsprechend differenzierten Erziehung keinesfalls den Stellenwert besitzt, der ihm vonseiten der Bekräftigungstheorie beigemessen wird (Bischof-Köhler, 2006). So zeigt sich beispielsweise gerade bezüglich des **aggressiven Verhaltens**, für welches es deutliche Geschlechtsunterschiede und Unterschiede in den Erziehungszielen gibt, in der Metaanalyse von Lytton und Romney (1991) **kein geschlechterdifferenziertes Erziehungsverhalten**. Auch andere Unterschiede in der Behandlung von Jungen und Mädchen stellen lediglich Tendenzen in die eine oder andere Richtung dar. Lediglich bezüglich des geschlechtsangemessenen Spielverhaltens ergaben sich signifikante Unterschiede ($d=0{,}43$), wobei insbesondere Väter ein **geschlechtsrollenkonformes Spielverhalten** durch ihr Verhalten **unterstützten** (▶ Beispiel).

> Aufgrund bisheriger Befunde scheinen sich die unterschiedlichen **Erwartungen** an das Verhalten von Töchtern und Söhnen **nicht in einem geschlechtsspezifischen Erziehungsverhalten niederzuschlagen**, wie es von der Bekräftigungstheorie erwartet wird. Lediglich bezüglich des **Spielverhaltens** zeigen sich mehr als nur Tendenzen.

Beispiel

Tobias (4 Jahre) ist heute mit seinem Papa im Spielegeschäft in der Stadt. Voller Vorfreude steuert sein Vater das aufgebaute Fußballtor an, wo sich schon einige Jungen versammelt haben. Dort angekommen ist Tobias verschwunden, sein Vater findet ihn aber kurze Zeit später im Nebengang, wo er freudig einen Puppenwagen vor sich her schiebt. »Schau mal, Papa«, ruft Tobias und hebt die Puppe vorsichtig aus dem Wagen. Sein Vater schaut sich peinlich berührt um und winkt dann seinen Sohn herbei. Doch Tobias schüttelt den Kopf, legt die Puppe zurück und schiebt den Wagen stolz weiter. Entschlossen kehrt sein Vater zunächst zum Fußballtor zurück. Als Tobias jedoch anfängt, ihn zu rufen, geht er schnaufend zu ihm. »Tobias, komm. Da hinten ist ein Tor. Schieß doch mal, wie die anderen Jungs.« Nach langem hin und her und dem Versprechen, Tobias gleich ein Eis zu kaufen, begleitet der Junge schließlich seinen Vater doch zum Tor. Unter dem euphorischen Applaus seines Vaters schießt Tobias dann auch einige Male auf das Tor.

Wie in ▶ Kap. 15 gezeigt wird, nimmt der **Einfluss der Gleichaltrigen** ab dem Kindergartenalter, spätestens aber mit dem Eintritt in die Schule an Bedeutung zu. Dementsprechend ist davon auszugehen, dass ein **Sozialisationsdruck auch bezüglich eines geschlechtskonformen Verhaltens** zunehmend vonseiten der Gruppe der Gleichaltrigen besteht oder zumindest wahrgenommen wird. Hill und Lynch (1983) gehen davon aus, dass dieser Druck vor allem in der Pubertät aufkommt, in der die Ausbildung sekundärer Geschlechtsmerkmale als »Signal« für die soziale Umwelt verstanden wird, geschlechtsrollenkonformes Verhalten von den Jugendlichen zu erwarten. Trautner und Hartmann (2009) konnten zeigen, dass Jugendliche einen größeren Sozialisationsdruck in Richtung Geschlechtstypikalität vonseiten der Gleichaltrigen wahrnehmen als vonseiten ihrer Eltern. Darüber hinaus zeigte sich, dass Jungen insgesamt mehr Druck erleben und dass sie den Druckunterschied zwischen den Sozialisationsinstanzen stärker wahrnehmen als Mädchen. Jungen scheinen also in stärkerem Maße als Mädchen in ihren Gleichaltrigenbeziehungen darauf zu achten, sich entsprechend ihrem Geschlecht zu verhalten, während die (wahrgenommenen) Erwartungen einer Geschlechtstypikalität bei Mädchen eher schwächer und flexibler zu sein scheinen.

> Spätestens ab dem Schulalter wächst der Einfluss der Gleichaltrigen. **Jungen in stärkerem Maße als Mädchen** nehmen den **Sozialisationsdruck durch Gleichaltrige** in Richtung Geschlechtstypikalität wahr, der vielfach sogar den erlebten Sozialisationsdruck vonseiten der Eltern übertrifft.

Modelllernen (Theorie des sozialen Lernens)

Das Lernen durch Nachahmung besticht vor allem dadurch, dass für den eigentlichen Lernprozess der Einsatz von Belohnung und Bestrafung wenig Relevanz besitzt. Lediglich die Ausführung eines auf diese Weise erlernten Verhaltens hängt in gewissem Maße von den antizipierten oder tatsächlichen Reaktionen der sozialen Umwelt ab. Andererseits sind mit einer Erklärung von Geschlechtsunterschieden durch Modelllernen auch grundsätzliche Probleme verbunden. In der Erziehungspraxis ist es vielfach so, dass Kinder bis zur weiterführenden Schule tendenziell eher mit weiblichen Modellen (der Mutter, der Erzieherin, der Grundschullehrerin) konfrontiert werden, dass aber gerade Jungen und nicht Mädchen in ihrem Verhalten früher und in stärkerem Maße Tendenzen zu einer Geschlechtstypisierung zeigen. Dies lässt eine Erklärung von **Geschlechtsunterschieden durch Modelllernen wenig plausibel** erscheinen.

> Problematisch bezüglich des **Nachahmungslernens zur Erklärung von Geschlechtsunterschieden** ist vor allem die vielfach größere Verfügbarkeit weiblicher Modelle in den ersten Lebensjahren, die das Modelllernen für Jungen im Gegensatz zu Mädchen eher erschwert.

Vielversprechender scheint hingegen die Erklärung, dass (nicht nur) Kinder bevorzugt dasjenige Modell nachahmen, zu dem sie eine größere Ähnlichkeit wahrnehmen. Die **Ähnlichkeit zwischen Modell und Lernendem** stellt eines von vielen Kriterien dar, die sich günstig auf die Nachahmung auswirken können. Dies setzt allerdings eine gewisse **kognitive Reife beim Lernenden** voraus, da er sowohl die fremde Person als auch sich selbst richtig und eindeutig als dem gleichen Geschlecht zugehörig mental repräsentieren muss. Diese Leistung und seine Entwicklung spielt im folgenden Abschnitt eine entscheidende Rolle und wird dementsprechend an dieser Stelle ausführlich diskutiert. Hier zeigt sich die **Nähe der Theorie des sozialen Lernens zu kognitiven Modellen**, da Kinder, bevor sie dazu tendieren, ein gleichgeschlechtliches Modell zu präferieren, sich mit einem Geschlecht identifizieren müssen (Martin, Ruble & Szkrybalo, 2002).

> Eine andere Möglichkeit besteht darin, dass die Tendenz besteht, eher das **Verhalten von Modellen nachzuahmen, die dem Lernenden ähnlich sind**. Dies setzt in Bezug auf die Geschlechtstypisierung allerdings eine anspruchsvolle **kognitive Leistung** voraus: Die Identifikation mit einem Geschlecht.

14.2.3 Kognitive Ansätze: Geschlechtskonstanz und Geschlechtsschemata

Entwicklungstheorie der Geschlechtskonstanz

Kohlberg (1966) geht in seiner kognitiven **Theorie der Geschlechtskonstanz** davon aus, dass die Nachahmung gleichgeschlechtlicher Modelle die Folge eines kognitiven Entwicklungsprozesses ist, den er in mehreren aufeinanderfolgenden, invarianten Stufen beschreibt, also in Form eines klassischen Stufenmodells (◘ Tab. 14.1).

> Die **Entwicklungstheorie der Geschlechtskonstanz** geht davon aus, dass die Nachahmung gleichgeschlechtlicher Modelle einen kognitiven Entwicklungsprozess voraussetzt, der zur Geschlechtskonstanz führt.

Tab. 14.1. Entwicklung der Geschlechtskonstanz nach Kohlberg. (Mod. nach Bischof-Köhler, 2006)

Stadium der Geschlechtskonstanz	Kognitive Leistung	Durchschnittsalter (Altersspanne)
Geschlechtsidentität	Bestimmung des eigenen Geschlechts und Differenzierung vom fremden Geschlecht	3;11 (2;4–5;2)
Geschlechtsstabilität	Wissen über die zeitliche Unveränderbarkeit des Geschlechts	4;5 (3;0–5;8)
Geschlechtskonstanz	Wissen über die Unabhängigkeit des Geschlechts von äußeren Einflussgrößen	4;7 (3;5–5;7)

Aus Bischof-Köhler, D. (2006). Von Natur aus anders. Die Psychologie der Geschlechtsunterschiede. Stuttgart: Kohlhammer, S. 76. Mit freundlicher Genehmigung vom Kohlhammer-Verlag.

▶ Definition Geschlechtskonstanz

— Definition —
Das Erreichen einer **Geschlechtskonstanz** ist der Abschluss eines Entwicklungsprozesses zum Wissen um die eigene Geschlechtszugehörigekeit. Mitte des 5. Lebensjahres wissen Kinder dann, dass die Zugehörigkeit zu einem Geschlecht weder durch zeitliche noch äußere Einflussgrößen verändert werden kann.

Das Geschlechtsverständnis ist eine aktive Konstruktion des Individuums. **Geschlechtskonstanz** stellt dabei die Voraussetzung für eine Identifikation mit dem eigenen Geschlecht und für die bevorzugte Nachahmung gleichgeschlechtlicher Modelle dar.

Die **Entwicklung des Geschlechtsverständnisses** ist nach dieser Theorie eine aktive Konstruktion des Wissens über das eigene und fremde Geschlecht, also eine kreative Leistung des Individuums. Ganz im Sinne der kognitiven Theorien stellen also die Denkleistungen, die Gedanken über Erfahrungen, die das Kind macht, und nicht die Umwelteinflüsse an sich den entscheidenden Wirkfaktor dar. Wie in der Tabelle zu sehen ist, geht Kohlberg davon aus, dass sich drei Stadien der Entwicklung der Geschlechtskonstanz, welche das Verständnis meint, dass man das Geschlecht nicht nach Belieben wechseln kann, unterscheiden lassen. Das vollständige Verständnis für die Geschlechtskonstanz ist für Kohlberg dann die Voraussetzung für eine **Identifikation mit dem eigenen Geschlecht** und die bevorzugte Nachahmung gleichgeschlechtlicher Modelle.

Der **Entwicklungsprozess** vollzieht sich von der Bestimmung des eigenen und fremden Geschlechts (**Geschlechtsidentität**) über das Erkennen einer zeitlichen Unveränderbarkeit des Geschlechts (**Geschlechtsstabilität**) bis hin zum Bewusstsein der Unabhängigkeit des Geschlechts von äußeren Einflussgrößen (**Geschlechtskonstanz**).

Kohlberg postuliert, dass Kinder ab der Mitte des 3. Lebensjahres eine **Geschlechtsidentität** entwickeln und sich somit darüber im Klaren sind, dass sie selbst einem von zwei möglichen Geschlechtern angehören und dass dies auch für andere Personen gilt. Zwar beginnen Kinder schon mit 18 Monaten ein Selbstbewusstsein auszubilden (▶ Kap. 13), doch die Zuordnung zu einer Geschlechtsgruppe bedarf einer anspruchsvollen Leistung, die erst später zur Geschlechtsidentität führt.

Nach diesem ersten Schritt vollzieht sich die weitere Entwicklung auf der Ebene der **Geschlechtsstabilität**, also der Erkenntnis, dass die Geschlechtsidentität eine bleibende Eigenschaft ist und dass die Geschlechtszugehörigkeit in der Zukunft weiterhin Bestand hat. Dies wird z. B. daran deutlich, dass Mädchen oder Jungen vor dem Stadium der Geschlechtsstabilität, das nach Kohlberg mit etwa 3 oder 4 Jahren erreicht wird, trotz bestehender Geschlechtsidentität, noch davon ausgehen, später ein Vater (bei Mädchen) oder eine Mutter (bei Jungen) sein zu können. Dass die Fähigkeit, Zustände des Selbst in die Zukunft zu projizieren, frühestens erst gegen Ende des 4. Lebensjahres besteht, zeigte beispielsweise Barresi (2001).

Das Stadium der **Geschlechtskonstanz** wird durchschnittlich etwa in der **Hälfte des 5. Lebensjahres** erreicht.

Das Stadium der **Geschlechtskonstanz** wird im Durchschnitt etwa ab der Mitte des 5. Lebensjahres erreicht. In diesem Stadium sind Kinder davon überzeugt, dass auch das Ändern der äußeren Erscheinung (z. B. durch Verkleidung) keinen Einfluss auf das tatsächliche Geschlecht hat. Für den Entwicklungsfortschritt könnten hypothetisch unter anderen zwei Mechanismen ursächlich sein:
- Das Verständnis der **genitalen Grundlage** für die Geschlechtszugehörigkeit
- Die Fähigkeit zur **Unterscheidung von Schein und Wirklichkeit**

Obwohl ältere Studien zeigen, dass Kinder während des 4. und 5. Lebensjahres nur dann über eine Geschlechtskonstanz verfügen, wenn sie die genitale Grundlage für die Geschlechtszugehörigkeit erkannt haben, konnte dies in Studien jüngeren Datums (z. B.

Trautner, Gervai & Németh, 2003) nicht nachgewiesen werden. Hingegen zeigte sich in der Studie von Trautner et al. (2003), dass die **Fähigkeit zur Unterscheidung von Schein und Wirklichkeit** eine bedeutsame Grundlage für die Geschlechtskonstanz ist; eine Fähigkeit, die sich zu Beginn des 5. Lebensjahrs ausgebildet hat und von daher recht gut mit den zeitlichen Angaben in Tab. 14.1 in Übereinstimmung gebracht werden kann.

Für den Übergang von einer Geschlechtsstabilität zur Geschlechtskonstanz ist nicht so sehr die Erkenntnis der genitalen Grundlage für das Geschlecht entscheidend, sondern vielmehr die **Fähigkeit zur Unterscheidung von Schein und Wirklichkeit**.

Geschlechtsschematheorien

Im Zentrum zweier Ansätze, die sich ebenfalls mit dem repräsentierten Wissen über das Geschlecht beschäftigen, stehen Schemata.

> **Definition**
> Ein **Schema** ist eine kognitive Struktur, die die Wahrnehmung, die Speicherung und den Abruf von Informationen lenkt und sich in bedeutsamer Weise auf das beobachtbare Verhalten auswirkt.

▶ Definition Schema

Martin und Halverson (1981) differenzieren zwei Schemata, das **allgemeine Geschlechtsschema** (»overall ingroup-outgroup-schema«) und das **eigengeschlechtliche Schema** (»own-sex-schema«), deren Zusammenspiel schließlich eine Präferenz für Merkmale der eigenen Geschlechtsrolle und eine Nachahmung gleichgeschlechtlicher Modelle erklären soll. Ein Grundprinzip dieses Zusammenspiels ist, dass die Informationsverarbeitung und die Verhaltenssteuerung schemakonsistent geschieht, d. h., schemainkonsistente Informationen werden entweder ausgeblendet oder aber transformiert (verzerrt). So hält es ein Junge aus der Kindergartengruppe von Tobias (aus dem Beispiel oben) beispielsweise nicht davon ab, Tobias eine Präferenz für Spielzeugautos zuzuschreiben, obwohl er weiß, dass sein Freund gerne mit Puppen spielt.

Im **allgemeinen Geschlechtsschema** von männlich und weiblich sind alle Informationen repräsentiert, die die Verhaltensweisen, Rollen, Beschäftigungen und Eigenschaften von Jungen/Männern und Mädchen/Frauen betreffen und anhand derer eine Geschlechterdifferenzierung erfolgt. Die Selbstkategorisierung als männlich oder weiblich erfolgt dann auf der Grundlage des **eigengeschlechtlichen Schemas**, womit dann die Geschlechtsangemessenheit eines Verhaltens, einer Rolle etc. auf die eigene Person übertragen wird. Mit diesem Internalisierungsprozess geht auch eine Höherbewertung des eigenen Geschlechts einher, was die Tendenz zur Bevorzugung gleichgeschlechtlicher Merkmale zusätzlich verstärkt.

Eine **Grundvoraussetzung** für die Ausbildung von und die Orientierung an Geschlechtsschemata ist nicht die Geschlechtskonstanz wie bei Kohlberg, sondern lediglich die **korrekte Geschlechtszuordnung** (Martin & Halverson, 1981). Der Beginn der Entwicklung eines allgemeinen Geschlechtsschemas ist daher zu Beginn des 4. Lebensjahres zu erwarten.

In ihrer **Geschlechtsschematheorie** geht Bem (1981a) von einem engen Zusammenhang zwischen der Geschlechtstypisierung und der Verarbeitung geschlechtsbezogener Informationen aus. Diese Abhängigkeit zeigte sich in experimentellen Studien (zunächst bei Erwachsenen) darin, dass der Grad der bestehenden Geschlechtstypisierung (bzw. das Ausmaß der Femininität bzw. Maskulinität) die Tendenz erhöht, soziale Informationen nach der Geschlechtskategorie zu klassifizieren und zu verarbeiten. Den Grad der Geschlechtstypisierung erfasste Bem (1981b) auf der Basis der **Selbstzuschreibung von maskulinen und femininen Eigenschaften**.

Boldizar (1991) modifizierte das Erfassungsinstrument für den Einsatz im Kindesalter. Als typisch maskuline Eigenschaften werden in diesem Instrument die Zustimmung zu Aussagen wie »Ich bin gut darin, die Führung zu übernehmen« oder »Ich weiß, was ich kann« gewertet, während »Ich bin freundlich und fürsorglich« oder »Ich sorge mich darum, was anderen passiert« als typisch feminine Aussagen gelten. Beide Dimen-

Das Geschlechtsschema ergibt sich aus dem Zusammenspiel des **allgemeinen Geschlechtsschemas** und des **eigengeschlechtlichen Schemas**. Die geschlechtsbezogene Informationsverarbeitung und die Verhaltenssteuerung erfolgen schemakonsistent.

Im **allgemeinen Geschlechtsschema** sind Informationen über männliche und weibliche Attribute gespeichert. Im eigengeschlechtlichen Schema werden diese kategorisierten Attribute auf das Selbst übertragen, woraus sich eine Geschlechtsangemessenheit von Merkmalen und eine Höherbewertung des eigenen Geschlechts ergeben.

Der **Beginn der Schemaentwicklung** vollzieht sich zu Beginn des 4. Lebensjahres mit der korrekten Geschlechtsbezeichnung.

Die **Geschlechtsschematheorie** postuliert einen Zusammenhang zwischen dem Grad der Geschlechtstypisierung und der Verarbeitung geschlechtsbezogener Informationen. Die Selbstzuschreibungen von maskulinen und femininen Attributen bilden hierbei die Grundlage für die Typisierung.

Aus der Kombination der Ausprägungen auf den beiden Dimensionen ergeben sich **4 Typisierungen: feminin, maskulin, androgyn** und **undifferenziert**.

sionen konnten empirisch als unabhängig voneinander bestätigt werden, d. h., aus dem Ausmaß der selbstzugeschriebenen Maskulinität lässt sich keine Vorhersage über das Ausmaß der Femininität ableiten. Aus der Kombination der beiden Dimensionen ergeben sich nun vier Kombinationen, die **verschiedene Grade der Geschlechtstypisierung** repräsentieren (◘ Tab. 14.2).

◘ **Tab. 14.2.** Geschlechtstypisierung aufgrund von Maskulinität und Femininität nach Bem (1981a)

	Niedrige Maskulinität	**Hohe Maskulinität**
Hohe Femininität	Feminin	Androgyn
Niedrige Femininität	Undifferenziert	Maskulin

Studien konnten belegen, dass der Grad der Maskulinität mit einem hohen globalen Selbstwert, höheren schulischen Kompetenzerwartungen (vor allem bei Mädchen), einer höheren, selbstberichteten sozialen Akzeptanz und einem positiven körperlichen Selbstkonzept in Beziehung steht, während der Grad der Femininität mit selbstberichteter Folgsamkeit gegenüber Erziehungsinstanzen assoziiert ist (Boldizar, 1991).

14.3 Entwicklung von Merkmalen der Geschlechtstypisierung

In diesem letzten Abschnitt soll die Entwicklung von Geschlechtsrollenpräferenzen und von Geschlechtsrollenstereotypen behandelt werden.

14.3.1 Geschlechtsrollenpräferenzen

Der Begriff der **Geschlechtsrollenpräferenz** bezieht sich auf den Grad der Bevorzugung bzw. Ablehnung von Geschlechtsrollenmerkmalen sowie auf die Höherbewertung spezifischer Geschlechtsrollenmerkmale.

Unter dem Begriff der Geschlechtsrollenpräferenz verbirgt sich vor allem die **Bevorzugung bzw. Ablehnung von Geschlechtsrollenmerkmalen**, aber auch die Höherbewertung von Geschlechtsrollenmerkmalen. Man geht dabei davon aus, dass sich die Bevorzugung und die Höherbewertung im Laufe der Kindheit in zunehmendem Maße auf die Merkmale der eigenen Geschlechtsgruppe konzentrieren.

Erfasst wird die Geschlechtsrollenpräferenz vor allem durch Wahlentscheidungen von Kindern zwischen verbal, visuell oder real dargebotenen Spielzeugen oder Spielaktivitäten, die in unterschiedlichem Maße geschlechtstypisiert sind (z. B. Autos und Konstruktionsspiele als männlich und Puppenhäuser und Haushaltsutensilien als weiblich).

Für die Praxis

Warum Jungen Mädchen blöd finden und Mädchen nicht mit Jungen spielen wollen

Jungen spielen mit Jungen – Mädchen spielen mit Mädchen. Und: Jungen wie Mädchen wollen gar nicht mit Mädchen bzw. Jungen spielen. Man geht sich aktiv aus dem Weg. Den Höhepunkt erreicht dieses Phänomen mit 8–11 Jahren – danach beginnen Jugendliche sich wieder für das andere Geschlecht zu interessieren. Dieser bereits im Kleinkindalter auftretenden, selbstinitiierten Geschlechtertrennung entgegenzuwirken ist – das wissen viele ErzieherInnen und GrundschullehrerInnen – sehr mühsam und oftmals von sehr wenig Erfolg gekrönt. Entsprechende Bemühungen stoßen mitunter sogar auf sehr starke Widerstände vonseiten der Kinder. Kinder bevorzugen gleichgeschlechtliche Spielpartner vor allem, weil sie mehr Freude und mehr Zufriedenheit aus den Interaktionen und Spielen mit diesen beziehen als mit Partnern des jeweils anderen Geschlechts. Darüber hinaus erfüllt die Geschlechtertrennung offenbar eine wichtige Selbstsozialisationsfunktion, denn sie steht beispielsweise mit dem Wissen um das eigene Geschlecht in Zusammenhang. Vor diesem Hintergrund erscheint es ratsam, dass pädagogisch tätige Personen dies akzeptieren und in ihrer Arbeit aufgreifen.

14.3 · Entwicklung von Merkmalen der Geschlechtstypisierung

Auf der Basis der Geschlechtsschematheorien wird davon ausgegangen, dass eine **Geschlechtsrollenpräferenz** sich überhaupt erst dann im beobachtbaren Verhalten manifestieren kann, wenn ein Individuum ein rudimentäres Geschlechtsschema entwickelt hat. Martin und Halverson (1981) zufolge ist dieser Moment durch die Fähigkeit gekennzeichnet, eine korrekte Geschlechtsbezeichnung vorzunehmen, was zwischen dem 30. und 36. Lebensmonat relativ sicher zu beobachten ist (Ruble & Martin, 1998). Jedoch konnten Studien zeigen, dass Kinder weitaus früher ein Verhalten zeigen, welches dieser Annahme der Geschlechtsschematheorien widerspricht. Säuglinge (insbesondere männliche) zeigen beispielsweise mit 24 Monaten eine deutliche Blickpräferenz für gleichgeschlechtliche Säuglinge (Hoyenga & Hoyenga, 1993) und bereits mit 9–14 Monaten eine deutliche Präferenz für geschlechtskongruentes Spielzeug (Campbell, Shirley & Heywood, 2000). Selbstverständlich widersprechen diese Ergebnisse auch den Annahmen der Entwicklungstheorie der Geschlechtskonstanz, sodass man davon ausgehen muss, dass diese ersten Diskriminations- und Präferenzleistungen auf der Grundlage basalerer Konzepte erklärbar sein müssen, die in bisherigen Studien nicht erfasst worden sind (Martin et al., 2002).

Das Ausmaß der Geschlechtsrollenpräferenz verstärkt sich bis zum Grundschulalter und tritt in der Folge zunehmend gegenüber interindividuellen Differenzen in den Hintergrund. Insgesamt scheint das Ausmaß der Präferenz (bereits in den ersten 18 Monaten) stärker bei Jungen als bei Mädchen vorzuliegen.

14.3.2 Geschlechtsrollenstereotype

Geschlechtsrollenstereotype sind **subjektive Vorstellungen und Konzepte von Merkmalsausprägungen**, mit denen geschlechtsdifferenzierte Auftretenswahrscheinlichkeiten verknüpft sind. Beispielsweise mag man dies beobachten, wenn eine Frau dafür Bewunderung erfährt, dass sie mit einem Linienbus sicher eine enge Straßenführung passiert, da diese Fähigkeit in der Gruppe der Frauen von der bewundernden Person offenbar für unwahrscheinlich gehalten wird. Üblicherweise werden Geschlechtsrollenstereotype dadurch erfasst, dass Versuchspersonen aufgefordert werden, visuell oder verbal dargebotene Stimuli (Merkmale) nach dem Geschlecht zu klassifizieren.

Die kognitiven Ansätze zur **Erklärung von Geschlechtsunterschieden** gehen davon aus, dass Geschlechtsrollenstereotype in bedeutsamem Maße das Verhalten und die Interessen von Individuen beeinflussen. Martin et al. (2002) resümieren, dass es bedeutsame Relationen zwischen der Entwicklung im Bereich der Geschlechtstypisierung und einer Vielzahl geschlechtstypischer Verhaltensweisen gibt.

Wie auch im Bereich der Geschlechtsrollenpräferenzen muss man davon ausgehen, dass Geschlechtsrollenstereotype **Entwicklungseinflüssen** unterliegen. In einer Studie von Trautner, Helbing, Sahm und Lohaus (1988) überprüften die Autoren die Gültigkeit eines von ihnen postulierten Entwicklungsmodells der Geschlechtsstereotypisierung. In dem längsschnittlich angelegten Design fanden die Annahmen des Modells Bestätigung (◘ Abb. 14.2). Während zunächst eine Unkenntnis oder Unsicherheit in der geschlechtsdifferenzierten Zuordnung von Merkmalen vorliegt, manifestiert sich in der Folge das Wissen um die in der jeweiligen Kultur vorherrschenden Geschlechtsrollenstandards in Form einer rigiden Zuordnung. Diese wird zwischen 7 und 8 Jahren schließlich durch eine flexible Stereotypisierung abgelöst.

Bereits Säuglinge ab dem 9. Lebensmonat zeigen Tendenzen einer **Geschlechtsrollenpräferenz,** ohne dass sie die Fähigkeit besitzen, sich selbst einer Geschlechtsgruppe zuordnen zu können. Dies widerspricht den Annahmen der Geschlechtsschematheorien und muss daher aufgrund basalerer Konzepte erklärbar sein.

Bis in das Grundschulalter hinein verstärkt sich die Geschlechtsrollenpräferenz. Danach treten sie gegenüber interindividuellen Differenzen in den Hintergrund. Jungen scheinen die Präferenz früher und stärker zu zeigen.

Geschlechtsrollenstereotype sind subjektive Vorstellungen und Konzepte von Merkmalsausprägungen gekoppelt mit unterschiedlichen Auftretenswahrscheinlichkeiten in den Geschlechtsgruppen.

Kognitive Ansätze gehen von einer systematischen Beziehung zwischen individuellen **Geschlechtsrollenstereotypen** und dem **Verhalten und Interessen** aus, was durch empirische Arbeiten auch als gesichert gelten kann.

Das **Entwicklungsmodell der Geschlechtsstereotypisierung** geht davon aus, dass sich aus einer zunächst vorherrschenden Unkenntnis oder Unsicherheit eine sehr rigide, geschlechterdifferenzierte Zuordnung von Merkmalen entwickelt. Diese wird allerdings bereits in der mittleren Kindheit durch eine zunehmend flexiblere Typisierung abgelöst.

Abb. 14.2. Entwicklung rigider, flexibler und gegenstereotyper Zuordnung

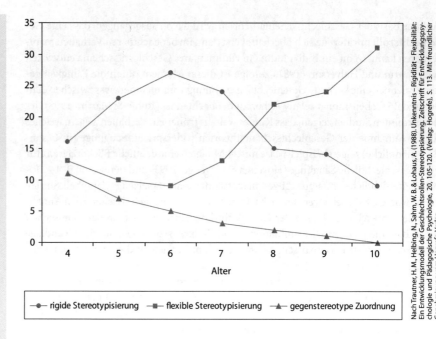

14.4 Fazit

Die Entstehung von Geschlechtsunterschieden kann am ehesten durch ein **Zusammenspiel verschiedener Faktoren** erklärt werden.

Wenngleich sich Frauen und Männer, Mädchen und Jungen in vielerlei Hinsicht ähnlich sind, so gibt es ganz offensichtlich auch Unterschiede in ihrem Verhalten, die erklärungsbedürftig sind. Die einzelnen in diesem Kapitel vorgestellten theoretischen Erklärungsansätze liefern Hinweise auf den Einfluss biologischer Grundlagen, der sozialen Umwelt und kognitiver Strukturen, die zwar für sich genommen jeweils nur einen begrenzten Erklärungswert besitzen. Höchstwahrscheinlich kann man jedoch davon ausgehen, dass sie in ihrem Zusammenspiel einen großen Teil der Geschlechtsunterschiede erklären können. Das große Interesse an Geschlechtsunterschieden und deren Erklärung äußert sich bis heute in den vielfachen Bemühungen verschiedener Forschungsrichtungen um das Auffinden und die Erklärung von Geschlechtsunterschieden. Es werden zunehmend neue Verfahren (wie z. B. aktuelle bildgebende Verfahren) eingesetzt, die neue Wege aufzeigen, um die zugrunde liegenden Mechanismen der Unterschiede zwischen den Geschlechtern und deren Entwicklung aufzudecken.

? Kontrollfragen

1. Bei welchem Geschlecht tritt ein Merkmal häufiger auf, wenn eine X-rezessive Vererbung vorliegt?
2. Welche Informationsverarbeitungsstile werden in der Empathizing-Systemizing-Theorie einander gegenübergestellt?
3. Welche Entwicklungsschritte folgen bei der Entwicklung der Geschlechtskonstanz nach Kohlberg aufeinander?
4. Welche Kombinationen lassen sich aus den Dimensionen Maskulinität und Femininität nach Bem bilden?
5. Welche Entwicklungsabfolge lässt sich bei der Entwicklung von Geschlechtsrollenstereotypen nachweisen?

▶ **Weiterführende Literatur**

Bischof-Köhler, D. (2006). *Von Natur aus anders. Die Psychologie der Geschlechtsunterschiede.* Stuttgart: Kohlhammer.

D'Augelli, A. & Patterson, C. J. (2001). *Lesbian, gay, and bisexual identities and youth: Psychological perspectives.* New York: Oxford University Press.

15 Soziale Beziehungen

15.1	Grundlegende Konzeptionen der sozialen Entwicklung – 192		15.3	Gleichaltrige und Freunde in der Kindheit – 202
15.1.1	Soziale Entwicklung aus lerntheoretischer und psychoanalytischer Sicht – 192		15.4	Soziale Entwicklung im Jugendalter – 205
15.1.2	Soziale Entwicklung aus kognitions- und systemorientierter Sicht – 193		15.4.1	Eltern-Kind-Beziehung – 205
			15.4.2	Beziehung zu Gleichaltrigen – 205
15.2	Familiäre Beziehungen in der Kindheit – 195		15.5	Ausblick: Soziale Entwicklung im Erwachsenenalter – 207
15.2.1	Eltern-Kind-Beziehung – 195			
15.2.2	Geschwisterbeziehungen – 200			

Lernziele

- Soziale Entwicklung aus verschiedenen theoretischen Blickwinkeln verstehen.
- Stufen der Entwicklung der Perspektivübernahmefähigkeit als wichtige Grundlage der sozialen Entwicklung kennen.
- Mögliche Einflussgrößen auf die soziale Entwicklung aus früheren familiären Erfahrungen benennen können.
- Die Rolle von Geschwister- und Gleichaltrigenbeziehungen bei der sozialen Entwicklung kennen.
- Die Entwicklung von Freundschaftsbeziehungen im Kindes- und Jugendalter darstellen können.

Durch die moderne Säuglingsforschung ist eine neue Perspektive auf die frühe Kindheit entstanden. Das Bild eines unbedarften, inaktiven oder gar teilnahmslosen Säuglings gilt seither als überholt. Die Unfähigkeit des Säuglings, sprechen zu können, bedeutet keineswegs, dass er von der Teilnahme an zwischenmenschlicher Kommunikation ausgeschlossen ist. Im Gegenteil kann man feststellen, dass das Verhaltensrepertoire eines Neugeborenen über ein bloßes Reagieren auf die Annäherung einer Person hinausgeht. Das wenige Tage alte Kind verfügt dabei nicht nur über die Fähigkeit, Kontakte aufzunehmen, sondern auch mit den kontaktierten Personen sinnvoll zu interagieren. Daher zog diese Neukonzeptualisierung des Säuglings (Damon, 1983) eine Neuorientierung der Forschung zur sozialen Entwicklung nach sich. Bis zu diesem Zeitpunkt war man davon ausgegangen, dass »der Säugling – in sozialer Hinsicht – zunächst zwischen egozentrischer Gleichgültigkeit, wenn er zufrieden ist, und verzweifelter, aber ungerichteter Wut, wenn er es nicht ist« (Stone & Church, 1957; zitiert nach Damon, 1983, S.39f.) schwankt. Sowohl aus **psychoanalytischer** wie aus **lernpsychologischer** Sicht vertrat man den Standpunkt, dass **der Mensch als unsoziales Wesen** auf die Welt kommt. Dem nahen sozialen Umfeld (im Regelfall den Eltern) obliege es in der Folge, den Säugling »**sozial zu machen**«, womit eine einseitige Wirkrichtung einhergeht.

> Der Säugling wird in der neueren Forschung als weitaus kompetenteres soziales Wesen angesehen, als in älteren Konzeptionen angenommen wurde.

> Neuere Konzeptionen der sozialen Entwicklung gehen davon aus, dass der **Mensch als ein soziales Wesen** zur Welt kommt und nicht »sozial gemacht« werden muss. Sie betonen die **aktive Rolle**, die bereits ein Säugling einnimmt und beschreiben soziale Entwicklung anhand der Aufnahme, Aufrechterhaltung und Veränderung von sozialen Beziehungen.
>
> Als grundlegende Ansätze der sozialen Entwicklung lassen sich lerntheoretische, psychoanalytische, kognitionspsychologische und systemorientierte Konzeptionen unterscheiden.

Die heutige Vorstellung eines **aktiven** Säuglings, der gleichzeitig **Sozialisator und Sozialisand** ist, steht dem jedoch nicht konträr gegenüber. Sie betont vielmehr die **soziale Entwicklung als die Aufnahme, Aufrechterhaltung und Veränderung von sozialen Beziehungen** von der Kindheit bis zur Jugend und darüber hinaus. Die soziale Entwicklung befasst sich dementsprechend mit den Bestrebungen, mit anderen Beziehungen aufzunehmen und aufrechtzuerhalten, das eigene Verhalten mit den Erwartungen und Bedingungen des gesellschaftlichen Zusammenlebens in Übereinkunft zu bringen und sich somit in die Gesellschaft zu integrieren.

Im folgenden Kapitel wird zunächst ein Einblick in grundlegende Konzeptionen der sozialen Entwicklung gegeben, wobei lerntheoretische, psychoanalytische, kognitionspsychologische und systemorientierte Ansätze vorgestellt werden. Die sich anschließenden Abschnitte befassen sich ausführlich mit der Entwicklung der familiären Beziehungen von der Kindheit bis zum Jugendalter, sowie der Entwicklung von Freundschaften und Gleichaltrigenbeziehungen. Ein Ausblick auf Aspekte der sozialen Entwicklung im Erwachsenenalter schließt das Kapitel ab.

15.1 Grundlegende Konzeptionen der sozialen Entwicklung

15.1.1 Soziale Entwicklung aus lerntheoretischer und psychoanalytischer Sicht

> Die **Lerntheorie** sieht das elterliche Verhalten als zentrale Wirkgröße für die soziale Entwicklung. Neben den Prinzipien des **Verstärkungs- und Modelllernens** postuliert sie als weitere elterliche Verhaltensstrategie das **Anbieten von Sozialisationsgelegenheiten**.

Behavioristische Lerntheorien gehen davon aus, dass Individuen sich jegliches Verhalten auf der Basis grundlegender Lernmechanismen aneignen. Anhand des **Verstärkungslernens** oder des **Modelllernens** erklärt diese theoretische Position den Sozialisationsprozess vorwiegend durch die Angemessenheit des elterlichen Verhaltens. Eine Fülle von Studien beschäftigte sich zu Beginn der 40er und 50er Jahre des vergangenen Jahrhunderts mit **Verhaltensstrategien**, die den Eltern zur Ausübung ihrer sozialisierenden Funktion zur Verfügung stehen. Zum einen können Eltern dies aktiv tun: Sie können ihre Kinder darüber **belehren**, was sie als sozial angemessen erachten. Sie können ihr Kind dafür **belohnen**, wenn es dieses gewünschte Verhalten zeigt, oder es **bestrafen**, wenn es unerwünschtes Verhalten zeigt. Zum anderen können Eltern »mit gutem Beispiel voran gehen« – d. h., sie können sich dem Kind gegenüber als **Modell für das gewünschte Verhalten** präsentieren. Aufgrund der Tatsache, dass Eltern und Kinder gemeinhin eine intensive emotionale Bindung zueinander aufgebaut haben und aufrechterhalten (▶ Kap. 8), kann man davon ausgehen, dass Eltern über die gesamte Lebensspanne eine bedeutsame Vorbildfunktion erfüllen. Letztlich, und dies vorwiegend in der Kindheit, nehmen Eltern die Rolle **»sozialer Türsteher«** ein. Damit ist gemeint, dass Eltern (mehr oder weniger bewusst) das Leben ihres Kindes so einrichten, dass es bestimmte (soziale) Erfahrungen macht und vor anderen wiederum bewahrt bleibt.

Beispiel

Maren ist zweifache Mutter und ihre Söhne Carlo (5) und Viggo (3) besuchen gemeinsam den nahegelegenen Kindergarten. Wenn sie die beiden gegen Mittag abholt, hat sich Carlo des Öfteren bereits mit seinem Freund Rasmus für den Nachmittag verabredet. Nicht selten kommt es dann vor, dass Carlo direkt mit Rasmus' Mutter fährt und Maren abends vorbeikommt, um ihn wieder abzuholen. Viggo ist da ganz anders. Er bleibt lieber daheim und spielt in seinem Zimmer. Allerdings klingelt dann häufiger das Telefon, und die junge Mutter verabredet sich spontan mit einer guten Freundin, einen Kaffee zu trinken oder einen Einkaufsbummel zu unternehmen. Viggo begleitet dann seine Mutter, bestellt sich im Eiscafé sein Lieblingseis und darf ganz alleine »bezahlen«. Später gerät er auf dem Spielplatz mit einem etwas jüngeren Jungen in Konflikt, wird dann aber von seiner Mutter für seine Bereitschaft gelobt, sich beim Schaukeln abzuwechseln.

Eine zweite theoretische Position, die die Rolle des elterlichen Verhaltens für die soziale Entwicklung stark hervorhebt, ist die **Psychoanalyse**. Wie bereits in ▶ Kap. 2 erläutert, ist nach Freud das Ich stets bemüht, zwischen dem lustbetonten Es und dem Über-Ich zu vermitteln, welches die internalisierten Normen und Werte der Sozialisationsinstanzen (vornehmlich der Eltern) darstellt. Die **Mächtigkeit des Über-Ich** spielt nun für die soziale Entwicklung eine entscheidende Rolle: Ein sehr strenges Elternhaus soll zu einem überentwickelten Über-Ich führen, welchem das Ich nur genügen kann, wenn es einen übermäßigen Gebrauch von **Abwehrmechanismen** macht. In jeder Phase der **psychosexuellen Entwicklung** des Menschen steht Freud zufolge eine Form der Bedürfnisbefriedigung des Individuums im Zentrum. Den Eltern obliegt es, gerade in den frühen Phasen für eine **angemessene Befriedigung der Bedürfnisse** zu sorgen. Eine unzureichende oder aber übermäßige Befriedigung führt nach Freud hingegen dazu, dass das Individuum Schwierigkeiten in darauffolgenden Phasen hat oder aber diese Stufen gar nicht erreicht.

Auf diesen Grundkonzeptionen Freuds aufbauend entwickelte **Erikson** (1973) sein **Modell der psychosozialen Entwicklung**. Er beschreibt den Konflikt zwischen **individuellen Bedürfnissen** und den **Anforderungen der sozialen Umwelt** über 8 Stufen bis in das hohe Erwachsenenalter. Die Lösungen der verschiedenen »Entwicklungsaufgaben«, mit denen das Individuum in den einzelnen Phasen konfrontiert wird, stellen nach Erikson Meilensteine der sozialen Entwicklung dar. In Anlehnung an Freud führt eine unzureichende Lösung eines Konfliktes dazu, dass eine erfolgreiche Lösung in folgenden Phasen zumindest beeinträchtigt wird. Auch hier kommt den Eltern die Aufgabe zu, das Kind bei dieser Entwicklung zu unterstützen, indem sie dem Kind helfen bzw. die Möglichkeit bieten, die **zentralen Bedürfnisse des Kindes in jeder Phase zu erfüllen**. Um beispielsweise in der frühen Kindheit den Aufbau eines Urvertrauens zu unterstützen, »müssen [wir] darauf achten, ihren Sinnen Nahrung und Stimulation in der passenden Intensität und zur rechten Zeit zuzuführen; andernfalls könnte ihre Aufnahmebereitschaft sich plötzlich radikal in eine diffuse Abwehr oder gar in Lethargie verwandeln« (Erikson, 1973, S. 64). Auf der Basis der Entwicklung eines grundlegenden Vertrauens kann auch die im Modell zentrale **Erarbeitung einer Identität im Jugendalter** gelingen, insbesondere wenn die Eltern den **Prozess der Individuation** unterstützen. Dies können sie beispielsweise tun, indem sie ihr Kind bestärken, nach Individualität zu streben und gleichzeitig mit den Eltern in Kontakt zu bleiben (Grotevant, 1998).

15.1.2 Soziale Entwicklung aus kognitions- und systemorientierter Sicht

Aus kognitionspsychologischer und systemorientierter Sicht spielt das **elterliche Verhalten** ebenfalls eine entscheidende Rolle bei der sozialen Entwicklung. Wie man aber bereits in dem oben dargestellten Beispiel erkennt, kann die ausschließliche Beachtung des Verhaltens der Mutter das soziale Geschehen nicht angemessen repräsentieren. Carlo hat beispielsweise den Besuch bei seinem Freund selbst initiiert, während die Mutter ihm diesen Entscheidungsfreiraum überlassen hat. Viggo hat erkannt, dass auch das jüngere Kind auf dem Spielplatz den Wunsch hatte, zu schaukeln und wurde dafür von seiner Mutter gelobt. Daher betonen diese Ansätze explizit die **Rolle des aktiven Kindes** im Rahmen seiner eigenen sozialen Entwicklung.

Die aktive Rolle des Kindes bei der eigenen sozialen Entwicklung wurde besonders stark vonseiten der Kognitionspsychologie vertreten. In den Forschungen zur **Perspektivübernahme** geht Selman (1980) davon aus, dass jüngere Kinder in ihrem sozialen Handeln deswegen wenig Verständnis für andere und deren Bedürfnisse an den Tag legen, weil sie deren Perspektive nicht einnehmen können. Er geht davon aus, dass

---

Auch aus der Sicht der **Psychoanalyse** wird die soziale Entwicklung vor allem durch das elterliche Verhalten beeinflusst. Vermittelt wird die Wirkung durch das **Über-Ich** und die **Angemessenheit der Bedürfnisbefriedigung** des Kindes in den Stufen der psychosexuellen Entwicklung.

Erikson beschreibt die soziale Entwicklung als **Lösung von Krisen der psychosozialen Entwicklung** über 8 Stufen. Den Eltern kommt hier die Aufgabe zu, das Kind bei der Bewältigung dieser Aufgaben in jeder Stufe zu unterstützen.

Kognitionspsychologische und systemorientierte Ansätze betonen oder integrieren die **Rolle des aktiven Kindes** im Rahmen der sozialen Entwicklung.

Selman postuliert als entscheidenden Faktor die sich entwickelnde Fähigkeit des Kindes zur **Perspektivübernahme**. Er beschreibt diese Entwicklung anhand von **5 Phasen**, über die das Kind einen egozentrischen Blickwinkel überwindet, andere Perspektiven berücksichtigt und verschiedene Perspektiven vergleicht und für sein Verhalten integriert.

Tab. 15.1 Phasen der Perspektivübernahme nach Selman. (Nach Damon, 1983)

Phase	Altersbereich	Verständnis des Kindes
0: Egozentrische Perspektive	3–6 Jahre	Kein Bewusstsein darüber, dass es eine andere Perspektive als die eigene und dass es andere Wünsche als die eigenen geben kann
1: Sozial-informationale Rollenübername	6–8 Jahre	Bewusstsein unterschiedlicher Perspektiven, die aufgrund unterschiedlicher Situationen oder Informationen der Beteiligten entstehen
2: Selbstreflektive Rollenübernahme	8–10 Jahre	Bewusstsein, dass jeder über die eigene und fremde Perspektiven nachdenken kann und dass dies die gegenseitige Wahrnehmung beeinflusst
3: Wechselseitige Rollenübernahme	10–12 Jahre	Fähigkeit, aus einer Zwei-Personen-Dyade herauszutreten und deren Perspektiven aus der Sicht einer dritten wahrzunehmen und zu beurteilen
4: Rollenübernahme im Rahmen eines sozialen Systems	Ab 12 Jahre	Erkenntnis, dass eine gegenseitige Perspektivübernahme nicht immer zu einem völligen Verständnis führt und dass als Konsequenz soziale Konventionen zur Regelung des Zusammenlebens notwendig sind

Kinder bei der Entwicklung der Perspektivübernahme 5 Phasen von der Kindheit bis zur Adoleszenz durchlaufen (Tab. 15.1).

Auch im Ansatz der »**Theory of Mind**« geht man davon aus, dass Kinder lernen, die internen Zustände anderer Personen, deren Gefühle, Gedanken, Wünsche, Absichten und Überzeugungen zu erschließen. Diese Fähigkeit entwickelt sich vor allem zwischen dem 3. und 5. Lebensjahr, also deutlich früher, als im Modell Selmans angenommen wird.

> »**Theory of Mind**« beschreibt das **Verständnis für das Funktionieren des Verstandes** und den Einfluss, den dieser auf das Verhalten ausübt.

▶ Definition
Theory of Mind

— Definition —
Die **Theory of Mind** bezieht sich auf das Verständnis für das Funktionieren des menschlichen Verstandes. In Anlehnung an das Bild eines Wissenschaftlers geht man hierbei davon aus, dass Kinder subjektive Theorien über das Funktionieren des Verstandes und dessen Einfluss auf das Verhalten entwickeln.

> Anhand von »**falschen Überzeugungen**« kann man kulturübergreifend feststellen, dass sich eine Theory of Mind zwischen dem 3. und 5. Lebensjahr entscheidend entwickelt.

Die Entwicklung der Theory of Mind in diesem Altersbereich konnte unabhängig von kulturellen und anderen Bedingungsfaktoren in einer Vielzahl von Studien anhand einfallsreicher Experimente zu »**falschen Überzeugungen**« belegt werden (Wellman, Cross & Watson, 2001). Hierbei wird Kindern beispielsweise eine Schachtel Smarties (Wimmer & Hartl, 1991) gezeigt. Auf die Frage, was sich in dieser Schachtel befindet, antworten sie mit »Smarties«, woraufhin ihnen der tatsächliche Inhalt der Schachtel, nämlich Bleistifte, gezeigt wird. Werden nun 5-Jährige danach gefragt, was denn ein anderes Kind antworten würde, antworten sie mehrheitlich, dass dieses ebenfalls davon ausgehen würde, dass sich in der Schachtel Smarties befinden müssen. Es gelingt ihnen also, das Nichtwissen des anderen Kindes um den tatsächlichen Inhalt zu antizipieren. Genau dies gelingt aber der Mehrheit der 3-Jährigen nicht. Sie können zwischen dem eigenen Wissen und dem eines anderen Kindes nicht unterscheiden und gehen daher davon aus, dass andere Kinder ihre Überzeugung teilen und sich dementsprechend äußern.

> Die Entwicklung einer Theory of Mind steht mit schulischer Anpassung, sozialer Kompetenz und dem Status in der Gruppe der Gleichaltrigen in Zusammenhang.

Die Entwicklung einer Theory of Mind korrelierte in empirischen Studien mit **schulischer Anpassung, sozialer Kompetenz** sowie dem **Status in der Gruppe der Gleichaltrigen** (Slaughter, Dennis & Pritchard, 2002) und scheint somit wichtige Beiträge zur sozialen Entwicklung zu liefern.

Ein dritter kognitionspsychologischer Ansatz beschreibt ein **Prozessmodell sozialen Problemlösens** (Crick & Dodge, 1994). Entscheidend für aggressives oder antisoziales Verhalten sind demzufolge **kognitive Verzerrungen**, die sich beispielsweise im

15.2 · Familiäre Beziehungen in der Kindheit

»feindseligen Attributionsfehler« widerspiegeln. Demzufolge neigen aggressive gegenüber nichtaggressiven Kindern dazu, Absichten anderer Personen als feindselig zu interpretieren, wenn keine eindeutigen Hinweise auf die Absicht dieser Person herangezogen werden können. Darüber hinaus enkodieren aggressive Kinder in sozialen Situationen eher aggressive Hinweise und haben positive Ergebniserwartungen hinsichtlich aggressiver Verhaltensstrategien. Entsprechend zurückweisende oder vergeltende Reaktionen vonseiten der Gruppe der Gleichaltrigen führen dann dazu, dass aggressive Kinder sich in ihren verzerrten Wahrnehmungen fälschlich bestätigt sehen.

Kognitionspsychologische Ansätze erklären soziale Entwicklung auf der Grundlage des Denkens und Handelns des Kindes und räumen den Eltern wiederum einen eher untergeordneten Stellenwert ein. Demgegenüber beschreibt das **systemorientierte Modell** von Bronfenbrenner (1989) die soziale Entwicklung anhand **sozialer Beziehungen in einem komplex verschachtelten sozialen Netzwerk**. Die unmittelbaren Beziehungen des Kindes im Mikrosystem werden dabei durch die Beziehungen zwischen Elementen des Mikrosystems (Mesosystem), den sozialen Rahmenbedingungen (Exosystem), dem kulturellen und sozialen Kontext (Makrosystem) und den historischen Veränderungen (Chronosystem) beeinflusst (hierzu ausführlicher ▶ Kap. 2). Entscheidend ist, dass das Modell die **soziale Entwicklung im Kontext sozialer Beziehungen** und deren Veränderungen über die Lebensspanne beschreibt. Im Laufe der Entwicklung wird das Mikrosystem dabei umso reicher und komplexer, je älter das Kind wird und je mehr außerfamiliäre Beziehungen es eingeht.

In den folgenden Abschnitten widmet sich das Kapitel den sozialen Beziehungen des Menschen über die Lebensphasen hinweg, wobei der Schwerpunkt auf den elterlichen Beziehungen und den Beziehungen zu Gleichaltrigen im Kindes- und Jugendalter liegt.

> Das **Prozessmodell sozialen Problemlösens** stellt kognitive Verzerrungen in den Vordergrund, um aggressives oder antisoziales Verhalten zu erklären. Der »**feindselige Attributionsfehler**« als eine Form der verzerrten Kognition besagt, dass aggressive Kinder anderen Personen tendenziell feindselige Absichten unterstellen, vor allem dann, wenn sie keine eindeutigen Hinweise auf die Verhaltensintention heranziehen können.

> Der **systemorientierte Ansatz** Bronfenbrenners stellt die soziale Umwelt des Kindes als ein **Mehrebenenmodell** dar. Es beschreibt somit die **soziale Entwicklung im Kontext sozialer Beziehungen**.

15.2 Familiäre Beziehungen in der Kindheit

15.2.1 Eltern-Kind-Beziehung

Bindung

Bindungsqualität

Mit der Geburt eines Kindes setzt ein evolutionsbiologisch geprägtes **Verhaltensprogramm** ein, welches darauf ausgerichtet ist, eine Bindung zwischen dem Kind und seiner zentralen Bezugsperson herzustellen (▶ Kap. 8). Entscheidend für die Entwicklung der Bindung sind dabei die Bezüge zwischen dem **Bindungsverhalten des Kindes** und dem **Fürsorgeverhalten der Bezugsperson**. Dabei beeinflussen die Bindungserfahrungen nicht nur ein Gefühl der Wärme und Sicherheit beim Säugling; die Qualität der Bindung fördert auch die Fähigkeit des Kindes, seine (soziale) Umwelt zu erkunden.

Etwa zwei Drittel aller Kinder entwickeln eine **sichere Bindung**. Diese Kinder setzen sich **selbstsicher** mit neuen sozialen Anforderungen auseinander, legen besonders viel **prosoziales Verhalten** an den Tag, sind **sozial kompetenter** und engagierter, haben qualitativ hohe Freundschaften und nehmen oftmals eine **Führungsposition unter Gleichaltrigen** ein (Schneider, Atkinson & Tardif, 2001).

Zu den **Langzeitfolgen eines unsicheren Bindungsstils** liegen dagegen uneinheitliche Ergebnisse vor. Eine Ausnahme scheint hier eine **desorganisiert-desorientierte Bindung** zu bilden, die sich im Fremde-Situations-Test (▶ Kap. 8) durch Widersprüche und Anomalien in der Verhaltensorganisation äußert. Entsprechende Kinder (etwa 5–10%) zeigen bis in die Schulzeit hinein mit erhöhter Wahrscheinlichkeit verschiedenste **aggressive und antisoziale Verhaltensweisen**. In der Adoleszenz bestehen Zusammenhänge zu **delinquentem Verhalten, psychischer Belastung** und **Gewalt**. Das Fürsorgeverhalten der Mütter dieser Kinder ist entweder dadurch gekennzeichnet,

> Aus der **Qualität der Bindung** und den frühen Bindungserfahrungen können sich **langfristige Folgen für die soziale Entwicklung** des Kindes ergeben.

> **Prosoziales und sozial kompetentes Verhalten** steht in Zusammenhang mit einer sicheren Bindung.

> **Aggressives und delinquentes Verhalten** bis in das Jugendalter hinein kann dagegen mit einem desorganisiert-desorientierten Bindungsstil in Verbindung gebracht werden.

dass sie sich »feindlich« über die Verhaltenssignale des Kindes hinwegsetzen, oder dass sie versuchen, den Kontaktwünschen ihres Kindes »ängstlich« auszuweichen (Lyons-Ruth, Melnick & Bronfman, 2002).

Monotropieannahme

Bowlby geht in seiner **Monotropieannahme** davon aus, dass ein Säugling die angeborene Tendenz besitzt, seine Bindung vornehmlich auf eine einzige Bezugsperson auszurichten und schreibt damit der **Mutter-Kind-Bindung** eine ausdrückliche Exklusivität zu. Dass sich ein 1- bis 2-jähriges Kind normalerweise eher an die Mutter als an den Vater wendet, wenn es traurig oder verängstigt ist, kann man sehr gut im Alltag beobachten.

Man könnte hieraus ableiten, dass die **Vater-Kind-Bindung** weniger eng sei als die Mutter-Kind-Bindung. In der Tat sind Unterschiede in der quantitativen und qualitativen Interaktion mit den beiden Elternteilen vielfach berichtet worden. Zum einen kann man feststellen, dass die Häufigkeit und die Dauer der Interaktionen zwischen Mutter und Kind auch unter den veränderten gesellschaftlichen Bedingungen (z. B. Berufstätigkeit der Mutter) gegenüber denen zwischen Vater und Kind deutlich erhöht sind. Zum anderen werden pflegerische Tätigkeiten (wie Essen zubereiten, nächtliche Versorgung, Arztbesuche, Organisation von Fremdbetreuung) weiterhin eher von Müttern übernommen, während sich Väter eher (körperbetont) spielerischen Aktivitäten mit ihren Kindern widmen. Dennoch konnte die Monotropieannahme bisher nicht empirisch bestätigt werden, sodass eher von einer **multiplen Bindung** ausgegangen wird, einem sozialen Netzwerk, in dem der Vater neben der Mutter (und weiteren Bindungspersonen) einen bedeutsamen Stellenwert besitzt.

Bedeutung der Vater-Kind-Beziehung

Was aber macht die Vater-Kind-Beziehung aus, wie unterscheidet sie sich zur traditionellen Mutter-Kind-Bindung und welche Langzeitfolgen konnten berichtet werden? Zunächst einmal muss man feststellen, dass die **väterliche Sensitivität** über die beiden ersten Lebensjahre – im Gegensatz zur mütterlichen Sensitivität – nicht mit der Bindung des Kindes an den Vater im Zusammenhang steht (van Ijzendorrn & de Wolff, 1997). Daher kann man vermuten, dass der **Mechanismus**, über den ein Einfluss des Vaters auf die Bindung des Kindes stattfindet, ein anderer ist, als in der klassischen Mutter-Kind-Bindung angenommen wird. Bowlby selbst weist darauf hin, dass neben der sicheren Basis (in belastenden Situationen) auch die Unterstützung des explorativen Verhaltens (in herausfordernden Situationen) einen Einfluss auf die sich entwickelnde Bindung hat (Bowlby, 1979).

In einer aufwändigen Längsschnittuntersuchung konnten Grossmann et al. (2002) zeigen, dass eine **emotionale und herausfordernde Unterstützung des frühkindlichen Explorationsverhaltens** durch den Vater im Zusammenhang mit der Qualität der Vater-Kind-Bindung steht – und dies bis in die Adoleszenz hinein. Die Vater-Kind-Beziehung scheint daher kurz- und langfristig die Anpassungsleistungen der Kinder an neue Situationen zu beeinflussen. Übereinstimmend damit steht eine sichere Vater-Kind-Bindung – verglichen mit der Mutter-Kind-Bindung – stärker mit **guten schulischen Anpassungsleistungen** und **einer geringeren Ängstlichkeit** und **sozialen Zurückgezogenheit** in Verbindung (Verschueren & Marcoen, 1999).

Es ist also anzunehmen, dass die **Bindung an die Mutter und den Vater** mit **unterschiedlichen Funktionen** für das Kind verknüpft ist. Es soll an dieser Stelle nicht unerwähnt bleiben, dass auch andere Personen in der sozialen Umgebung eines Kindes Bindungsfunktionen übernehmen können (wie beispielsweise die Geschwister oder die Großeltern).

Das ursprüngliche Bindungskonzept geht davon aus, dass das Kind seine **Bindung auf eine zentrale Bezugsperson**, meist die Mutter, ausrichtet (**Monotropieannahme**).

Die Monotropiennahme konnte **nicht empirisch abgesichert** werden. Heute geht man eher von einer **multiplen Bindung** aus, die neben der Mutter-Kind-Bindung vor allem auch die **Bindung zum Vater** berücksichtigt.

Neben der **emotionalen Unterstützung** in belastenden Situationen hat auch die **Unterstützung des explorativen Verhaltens** einen Einfluss auf die sich entwickelnde Bindung.

Die **Vater-Kind-Bindung** scheint vor allem eine besondere Bedeutung für die **emotionale und herausfordernde Unterstützung des Explorationsverhaltens** zu haben und steht langfristig mit **guten (schulischen) Anpassungsleistungen** in Verbindung.

Die Bindung an die Mutter erfüllt höchstwahrscheinlich eine andere Funktion als die Bindung an den Vater oder andere Bezugspersonen.

Erziehungsverhalten

Experten sind sich uneinig darüber, inwieweit die frühe Eltern-Kind-Bindung der entscheidende Prädiktor für die (soziale) Entwicklung des Kindes ist. Manche Forscher argumentieren, dass die **Qualität der fortdauernden Beziehung** zu den Eltern und nicht nur frühkindliche Erfahrungen eine entscheidende Rolle spielen. Als wahrscheinlichste Lösung ist dabei anzunehmen, dass die Kombination aus der Qualität der Bindung und des Erziehungsverhaltens entscheidend ist. Der **elterliche Erziehungsstil** hat dementsprechend in der Sozialisationsforschung große Aufmerksamkeit erfahren.

Neben der Qualität der Bindung spielt auch die **Qualität des elterlichen Erziehungsverhaltens** eine wichtige Rolle für die soziale Entwicklung.

Erziehungsstile

> **Definition**
> Die Gesamtheit der bewussten und unbewussten Verhaltensweisen, die im Rahmen der elterlichen Sozialisation auftreten, wird als **Erziehungsstil** bezeichnet.

▶ Definiton Erziehungsstil

Baumrind (1971) differenziert hierbei auf der Grundlage der Verhaltensdimensionen Lenkung und Responsivität vier Stile (◘ Tab. 15.2). Die Dimension **Lenkung** umfasst das Ausmaß der elterlichen Anforderungen an das Kind und die elterliche Kontrolle. Die Dimension **Responsivität** beschreibt hingegen das Ausmaß an elterlicher Wärme, sozialer Unterstützung und Akzeptanz.

Nach Baumrind (1971) lassen sich unterschiedliche **Erziehungsstile** anhand der Dimensionen **Lenkung** (Anforderung und Kontrolle) und **Responsivität** (Wärme und soziale Unterstützung) beschreiben.

◘ **Tab. 15.2.** Vier Erziehungsstile auf der Grundlage der Dimensionen Lenkung und Responsivität nach Baumrind (1971)

	Niedrige Lenkung	**Hohe Lenkung**
Hohe Responsivität	Permissiv	Autoritativ
Niedrige Responsivität	Vernachlässigend	Autoritär

Autoritativer versus vernachlässigender Erziehungsstil. Eltern, die einen **autoritativen** (oder auch demokratischen) Erziehungsstil zeigen, verhalten sich äußerst kindzentriert. Zwar haben sie dem Kind gegenüber durchaus hohe Erwartungen, setzen Regeln und achten auf deren Einhaltung. Allerdings geschieht dies in einem warmherzigen und offen-kommunikativen Kontext. Als Gegenpol offenbart sich ein **vernachlässigender** Stil durch ein elterliches Verhalten, welches geprägt ist durch ein geringes Interesse und Engagement in der Eltern-Kind-Interaktion. Zudem besteht ein sehr distanziertes oder gar zurückweisendes emotionales Klima.

Ein **autoritativer Erziehungsstil** ist gekennzeichnet durch ein hohes Ausmaß an Responsivität und Lenkung, während **ein vernachlässigender Erziehungsstil** durch eine niedrige Ausprägung auf beiden Dimensionen gekennzeichnet ist.

Permissiver versus autoritärer Erziehungsstil. Neben diesen Stilen unterscheidet Baumrind den permissiven sowie den autoritären Erziehungsstil. Auch sie stellen quasi Gegenpole dar, da sie sich jeweils aus der Kombination einer hohen Ausprägung auf der einen Dimension (Lenkung oder Responsivität) und einer geringen Ausprägung auf der jeweils anderen Dimension ergeben. Der **permissive** Erziehungsstil ist gekennzeichnet durch eine hohe Toleranz bezüglich des kindlichen Verhaltens. Gleichzeitig hält sich der Erziehende bei der Lenkung, bei der Reglementierung oder bei Anforderungen an das Kind stark zurück. Das Gegenteil trifft für den **autoritären** Erziehungsstil zu. Die elterliche Autorität darf nicht hinterfragt, die strengen Regeln müssen eingehalten werden. Geschieht dies nicht, greifen die Eltern zu strafenden Maßnahmen, die mitunter psychische oder physische Gewalt beinhalten.

Beim **permissiven Erziehungsstil** findet sich viel Responsivität, aber wenig Lenkung und beim **autoritären Stil** das umgekehrte Muster.

Als wesentliches Ergebnis vieler Studien, die Zusammenhänge zwischen dem elterlichen und dem (problematischen) kindlichen Verhalten herzustellen suchen, kann man festhalten, dass ein **autoritativer Erziehungsstil** in vieler Hinsicht einen **förder-**

Es hat sich gezeigt, dass ein **autoritativer Erziehungsstil als förderlicher Einflussfaktor** im Hinblick auf die intellektuelle und soziale Entwicklung betrachtet werden kann.

lichen Einflussfaktor darstellt. Kinder entsprechender Eltern zeichnen sich nicht nur durch ein hohes Maß an intellektueller, sondern auch an sozialer Kompetenz und Selbstkontrolle aus.

Demgegenüber weisen **autoritär, vernachlässigend oder permissiv erzogene Kinder** mit einer größeren Häufigkeit nicht nur **Defizite hinsichtlich der sozialen Kompetenz** auf. Ihr Sozialverhalten ist auch in höherem Maße durch aggressives Verhalten und mangelnde Impulskontrolle markiert.

Defizite hinsichtlich der sozialen Kompetenz zeigen sich eher bei autoritär, vernachlässigend oder permissiv erzogenen Kindern.

Wechselseitige Einflussnahme von Eltern und Kindern

Elternverhalten fördert oder vermindert kindliche Verhaltensweisen bzw. Verhaltensauffälligkeiten. Umgekehrt nehmen aber auch Charakteristika des kindlichen Verhaltens Einfluss auf das Elternverhalten. Der Großteil der Studien, die diesbezüglich angestrengt worden sind, sind mit ihrem querschnittlichen Design nicht in der Lage, bezüglich der Wirkrichtung Auskunft zu geben. Die **bidirektionale Sichtweise auf den Sozialisationsprozess** beschreibt den Sozialisationsprozess als eine wechselseitige Einflussnahme im Sinne eines **reziproken Determinismus**. Bell und Harper (1977) beschreiben in ihrem **Kontrollsystemmodell**, wie Eltern und Kinder sich gegenseitig durch ihr Verhalten regulieren. Kindern und Eltern werden in diesem Modell Verhaltensweisen (**Kontrollreaktionen**) zugeschrieben, die durch bestimmte Handlungen des anderen Interaktionspartners ausgelöst werden, wenn eine individuelle **Toleranzschwelle** überschritten wird.

*Das **Kontrollsystemmodell** geht von einer wechselseitigen Einflussnahme von Eltern und Kindern auf den Sozialisationsprozess aus. Toleranzschwellen für Verhaltensweisen des Gegenübers sorgen in dem Modell für die Auslösung von **Kontrollreaktionen**. Studien konnten **Belege für die Bidirektionalität der Sozialisation** erbringen.*

Beispiel

Joana ist 14 Jahre alt. Sie wiederholt gerade die 7. Klasse, und derzeit sieht es mit den Noten in vielen Fächern nicht gerade günstig aus. Mit ihrer Mutter hat sie vereinbart, heute bei ihrer Freundin Jule zu übernachten und morgen früh dann mit ihrem Vater noch einmal die Aufgaben für die anstehende Mathematikarbeit durchzugehen. Als ihr Vater abends bei den Eltern ihrer Freundin anruft, stellt sich heraus, dass Joana gar nicht dort ist, sondern wahrscheinlich auf Tims Geburtstagsfeier gegangen ist. Besorgt und verärgert fährt Joanas Vater zum Haus von Tims Eltern, wo die Party in vollem Gange ist. Schließlich trifft der Vater seine Tochter, die sich gemeinsam mit zwei anderen Mädchen auf Streifzug durch die nahegelegenen Felder gemacht hat. »Das ist voll peinlich«, protestiert Joana, doch ihr Vater bleibt hartnäckig und nimmt seine Tochter mit nach Hause. »Du wirst das ganze Wochenende nicht rausgehen, Fräulein«, empört sich ihr Vater, woraufhin Joana sich weigert, auch nur eine Aufgabe mit ihm zu rechnen. »Das werden wir ja sehen.« Joana weigert sich tatsächlich und kommt am nächsten Schultag nicht nach Hause, sondern bleibt bei ihrer Freundin Jule. »Das ist voll stressig mit denen. Die sollen sich ruhig mal Sorgen machen.«

*Die **wechselseitigen Effekte** zwischen kindlichem und elterlichem Verhalten sind von vergleichbarer Größenordnung.*

In dem Beispiel wird deutlich, wie schwierig es ist, zwischen Ursache und Wirkung zu unterscheiden. Joanas Verhalten überschreitet die elterliche Toleranzgrenze und löst dadurch elterliches Disziplinarverhalten aus. Das Disziplinarverhalten wiederum wird von Joana nicht toleriert und löst bei ihr Reaktanz aus. Auf beiden Seiten führt die Art, Frequenz oder Intensität des Verhaltens des Gegenübers zur Überschreitung von Toleranzgrenzen und zur Auslösung von Kontrollreaktionen. Eine Vielzahl von jüngeren Studien konnte zeigen, dass die Größe des Effekts des kindlichen Verhaltens auf das Verhalten der Eltern nicht signifikant niedriger ist als der von der Lerntheorie in den Vordergrund gestellte **Elterneffekt** (z. B. Vuchinich, Bank, & Patterson, 1992).

Elterliches Monitoring

Ein für die soziale Entwicklung wichtiger Aspekt des Erziehungsstils ist das **elterliche Monitoring**. Hinter diesem Begriff verbirgt sich ein hohes Ausmaß an Informiertheit bezüglich der Aufenthaltsorte, Aktivitäten und des Befindens des eigenen Kindes. Studien konnten zeigen, dass ein **inadäquates Monitoring** substanzielle **Zusammenhänge zu antisozialem Verhalten**, Kontakt mit devianten Gleichaltrigen, delinquentem oder kriminellem Verhalten, Substanzmissbrauch und schlechten schulischen Leistungen

Elterliches Monitoring ist definiert als Ausmaß der elterlichen Informiertheit über den Aufenthalt, die Aktivitäten und das Befinden des Kindes.

zeigt. Man könnte Monitoring auch mit »Kontrollverhalten« übersetzen, wobei der Begriff des Monitoring jedoch weiter gefasst ist.

Tatsächlich stellt ein **strenges Kontrollverhalten** – im Sinne strenger Regeln und Restriktionen – nur eine von drei Möglichkeiten dar, die zu einer hohen Informiertheit der Eltern führen können. Stattin und Kerr (2000) gingen der Frage noch, ob ein strenges Kontrollverhalten oder eher die spontane Bereitschaft der Kinder, sich den Eltern mitzuteilen oder aber die aktive Suche der Eltern nach Informationen (von den Kindern selbst oder den Gleichaltrigen erfragt) am ehesten das Ausmaß der elterlichen Informiertheit erklären können. Es zeigte sich, dass die **kindliche Bereitschaft, sich den Eltern mitzuteilen**, die substanzielle **Quelle für die elterliche Informiertheit** darstellt. Ganz im Sinne der aktiven Rolle, die das Kind bei seiner eigenen Sozialisation einnimmt, zeigt sich, dass sich diese wichtige Variable nicht als eine elterliche, sondern eher als eine kindliche Einflussgröße darstellt. Die wahrscheinlichste Einflussgröße für die Bereitschaft, sich mitzuteilen, mag allerdings die Entwicklung einer sicheren Beziehung zwischen Eltern und Kind sein.

> Die wesentliche Einflussgröße für ein hohes Maß an Monitoring ist die **Bereitschaft des Kindes, sich den Eltern mitzuteilen**.

Scheidung

Ein tiefer Einschnitt für die soziale Entwicklung eines Kindes kann mit der Trennung bzw. Scheidung der Eltern verbunden sein. Im Jahr 2007 wurden in der BRD 187.000 Ehen geschieden. In 49% der Fälle erlebten minderjährige Kinder die Scheidung ihrer Eltern. Insgesamt sind dies 145.000 Kinder. Die **kurz- und langfristigen Folgen für Scheidungskinder** haben in der Forschung großes Interesse erfahren und sind in zahlreicher Form dokumentiert und diskutiert worden. In einer Metaanalyse (Amato & Keith, 1991) zeigte sich, dass Scheidungskinder gegenüber anderen Kindern **geringere schulische Leistungen, psychische Anpassungsleistungen und soziale Kompetenzen** zeigen und ein **negativeres Selbstkonzept** haben. Die Unterschiede sind allerdings in der Mehrzahl der Studien eher gering, vor allem in Bezug auf langfristige Effekte. Allerdings konnte in längsschnittlichen Studien gezeigt werden, dass Scheidungskinder im Erwachsenenalter ein erhöhtes **eigenes Scheidungsrisiko** haben und eher zu **emotionalen Problemen** neigen (Amato, 1999). Eine kleine Zahl von Studien kann aber auch positive Effekte berichten, da die Scheidung auch die **Beendigung eines alltäglichen familiären Konflikts** bedeuten kann.

> **Folgen einer Scheidung für Kinder** können sich in schulischen Leistungen, psychischen Anpassungsleistungen und im Selbstkonzept niederschlagen. Langfristig besitzen Scheidungskinder im Erwachsenenalter ein erhöhtes Scheidungsrisiko.

Der Effekt, den eine Scheidung auf Kinder haben kann, wird in besonderem Maße durch bestimmte Variablen vermittelt, die als Folge des Scheidungsprozesses auf die Familienmitglieder zukommen (**Mediatoren**). Zu diesen zählen die **Fortdauer elterlicher Konflikte** (insbesondere wenn Kinder Zeugen physischer Gewalt werden), ein **erhöhtes Stresserleben** aufseiten des alleinerziehenden Elternteils (durch die alleinige Verantwortung, Einkommensverluste oder den Zerfall des sozialen Netzwerks) oder die **Qualität der Beziehung des Kindes zum anderen Elternteil** (häufig dem Vater).

> Die **Effekte einer Scheidung** hängen ab von der Fortdauer elterlicher Konflikte, einem erhöhten elterlichen Stresserleben und der Qualität der Beziehung des Kindes zum getrennt lebenden Elternteil.

Der Effekt, den die Scheidung der Eltern auf die soziale Entwicklung der Kinder hat, ist darüber hinaus in Abhängigkeit vom **Alter des Kindes zum Zeitpunkt der Scheidung** zu sehen. Da Kleinkinder (0–3 Jahre) Schwierigkeiten haben, eine interne Repräsentation des getrennt lebenden Elternteils aufrechtzuerhalten, kann allein die Quantität des Kontakts zu diesem Elternteil die **Bindungsqualität** nachhaltig beeinflussen. Im **Kindesalter** (4–12 Jahre) spielt vor allem die fortschreitende kognitive und emotionale Entwicklung eine Rolle. Kinder können sich für die Scheidung der Eltern und die nachfolgende Situation mitverantwortlich fühlen oder sich selbst die Schuld daran geben, was wiederum mit **depressiven Symptomen, externalisierendem Verhalten** oder einer **geringeren sozialen Kompetenz** in Verbindung gebracht werden kann. Eine große Rolle spielt in diesem Alter der Rückgriff auf **Stressbewältigungsstrategien** (vor allem die Suche nach sozialer Unterstützung).

> Im **Kleinkindalter** kann sich die Scheidung der Eltern auf die **Bindungsqualität** auswirken, während in der **Kindheit Selbstbeschuldigungen** zu **Problemverhalten** führen können.

Langfristige Folgen scheinen besonders deutlich aufzutreten, wenn die Scheidung der Eltern im **Jugendalter** (11–16 Jahre) stattfindet. Diesbezüglich konnten negative

> Eine Scheidung der Eltern im **Jugendalter** der Kinder scheint die stärksten langfristigen **Folgen für die eigenen Beziehungen** mit sich zu bringen.

Vorstellungen und Überzeugungen von Beziehungen im Allgemeinen und intimen Beziehungen im Besonderen herausgestellt werden, die sich auf die eigenen Beziehungen im Erwachsenenalter auswirken können.

15.2.2 Geschwisterbeziehungen

In der mittleren Kindheit verbringen Kinder sehr viel **Zeit mit ihren Geschwistern**. Geschwisterbeziehungen sind häufig durch eine **besonders positive oder negative affektive Tönung** gekennzeichnet.

Die Geburt eines zweiten Kindes hat für die Familienmitglieder ganz unterschiedliche Bedeutungen. Während Eltern durch die Erfahrungen mit dem Erstgeborenen gelassener auf Verhaltensweisen des jüngeren Kindes reagieren, verändert sich vor allem die Welt des älteren Kindes. Gleichzeitig stellt sich das Mikrosystem des jüngeren Kindes von der Geburt an völlig anders dar als für das Erstgeborene. 47% der minderjährigen Kinder in der BRD wuchsen im Jahr 2006 mit mindestens einem Bruder oder einer Schwester auf, mit denen sie in der mittleren Kindheit häufig sogar **mehr Zeit verbringen als mit ihren Eltern** (McHale & Crouter, 1996). Hinzu kommt, dass Geschwisterbeziehungen häufig durch eine **besonders positive oder auch negative affektive Komponente** charakterisiert sind, sodass die Untersuchung des **familiären Subsystems** der Geschwisterbeziehungen von großer Bedeutung ist.

Die **Geburtenfolge** als isolierte Variable besitzt keinen großen Erklärungswert.

Anfänglich dominierte die psychoanalytische Sichtweise das Forschungsgebiet und stellte dabei vor allem die **Geburtenfolge** (»birth order effects«) als wesentliche Einflussgröße heraus. Tatsächlich gibt es Studien, die zeigen, dass Erstgeborene bezüglich ihrer sozialen Fertigkeiten den nachfolgend Geborenen unterlegen sind. Eine Erklärung, die angeboten wurde, ist die Tatsache, dass Erstgeborene keine **Interaktionserfahrungen mit älteren Geschwistern** haben. Eine andere Möglichkeit besteht darin, dass jüngere Geschwister im Familiensystem besetzte **Rollen und Nischen** vorfinden und sich einen eigenen Platz erarbeiten oder erkämpfen müssen. Es zeigte sich allerdings, dass die Geburtenfolge allein nur einen sehr **geringen Erklärungswert** besitzt und dass die Studien, die ihren Effekt zu belegen beabsichtigen, häufig eine Vielzahl methodischer Mängel aufweisen.

Die **Geburt eines Geschwisterkindes** kann für das Erstgeborene eine **besondere (meist kurzfristige) Belastung** darstellen. Das Ausmaß, in dem die Eltern das Erstgeborene auf die Geburt vorbereiten und es in die neuen Aktivitäten einbinden, das mütterliche Stresserleben sowie elterliche Konflikte stellen wichtige Einflussgrößen dar.

Für Kinder stellt die **Geburt eines Geschwisterkindes** unbestritten ein **besonderes Lebensereignis** dar, welches von besonderer affektiver Tönung ist und eine **Vielzahl neuer alltäglicher Anforderungen** mit sich bringt. Während dem Kind zuvor die volle Aufmerksamkeit der Eltern zuteil wurde, muss es nun feststellen, dass ein Großteil der verfügbaren Zeit dem jüngeren Geschwisterkind gewidmet wird. Nicht selten zeigen sich Kinder über eine kurze Zeit in einer Weise, die Eltern erschrecken kann (▶ Beispiel). Abgesehen von kurzfristigen Anpassungsproblemen scheinen Kinder dem Ereignis jedoch eher eine geringe Belastung zuschreiben (Yamamoto & Mahlios, 2001). Negative Effekte scheinen vielmehr vermittelt durch das Verhalten der Eltern – inwieweit sie das Erstgeborene **auf das Ereignis vorbereiten** oder es **in die neuen Aufgaben und Aktivitäten einbinden**. Außerdem spielen das **Stresserleben der Mutter** oder das Ausmaß **elterlicher Konflikte** eine wichtige Rolle.

Beispiel

Als Fin heute in seine KiTa-Gruppe kommt, ist alles ganz anders. In der Nacht ist sein Bruder Sven zuhause zur Welt gekommen, während Fin tief und fest schlief. Morgens lag seine Mutter auf dem Sofa und sein kleiner Bruder hatte ihm zu seiner Geburt etwas Tolles zum Spielen »mitgebracht«. Darum ist Fin heute auch etwas später in die KiTa gekommen und er hat jetzt ganz viel zu erzählen. Am Nachmittag holt sein Vater ihn ab und fährt mit ihm zurück in die Wohnung. Doch als sie vor der Haustür stehen, möchte Fin nicht hineingehen. »Aber Mama wartet doch auf uns. Und Sven auch ...« »Ich will aber lieber noch hier draußen spielen«, sagt Fin. Auch auf mehrmaliges Bitten hin, da sein Vater versprochen hat, zügig wieder da zu sein, lässt sich Fin nicht umstimmen, fängt sogar an zu weinen und besteht darauf, dass sein Vater mit ihm zum Spielplatz geht. Auf dem Spielplatz sagt Fin zu seinem Vater: »Nachher tu ich Sven weh.« »Ach was«, sagt der konsternierte Vater, woraufhin Fin entgegnet, das werde sein Vater schon sehen.

15.2 · Familiäre Beziehungen in der Kindheit

Einflussfaktoren auf die Qualität der Geschwisterbeziehung

Empirische Arbeiten sind der Frage nachgegangen, welche Faktoren die Qualität der Geschwisterbeziehung in der Kindheit beeinflussen. Zum einen spielt, wie bereits gesagt, das elterliche Verhalten eine Rolle. Ein **autoritativer Erziehungsstil** und eine **sichere Eltern-Kind Bindung** bieten gute Voraussetzungen für positive Interaktionen zwischen den Geschwistern (Feinberg & Hetherington, 2001; Ingoldsby, Shaw & Garcia, 2001), während ein **autoritärer** oder **vernachlässigender Erziehungsstil** eher mit gegenteiligen Effekten in Zusammenhang steht (Howe, Aquan-Assee & Bukowski, 2001). Letztlich können sich in einer negativen Geschwisterbeziehung auch elterliche Konflikte widerspiegeln, sodass die negative Qualität der Elternbeziehung auf die Geschwisterbeziehung »überschwappt« (»**Spill-over-Hypothese**«). Aber auch aufseiten der Geschwisterkinder konnten Variablen ausgemacht werden, die diesbezüglich von Bedeutung sind. Ein vielfach replizierter Einflussfaktor ist das **Temperament**: Ein erhöhtes Konfliktpotenzial in der Geschwisterbeziehung ist dann zu erwarten, wenn mindestens eines der beiden Kinder ein **schwieriges Temperament** besitzt und daher zu einer hohen Aktivität neigt und in hohem Maße emotional reagiert (Dunn, 1994).

> Die **Qualität der Geschwisterbeziehung** hängt von einer Reihe von Faktoren ab. Aufseiten der Eltern bieten ein **autoritativer Erziehungsstil** und eine **sichere Eltern-Kind Bindung** günstige Vorraussetzungen. Aufseiten der Geschwisterkinder stellt das **Temperament** die wichtigste Einflussgröße dar.

Sozialisationsfunktionen einer guten Geschwisterbeziehung

Eine qualitativ **gute Geschwisterbeziehung** bildet ein eigenständiges und bedeutsames Subsystem mit exklusiven **Sozialisationsfunktionen**. So erfüllen ältere Geschwisterkinder häufig eine **Pionierfunktion**, d. h. sie initiieren einen Prozess, der jüngeren Geschwistern Verhaltensweisen erlaubt, um die sie selbst mit ihren Eltern ringen mussten. Geschwister können sich darüber hinaus **wechselseitig regulieren**, insbesondere bezüglich aggressiven Verhaltens. Die Geschwisterbeziehung bietet hier quasi ein **Übungsfeld**, um Spannungen und Konflikte auszutragen und gleichzeitig eine Fortführung der Beziehung zu meistern. Letztlich **betreuen** Geschwister einander und **lernen** voneinander. Die Palette an Situationen, in denen sich diese Funktion zeigt, reicht von der Hausaufgabenbetreuung über Probleme mit Gleichaltrigen oder Unterstützung im Falle elterlicher Konflikte oder einer Scheidung.

> Geschwisterbeziehungen erfüllen eine Reihe wichtiger **Sozialisationsfunktionen**. Hierzu zählen die **wechselseitige Regulierung** insbesondere aggressiven Verhaltens und das **Betreuen und Lernen**.

Folgen von Rivalität und Streit

Rivalität und Streit zwischen Geschwisterkindern können nicht nur kurz- sondern auch langfristige Folgen für die Entwicklung haben. Stocker, Burwell und Briggs (2002) befragten in einer Längsschnittstudie Kinder und ihre Eltern und konnten zeigen, dass Geschwisterkonflikte im Alter von 10 Jahren **Ängstlichkeit, depressive Symptome und Delinquenz** 2 Jahre später vorhersagen konnten. Besonders erwähnenswert ist, dass diese Vorhersage über das Maß hinausging, das durch elterliche Konflikte oder harsche Erziehungspraktiken der Eltern vorhergesagt werden konnte, und dass spätere Konflikte nicht durch frühere Verhaltensprobleme der Kinder erklärt werden konnten. Insofern deuten die Ergebnisse der Studie auf eine **exklusive und kausale Bedeutsamkeit von negativen Geschwisterbeziehungen** hin.

> **Geschwisterkonflikte** können langfristig mit einer Reihe von **Verhaltensproblemen** in Verbindung stehen und scheinen diese in gewissem Maße auch **auszulösen**.

Für die Praxis

Was alles hinter den Streitereien zwischen Geschwistern stecken kann

Geschwisterrivalitäten im Kindesalter sind normal und erfüllen wichtige Funktionen. Tatsächlich nehmen die Konflikte zwischen Geschwistern im Jugendalter deutlich ab und häufig berichten diese von mehr Nähe und Intimität. Elterliche Interventionen bewirken oftmals, dass sich die Konflikte verschärfen oder erhöhen, vor allem, weil sie verhindern, dass Kinder lernen, ihre Konflikte selbst zu lösen.

Geschwisterstreitigkeiten können jedoch zu einer großen Belastung für das gesamte Familiensystem werden, wenn sie ein »normales« Maß übersteigen. Wenn Familien dann den Schritt wagen und eine Beratungsstelle aufsuchen, stellen sie häufig fest, dass hinter den »maßlosen Streitereien« unangemessene Lösungen für zentrale Familienaufgaben stehen. Beispielsweise verkennen Eltern, dass mit der Ankunft des

▼

zweiten Kindes zum Teil erhebliche zusätzliche Einschränkungen des individuellen Freiraums einhergehen und sich dadurch auch die Möglichkeiten zum partnerschaftlichen Austausch deutlich reduzieren. Ein anderer Aspekt betrifft die zentrale Rolle des Vaters. Da Mütter häufig stark durch die Arbeit mit dem Neugeborenen eingespannt sind, ist es wichtig, dass die Väter bei der Versorgung des Erstgeborenen »einspringen« und die Rolle als wichtige Bezugsperson für dieses Kind einnehmen. Diese Bildung von zwei Eltern-Kind-Dyaden darf allerdings nicht zu einem Dauerzustand werden, sondern muss durch individuelle Beziehungen zwischen allen Familienmitgliedern abgelöst werden.

15.3 Gleichaltrige und Freunde in der Kindheit

Der Kontakt zu Gleichaltrigen stellt ein **eigenständiges soziales System** dar, das besondere soziale Lernerfahrungen bietet, die über das Familiensystem nicht erreicht werden.

Die Beziehungen von Kindern zu ihren Eltern und ihren Geschwistern stellen wichtige und qualitativ voneinander abgrenzbare Systeme dar, die für die soziale Entwicklung von besonderer Bedeutung sind. Von weiterem Interesse ist es, ob der Kontakt zu Gleichaltrigen **Sozialerfahrungen** ermöglicht, die über die Lernerfahrungen im familiären System hinausweisen. Diese Frage konnten Forschungsarbeiten immer wieder eindeutig bejahen.

Die **Beziehung zu Gleichaltrigen** ist durch **Gleichberechtigung, Kooperation** und **Symmetrie** gekennzeichnet.

Die wesentlichen Faktoren, die die Beziehung zu Gleichaltrigen von der Eltern-Kind-Beziehung oder der Beziehung zu älteren oder jüngeren Geschwisterkindern unterscheidet, sind die **Gleichberechtigung** der Interaktionspartner sowie die **Kooperation** und **Symmetrie** zwischen ihnen, d. h., das von jeder Seite erwartete wechselseitige Geben und Nehmen. Allein die **Aufnahme von Beziehungen zu Gleichaltrigen** stellt für Vorschulkinder eine keineswegs leichte Aufgabe dar: Die Gleichaltrigen verfolgen ihre eigenen Pläne und Wünsche und diese Diskrepanzen führen häufig zu sozialen Konflikten.

Sie erfüllt wichtige **soziale Funktionen**, wie die Entwicklung des Selbstbildes, soziale Unterstützung und die Entwicklung von Konfliktlösungsstrategien.

Darüber hinaus erfordert die Aufrechterhaltung einer hergestellten Beziehung zu Gleichaltrigen ein **höheres Maß an Zuwendung und Bemühen**, als es in der Beziehung zu den Eltern oder den Geschwistern nötig ist. Gelingt dies – und allein das bringt eine erweiterte Erfahrungsgrundlage für die Regulierung zwischenmenschlicher Beziehungen mit sich – so erfüllen Beziehungen zu Gleichaltrigen eine Reihe weiterer wichtiger **Funktionen**, wie z. B.:

- die **Begleitung und Hilfe** bei Problemen und Anforderungen,
- die Aufrechterhaltung des **Wohlbefindens**,
- die Entwicklung des **Selbstbildes** durch soziale Vergleiche und
- die **Entwicklung von Strategien zur Konfliktlösung**.

Freundschaften stellen besonders enge, auf Gegenseitigkeit angelegte positive Beziehungen dar.

Forscher betonen somit unterschiedliche Entwicklungsmöglichkeiten auf kognitiver oder emotionaler Ebene, die sich durch die Beziehungen zu Gleichaltrigen bieten.

Befasst man sich mit der Entwicklung der Beziehungen zu Gleichaltrigen, ist es sinnvoll, zwischen der **Beliebtheit bei Gleichaltrigen** und **Freundschaften** zu unterscheiden. Die Beliebtheit bei Gleichaltrigen kann zwar eine wichtige Voraussetzung für den Aufbau von Freundschaften sein, aber erst eine Freundschaft stellt eine enge, auf Gegenseitigkeit angelegte positive Beziehung zwischen zwei Menschen dar. Im Folgenden soll zunächst allgemein auf den Aufbau von Beziehungen zu Gleichaltrigen eingegangen werden, bevor dann spezifischer auf Freundschaften fokussiert wird.

Beziehung zu Gleichaltrigen

Vor dem 3 Lebensjahr findet zwischen Gleichaltrigen nur selten ein **sozialer Austausch** statt. Das **soziale oder kooperative Spiel** stellt besondere Anforderungen an die Interaktionspartner, die erst im Vorschulalter erfüllt werden können.

Bereits mit **6–8 Monaten** richten Kinder ihre Aufmerksamkeit verstärkt auf die Aktivitäten anwesender Gleichaltriger, lachen sie an und berühren sie. Jedoch sind die Kontakte dann nur von sehr kurzer Dauer, weil sie **nicht von Regeln** bestimmt sind, die einen sozialen Austausch charakterisieren. Beispielsweise folgen auf Blickkontakte oder andere Formen der Interaktionsaufnahme in diesem Alter nur selten Interaktionen mit den kontaktierten Gleichaltrigen. Erst mit **3 oder 4 Jahren** kann man in den Interak-

15.3 · Gleichaltrige und Freunde in der Kindheit

Abb. 15.1. Soziales Spiel bei zwei 3-jährigen Kindern

tionen von Gleichaltrigen ein **soziales oder kooperatives Spiel** (Abb. 15.1) erkennen, welches typischerweise durch 6 Anforderungen an die Spielpartner gekennzeichnet ist (Eckermann & Stein, 1982):
1. Einigung über den Gegenstand oder das Thema des Spiels
2. Einigung über den Umgang und die Rollen im Spiel
3. Bewältigung der zeitlichen Struktur
4. Bewältigung von Spielunterbrechungen
5. Kommunikation über die gemeinsamen Bemühungen
6. Beziehungsaufrechterhaltung beim Thema- oder Gegenstandswechsel

Interaktionsgruppen von Vorschulkindern sind vor allem durch eine klare **Dominanzhierarchie** gekennzeichnet. Sehr schnell kann man als Außenstehender erkennen, welche Kinder sich durchsetzen und andere Kinder in ihrem Verhalten lenken. In dieser Altersphase zeigen sich aber auch bereits individuelle Unterschiede in der **sozialen Geschicklichkeit** der Kinder, d. h. dem Ausmaß, in dem sie sich in den Interaktionen an dem Gleichgewicht zwischen Geben und Nehmen orientieren.

Maße der sozialen Geschicklichkeit stehen – im Gegensatz zur Dominanzhierarchie – in einem hohen Zusammenhang zum **soziometrischen Status** des Grundschulkindes. Dieser ist definiert als das Ausmaß, in dem Kinder von der Gruppe der Gleichaltrigen gemocht werden. Wesentliche Eigenschaften, die hierbei ausschlaggebend sind, sind die **körperliche Attraktivität**, **sportliche Fähigkeiten**, **selbstbezogene Kognitionen** und auch das **Sozialverhalten** (soziale Geschick) des Kindes. Der fehlende Zusammenhang zur Dominanzhierarchie verdeutlicht, dass mit zunehmendem Alter die **sozialen Kompetenzen** die Aufmerksamkeit bestimmen, die Kindern in der Gruppe der Gleichaltrigen zuteil wird.

Der soziometrische Status unterscheidet im Wesentlichen **5 Gruppen von Kindern** (Coie & Dodge, 1988): **Beliebte Kinder** zeigen sich gut darin, Interaktionen mit Gleichaltrigen zu initiieren und aufrechtzuerhalten, sind kooperativ, freundlich und umgänglich. Sie zeigen weniger häufig starke negative Emotionen und besitzen gute Regulationsfähigkeiten. **Abgelehnte Kinder** zeigen entweder ein hohes Maß an feindlichem, störendem oder aggressivem Verhalten (**aggressiv-abgelehnt**) oder ein sozial-zurückgezogenes, schüchternes oder ängstliches Verhalten (**verschlossen-abgelehnt**). Eine vierte Gruppe bilden die **ignorierten Kinder**, die von ihren Gleichaltrigen weder gemocht noch abgelehnt werden. Sie sind häufig weniger gesellig, fallen aber auch nicht durch aggressives Verhalten auf. Sie interagieren weniger mit anderen und werden vermutlich einfach wenig beachtet. **Kontroverse Kinder** sind dadurch gekennzeichnet, dass sie in ihrer Gruppe umstritten sind, also gleichermaßen positive wie negative Re-

---

Interaktionsgruppen von **Vorschulkindern** sind vor allem durch **Dominanzhierarchien** gekennzeichnet.

Die **soziale Geschicklichkeit** (nicht aber die Dominanz) von Kindern steht mit dem **soziometrischen Status** in Zusammenhang.

Der **soziometrische Status** unterscheidet 5 Gruppen von Kindern: **Beliebte, aggressiv-abgelehnte** und **verschlossen-abgelehnte**, **ignorierte** und **kontroverse** Kinder.

Insbesondere **abgelehnte Kinder** behalten über die Zeit ihren Status bei. Die **Effektivität von Interventionsmaßnahmen**, die den Mangel an sozialer Kompetenz bei diesen Kindern ausgleichen wollen, ist nur zum Teil belegt.

aktionen hervorrufen. Einerseits stören sie häufiger und sind schnell wütend, andererseits zeigen sie sich kooperativ und sozial aktiv.

Die Bedeutsamkeit des soziometrischen Status des Schulkindes ist in der **relativ hohen zeitlichen Stabilität** und den **Entwicklungsrisiken** zu sehen, mit denen sie in Zusammenhang stehen. Bedauerlicherweise liegt die Stabilität bei **abgelehnten Kindern** höher als bei allen anderen Gruppen (und nimmt mit der Zeit sogar zu). Die Wirksamkeit von **Interventionsmaßnahmen**, die die sozialen Fähigkeiten dieser Kinder trainieren und somit diese Entwicklung aufbrechen könnten, ist nur zum Teil und auch eher in kurzfristigen Effekten durch Evaluationsstudien belegt (Pfingsten, 2009). Für den Transfer und die Anwendung des in diesen Programmen vermittelten Wissens scheint es besonders entscheidend zu sein, die **Eltern**, also das häusliche Umfeld, einzubeziehen.

Entwicklung von Freundschaften

Das **Verständnis von Freundschaft** entwickelt sich besonders deutlich in den Grundschuljahren.

Die Frage, wann aus einer Beziehung zu einem gleichaltrigen Spielpartner eine Freundschaft wird, ist nicht einfach zu beantworten. Dies liegt vor allem daran, dass dem **Verständnis von Freundschaft** bedeutsame, kognitive Entwicklungen zugrunde liegen, mit denen sich Selman (1980, 1981) intensiv auseinandergesetzt hat. Er stellte fest, dass sich das Freundschaftskonzept vor allem in den Grundschuljahren stark verändert.

> **Beispiel**
>
> Auf die Frage, wer sein Freund sei, antwortet **Bjarne (3)**: »Tom.« Als Begründung führt er an, dass dieser ihn »mit seinem Dino und dem Vulkan spielen« lässt. »Außerdem wohnt er drüben und dann kann ich ja schnell zu ihm gehen. Dann kann ich auch in seine Spielhöhle…«
>
> Die Gründe, die **Arne (6)** für seine beendete Freundschaft zu Sven nennt, spiegeln eine andere Qualität wider. »Sven wollte ein Auto mit mir bauen, aber die Reifen passten da gar nicht dran. Er wollte aber unbedingt … Und jetzt ist er eben nicht mehr mein Freund.«
>
> »Weil er mir oft bei Mathe hilft und er immer so lustige Sachen erzählt, über die wir dann beide lachen können«, sagt **Jerome (9)** über seinen besten Freund Julius.
>
> **Vincent (12)** bezeichnet Gerrit als seinen besten Freund, weil »ich ihm Geheimnisse erzählen kann und ich weiß, dass er die für sich behält. Das tut sehr gut.«

Im Vorschulalter stellen Freundschaften lediglich »**Spielpartnerschaften**« dar.

Die Beispiele zeigen sehr deutlich die Unterschiede in den Konzepten der Kinder unterschiedlichen Alters. Für Kinder im **Vorschulalter** kann Freundschaft mit »**Spielpartnerschaft**« gleichgesetzt werden und wird auf der Basis **räumlicher Nähe**, den **tatsächlichen Aktivitäten** und dem **eigenen Nutzen** beurteilt.

Mit der Entwicklung der **sozialen Perspektivübernahme** spielen Aspekte, wie z.B. die **wechselseitige Vertrautheit** in einer Freundschaft eine wichtige Rolle, sodass **stabile Freundschaftsbeziehungen** entstehen können.

In den **ersten Schuljahren** hingegen erkennen Kinder durchaus, dass ihre Freunde andere Interessen als die eigenen haben können. Dieser wichtigen kognitiven Leistung liegt die Entwicklung der **sozialen Perspektivübernahme** zugrunde (s. oben). Dennoch führt diese Errungenschaft nicht dazu, dass eine Freundschaft weniger leicht zerbrechen kann, weswegen Selman von einer »**Schönwetterpartnerschaft**« spricht. Ab der dritten Stufe werden für eine Freundschaft zunehmend psychologische Merkmale, wie eine **wechselseitige Vertrautheit**, wichtig, wie man am Beispiel von Jerome und vor allem Vincent erkennt. Letzterer betont nämlich ausdrücklich die **gegenseitige emotionale Unterstützung** und die Integration des Freundes in das Selbstkonzept. Freundschaft entspricht auf dieser Stufe letztlich einer »**stabilen Vertrauensbeziehung**«.

Gleichaltrigenbeziehungen können sowohl **positive** wie **negative langfristige Entwicklungen** begünstigen.

In Längsschnittuntersuchungen konnten **Langzeitvorteile von Gleichaltrigenbeziehungen und** insbesondere **Freundschaften** nachgewiesen werden. Bagwell, Newcomb und Bukowski (1998) zeigten beispielsweise, dass bessere **akademische Leistungen**, eine geringere **Delinquenz**, weniger **psychische Auffälligkeiten** und ein höheres **Selbstwertgefühl** im Alter von 23 Jahren durch qualitativ hohe Freundschaftsbeziehungen mit etwa 11 Jahren, also über einen Zeitraum von 12 Jahren hinweg, vorhergesagt werden konnten. Doch Freundschaften und Gleichaltrigenbeziehungen konnten auch mit vielen **Entwicklungsrisiken** in Verbindung gebracht werden, auf die im folgenden Abschnitt eingegangen wird.

15.4 Soziale Entwicklung im Jugendalter

15.4.1 Eltern-Kind-Beziehung

Bereits im **Kleinkindalter** konfrontieren Kinder ihre Eltern mit einer Aufgabe, die diesen nicht immer leicht fällt. Oft hören sie von ihren Kindern die Worte »Alleine machen!«, und Eltern sind in diesem Moment gefordert, die Balance zwischen selbstständigem Handeln und angemessenen Grenzen bei dem Handeln ihrer Kinder zu finden. Das **Erziehungsverhalten** spielt in dieser Lebensphase des Kindes eine sehr große Rolle, doch ist es in der Entwicklungspsychologie unumstritten, dass die Bedeutung des Erziehungsverhaltens sich im Laufe der Entwicklung ändert (Cummings, Davies & Campbell, 2000). In der Adoleszenz bekommt das Thema **Autonomie** einen besonderen Stellenwert, was sich beispielsweise darin ausdrückt, dass Jugendliche neue Handlungsweisen in der Gruppe der Gleichaltrigen explorieren, zu denen auch **Risikoverhaltensweisen** zu zählen sind. Welche Rolle spielen Eltern und wie entwickelt sich die Eltern-Kind Beziehung in der Adoleszenz?

Von der frühen zur mittleren Adoleszenz nehmen die **Konflikte zwischen Eltern und ihren Kindern** kurzfristig zu. Jugendliche wählen ihre sozialen Interaktionspartner zunehmend selbst und betrachten viele Dinge als ihren persönlichen Bereich. Gleichzeitig **deidealisieren** sie ihre Eltern, relativieren ihren Status und betrachten ihre Eltern stärker als zuvor als Menschen unter vielen. Manche Forscher nehmen an, dass diese Konflikte die **Ablösung der Jugendlichen von ihren Eltern** unterstützen, also in diesem Sinne funktional sind. Andere Forscher wiederum gehen umgekehrt davon aus, dass das Autonomiestreben zwar kurzfristig zu vermehrten Konflikten führt, dass dies jedoch die Verbundenheit zwischen Eltern und Jugendlichen nicht gravierend beeinträchtigt.

Tatsächlich stellt die Entwicklung der Eltern-Kind-Beziehung während der Adoleszenz einen äußerst stabilen Prädiktor der psychischen Gesundheit des Heranwachsenden dar (Steinberg & Silk, 2002). In einer Längsschnittstudie von DeGoede, Branje und Meeus (2009) konnte gezeigt werden, dass die wahrgenommene **elterliche Unterstützung** von der frühen zur mittleren Adoleszenz abnimmt und sich danach stabilisiert. Die wahrgenommene **elterliche Kontrolle** nahm aus der Sicht der Jugendlichen über die gesamte Adoleszenz hinweg kontinuierlich ab. Dies legt nahe, dass die Eltern-Kind-Beziehung in der Adoleszenz stärker durch **Gleichberechtigung und Gegenseitigkeit** der Interaktionspartner charakterisiert ist. Darüber hinaus steht eine positivere Entwicklung der elterlichen Unterstützung mit einem niedrigeren Anstieg der Eltern-Kind-Konflikte in Zusammenhang, während diese erhöht sind, wenn die Jugendlichen eine gleichbleibende oder gar zunehmende elterliche Führung wahrnehmen.

Die bisher vorliegenden Befunde belegen, dass es günstig ist, wenn Eltern auch in der Adoleszenz einen **autoritativen Erziehungsstil** (elterliche Unterstützung und Kontrolle) beibehalten, diesen aber gleichzeitig modifizieren. Damit Eltern auch in dieser Zeit (im Sinne eines »parental monitoring«) über die Entwicklung und die damit verbundenen Schwierigkeiten informiert sind, ist es entscheidend, dass die Eltern-Kind-Beziehung in Richtung eines **egalitären Systems** überführt wird. Dieses sollte dadurch gekennzeichnet sein, dass Wärme und Unterstützung angeboten und gleichzeitig die Kontrolle und Reglementierung bestimmter Verhaltensweisen verhandelt wird.

15.4.2 Beziehung zu Gleichaltrigen

Jugendliche widmen mit zunehmendem Alter weniger Zeit den Aktivitäten mit den Familienmitgliedern. Dafür werden die Beziehungen zu den Gleichaltrigen entsprechend wichtiger. Die außerfamiliären Kontakte werden dabei vonseiten der Eltern al-

---

Das **Autonomiebestreben** des Kindes ist zwar schon im **Kleinkindalter** zu beobachten, bekommt aber in der **Adoleszenz** einen besonderen Stellenwert.

In der mittleren Adoleszenz nehmen die **Konflikte zwischen Eltern und Kind** kurzfristig zu. Inwieweit die Konflikte das **Autonomiebestreben** auslösen oder unterstützen ist umstritten.

Aus der Sicht der Jugendlichen nehmen die **elterliche Unterstützung** und die **elterliche Kontrolle** im Laufe der Adoleszenz tendenziell ab. Beide Entwicklungen stehen mit dem **Ausmaß der Eltern-Kind-Konflikte** in Zusammenhang.

Ein (modifizierter) **autoritativer Erziehungsstil** erweist sich auch in der Jugend als förderlich für die Eltern-Kind-Beziehung.

Freundschaften bieten auch im **Jugendalter** gute Voraussetzungen für eine positive Entwicklung der **psychischen Gesundheit** und der **Lebenskompetenz**.

Freundschaften können auch **negative Effekte** auf die Entwicklung haben. Es gibt dabei die Annahmen, dass Kinder und Jugendliche auf der Basis ihres eigenen Verhaltens ihre sozialen Beziehungen auswählen (**Selektion**) oder dass Gleichaltrige das Verhalten eines Kindes bzw. eines Jugendlichen in ihrem Sinne beeinflussen (**Kausalzusammenhang**).

Ein **abgelehnter Status des Jugendlichen unter Gleichaltrigen** steht langfristig mit **Entwicklungsrisiken** in Zusammenhang, wie z. B. Substanzmissbrauch, Delinquenz, Mobbing oder Suizidialität. Die Verfügbarkeit eines **Freundes** kann diese Entwicklung und ihre Folgen abmildern.

lerdings oft kritisch gesehen, vor allem, da sie realisieren, dass ihre Einflussmöglichkeiten reduziert sind bzw. auf Protest stoßen.

Positive, enge Freundschaften bieten Gelegenheit, das eigene Selbst zu entdecken, die Grundlage für spätere, intime Beziehungen zu bilden und sich mit anderen über die Probleme und Anforderungen auszutauschen. All diese Aspekte einer funktionierenden Freundschaft sind im Sinne einer **psychischen Gesundheit** und **Lebenskompetenz** als förderlich anzusehen.

Ab der späten Kindheit und vor allem in der frühen und mittleren Adoleszenz stehen **aggressive oder unsoziale Verhaltensweisen** nicht selten mit Freundschaften in Zusammenhang, die durch genau diese Eigenschaften charakterisiert sind. Dabei kann dieser Zusammenhang auf eine **Selektion** (das Kind sucht sich Freunde aus, die ein ähnliches Verhalten zeigen) oder auf einen **Kausalzusammenhang** (Verhaltensweisen der Freunde beeinflussen das Verhalten des Kindes) zurückzuführen sein. Die Ergebnisse mehrerer Längsschnittstudien (z. B. Vitaro, Brendgen, Pagani, Tremblay & McDuff, 1999) legen eher letztere Erklärung nahe, wobei bei der Einflussnahme vonseiten devianter Gleichaltriger oder Freunde auch die **Eigenschaften des Kindes oder Jugendlichen** eine Rolle spielen. Vitaro, Tremblay, Kerr, Pagani und Bukowski (1997) weisen diesbezüglich darauf hin, dass der **Einfluss aggressiver Freunde** besonders dann zu einem negativen Effekt führt, wenn das Kind selbst ein mittleres (und kein geringes oder sehr hohes) Maß aggressiven Verhaltens zeigt.

Der **soziometrische Status** eines Kindes kann den Ergebnissen vieler Studien zufolge eine Reihe von **Entwicklungsrisiken** mit sich bringen. **Abgelehnte Kinder** zeigen als Jugendliche häufig ein erhöhtes Ausmaß an extremen Formen der **Delinquenz** und **Substanzmissbrauch**. Neben diesen externalisierenden Verhaltensproblemen steht dieser Status unter Gleichaltrigen auch mit einer ausgeprägten Entwicklung internalisierender Symptome (wie **Depression** oder **Ängstlichkeit** oder gar **suizidialen Tendenzen**) in der Jugend in Zusammenhang. Ein weiterer Aspekt, der in Studien im Zusammenhang mit internalisierenden Symptomen bei abgelehnten Kinder und Jugendlichen beobachtet werden konnte, ist das Risiko, Opfer von **Schikanen und Mobbing** zu werden. Besonders hervorzuheben ist hierbei die Tatsache, dass der Zusammenhang zwischen sozialem Rückzug und der Schikane durch Gleichaltrige über die Adoleszenz zunimmt. In der Regel vermindert die **Verfügbarkeit eines Freundes** jedoch das Risiko für eine derartige Entwicklung und deren langfristige Folgen.

Exkurs

Freundschaften von schüchternen/zurückgezogenen Kindern und Jugendlichen

Es gibt noch eine weitere Gruppe von Kindern und Jugendlichen, die hinsichtlich ihres soziometrischen Status von den bereits genannten Gruppen unterschieden wird. Im Gegensatz zu den abgelehnten Kindern und Jugendlichen isolieren sich schüchterne/zurückgezogene Kinder und Jugendliche häufig aktiv von ihrer Gleichaltrigengruppe, weil sie in der Gruppe soziale Angst verspüren (Gazelle & Rudolph, 2004). Während in der frühen bis mittleren Kindheit keine Ablehnung von Gleichaltrigen zu beobachten ist, geschieht dies mit dem Eintreten in die Adoleszenz mit zunehmender Wahrscheinlichkeit und eskaliert häufig in Schikanierung und Gewalt vonseiten der Gleichaltrigen (Hanish & Guerra, 2004). Trotz ihres ausgeprägten sozialen Rückzugs geben diese Kinder und Jugendlichen ebenso häufig an, einen besten Freund zu haben, wie andere Kinder auch. Schüchterne Jugendliche werden, wenn sie einen besten Freund besitzen, auch tatsächlich von den Gleichaltrigen als populärer und umgänglicher gesehen, weisen reduzierte Tendenzen zur Selbstbeschuldigung auf und empfinden sich in Konflikten mit ihren Freunden weniger belastet (Burgess, Wojslawowicz, Rubin, Rose-Krasnor & Booth-LaForce, 2006).

Stellen Freundschaften also auch für schüchterne/zurückgezogene Kinder und Jugendliche einen Schutzfaktor für dar? – Leider scheint dies nur in begrenztem Maße der Fall zu sein. Die Freunde von schüchternen/zurückgezogenen Kindern sind diesen sehr ähnlich, sie teilen ihre Fehlanpassung und werden nicht selten in gleichem Maße schikaniert und Opfer von Gewalt vonseiten der Gleichaltrigen (Rubin, Wojslawowicz, Rose-Krasnor, Booth-LaForce & Burgess, 2006). Darüber hinaus erweisen sich die Freundschaften als qualitativ weniger wertvoll: Sie bieten weniger soziale und emotionale Unterstützung und sind weniger durch Vertrautheit gekennzeichnet, zwei wesentliche Momente von Freundschaften bei anderen Kindern und Jugendlichen.

15.5 Ausblick: Soziale Entwicklung im Erwachsenenalter

Die soziale Entwicklung des Menschen ist selbstverständlich nicht mit dem Eintritt in das Jugendalter abgeschlossen. Im Gegenteil: Im Sinne des systemorientierten Modells verändert sich das Beziehungssystem des Menschen über die gesamte Lebensspanne qualitativ wie quantitativ. In seinem psychosozialen Modell betont Erikson nach der zentralen Identitätssuche in der Adoleszenz weitere wichtige Aufgaben, die in den folgenden Lebensphasen für eine positive Entwicklung bewältigt sein wollen.

Während Jugendliche ab der späten Adoleszenz ihren Eltern in der Regel wieder offener gegenüberstehen, steigt gleichzeitig die Bedeutung einer **partnerschaftlichen Liebesbeziehung**. In dieser spiegeln sich häufig die familiären Beziehungserfahrungen und **Bindungserfahrungen** wider (Stöcker, 2003), was die Relevanz eines inneren Arbeitsmodells von Bindung im Sinne Bowlbys bestätigt. Die **Anzahl der individuellen Freunde** verringert sich über die Adoleszenz bis ins Erwachsenenalter typischerweise auf ein oder zwei enge Freunde, während die Zahl gemeinsamer Freunde der Partner steigt. Die **Geburt von Kindern** beeinflusst diesen Prozess zusätzlich, indem die Beziehungen zu engen Freunden intensiviert oder Beziehungen zu befreundeten Paaren aufgebaut werden, die ebenfalls Kinder haben, sodass die soziale Entwicklung im mittleren Erwachsenenalter häufig in einem sehr **veränderten, sozialen Netzwerk** stattfindet.

Es existiert eine ganze Reihe von Faktoren, die eine **Abweichung von diesem idealtypischen Verlauf** beeinflussen und sich damit auch auf die soziale Entwicklung auswirken. **Instabile Partnerschaften** und **Unzufriedenheit in der Paarbeziehung** sind häufig dadurch gekennzeichnet, dass Probleme hinsichtlich der **partnerschaftlichen Kommunikation** bestehen, auf **unangemessene Formen des individuellen und dyadischen Copings** zurückgegriffen wird und **verzerrte Wahrnehmungs- und Attributionsmuster** vorliegen. Diese Aspekte spielen auch beim **Übergang zur Elternschaft** eine Rolle. Dieser steht häufig mit **Veränderungen in der Partnerbeziehung** und einer **stärkeren Rollenverteilung** im Zusammenhang. Eine in der Regel eher kurzfristige Abnahme der partnerschaftlichen Zufriedenheit sowie eine Zunahme der Konflikte können sich dann chronifizieren, wenn Defizite in den bereits angesprochenen Kommunikations- und Problemlösungskompetenzen der Partner bestehen. Auf Familien mit Kleinkindern kommen schließlich andere Aufgaben zu als auf Familien mit Vorschul-, Schulkindern oder Adoleszenten, und die mit diesen Aufgaben einhergehenden Herausforderungen können allesamt zu wichtigen Quellen der sozialen Entwicklung des Erwachsenen werden.

> Die soziale Entwicklung ist nicht mit dem Jugendalter abgeschlossen. Verschiedene Modelle gehen davon aus, dass auch im Erwachsenenalter diesbezüglich gewichtige Veränderungen stattfinden.
>
> Im **frühen Erwachsenenalter** stehen Kinder ihren **Eltern** wieder offener gegenüber, die Anzahl der **Freunde** reduziert sich deutlich und es besteht eine hohe Relevanz einer **partnerschaftlichen Beziehung**. Die **Geburt eines eigenen Kindes** ist mit einer erneuten Veränderung des **sozialen Netzwerks** verbunden.
>
> **Instabile Partnerschaften** und **Unzufriedenheit in Partnerschaften** stehen mit einer schlechten partnerschaftlichen Kommunikation, unangemessenen Copingstrategien und verzerrten Wahrnehmungs- und Attributionsmustern in Zusammenhang. Auch beim **Übergang zur Elternschaft** spielen diese Aspekte eine Rolle.

 Kontrollfragen

1. Was ist mit einem feindseligen Attributionsfehler gemeint?
2. Was besagt die Monotropieannahme bei der Bindungsentwicklung?
3. Wie unterscheiden sich ein autoritativer und ein vernachlässigender Erziehungsstil?
4. Was bedeutet ein »Spill-over-Effekt« im Zusammenhang mit einer negativen Geschwisterbeziehung?
5. Welche Gruppen von Kindern lassen sich hinsichtlich ihres soziometrischen Status voneinander unterscheiden?

Hofer, M., Wild, E. & Noack, P. (2002). *Lehrbuch Familienbeziehungen. Eltern und Kinder in der Entwicklung.* Göttingen: Hogrefe.
Schmidt-Denter, U. (2005). *Soziale Beziehungen im Lebenslauf.* Weinheim: Beltz.

▶ **Weiterführende Literatur**

16 Moral

16.1 Moralische Kognitionen – 209
16.1.1 Moralisches Denken des Kindes aus Sicht Jean Piagets – 209
16.1.2 Erweiterung des Ansatzes Piagets durch Lawrence Kohlberg – 210
16.1.3 Kritische Stimmen und Alternativmodelle – 213

16.2 Moralische Emotionen – 216
16.2.1 Affektive Ansätze vor der kognitiven Wende – 216
16.2.2 Affektive Ansätze nach der kognitiven Wende – 217

16.3 Moralisches Handeln – 218
16.3.1 Die negative Perspektive: Unterdrückung verbotenen Verhaltens – 218
16.3.2 Die positive Perspektive: Äußern prosozialen Verhaltens – 219

16.4 Motivation moralischen Handelns – 220

Lernziele
- Entwicklungsstufen des moralischen Urteilens kennen.
- Die Rolle der sozialen Perspektivübernahme für das moralische Urteilen verstehen.
- Gerechtigkeits- und Fürsorgemoral differenzieren können.
- Moralische Emotionen und Empathiefähigkeit beschreiben können.
- Moralisches Handeln: Verbotsübertritte und prosoziales Verhalten gegenüberstellen können.

Beispiel

Die 16-jährige Melanie wartet gerade vor der Umkleidekabine, in der ihre gleichaltrige Freundin Daniela ein recht teures Top anprobiert. Sie wundert sich, dass ihre Freundin beim Verlassen der Umkleidekabine bereits wieder Ihre Lederjacke trägt. Daniela lächelt sie an und öffnet dann kurz die Jacke, unter der sie das Top trägt, das sie anprobieren wollte. Und noch ehe Melanie etwas sagen kann, legt Daniela ihren Finger auf den Mund und verlässt schnellen Schrittes die Damenabteilung Richtung Ausgang. Dort hält ein Mann Melanie zurück, der sich als Kaufhausdetektiv ausweist und von ihr den Namen der jungen Frau verlangt, die soeben das Gebäude verlassen hat. »Sie wurde soeben bei einem Diebstahl beobachtet«, sagt der Mann. »Wenn Sie mir ihren Namen nicht sagen, machen Sie sich der Mittäterschaft schuldig.« Trotz der Warnung entschließt sich Melanie zu behaupten, dass sie die Frau nicht kennt und damit ihre Freundin zu decken.

Anhand von **moralischen Dilemmata** werden moralische Kognitionen erfasst.

Würden Sie sagen, dass Melanie in dieser Situation richtig gehandelt hat? Und wenn ja, wie würden Sie Ihre Entscheidung für oder gegen ihr Handeln begründen?
Anhand der Reaktionen auf diese und ähnliche – mitunter auch brisantere – Geschichten versuchen Psychologen zu ergründen, welche Kriterien Menschen bei der Beurteilung des Verhaltens zugrunde legen und damit, welches Verständnis Menschen von moralischen Prinzipien haben. Das Kernstück von **moralischen Dilemmata** besteht in dem Konflikt mehrerer Bedürfnisse oder Verpflichtungen, die miteinander in Konkurrenz treten, vorausgesetzt, sie werden vom Urteiler wahrgenommen.

In dem obigen Beispiel mögen Sie als Urteiler durchaus das Bedürfnis Melanies nachvollziehen, nicht für ein fremd verschuldetes Vergehen der Mittäterschaft angeklagt zu werden. Demgegenüber mag aber auch die Loyalität zu der guten Freundin eine wichtige Rolle spielen, mit der Melanie vielleicht »ein ernstes Wörtchen reden« wird, die sie aber nicht an den Kaufhausdetektiv verraten möchte. Sie könnten aber auch eine gesellschaftliche Perspektive einnehmen und argumentieren, dass ein Zusammenleben vieler Menschen nur dann funktioniert, wenn gewisse Rechte und Pflichten eines jeden geachtet werden. Beispielsweise könnten Sie in Ihr Urteil mit einbeziehen, dass Angestellte des Kaufhauses in Folge von gehäuften Diebstählen und damit schlechten Umsätzen ihre Stelle verlieren könnten.

Abb. 16.1. Diebstahl in der Umkleidekabine

In den beschriebenen Dilemmasituationen stehen mindestens zwei Bedürfnisse oder Verpflichtungen miteinander in Konkurrenz, die für das moralische Urteil einer Versuchsperson von Relevanz sein können.

16.1 Moralische Kognitionen

Die eben beschriebene Methode entstammt einer Forschungsrichtung, die die Rolle **moralischer Kognitionen** in den Vordergrund stellt. Einer ihrer wichtigsten, gleichzeitig aber auch umstrittensten Vertreter ist **Lawrence Kohlberg** (1927–1987). Man mag seinen Kritikern durchaus zustimmen und bezweifeln, dass sich Moral in dieser Form abbilden lässt oder dass andere Faktoren als die Kognitionen eine weitaus bedeutsamere Rolle spielen. Weiterhin kann man begründete Zweifel daran hegen, dass individuelle Unterschiede im moralischen Urteil mit Unterschieden im moralischen Handeln in Verbindung stehen (was Kohlberg von Beginn an zu belegen beabsichtigte). Obwohl einige Grundannahmen seines Stufenmodells des moralischen Urteils bis heute einer empirischen Prüfung nicht oder kaum standgehalten haben, muss das Modell als ein **fundamentales Kernstück der Entwicklungspsychologie** angesehen werden. Dies gilt nicht zuletzt auch deshalb, weil es den wissenschaftlichen Streit entfachte und eine Vielzahl von Forschern nach ihm dazu veranlasste, Alternativmodelle zu entwickeln und diese empirisch abzusichern.

Ein Forschungsansatz im Bereich Moralität bezieht sich auf **moralische Kognitionen**. Er beschreibt und betont die Entwicklung des moralischen Urteils als Grundlage für moralisches Handeln sowie die Faktoren, die hierzu beitragen.

16.1.1 Moralisches Denken des Kindes aus Sicht Jean Piagets

Die Konzeption Kohlbergs zur Entwicklung des moralischen Urteils kann als eine Erweiterung der Arbeiten von **Jean Piaget** (1990/1932) angesehen werden. Dieser hatte sich bereits zuvor mit der Entwicklung des moralischen Denkens auseinandergesetzt. Aufgrund der Beobachtung von Kindern beim **Murmelspiel** entdeckte er, dass die Frage der **Gerechtigkeit** und der **Beachtung und Bewusstheit von Regeln** einen deutlichen Bezug zum Lebensalter der Kinder aufweist.

Er stellte in seinen Beobachtungen fest, dass jüngere Kinder in hohem Maße die Einhaltung von Regeln und damit ein gerechtes Spielen an Kriterien festmachten, die **durch Autoritäten vorgegeben** waren. Vor allem das Handeln anderer Kinder müsse sich aus Sicht der Kinder an den Vorgaben von Eltern oder Erziehern orientieren. Die aufgestellten Regeln seien in den Augen der Kinder heilig und unantastbar und die Nichteinhaltung dieser Regeln müsse Konsequenzen nach sich ziehen. Dieses Stadium, welches Kinder aus Piagets Beobachtungen heraus erst mit etwa 7–8 Jahren allmählich überwinden, nannte er das **Stadium der heteronomen Moral**.

Piaget untersuchte anhand der Beobachtung des Murmelspiels das kindliche **Verständnis von Gerechtigkeit und Regeln**.

Das Entwicklungsmodell Jean Piagets unterscheidet zwischen dem Stadium der heteronomen und der autonomen Moral. Das **Stadium der heteronomen Moral** ist durch Gehorsam gegenüber Autoritäten und ein starres Festhalten an übernommenen Regeln und Normen gekennzeichnet.

In der kognitiven Reifung und dem Kontakt mit Gleichaltrigen sieht Piaget die entscheidenden Motoren der Moralentwicklung.

Aus seiner Sicht begünstigen nun zwei entscheidende Faktoren den Übergang des kindlichen Denkens in eine Zwischenphase (zwischen dem 7. und 12. Lebensjahr): Die **kognitive Reifung** und die **Veränderung des sozialen Umfeldes** des Kindes. In zunehmendem Maße wird nämlich der Alltag des Kindes durch das **Zusammensein mit Gleichaltrigen** beeinflusst. Dieses Zusammensein wird nun vor allem durch Regeln organisiert, die nicht mehr als unumstößlich angesehen werden, sondern in Übereinkunft mit anderen, gleichberechtigten Gleichaltrigen entstehen und daher auch modifiziert werden können.

Im **Stadium der autonomen Moral** realisieren Kinder, dass Regeln unter gleichberechtigten Peers ausgehandelt werden können und veränderbar sind.

Den Erfahrungen, die die Kinder in dieser Zeit machen, schreibt Piaget eine bedeutsame Rolle beim Übergang in das **Stadium der autonomen Moral** zu, in welchem sich die Festigung des gewandelten Verständnisses von Gerechtigkeit mit etwa 11–12 Jahren vollzogen hat. Nachfolgende Studien lieferten jedoch Hinweise darauf, dass der Umgang mit Gleichaltrigen nicht den Stellenwert hat, den Piaget ihm einräumte. Beispielsweise zeigte sich, dass sich ein geringer Altersabstand zwischen Geschwisterkindern eher nachteilig auf die kognitive und sozialmoralische Entwicklung eines Kindes auswirkt (Schmid & Keller, 1998). Ältere Geschwister mit einem größeren Altersabstand könnten demgegenüber besser in der Lage sein, die Interaktionen mit den jüngeren Kindern zu strukturieren und den Transfer von sozialen Fähigkeiten zu leisten (Vygotsky, 1978) als Gleichaltrige.

Zur Erfassung des Stadiums des moralischen Urteils konstruierte Piaget Geschichten, in denen er die **Absicht der handelnden Person** und das **Ausmaß des entstandenen Schadens** variierte.

Neben den Beobachtungen des kindlichen Spiels nutzte Piaget eine Methode, die Kohlberg sich in seinen Arbeiten in veränderter Form ebenfalls zunutze machte. Piaget konfrontierte in seinen Interviews Kinder verschiedenen Alters mit Geschichten, in denen die handelnde Person einen Schaden anrichtet, und fragte sie anschließend nach der Schwere des Vergehens. Er variierte in diesen Geschichten zwei Aspekte, von denen angenommen wird, dass sie in Abhängigkeit vom Alter bzw. vom Entwicklungsstand betrachtet werden müssen: Die **Absicht der handelnden Person** und das **Ausmaß des entstandenen Schadens**.

Während Kinder im Stadium der **heteronomen Moral** bei ihrem Urteil eher den entstandenen **Schaden** beachten, beziehen Kinder im Stadium der **autonomen Moral** die **Absicht** des Handelnden in ihr Urteil ein.

Beispielsweise betritt John einen Raum, in dem sich gerade hinter der Tür eine große Menge Gläser befindet. Durch das Öffnen der Tür stößt John diese Gläser um und richtet so ohne Absicht einen größeren Schaden an. In einer weiteren Geschichte steigt Henry auf einen Stuhl, mit der Absicht, verbotenerweise an eine Schale mit Süßigkeiten zu gelangen, die die Mutter bewusst an diesem Ort verwahrt. Dabei rutscht dem Kind nun die Schale aus den Fingern, fällt zu Boden und zerbricht. Der offensichtliche Unterschied zwischen beiden Geschichten führt nun dazu, dass Kinder im **Stadium der heteronomen Moral** die beiden Aspekte anders gewichten als ältere Kinder: Jüngere Kinder argumentieren, dass das **Ausmaß des Schadens** das Handeln von John schlimmer (also unmoralisch) macht, während Kinder im **Stadium der autonomen Moral** eher Henrys **negativ zu bewertende Absicht** als Kriterium heranziehen und dem von John angerichteten größeren Schaden weniger Bedeutung beimessen.

Ergebnisse neuerer Studien weisen darauf hin, dass Piaget die moralischen Urteilsfähigkeiten jüngerer Kinder unterschätzt hat.

Aus späteren Studien gibt es jedoch Hinweise darauf, dass sich jüngere Kinder deshalb nicht auf die Absicht der handelnden Personen konzentrieren, weil dieser Aspekt in den verbalen Situationsbeschreibungen nicht offensichtlich genug ist. Chandler, Greenspan und Barenboim (1973) nutzten in ihrer Studie beispielsweise Filme, in denen die Akteure zu sehen waren, und konnten auf diese Weise den durch Piaget aufgezeigten Unterschied zwischen den Urteilen von Kindern verschiedenen Alters aufheben.

16.1.2 Erweiterung des Ansatzes Piagets durch Lawrence Kohlberg

Während Piaget den Endpunkt der **Entwicklung des moralischen Denkens** mit etwa 12 Jahren sieht, konzipiert Kohlberg diese als ein lebenslanges Geschehen.

Während im Modell von Piaget mit dem Erreichen des Stadiums der autonomen Moral der Endpunkt der Entwicklung des moralischen Denkens erreicht ist, konzipiert Kohlberg

16.1 · Moralische Kognitionen

(1969) die **Entwicklung als ein lebenslanges Geschehen**. Damit eröffnet er einen Blick auf das moralische Denken des Menschen über die gesamte Lebensspanne hinweg.

Zur Erfassung des moralischen Urteils entwickelte er, wie bereits erwähnt, Dilemmata, also Geschichten, in denen die Akteure in einen inneren Konflikt unterschiedlicher Interessen und Verpflichtungen geraten und sich für eine von mehreren Handlungsmöglichkeiten entscheiden müssen. Die Urteiler, also die Personen, deren moralischer Entwicklungsstand ermittelt werden soll, werden gebeten, über das Handeln zu urteilen und dieses zu begründen. Grundlage für die Ermittlung des individuellen Entwicklungsstandes stellen nun nicht die Urteile selbst, sondern die **Begründungen** dar.

> Entscheidend für die **Erfassung des moralischen Entwicklungsstands** anhand von Dilemmata sind nicht die Entscheidungen der Probanden, sondern deren Begründungen.

Exkurs

Das »Heinz-Dilemma«

Das bekannteste moralische Dilemma ist das »Heinz-Dilemma«: Heinz ist verheiratet, und seine Frau leidet an einer schweren Erkrankung. Eines Tages existiert endlich ein Heilmittel auf dem Markt, mit dem es möglich ist, seine Frau vor dem nahenden Tod zu bewahren. Dieses Medikament wurde von einem Apotheker entwickelt, der hierbei große finanzielle und zeitliche Ressourcen investiert hat und daher Heinz gegenüber argumentiert, dass er ihm das Medikament keinesfalls günstiger überlassen könnte. Heinz, der nicht in der Lage ist, den hohen Preis aufzubringen, kommt auf die Idee, in die Apotheke einzudringen und das Medikament zu stehlen. An diesem Punkt endet die Geschichte. Die Aufgabe der Probanden besteht nun darin Heinz' Verhalten zu beurteilen und das eigene Urteil über Heinz' Verhalten zu begründen.

Es wird sicherlich deutlich, dass sich Kohlbergs Methodik zwar an der Methode Piagets anlehnt, aber in den Geschichten vor allem die **Komplexität der möglichen Perspektiven** erhöht ist, die eine Person für ihr Urteil berücksichtigen kann. Das Konzept und die Idee der Entwicklung der **sozialen Perspektivübernahme** (▶ Kap. 15) integrierte Kohlberg in Anlehnung an Selman (beispielsweise Selman, 1980) als zentrale Entwicklungsdeterminante in sein Stufenmodell des moralischen Urteils (◘ Tab. 16.1). Das Modell unterscheidet auf der ersten Ebene **3 Stadien des moralischen Urteils**, die sich auf der zweiten Ebene **jeweils aus 2 aufeinander aufbauenden Stufen** zusammensetzen. Mit zunehmender Höhe der Stufen ist die Perspektive immer weniger egozentrisch und das Individuum sieht sich immer mehr in der Lage, andere Perspektiven einzunehmen, die eigene als eine unter vielen zu berücksichtigen und die einzelnen Perspektiven mit einer kollektiven Perspektive zu vergleichen.

> Das **Stufenmodell von Kohlberg** beschreibt die Entwicklung des moralischen Urteils anhand von **3 Stadien** – dem präkonventionellen, dem konventionellen und dem postkonventionellen Stadium. Bei der Weiterentwicklung spielt vor allem die erreichte Stufe der **sozialen Perspektivübernahme** eine entscheidende Rolle.

◘ **Tab. 16.1.** Stufenmodell des moralischen Urteils nach Lawrence Kohlberg

Stadium	Stufe	Orientierung des Urteils
Präkonventionelles Stadium	1	Orientierung an Strafe und Gehorsam
	2	Orientierung am Kosten-Nutzen-Prinzip und Bedürfnisbefriedigung
Konventionelles Stadium	3	Orientierung an interpersonellen Beziehungen und Gegenseitigkeit
	4	Orientierung am Erhalt der sozialen Ordnung
Postkonventionelles Stadium	5	Orientierung an den Rechten aller als Prinzip
	6	Orientierung an universellen ethischen Prinzipien

Im **präkonventionellen Stadium** ist das Denken selbstbezogen, die Perspektive egozentrisch und das Kind konzentriert sich darauf, Belohnung zu bekommen, eigene Bedürfnisse zu befriedigen und Strafe zu vermeiden oder den eigenen Nutzen zu maximieren. Im mittleren, dem **konventionellen Stadium**, orientiert sich das Kind bei seinem Urteil an gesellschaftlichen Konventionen. Das Denken ist an sozialen Bezie-

> Die **soziale Perspektivübernahme** entwickelt sich über die Stadien hinweg von einer **egozentrischen Perspektive** über eine **Berücksichtigung mehrerer Perspektiven** hin zu einer **gesamtgesellschaftlichen, durchschnittlichen Perspektive**, mit der die eigene Perspektive verglichen wird.
>
> Jedes Stadium der Moralentwicklung lässt sich wiederum in **jeweils 2 Stufen** untergliedern.

hungen orientiert und das Kind ist zunehmend in der Lage eine Gruppenperspektive einzunehmen. Am anderen Ende des Spektrums, im **postkonventionellen Stadium**, berücksichtigt das Individuum zwar die gesellschaftlichen Konventionen für eine Entscheidungsfindung, orientiert sich aber nicht mehr an diesen. Vielmehr haben Personen in diesem Stadium (eigene) Prinzipien im Sinne von eigenen Idealen oder universellen, ethischen Prinzipien entwickelt, denen sie die bestehenden gesellschaftlichen Konventionen unterordnen (können).

Innerhalb der einzelnen Stadien findet – wie bereits erwähnt – eine Differenzierung von jeweils 2 Stufen der moralischen Entwicklung statt. Die Unterschiede zwischen den einzelnen Stufen (vor allem innerhalb eines Stadiums) lassen sich besonders gut an beispielhaften Antworten auf das Heinz-Dilemma verdeutlichen.

Beispiel

Claudia: »Wenn Heinz das Medikament stiehlt, muss er ins Gefängnis.« (Garz, 1989, S. 157)

Andreas: »Ich fände es besser, wenn er das Medikament stiehlt. Wenn er es nicht tut, hat er niemanden mehr, der ihm das Essen kochen kann.« (Garz, 1989, S. 157)

> Innerhalb des **präkonventionellen Stadiums** werden Urteile differenziert, die sich an Strafe und Gehorsam orientieren (**Stufe 1**) von solchen, die dem Kosten-Nutzen-Prinzip folgen (**Stufe 2**).

Die Argumente beider Kinder lassen sich dem **präkonventionellen Stadium** zuordnen. Gemeinsam ist beiden, dass sie das moralische Dilemma aus einer selbstbezogenen und egozentrischen Perspektive betrachten. Dennoch bezieht Claudia (Stufe 1) in ihre Überlegung nur die **Ordnung und Strafe** als unmittelbare Konsequenz für die eigene Person ein. Andreas (Stufe 2) hingegen sieht vorrangig das **eigene Bedürfnis und den eigenen Nutzen**. Er sieht Heinz' Bedürfnis, durch die Frau versorgt zu werden, und argumentiert so nach dem **Kosten-Nutzen-Prinzip**.

Beispiel

Uta: »Wenn man sich in einer Partnerschaft gegenseitig hilft, dann wird es irgendwie besser auf der Welt. Seine Frau ist ihm nicht egal …« (Garz, 1989, S. 158)

Dennis: »Alles sollte getan werden, um dem Gesetz zu folgen. Er hätte es nicht tun sollen. Man kann das Gesetz nicht für bestimmte Menschen brechen, egal, was anliegt.« (Garz, 1989, S. 159)

> Innerhalb des **konventionellen Stadiums** werden Urteile unterschieden, die sich an zwischenmenschlichen Beziehungen orientieren (**Stufe 3**), von solchen, die das gesamte soziale System als Entscheidungsgrundlage berücksichtigen (**Stufe 4**).

In diesen Antworten spiegelt sich der Argumentationsstil des **konventionellen Stadiums** wider. Gemeinsam ist beiden, dass Konventionen des Zusammenlebens in Gruppen wahrgenommen und für die eigene Entscheidung berücksichtigt werden. Die Überlegungen von Uta (Stufe 3) beziehen die wahrgenommenen Erwartungen und Bedürfnisse der beteiligten Personen ein, wobei das unmittelbare soziale Umfeld – also die Familie oder die Freunde – den Bezugspunkt bildet. Sie orientiert sich vor allem an den in **Beziehungen** zu berücksichtigenden Konventionen, wie Vertrauen, Respekt und Dankbarkeit. Dennis löst sich dagegen von der Paarbeziehung als Bezugspunkt und bezieht seine Begründung auf ein umfassendes, soziales System. Es geht ihm um den **Erhalt des sozialen Systems** und damit um die gesellschaftlichen Konventionen.

Beispiel

Willi: »Es gibt Ausnahmen. Es geht hier um ein existenzielles Problem. Man versucht, von außen beide Rollen noch mal zu überschauen und daraus zu einer gültigen Antwort zu kommen.« (Garz, 1989, S.160)

Jim: »Ein Menschenleben hat Vorrang vor jedem anderen moralischen oder rechtlichen Wert. Ein Menschenleben ist ein Wert an sich.« (Kohlberg, 1995, S. 56)

Das **postkonventionelle Stadium**, welchem beide Antworten zuzurechnen sind, ist dadurch gekennzeichnet, dass Konventionen, also rechtlich-soziale Verpflichtungen durchaus anerkannt, gleichzeitig aber auch in Frage gestellt werden können. Willi (Stufe 5) sieht, dass auch der Apotheker ein individuelles Recht auf Eigentum besitzt und Heinz die **rechtliche Verpflichtung** hat, dieses zu respektieren. Gleichzeitig jedoch hat Heinz eben auch die **moralische Verpflichtung**, das Leben seiner Frau zu retten. Gesetz und Moral liegen dabei auf der gleichen Ebene. Der entscheidende Unterschied zu der Argumentation von Jim (Stufe 6) ist in der Orientierung an **universellen ethischen Prinzipien** zu sehen, die den moralischen und rechtlichen Verpflichtungen vorgelagert sind.

> Innerhalb des letzten, des **postkonventionellen Stadiums** werden Urteile subsumiert, die sowohl den sozialen Vertrag als auch individuelle Rechte als Entscheidungsgrundlage heranziehen (**Stufe 5**) sowie solche, die die Orientierung an universellen ethischen Prinzipien widerspiegeln (**Stufe 6**).

Studie

Entwicklung moralischer Stufen

Kohlberg und seine Mitarbeiter untersuchten in einer aufwendigen Längsschnittstudie, wie sich die Anteile der moralischen Stufen über ein breites Alterspektrum hinweg verändern (Colby, Kohlberg, Gibbs & Lieberman, 1983). Betrachtet man die Entwicklung der Anteile von Urteilen, die den einzelnen Stufen zugerechnet werden können (◘ Tab. 16.2), so lässt sich feststellen, dass Urteile auf den Stufen 1 und 2 bei Probanden ab 20 Jahren nicht mehr auszumachen sind. Das moralische Denken des präkonventionellen Stadiums dominiert vor allem in der Gruppe der 10-Jährigen und wird spätestens in der Gruppe der 16- bis 18-Jährigen durch das konventionelle Stadium abgelöst. Es zeigt sich aber auch, dass sich das postkonventionelle Stadium bzw. der Übergang zum postkonventionellen Stadium nur in einem guten Zehntel der Urteile (13,4% in der Gruppe der 24- bis 36-Jährigen) manifestiert.

Urteile, die dem **konventionellen Stadium** (Stufe 3–4) zugerechnet werden können, bleiben **bis ins mittlere Erwachsenenalter hinein vorherrschend**.

◘ Tab. 16.2. Prozentualer Anteil von Urteilen auf verschiedenen Stufen nach Altersgruppen. (Nach Colby, Kohlberg, Gibbs und Lieberman, 1983)

Stufe	Altersgruppe							
	10	13–14	16–18	20–22	24–26	28–30	32–33	36
1 bis 2	80,9	24,3	13,3	0	0	0	0	0
2 bis 3	29,1	73,0	62,2	40,7	20,0	16,2	8,7	0
3 bis 4	0	2,7	24,4	59,4	64,0	70,3	78,2	88,8
4 bis 5	0	0	0	0	16,0	13,5	13,0	11,1

Nach Colby, A., Kohlberg, L., Gibbs, J. & Lieberman, M. (1983). A longitudinal study of moral judgement. Monographs of the Society for Research in Child Development, 48 (Serial No. 200), 1-124. Verlag: University of Chicago Press, S. 46. Mit freundlicher Genehmigung von Wiley-Blackwell.

16.1.3 Kritische Stimmen und Alternativmodelle

Als klassisches Stufenmodell geht Kohlbergs Modell davon aus, dass bei der Entwicklung keine der Stufen übersprungen werden kann und dass nach dem Erreichen einer Stufe kein Rückschritt auf eine frühere Stufe erfolgt, was unter dem Begriff der **Invarianz** zusammengefasst werden kann. Darüber hinaus nimmt Kohlberg an, dass das Gesamtmodell eine kulturübergreifende, **universale Gültigkeit** besitzt. Allein diese Annahmen rufen die Kritiker des Modells auf den Plan.

Beispielsweise berichten Teo, Becker und Edelstein (1995), dass sich **zentrale moralische Konzepte asiatischer und afrikanischer Kulturen**, wie z. B. Empathie oder Verpflichtungen gegenüber anderen, anhand Kohlbergs Auswertungssystem nicht adäquat kodieren ließen. Das normativ geprägte Verständnis von Beziehung in asiatischen Kulturen betont beispielsweise eine lebenslange hierarchische Struktur der Eltern-Kind-Beziehung, die demgegenüber in westlichen Kulturen spätestens ab der Adoleszenz durch Symmetrie gekennzeichnet ist. Diese **Kontextabhängigkeit** führt dazu,

> Als ein klassisches Stufenmodell geht Kohlbergs Modell davon aus, dass **keine Stufe übersprungen** werden kann, **keine Rückschritte** erfolgen und **universale Gültigkeit** vorliegt.

> Das Modell wurde u. a. aus kulturwissenschaftlicher Perspektive kritisiert, da moralische Urteile, die sich an den **sozial-moralischen Prinzipien anderer Kulturen** orientieren, nicht angemessen anhand des entwickelten Auswertungssystems klassifiziert werden können.

Das Modell wurde durch Kohlbergs Mitarbeiter aufgrund empirischer Erkenntnisse mehrfach modifiziert (z. B. Aufgabe der 6. Stufe, Integration einer Stufe 4.5).

Carol Gilligan stellt der **Gerechtigkeitsmoral** Kohlbergs eine **Fürsorgemoral** gegenüber, da sie davon ausgeht, dass sich das weibliche moralische Urteil nicht anhand von Kohlbergs Entwicklungsprinzipien erfassen lässt.

▶ Definition
  Gerechtigkeitsmoral

▶ Definition
  Fürsorgemoral

Das **Entwicklungsmodell der Fürsorgemoral** geht von **3 Stadien aus**: einer Orientierung an der Selbsterhaltung folgt eine Übernahme sozialer Werte bis letztlich Rücksichtnahme als ein Grundprinzip angesehen wird.

Metaanalysen waren nicht in der Lage, den von Gilligan postulierten Geschlechtsunterschied im moralischen Urteil nachzuweisen. Vielmehr scheint der Dilemmatyp bestimmte Urteile zu evozieren.

dass Probanden asiatischer gegenüber westlicher Kulturen häufig die Stufe 3 des konventionellen Stadiums nicht überwinden, womit die **Universalitätshypothese in Frage zu stellen** ist.

Die Arbeitsgruppe um Kohlberg begann, das Modell wiederholt zu modifizieren. So wurde in späteren, **revidierten Fassungen** die 6. Stufe aufgegeben (da sie selten bis nie erreicht wurde) und eine Stufe zwischen den beiden letzten Stadien hinzugefügt. Diese **Stufe 4.5** sollte das Problem eines immer wieder beobachteten, scheinbaren Rückschritts im Übergang zwischen dem konventionellen und postkonventionellen Stadium abfangen.

Eine »andere Stimme« gehörte **Carol Gilligan** (1982, mit einem Buch gleichen Titels). Sie war Mitarbeiterin Kohlbergs in seiner Zeit als Professor der Erziehungswissenschaften in Harvard und begann Mitte der 1970er Jahre ihre Einwände gegen Kohlbergs Modell zu formulieren. Ihr Hauptkritikpunkt war, dass in dem Modell nur eine, nämlich eine **maskuline Form des moralischen Denkens** konzipiert sei und eine weibliche Form der Moralität gänzlich unberücksichtigt geblieben sei. Auch die empirischen Befunde zur Untermauerung der theoretischen Ausführungen, beispielsweise auch die bereits erwähnte Längsschnittstudie, basieren nahezu vollständig auf Stichproben, die ausschließlich männliche Probanden enthielten. Das weibliche moralische Denken sei dementsprechend, so Gilligan, nicht anhand von Kohlbergs **Gerechtigkeitsmoral**, den entwickelten Dilemmata und dem Auswertungssystem zu erfassen.

> **Definition**
> Ein auf **Gerechtigkeitsmoral** basierendes Urteil greift auf die Prinzipien von Recht, Vernunft und Pflicht zurück und versteht als höchste Entwicklungsstufe die Autonomie des Urteils, d. h. die Unabhängigkeit der Entscheidung von gesellschaftlichen und sozialen Rahmenbedingungen.

Konsequenterweise begann Gilligan nicht nur die Entwicklung von eigenen moralischen Dilemmata, sondern konzipierte ein alternatives Stufenmodell der Entwicklung einer weiblichen **Fürsorgemoral**.

> **Definition**
> Ein Urteil, welches sich an den Prinzipien von Mitmenschlichkeit, Kontextsensibilität und Verantwortung orientiert, folgt einer **Fürsorgemoral**. Als deren höchste Entwicklungsstufe gilt es, für sich selbst und andere Verantwortung zu übernehmen und dementsprechend zu handeln, um Schaden abzuwenden.

Ihr Entwicklungsmodell unterscheidet ebenso wie das Modell Kohlbergs 3 Stadien. Ausgehend von einer Orientierung am individuellen Überleben und einer Sorge um die Selbsterhaltung werden zunehmend soziale Werte und gemeinsame Normen übernommen, um letztlich zu einer **Moral der Gewaltlosigkeit** zu gelangen, in der Probanden **Rücksichtnahme als Grundprinzip** beschreiben. Die zentrale Annahme Gilligans besteht darin, dass Männer und Frauen aufgrund ihrer unterschiedlichen Sozialisation eher dazu neigen, sich von Recht und Gerechtigkeit bzw. von Fürsorge als grundlegende Prinzipien leiten zu lassen.

Walker (1984) sichtete allerdings 152 Stichproben mit insgesamt mehr als 1.000 Versuchspersonen und stellte fest, dass sich in lediglich 22 Stichproben signifikante Geschlechtsunterschiede auf der Grundlage von Kohlbergs Auswertungssystem ergaben. In 13 von diesen wiesen Männer in der Tat eine signifikant höhere Urteilsstufe auf als Frauen – in den restlichen 9 Studien zeigten sich jedoch die Urteile der Frauen als höherstufig. Demgegenüber existiert eine Reihe von Befunden, die nahelegen, dass die **Unterschiede in der moralischen Orientierung von Frauen und Männern in bedeutsamem Maße von der Konfliktsituation (also auch dem moralischen Dilemma) abhängen**, mit denen sie sich konfrontiert sehen (Jaffee & Hyde, 2000).

Diese **Kontextabhängigkeit des Urteils** lässt sich auch auf die Frage übertragen, ob bestimmte Situationen von Personen gar nicht als ein moralischer Konflikt wahrgenommen werden, sondern eher auf Konventionen oder gar persönliche Bereiche bezogen sind. **Elliot Turiel** (1998) geht im Rahmen der **Theorie sozialer Konventionen** davon aus, dass Kinder recht früh lernen, zwischen moralischen Verfehlungen und Verstößen gegen gesellschaftliche Normen (Konventionen) zu unterscheiden. Dementsprechend erachten bereits Kinder im Kindergartenalter in der Regel das Beschädigen eines fremden Spielzeugs oder das Schlagen eines Kindes auch dann als falsch, wenn dies nicht explizit durch eine Autorität verboten worden ist. Jedoch legen sie bei der Beurteilung einer Situation, in der sich ein Junge beispielsweise nicht für ein Geschenk bedankt, keine moralischen Kriterien an, sondern greifen auf soziale Konventionen zurück. **Sozial-konventionelle Urteile** dienen, im Gegensatz zu moralischen Urteilen, der **Regulation sozialer Interaktionen**. Sie haben aber dennoch einen stärker verpflichtenden Charakter als **persönliche Urteile**, die eher **individuelle Präferenzen** zum Ausdruck bringen.

Jüngere Arbeiten (Horn, 2003; Killen, Lee-Kim, McGlothin & Stangor, 2002), die Kinder und Jugendliche mit Situationen konfrontieren, die Aspekte aller drei Urteilsbereiche (moralisch, sozial-konventionell und persönlich) vereinen (beispielsweise Situationen, in denen der Ausschluss eines Kindes aus der Peer-Gruppe thematisiert wird), legen die Vermutung nahe, dass die resultierenden Urteile interessante Zusammenhänge zu anderen Variablen (wie Aggressivität) zeigen. Arsenio und Lemerise (2004) gehen beispielsweise davon aus, dass aggressiv agierende Kinder, die einem **feindseligen Attributionsfehler** (▶ Kap. 15) unterliegen, dazu tendieren, den Ausschluss aus einer Peer-Gruppe als eine persönliche Abneigung (»Sie mögen mich nicht!«) und nicht auf der Ebene sozialer Konventionen (»Möglicherweise ist nicht genug Platz für alle und sie lassen mich später mitmachen.«) zu betrachten.

Kohlberg hatte schon früh begonnen, den Zusammenhang zwischen seiner theoretischen Konzeption und dem moralischen Handeln zu beleuchten. Ihm ging es dabei vor allem darum, sein Modell für die Arbeit mit Kindern und Jugendlichen fruchtbar zu machen und es nicht als theoretische Arbeit ohne praktischen Nutzen bestehen zu lassen. Hierzu arbeitete er gemeinsam mit Moshee Blatt an dem Konzept der »gerechten Gemeinschaft« (»**just community**«). Das Ziel war nicht geringer als der Aufbau bzw. die Umstrukturierung von Schulgemeinschaften, die sich in sämtlichen Belangen an einem demokratischen Verständnis des Zusammenlebens orientieren. Als ein wesentliches Kernstück wurden in der Arbeitsgruppe **Dilemmatadiskussionen** entworfen und in den Klassen durchgeführt, um die Entwicklung des moralischen Denkens und Handelns der Schüler zu fördern. Die Grundidee war dabei, die Teilnehmer mit Argumenten zu konfrontieren, die in etwa eine Stufe über der eigenen Stufe des moralischen Urteils anzusiedeln sind. Durch die Reflexion dieser Argumente sollten die Teilnehmer dazu gebracht werden, ihr eigenes moralisches Urteilen weiterzuentwickeln. Die Ergebnisse dieser Projekte konnten in der Tat belegen, dass eine Förderung des **moralischen Urteils** gelingen kann.

Ernüchternder erwiesen sich jedoch die Befunde bezüglich des Zusammenhangs **zum moralischen Handeln** der Teilnehmer. Blasi (1980) berichtet, dass sich allenfalls mäßig hohe Zusammenhänge aufzeigen lassen. Möglicherweise bedarf es mehr als einer Änderung des moralischen Denkens, um das menschliche Handeln in bedeutsamer Weise zu modifizieren. Einen wichtigen Hinweis auf Aspekte, denen diesbezüglich eine große Bedeutung zukommen könnte und die in der kognitivistischen Tradition vernachlässigt worden sind, geben die Arbeiten zu moralischen Emotionen.

Turiel geht davon aus, dass Individuen soziale Situationen auf der Grundlage unterschiedlicher **Bereiche sozialer Urteile** klassifizieren. Soziale Situationen an sich können daher durchaus Urteile evozieren, die sich an sozialen Konventionen und nicht an moralischen Rechten und Verpflichtungen orientieren, da sie nur selten oder gar nicht im Bereich moralischer Urteile klassifiziert werden.

Empirische Arbeiten konnten Zusammenhänge zwischen moralischen Urteilsbereichen und verzerrten Kognitionen bei aggressiven Kindern nachweisen.

Kohlberg gelang es, die Erkenntnisse aus seinem Modell im Rahmen von schulischen Projekten (»Gerechte Gemeinschaft«) nutzbringend einzusetzen, sodass ihm eine **Förderung des moralischen Urteils** gelang.

Der Zusammenhang zwischen **moralischem Denken** und **moralischem Handeln** kann allerdings allenfalls als mäßig hoch eingeschätzt werden.

16.2 Moralische Emotionen

Beispiel

Karsten hilft Daniela bei ihren Hausaufgaben, woraufhin Daniela verspricht, ihn dafür ins Kino einzuladen. Als die beiden dann vor dem Kino stehen, bemerkt Daniela, dass sie nicht genügend Geld für zwei Kinokarten dabei hat und deswegen ihr Versprechen nicht einhalten kann. Was meinen Sie, wie sich die beiden nun fühlen? Ist Karsten wütend auf Daniela, ist er enttäuscht oder ist es ihm egal? Und welche Gefühle entstehen bei Daniela? Ist es ihr peinlich, findet sie es nicht so schlimm oder ist sie am Ende sogar froh, dass sie sich dadurch Geld gespart hat?

Abb. 16.2. Vor dem Kino

Empathiefähigkeit beschreibt die Möglichkeit, eine Gefühlslage herzustellen, die einer anderen Person ähnlich ist.

Die Situationsbeschreibung (Abb. 16.2) stammt aus einem Fragebogen, der die **Empathiefähigkeit** von Kindern und Jugendlichen erfassen soll (Diermeier & Grübl, 2004), die besonders ausgeprägt sein soll, wenn Kinder angeben, dass Karsten enttäuscht und es Daniela peinlich ist. Mit diesen Angaben zeigen Kinder, dass sie in der Lage sind, eine **ähnliche Gefühlslage** herzustellen, wie sie Karsten bzw. Daniela erleben, und somit eine **stellvertretende emotionale Reaktion** (Hoffman, 1991) zu zeigen. Martin Hoffman betont in seiner 1975 erstmals veröffentlichten **Empathietheorie** die Rolle emotionaler Prozesse für die Moralentwicklung und explizit für die **Motivierung prosozialen Handelns**. Damit verdrängt er das von Kohlberg fokussierte moralische Urteil als wesentliche Grundlage für moralisches Handeln und ersetzt es durch einen moralischen Motivationsbegriff.

▶ Definition
Empathie

— Definition —
Empathie ist die Fähigkeit, eine eigene emotionale Reaktion herzustellen, die der Gefühlslage einer anderen Person ähnelt.

16.2.1 Affektive Ansätze vor der kognitiven Wende

Die kognitiven Ansätze zur Moralentwicklung lassen sich als Gegenentwurf zu affektiven Konzeptionen verstehen.

Obwohl der Einstieg in das Kapitel »Moral« mit den kognitivistischen Modellen Piagets und Kohlbergs erfolgte, entsprechen diese – historisch gesehen – Entwürfen einer radikalen Gegenposition: Bis in die 60er Jahre des vergangenen Jahrhunderts hinein standen Emotionen (und nicht Kognitionen) im Zentrum der theoretischen Konzeptionen zur Moralentwicklung.

Die Position der psychoanalytischen Theorie Freuds

Die **psychoanalytische Konzeption zur Moral** geht beim Kind von einem Wesen aus, dass ganz an seinen eigenen Bedürfnissen orientiert ist. Durch die Eltern wird eine Beherrschung der Bedürfnisse vorangetrieben, wodurch beim Kind negative Emotionen wie Ärger, Angst aber auch Schuld und Scham ausgelöst werden.

Freud geht bei der Entwicklung einer Moralität oder eines Gewissens von einem kindlichen Wesen aus, das ganz durch die **Orientierung an den eigenen Bedürfnissen** getrieben ist. Den Eltern kommt nun nach Freud nicht nur die Aufgabe zu, für eine entsprechende Triebreduktion durch Befriedigung von Schlaf-, Nahrungs- oder Zuwendungsbedürfnissen zu sorgen, sondern gleichzeitig durch Bestrafung die kindliche Sozialisation im Sinne einer **Beherrschung der Bedürfnisse** zu übernehmen. Es ist nicht schwer vorstellbar, dass dies zu **Ärger** und **Frustration** beim Kind führt und dass dies wiederum mit der bis dato uneingeschränkten Liebe zur Mutter in Konflikt gerät. Aus diesem Konflikt resultiert die **Angst** des Kindes vor dem Verlust der elterlichen

16.2 · Moralische Emotionen

Liebe, welche es durch die **Übernahme der elterlichen Normen und Werte** abwehrt (wobei dieser Prozess im Ödipus- bzw. Elektra-Konflikt seinen Höhepunkt erreicht). Durch die Übernahme der elterlichen Normen und Werte verlagert sich die elterliche Sozialisationsinstanz nach innen, um fortan als »**Über-Ich**« immer dann mit dem Erleben von **Schuld** und **Scham** zu reagieren, wenn das Kind die elterlichen Normen übertreten will oder übertreten hat.

Die Position der Lerntheorie

Die fundamentale Bedeutung von Emotionen für die Moralentwicklung, wie sie die psychoanalytische Position beschreibt, findet sich auch in der lerntheoretischen Moralforschung wieder. Auch aus lerntheoretischer Sicht beginnt der Gewissensaufbau dadurch, dass Kinder für das Übertreten von Verboten bestraft werden. Bei **wiederholter Bestrafung** resultiert eine **konditionierte Angstreaktion**. Eine Internalisierung von Normen und Werten basiert also aus Sicht der Lerntheoretiker auf der **Vermeidung** der unerwünschten Verhaltensweisen und der als **aversiv erlebten emotionalen Zustände**. Schuld und Scham sind in dieser Konzeption das Ergebnis von Sanktionen.

Bei Kenntnis der eingangs behandelten kognitivistischen Modelle zeigt sich, dass die psychoanalytische wie auch die lerntheoretische Position keinen Raum für ein aktives Selbst lässt und weder Denken noch Vernunft eine entscheidende Rolle spielen. Emotionen wird zwar in beiden Konzepten eine prominente Rolle zugewiesen, jedoch beschränkt sich ihre Funktion auf die **Unterstützung der Internalisierung** von externen (durch die Bezugspersonen gesetzten) moralischen Werten.

> Die **lerntheoretische Moralforschung** geht davon aus, dass aufgrund von Bestrafung unsoziale Verhaltensweisen unterlassen werden, um **negative emotionale Zustände** zu vermeiden.

> Die **Funktion von Emotionen** beschränkt sich aus der psychoanalytischen und lerntheoretischen Sicht auf die **Unterstützung der Internalisierung von moralischen Werten**.

16.2.2 Affektive Ansätze nach der kognitiven Wende

Die **Empathietheorie** (Hoffman, 1991) stellt zwar explizit die affektive als die zentrale moralische Komponente heraus. Aber sie betont ebenso, dass erst das Zusammenspiel zwischen der Entwicklung **empathischer Affekte** und der Fähigkeit zur **Perspektivübernahme**, wie sie von Selman (1980) beschrieben worden und für Kohlbergs kognitives Modell zentral geworden ist, zu einer moralischen, d. h. zu einer Empathieentwicklung führt.

Die Entwicklung, die sich in dem Stufenmodell (◘ Tab. 16.3) widerspiegelt, ist also das Ergebnis einer **Interaktion zwischen empathischen Erregungen und kognitiven Leistungen**. Manche der empathischen Erregungen setzen nur geringe kognitive Leistungen voraus, wie z. B. Mimikry, also das rudimentäre Imitieren der Mimik des Leidenden, um ähnliche **innere Schlüsselreize** zu generieren. Hoffman betont, dass die kognitiven Fähigkeiten zwar notwendige, aber keine hinreichenden Bedingungen für ein **moralisches Handeln** sind. Die Klärung der Frage nach der moralischen Motivation ist nämlich der Kerngedanke des Modells. Für Hoffman führt erst die affektive Komponente dazu, dass das Wohlergehen anderer bedeutsam und handlungsleitend wird. Dies geschieht erstmals und in Ansätzen bei dem Übergang von der globalen zur egozentrischen Empathie. Die psychologische Trennung zwischen sich selbst und anderen ermöglicht dem Kind nun über das Einfühlen in das Leid des anderen hinaus zu erkennen, dass das Leiden durch eigenes Handeln beendet oder gemildert werden kann. Die entscheidende Veränderung zwischen den beiden Stufen ist somit im Verhaltensanreiz zu sehen: Während jüngere Kinder die Beendigung des eigenen Leidens (**empathisches Stresserleben**) zum Handeln motiviert, geht Hoffman davon aus, dass Kinder zunehmend handeln, um das nachempfundene Leiden eines anderen (**sympathisches Stresserleben**) zu beenden.

Auch den in den psychoanalytischen und lerntheoretischen Konzeptionen zentralen Emotionen Schuld und Scham gesteht Hoffman in seiner Empathietheorie eine zentrale Bedeutung zu. Beide sind auf das Selbst gerichtete Gefühle, die dann entstehen,

> Die **Empathietheorie** geht von einem Zusammenspiel der **Entwicklung empathischer Affekte** und der Fähigkeit zur **Perspektivübernahme** aus.

> Als zentrales Moment definiert die **Empathietheorie** das Erleben von **Sympathie**. Dies ist eine affektive Reaktion auf **empathisches Erleben** und ist gekennzeichnet durch eine emotionale Verbundenheit mit dem Leidenden und einem **bewussten Motiv, das Leiden des anderen durch eigenes Handeln zu beenden**.

> Die Empathietheorie betont nicht nur die Rolle **negativer Emotionen** (Schuld und Scham), sondern auch **positiver Emotionen** (Stolz und Zufriedenheit) für das moralische Handeln.

☐ **Tab. 16.3.** Entwicklung der Empathie nach Martin Hoffman

Entwicklungsniveau		Beschreibung
1	Globale Empathie	Während des 1. Lebensjahres kann das Kind noch nicht zwischen sich und anderen unterscheiden. Beobachtet das Kind das Leiden eines anderen, konfundieren die aufkommenden eigenen unangenehmen Gefühle mit dem Wahrgenommenen. Das Kind reagiert dann oft, als wäre ihm selbst passiert, was es beobachtet hat. Wenn andere weinen, weint es beispielsweise ebenfalls.
2	Egozentrische Empathie	Etwa ab dem 1. Geburtstag hat das Kind gelernt, konsistent zwischen sich und anderen zu unterscheiden. Es weiß daher, dass das Leiden eines anderen nicht ihm widerfährt. Da es sich aber noch nicht in die fremde Person versetzen kann, nimmt es an, dass der Leidende ähnliche Gefühle und Bedürfnisse hat wie es selbst.
3	Empathie für die Gefühle anderer Menschen	Mit der einsetzenden Fähigkeit zur Perspektivübernahme mit etwa 2–3 Jahren realisiert das Kind, dass die eigenen Gefühle nicht den Gefühlen anderer entsprechen müssen. Das Kind wird empfänglicher für beobachtbare Hinweise auf die Gefühle anderer und ist dabei zunehmend unabhängig von der Anwesenheit der betreffenden Person.
4	Empathie für die Lebensverhältnisse anderer Menschen	In der späten Kindheit, also mit etwa 10 Jahren, löst sich die Empathie von der situationalen Bedingtheit des Leidens anderer. Auf der Grundlage komplexerer Konzepte sind Kinder in der Lage, die Basis für das Leiden einer anderen Person als Lebensbedingung und damit als unabhängig von der momentanen Situation zu begreifen.

Die **Empathietheorie** muss als **Ergänzung zur kognitiven Theorie** gesehen werden. Das zentrale Moment des empathischen Erlebens steht deutlich mit prosozialem Verhalten in Zusammenhang.

wenn sich die Person zumindest in einem gewissen Maße selbst für das Leiden eines anderen verantwortlich fühlt. Darüber hinaus betont er aber auch die Rolle von **positiven Emotionen**, wie Stolz oder Zufriedenheit, die den Akteur in seinem (moralischen) Handeln bestärken sollen.

Hoffmans Empathietheorie stellt keinen Gegenentwurf zu Kohlbergs kognitiver Theorie dar. Vielmehr erweitert sie den Blick auf die moralische Entwicklung um emotionale Prozesse, die von den Vertretern der kognitiven Seite vernachlässigt worden sind. Eine Vielzahl von Studien konnte zeigen, dass empathisches Erleben einen beachtlichen Zusammenhang zu prosozialem Verhalten aufweist (Batson, Ahmad, Lishner & Tsang, 2005).

16.3 Moralisches Handeln

Moralisches Handeln ist per Definition ein Verhalten, das an Normen und Gesetze angepasst ist, die von der Gesellschaft als moralisch klassifiziert werden.

Die Erforschung prosozialen Verhaltens im Sinne des Helfens oder Teilens ist erst zu Beginn der 1970er Jahre in den Fokus gerückt. Diese Ansätze, wie die soeben beschriebene Empathietheorie, betonen die **aktive Rolle eines mit sozialen Kompetenzen ausgestatteten Individuums** bei der Erarbeitung von und der freiwilligen Selbstbindung an moralische Prinzipien. Vor diesem Zeitpunkt konzentrierte sich die vorwiegend lerntheoretisch orientierte Forschung auf den Aspekt der Unterdrückung verbotenen Verhaltens. Grundsätzlich aber wird moralisches Handeln definiert als ein Verhalten, das an die Normen und Gesetze angepasst ist, die von der Gesellschaft (bzw. deren Vertretern wie Eltern, Erzieher, Lehrer) als moralisch klassifiziert werden.

16.3.1 Die negative Perspektive: Unterdrückung verbotenen Verhaltens

Aus lerntheoretischer Sicht sind die Rollen moralischer Kognitionen oder empathischen Erlebens zweitrangig. Für den Erhalt eines sozialen Systems, so argumentieren Vertreter dieser Perspektive, ist es weniger von Bedeutung, dass ein Individuum die Normen und Werte einer Gesellschaft kennt (und dementsprechend urteilt), sondern inwieweit

16.3 · Moralisches Handeln

das eigene Handeln an diesen ausgerichtet wird. Dem Auftreten von Schuld- und Schamgefühlen wird in diesem Rahmen zwar eine wichtige Rolle bei der Einhaltung von Verboten eingeräumt. Sie sind jedoch lediglich das Produkt eines Lernprozesses, der durch **Belohnung und Bestrafung**, durch Lob und Tadel sowie durch **Nachahmung bedeutsamer Modelle** gekennzeichnet ist. Diese **Internalisierung von Normen** äußert sich und wird damit beobachtbar in Situationen, in denen Individuen Verbote einhalten, ohne dass ein Außenstehender diese Einhaltung überwacht und in denen die Gefahr einer Entdeckung und Bestrafung gering ist.

> Aus lerntheoretischer Sicht vollzieht sich die **Internalisierung von Normen** auf der Basis einfacher **Lernmechanismen** wie Belohnung oder Bestrafung und manifestiert sich beispielsweise in der **Unterdrückung verbotenen Verhaltens** in Situationen, die ein verbotenes Verhalten ermöglichen.

Exkurs

Erhebung internalisierter Normen: Das »Ray-Gun-Paradigma«

Ein klassisches, experimentelles Paradigma (z. B. »ray-gun«; Grinder, 1962), welches zur Erhebung internalisierter Normen eingesetzt worden ist, sieht vor, dass die Versuchsperson zunächst mit den Regeln und Verboten in einer Laborsituation vertraut gemacht wird (z.B. beim »Ray-Gun-Paradigma« soll die Anzahl der Raketen notiert werden, die man in einem Geschicklichkeitsspiel mit einem Lichtstrahl in maximal 20 Durchgängen abgeschossen hat). Den Teilnehmern wird daraufhin ein attraktiver Anreiz gegeben, die Regeln zu verletzen (z. B. in Abhängigkeit vom Spielerfolg einen Button zu erhalten, der die Versuchsperson als »Ray-Gun-Experten« ausweist). Meist unter einem Vorwand wird dann die Kontrolle der Regeleinhaltung unterbrochen (z. B. indem der Versuchsleiter den Raum verlässt), sodass die Versuchsperson die Gelegenheit bekommt, scheinbar unbeobachtete, in Wirklichkeit aber mitgeschnittene, Regelverstöße zu begehen (z. B. durch das Weglassen von Durchgängen mit wenig Treffern oder das Notieren von mehr als den erzielten Treffern).

Man mag vermuten, dass sich anhand von experimentellen Designs wie dem »Ray-Gun-Paradigma« (▶ Exkurs) eine gewisse Konsistenz von Regelverstößen zeigen lässt und damit der Hinweis auf ein **Gewissen im Sinne einer Persönlichkeitsvariablen** erbracht werden kann. Jedoch kann man wohl als das wichtigste Ergebnis der zahlreichen Studien festhalten, dass eine Reihe von **situativen Variablen** (wie z. B. die subjektive Bedeutsamkeit der Situation oder die Verführung durch andere) eine weitaus bedeutsamere Rolle spielt als die Persönlichkeit.

Darüber hinaus stellte sich die zentrale Frage nach der **Bedeutsamkeit von Bestrafung**, da dieser als zentral postulierte Lernmechanismus (Angstvermeidung) das Auftreten von Regelverstößen verringern sollte. Auf der Grundlage bisheriger Studien kann man diesbezüglich festhalten, dass sich **milde Bestrafungen** als effektiver erwiesen als intensive Bestrafungen und dass sich in Kombination mit einer milden Bestrafung insbesondere die **Angabe von Gründen** für eine Bestrafung als bedeutsamste Einflussgröße zeigte.

> Das Ausmaß von beobachtbaren Regelverletzungen ist dabei eher durch situative Momente bestimmt, als dass man von einem **Gewissen im Sinne einer Persönlichkeitsvariablen** ausgehen kann.

> Eine **milde Bestrafung**, die vonseiten des Bestrafenden **begründet** wird, erweist sich als die effektivste Methode um das Auftreten von verbotenem Verhalten zu verringern.

16.3.2 Die positive Perspektive: Äußern prosozialen Verhaltens

Prosoziales Verhalten ist definiert als ein Verhalten, welches für Mitmenschen gezeigt wird oder sich an dem Wohlergehen der Mitmenschen orientiert. Es ist inzwischen vielfach belegt, dass Kinder **bereits mit 24 Monaten** tröstendes Verhalten zeigen, Süßigkeiten oder Spielsachen mit anderen Kindern teilen oder diese ablenken oder zu schützen versuchen (Zahn-Waxler, Radke-Yarrow, Wagner & Chapman, 1992). Die Ergebnisse sind dabei unabhängig davon, ob das Kind das Leiden einer anderen Person beobachtet oder verursacht hat und ob diese Person die eigene Mutter oder eine fremde Person ist. Die Häufigkeit und Vielfältigkeit prosozialen Verhaltens nimmt über die Kindheit zu.

Darüber hinaus hat sich gezeigt, dass das **elterliche Verhalten** bei der Entwicklung des prosozialen Verhaltens eine entscheidende Rolle spielt (Volland, Ulich & Kienbaum, 1999). Begünstigt wird es nicht allein durch elterliche Wärme, sondern insbesondere durch das Vorliegen eines **induktiven Erziehungsstils**. Eltern mit einem induktiven Erziehungsstil sind dadurch charakterisiert, dass sie versuchen, **dem Kind das eigene**

> Bereits **mit 24 Monaten** können Kinder **prosoziales Verhalten** zeigen, welches in der Regel über die Kindheit zunimmt.

> Diese Zunahme wird vor allem durch einen **induktiven Erziehungsstil** gefördert, der sich dadurch auszeichnet, dass Kinder auf die **Folgen ihres Fehlverhaltens für andere** aufmerksam gemacht werden.

Fehlverhalten einsichtig zu machen, indem sie ihm die Folgen seines Verhaltens für andere erklären, antisoziales Verhalten unterbinden und zu prosozialem Verhalten auffordern. Im Gegensatz zu den lerntheoretischen Annahmen führt der Einsatz von Bestrafung für das Unterlassen bzw. die Belohnung des Zeigens prosozialen Verhaltens alleingenommen allenfalls kurzfristig zu einem positiven Effekt.

16.4 Motivation moralischen Handelns

> Für die Praxis sind nicht nur die kognitiven und affektiven Aspekte der **Moralentwicklung** von Bedeutung, sondern vor allen auch ihr **Handlungsbezug**.
>
> Empirisch konnte keine befriedigende Erklärung der Motivation moralischen Handelns durch die Berücksichtigung moralischer Kognitionen und Emotionen erbracht werden.

Die vorgestellten Ansätze beschäftigen sich mit unterschiedlichen Aspekten der moralischen Entwicklung, legen dabei ganz verschiedene Schwerpunkte auf Entwicklungsfaktoren und Einflussgrößen. Es stellt sich abschließend die Frage, wie sich der Zusammenhang der Ansätze zum moralischen Handeln darstellt. Oder anders ausgedrückt: Was motiviert also moralisches Handeln?

Die kognitivistische Forschungstradition, zu der Lawrence Kohlberg, Jean Piaget und Elliot Turiel zu zählen sind, betont, dass die Motivation moralisch zu handeln, unmittelbar von **moralischen Kognitionen**, vom moralischen Urteil abhängt. Auf der anderen Seite heben Vertreter der affektiven Forschungstradition, wie beispielsweise Martin Hoffman, explizit die Rolle **moralischer Emotionen** hervor und gestehen der kognitiven Entwicklung eine notwendige, aber keinesfalls eine hinreichende Funktion bei der Auslösung moralischen Verhaltens zu. Aber selbst wenn man beide Ansätze vereinigt, gibt es theoretische und empirische Hinweise darauf, dass kein bedeutsamer Zusammenhang zu einer **Motivation moralischen Handelns** besteht (Hardy & Carlo, 2005). Ganz offensichtlich bedarf es mehr als ein Wissen um das, was richtig und falsch ist, und mehr als ein empathisches Erleben, um ein moralisches Handeln zu motivieren.

Ein vielversprechendes und zukunftsweisendes Modell hat Blasi (1983) entworfen: Er betont, dass erst dann, wenn Moral ein wichtiger und zentraler Bestandteil des **Selbstkonzeptes** ist, und damit eine **moralische Identität** existiert, ein substanzieller Zusammenhang zwischen dem Denken und Erleben auf der einen und dem Verhalten auf der anderen Seite besteht. Um es kurz zu sagen, muss es dem Individuum etwas bedeuten, moralisch zu handeln. Empirische Studien konnten belegen, dass das Selbstkonzept in der Tat eine bedeutsame Rolle spielt (Hardy & Carlo, 2005). Blasi bestreitet dabei nicht, dass es andere konkurrierende motivierende Komponenten gibt, denen – insbesondere vor der **Adoleszenz**, in der sich die **Identitätsbildung** als die zentrale **Entwicklungsaufgabe** darstellt (vgl. Kapitel »Selbstkonzept«) – eine wichtige Rolle zukommt. Aber diese sind aus seiner Sicht eben weniger konsistente Prädiktoren des moralischen Handelns oder der moralischen Motivation.

Für die Praxis

Der Familienrat als besonderer sozialer Erfahrungsraum

Folgt man den Annahmen Kohlbergs, dann können Eltern aufgrund der kognitiven Reife erst in der späten Kindheit von ihren Kindern erwarten, dass sie sich nicht mehr vorrangig an ihrem eigenen Wohlergehen orientieren. Zahlreiche Befunde widersprechen inzwischen aber dieser Annahme. Kinder dieses Alters sagen zwar, dass die Eltern schimpfen, wenn sie ein anderes Kind schlagen würden. Dennoch halten sie daran fest, dass es falsch ist zu schlagen, selbst wenn eine Autorität dies erlauben würde und können das Leid des anderen Kindes nachempfinden. Eltern können auf die Entwicklung dieser Kompetenzen Einfluss nehmen, denn die Familie ist in der Kindheit der soziale Erfahrungsraum schlechthin. Und dies nicht nur, indem Eltern den Kindern ein entsprechendes Verhalten vorleben, klare Regeln aufstellen und auf deren Einhaltung achten. Ganz besonders gute Gelegenheiten, um Kindern einen Einblick in die Gefühle und Gedanken anderer Personen zu geben, bietet der »Familienrat«. Indem alle Familienmitglieder zu Wort kommen, um vergangene oder aktuelle Konfliktsituationen zu besprechen, jeder Einzelne mit den Perspektiven und Verhaltensmotiven der anderen Beteiligten konfrontiert wird, Lösungsvorschläge eingebracht und gemeinsam ausgewählt werden, können Kinder bei der Einübung wichtiger sozialer Kompetenzen gefördert werden.

16.4 · Motivation moralischen Handelns

Eines ist jedoch bei der Betrachtung der verschiedenen Positionen deutlich geworden: Egal, ob die kognitive Position von sozialer Perspektivübernahme spricht, die affektive Position dem empathischen Erleben einen bedeutsamen Stellenwert einräumt oder aber die lerntheoretische Position die Rolle eines induktiven Erziehungsstils betont – allen Ansätzen gemein ist die Tatsache, dass eine positive Moralentwicklung in Zusammenhang steht mit der Fähigkeit, einen Einblick in das Erleben anderer Personen in sozialen Situationen zu bekommen.

> Eine positive Moralentwicklung hängt mit der Fähigkeit zusammen, Einblicke in das Erleben anderer Personen zu gewinnen.

? Kontrollfragen

1. Durch welche Charakteristika zeichnet sich das Stadium der heteronomen Moral nach der Konzeption von Piaget aus?
2. Wodurch unterscheiden sich das konventionelle und das postkonventionelle Entwicklungsstadium nach Kohlberg?
3. Wodurch unterscheiden sich moralische und sozialkonventionelle Urteile voneinander?
4. Wie lassen sich eine Gerechtigkeits- und eine Fürsorgemoral voneinander abgrenzen?
5. Wie sollte eine Bestrafung gestaltet sein, wenn sie möglichst wirksam sein soll?

Keller, M. & Kretenauer, T. (2007). Moralentwicklung im Kulturvergleich. In: G. Trommsdorf et al. (Hrsg.), *Enzyklopädie der Psychologie, Band C, VII/2. Erleben und Handeln im kulturellen Kontext*. Göttingen: Hogrefe.
Killen, M. & Smetana, J. (2006). *Handbook of moral development*. Mahwah, NJ: Lawrence Erlbaum.
Oser, F. & Althof, W. (2001). *Moralische Selbstbestimmung*. Stuttgart: Klett-Cotta.

▶ **Weiterführende Literatur**

D Entwicklungsabweichungen

17 Entwicklungsabweichungen im Kindesalter – 224

18 Entwicklungsabweichungen im Jugendalter – 250

17 Entwicklungsabweichungen im Kindesalter

17.1 Entwicklungsabweichungen: Definition und Klassifikation – 225

17.2 Prävalenz – 227

17.3 Risiko- und Schutzfaktoren – 227
17.3.1 Generelle Aspekte – 227
17.3.2 Interne Risiko- und Schutzfaktoren – 228
17.3.3 Externe Risiko- und Schutzfaktoren – 231
17.3.4 Integration verschiedener Faktoren – 235

17.4 Diagnostik – 235
17.4.1 Ziele der Diagnostik – 235
17.4.2 Bestandteile der Diagnostik – 236

17.5 Prävention und Intervention – 238
17.5.1 Präventionsansätze – 238
17.5.2 Interventionsansätze – 239

17.6 Beschreibung einzelner Störungsbilder – 240
17.6.1 Regulationsstörungen im Säuglingsalter: Schrei-, Schlaf- und Fütterstörungen – 241
17.6.2 Enuresis und Enkopresis – 241
17.6.3 Tiefgreifende Entwicklungsstörungen – 242
17.6.4 Angststörungen – 244
17.6.5 Hyperkinetische Störungen – 245
17.6.6 Aggressiv-oppositionelles Verhalten – 246
17.6.7 Umschriebene Entwicklungsstörungen – 247

Lernziele

- Entwicklungsabweichungen definieren können.
- Günstige und weniger günstige Entwicklungsbedingungen sowie Risiko- und Schutzfaktoren benennen können.
- Ansatzmöglichkeiten zur Diagnose von Entwicklungsabweichungen kennen.
- Präventions- und Interventionsansätze kennen.
- Mögliche Störungen im Kindesalter erläutern können.

Beispiel

Jonas ist 11 Jahre alt und geht in die 6. Klasse einer Gesamtschule. Seine schulischen Leistungen sind miserabel: Im letzten Jahr hat er mit Mühe und Not die Versetzung geschafft. Er schwänzt regelmäßig die Schule und vertreibt sich die Zeit meistens mit »Abhängen« oder stundenlangem Computerspielen. Bei seinen Klassenkameraden ist Jonas nicht besonders beliebt: Er gerät häufig in Streit mit ihnen und nicht selten kommt es zu Raufereien oder Prügeleien zwischen ihm und anderen Jungen seines Alters. Er hat drei »gute Kumpels«, mit denen er regelmäßig zusammen ist. Auch sie fallen durch schlechte Schulnoten und ständige Konflikte mit Mitschülern und Lehrern auf. Von seinen Eltern lässt sich Jonas nicht viel sagen. Wenn sie ihn wegen seines Verhaltens zur Rede stellen, ignoriert er sie entweder oder bekommt Wutausbrüche, bei denen nicht selten Sachen zu Bruch gehen. Er sieht sich selber als »Sündenbock«, der von den anderen provoziert oder angestachelt wird und zeigt keinerlei Verständnis dafür, dass seine Lehrer und Eltern sein Verhalten nicht dulden.

Kennen Sie Kinder wie Jonas? Kinder, die durch Verhaltensprobleme auffallen und offensichtlich vom »normalen« kindlichen Entwicklungsverlauf abweichen. In diesem Kapitel werden verschiedene Ausprägungen und Dimensionen kindlicher Entwicklungsabweichungen und mögliche Ursachen sowie präventive und therapeutische Maßnahmen vorgestellt.

17.1 Entwicklungsabweichungen: Definition und Klassifikation

> **Definition**
> Eine **Entwicklungsabweichung** besteht dann, wenn Kinder Verhaltens- oder Erlebensweisen zeigen, die für ihr Alter unangemessen und untypisch sind.

▶ Definition Entwicklungsabweichung

Auch wenn die Entwicklung von Kindern interindividuell sehr unterschiedlich verläuft, gibt es doch bestimmte **Entwicklungsschritte** und damit einhergehende Verhaltensweisen, **die man als »normal« oder »altersangemessen« bezeichnen kann**. Bei Kindern, die nicht diesen zu erwartenden Entwicklungsverlauf nehmen und damit Verhaltensweisen zeigen, die typischerweise nicht bei Kindern ihrer Altersgruppe auftreten, spricht man von einer **Entwicklungsabweichung**. Je nach Altersstufe sieht eine Entwicklungsabweichung anders aus: Bei einem 3 Monate alten Säugling würde das tägliche Einnässen z. B. als »normal« bewertet werden, bei einem 7 Jahre alten Jungen handelt es sich jedoch um ein altersunangemessenes und damit abweichendes Verhalten.

Entwicklungsabweichungen sind dadurch gekennzeichnet, dass Kinder von dem zu erwartenden Entwicklungsverlauf abweichen.

Die Formen von Entwicklungsabweichungen, um die es im Folgenden gehen wird, beziehen sich vorrangig auf Aspekte, die aus der entwicklungspsychologischen Perspektive von Interesse sind: Affekt, Sprache, Kognition, Verhalten und Erleben. Entwicklungsabweichungen, die sich beispielsweise auf Auffälligkeiten in der körperlichen Entwicklung beziehen, sind eher im pädiatrischen Kontext anzusiedeln und werden hier nicht thematisiert, obwohl sie natürlich auch im Hinblick auf die Entwicklung aus psychologischer Sicht eine Rolle spielen und oft eng mit Auffälligkeiten im Verhalten und Erleben verknüpft sind.

Aus entwicklungspsychologischer Sicht sind vor allem Entwicklungsabweichungen im Hinblick auf Affekt, Sprache, Kognition, Verhalten und Erleben von Interesse.

Die Unterscheidung zwischen normalen und abweichenden Verhaltens- und Erlebensweisen ist nicht immer einfach zu treffen. Die Übergänge sind fließend, und ab wann eine Entwicklungsabweichung diagnostiziert werden sollte bzw. kann, ist mitunter nicht leicht festzulegen. Wenn eine Entwicklungsabweichung so gravierend ist, dass »das Verhalten und/oder Erleben bei Berücksichtigung des Entwicklungsalters abnorm ist und/oder zu einer Beeinträchtigung führt« (Steinhausen, 2006, S. 20), spricht man von einer **psychischen Störung im Kindesalter**. Die Abnormität ist neben der **Altersunangemessenheit** zusätzlich dadurch gekennzeichnet, dass das **abweichende Verhalten oder Erleben dauerhaft besteht** und damit nicht als Durchgangsphänomen zu bewerten ist. Das **betroffene Kind selbst oder sein Umfeld leidet** darunter und es kommt zu einer **Beeinträchtigung in verschiedenen Lebensbereichen** (s. dazu auch Steinhausen, 2006, S. 20ff.).

Wenn das Verhalten oder Erleben eines Kindes (unter Berücksichtigung des Alters) abnorm ist und/oder zu einer Beeinträchtigung führt, spricht man von einer **psychischen Störung**.

Man kann sich leicht vorstellen, dass sich abnormes Verhalten und Erleben im Kindesalter auf sehr unterschiedliche Art und Weise äußern kann. Damit eine angemessene therapeutische Intervention geplant und zielgerichtet durchgeführt werden kann und damit ein fachlicher Austausch zwischen verschiedenen Personen über ein Kind und seine Auffälligkeiten möglich ist, ist es notwendig, eine genaue **Diagnose** zu stellen. Die Diagnosestellung findet auf der Grundlage **allgemein anerkannter Klassifikationssysteme** statt. Diese Klassifikationssysteme ermöglichen eine **symptombasierte Einteilung psychischer Störungen**. Die einzelnen Störungsbilder werden darin anhand der störungsspezifischen Symptomatik definiert und voneinander abgegrenzt. Dazu dienen in der Regel das **DSM IV** (Diagnostisches und statistisches Manual psychischer Störungen; Saß, 2003) oder die **ICD-10** (Internationale Klassifikation von Erkrankungen; WHO, 2005). Auf der Grundlage der ICD-10 wurde von Remschmidt, Schmidt und Poustka (2006) das **»Multiaxiale Klassifikationsschema für psychische Störungen des Kindes- und Jugendalters« (MAS)** entwickelt. Das MAS beinhaltet 6 unterschiedliche inhaltliche Achsen, wodurch eine multiple Diagnose unter Berücksichtigung mehrerer Faktoren gestellt werden kann (◘ Abb. 17.1).

Auf der Grundlage von Klassifikationssystemen wie DSM-IV, ICD-10 und MAS kann eine **symptombasierte Diagnose** gestellt werden.

◨ **Abb. 17.1.** Darstellung der Achsen des MAS. (Nach Remschmidt, Schmidt & Poustka, 2006)

Erste Achse: Klinisch-psychiatrisches Syndrom

F0: Organische einschließlich symptomatischer psychischer Störungen (psychische Krankheiten bzw. Hirnfunktionsstörungen aufgrund zerebraler Erkrankungen oder Hirnschädigungen, z.B. postenzephalitisches Syndrom)

F1: Psychische und Verhaltensstörungen durch psychotrope Substanzen (Störungen, die durch den Konsum psychotroper Substanzen hervorgerufen werden, z.B. Anhängigkeitssyndrom)

F2: Schizophrenie, schizotype und wahnhafte Störungen (Störungen, die durch Halluzinationen, Wahn und schwere Verhaltensstörungen gekennzeichnet sind, z.B. Schizophrenie)

F3: Affektive Störungen (Störungen, bei denen als Hauptsymptomatik eine Veränderung der Stimmung oder Affektivität vorliegt, z.B. depressive Episode)

F4: Neurotische, Belastungs- und somatoforme Störung (Störungen, die durch übermäßige Ängste, Belastungsreaktionen, Zwänge, körperliche Beschwerden ohne organische Ursache oder eine Beeinträchtigung der Integration von Erinnerung, Wahrnehmung, Identitätsbewusstsein oder Bewegungskontrolle gekennzeichnet sind, z.B. generalisierte Angst, posttraumatische Belastungsstörung)

F5: Verhaltensauffälligkeiten mit körperlichen Störungen und Faktoren (z.B. Ess-, Schlafstörungen)

F6: Persönlichkeits- und Verhaltensstörungen (Störungen mit lang anhaltenden klinisch auffälligen Persönlichkeits- und Verhaltensmustern, z.B. paranoide Persönlichkeitsstörung, pathologisches Glücksspiel)

F7: Intelligenzminderung (wird auf der dritten Achse kodiert)

F8: Entwicklungsstörungen (tiefgreifende Entwicklungsstörungen mit qualitativer Beeinträchtigung der sozialen Interaktion und Kommunikation, z.B. frühkindlicher Autismus; umschriebene Entwicklungsstörungen werden auf der zweiten Achse kodiert)

F9: Verhaltens- und emotionale Störung mit Beginn in der Kindheit und Jugend (z.B. emotionale Störung mit Trennungsangst, hyperkinetische Störung, Störung des Sozialverhaltens, Enuresis)

Zweite Achse: Umschriebene Entwicklungsstörungen

Störungen, die mit Beeinträchtigungen der Entwicklung und des Fähigkeitsniveaus einzelner Funktionsbereiche einhergehen und die in der Kindheit beginnen (z.B. expressive Sprachstörung, Lese- und Rechtschreibstörung)

Dritte Achse: Intelligenzniveau

Einordnung des Intelligenzgrades von „sehr hohe Intelligenz" (IQ über 129) bis „schwerste Intelligenzminderung" (IQ unter 20)

Vierte Achse: Körperliche Symptomatik

Kodierung von körperlichen Krankheiten und Bedingungen, die häufig mit psychischen Auffälligkeiten einhergehen (z.B. multiple Sklerose, zerebrale Lähmungen, vorsätzliche Selbstschädigung)

Fünfte Achse: Assoziierte aktuelle abnorme psychosoziale Umstände

z.B. Abnorme intrafamiliäre Beziehungen (u.a. körperliche Kindesmisshandlung), gesellschaftliche Belastungsfaktoren (u.a. Verfolgung und Diskiriminierung)

Sechste Achse: Globalbeurteilung des psychosozialen Funktionsniveaus

Einordnung des Funktionsniveaus von (0) „Herausragende oder gute soziale Funktionen in allen sozialen Bereichen" bis (8) „Tiefe und durchgängige soziale Beeinträchtigung. Braucht ständige Betreuung; völliges Fehlen von Kommunikation"

Neben altersunabhängigen Störungsbildern treten im Kindesalter vor allem Entwicklungsstörungen und die im MAS unter F9 kodierten Störungen auf.

Obwohl grundsätzlich (fast) alle der im MAS aufgeführten Störungsbilder im Kindesalter auftreten können, sind vor allem die Entwicklungsstörungen und die unter F9 kodierten Störungen in dieser Altersgruppe relevant, da sie einen deutlichen Altersbezug aufweisen.

Für Säuglinge und Kleinkinder gibt es darüber hinaus noch die »**Diagnostische Klassifikation 0-3**« (Zero To Three, 1999), die Entwicklungsstörungen und psychische

Gesundheitsprobleme abdeckt, welche sich in den ersten Lebensjahren manifestieren (z. B. Regulationsstörungen).

17.2 Prävalenz

Genaue Prävalenzraten für psychische Störungen im Kindesalter zu bestimmen, ist mit einigen Schwierigkeiten verbunden. So kommen unterschiedliche epidemiologische Studien zu **uneinheitlichen Ergebnissen** (Döpfner, 2008; Steinhausen, 2006). Dieses liegt u. a. daran, dass unterschiedliche Forschungsansätze und methodische Herangehensweisen (z. B. unterschiedliche Erhebungsinstrumente) gewählt und teilweise keine repräsentativen Stichproben herangezogen werden. Außerdem ist nicht immer eindeutig, ob die Symptomatik so gravierend ist, dass man von einer psychischen Störung sprechen kann.

Die Angaben **schwanken bei europäischen Studien** zwischen 9,5% (Großbritannien; Ford, Goodman & Meltzer, 2003) und 22,5% (Schweiz; Steinhausen, Winkler Metzke, Meier & Kannenberg, 1998). Nach einer aktuellen Studie von Ravens-Sieberer, Wille, Bettge und Erhart (2007) zeigen sich **bei 21,9% aller deutschen Kinder und Jugendlichen zwischen 7 und 17 Jahren psychische Auffälligkeiten**. Damit kann man generell festhalten, dass etwa jedes 5. Kind in Deutschland von einer psychischen Störung betroffen ist.

Hinsichtlich der Prävalenzraten ergeben sich deutliche **Geschlechtsunterschiede.** Während bis zu einem Alter von etwa 13 Jahren mehr Jungen betroffen sind, ändert sich dieses im Laufe der Adoleszenz durch einen Anstieg der Prävalenzrate bei den Mädchen (Ihle & Esser, 2002). **Jungen** zeigen dabei typischerweise eher **externalisierende Probleme** (z. B. aggressives Verhalten, hyperkinetische Störungen etc.), wohingegen **Mädchen eher internalisierende Symptome** aufweisen (z. B. Angststörungen, Essstörungen etc.; Alsaker & Bütikofer, 2005).

17.3 Risiko- und Schutzfaktoren

Warum entwickeln nun einige Kinder entwicklungsabweichende Auffälligkeiten und andere nicht? Im Folgenden werden die wichtigsten Risikofaktoren einerseits und relevante Schutzfaktoren andererseits vorgestellt.

17.3.1 Generelle Aspekte

Verhaltensauffälligkeiten können sich aufgrund einer Vielzahl möglicher Faktoren entwickeln. In der Regel lässt sich **nicht ein einzelner abgrenzbarer auslösender Faktor** festmachen. Die Entstehung einer Störung ist prinzipiell fast immer **multifaktoriell** und durch ein **Wechselspiel verschiedener Einflussgrößen** bestimmt. Welchen Anteil einzelne Faktoren im Rahmen der Ätiologie einnehmen, ist dabei von Individuum zu Individuum und von Störungsbild zu Störungsbild unterschiedlich.

> **Definition**
> **Risikofaktoren** erhöhen das Risiko, dass eine Entwicklungsabweichung bzw. psychische Störung auftritt. **Schutzfaktoren** wirken diesem Risiko entgegen.

Generell lassen sich **Risiko- und Schutzfaktoren** unterscheiden. Risikofaktoren erhöhen die Wahrscheinlichkeit des Auftretens einer Auffälligkeit, während Schutzfaktoren

---

Die Angaben zu Prävalenzraten psychischer Störungen sind nicht immer einheitlich.

Etwa jedes 5. Kind leidet unter einer psychischen Störung.

Bis zum Alter von etwa 13 Jahren sind mehr Jungen als Mädchen von psychischen Störungen betroffen. Im Laufe der Adoleszenz steigen die Prävalenzraten bei den Mädchen deutlich an.

Verhaltensauffälligkeiten entwickeln sich aufgrund verschiedener Faktoren, die miteinander in Wechselwirkung stehen.

▶ Definition
Risikofaktoren und Schutzfaktoren

Abb. 17.2. Potenzielle interne und externe Risiko- und Schutzfaktoren der kindlichen Entwicklung

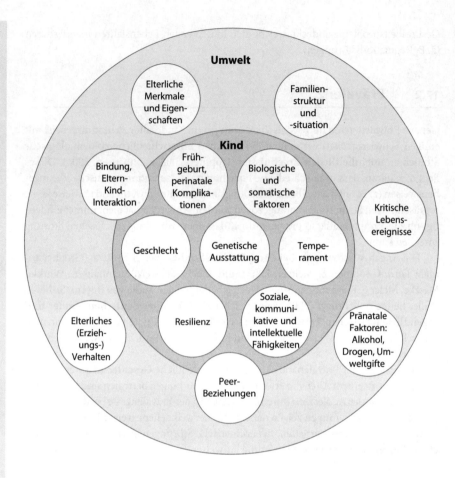

Es gibt Faktoren, die das Auftreten einer Störung begünstigen (**Risikofaktoren**), und solche, die das Auftreten unwahrscheinlicher machen (**Schutzfaktoren**). Diese können innerhalb der Person oder in der Umwelt begründet sein.

eine entgegengesetzte Wirkung haben. Schutzfaktoren sollten jedoch nicht als das bloße Gegenteil oder die Abwesenheit von Risikofaktoren verstanden werden: Sie wirken vielmehr den Risikofaktoren entgegen und mildern oder kompensieren deren schädliche Wirkung. Beide können sowohl intern, d. h. personenbezogen, als auch extern, d. h. umweltbezogen sein (Petermann & Resch, 2008). **Personen- bzw. kindbezogene Faktoren** liegen innerhalb des Kindes (z. B. genetische Disposition), während **umweltbezogene Faktoren** durch die äußere Umgebung bestimmt werden (z. B. Tod eines Elternteils). Die Intensität, das zeitliche Andauern und das Zusammenspiel interner und externer Risiko- und/oder Schutzfaktoren bestimmen letztendlich, ob es zur Entwicklung einer Verhaltensauffälligkeit kommt oder nicht (Abb. 17.2).

17.3.2 Interne Risiko- und Schutzfaktoren

Genetische, somatische und biologische Faktoren

Psychische Störungen können **genetisch prädisponiert** sein: Während einige wenige Störungen ausschließlich oder größtenteils genetisch bedingt sind, spielt die genetische Ausstattung bei anderen Auffälligkeiten eine untergeordnetere Rolle.

Aufseiten des Kindes sind zum einen genetische Faktoren zu nennen. So gibt es für zahlreiche Störungen nachgewiesenerweise eine eindeutige **genetische Disposition**, wodurch das **Auftreten der Störung prädisponiert oder zumindest begünstigt** wird. Diese Disposition wird auch häufig als **Vulnerabilität** bezeichnet. Wenn eine genetische Disposition vorliegt, heißt das in der Regel nicht zwangsläufig, dass die Verhaltensauffälligkeit auch tatsächlich auftritt. Dieses ist jedoch stark **störungsabhängig**. Es gibt bestimmte Störungsbilder (z. B. das Down-Syndrom), die ausschließlich genetisch bedingt sind. Bei der Schizophrenie und dem frühkindlichen Autismus wird der genetische Anteil als sehr hoch eingeschätzt, während die Disposition z. B. bei Essstörungen nicht zu einer zwangsläufigen Erkrankung führt, sondern in großem Maße von anderen Faktoren mitbestimmt wird. Die Erforschung der genetischen Ursachen psychischer Störungen ist jedoch aktuell bei Weitem nicht abgeschlossen, sodass in den nächsten Jahren und Jahrzehnten vermutlich neue Erkenntnisse hinsichtlich des Einflusses genetischer Faktoren gewonnen werden.

Chronische und auch akute **körperliche Erkrankungen und Behinderungen** können psychische Störungen bei Kindern begünstigen, da sie von den betroffenen Kindern häufig hohe Anpassungs- und Bewältigungsleistungen fordern. Dieses ist jedoch in großem Maße abhängig davon, wie stark das Kind tatsächlich beeinträchtigt ist, wie die Umwelt damit umgeht und über welche sonstigen Kompetenzen das Kind verfügt. Wenn eine **Hirnschädigung oder Hirnfunktionsstörung** besteht, liegt eine höhere Anfälligkeit für Verhaltensauffälligkeiten vor (Remschmidt, 2007). Auch hier spielt zweifelsfrei wieder das Ausmaß der Beeinträchtigung eine große Rolle. Schädigungen des zentralen Nervensystems können genetisch bedingt, aber auch durch pränatale (z. B. Alkoholkonsum der Mutter während der Schwangerschaft) oder äußere Einflüsse (z. B. Umweltgifte) begründet sein (▶ Abschn. 17.3.3). Grundsätzlich sind Kinder mit körperlichen und hirnorganischen Beeinträchtigungen anfälliger, auf schädliche Umweltreize mit psychischen und Verhaltensauffälligkeiten zu reagieren, da sie ohnehin mit größeren Belastungen konfrontiert werden.

> **Kinder mit körperlichen Beeinträchtigungen** sind **anfälliger**, eine psychische Störung zu entwickeln. Dieses ist jedoch stark vom Ausmaß der Beeinträchtigung und anderen kind- und umweltbezogenen Faktoren abhängig.

Frühgeburt und perinatale Komplikationen

Kinder, die zu früh, d. h. vor der 37. Schwangerschaftswoche geboren werden, weisen ein **niedrigeres Geburtsgewicht** auf als Kinder, die termingerecht geboren werden. Viele dieser zu früh geborenen Kinder entwickeln sich völlig normal und zeigen auf lange Sicht keinerlei Auffälligkeiten. Insgesamt lässt sich jedoch feststellen, dass Kinder mit einem zu niedrigen Geburtsgewicht im Verlauf ihrer Entwicklung durchschnittlich **häufiger Verhaltensstörungen, neurologische und teilweise kognitive Defizite** aufweisen (Hack, Klein & Taylor, 1995). Kommt es **während der Geburt zu Komplikationen**, die z. B. einen **Sauerstoffmangel** oder andere **physische Beeinträchtigungen für das Kind** mit sich bringen, kann auch dieses negative Auswirkungen auf die Entwicklung und damit auch auf die psychische Gesundheit haben (Allen, Lewinsohn & Seeley, 1998), da dadurch z. B. Hirnschädigungen hervorgerufen werden können.

> Kinder, die ein niedriges Geburtsgewicht aufweisen oder bei deren Geburt es zu Komplikationen kommt, sind anfälliger für psychische Störungen.

Geschlecht

Hinsichtlich der Auftretenswahrscheinlichkeit von Verhaltensauffälligkeiten zeigen sich deutliche Geschlechtsunterschiede: **Jungen sind in der Kindheit anfälliger** für eine Vielzahl an sowohl körperlichen als auch psychischen Erkrankungen. Für viele verschiedene Störungsbilder wurde diese »**Knabenwendigkeit**« bzw. **Androtropie** gefunden. Erst im Laufe der Adoleszenz kommt es bei einigen Störungsbildern (z. B. Depression, Essstörungen) zu einer höheren Prävalenz bei den Mädchen. Die Ursachen hierfür sind bisher nicht vollständig aufgedeckt; vermutlich führen jedoch biologische, soziokulturelle und Temperamentsunterschiede zu einer höheren Anfälligkeit der Jungen im Kindesalter.

> Jungen sind in der Kindheit häufiger von körperlichen und psychischen Erkrankungen betroffen.

Temperament und andere Eigenschaften des Kindes

Das Temperament eines Kindes kennzeichnet die Art und Weise, wie sich ein Kind allgemein verhält bzw. welchen **Verhaltensstil** es im Allgemeinen zeigt (▶ Kap. 11). Diese typische Art des Verhaltens lässt sich schon sehr kurz nach der Geburt beobachten und ist Grundlage der Entwicklung der individuellen Persönlichkeit (Thomas & Chess, 1977). Kinder mit einem **schwierigen Temperament** zeigen häufiger schon in den ersten Lebensmonaten und auch langfristig psychische bzw. Verhaltensauffälligkeiten, wohingegen ein **einfaches Temperament** als Schutzfaktor hinsichtlich der Entwicklung psychischer Störungen gelten kann (Zentner, 2000).

> Ein schwieriges **Temperament** gilt als Risiko-, ein einfaches Temperament als Schutzfaktor hinsichtlich der Entwicklung einer psychischen Störung.

Soziale, kommunikative und kognitive Fähigkeiten des Kindes haben einen Einfluss auf die Entwicklung psychischer Störungen.

Neben dem Temperament sind andere Eigenschaften des Kindes zu berücksichtigen, die sich auf die Entwicklung psychischer Auffälligkeiten auswirken können. Ein **positives Sozialverhalten**, **gute Kommunikationsfähigkeiten**, ein **positives Selbstkonzept** sowie **gute kognitive und intellektuelle Fähigkeiten** können die Wahrscheinlichkeit der Entwicklung psychischer Störungen verringern, während Defizite oder Auffälligkeiten in diesen Bereichen den gegenteiligen Effekt haben können (Häfner, Franz, Lieberz & Schepank, 2001a).

Resilienz

Es gibt immer wieder Kinder, die trotz widriger Umstände, schlechter Lebensbedingungen und ungünstiger Voraussetzungen einen nahezu unauffälligen Entwicklungsverlauf aufweisen. Diese Kinder scheinen »immun« gegenüber negativen Einflüssen zu sein und entwickeln sich völlig normal. Solche Kinder werden als resilient bezeichnet.

▶ Definition
Resilienz

> **Definition**
>
> Nach Holtmann und Schmidt (2004, S. 196) beschreibt der Begriff **Resilienz** »einen dynamischen oder kompensatorischen Prozess positiver Anpassung angesichts bedeutender Belastungen«. Resilienten Kindern gelingt es, aversive Bedingungen, Ereignisse und Erfahrungen erfolgreich zu bewältigen und unbeschadet zu überstehen.

Resilienz ist nicht als überdauernde Fähigkeit zu sehen, sondern als **dynamisches Konzept**.

Da Resilienz als eher dynamisches Konzept zu verstehen ist, stellt sie nicht zwangsläufig eine überdauernde Fähigkeit dar. Während Kinder in bestimmten Entwicklungsabschnitten und gegenüber bestimmten Bedingungen resilient sein können, können sie zu einem anderen Zeitpunkt und gegenüber anderen Faktoren durchaus anfällig sein (Egeland, Carlson & Sroufe, 1993; Holtmann, Poustka & Schmidt, 2004).

Exkurs

Biologische Korrelate der Resilienz

Ein relativ neuer Forschungsansatz beschäftigt sich mit biologischen Korrelaten der Resilienz (Holtmann, Poustka & Schmidt, 2004). Dabei geht es um individuelle biologische Bedingungen, die die **Auswirkungen psychosozialer Belastungen moderieren**. So wird z. B. der Frage nachgegangen, welche biologischen Eigenschaften und Besonderheiten Kinder aufweisen, die trotz ungünstiger Voraussetzungen (z. B. ungünstige sozioökonomische Situation der Familie, Missbrauchserfahrungen) keine psychischen Störungen oder Verhaltensauffälligkeiten entwickeln.

Insbesondere im Kontext von aggressiven und emotionalen Störungen weisen die Ergebnisse empirischer Studien darauf hin, dass es **hirnorganische, genetische oder somatische Merkmale** gibt, die in Bezug auf die Entstehung von Entwicklungsabweichungen eine **schützende Funktion** haben. So zeigte sich z. B.,

- dass interindividuelle Unterschiede hinsichtlich der präfrontalen Hirnaktivität mit unterschiedlichen emotionalen Reaktivitäten verbunden sind (bei linksfrontaler Aktivierung sind Reaktionen auf belastende Ereignisse weniger negativ),
- dass sich funktionelle Kopplungen von bestimmten Hirnarealen schützend auswirken, wenn die Personen ein hohes Suchtrisiko aufweisen,
- dass sich ein erhöhter Ruhepuls und eine erhöhte Hautleitfähigkeit bei ehemals aggressiven und delinquenten Jugendlichen schützend auf die Fortsetzung der Delinquenz im weiteren Altersverlauf auswirken kann,
- dass eine erhöhte Aktivität des Temporallappens aggressionsmindernde Effekte haben kann und
- dass es funktionelle genetische Polymorphismen (Genvarianten) gibt, die bei Vorliegen belastender Ereignisse eine schützende Funktion haben können (Holtmann, Poustka & Schmidt, 2004).

Diese Resilienzkorrelate sind nicht als Gegenpole biologischer Risikofaktoren zu verstehen. Sie kommen nur dann zum Tragen, wenn ein erhöhtes Risiko zur Entwicklung von psychischen Störungen oder Verhaltensauffälligkeiten besteht. In diesem Fall können sie eine **Pufferwirkung** ausüben, indem sie den risikoerhöhenden Faktoren entgegenwirken.

17.3 · Risiko- und Schutzfaktoren

Entwicklungsaufgaben und sensible Phasen

Kindern stellen sich in verschiedenen Altersabschnitten unterschiedliche **Entwicklungsaufgaben**, die sie meistern müssen (Havighurst, 1972). Diese gehen mit **körperlichen, emotionalen, motivationalen, biologischen, sozialen und verhaltensbezogenen Veränderungen** einher. So fangen Kinder typischerweise rund um ihren 1. Geburtstag an zu laufen, beginnen etwa zeitgleich auch ihre ersten Wörter zu sprechen und werden normalerweise mit etwa 6 Jahren eingeschult. Alle Kinder durchlaufen zahlreiche Entwicklungsabschnitte, die sie immer wieder vor neue Herausforderungen stellen. Wenn diese Entwicklungsaufgaben nicht oder nur unzureichend bewältigt werden, kann zu entwicklungsabweichendem Verhalten und Erleben kommen und psychische Störungen können begünstigt werden.

Hinsichtlich der Entwicklung bestimmter Fähigkeiten gibt es außerdem sog. **sensible Phasen**, in denen die Voraussetzungen für das Erlernen dieser Fähigkeiten ideal sind. Entwicklungen, die in diesen Phasen versäumt wurden, können später nur schwer nachgeholt werden (z. B. hinsichtlich der Wahrnehmung und der Sprachentwicklung, ▶ Kap. 7 und 12). Dementsprechend können sich zu diesen Zeitpunkten Entwicklungsverzögerungen anbahnen, die weitreichende Folgen haben und schwer kompensierbar sind.

> Kinder müssen bestimmte **Entwicklungsaufgaben** meistern. Eine fehlende Bewältigung dieser Aufgaben kann zu Entwicklungsabweichungen führen.

> In **sensiblen Phasen** erwerben Kinder typischerweise bestimmte Kompetenzen und Fähigkeiten. Wird dieses versäumt, kann es in der Regel nur schwer kompensiert werden, was zu psychischen Auffälligkeiten führen kann.

17.3.3 Externe Risiko- und Schutzfaktoren

Neben den internen kindbezogenen Faktoren gibt es zahlreiche externe umweltbezogene Faktoren, die sich risikofördernd oder -mildernd auf die kindliche Entwicklung auswirken können.

Pränatale Faktoren

Alkohol-, Nikotin- und Drogenkonsum der Mutter während der Schwangerschaft kann sich negativ auf die neuronale Entwicklung des Fetus auswirken und später zu diversen Auffälligkeiten führen. Je nachdem, in welcher Phase der Schwangerschaft und in welchem Ausmaß die Substanzen konsumiert wurden, können Missbildungen, Behinderungen, organische Funktionsstörungen, Verhaltensauffälligkeiten oder psychische Störungen die Folge sein (Bode & Fabian, 1994; Fischer, Bitschnau, Peternell, Eder & Topitz, 1999; Löser, 1994; Spohr, 2005). In ähnlich schädigender Weise können sich auch **Umweltgifte** (z. B. Industriechemikalien, Strahlung), denen die werdende Mutter ausgesetzt ist, auf die pränatale und spätere Entwicklung auswirken.

> Es gibt zahlreiche externe Faktoren, die bereits **vor der Geburt ein Risiko für die kindliche Entwicklung** darstellen können. Dazu gehören beispielsweise Alkohol-, Nikotin- oder Drogenkonsum der Mutter und die Einwirkung von Umweltgiften.

Exkurs

Fetales Alkoholsyndrom (FAS)

Das fetale Alkoholsyndrom (FAS; auch Alkoholembryopathie genannt) ist ein Fehlbildungssyndrom bei Kindern, deren Mütter während der Schwangerschaft chronisch oder zeitweise Alkohol getrunken haben (Feldmann, Löser & Weglage, 2007). Typischerweise zeigen die Kinder Gesichts- und Organfehlbildungen, prä- und postnatale Wachstumsstörungen und sowohl kognitive als auch sozioemotionale Defizite (◘ Abb. 17.3).

In Deutschland kommen **jährlich 2.200 Kinder** zur Welt, bei denen ein FAS festgestellt wird. Zusätzlich werden jährlich 4.500 Kinder geboren, die nicht das Vollbild eines FAS zeigen, bei denen jedoch alkoholbedingte partielle Schädigungen auftreten (Feldmann et al., 2007).

Kinder mit FAS sind häufig schon aufgrund ihrer **Gesichtsfehlbildungen** äußerlich zu erkennen: Das Mittelgesicht ist abgeflacht und verkürzt, der Unterkiefer liegt zurück, die Nase ist kurz und nach oben gerichtet, die Augen sind klein und stehen weit auseinander, die Ohren sind weit unten und nach hinten gedreht, die Zähne der betroffenen Kinder sind klein und durch Lücken voneinander getrennt. Außerdem weisen die Kinder teilweise **Missbildungen an den Extremitäten** (z. B. verkürzte Fingerglieder) sowie am **kardiovaskulären und urogenitalen System** auf.

Hinsichtlich **perzeptiver, motorischer, kognitiver und sprachlicher Fähigkeiten** zeigen Kinder mit FAS eine gene-

▼

relle Verringerung der Aufnahmefähigkeit externer Reize, die durch Defizite der visuellen, akustischen und haptischen Wahrnehmung begleitet sein kann. Außerdem sind sie häufig äußerst schmerzunempfindlich und haben ein gestörtes Wärme- und Kälteempfinden. Viele Kinder zeigen Sprachentwicklungsstörungen und feinmotorische Ungeschicklichkeiten. Die kognitiven Fähigkeiten der von FAS betroffenen Kinder liegen deutlich unter dem Durchschnitt. Zusätzlich weisen sie oft eine verminderte Merk- und Konzentrationsfähigkeit auf.

Das Verhalten der Kinder fällt häufig durch **Hyperaktivität, Impulsivität und Ungehemmtheit** auf. Hinsichtlich des Sozialverhaltens sind Kinder mit FAS oft distanzlos und anhänglich. Sie sind in der Regel sehr hilfsbereit und zuvorkommend, andererseits aber auch sehr naiv und gutgläubig. Dieses führt dazu, dass sie sich durch andere schnell zu unangemessenem Verhalten verleiten lassen und deshalb im Jugendalter teilweise durch delinquentes Verhalten auffällig werden.

Die äußeren Merkmale des FAS verringern sich häufig, wenn die Kinder älter werden. Defizite in anderen Bereichen bleiben jedoch erhalten. Die **günstigste Prognose** haben die betroffenen Kinder, wenn die **Diagnose FAS frühzeitig** gestellt und in jungen Jahren mit **spezifischen Fördermaß-**

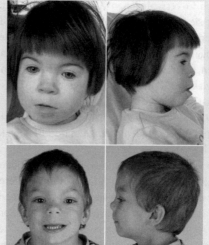

Abb. 17.3. Gesichtsfehlbildungen bei Kindern mit FAS. (Nach Feldmann et al., 2007)

nahmen begonnen wird. Heilbar ist FAS jedoch nicht; entsprechende Therapien und Förderprogramme können die Symptome aber verringern und die Kinder so in ihrer Entwicklung und ihrem weiteren Leben unterstützen.

Auch Mangelernährung sowie **körperliche und psychische Erkrankungen der Mutter** während der Schwangerschaft können sich auf das ungeborene Kind auswirken.

Darüber hinaus können auch **Mangelernährung und einige körperliche Erkrankungen** (z. B. Röteln, Herpes Typ II) der Mutter während der Schwangerschaft die Entwicklung beeinflussen: Es kann zu bleibenden Schädigungen und Beeinträchtigungen des Kindes kommen. **Psychische Erkrankungen** (z. B. Depression) der werdenden Mutter und **belastende Lebensereignisse**, die mit einer erhöhten Ausschüttung des Stresshormons Kortisol einhergehen, können ebenfalls ein Risikofaktor im Hinblick auf die Entwicklung des ungeborenen Kindes darstellen (z. B. Davis et al., 2007; Goodman & Gotlib, 1999).

Faktoren des familiären Umfelds

Hinsichtlich des familiären Umfeldes eines Kindes kann sich eine Reihe von Faktoren sowohl positiv als auch negativ auf die (psychische) Entwicklung auswirken. Diese beziehen sich auf die **Beziehungen der Familienmitglieder** untereinander, das **elterliche Verhalten und elterliche Eigenschaften**, die **soziale und ökonomische Situation** der Familien sowie die **Familienstruktur**.

Als risikoerhöhende Aspekte des familiären Umfelds haben sich die in folgender Übersicht aufgeführten Faktoren erwiesen. Diese Faktoren beziehen sich auf familiäre Bedingungen und Merkmale, die sich negativ auf die Entwicklung des Kindes auswirken können. Dazu gehören zum einen **Merkmale der Beziehungen der einzelnen Familienmitglieder untereinander**, **elterliche Verhaltensweisen und Eigenschaften** sowie **familiäre Strukturen** und die **sozioökonomische Situation**.

Risikofaktoren des familiären Umfeldes (nach Egle, Hoffmann & Steffens, 1997; Häfner et al., 2001a; 2001b)
- Andauernde Konflikte und gestörte Beziehungsmuster innerhalb der Familie
- Häufig wechselnde Bezugspersonen
- Psychische Störungen oder schwere körperliche Erkrankungen der Eltern
- Elterliche Erziehungsprobleme
▼

- Niedriger sozioökonomischer Status der Familie, Armut
- Schlechte Schulbildung der Eltern
- Arbeitslosigkeit des Hauptverdieners
- Kriminelles oder dissoziales Verhalten von Mutter und/oder Vater
- Beengter Wohnraum
- Große Familie
- Alleinerziehender Elternteil, Abwesenheit des Vaters
- Uneheliche Geburt
- Verlust der Eltern durch Trennung, Scheidung oder Tod (mit ungünstigem Ersatzmilieu in Folge des Verlustes)
- Berufstätigkeit der Mutter in den ersten 12 Lebensmonaten
- Geringer Altersabstand zum nächsten Geschwisterkind (weniger als 18 Monate)
- Behinderung, Lern- oder Verhaltensstörung eines Geschwisterkindes
- Geringes Alter der Mutter bei der Geburt
- Unerwünschtheit und Ablehnung des Kindes
- Unterbringung des Kindes außerhalb der Familie (Heim, Pflegefamilie etc.)
- Gewalttätigkeit, körperlicher und/oder sexueller Missbrauch

Diese Faktoren stellen Belastungen für das Kind dar, die sich negativ auf seine körperliche und psychische Verfassung und Entwicklung auswirken können. Auch hier gilt, dass keine Zwangsläufigkeit einer negativen Auswirkung besteht, dass jedoch das Risiko (vor allem bei einer Kumulierung negativer Einflussfaktoren) erhöht ist.

Andererseits wirken sich beispielsweise folgende Faktoren **positiv auf die kindliche Entwicklung** aus:
- eine positive Eltern-Kind-Beziehung,
- eine liebevolle und fürsorgliche Zuwendung seitens der Eltern,
- ein strukturiertes und geregeltes Leben im Alltag,
- eine stabile und sichere Bindung zur primären Bezugsperson,
- körperlich und psychisch gesunde Eltern,
- ein positiver Erziehungsstil,
- zusätzliche Bezugspersonen außerhalb der Familie und
- soziale Unterstützung

Hierdurch wird das Risiko für psychische Auffälligkeiten gemindert (Egle et al., 1997; Häfner et al., 2001a).

Bindung

Die **Qualität der Bindung** eines Kindes zu einer oder mehreren primären Bezugspersonen kann im Hinblick auf die Entwicklung von Verhaltens- und psychischen Auffälligkeiten sowohl risikoerhöhend als auch risikomildernd wirken. Bindung ist nicht eindeutig den externen Risiko- oder Schutzfaktoren zuzuordnen, da die Bindungsqualität nicht nur vom Verhalten der Bindungspersonen (in der Regel Mutter und Vater), sondern teilweise auch vom Kind selbst (z. B. vom Temperament) und damit von internen Bedingungen abhängig ist (▶ Kap. 8). Allerdings zeigt sich, dass vor allem **elterliche Sensitivität, Einfühlungsvermögen** und andere Verhaltensweisen in Bezug auf das **Interaktionsverhalten** mit dem Kind entscheidende Faktoren im Hinblick auf die Bindungssicherheit darstellen (De Wolff & van IJzendoorn, 1997).

Im Gegensatz zu den sicher gebundenen Kindern zeigen sich bei unsicher gebundenen und dabei insbesondere bei den **desorganisiert-desorientiert gebundenen Kindern** mit zunehmendem Alter **häufiger Verhaltensstörungen** mit sowohl externalen als auch internalen Symptomen (Carlson, 1998; Moss, Parent, Gosselin, Rousseau &

Familiäre Risikofaktoren können sich negativ auf die Entwicklung auswirken, insbesondere wenn sie kumulativ auftreten.

Familiäre Schutzfaktoren wie eine positive Beziehung zum Kind, gesunde Eltern und ein strukturiertes Alltagsleben wirken sich positiv auf die Entwicklung aus.

Die **Bindungsqualität** kann je nach Ausprägung als Risiko- oder als Schutzfaktor gelten.

Eine **unsichere Bindung**, insbesondere die desorganisiert-desorientierte Bindung kann spätere psychische Störungen begünstigen. Darüber hinaus stellt eine hochunsichere Bindung in der ICD-10 und im MAS eine eigenständige Störung dar: die **»Bindungsstörung im Kindesalter«**.

St-Laurent, 1996; Shaw, Owens, Vondra, Keenan & Winslow, 1996). Eine hochunsichere Bindung ist jedoch nicht nur als Risikofaktor im Hinblick auf die Entwicklung psychischer Störungen zu sehen. Auf Grundlage der ICD-10 und des MAS lassen sich **Bindungsstörungen** im Kindesalter zusätzlich als eigenständige Störungsbilder klassifizieren. Dabei wird davon ausgegangen, dass Bindungsstörungen als **Folge elterlicher Vernachlässigung und Misshandlung** oder aufgrund eines **häufigen Wechsels der Bezugspersonen** (z. B. bei Heimkindern) auftreten.

Für die Praxis

Wirkt sich eine Fremdbetreuung auf die Bindungssicherheit aus?

Vielen Eltern – vor allem Müttern – stellt sich die Frage, ob und ab wann sie »guten Gewissens« wieder ihre berufliche Tätigkeit aufnehmen und das Kind damit zeitweise in eine Fremdbetreuung geben können. Im Hinblick auf die große Bedeutung, die der Eltern-Kind-Beziehung und der Bindungssicherheit beigemessen wird, fragen sich viele Eltern, ob sie ihrem Kind damit eventuell schaden könnten. Auf Grundlage der aktuellen Forschung ist nicht zu erkennen, dass Kinder, die zeitweise fremdbetreut werden, häufiger eine unsichere Bindung zu den Eltern aufweisen. Entscheidend ist vielmehr die Qualität der Fremdbetreuung (Ausbildung der Betreuungsperson, Gruppengröße, Betreuungsschlüssel etc.) und das Einfühlungsvermögen der Eltern. Kinder, die bereits mit wenigen Monaten in einem angemessenen Umfang fremdbetreut werden, zeigen in der Regel nicht mehr Auffälligkeiten oder Verhaltensabweichungen als andere Kinder, wenn die Betreuung konstant (d. h. immer in derselben Einrichtung oder von derselben Person) und qualitativ hochwertig ist und wenn die Eltern sich ihrem Kind gegenüber einfühlsam und verständnisvoll verhalten.

Je älter Kinder werden, umso wichtiger werden Gleichaltrige als Interaktionspartner.

Peer-Beziehungen

Gleichaltrige nehmen im Laufe der kindlichen Entwicklung eine immer größere Rolle ein. Während bei Säuglingen und Kleinkindern die Eltern als vorrangige Kontaktpersonen dienen, rücken die Gleichaltrigen mit dem Eintritt in Kindergarten und Schule mehr und mehr in den Kreis einflussnehmender Personen. Spätestens im Jugendalter werden die Peers jedenfalls im Hinblick auf bestimmte Aspekte (wie z. B. allgemeine Interessen, Freizeitaktivitäten, Lebensstile) zu **wichtigen Einflussgrößen**. Sie dienen als Interaktionspartner, Vorbilder oder Orientierungspunkte.

Beziehungen zu Gleichaltrigen ermöglichen den Erwerb sozialer Kompetenzen, bergen aber auch die Gefahr negativer Einflüsse im Hinblick auf die Entwicklung.

Während viele **Kompetenzen im Zuge der Peer-Beziehungen erworben werden** können (z. B. Konfliktlösefähigkeiten, Aufbau und Gestaltung von Beziehungen) und Gleichaltrige oft als emotionale Stütze dienen, können sich durch **ungünstige Peer-Beziehungen** auch negative Einflüsse ergeben (z. B. delinquentes Verhalten in Jugendgruppen, Mobbing unter Klassenkameraden). So stellt der Kontakt zu und die Interaktion mit Gleichaltrigen zum einen eine Voraussetzung für das Erlernen insbesonderer sozialer Fähigkeiten dar, zum anderen können sich durch negative gruppendynamische Prozesse aber auch risikoerhöhende Faktoren im Hinblick auf die Entwicklung ergeben.

Kritische Lebensereignisse

Kritische Lebensereignisse sind Schicksalsschläge, die als belastend erlebt werden.

Kritische Lebensereignisse sind **einschneidende und belastende Schicksalsschläge** im Leben eines Kindes. Dazu gehören z. B. der Tod eines oder beider Elternteile, das Miterleben eines Unfalls, einer Naturkatastrophe oder eines Krieges, die Beendigung einer intimen Beziehung im Jugendalter, die als sehr belastend erlebt wird, oder der Umzug in eine andere Stadt, der mit der Aufgabe des bisherigen sozialen Umfeldes verbunden ist.

Ob ein kritisches Lebensereignis negative Auswirkungen auf die Entwicklung hat, hängt u. a. vom Bewältigungspotenzial des Kindes ab.

Kritische Lebensereignisse können **psychische Störungen akut auslösen oder begünstigen**, stehen jedoch im engen Zusammenhang mit anderen Faktoren, die sich auf das **Bewältigungs- und Ressourcenpotenzial** eines Kindes beziehen. Je nachdem, ob und wie es gelingt, mit einem Lebensereignis umzugehen, kommt es zu psychischen Auffälligkeiten oder nicht. Dieses hängt sowohl von internen Faktoren des Kindes (z. B. Resilienz, Temperament) als auch von Faktoren des Umfeldes (z. B. soziale Unterstützung, Einfühlungsvermögen der Eltern) ab.

Als direkte Folge eines traumatischen Erlebnisses können auch psychopathologische **Reaktionen auf schwere Belastungen** und **Anpassungsstörungen** auftreten, die in der ICD-10 bzw. im MAS als »akute Belastungsreaktion«, »posttraumatische Belastungsreaktion« oder »Anpassungsstörung« klassifiziert werden.

17.3.4 Integration verschiedener Faktoren

Wie die bisherige Darstellung gezeigt hat, lassen sich diverse interne und externe Risiko- und Schutzfaktoren ausmachen. Die Separation dieser Faktoren ist jedoch als eher theoretisch zu betrachten, da sich grundsätzlich **viele Zusammenhänge und reziproke Beziehungen** untereinander ergeben. Viele Faktoren hängen zusammen und bedingen sich gegenseitig: So treten Aspekte wie ein ungünstiges sozioökonomisches familiäres Milieu häufig mit anderen Faktoren wie ungünstigem Erziehungsverhalten, pränatal schädlichem Verhalten der Mutter (z. B. durch Drogen-, Alkohol- oder Nikotinkonsum), einem geringen Gebäralter der Mutter und einem eher schwierigen kindlichen Temperament gemeinsam auf.

Insgesamt lässt sich festhalten, dass die Gefährdung im Hinblick auf die Entwicklung psychischer Auffälligkeiten umso höher ist, je mehr Risiko- und je weniger Schutzfaktoren vorliegen. Dabei ist neben der reinen Quantität (Anzahl der Faktoren) auch die Qualität (Ausprägung, Intensität) von Bedeutung.

17.4 Diagnostik

Der Anlass, warum Kinder bei Psychologen, Psychiatern oder Beratungsstellen vorstellig werden, ist häufig ein konkretes Verhalten, das die Eltern oder andere Personen als problematisch wahrnehmen. Wenn ein Kind z. B. wiederholt von zu Hause wegläuft, andere Kinder körperlich angreift, einen Suizidversuch begeht oder übermäßige Angst vor bestimmten Dingen hat, wird häufig die Hilfe und Unterstützung von Experten gesucht. Je nachdem welche Einstellungen zu, Erfahrungen mit und Erwartungen an psychologische Beratung und Therapie seitens der Familie bestehen, wird diese Hilfe früher oder später und teilweise auch gar nicht gesucht.

Ob das geschilderte Problemverhalten aufgrund einer psychischen Störung gezeigt wurde und falls ja, aufgrund welcher, soll durch die Diagnostik geklärt werden.

17.4.1 Ziele der Diagnostik

Vor der Diagnosestellung und der eventuellen Planung weiterer Schritte steht eine **umfassende Diagnostik**, die die Grundlage des weiteren Vorgehens bildet. Der diagnostische Prozess dient nicht nur der **Abklärung**, ob eine psychische Störung vorliegt und welche genaue Diagnose gestellt werden sollte, sondern auch der **Konzeptionierung und Planung** einer ggf. angezeigten therapeutischen Intervention. Darüber hinaus soll die Diagnostik auch Informationen darüber liefern, welche der oben beschriebenen Risiko- und Schutzfaktoren zum Tragen kommen, welche Faktoren für die Entstehung der Störung verantwortlich sind und welche Ressourcen aufseiten des Kindes, der Familie oder des weiteren Umfeldes bei der Therapie genutzt werden können.

Daneben dient die Diagnostik häufig dem **Aufbau einer positiven und vertrauensvollen Therapeut-Klienten-Beziehung**, Erwartungen und Vorstellungen des Kindes und der Eltern können abgeklärt werden, **Therapieziele** können festgelegt und eine **Änderungsmotivation** kann aufgebaut werden.

17.4.2 Bestandteile der Diagnostik

Eine **multimodale Diagnostik** beinhaltet verschiedene Diagnoseverfahren.

Der diagnostische Prozess beinhaltet **verschiedene Diagnoseverfahren**, die das Kind, sein Verhalten und sein Lebensumfeld von verschiedenen Seiten beleuchten, um möglichst viele und genaue Informationen zu erhalten. Dieses umfassende Vorgehen wird auch **multimodale Diagnostik** genannt, welche idealerweise eine ganze Bandbreite an Bestandteilen umfasst, die im Folgenden beschrieben werden.

Anamnese und Exploration

In der **Anamnese** wird die **Vor- und Krankengeschichte** des Kindes und seiner Familie thematisiert. Die **Exploration** beschäftigt sich dagegen mit der **aktuellen Problematik**.

Anamnese und Exploration bilden die **Grundlagen eines diagnostischen Prozesses**. Beide finden in Form eines Gespräches mit den Eltern und dem Kind (entweder getrennt oder zusammen) statt. Auch wenn die Begriffe häufig synonym verwendet werden, bezieht sich die Anamnese eher auf die **Vor- und Krankengeschichte des Patienten und dessen Familie**, während sich die Exploration eher um die **aktuelle Problematik** dreht. Sowohl Anamnese als auch Exploration dienen der **Sammlung relevanter Informationen**. Dazu gehören aktuelle und retrospektive Angaben zum Kind und dessen Umfeld. Die folgende Übersicht gibt einen Überblick über Inhalte und Aspekte, die im Rahmen der Anamnese und Exploration abgedeckt werden.

> **Inhalte des Anamnese- und Explorationsgespräches**
> - Beschreibung der aktuellen Problematik aus der Sicht der Betroffenen
> - Beschreibung der Entwicklung der Problematik (Dauer, Intensität, Veränderungen etc.)
> - Gegebenenfalls vorausgegangene therapeutische Maßnahmen und deren Erfolg
> - Subjektive Sichtweise und Einstellung der Eltern und des Kindes zur Problematik
> - Lebenssituation des Kindes und der Familie (Wohnbedingungen, finanzielle Situation, Beruf der Eltern, Zusammensetzung der Familie etc.)
> - Lebensgeschichtliche Entwicklung des Kindes und seiner Familie (Schwangerschaftsverlauf, bisherige Entwicklung, Beziehungen innerhalb der Familie und zu anderen Personen, schulischer Werdegang, allgemeine Lebensumstände, besondere Erlebnisse etc.)
> - Familiäre Vorgeschichte hinsichtlich psychischer, psychiatrischer und medizinischer Auffälligkeiten
> - Familiäre Probleme und Ressourcen

Während des Anamnese- und Explorationsgesprächs können zusätzlich weitere **nonverbal beobachtbare Informationen** gesammelt werden.

Während des Gesprächs kann der Diagnostiker außerdem bereits **weitere nonverbal beobachtbare Informationen** gewinnen, die über die Gesprächsinhalte hinaus einen Eindruck vom Kind vermitteln. Diese beziehen sich auf die **äußere Erscheinung**, das **Interaktionsverhalten** (auch mit den Eltern), die **Motorik**, den **Affekt**, die **Sprache** und auf **kognitive Fähigkeiten**.

Interviews

Strukturierte Interviews helfen dem Diagnostiker, die Auffälligkeiten systematischer und weniger subjektiv zu erfassen.

Neben dem eher unstandardisierten Gespräch mit Eltern und Kind werden häufig zusätzlich **standardisierte und strukturierte Interviews** durchgeführt, die Fragen beinhalten, welche gezielt einzelne Symptome und Auffälligkeiten abfragen. So kann sich der Diagnostiker einen Überblick verschaffen, ob eine behandlungsbedürftige Störung vorliegt, welcher Art und welchen Ausmaßes sie ist. Diese Art von Interview bietet den Vorteil, dass der **Beurteilungsspielraum geringer und die Beurteilung somit weniger subjektiv** ist. Ein Beispiel für ein hochstrukturiertes Interview zur Abklärung, ob eine psychische Störung vorliegt, ist das »Diagnostische Interview bei psychischen Störungen

17.4 · Diagnostik

im Kindes- und Jugendalter« (Kinder-DIPS; Schneider, Unnewehr & Margraf, 2009), das eine Klassifikation psychischer Störungen nach DSM IV und ICD-10 ermöglicht.

Fragebögen und Tests

Für **allgemeine Verhaltensweisen und -auffälligkeiten** und auch für **spezifische Störungsbilder** gibt es außerdem Fragebögen, die einzelne Symptome und Auffälligkeiten durch **Selbst- oder Fremdurteil** (z. B. durch Eltern, Lehrer, Erzieher) erfassen. Die Auswertung der Ergebnisse einzelner Kinder ermöglicht dann auf der Basis des Vergleichs mit Kindern desselben Alters eine Abschätzung des Schweregrades der Symptome.

Einer der bekanntesten **Elternfragebögen** zum kindlichen (Problem-) Verhalten ist dabei die **Child Behavior Checklist (CBCL)**, die für Kleinkinder (CBCL 1½–5, Achenbach & Rescorla, 2000) und Kinder und Jugendliche (CBCL 4–18, Arbeitsgruppe Kinder-, Jugendlichen- und Familiendiagnostik, 1998) existiert und sowohl internalisierende als auch externalisierende Symptome erfasst.

Störungsspezifische **Selbstbeurteilungsfragebögen** gibt es für zahlreiche Bereiche psychischer Auffälligkeiten: z. B. der »Angstfragebogen für Schüler« (AFS, Wieczerkowski, Nickel, Janowski, Fittkau & Rauer, 1981), das »Depressionsinventar für Kinder und Jugendliche« (Stiensmeier-Pelster, Schürmann & Duda, 2000) oder der »Erfassungsbogen für aggressives Verhalten in konkreten Situationen« (Petermann & Petermann, 2000).

Tests werden häufig im Bereich der **Entwicklungs- und Leistungsdiagnostik** eingesetzt. Sie dienen der Abschätzung, welchen Entwicklungsstand das Kind im Vergleich zu anderen Kindern seiner Altersgruppe einnimmt (bei Kleinkindern z. B. im Hinblick auf Sprache, Motorik) und über welche intellektuellen bzw. kognitiven Fähigkeiten es verfügt. Die Abklärung dieser Aspekte ist relevant, da psychische Auffälligkeiten teilweise aufgrund einer verzögerten Entwicklung auftreten oder eine Reaktion auf besonders hohe oder niedrige Begabung (geistige Behinderung) sein können.

Verhaltensbeobachtung

Neben der subjektiven Beschreibung des (Problem-) Verhaltens eines Kindes durch Eltern, andere Personen oder das Kind selbst ist es sinnvoll, im Prozess der Diagnostik zusätzlich eine **Verhaltensbeobachtung** durchzuführen. Dieses ist vor allem deshalb angezeigt, weil die **Berichte über Verhaltensweisen** durch die Betroffenen häufig **subjektiv gefärbt** sind und somit oft keinen eindeutigen Aufschluss über das Problemverhalten geben.

Abgesehen von den Beobachtungen, die der Diagnostiker bereits während des Gespräches und der Testungen mit dem Kind machen kann, kann das Kind **z. B. in erzeugten Spielsituationen im Rahmen der Diagnostik** beobachtet werden. Da diese Situationen häufig als gekünstelt und unnatürlich erlebt werden, sollten Kinder wenn möglich auch in ihrem **natürlichen Umfeld** (z. B. im Kindergarten, in der Schule) bzw. in den Situationen, in denen das Problemverhalten in der Regel auftritt, beobachtet werden.

Dieses ist allerdings **sehr aufwendig und nicht immer realisierbar**. Außerdem kann die Anwesenheit des Beobachters dazu führen, dass die natürliche Situation sehr verändert ist und das Kind nicht das Verhalten zeigt, das gewöhnlich zu beobachten ist. Darum ist es denkbar, neben einer teilnehmenden direkten Beobachtung durch den Diagnostiker z. B. **Videoaufzeichnungen** anzufertigen (nicht teilnehmende Beobachtung), die außerdem eine detaillierte Auswertung ermöglichen und ggf. auch später mit den Betroffenen gemeinsam gesichtet und besprochen werden können.

Körperliche Untersuchung

Bei bestimmten Störungsbildern ist eine körperliche Untersuchung unumgänglich, um **körperliche Ursachen für die Auffälligkeiten** ausschließen zu können [z. B. Entzündungen oder Fehlbildungen der Harnwege bei Enuresis, mangelndes Hörvermögen bei Sprachstörungen, (Neben-)Wirkungen von Medikamenten und Drogen, hirnorganische Verletzungen]. Wenn primär eine organische Ursache für die Symptome verantwortlich ist, dann sollte diese natürlich vorrangig behandelt werden.

Darüber hinaus können **psychische Störungen auch zu schwerwiegenden körperlichen Veränderungen führen**, die bei der Planung der Intervention mit berücksichtigt und behandelt werden sollten (z. B. Blutbildveränderungen oder Störungen des Elektrolythaushalts bei Essstörungen). Außerdem können **somatische Beschwerden psychische Auffälligkeiten begünstigen**: So können sich beispielsweise schwere und chronische Erkrankungen auf das Wohlbefinden, die Stimmung und den Affekt auswirken und mit depressiven Symptomen einhergehen.

Daneben wirken sich körperliche Erkrankungen und Behinderungen, die parallel zu psychischen Auffälligkeiten bestehen, **zusätzlich belastend** aus. Dieses sollte in jedem Fall berücksichtigt werden, da sich bei der Intervention ggf. Besonderheiten ergeben (z. B. Thematisierung dieser zusätzlichen Belastungen in der Therapie, Notwendigkeit einer Koordination mit anderen parallel ablaufenden therapeutischen Maßnahmen).

> Psychische Störungen können auch körperliche Bedingungen beeinflussen (z. B. bei Essstörungen).
>
> **Körperliche Erkrankungen**, die parallel zu psychischen Auffälligkeiten vorliegen, werden häufig als **zusätzliche Belastung** erlebt und sollten bei der Therapie berücksichtigt werden.

Projektive Verfahren

Projektive Verfahren haben in der aktuellen Diagnostik psychischer Störungen bei Kindern und Jugendlichen einen **eher untergeordneten Stellenwert**. Sie sind vor allem deshalb kritisch zu betrachten, da sie den gängigen Testgütekriterien psychologischer Diagnostik (Objektivität, Reliabilität, Validität; ▶ Kap. 5) häufig nicht ausreichend entsprechen.

Projektive Verfahren entstammen dem **psychoanalytischen Ansatz** und verwenden **mehrdeutiges Testmaterial**, um so einen **Zugang zu psychischen Vorgängen** zu finden. So werden Kinder z. B. aufgefordert, sich selbst und ihre Familienmitglieder als Tiere zu zeichnen (Brem-Gräser, 2001), was dann im Hinblick auf familiäre Beziehungskonstellationen und Rollenverteilungen interpretiert wird.

> Da projektive Verfahren oft nicht den gängigen Testgütekriterien entsprechen, sind sie **bei der Diagnostik weniger zentral**.
>
> Bei projektiven Verfahren sollen mit **mehrdeutigen Testmaterialien psychische Vorgänge aufgedeckt** werden.

17.5 Prävention und Intervention

> ▶ Definition Prävention und Intervention

Definition
Während die **Prävention** das Ziel hat, psychischen Störungen bei Kindern vorzubeugen und das Auftreten von Störungen zu verhindern, setzt die **Intervention** dann an, wenn bereits Auffälligkeiten bestehen.

17.5.1 Präventionsansätze

Prävention kann **universell mit allen Kindern** (z. B. schulbasierte Programme) oder nur **mit ausgewählten Risikogruppen** durchgeführt werden (z. B. Erziehungsprogramme für Eltern aus sozial schwachen Bevölkerungsgruppen). Präventive Programme können sich direkt an die **Kinder**, an deren **Eltern** oder auch an **andere relevante Personen** wie Erzieher und Lehrer richten (Heinrichs, Döpfner & Petermann, 2008).

Inhaltlich können sich Präventionsprogramme **gezielt auf bestimmte Probleme oder Auffälligkeiten** beziehen (z. B. Prävention von Angststörungen, Stresspräventionstraining) oder **allgemeine Kompetenzen** vermitteln, die im Hinblick auf diverse Verhaltens- und Störungsbereiche relevant sind (z. B. Steigerung der Lebenskompetenzen, Förderung der Erziehungskompetenzen von Eltern).

In ◘ Tab. 17.1 sind beispielhaft einige Präventionsprogramme für das Kindes- und Jugendalter aufgeführt. Eine ausführliche Auflistung und Beschreibung diverser Präventions-, Förder- und Interventionsprogramme findet sich außerdem bei Lohaus und Domsch (2009).

> **Präventionsprogramme** haben das Ziel, **psychischen Auffälligkeiten bei Kindern vorzubeugen**. Sie können universell oder risikogruppenspezifisch ausgelegt und an Kinder, Eltern oder andere relevante Personen gerichtet sein.
>
> Präventionsprogramme können auf bestimmte Auffälligkeiten ausgerichtet sein oder allgemeine Kompetenzen vermitteln.

Tab. 17.1. Auswahl psychologischer Präventionsprogramme für das Kindes- und Jugendalter

Programm	Programmeigenschaften
Mobbing: Gewaltprävention in Schulen (Hanewinkel & Knaack, 1997)	Programm für Grund- und weiterführende Schulen
Präventionsprogramm für expansives Problemverhalten (Plück, Wieczorrek, Wolf-Metternich & Döpfner, 2006)	Programm für Eltern und Erzieher von Kindern im Vorschulalter
Prävention von Essstörungen: Ein Trainingsbuch zum Einsatz an Schulen (Dannigkeit, Köster & Tuschen-Caffier, 2007)	Programm für SchülerInnen zwischen 11 und 14 Jahren inkl. Elternabend
SNAKE – Stress nicht als Katastrophe erleben (Stresspräventionsprogramm; Beyer & Lohaus, 2006)	Programm für Schulklassen der Klassenstufen 8 und 9
ALF – Allgemeine Lebenskompetenzen und Fertigkeiten (Walden, Kutza, Kröger & Kirmes, 1998)	Programm für Schulklassen der Klassenstufen 5 und 6
Positive Parenting Program – Triple P (Sanders, 1999)	Flexibles Programm zur Steigerung der elterlichen Erziehungskompetenzen

Grundsätzlich zeichnen sich gute Präventionsprogramme dadurch aus, dass sie einer **wissenschaftlichen Evaluation** standhalten und dass positive Effekte hinsichtlich der Entwicklung und Vorbeugung kindlichen Problemverhaltens nachgewiesen werden können. Häufig ist es allerdings schwierig, die **Wirksamkeit präventiver Programme** nachzuweisen, da vor der Durchführung in der Regel noch gar kein Problemverhalten vorlag, das es zu mildern gilt. Demnach ist es schwierig, Kriterien festzulegen, anhand derer eine Programmwirksamkeit aufzeigt werden kann. Bei vielen Programmen lassen sich jedoch **Effekte hinsichtlich eines Wissenszuwachses und einer Optimierung entwicklungsförderlicher Verhaltensweisen** finden, wodurch eine positive Wirkungsweise des Präventionsprogrammes erkennbar ist.

> Präventionsprogramme sollten ihre **Wirksamkeit** durch **wissenschaftliche Evaluationen** belegen. Oft ist es allerdings schwierig, Evaluationskriterien festzulegen.

17.5.2 Interventionsansätze

Wenn Kinder bereits behandlungsbedürftige Auffälligkeiten zeigen, sind je nach Störungsbild und Schweregrad der Symptome spezifische therapeutische Maßnahmen indiziert. Häufig kommt eine **Kombination unterschiedlicher Behandlungsstrategien** zum Einsatz.

Grundsätzlich lassen sich rein **psychotherapeutische** von **medikamentösen** Therapiemethoden abgrenzen. Psychotherapeutische Maßnahmen können sehr verschieden sein, da sich viele Therapieformen unterscheiden lassen.

> Eine **Therapie** ist bei Kindern angezeigt, die bereits **psychische oder Verhaltensauffälligkeiten** zeigen. Es gibt **verschiedene Therapieformen**, die häufig in **Kombination** eingesetzt werden.

Psychotherapeutische Verfahren

Zum einen kommen **tiefenpsychologische bzw. psychoanalytische Therapiemethoden** zum Einsatz. Diese Form der Therapie geht auf die Psychoanalyse Sigmund Freuds zurück und betont, dass unbewusste psychische Vorgänge einen großen Einfluss auf das Verhalten und Erleben ausüben. Diese Therapieform hat bei der Behandlung der meisten kindlichen Störungsbilder einen eher geringen Stellenwert und wird selten in der »klassischen Form«, sondern eher in kindgerechten Varianten (z. B. Spieltherapie) angewandt.

(**Kognitiv-) Verhaltenstherapeutische Methoden** bilden eine andere Therapieform, die aus einer Vielzahl therapeutischer Techniken besteht. Sie legen ihren Schwerpunkt auf das nach außen beobachtbare Verhalten und dessen Veränderung. Dabei wird sich lerntheoretischer Paradigmen wie dem operanten und klassischen Konditionieren, dem sozialen Lernen und der kognitiven Psychologie bedient. Therapeuten, die nach dem

> **Tiefenpsychologische bzw. psychoanalytische Methoden** messen unbewussten psychischen Vorgängen einen großen Stellenwert bei.

> **Kognitiv-verhaltenstherapeutische Verfahren** zielen darauf ab, beobachtbares Verhalten und zugrunde liegende Kognitionen direkt zu verändern.

Konzept der kognitiven Verhaltenstherapie arbeiten, setzen bei Kindern u. a. Konfrontationsverfahren (z. B. bei Ängsten), operante Methoden bzw. Verstärkung (z. B. Arbeit mit Tokensystemen) oder auch kognitive Verfahren (z. B. Selbstinstruktion) ein.

> **Familienzentrierte Ansätze** sehen das Kind als Bestandteil des Systems Familie.

Neben den eher kindzentrierten Maßnahmen konzentrieren sich **familienzentrierte Ansätze** auf das System Familie als Ganzes. Das Kind wird mit seinem Problemverhalten als ein Teil des familiären Netzes bzw. Beziehungsgefüges gesehen und erfüllt in diesem System eine Funktion. Um eine Veränderung beim Kind zu erzielen, muss demnach die gesamte Familie mit einbezogen werden.

> **Funktionelle Therapiemethoden** kommen vor allem bei Lern- und Entwicklungsstörungen zum Einsatz.

Bei Auffälligkeiten, die eher in den Bereich der Lern- und Entwicklungsstörungen fallen, sind darüber hinaus auch **funktionelle Therapien** angezeigt. Bei diesen werden bestimmte Fähigkeiten (z. B. Motorik, Wahrnehmung, Sprache oder Sensorik) gezielt trainiert und gefördert. Diese fallen häufig in den Bereich der Ergo-, Logo-, Moto- oder Physiotherapie.

Psychopharmakotherapie

> **Psychopharmaka** beeinflussen die Hirnfunktionen, indem sie in den Neurotransmitterhaushalt eingreifen.

Bei einigen Störungsbildern und bestimmten Schweregraden ist eine **medikamentöse Therapie** angezeigt. Psychopharmaka greifen über die Beeinflussung bestimmter Neurotransmitter in die **Hirnfunktionen** ein. Bei vielen Störungsbildern ist aufgrund langjähriger Forschung bekannt, auf welche Neurotransmittersysteme eingewirkt werden muss, um Veränderungen zu erzielen. Es lassen sich verschiedene Klassen an Psychopharmaka unterscheiden (Tab. 17.2).

Tab. 17.2. Psychopharmaka, ihre Wirkungsweisen und primären Einsatzbereiche

Substanzgruppe	Wirkungsweise	Primäre Einsatzbereiche
Antidepressiva	Stimmungsverbesserung, Steigerung des Antriebs	Depression, Angst- und Zwangsstörungen
Phasenprophylaktika (Lithium)	Senkt die Wahrscheinlichkeit weiterer manischer oder depressiver Episoden	Bipolare Störungen
Stimulanzien	Antriebs- und Aufmerksamkeitssteigerung	Hyperkinetische Störungen
Tranquilizer	Verringerung von Angst- und Spannungszuständen	Angst- und Schlafstörungen
Neuroleptika	Antipsychotische und sedierende Wirkung	Akute Psychosen, schizophrene und manische Störungen, autistische Störungen, schwere Tic- und Zwangsstörungen

Grundsätzlich müssen bei einer medikamentösen Therapie die möglichen **Nebenwirkungen** beachtet werden, die teilweise – insbesondere bei Langzeitbehandlungen – sehr gravierend sein können.

> Eine **multimodale Behandlung** kombiniert verschiedene Therapiemethoden.

Die Behandlung mit Psychopharmaka ist überwiegend in eine **multimodale Behandlung**, die aus mehreren Therapiebausteinen besteht, eingebettet. Dadurch ergeben sich je nach Störungsbild in der Regel langfristigere Behandlungserfolge, die nicht nur auf die Dauer der Medikation beschränkt sind.

17.6 Beschreibung einzelner Störungsbilder

> Es gibt verschiedene Störungsbilder, die typischerweise im Säuglings- und Kindesalter auftreten können. Diese werden im Folgenden beschrieben.

Im Folgenden werden einige typische Störungsbilder beschrieben, die vom Säuglings- bis zum Grundschulalter entstehen und auftreten können. Sie stellen häufige Vorstellungsgründe bei Psychologen, Psychiatern, Kinder- und Jugendlichenpsychotherapeuten oder Beratungsstellen dar. Bei jedem Störungsbild werden neben der Symptomatik auch Erklärungen für die Entstehung und mögliche Behandlungsansätze aufgezeigt.

17.6.1 Regulationsstörungen im Säuglingsalter: Schrei-, Schlaf- und Fütterstörungen

Säuglinge mit Regulationsstörungen haben altersunangemessene Schwierigkeiten, ihr Verhalten in Interaktionssituationen oder regulativen Kontexten zu regulieren. Dieses äußert sich z. B. durch **unstillbares Schreien, Schlafstörungen oder Fütterprobleme**. Das Verhalten wird von den Eltern in der Regel als sehr **belastend** erlebt und geht häufig mit einer **dysfunktionalen Eltern-Kind-Interaktion** einher. Viele Säuglinge zeigen passager derartige Verhaltensweisen; bei Regulationsstörungen ist die Symptomatik jedoch gravierender und äußert sich z. B. durch stundenlanges Schreien, sehr häufiges nächtliches Aufwachen, übermäßige Verweigerung der Nahrung und eine dauerhafte generelle Unruhe. Der Tagesablauf der Betreuungspersonen des Säuglings ist dadurch sehr unregelmäßig und die gesamte Tagesplanung und -gestaltung dreht sich oft nur um das Kind. Die Eltern sind fortwährend damit beschäftigt, ihr Kind zu beruhigen, es zum Einschlafen oder Essen zu bringen, wodurch eine entspannte und harmonische Eltern-Kind-Interaktion häufig kaum möglich ist.

> Regulationsstörungen sind durch altersunangemessenes **unstillbares Schreien, Schlaf- und/oder Fütterstörungen** gekennzeichnet.

Ursachen und begünstigende Faktoren

Als Ursache für eine Regulationsstörung wird zum einen ein **schwieriges Temperament** aufseiten des Säuglings angenommen. Zusätzlich begünstigen **biopsychosoziale Belastungen** (z. B. mütterliche psychische Probleme, Partnerschaftsprobleme, sozioökonomische Belastungen) und **Defizite hinsichtlich neurologischer, somatischer und psychischer Reifungsprozesse** die Entstehung einer Regulationsstörung. Die Eltern der Säuglinge haben oftmals Schwierigkeiten, die Bedürfnisse und Signale des Kindes zu erkennen und angemessen darauf zu reagieren, wodurch sich das Problemverhalten weiter aufschaukeln kann.

> Ein schwieriges Temperament, biopsychosoziale Belastungen und defizitäre Reifungsprozesse beim Säugling können die **Ursachen für Regulationsstörungen** sein.

Interventionsmöglichkeiten

Therapeutische Maßnahmen bei Regulationsstörungen zielen zunächst einmal darauf ab, die **betroffenen Eltern sowohl physisch als auch psychisch zu entlasten**. So ist es sinnvoll, übergangsweise die Betreuung des Kindes durch andere Personen zu organisieren und die Mutter bzw. den Vater zu ermutigen, sich selber aus schwierigen Situationen mit dem Kind kurzzeitig zu entfernen. Dadurch ist es dem jeweilgen Elternteil möglich, sich zu beruhigen und eventuellen negativen und aggressiven Gefühlen dem Kind gegenüber entgegenzuwirken. Zusätzlich beinhaltet die Therapie häufig eine **Schulung der Eltern**, in der die angemessene Interpretation kindlicher Signale und der Umgang mit diesen vermittelt werden: Eltern sollten eine übermäßige Stimulation des Säuglings vermeiden (z. B. ständiges Hin- und Herwiegen des Säuglings in Schreiphasen), die Umgebung reizarm gestalten und den Tagesablauf strukturieren, indem z. B. Fütter- und Spielphasen deutlich voneinander getrennt werden. In einigen Fällen ist außerdem die Umstellung auf kuhmilchfreie Ernährung sinnvoll, wenn der Verdacht einer Kuhmilchproteinintoleranz besteht.

> Um **Regulationsstörungen entgegenzuwirken**, werden die Eltern geschult, die Signale des Säuglings angemessen zu interpretieren und adäquat damit umzugehen.

17.6.2 Enuresis und Enkopresis

Enuresis und Enkopresis lassen sich unter dem Oberbegriff **Störungen der Ausscheidung** subsumieren. Sie bezeichnen ein **altersunangemessenes Einnässen oder Einkoten** und sind meistens auf das Kindes- und Jugendalter begrenzt. Bei beiden Störungsbildern müssen **organische Ursachen für das Verhalten ausgeschlossen** werden können (z. B. anatomische Fehlbildung oder Harnwegsentzündungen). Aufgrund der Altersabhängigkeit der Angemessenheit des Verhaltens sollte eine Enuresis nicht vor dem 5., eine Enkopresis nicht vor dem 4. Lebensjahr diagnostiziert werden. Grundsätz-

> Enuresis und Enkopresis bezeichnen **altersunangemessenes Einnässen und Einkoten**.

lich lassen sich eine **primäre und eine sekundäre Form der Störung** unterscheiden. Bei der primären Form hatte das Kind die Blasen- bzw. Stuhlgangkontrolle noch nie erworben, während es beim sekundären Typus nach bestandener Kontrolle zu einem erneuten Einnässen bzw. Einkoten kommt. Das Einnässen oder Einkoten geschieht gewöhnlich nicht absichtlich.

Ursachen und begünstigende Faktoren

Als **Ursache** werden **biologische und psychosoziale Faktoren** vermutet. Für die Enuresis kommen dabei neben genetischen Faktoren eine generell geringe Blasenkapazität, eine übermäßige Harnproduktion (vor allem nachts) und eine funktionelle Blasenentleerungsstörung zum Tragen. Außerdem weisen Kinder, die nachts einnässen, einen sehr tiefen Schlaf auf und können Wecksignale schwerer wahrnehmen. Kritische Lebensereignisse, psychosozialer Stress und das Vorliegen anderer psychischer Störungen bei den betroffenen Kindern gelten als zusätzliche Risikofaktoren für die Entwicklung einer Enuresis oder für die Verschlimmerung der Symptomatik.

Bei einer Enkopresis liegen auf biologischer Seite sehr häufig **mangelnde Darmsensitivität und -kontrolle** vor. Diese erschweren oder verhindern die willentliche Kotausscheidung, wodurch es zu unbeabsichtigtem Einkoten kommen kann. Außerdem kann eine **zu frühe und zu strenge Sauberkeitserziehung** dazu führen, dass Kinder aus Angst vor Misserfolgen keine natürliche Darmkontrolle entwickeln. Einige Kinder haben auch Hemmungen, an unbekannten Orten nach einer Toilette zu fragen oder ekeln sich dort vor den Toiletten (z. B. in der Schule).

Interventionsmöglichkeiten

Zur Behandlung der Enuresis kommen **Medikamente** zum Einsatz, die die Harnausscheidung oder –produktion verringern. Außerdem wird bei nächtlichem Einnässen häufig der sog. **Klingelapparat** eingesetzt. Dabei wird in der Hose oder auf der Matratze des Kindes ein Sensor angebracht, der einen Alarm auslöst, sobald er feucht wird. Diese unangenehme Konsequenz auf das Einnässen führt zu einer Reduktion der Symptomatik. Kombiniert werden kann dieses Vorgehen auch mit dem **Einhaltetraining**, bei dem das Kind lernen soll, den Urin nach einsetzendem Harndrang zurückzuhalten, um so die Blasenkapazität zu vergrößern. Ein zusätzlicher **Weckplan**, bei dem das Kind in regelmäßigen Abständen nachts aufgeweckt und auf die Toilette hingewiesen wird, kann ergänzend eingesetzt werden. Diese Methoden stellen für die betroffenen Familien häufig eine enorme Belastung dar und erfordern viel Disziplin. Daher ist die Einbeziehung der Eltern in die Therapie und deren Betreuung durch den Therapeuten sehr zentral.

Bei Kindern mit **Enkopresis** kommt es häufig zu Verstopfungen, denen zunächst durch **Abführmittel und spezielle ballaststoffreiche Diätpläne** entgegengewirkt werden sollte, um für eine Normalisierung des Stuhlgangs zu sorgen. Verhaltenstherapeutische Maßnahmen zielen darauf ab, das Kind bei erfolgreichem Stuhlgang zu verstärken oder durch den weiteren Einsatz von Abführmaßnahmen das Einkoten zu verhindern. Generell ist bei diesen Störungsbildern zu berücksichtigen, dass es in vielen Fällen zu spontanen Remissionen kommt und dass die Störung in den seltensten Fällen dauerhaft besteht.

17.6.3 Tiefgreifende Entwicklungsstörungen

Bei den tiefgreifenden Entwicklungsstörungen lassen sich im Wesentlichen der frühkindliche Autismus und das Asperger-Syndrom unterscheiden.

Frühkindlicher Autismus. Der frühkindliche Autismus ist durch **qualitative Beeinträchtigungen der sozialen Interaktion und Kommunikation** sowie durch **einge-**

Marginalien:

Biologische und psychosoziale Faktoren können die Entstehung von Enuresis und Enkopresis erklären. Eine **Enuresis** wird beispielsweise durch eine geringe Blasenkapazität, eine übermäßige Harnproduktion oder einen sehr tiefen Schlaf begünstigt.

Bei einer **Enkopresis** können eine mangelnde Darmsensitivität und -kontrolle und eine zu frühe und strenge Sauberkeitserziehung ursächlich sein.

Eine **Enuresis** kann medikamentös und durch verhaltenstherapeutische Maßnahmen wie Klingelapparat, Einhaltetraining und Weckplan behandelt werden.

Bei der **Enkopresis** zielt die Therapie darauf ab, den Stuhlgang zu normalisieren.

Autistische Störungen sind durch eine **Beeinträchtigung sozialer Interaktionen und Kommunikationen** sowie durch **eingeschränkte Interessen und Aktivitäten** gekennzeichnet.

schränkte **Interessen und Aktivitäten** gekennzeichnet. Die Störung **beginnt in der frühesten Kindheit** und tritt bei Jungen häufiger auf als bei Mädchen. Den betroffenen Kindern fehlt es an sozialen, kognitiven, sprachlichen und motorischen Kompetenzen, die in sozialen Interaktionen relevant sind. Sie **sprechen häufig gar nicht oder nur sehr eingeschränkt**, suchen weder verbal noch nonverbal Kontakt zu anderen Menschen und fallen oft durch stereotype Handlungen und Interessen auf (z. B. durch sich ständig wiederholende motorische Bewegungen oder eine Sammelleidenschaft für ungewöhnliche Gegenstände wie beispielsweise Knöpfe). Autistische Kinder halten oft stark an zwanghaften Ritualen fest, reagieren auf Veränderungen in ihrer Umwelt verunsichert und scheinen in ihrer eigenen Welt zu leben. Der frühkindliche Autismus ist nicht heilbar und besteht bis ins Erwachsenenalter fort.

> Der **frühkindliche Autismus** beginnt in der frühen Kindheit. Neben den autismustypischen Symptomen zeigt sich auch häufig ein stark eingeschränktes Sprachvermögen.

Asperger-Syndrom. Kinder mit Asperger-Syndrom zeigen deutlich geringere Beeinträchtigungen. Sie haben in der Regel **durchschnittliche kognitive Fähigkeiten** und weisen **kaum Auffälligkeiten hinsichtlich der produktiven Sprache** auf. Sie wirken motorisch jedoch äußerst **ungeschickt und plump** und verhalten sich **in sozialen Situationen unangemessen**. Sie haben Schwierigkeiten, ihr Verhalten und ihre Sprache dem Kontext und dem Interaktionspartner anzupassen, obwohl sie sich Beziehungen zu anderen durchaus wünschen. Ihr nonverbales Verhalten gleicht dem frühkindlicher Autisten und auch sie fallen durch stereotypes Verhalten und eingeschränkte Aktivitäten und Interessen auf.

> Beim **Asperger-Syndrom** sind die Beeinträchtigungen in der Regel geringer als beim frühkindlichen Autismus.

Neben diesen beiden Störungsbildern gibt es andere tiefgreifende Entwicklungsstörungen, wie z. B. das Rett-Syndrom, bei der es sich um eine seltene Störung handelt, die nur bei Mädchen auftritt und die mit einer regressiven Entwicklung bereits erworbener Fähigkeiten verbunden ist.

> Eine weitere eher selten und nur bei Mädchen auftretende tiefgreifende Entwicklungsstörung ist das **Rett-Syndrom**.

Ursachen und begünstigende Faktoren

Als **Ursache** für autistische Störungen – insbesondere für den frühkindlichen Autismus – sind in erster Linie **genetische Faktoren** zu nennen. Umweltfaktoren wie z. B. die Eltern-Kind-Interaktion können eine autistische Störung nicht auslösen oder hervorrufen, sondern nur den Verlauf und den Schweregrad mitbestimmen. Autistische Kinder weisen strukturelle Veränderungen im Gehirn auf, wodurch autistische Störungen auch als **Hirnfunktionsstörungen** angesehen werden.

> **Genetische Faktoren** sind die ursächlichen Bedingungen für autistische Störungen.

Interventionsmöglichkeiten

Die Behandlung sollte möglichst früh, d. h. im Kleinkindalter beginnen. Grundsätzlich gibt es jedoch bisher **keine Therapie, die eine autistische Störung heilen kann**. Therapieprogramme zielen darauf ab, den Verlauf der Störung in positiver Weise zu beeinflussen und die **Symptomatik zu lindern**. So werden autistische Kinder vor allem mittels verhaltentherapeutischer Methoden hinsichtlich der Sprachentwicklung und der Entwicklung sozialer, kommunikativer und lebenspraktischer Fähigkeiten gefördert. Grundsätzlich ist es wichtig, dass die Therapie an den bestehenden Kompetenzen der Kinder ansetzt und Schritt für Schritt neue Fähigkeiten aufbaut. Ein Trainingsinhalt besteht beispielsweise darin, mentale und emotionale Zustände anderer Personen anhand von Gesichtsausdrücken auf Fotos zu erkennen, um so Fähigkeiten der Theory of Mind (▶ Kap. 15) zu fördern. **Medikamente** werden in der Therapie nur eingesetzt, um Begleitsymptome wie z. B. aggressives und selbstverletzendes Verhalten zu beeinflussen. Die Kernsymptome autistischer Störungen sind medikamentös nicht behandelbar.

> Die **Therapie autistischer Störungen** kann den Verlauf der Störung durch den Aufbau sprachlicher, lebenspraktischer und sozialer Fähigkeiten positiv beeinflussen, heilbar ist die Störung jedoch nicht.

17.6.4 Angststörungen

Ängste sind im Kindesalter entwicklungstypisch und werden erst dann pathologisch, wenn sie ein »normales« Maß an Dauer und Intensität überschreiten.

Ängste sind im Kindesalter zunächst einmal als **normal und entwicklungstypisch** einzuschätzen. So haben viele Kinder beispielsweise Angst vor der Dunkelheit, vor dem Alleinsein oder vor fremden Menschen. Je nach Dauer, Intensität und angstauslösender Bedingung können sich Ängste aber auch zu einer **behandlungsbedürftigen Angststörung** entwickeln.

Angststörungen können sich **auf bestimmte Objekte und Situationen beziehen oder generell** auftreten. Im Kindesalter kann außerdem **Trennungsangst** auftreten.

Es lassen sich **zahlreiche Formen von Angststörungen** unterscheiden, die hier nicht im Einzelnen aufgeführt werden sollen. Es gibt **phobische Störungen**, die sich auf bestimmte Objekte oder Situationen beziehen, und **generelle Angststörungen**, die durch überdauernde Angstzustände gekennzeichnet sind. Eine Phobie kann sich z. B. auf bestimmte Tiere, auf Gewitter oder auf den Zahnarztbesuch richten. **Soziale Phobien bzw. Störungen mit sozialer Ängstlichkeit** beinhalten die unverhältnismäßige Angst vor fremden Personen und bei älteren Kindern die Angst vor einer Bewertung durch andere Personen in einer Leistungssituation (z. B. Sprechen vor der Klasse). Im Kindesalter kommt zusätzlich der **Trennungsangst** eine wichtige Bedeutung zu. Diese äußert sich durch eine übermäßige Angst, sich von der Bezugsperson zu trennen, oder durch die übertriebene Sorge, dass der Bezugsperson etwas zustoßen könnte. Bis zu einem Alter von 2–3 Jahren tritt diese Form der Angst bei vielen Kindern auf, bleibt sie jedoch länger bestehen oder erreicht eine übermäßige Intensität, so kann die Diagnose einer »emotionalen Störung des Kindes mit Trennungsangst« gestellt werden.

Ursachen und begünstigende Faktoren

Neben biologischen Faktoren können Temperamentsmerkmale, elterliches Verhalten und kognitive Verzerrungen ursächlich bei Angststörungen wirken.

Als biologische Ursachen sind zum einen **genetische Faktoren**, zum anderen auch eine **reduzierte physiologische Erregungsschwelle** zu nennen. Letztere kann dazu führen, dass Kinder in stressreichen oder angstauslösenden Situationen schneller und stärker physiologisch reagieren und dadurch in ihrem Denken und Verhalten gehemmt werden. Außerdem scheinen neben **Temperamentsmerkmalen** und einer generellen Schüchternheit seitens der Kinder auch die **Eltern** einen Einfluss auf die Entwicklung einer Angststörung zu haben. Eltern können z. B. durch überbehütendes und zu sehr beschützendes Verhalten verhindern, dass die Kinder selbst Strategien entwickeln, um Probleme zu lösen und angstauslösende Situationen zu bewältigen. Außerdem wirken Eltern, die selbst sehr ängstlich sind oder sogar unter einer Angststörung leiden, als Modell für ihre Kinder und begünstigen so, dass sich die Kinder in ähnlich ängstlicher Weise verhalten. Wenn Kinder einmal in den Kreislauf überängstlichen Verhaltens geraten sind, setzt sich dieses häufig aufgrund dysfunktionaler **kognitiver Verzerrungen** fort. Sie bewerten Situationen oft als bedrohlicher, als sie tatsächlich sind, und unterschätzen ihre eigenen Fähigkeiten, die Situation zu meistern. Dadurch meiden sie potenziell angstauslösende Situationen, wodurch sich die negativen Erwartungen in Zukunft voraussichtlich weiter verstärken.

Interventionsmöglichkeiten

Angstlösende Medikamente kommen zusammen mit verhaltenstherapeutischen Methoden wie Exposition, Verstärkung, Selbstbeobachtung und -instruktion, Rollenspielen und Entspannungsverfahren bei der Intervention zum Einsatz.

Therapeutisch kann den Kindern bei entsprechender Indikation durch **Psychopharmaka** geholfen werden. Angstlösende Medikamente sollten jedoch nur in Kombination mit einer psychotherapeutischen Behandlung eingesetzt werden. Bei kindlichen Angststörungen kommen oft **verhaltenstherapeutische Methoden** zum Einsatz. Dazu zählt zum einen die **Exposition**, bei der eine schrittweise oder abrupte Konfrontation mit dem angstauslösenden Reiz das sonst stattfindende Vermeidungsverhalten unbegründet erscheinen lässt und die Angst reduziert wird. Die betroffenen Kinder werden außerdem **verstärkt**, wenn sie es schaffen, ihre Angst angemessen zu bewältigen, und sollen durch **Selbstbeobachtungen und Selbstinstruktionen** schrittweise die angstauslösenden Situationen meistern. Die Kinder sollen sich dabei in der angstauslösenden

Situation beobachten und ihre Gedanken und Gefühle schildern. Ungünstige Gedanken sollen dann erkannt und in günstige umgewandelt werden. Durch gezielte Selbstinstruktionen lernen die Kinder, sich selber zu günstigem Verhalten anzuleiten und damit die Angst überwinden. Zusätzlich können auch **Rollenspiele**, durch die z. B. soziale und Problemlösekompetenzen erworben werden, und **Entspannungsverfahren** bei der Angstreduktion helfen.

17.6.5 Hyperkinetische Störungen

Hyperkinetische Störungen sind durch eine Symptomtrias aus **Hyperaktivität, Impulsivität und Aufmerksamkeitsstörung** gekennzeichnet. Hyperaktives Verhalten äußert sich durch eine exzessive Ruhelosigkeit, die vor allem in Situationen auftritt, die eigentlich Ruhe erfordern. In der Schule fallen hyperaktive Kinder beispielsweise dadurch auf, dass sie auf ihrem Stuhl herumzappeln, unaufgefordert aufstehen und herumlaufen, lärmen und sehr redselig sind. Impulsives Verhalten äußert sich beispielsweise dadurch, dass die Kinder nicht abwarten können, bis sie an der Reihe sind und anderen ins Wort fallen. Die gestörte Aufmerksamkeit macht sich durch die mangelnde Fähigkeit, sich längerfristig auf eine Aufgabe zu konzentrieren, bemerkbar. Die Kinder brechen Tätigkeiten nach kurzer Zeit ab und gehen zu einer anderen über, sind durch äußere Reize sehr schnell ablenkbar, machen häufig Flüchtigkeitsfehler und können Handlungen nur schwer planen und organisieren. Innerhalb der hyperkinetischen Störungen lassen sich verschiedene **Subtypen** unterscheiden, bei denen entweder alle drei Symptombereiche, nur die Aufmerksamkeitsstörung oder nur die Hyperaktivität gemeinsam mit Impulsivität vorliegen.

> Hyperkinetische Störungen äußern sich durch **Hyperaktivität, Impulsivität und eine gestörte Aufmerksamkeit**.

Ursachen und begünstigende Faktoren

Als Ursache wird eine **Kombination aus biologischen und psychsozialen Faktoren** angenommen (Döpfner, Frölich & Lehmkuhl, 2000), wobei den biologischen Aspekten der größte Stellenwert zukommt. Eine **genetische Disposition** führt zu einer **Störung des Neurotransmitterstoffwechsels** im Gehirn. Auf neuropsychologischer Ebene kommt es in verschiedenen Bereichen (z. B. Affektregulation, Arbeitsgedächtnis) zu **Störungen der Selbstregulation**, die wiederum die oben beschriebenen nach außen sichtbaren Symptome hervorrufen. Diese Symptome bewirken eine Zunahme der negativen Interaktionen mit anderen Personen, beispielsweise den Eltern, Lehrern und Gleichaltrigen. Liegen zusätzlich **ungünstige Bedingungen in der Schule** (z. B. große Klassen mit hohem Geräuschpegel) **oder in der Familie** (z. B. ungünstiges Erziehungsverhalten der Eltern) vor, kann sich die Symptomatik weiter verschlimmern.

> Ein **biopsychosoziales Modell** kann die Entstehung und Aufrechterhaltung hyperkinetischer Störungen erklären. Biologischen Faktoren kommt dabei die größte Bedeutung zu.

Interventionsmöglichkeiten

Bei hyperkinetischen Störungen ist in der Regel eine **multimodale Behandlung** indiziert. Eine **medikamentöse Therapie mit Psychostimulanzien** ist vor allem im Falle einer schwerwiegenden und situationsübergreifenden Symptomatik angezeigt. Stimulanzien greifen in den Neurotransmitterhaushalt des Gehirns ein und verbessern die Aufmerksamkeits- und Konzentrationsfähigkeit. Das führt dazu, dass die betroffenen Kinder in der Lage sind, ihr Verhalten besser zu organisieren und zu kontrollieren. Die medikamentöse Behandlung sollte durch andere **psychotherapeutische und edukative Maßnahmen** begleitet werden. Eltern, Lehrer und andere relevante Personen sollten über die Störung aufgeklärt und zugleich beraten werden. Die Eltern werden dabei angeleitet, **kompetentes Erziehungsverhalten** (z. B. durch angemessene Verstärkung positiven Verhaltens) einzusetzen und eine **positivere Eltern-Kind-Interaktion** aufzubauen, indem sie beispielsweise ihre Aufmerksamkeit auf die positiven Interaktionen mit ihrem Kind richten. Die Kinder sollen u. a. durch den Einsatz von **Selbstinstruk-**

> Bei hyperkinetischen Störungen ist eine **multimodale Behandlung**, bestehend aus Medikamenten sowie kind- und elternzentrierten Therapiebestandteilen indiziert.

tionstrainings und **Selbstmanagementtechniken** zu einer Verhaltensänderung gebracht werden, die dauerhaft auch in zukünftigen Situationen bestehen bleibt. Diese kann durch **Token- und Verstärkersysteme** mittels der Belohnung positiven Verhaltens zusätzlich gefördert werden. Darüber hinaus führt eine **Beratung und Anleitung beteiligter Erzieherinnen und Lehrerinnen** dazu, dass auch in Kindergarten und Schule adäquat mit dem Problemverhalten umgegangen wird, sodass eine Reduktion der Symptomatik begünstigt wird.

17.6.6 Aggressiv-oppositionelles Verhalten

> Eine Störung des Sozialverhaltens ist durch **aggressives und dissoziales Verhalten** gekennzeichnet, das gegen soziale Normen verstößt und die Grundrechte anderer missachtet.

Altersunangemessenes und andauerndes aggressives, dissoziales und aufsässiges Verhalten wird als **Störung des Sozialverhaltens** bezeichnet. Verhaltensweisen, die u. a. bei diesem Störungsbild auftreten, sind ein hohes Ausmaß an Streitereien mit anderen, Tyrannisieren, Grausamkeiten gegenüber anderen Menschen oder Tieren, Feuerlegen, Stehlen, häufiges Lügen, Schuleschwänzen, Weglaufen von zu Hause, Destruktivität gegenüber dem Eigentum anderer, sehr häufige und schwere Wutausbrüche, Ungehorsam gegenüber Eltern und anderen Autoritätspersonen. Kinder und Jugendliche, die eine Störung des Sozialverhaltens aufweisen, zeigen demnach Verhaltensweisen, die **soziale Normen oder Gesetze verletzen** und die **Grundrechte anderer missachten**. Fehlen schwere delinquente und aggressive Verhaltensweisen, liegt jedoch ein aufsässiges, ungehorsames und trotziges Verhalten vor, so wird nach dem MAS eine **Störung des Sozialverhaltens mit oppositionellem, aufsässigem Verhalten** diagnostiziert. Diese Störung beginnt vor dem 9. Lebensjahr und wird häufig als Vorläufer der Störung des Sozialverhaltens eingeordnet. Diese Kinder zeigen ein durchgehend negativistisches, provokatives, aufsässiges und feindseliges Verhalten, begehen jedoch keine schwerwiegenden Verletzungen der Rechte anderer. Sie haben häufig eine geringe Frustrationstoleranz, missachten die Anweisungen von Erwachsenen und schieben die Verantwortung für ihre Schwierigkeiten anderen zu.

Ursachen und begünstigende Faktoren

> Eine verzerrte sozial-kognitive Informationsverarbeitung, biologische Besonderheiten und familiäre sowie soziale Faktoren begünstigen die Entstehung und Aufrechterhaltung aggressiven und oppositionellen Verhaltens.

Es gibt unterschiedliche Ansätze, die versuchen aggressiv-oppositionelles Problemverhalten zu erklären. Zum einen wird angenommen, dass die betroffenen Kinder eine **verzerrte sozial-kognitive Informationsverarbeitung** aufweisen (Dodge & Schwartz, 1997). Diese führt dazu, dass mehrdeutige Situationen häufig als feindselig und bedrohlich interpretiert werden und so zu einer Abwehrhaltung bzw. zu aggressivem Verhalten führen (▶ Kap. 15). Darüber hinaus wird angenommen, dass Kinder mit einem schwierigen Temperament generell ein erhöhtes Risiko haben, eine Störung des Sozialverhaltens zu entwickeln. **Biologische Besonderheiten** wie ein niedriges Aktivierungsniveau und ein erhöhter Testosteronspiegel können zusätzlich die Entwicklung dieser Störung begünstigen. Daneben werden vor allem **familiäre und soziale Faktoren** als Erklärung herangezogen. So kann sich aus lerntheoretischer Sicht ein **ungünstiges Verstärkungsverhalten** relevanter Personen dahingehend auswirken, dass aggressives Verhalten erlernt und aufrechterhalten wird: Wenn Kinder durch ihr aggressives Verhalten eine positive Konsequenz erfahren (z. B. wenn die Mutter nach langem Quengeln und Toben dem Kind nachgibt und ihm den ersehnten Lutscher kauft), wenn sich durch aggressives Verhalten negative Konsequenzen abwenden lassen (z. B. wenn das Kind durch aufsässiges Verhalten umgehen kann, sein Zimmer aufzuräumen) oder wenn andere Personen als Modell dienen (z. B. aggressives Verhalten der Eltern), kann dieses die Ausbildung einer Störung des Sozialverhaltens begünstigen. Liegen **innerhalb einer Familie ungünstige Bedingungen** wie ein niedriger sozioökonomischer Status, delinquentes Verhalten der Eltern, Missbrauch oder Vernachlässigung und eine unsichere Bindung des Kindes zu den Eltern vor, ist dieses zusätzlich als ursächlich oder aufrechterhaltend einzustufen. Schließlich kann die Störung auch durch **Beziehungen zu anderen aggressiven Gleichaltrigen** begünstigt werden.

Interventionsmöglichkeiten

Um zu verhindern, dass aggressives Verhalten im Kindesalter mit dem Eintritt ins Jugend- und Erwachsenenalter in Delinquenz (▶ Kap. 18) mündet, sollten Interventionen frühzeitig ansetzen. Dabei kommen **kind- und/oder elternzentrierte Maßnahmen** zum Einsatz. Aufseiten der Eltern soll ein **adäquates Erziehungsverhalten** implementiert werden. Dieses beinhaltet u. a. die Anleitung der Eltern, positive Konsequenzen auf gewünschtes Verhalten folgen zu lassen und angemessene negative Konsequenzen bei unerwünschtem Verhalten einzusetzen (z. B. die Anwendung einer Auszeit und das klare und angemessene Setzen von Grenzen). Die Kinder sollen durch verhaltenstherapeutische Maßnahmen **soziale Kompetenzen** vermittelt bekommen, indem sie beispielsweise lernen, eigene Forderungen ohne Gewalt durchzusetzen und ohne aggressives Verhalten sicher aufzutreten. Darüber hinaus beinhaltet die Therapie die Vermittlung adäquater **Problemlösefertigkeiten** und die **Reduzierung kognitiver Verzerrungen bei der Informationsverarbeitung**. Die Kinder sollen lernen, sich an Regeln zu halten, eigene und fremde Emotionen richtig wahrzunehmen und angemessen damit umzugehen. Eine medikamentöse Behandlung ist nur bei Begleiterscheinungen (z. B. hyperkinetischen Symptomen) angezeigt.

> Therapeutische Maßnahmen zielen bei der Störung des Sozialverhaltens darauf ab, bei den Eltern ein adäquates und kompetentes Erziehungsverhalten zu etablieren und die Kinder hinsichtlich sozialer, emotionaler und kognitiver Fähigkeiten zu stärken.

17.6.7 Umschriebene Entwicklungsstörungen

Umschriebene Entwicklungsstörungen werden auch als **Teilleistungsschwächen** bezeichnet und sind durch **isolierte Funktions- und Reifungsstörungen** einzelner Bereiche bei sonst altersgerechter Entwicklung gekennzeichnet. Sie beziehen sich auf die Funktionsbereiche des **Sprechens bzw. der Sprache, der Motorik und schulischer Fähigkeiten (Lesen, Schreiben, Rechnen)**, in denen trotz angemessener Förderung, hinreichender Intelligenz und physischer und psychischer Gesundheit kein altersgerechtes Leistungsniveau erreicht wird.

> Umschriebene Entwicklungsstörungen sind durch **Funktions- und Reifungsstörungen** gekennzeichnet, die in den Bereichen Sprache, Motorik und schulische Fertigkeiten auftreten können.

Sprach- und Sprechstörungen. Sprach- bzw. Sprechstörungen können sich auf die **Sprachproduktion** (Artikulations- bzw. Lautbildungsstörung, expressive Sprachstörung) und/oder das **Sprachverständnis** (rezeptive Sprachstörung) beziehen. Den betroffenen Kindern gelingt es dabei nicht, altersangemessen einzelne Laute, Wörter oder Sätze zu artikulieren. Sie haben ein **eingeschränktes Vokabular**, finden oft nicht die passenden Wörter und es kommt zu **grammatikalischen Fehlern**. Eine Störung des Sprachverständnisses äußert sich dadurch, dass die Kinder im Altersvergleich **zu wenige Wörter verstehen, Begriffe verwechseln** und **grammatikalische Strukturen von Sätzen nicht erkennen**. Das alleinige Auftreten einer Störung des Sprachverständnisses ist jedoch sehr unwahrscheinlich, da die Entwicklung der Sprachproduktion nur dann ungestört ablaufen kann, wenn Sprache auch angemessen verstanden wird. Grundsätzlich sollte bei allen Formen von Sprach- und Sprechstörungen ausgeschlossen werden, dass die Auffälligkeiten aufgrund mangelnder kognitiver Fähigkeiten (z. B. geistiger Behinderung) oder organischer Ursachen (z. B. mangelnden Hörvermögens) auftreten. Sprach- und Sprechstörungen können sich auf die gesamte weitere Entwicklung von Kindern auswirken, da sie bei fehlender oder misslungener Behandlung oft zu schulischen Problemen sowie zu emotionalen und Verhaltensauffälligkeiten führen.

> Bei **Sprachstörungen** sind das Sprachverständnis und/oder die Sprachproduktion beeinträchtigt.

Umschriebene Entwicklungsstörung der motorischen Funktionen. Eine umschriebene Entwicklungsstörung der motorischen Funktionen ist durch **grob- und feinmotorische Ungeschicklichkeit**, ein im Altersvergleich **schlechtes Koordinationsver-**

> Kinder mit **umschriebener Entwicklungsstörung der motorischen Funktionen** zeigen Auffälligkeiten hinsichtlich der Grob- und Feinmotorik, der Koordination und des Gleichgewichts.

mögen und **körperliche Ungeschicklichkeit** gekennzeichnet. Die Bewegungen der betroffenen Kinder wirken plump und ungeschmeidig. Häufig lassen sich auch **Gleichgewichtsstörungen** beobachten. So fällt es den Kindern beispielsweise schwer, auf einem Bein zu stehen, sich die Schuhe zuzubinden oder ein Puzzle zu legen. Auch bei diesem Störungsbild müssen kognitive und organische Faktoren als Ursache ausgeschlossen werden.

> **Umschriebene Entwicklungsstörungen schulischer Fertigkeiten** sind durch Defizite im Lesen, Schreiben oder Rechnen gekennzeichnet.

Umschriebene Entwicklungsstörungen schulischer Fertigkeiten. Die umschriebenen Entwicklungsstörungen schulischer Fertigkeiten beziehen sich auf Auffälligkeiten in den Bereichen Lesen, Schreiben und Rechnen. Die betroffenen Kinder zeigen Leistungen, die deutlich hinter denen von Gleichaltrigen und unter dem aufgrund der Beschulung zu erwartenden Niveau liegen und die im Vergleich zu ihren kognitiven Fähigkeiten zu gering sind. Eine **Lesestörung** äußert sich dadurch, dass die **Lesegeschwindigkeit sehr niedrig** ist, dass **einzelne Wörter oder Wortteile ausgelassen, ersetzt, verdreht oder hinzugefügt** werden und dass beim Lesen die **Zeile im Text verloren** wird. Auch hinsichtlich des **Textverständnisses** zeigen sich Defizite, da das Gelesene oft nicht inhaltlich wiedergegeben oder zusammengefasst werden kann und da Fragen zum Text oft mit allgemeinem Wissen anstatt mit Inhalten des Textes beantwortet werden. Lesestörungen gehen häufig mit **Rechtschreibstörungen** einher, die jedoch auch isoliert auftreten können. Dabei fallen die Kinder durch **Fehler** auf, die beispielsweise durch das Vertauschen von Buchstaben (z. B. »b« und »d«), durch Fehler hinsichtlich der Reihenfolge von Buchstaben eines Wortes oder durch die Auslassung einzelner Buchstaben gekennzeichnet sind. Es werden auch ähnlich klingende Buchstaben verwechselt (z. B. »g« und »k«) und Dehnungen (z. B. »ie« oder »h«) sowie die Groß- und Kleinschreibung werden nicht beachtet. Die Fehlertypen unterscheiden sich je nach Alter und Klassenstufe des Kindes. Liegt eine **Rechenstörung** vor, zeigen sich im Vergleich zu anderen Kindern der Alters- und Klassenstufe **Beeinträchtigungen der Rechenfertigkeiten**. Diese beziehen sich in der Regel auf die grundlegenden mathematischen Operationen Addition, Subtraktion, Multiplikation und Division sowie auf das generelle Verständnis für Zahlen und numerische Werte.

Ursachen und begünstigende Faktoren

> Neben genetischen und neurophysiologischen Faktoren sind psychosoziale Belastungen an der Entstehung und Aufrechterhaltung umschriebener Entwicklungsstörungen beteiligt.

Als **Ursachen** für umschriebene Entwicklungsstörungen werden neben **genetischen Faktoren neurophysiologische Besonderheiten** und **Störungen der Informationsverarbeitung** angenommen. Daneben kommen auch **psychosoziale Bedingungen** zum Tragen, die neben der Entstehung vor allem auch den Verlauf der Störung beeinflussen (z. B. familiäre Belastungen).

Interventionsmöglichkeiten

> Umschriebene Entwicklungsstörungen werden durch logo-, moto-, physio-, ergo- oder lerntherapeutische Methoden behandelt.

Therapeutisch begegnet man umschriebenen Entwicklungsstörungen in der Regel mit **funktionellen Methoden,** durch die die betroffenen Bereiche gezielt gefördert werden. Bei Sprach- und Sprechstörungen werden **logopädische Trainings** eingesetzt, die vor allem die Lautbildung, die Artikulation, das Vokabular und auch das Sprachverständnis unterstützen sollen. Motorische Defizite werden durch **physio-, ergo- und mototherapeutische Methoden** behandelt, die z. B. das Gleichgewichtsempfinden, die Auge-Hand-Koordination oder die Kontrolle muskulärer An- und Entspannung fördern. Umschriebene Entwicklungsstörungen schulischer Fertigkeiten werden durch **lerntherapeutische Maßnahmen** behandelt. Hier werden die konkreten Schwierigkeits- und Fehlerbereiche zunächst im Rahmen einer umfangreichen Diagnostik abgeklärt, um diese dann durch die Therapie systematisch aufzugreifen. Bei Rechenstörungen wird beispielsweise durch den Einsatz anschaulicher und konkreter Materialien ein Verständnis für Zahlen, Mengen und mögliche Rechenoperationen vermittelt. Die Rechtschreibung kann u. a. durch das Erlernen lautorientierten Schreibens und durch die Vermittlung von Regelwissen (z. B. in Bezug auf Groß- und Kleinschreibung) gefördert werden.

> **? Kontrollfragen**
> 1. Was wird auf den inhaltlichen Achsen des Multiaxialen Klassifikationsschema für psychische Störungen des Kindes- und Jugendalters (MAS) erfasst?
> 2. Bei welchem Störungsbild gelangen Stimulanzien zum Einsatz?
> 3. Welche Störungsbilder gehören zu den Entwicklungsstörungen, die unter dem Begriff der umschriebenen Entwicklungsstörung zusammengefasst werden?
> 4. Was wird mit dem Begriff der Resilienz bezeichnet?
> 5. Was ist mit einer Knabenwendigkeit oder Androtropie gemeint?

▶ **Weiterführende Literatur**

Petermann, F. (Hrsg.). (2009). *Lehrbuch der Klinischen Kinderpsychologie*. Göttingen: Hogrefe.
Petermann, F. Niebank, K. & Scheithauer, H. (Hrsg.). (2000). *Risiken in der frühkindlichen Entwicklung*. Göttingen: Hogrefe.
Steinhausen, H.-C. (2006). *Psychische Störungen bei Kindern und Jugendlichen*. München: Elsevier.

18 Entwicklungsabweichungen im Jugendalter

18.1	Veränderungen und Entwicklungsaufgaben im Jugendalter – 251	18.3	Beschreibung einzelner Störungsbilder – 254
18.1.1	Physische Veränderungen – 251	18.3.1	Essstörungen – 254
18.1.2	Sozioemotionale Entwicklung – 252	18.3.2	Depression – 256
18.1.3	Entwicklungsaufgaben – 253	18.3.3	Substanzmissbrauch und -abhängigkeit – 258
		18.3.4	Aggressives und delinquentes Verhalten – 260
18.2	Prävalenz und Geschlechtsunterschiede – 253		

Lernziele
- Entwicklungsveränderungen und Entwicklungsaufgaben im Jugendalter beschreiben können.
- Prävalenz von Störungen im Jugendalter und Geschlechtsunterschiede bei psychischen Symptomatiken kennen.
- Internalisierende Störungsbilder (Essstörungen und Depression) kennen.
- Externalisierende Störungsbilder (Substanzmissbrauch und Substanzabhängigkeit, aggressives und delinquentes Verhalten) kennen.
- Suizidalität als Problematik im Jugendalter erkennen.

Beispiel

Lisa war schon als Kind immer sehr zielstrebig und ehrgeizig. Sie war gut in der Schule und eine ausgezeichnete Sportlerin. Mit Beginn der Pubertät hatte ihr Körper begonnen, sich sichtbar zu verändern. Aus dem einst kindlichen, schlanken und drahtigen Mädchen war eine junge Frau mit weiblichen Rundungen geworden. Während sich viele andere Mädchen in diesem Alter über derartige Veränderungen gefreut hätten, begann Lisa mit sich selbst und ihrem Aussehen zu hadern. Sie empfand sich als zu dick und wäre gerne wieder das »kleine Mädchen« von vorher gewesen. Zu diesem Zeitpunkt begann Lisa mit ihrer ersten Diät, um etwas an ihrer Figur zu verändern. Zunächst verbot sie sich Schokolade, Chips und sonstige Süßigkeiten; dann folgten andere Lebensmittel, die aus ihrer Sicht zu viele Kalorien hatten. Lisas Eltern und Freunde bemerkten Lisas verändertes Essverhalten zunächst nicht, wurden jedoch stutzig, als das Mädchen zusehends dünner wurde. Gemeinsames Essen mied sie und zog sich mehr und mehr in ihr eigenes Zimmer zurück. Trotz des guten Zuredens ihrer Mitmenschen veränderte sich Lisa zusehends, bis sie schließlich fast nichts mehr aß. Aus dem einst fröhlichen und geselligen Mädchen war eine in sich gekehrte und untergewichtige Jugendliche geworden. Bei einer Größe von 1,65 m brachte sie schließlich nur noch 40 kg auf die Waage. Trotz des offensichtlichen Untergewichtes, empfand sich Lisa immer noch als »zu fett«. Ihre Gedanken kreisten ständig um Essen bzw. Nichtessen und um die Angst, an Gewicht zuzunehmen.

18.1 · Veränderungen und Entwicklungsaufgaben im Jugendalter

Im Jugendalter ergeben sich viele entwicklungsbedingte Veränderungen, die bewältigt werden müssen. Diese bergen sehr viele **Chancen und Möglichkeiten** für Jugendliche, können aber auch **Belastungen und Überforderungen** mit sich bringen. Darum ist die Phase der Jugend häufig eine labile und sensitive Phase. Bei Jugendlichen wie Lisa, die im Zuge des Jugendalters Schwierigkeiten haben, mit den Anforderungen, Bedingungen und Herausforderungen dieser neuen Lebensphase zurechtzukommen, können sich psychische Auffälligkeiten oder Störungen manifestieren.

> Die Phase der Jugend ist häufig eine sensitive Phase, in der sich psychische Störungen oder Auffälligkeiten manifestieren können.

18.1 Veränderungen und Entwicklungsaufgaben im Jugendalter

Für die meisten Menschen ist die eigene Jugendphase mit vielen lebhaften Erinnerungen besetzt. Zunehmende Konflikte mit und Loslösung von den Eltern, die Entstehung erster intimer Beziehungen und deutliche körperliche Veränderungen sind typische Kennzeichen dieses Entwicklungsabschnittes. Jugendliche sind auf der Suche nach ihrer Identität, probieren dabei vieles aus, gehen Risiken ein und rebellieren gegen die von Erwachsenen aufgestellten Regeln. Gleichzeitig beginnt im Jugendalter oft die gedankliche Beschäftigung damit, welches Bild andere Menschen von einem haben und wie man sich in sozialen Situationen, unter Gleichaltrigen oder im Umgang mit Fremden verhält. Erste Selbstzweifel kommen auf und stundenlanges Grübeln beschäftigt viele Jugendliche.

> Das Jugendalter ist durch **Veränderungen in verschiedenen Lebensbereichen** gekennzeichnet.

18.1.1 Physische Veränderungen

Die **augenscheinlichsten Veränderungen** während der Pubertät sind sicherlich die **körperlichen**. Durch einen ungleichmäßigen **Wachstumsspurt**, der typischerweise während der Pubertät stattfindet, geraten sowohl bei den Jungen als auch bei den Mädchen die Körperproportionen durcheinander. In der Regel beginnen erst die Gliedmaßen zu wachsen, wodurch viele Jugendliche zunächst oft etwas unbeholfen und schlaksig wirken.

Durch hormonelle Umstellungen beginnen sich die **primären und sekundären Geschlechtsorgane** zu verändern. Primäre Geschlechtsorgane sind zur Fortpflanzung notwendig (z. B. Gebärmutter, Hoden), während sekundäre Geschlechtsorgane solche Merkmale sind, die die Geschlechtszugehörigkeit und Geschlechtsreife signalisieren (z. B. Scham- und Körperbehaarung, Körperfettverteilung). Bei Jungen kommt es zum Wachstum der Hoden und des Penis, die erste Scham-, Achsel- und Gesichtsbehaarung wird sichtbar, die Muskelmasse wächst und der Stimmbruch führt zu einer Veränderung der Stimme. Bei Mädchen verändert sich die Fettverteilung des Körpers, wodurch es zu einer weiblicheren Figur kommt. Die Brust und die primären Geschlechtsorgane beginnen zu wachsen und sich zu entwickeln. Durch die erste Ejakulation bzw. die Menarche erreichen Jungen und Mädchen schließlich die **Geschlechtsreife**.

In der Pubertät besteht ein **Entwicklungsunterschied zwischen den Geschlechtern** dahingehend, dass Mädchen im Schnitt etwas früher in die Pubertät kommen als Jungen. Die körperliche Entwicklung und der **Eintritt in die Pubertät variiert** aber auch deutlich innerhalb der Geschlechtsgruppen (Tanner, 1998). So zeigen sich bei einigen Mädchen bereits im Alter von 7 Jahren, bei einigen Jungen mit 9 Jahren erste Anzeichen des Pubertätseintritts, während dieses bei anderen Mädchen erst mit 13, bei einigen Jungen sogar erst mit 14 Jahren geschieht (Palmert & Boepple, 2001). Gründe hierfür liegen größtenteils in genetischen und hormonellen Faktoren, aber auch die Ernährung, das Vorliegen von Erkrankungen oder extreme sportliche Betätigungen können einen Einfluss auf den Zeitpunkt des Pubertätseintritts haben.

> Während der Pubertät kommt es zu **körperlichem Wachstum** und einer **Veränderung der Körperproportionen**.

> In der Pubertät verändern sich **primäre und sekundäre Geschlechtsorgane**.

> Mädchen zeigen im Schnitt früher pubertäre Körperveränderungen als Jungen. Auch innerhalb einer Geschlechtsgruppe kann der Zeitpunkt des Pubertätseintritts sehr unterschiedlich sein.

Der relative pubertäre Status, d. h. der körperliche Entwicklungsstand eines Jugendlichen im Vergleich zu Gleichaltrigen, kann dabei Auswirkungen auf das Erleben und Verhalten haben. **Früh pubertierende Jungen und Mädchen** haben häufiger Kontakt zu älteren Peers, konsumieren dadurch oft früher Alkohol oder Drogen und neigen eher zu delinquentem Verhalten (Graber, Lewinsohn, Seeley & Brooks-Gunn, 1997; Silbereisen & Kracke, 1997; Tschann et al., 1994). Frühreife Mädchen zeigen neben diesen externalisierenden auch öfter internalisierende Symptome, die sich in negativerer Stimmung, Selbstwertproblemen und Unzufriedenheit mit dem Körper äußern können (Tschann et al., 1994; Williams & Currie, 2000). Jungen dagegen zeigen eher im Zusammenhang mit einer **verspäteten pubertären Reife** ein negatives Körperkonzept (Silbereisen & Kracke, 1997).

> Sowohl ein vergleichsweise **früher als auch ein später Eintritt in die Pubertät** kann ein **Risiko für die Entwicklung** darstellen.

18.1.2 Sozioemotionale Entwicklung

Auch in sozioemotionaler Hinsicht ergeben sich im Jugendalter zahlreiche Veränderungen. Während **Eltern und andere Familienmitglieder** in der Kindheit häufig die engsten und wichtigsten Bezugspersonen darstellen, werden die **Peers** im Zuge der Jugend zu wichtigen, teilweise sogar zu den wichtigsten Einflussgrößen. Darüber hinaus wächst das **Interesse am anderen Geschlecht** und die ersten intimen gegengeschlechtlichen Freundschaften entstehen. Jugendliche beginnen, sich **von ihren Eltern zu lösen** und ein **eigenständiges Leben** aufzubauen.

> **Gleichaltrige** gewinnen im Jugendalter an Bedeutung, während parallel eine **Loslösung von den Eltern** stattfindet.

Die **Beziehung zwischen Eltern und den jugendlichen Kindern** wird in diesem Altersabschnitt oft konfliktgeladener und weniger harmonisch. Dieses lässt sich u. a. dadurch erklären, dass Jugendliche nach mehr Autonomie streben und in persönlichen Angelegenheiten eigene Entscheidungen treffen möchten. Allerdings beziehen sich die meisten Streitereien eher auf weniger relevante Themen wie Kleidungsstil, Musikgeschmack oder den Haarschnitt. Zu gravierenden Auseinandersetzungen oder Zerwürfnissen zwischen Eltern und Kinder kommt es auch im Jugendalter nur in den seltensten Fällen (Arnett, 1999).

> Zwischen **Jugendlichen und ihren Eltern** kommt es häufiger zu **Konflikten**, die allerdings in der Regel weniger relevante Themen betreffen.

Gleichaltrige beeinflussen Jugendliche in vielerlei Hinsicht. Sie können **in positiver Weise** dazu beitragen, dass beispielsweise soziale Kompetenzen und ausgereiftere kommunikative Fähigkeiten erworben werden. In Bezug auf Verhaltensweisen wie Drogen- und Alkoholkonsum, riskantes oder delinquentes Verhalten können Peers auch einen **negativen Einfluss** ausüben (z. B. Gardner & Steinberg, 2005; Lundborg, 2006; Rose, Chassin, Presson & Sherman, 1999). Insbesondere wenig gefestigte Jugendliche lassen sich häufig aufgrund sozialer Erwartungen und des Gruppendrucks zu illegalen Verhaltensweisen animieren. Ob und in welcher Weise sich derartige negative Einflüsse jedoch auswirken, hängt wiederum stark von den Eltern ab. Kinder engagierter Eltern, die ein angemessenes Erziehungsverhalten zeigen, sind weniger anfällig, dem Druck der Peer-Gruppe zu erliegen (Farrell & White, 1998).

> **Gleichaltrige** können Jugendliche in positiver und auch in negativer Weise beeinflussen.

Im Hinblick auf die persönliche Entwicklung stehen die **Suche nach der eigenen Identität** und die **Auseinandersetzung mit Normen und Werten** im Mittelpunkt des Jugendalters (Marcia, 1980; auch ► Kap. 13). Viele Jugendliche sind sich noch unsicher, wer sie sind und wer sie sein möchten. Im Zuge dieser Unsicherheit probieren sie oft vieles aus und nehmen unterschiedliche Rollen an, um die für sie passende Identität zu finden. Optimalerweise führt dieser Prozess dazu, dass sich Jugendliche eine eigene Identität erarbeiten und dadurch gefestigter werden.

> Die **Identitätsentwicklung** ist ein zentraler Entwicklungsaspekt des Jugendalters.

In emotionaler Hinsicht ist das Jugendalter eine Phase, die oft **durch Stimmungs- und Gemütsschwankungen** gekennzeichnet ist. Häufig ist auch eine **Zunahme negativer Emotionen** in der Adoleszenz zu beobachten (Greene, 1990), die die erhöhte Auftretenswahrscheinlichkeit depressiver Störungen im Jugendalter – vor allem bei den Mädchen – erklären kann und mit sich bringt (auch ► Kap. 11).

> Im Jugendalter kommt es zu **mehr negativen Emotionen** und zu **mehr Instabilität hinsichtlich der Stimmung**.

Der Aufmerksamkeitsfokus Jugendlicher richtet sich zunehmend auf sie selbst. Dieser **Jugendegozentrismus** führt dazu, dass die eigene Erscheinung, das eigene Verhalten und Erleben in den Mittelpunkt rückt, was gleichzeitig zu Selbstzweifeln und Minderwertigkeitsgefühlen führen kann. Jugendliche setzen sich häufig sehr intensiv mit sich und ihrem Selbst auseinander, was im Kindesalter in dieser Form noch nicht zu beobachten ist.

*Die **Aufmerksamkeit** Jugendlicher ist häufig **auf sie selbst gerichtet**.*

18.1.3 Entwicklungsaufgaben

Definition

Entwicklungsaufgaben sind Herausforderungen oder Probleme, die sich typischerweise jedem Menschen im Entwicklungsverlauf stellen. Sie ergeben sich aufgrund der körperlichen Entwicklung, des kulturellen Drucks und aufgrund dadurch ausgelöster Wünsche und Erwartungen.

▶ Definition Entwicklungsaufgaben

Jugendliche müssen bestimmte **Entwicklungsaufgaben** lösen (Flammer & Alsaker, 2002), die sich nach Havighurst (1972) typischerweise allen Individuen einer Altersgruppe stellen. Werden sie angemessen bewältigt, führt dies zu Zufriedenheit und Erfolg; bleiben sie unbewältigt, können sich Unglücklichsein und eine Missbilligung der Gesellschaft einstellen. Für das Jugendalter nimmt Havighurst eine Vielzahl von Entwicklungsaufgaben an (▶ Übersicht).

*In jedem Altersabschnitt stellen sich bestimmte **Entwicklungsaufgaben**, die bewältigt werden sollten. Gelingt die Bewältigung nicht, kann es zu negativen Konsequenzen kommen.*

Entwicklungsaufgaben des Jugendalters nach Havighurst (1972)
- Aufbau neuer und reifer Beziehungen zu Gleichaltrigen des eigenen und anderen Geschlechts
- Übernahme der männlichen bzw. weiblichen Geschlechtsrolle
- Akzeptieren des eigenen Körpers und dessen effektive Nutzung
- Loslösung und emotionale Unabhängigkeit von den Eltern
- Ökonomische Unabhängigkeit von den Eltern
- Berufswahl und -ausbildung
- Vorbereitung auf Heirat und Familie
- Erwerb intellektueller Fähigkeiten, um eigene Rechte und Pflichten ausüben zu können
- Entwicklung sozialverantwortlichen Verhaltens
- Aneignung von Werten und eines ethischen Systems, das einen Leitfaden für das eigene Verhalten darstellt

---

Auch wenn einige dieser Entwicklungsaufgaben veraltet erscheinen mögen und in der heutigen Zeit sicherlich nur noch sekundär eine Rolle spielen, wird dennoch deutlich, dass die **Jugendphase durch viele Erwartungen und Herausforderungen gekennzeichnet** ist. Das Handeln und Verhalten Jugendlicher wird zunehmend eigenverantwortlicher und weniger durch Eltern und andere Personen bestimmt. Dadurch birgt diese Lebensphase die **Gefahr der Orientierungs- und Haltlosigkeit**.

*Aufgrund der zunehmenden Eigenverantwortlichkeit des Handelns, kann es im Jugendalter zu einer **Orientierungs- oder Haltlosigkeit** kommen.*

18.2 Prävalenz und Geschlechtsunterschiede

Während Jungen im Kindesalter in der Regel noch häufiger **psychische und Verhaltensauffälligkeiten** zeigen, steigt die Anzahl der betroffenen Mädchen in der Adoles-

> Die **Prävalenzraten von psychischen Symptomen und Verhaltensauffälligkeiten** sind in der Adoleszenz bei Jungen und Mädchen in etwa gleich. Mädchen zeigen jedoch mehr internalisierendes, Jungen mehr externalisierendes Problemverhalten.

zenz deutlich an. Im Alter von 14–17 Jahren sind mit 24,9% der Jungen und 22,2% der Mädchen beide Geschlechter in etwa gleichermaßen betroffen (Ravens-Sieberer et al., 2007). In Bezug auf die Erscheinungsformen der Auffälligkeiten ergeben sich jedoch deutlich Geschlechtsunterschiede. So ist der Anstieg der Prävalenz bei den **Mädchen** in erster Linie auf die **Zunahme internalisierenden Problemverhaltens** zurückzuführen, während die meisten **Jungen** eher **externalisierende Auffälligkeiten** zeigen (Alsaker & Bütikofer, 2005). Internalisierende Auffälligkeiten sind durch nach innen gerichtete Verhaltensweisen gekennzeichnet und manifestieren sich u. a. in Depressionen, Ängsten und Essstörungen. Externalisierendes Problemverhalten dagegen ist eher nach außen gerichtet und kann sich beispielsweise durch Aggressivität, Delinquenz und Substanzmissbrauch oder -abhängigkeit ausdrücken.

18.3 Beschreibung einzelner Störungsbilder

> Einige Störungsbilder entstehen typischerweise erst im Jugendalter oder sind im Jugendalter durch eine veränderte Symptomatik gekennzeichnet.

Da das Jugendalter durch zahlreiche Veränderungen gekennzeichnet ist, haben Entwicklungsabweichungen, die typischerweise in diesem Alter erstmals auftreten, andere Kennzeichen als solche, die bereits im Kindesalter entstehen. Neben den im Jugendalter erstmals entstehenden Störungsbildern können sich auch abweichende Verhaltens- und Erlebensweisen, die bereits im Kindesalter aufgetreten sind, fortsetzen und manifestieren. So bleiben beispielsweise Ängste und hyperkinetische Symptome im Jugendalter häufig bestehen oder entwickeln sich teilweise auch erst dann. Bei anderen Störungsbildern, die im Kindesalter hinsichtlich der Prävalenz eine weniger zentrale Rolle spielen (z. B. Depression), kommt es im Jugendalter zu einer Veränderung der Symptomatik (▶ Abschn. 18.3.2).

Im Folgenden werden solche Störungsbilder beschrieben, die in der Regel **erst in der späten Kindheit oder im Jugendalter beginnen** oder bei denen sich **erst dann das volle und »klassische« Symptombild** zeigt. Auffälligkeiten, die ihren Ursprung bereits in der Kindheit haben können, werden in ▶ Kap. 17 dargestellt.

18.3.1 Essstörungen

> Essstörungen äußern sich generell dadurch, dass die Betroffenen zu viel oder zu wenig Nahrung zu sich nehmen und sich sehr stark gedanklich mit dem Essen und der eigenen Figur beschäftigen.
>
> Bei den Essstörungen, die als psychische Störungen klassifiziert werden, lassen sich **Anorexia nervosa** und **Bulimia nervosa** unterscheiden.

Essstörungen sind im Wesentlichen dadurch gekennzeichnet, dass die Betroffenen zu viel oder zu wenig Nahrung zu sich nehmen und sich gedanklich übermäßig mit ihrem Gewicht und ihrer Figur beschäftigen. Bei einigen essgestörten Jugendlichen kommt es zusätzlich zu übertriebenen gewichtsregulierenden Maßnahmen wie Erbrechen, exzessivem Sport oder der Einnahme von Abführ- oder Entwässerungsmitteln.

Grundsätzlich lassen sich zwei Störungsbilder differenzieren, die nach den gängigen Klassifikationssystemen als anerkannte psychische Störungen gelten: die **Anorexia nervosa** und die **Bulimia nervosa**. **Adipositas**, eine Essstörung, die mit extremem Übergewicht einhergeht und durch übermäßige **Binge-Eating-Attacken** (Heißhungeranfälle, bei denen große Mengen an Essen regelrecht verschlungen werden) gekennzeichnet sein kann, ist derzeit nicht als psychische, sondern ausschließlich als medizinische Erkrankung anerkannt. Die Mehrzahl der an Anorexia oder Bulimia nervosa erkrankten Jugendlichen sind Mädchen, weshalb im Folgenden immer von Patientinnen gesprochen wird.

> **Anorexia nervosa** ist durch starkes Untergewicht und die Angst vor einer Gewichtszunahme gekennzeichnet. Das Essen wird (fast völlig) verweigert und teilweise werden gegensteuernde Maßnahmen unternommen.

Anorexia nervosa. Patientinnen, die an Anorexia nervosa erkrankt sind, fallen zunächst durch ihr **gravierendes Untergewicht** auf. Der BMI (Body-Mass-Index, berechnet sich aus der Körpergröße und dem Gewicht) liegt bei anorektischen Patientinnen unter 17,5 (nach ICD-10). Bei einer Körpergröße von 1,65 m würde dieses z. B. einem Körpergewicht von knapp 48 kg entsprechen. Bei den meisten Patientinnen liegt das Körpergewicht jedoch noch deutlich darunter, sodass häufig die Gefahr besteht, aufgrund der **Mangelernährung und Mangelversorgung des Körpers** ernsthafte körperliche Schädigungen zu erleiden oder sogar daran zu sterben. So lag die Mortalitätsrate in einer kanadischen Studie, bei der essgestörte Patientinnen über 20 Jahre hinweg begleitet wurden, beispielsweise bei etwa 10% (Birmingham, Su, Hlynsky, Goldner & Gao, 2005). Die Patientinnen **weigern sich, ihr Gewicht im Normalbereich zu halten** und haben **große Angst vor einer Gewichtszunahme**. In der Regel liegt eine **Körperschemastörung** vor, aufgrund derer die Patientinnen ihr Gewicht und ihre äußere Erscheinung nicht realistisch einschätzen, sondern ihr Untergewicht leugnen. Anorektische Patientinnen des **asketischen Subtyps** zeigen ein restriktives Essverhalten, gekennzeichnet durch eine (fast) gänzliche Verweigerung der Nahrungsaufnahme. Beim **bulimischen Subtyp** finden Essattacken statt, die durch gegensteuernde Maßnahmen wie selbstinduziertes Erbrechen, exzessiver Sport oder Missbrauch von Abführ- und Entwässerungsmitteln begleitet werden.

Bulimia nervosa. Die Bulimia nervosa unterscheidet sich von der Anorexia nervosa dadurch, dass die Betroffenen **nicht untergewichtig** sind. Es treten **wiederholte Essattacken** auf, denen mit den bereits oben beschriebenen **gegensteuernden Maßnahmen** begegnet wird. Das **Selbstwertgefühl** der Patientinnen wird übermäßig durch das wahrgenommene Gewicht und die wahrgenommene Figur bestimmt.

Durch Essstörungen ergeben sich häufig **körperliche Folgen**, die durch die Unterernährung oder das regelmäßige Erbrechen hervorgerufen werden. Aufgrund des Erbrechens werden die Zähne durch den Kontakt mit der Magensäure stark angegriffen, außerdem kann das Risiko für Herzrhythmusstörungen und Nierenversagen ansteigen. Eine dauerhafte Unterernährung begünstigt darüber hinaus u. a. die Entstehung von Osteoporose (Knochenbrüchigkeit), Muskelschwäche, Kreislaufproblemen und Stoffwechselstörungen.

Ursachen und begünstigende Faktoren

Aus ätiologischer Sicht sind zahlreiche Faktoren zu berücksichtigen, die Essstörungen begünstigen können. Neben **genetischen Vulnerabilitäten** sind hier insbesondere **soziokulturelle Faktoren** zu nennen. Das in westlichen Kulturen herrschende Schlankheitsideal führt häufig dazu, dass Mädchen und Frauen sich einem starken Druck ausgesetzt fühlen. Die natürlichen Veränderungen des weiblichen Körpers während der Pubertät, die u. a. mit einem Anstieg des Fettanteils verbunden sind, sind oft damit assoziiert, dass sich Mädchen und junge Frauen sehr unwohl in ihrem Köper fühlen und sich als zu dick empfinden. Durch Diäten und gezügeltes Essverhalten wird versucht, dem Schlankheitsideal zu entsprechen. Diätverhalten ist oft der Einstieg in eine Essstörung, da es den Betroffenen nicht gelingt, zu einem »normalen« Essverhalten zurückzukehren. Darüber hinaus können **familiäre Belastungen, gestörte Familienbeziehungen und belastende Lebensereignisse** die Entstehung und Aufrechterhaltung von Essstörungen begünstigen. Im Hinblick auf die Persönlichkeit zeigen insbesondere anorektische Patientinnen häufig einen extremen **Perfektionismus** und eine ausgeprägte **Leistungsorientierung**. Außerdem ist bei essgestörte Patientinnen in den meisten Fällen ein geringes **Selbstwertgefühl** zu beobachten.

Interventionsmöglichkeiten

Im Hinblick auf Interventionsmöglichkeiten ist bei extrem untergewichtigen Patientinnen zunächst einmal angezeigt, das **Körpergewicht anzuheben**, da sich einige Betroffene in einem lebensbedrohlichen Zustand befinden. Generell wird sowohl bei bulimischen als auch bei anorektischen Patientinnen eine **Ernährungsumstellung** angestrebt, die darauf abzielt, das Wissen um eine gesunde Ernährung zu fördern und diese zu etablieren. Daneben zielen **kognitiv-verhaltenstherapeutische Maßnahmen**

Bulimische Patientinnen sind nicht untergewichtig und neigen zu Essanfällen, auf die häufig gegensteuernde Maßnahmen folgen.

Essstörungen können schwere **körperliche Folgen** haben.

Genetische Faktoren, soziokulturelle Einflüsse, familiäre Belastungen und belastende Lebensereignisse können **die Entstehung von Essstörungen begünstigen.**

Interventionen bei Essstörungen haben das Ziel, eine Ernährungsumstellung zu erreichen, die Emotionswahrnehmung und den Emotionsausdruck zu fördern, die Selbsteinschätzung der Patientinnen zu verbessern und familiäre Beziehungen zu stärken.

darauf ab, den Kreislauf zwischen belastenden, emotional stressigen Situationen und dem gestörten Essverhalten zu durchbrechen. Bei vielen Patientinnen tritt dysfunktionales Essverhalten vor allem in derartigen Situationen auf, um sich abzulenken und um so mit den eigenen negativen Emotionen umgehen zu können. Aus diesem Grund ist auch ein zentrales Ziel der Therapie, die **Wahrnehmung und den Ausdruck von Gefühlen zu verbessern**. Dies geschieht beispielsweise durch Selbstbeobachtungsübungen und Rollenspiele. Im Hinblick auf die **Körperwahrnehmung** sollen die Betroffenen zu einer **realistischeren Selbsteinschätzung** kommen, indem verzerrte Wahrnehmungs- und Erwartungsmuster durchbrochen werden. Teilweise werden **familientherapeutische Maßnahmen** ergänzend durchgeführt, um Interaktionsprobleme zwischen den Familienmitgliedern anzugehen. **Psychopharmaka in Form von Antidepressiva** werden in der Regel nur dann eingesetzt, wenn zusätzlich depressive Symptome bestehen, was allerdings häufig der Fall ist.

18.3.2 Depression

> Depressive Störungen entwickeln sich häufig erst im **Jugendalter** und dabei vor allem bei den **Mädchen**. Die Symptome Jugendlicher unterscheiden sich dabei von denen jüngerer Kinder.

Die **Prävalenz depressiver Störungen nimmt im Jugendalter deutlich zu** (Costello, Foley & Angold, 2006; Groen, Scheithauer, Essau & Petermann, 1997). Vor allem **Mädchen** zeigen in der Adoleszenz häufiger depressive Symptome (Alsaker & Bütikofer, 2005). Während depressive Störungen im Kindesalter noch primär durch somatische Symptome und Verhaltensauffälligkeiten gekennzeichnet sind (z. B. Bauchschmerzen, vermehrtes Weinen, Schlafstörungen, Gereiztheit, verminderte Mimik und Gestik), werden im Jugendalter die »**klassischen« emotionalen, kognitiven und motivationalen Symptome einer Depression** beobachtbar (Preiß & Remschmidt, 2007). Damit kommt die Symptomatik einer depressiven Störung im Jugendalter der im Erwachsenenalter gleich.

> Zu den depressiven Störungen gehören im Wesentlichen die **Major Depression** und die **dysthyme Störung**. Außerdem gibt es noch **bipolare Störungen**, bei denen neben den depressiven auch manische Symptome auftreten.

Im Hinblick auf die Klassifikation lassen sich unterschiedliche Formen depressiver Störungen unterscheiden. Im Wesentlichen sind nach DSM-IV dabei die **Major Depression**, die durch mehrere depressive Episoden gekennzeichnet ist, und die **dysthyme Störung** zu unterscheiden. Während bei einer Major Depression schwerwiegende depressive Symptome in bestimmten Zeitintervallen zu beobachten sind, ist die dysthyme Störung durch eine länger anhaltende leichtere depressive Symptomatik gekennzeichnet. Bei den **bipolaren Störungen**, die zeitweise ebenfalls durch depressive Symptome begleitet werden, kommt es darüber hinaus zu manischen Episoden, die durch eine abnorme und anhaltend gehobene Stimmung charakterisiert sind.

> **Symptome einer Depression** zeigen sich im emotionalen, motivationalen, kognitiven, somatischen und sozialen Bereich.

Zu den **Symptomen einer Depression im Jugendalter** können depressive Verstimmung und Niedergeschlagenheit, Verlust von Interesse und Freude, Antriebslosigkeit, gesteigerte Ermüdbarkeit, geringes Selbstwertgefühl und Selbstvorwürfe, Konzentrationsschwierigkeiten, psychomotorische Unruhe oder Hemmung, Schlafstörungen, Appetitverlust oder gesteigerter Appetit und Suizidgedanken (▶ Exkurs »Suizidalität bei Jugendlichen«) gehören. Die sozialen und interaktiven Fähigkeiten depressiver Jugendlicher sind häufig vermindert, wodurch sich zusätzlich soziale Schwierigkeiten ergeben können.

Exkurs

Suizidalität bei Jugendlichen

Suizide und Suizidversuche sind bei jüngeren Kindern sehr selten. Ab dem Jugendalter ist ein genereller Anstieg der Suizidraten zu beobachten. In der Altersgruppe der 15- bis 24-Jährigen begingen im Jahr 2004 518 männliche (10,5 von 100.000) und 129 weibliche (2,7 von 100.000) Jugendliche in Deutschland Selbstmord (WHO, 2008). Der Suizid gehört damit zu einer der häufigsten Todesursachen in dieser Altersgruppe (Arias, MacDorman, Strobino & Guyer, 2003). Damit scheinen depressive Jugendliche ein erhöhtes Risiko aufzuweisen, suizidales Verhalten zu zeigen. Vollendete Suizide finden sich dabei häufiger bei den Jungen, Mädchen weisen demgegenüber mehr Suizidversuche auf (Bridge, Goldstein & Brent, 2006). Dieses liegt u. a. darin begründet, dass Jungen generell ein höheres Aggressionslevel aufweisen und in der Regel Methoden auswählen, die mit hoher Wahrscheinlichkeit tödlich enden (z. B. Erhängen, Erschießen, Sprung aus großer Höhe).

Obwohl ein Suizid oder ein Suizidversuch nicht unmittelbar mit einer psychischen Störung zusammenhängen muss, lässt sich doch bei der Mehrzahl jugendlicher Suizidenten eine solche finden; bei etwa der Hälfte liegt dabei eine depressive Störung vor (Ryan, 2005). Als Gründe für einen Suizidversuch geben Jugendliche neben dem generellen Wunsch zu sterben auch den Wunsch an, aus einer schwierigen Situation oder einem unerträglichen Gefühlszustand zu entfliehen (Boergers, Spirito & Donaldson, 1998). Manipulative Absichten (z. B. jemandem ein schlechtes Gewissen machen, Liebesbeweis) werden dagegen seltener genannt.

Das Internet als weltweit genutztes Medium zur Kommunikation bietet eine völlig neue Plattform, sich über das Thema Suizid auszutauschen (Forsthoff, Hummel, Möller & Grunze, 2005; Pfeiffer-Gerschel, Seidscheck, Niedermeier & Hegerl, 2005). Es birgt Chancen und Risiken, da suizidgefährdete Jugendliche einerseits Hilfe erhalten, andererseits aber auch zum Suizid animiert oder angetrieben werden können. Neben sachlichen Informationen und professionellen Hilfeangeboten von Suizidpräventionseinrichtungen finden sich auch Foren und Chatrooms, in denen sich Menschen mit Suizidabsichten austauschen können. Auch hier können Suizidgefährdete Hilfe und Unterstützung finden. Andererseits kommt es in diesen Foren auch teilweise zu einem Austausch über »effiziente« Suizidmethoden und zur Begünstigung von Nachahmungstaten (sog. »Werther-Effekt«). In manchen Fällen finden sogar Verabredungen zum zeitgleichen Suizid statt. Aufgrund seiner Anonymität und Niederschwelligkeit bietet das Internet demnach eine gute Plattform, um über das generell eher tabuisierte Thema Suizid zu informieren und um Betroffenen Hilfe anzubieten. Auf der anderen Seite können Suizide aber auch begünstigt werden.

Ursachen und begünstigende Faktoren

Aus ätiologischer Sicht ist von einem **multifaktoriellen Ursachenmodell** auszugehen. Neben einer **genetischen Disposition** und **Auffälligkeiten im Neurotransmitterhaushalt** sind hier **kognitiv-emotionale Faktoren** zu nennen, die sich in negativen Bewertungsmustern und einer verzerrten dysfunktionalen Wahrnehmung äußern. Betroffene zeigen außerdem häufig **Defizite hinsichtlich ihrer sozialen Kompetenz** und haben oft keine positiven Kontakte zu Gleichaltrigen. Auf familiärer Ebene finden sich häufig eine **mangelnde Bindungs- und Fürsorgequalität** sowie andere **familiäre Belastungen** (z. B. Armut, viele Konflikte). Kinder an Depression erkrankter Eltern haben darüber hinaus ein erhöhtes Risiko, ebenfalls zu erkranken. Außerdem können **kritische Lebensereignisse** (z. B. der Tod eines Elternteils, schulische Misserfolgserlebnisse) die Entwicklung einer Depression begünstigen.

> Depressionen können durch genetische, biologische, kognitiv-emotionale und familiäre Faktoren sowie kritische Lebensereignisse begünstigt werden.

Interventionsmöglichkeiten

Vor allem in schweren Fällen depressiver Störungen kommen **Psychopharmaka (Antidepressiva)** zum Einsatz. Diese Medikamente wirken antriebssteigernd und stimmungsaufhellend, sollten aber immer in eine psychotherapeutische Intervention eingebettet sein. Eine **kognitiv-verhaltenstherapeutisch ausgerichtete Therapie** sollte verschiedene Komponenten enthalten: die Förderung sozialer Kompetenzen, den Aufbau positiver Aktivitäten (z. B. die Wiederaufnahme von Hobbys und die Förderung von Freizeitinteressen), die **kognitive Umstrukturierung** und damit Aufhebung dysfunktionaler Denkmuster, den **Erwerb von Problemlösekompetenzen** und eine **Verbesserung der Selbststeuerung und -kontrolle** (z. B. das Setzen realistischer Ziele).

> Depressionen können durch **Psychopharmaka** behandelt werden, die jedoch in **andere therapeutische Methoden** eingebettet werden sollten. Dabei kommen vor allem kognitiv-verhaltenstherapeutische Interventionen zum Einsatz.

> **Für die Praxis**
>
> **Umgang mit Suizidäußerungen und Suizdgefahr**
> In Situationen, in denen ein Jugendlicher Suizidabsichten äußert oder auch nur der Verdacht aufkommt, dass eine Suizidgefahr besteht, stellt sich die Frage, wie ernst man die Ankündigung nehmen sollte und wie man dem Jugendlichen unterstützend zurseite stehen kann. Grundsätzlich gilt, dass Suizidabsichten in der Regel dann geäußert werden, wenn tatsächlich der Wunsch zu sterben oder nach dem Entfliehen aus einer Situation besteht. Es handelt sich also fast immer um einen »Hilferuf«, dem mit Verständnis und Einfühlungsvermögen begegnet werden sollte. Jugendliche, die Suizidabsichten äußern, sollten in keinem Fall abgewiesen werden. Das sog. präsuizidale Syndrom, das häufig in der unmittelbaren Zeit vor einem Suizidversuch auftritt, ist dadurch gekennzeichnet, dass der Gedanke an den Suizid zunehmend vertrauter wird, konkrete Suizidvorstellungen bestehen, eine dysphorische Verstimmung und nicht selten auch psychosomatische Symptome (z. B. Schlafstörungen, Müdigkeit) auftreten. Daneben haben präsuizidale Jugendliche oft das Gefühl, nicht geliebt zu werden und einsam zu sein. Sie empfinden ihr Leben als ausweglos und leiden unter Ängsten oder Grübelzwängen. Bei dem Verdacht auf eine Suizidabsicht sollte der Jugendliche einfühlsam, aber möglichst konkret darauf angesprochen werden. Hilfe kann in der Form geleistet werden, dass dem Jugendlichen zugehört wird und er auf eine offene und verständnisvolle Haltung trifft. Der Jugendliche sollte dazu motiviert und darin unterstützt werden, Kontakt zu Fachleuten wie Kinder- und Jugendpsychotherapeuten, -psychiatern oder geeigneten Beratungsstellen aufzunehmen.

18.3.3 Substanzmissbrauch und -abhängigkeit

Während Essstörungen und Depression zu den internalisierenden Störungsbildern zählen, geht es im Folgenden um **externalisierende Symptomatiken**, die wie bereits beschrieben, häufiger bei männlichen als bei weiblichen Jugendlichen zu beobachten sind.

Im Hinblick auf den Substanzkonsum Jugendlicher sollte zwischen **legalen und illegalen Stoffen** unterschieden werden. Zu den legalen Substanzen zählen Tabak, Alkohol, Schnüffelstoffe und Medikamente, als illegale Drogen gelten beispielsweise Cannabis, Opiate und Kokain. Der legale Konsum von Tabak und Alkohol ist an bestimmte Altersgrenzen gebunden, sodass auch hier bei jüngeren Jugendlichen ein gesetzeswidriger Konsum vorliegen kann. Der Konsum legaler Substanzen – insbesondere in Bezug auf Alkohol und Tabak – ist gesellschaftlich akzeptierter und verbreiteter als der Konsum illegaler Substanzen.

> Zu **den legalen Substanzen** zählen Tabak, Alkohol, Schnüffelstoffe und Medikamente; **illegale Substanzen** sind Drogen wie beispielsweise Cannabis und Opiate.

Hinsichtlich des **Rauchverhaltens** lässt sich bei 11- bis 17-jährigen deutschen Jugendlichen beobachten, dass im Schnitt etwa 20% der Mädchen und ebenfalls 20% der Jungen regelmäßig rauchen. Ab dem 17. Lebensjahr liegt der Anteil jugendlicher Raucher bei beiden Geschlechtern bei über 40% (Lampert & Thamm, 2007). Als regelmäßige **Alkoholkonsumenten** (d. h. mindestens einmal pro Woche) bezeichnen sich knapp 39% der 11- bis 17-jährigen Jungen und etwas mehr als 22% der Mädchen. Etwa ab dem 14. Lebensjahr ist hier ein deutlicher Anstieg zu verzeichnen. Bei den 17-Jährigen geben fast 68% der Jungen und knapp 40% der Mädchen an, mindestens einmal in der Woche Alkohol zu trinken (Lampert & Thamm, 2007). **Haschisch oder Marihuana** wurde von fast 25% der 17-jährigen Jungen und fast 15% der Mädchen in den letzten 12 Monaten konsumiert. Auch hier zeigt sich etwa ab dem 14. Lebensjahr ein Anstieg des Konsums. Andere **illegale Drogen** wie Ecstasy oder Amphetamine wurden von weniger als 1% der 14- bis 17-jährigen Jugendlichen im letzten Jahr genommen (Lampert & Thamm, 2007).

> Etwa 20% der 11- bis 17-jährigen Jugendlichen rauchen, 39% der Jungen und 22% der Mädchen trinken im Jugendalter regelmäßig Alkohol. Haschisch und Marihuana sind die am häufigsten konsumierten illegalen Substanzen unter Jugendlichen.

Die **Wirkungsweisen und Abhängigkeitspotenziale** der unterschiedlichen Substanzklassen sind dabei sehr unterschiedlich. Während Tabak in der Regel keine gravierenden bewusstseinsverändernden Wirkungen hat, können andere psychotrope Substanzen sehr wohl **Auswirkungen auf psychische Erlebens- und Verhaltensweisen sowie auf den Bewusstseinszustand** haben. Demnach kann der Substanzkonsum in Abhängigkeit von der Substanzmenge und der Regelmäßigkeit des Konsums zu mehr

> Unterschiedliche Substanzklassen haben verschiedenartige Auswirkungen auf Verhaltens- und Erlebensweisen.

oder weniger starken Veränderungen und damit einhergehenden Beeinträchtigungen führen (Steinhauscn, 2006).

Nach dem »Multiaxialen Klassifikationsschema für psychische Störungen des Kindes- und Jugendalters« (MAS) lassen sich unterschiedliche Stadien psychischer und verhaltensbezogener Störungen durch psychotrope Substanzen differenzieren. Diese reichen von der **akuten Intoxikation** (kürzliche Einnahme einer Substanz in ausreichender Dosis), über den **schädlichen Gebrauch** (regelmäßiger Konsum und Missbrauch psychotroper Substanzen) und das **Abhängigkeitssyndrom** bis hin zum **Entzugssyndrom** (Absetzen der Substanz mit entsprechenden Entzugssymptomen). Das Abhängigkeitssyndrom ist durch einen anhaltenden Missbrauch der Substanz trotz schädlicher Folgen, starkem Verlangen nach der Substanz, Entzugssyndrom beim Absetzen der Substanz, Toleranzentwicklung (Gewöhnung an die Substanz verbunden mit dem Erfordernis einer Dosissteigerung, um die gleiche Wirkung zu erzielen) und eine starke Fixierung auf den Substanzgebrauch gekennzeichnet. Die konkreten Symptome der einzelnen Störungsbilder hängen jeweils von der Beschaffenheit der konsumierten Substanz ab und können sowohl psychisch als auch körperlich sein.

> Neben der **akuten Intoxikation** und dem **schädlichen Gebrauch** lassen sich das **Abhängigkeits- und das Entzugssyndrom** klassifizieren.

Eine Drogenabhängigkeit geht häufig mit gravierenden **Funktionsbeeinträchtigungen** (z. B. in der Schule oder am Arbeitsplatz), **sozialen Problemen** und **delinquenten Verhaltensweisen** einher. Außerdem führt sie häufig zu **überdauernden Verhaltens- und Persönlichkeitsveränderungen** und wird durch andere **psychische Auffälligkeiten und Störungen** begleitet.

> Substanzmissbrauchsstörungen gehen häufig mit zahlreichen anderen Problemen und Auffälligkeiten einher.

Ursachen und begünstigende Faktoren

Die **Ursachen** für Substanzmissbrauch oder -abhängigkeit sind fast immer **multifaktoriell**. Der (in der Regel erwünschte) Rauschzustand, der durch die Substanz erzeugt wird, führt meistens zu positiven Empfindungen, die u. a. durch eine **Ausschüttung des Neurotransmitters Dopamin** bedingt sind. Diese **positive Verstärkung** erhöht grundsätzlich die Wahrscheinlichkeit, dass die Substanz in Zukunft erneut konsumiert wird. Zugleich reagiert der Körper bei wiederholtem Substanzgebrauch mit einer Reduktion der Produktion körpereigener Neurotransmitter, sodass die Substanz irgendwann benötigt wird, um die »neurophysiologische Balance« zu erhalten. Darüber hinaus gibt es eine **genetische Disposition**, die bestimmte Jugendliche vulnerabler für die Entwicklung einer Substanzmissbrauchsstörung werden lässt. Weitere Bedingungen, die derartige Störungen begünstigen können, sind **individuelle Faktoren** wie Ängstlichkeit, Kontaktschwäche, Stimmungslabilität oder fehlende soziale Kompetenzen. Hier werden bestimmte Substanzen teilweise auch zum Zweck der Selbstmedikation konsumiert. Daneben können auch aggressives und dissoziales Verhalten mit Substanzmissbrauchsstörungen einhergehen. Ungünstige familiäre Bedingungen und Belastungen, Gruppendruck innerhalb der Peer-Gruppe, Schwierigkeiten bei der Identitätsfindung und bestimmte soziokulturelle Faktoren (z. B. kulturabhängige und gesellschaftliche Drogenkonsumgewohnheiten) können außerdem einen Einfluss haben.

> Die **Entstehung von Substanzmissbrauchsstörungen ist multifaktoriell** begründet. Neben genetischen und biologischen Faktoren spielen dabei individuelle, familiäre und soziokulturelle Bedingungen eine Rolle.

Präventions- und Interventionsmöglichkeiten

Neben **präventiven Ansätzen**, die grundsätzlich verhindern sollen, dass Kinder und Jugendliche in übermäßiger Weise Alkohol und Tabak konsumieren oder überhaupt erst zu anderen Drogen greifen, setzen **Interventionen** dann an, wenn es bereits zu einem **problematischen Konsumverhalten** gekommen ist. Das Ziel einer Therapie ist bei den illegalen Substanzen in der Regel die völlige **Abstinenz**, während bei der Alkoholabhängigkeit teilweise auch ein **kontrollierter Konsum** angestrebt wird. Bei Jugendlichen ist die Methode der Wahl jedoch eine Abstinenztherapie, durch die der Konsum völlig aufgegeben werden soll (vgl. Mühlig, 2008).

Der Beginn einer Therapie ist durch den **körperlichen Entzug** gekennzeichnet, der durch eine **medizinisch-pharmakologische Unterstützung** in Form von Substitutions-

> **Präventive Maßnahmen** zielen darauf ab, Substanzmissbrauchsstörungen zu verhindern und einen angemessenen Konsum bei Jugendlichen zu etablieren. **Interventionen** können die **völlige Abstinenz** oder den **kontrollierten Konsum** zum Ziel haben.

medikamenten begleitet werden kann. Der Körper soll in dieser Phase entgiftet werden; auftretenden Entzugserscheinungen wird ggf. medikamentös entgegengewirkt. Durch **psychotherapeutische Maßnahmen** soll dann eine **Langzeitentwöhnung** stattfinden, indem die Motivation zur Abstinenz gefördert und relevante Kompetenzen aufgebaut werden. Den Betroffenen werden störungsspezifische Informationen vermittelt, die die Risiken des Substanzkonsums aufzeigen. Daneben sollen **kognitiv-verhaltenstherapeutische Maßnahmen** dazu führen, dass die auslösenden Reize und Situationen für den Substanzkonsum erkannt und kontrolliert werden. Die Patienten sollen ihre Selbstmanagementfähigkeiten verbessern und darüber hinaus lernen, mit eventuell auftretenden Rückfällen umzugehen. **Gruppentherapeutische Angebote** wirken sozial unterstützend und es kann dadurch ein Austausch mit anderen Patienten stattfinden. In langfristiger Hinsicht bieten **Selbsthilfegruppen** eine Möglichkeit, dauerhaft Kontakt zu anderen Betroffenen zu halten und damit motivationale und soziale Unterstützung zu sichern.

> Die Therapie von Substanzmissbrauchsstörungen beginnt mit dem **körperlichen Entzug**. Dann folgen **psycho- und gruppentherapeutische Maßnahmen**. Langfristig können **Selbsthilfegruppen** in Anspruch genommen werden.

18.3.4 Aggressives und delinquentes Verhalten

Im vorangegangenen Kapitel wurde bereits auf aggressiv-oppositionelles Verhalten im Kindesalter eingegangen. Neben der **Störung des Sozialverhaltens** lässt sich nach dem MAS auch eine »Störung des Sozialverhaltens mit oppositionellem, aufsässigem Verhalten« diagnostizieren. Dieses Störungsbild wird häufig als Vorläuferform der Störung des Sozialverhaltens eingeordnet, welche sich bis ins Jugendalter fortsetzen und dort in deliquentes Verhalten münden kann.

> Die Störung des Sozialverhaltens in der Kindheit kann zu delinquentem Verhalten im Jugendalter führen.

Im Allgemeinen zielt **aggressives Verhalten** darauf ab, jemand anderen zu schädigen. Dieses kann direkt (z. B. durch einen körperlichen Angriff) oder indirekt (z. B. durch Verleumdungen) geschehen. Aggressive Verhaltensweisen sind damit dissozial und können zusätzlich **delinquent** sein, wenn sie gegen das geltende Strafrecht verstoßen. Delinquentes Verhalten muss jedoch nicht zwangsläufig aggressiv sein. So wäre der illegale Konsum oder Besitz von Drogen beispielsweise ein delinquentes, jedoch kein aggressives Verhalten.

> **Delinquentes Verhalten** verstößt gegen das Strafrecht.

Im Jugendalter steigt die Rate delinquenten und kriminellen Verhaltens an. Sie erreicht etwa um das 20. Lebensjahr herum ihren Höhepunkt (Dölling, 2008). Im Jahr 2007 waren 12,1% aller Tatverdächtigen in Deutschland zwischen 14 und 18 Jahre sowie 10,6% zwischen 18 und 21 Jahre alt (BKA, 2009). Mehr als drei Viertel der Tatverdächtigen waren dabei männlich. Insgesamt sind die meisten Jugendlichen allerdings eher als **Gelegenheitsdelinquente** zu bezeichnen, die leichtere Delikte begehen. Nur eine Minderheit der Jugendlichen ist regelmäßig und an schweren Delikten beteiligt (Dölling, 2008). Jugendliche Straftäter begehen vor allem Straftaten aus den Bereichen Diebstahl, Sachbeschädigung und Körperverletzung (BKA, 2009), wobei sie bei der Gewaltdelinquenz deutlich überrepräsentiert sind.

> Delinquentes Verhalten nimmt im Jugendalter zu, dennoch sind die meisten auffälligen Jugendlichen nur »**Gelegenheitsdelinquente**«.

Eine besondere Gruppe stellt die der **jugendlichen Intensiv- oder Mehrfachtäter** dar, die nur aus etwa 10% aller jugendlichen Straftäter besteht, jedoch für ein bis zwei Drittel der Straftaten verantwortlich ist (Dölling, 2007). Während sich der größte Teil delinquenter Jugendlicher nicht wesentlich von anderen Altersgenossen unterscheidet, weisen diese Jugendlichen oft weitere Auffälligkeiten und Belastungen auf. Sie zeigen oft schon früh Verhaltensauffälligkeiten, wachsen in einem schwierigen sozialen und familiären Umfeld auf, zeigen schlechte Schulleistungen und sind in Kontakt mit anderen delinquenten Peers (vgl. Bliesner, 2003).

> **Jugendliche Intensivtäter** bilden eine kleine Gruppe der jugendlichen Delinquenten.

Nach Moffit (1993) lassen sich diesen Befunden entsprechend **zwei Entwicklungspfade aggressiven bzw. delinquenten Verhaltens** beobachten. Bei vielen Jugendlichen ist das delinquente Verhalten auf das Jugendalter begrenzt (Jugenddelinquenz) und wird darum häufig als »**passager**« oder »episodisch« bezeichnet. Bei anderen zeichnen

> Dissoziales Verhalten kann **auf das Jugendalter beschränkt sein** oder **persistent** bestehen.

18.3 · Beschreibung einzelner Störungsbilder

sich bereits im Kindesalter Auffälligkeiten ab (Störung des Sozialverhaltens etc.), die in ein delinquentes Verhalten während der Adoleszenz, häufig fortgesetzt bis ins Erwachsenenalter, münden (**persistent Delinquente**). Diese Jugendliche haben in der Regel schon in der Kindheit eine sehr hohe Risikobelastung (▶ Kap. 17) und eine schlechte Prognose hinsichtlich einer kompetenten und erfolgreichen Lebensführung.

Delinquentes Verhalten führt, wenn es aufgedeckt und angezeigt wird, zu einer **strafrechtlichen Verfolgung**. Neben dem **Freiheitsentzug**, der bei wiederholten und schwereren Straftaten auch bei Jugendlichen veranlasst wird, stehen durch das **Jugendstrafrecht** in Deutschland weitere Maßnahmen der Sanktionierung (wie z. B. Heimunterbringung, Ableistung von Sozialstunden, Kurzzeitarreste und Auflagen zur Wiedergutmachung eines angerichteten Schadens) zur Verfügung. Das oberste Ziel ist hierbei die Erziehung und nicht die Strafe. **Therapeutische und präventive Maßnahmen** zur Verhinderung und Eindämmung dissozialen Verhaltens zielen in der Regel darauf ab, eine Änderungsmotivation aufzubauen, soziale Kompetenzen und die Empathiefähigkeit zu fördern, Aggressionen abzubauen bzw. den angemessenen Umgang damit zu lernen und zu einer strukturierteren Lebensgestaltung zu gelangen (z. B. Schulabschluss erreichen, Ausbildung beginnen).

Neben **strafrechtlichen Sanktionsmöglichkeiten** gibt es **präventive und therapeutische Maßnahmen**, die aggressives und delinquentes Verhalten bei Jugendlichen verhindern oder minimieren sollen.

? Kontrollfragen

1. Welche Veränderungen bei den psychischen Symptomen und Verhaltensauffälligkeiten zeigen sich im Laufe des Jugendalters beim Vergleich von Jungen und Mädchen?
2. Worin besteht der wesentliche Unterschied zwischen einer Bulimia nervosa und einer Anorexia nervosa?
3. Welche der folgenden Störungen gehören zu den depressiven Störungen?
4. Wie lässt sich die erhöhte Häufigkeit der Delinquenz im Jugendalter erklären?

Flammer, A. & Alsaker, F. (2002). *Entwicklungspsychologie der Adoleszenz*. Bern: Huber.
Petermann. F. (Hrsg.). (2009). *Lehrbuch der Klinischen Kinderpsychologie*. Göttingen: Hogrefe.
Steinhausen, H.-C. (2006). *Psychische Störungen bei Kindern und Jugendlichen*. München: Elsevier.

▶ **Weiterführende Literatur**

Anhang

Literatur – 264

Stichwortverzeichnis – 281

Literatur

Achenbach, T. & Rescorla. L. (2000). *CBCL 1½-5. Child Behavior Checklist 1½-5 – Deutsche Fassung.* Göttingen: Hogrefe.

Aguiar, A. & Baillargeon, R. (1999). 2.5–month-old infants' reasoning about when objects should and should not be occluded. *Cognitive Psychology, 39,* 116–157.

Ainsworth, M. D. S., Bell, S. M. & Stayton, D. J. (1974). Infant-mother attachment and social development: Socialization as a product of reciprocal responsiveness to signals. In M. P. M. Richards (Ed.), *The integration of a child into a social world* (pp. 97–119). London: Cambridge University Press.

Ainsworth, M. D. S., Blehar, M. C., Waters, E. & Wall, S. (1978). *Patterns of attachment: A psychological study of the strange situation.* Hillsdale, NJ: Erlbaum.

Allen, N. B., Lewinsohn, P. M. & Seeley, J. R. (1998). Prenatal and perinatal influences on risk for psychopathology in childhood and adolescence. *Development and Psychopathology, 10,* 513–529.

Allik, J., Laidra, K., Realo, A. & Pullmann, H. (2004). Personality development from 12 to 18 years of age: Changes in mean levels and structure of traits. *European Journal of Personality, 18,* 445–462.

Alsaker, F. D. & Bütikofer, A. (2005). Geschlechtsunterschiede im Auftreten von psychischen und Verhaltensstörungen im Jugendalter. *Kindheit und Entwicklung, 14,* 169–180.

Amato, P. R. (1999). Children of divorced parents as young adults. In E. M. Hetherington (Ed.), *Coping with divorce, single parenting, and remarriage: A risk and resiliency perspective* (pp. 147–163). Mahwah, NJ: Erlbaum.

Amato, P. R. & Keith, B. (1991). Consequences of parental divorce for children's well-being: A meta-analysis. *Psychological Bulletin, 110,* 26–46.

Amsterdam, B. K. (1972). Mirror self-image reactions before age two. *Developmental Psychology, 5,* 297–305.

Anderson, M. (1992). *Intelligence and development. A cognitive theory.* Oxford: Blackwell.

Angermaier, M. J. W. (2007). *Entwicklungstest Sprache für Kinder von vier bis acht Jahren.* Frankfurt: Harcourt Test Services.

Apgar, V. (1953). A proposal for a new method of evaluation of the newborn infant. *Current Research in Anesthesia and Analgesia, 32,* 260–267

Arbeitsgruppe Kinder-, Jugendlichen- und Familiendiagnostik (Hrsg.). (1998). *CBCL/4–18. Elternfragebogen über das Verhalten von Kindern und Jugendlichen.* Göttingen: Hogrefe.

Arias, E., MacDorman, M. F., Strobino, D. M. & Guyer, B. (2003). Annual summary of vital statistics – 2002. *Pediatrics, 112,* 1215–1230.

Arnett, J. J. (1999). Adolescent storm and stress, reconsidered. *American Psychologist, 54,* 317–326.

Arsenio, W. F. & Lemerise, E. A. (2004). Aggression and moral development: Integrating social information processing and moral domain models. *Child Development, 75,* 987–1002.

Asendorpf, J. (2007). *Psychologie der Persönlichkeit* (4. Auflage). Berlin: Springer.

Asendorpf, J. (2008). Verhaltensentwicklungsgenetik. In F. J. Neyer & F. M. Spinath (Hrsg.), *Anlage und Umwelt* (S. 61–84). Stuttgart: Lucius & Lucius.

Aslin, R. N., Jusczyk, P. W. & Pisoni, D. B. (1998). Speech and auditory processing during infancy: Constraints on and precursors to language. In D. Kuhn & R. S. Siegler (Eds.), *Handbook of child psychology. Vol. 2. Cognition, perception, and language* (pp. 147–198). New York: Wiley.

Aslin, R. N., Saffran, J. R. & Newport, E. L. (1998). Computation of conditional probability statistics by 8-month-old infants. *Psychological Science, 9,* 321–324.

Baddeley, A. D. (2000). The episodic buffer: A new component of working memory? *Trends in Cognitive Science, 4,* 417–423.

Bagwell, C. L., Newcomb, A. F. & Bukowski, W. M. (1998). Preadolescent friendship and peer rejection as predictors of adult adjustment. *Child Development, 69,* 140–153.

Bahrick, L. E., Moss, L. & Fadil, C. (1996). Development of visual self-recognition in infancy. *Ecological Psychology, 8,* 189–208.

Baillargeon, R. (1995). A model of physical reasoning in infancy. In C. Rovee-Collier & L. P. Lipsitt (Eds.), *Advances in infancy research* (pp. 305–371). Nordwood, NJ: Ablex.

Baillargeon, R. (1998). Infant's understanding of the physical world. In M. Sabourin, F. Craik & M. Roberts (Eds.), *Advances in psychological science* (pp. 503–529). London: Psychology Press.

Baillargeon, R. Needham, A. & De Vos, J. (1992). The development of young infants' intuitions about support. *Early Development and Parenting, 1,* 69–78.

Baltes, P. B., Lindenberger, U. & Staudinger, U. M. (2006). Life span developmental psychology. In W. Damon & R. M. Lerner (Eds.), *Handbook of child psychology, Vol 1. Theoretical models of human development* (pp. 569–664). New York: Wiley.

Bandura, A. (1965). Influence of models: Reinforcement contingencies on the acquisition of imitative behaviors. *Journal of Personality and Social Psychology, 1,* 589–595.

Bandura, A. (1986). *Social foundations of thought and action.* Englewood Cliffs, NJ: Prentice Hall.

Literatur

Bandura, A., Ross, D. & Ross, S. A. (1963). Imitation of film-mediated aggressive models. *Journal of Abnormal Social Psychology, 66*, 3–11.

Bar-Haim, Y, Sutton, D. B. & Fox, N. A. (2000). Stability and change of attachment at 14, 24, and 58 months of age: Behavior, representation, and life events. *Journal of Child Psychology and Psychiatry, 41*, 381–388.

Baron-Cohen, S. (2003). *The essential difference: Men, women and the extreme male brain.* London: Penguin.

Baron-Cohen, S., Knickmeyer, R. C. & Belmonte, M. K. (2005). Sex differences in the brain: Implications for explaining autism. *Science, 310*, 819–823.

Barr, R., Dowden, A. & Hayne, H. (1996). Developmental changes in deferred imitation by 6- to 24-month-old infants. *Infant Behavior and Development, 19*, 159–170.

Barresi, J. (2001). Extending self-consciousness into the future. In C. Moore & K. Lemmon (Eds.), *The self in time: Developmental perspectives* (pp. 141–161). Mahwah, NJ: Erlbaum.

Barrett, K. C., Zahn-Waxler, C. & Cole, P. M. (1993). Avoiders versus amenders – implication for the investigation of guilt and shame during toddlerhood? *Cognition and Emotion, 7*, 481–505.

Bartels, M., Rietveld, M. J. H., Van Baal, G. C. M. & Boomsma, D. I. (2002). Genetic and environmental influences on the development of intelligence. *Behavior Genetics, 32*, 237–249.

Batson, C. D., Ahmad, N., Lishner, D. A. & Tsang, J.-A. (2005). Empathy and altruism. In C. R. Snyder & S. J. Lopez (Eds). *Handbook of positive psychology* (pp. 485–498). Oxford: University Press.

Baumert, B. J. et al. (1997). *TIMMS – Mathematisch-naturwissenschaftlicher Unterricht im internationalen Vergleich. Deskriptive Befunde.* Opladen: Leske + Budrich.

Baumert, B. J., Bos, W. & Lehmann, R. (2000). *TIMMS/III – Dritte internationale Mathematik- und Naturwissenschaftsstudie.* Opladen: Leske + Budrich.

Baumrind, D. (1971). Current patterns of parental authority. *Developmental Psychology Monograph, 4*, part 2.

Bayley, N. (2006). *Bayley scales of infant and toddler development, third edition (Bayley III).* San Antonio, TX: Harcourt Assessment.

Becker, B., Lohaus, A., Frebel, C. & Kiefert, U. (2002). Zur Erhebung von Ängsten bei fünf- bis sechsjährigen Vorschulkindern. *Diagnostica, 48*, 90–99.

Behl-Chadha, G. (1996). Basic-level and superordinate-like categorical representations in early infancy. *Cognition, 60*, 105–141.

Bell, D. C. & Richard, A. J. (2000). Caregiving: The forgotten element in attachment. *Psychological Inquiry, 11*, 69–83.

Bell, R. Q. (1953). Convergence: An accelerated longitudinal approach. *Child Development, 24*, 145–152.

Bell, R. Q. & Harper, L. V. (1977). *Child effects on adults.* Hillsdale, NJ: Lawrence Erlbaum Associates.

Bem, S. L. (1981a). Gender schema theory: A cognitive account of sex typing. *Psychological Review, 88*, 354–364.

Bem, S. L. (1981b). *Bem sex-role inventory professional manual.* Palo Alto, CA: Consulting Psychologists.

Berk, L. E. (2005). *Entwicklungspsychologie.* München: Pearson.

Berzonsky, M. D., Miller, P. H., Woody-Ramsey, J. & Harris, Y. (1987). The relationship between judgements of animacy and sentienca: Another look. *Journal of Genetic Psychology, 149*, 223–238.

Beyer, A. & Lohaus, A. (2006). *Stresspräventionstraining im Jugendalter.* Göttingen: Hogrefe.

Bialystok, E. (2001). *Bilingualism in development: Language, literacy, and cognition.* New York: Cambridge University Press.

Bialystok, E. & Herman, J. (1999). Does bilingualism matter for early literacy? *Language and Cognition, 2*, 35–44.

Binet, A. & Simon, T. (1905). Méthodes nouvelles pour le diagnostic du niveau intellectuel des anormaux. *L'Année psychologique, 11*, 191–244.

Birmingham, C. L., Su, J., Hlynsky, J. A., Goldner, E. M. & Gao, M (2005). The mortality rate from anorexia nervosa. *International Journal of Eating Disorders, 38*, 143–146.

Bischof-Köhler, D. (2006). *Von Natur aus anders. Die Psychologie der Geschlechtsunterschiede.* Stuttgart: Kohlhammer.

Bjorklund, D. F., Miller, P. H., Coyle, T. R. & Slawinsky, J. L. (1997). Instructing children to use memory strategies: Evidence of utilization deficiencies in memory training studies. *Developmental Review, 17*, 411–442.

Bjorklund, D. F. & Schneider, W. (2006). Ursprung, Veränderung und Stabilität der Intelligenz im Kindesalter: Entwicklungspsychologische Perspektiven. In W. Schneider & B. Sodian (Hrsg.), *Kognitive Entwicklung* (S. 769–821). Göttingen: Hogrefe.

Black, R. S., Flint, S., Lees, C. & Campbell, S. (1996). Preterm labour and delivery. *European Journal of Pediatry, 155*, 2–7.

Blasi, A. (1980). Bridging moral cognition and moral action: A critical review of the literature. *Psychological Bulletin, 88*, 1–45.

Blasi, A. (1983). Moral cognition and moral action: A theoretical perspective. *Developmental Review, 3*, 178–210.

Bliesner, T. (2003). Jugenddelinquenz, Risikofaktoren, Prävention, Intervention und Prognose. *Praxis der Rechtspsychologie, 13,* 174–191.

BKA (Bundeskriminalamt). (2009). *Polizeiliche Kriminalstatistik 2007.* Zugriff am 20.05.09. Verfügbar unter: http://www.bka.de/pks/pks2007/index2.html

BMBF (Bundesministerium für Bildung und Forschung). (2003). *Begabte Kinder finden und fördern.* Bonn: BMBF Publik.

Bode, H. & Fabian, T. (1994). Drogenabusus der Mutter als Risikofaktor für die Entwicklung des Kindes. In D. Karch (Hrsg.), *Risikofaktoren der kindlichen Entwicklung* (S. 61–69). Darmstadt: Steinkopff.

Bodenmann, G. (2000). *Stress und Coping bei Paaren.* Göttingen: Hogrefe.

Boergers, J., Spirito, A. & Donaldson, D. (1998). Reasons for adolescent suicide attempts: Associations with psychological functioning. *Journal of the American Academy of Child and Adolescent Psychiatry, 37,* 1287–1293.

Boldizar, J. P. (1991). Assessing sex typing and androgyny in children: The Children's Sex Role Inventory. *Developmental Psychology, 27,* 505–515.

Bolz, A. (2000). *Diebische Selbsterkenntnis.* Quelle: http://www.spiegel.de/wissenschaft/mensch/0,1518,107405,00.html (retrieved 24. Mai 2009).

Borke, H. (1971). Interpersonal perception of young children: Egocentrism or empathy? *Developmental Psychology, 5,* 263–269.

Bowlby, J. (1969/1982). *Attachment and loss: Vol 1. Attachment* (2. Ed.). New York: Basic Books.

Bowlby, J. (1973). *Attachment and loss. Vol. 2. Separation: Anxiety and anger.* New York: Basic Books.

Bowlby, J. (1979). *The making and breaking of affectional bonds.* London: Tavistock Publications.

Bowlby, J. (1988). *A secure base: Parent-child attachment and healthy human development.* New York: Basic Books.

Brähler, E., Holling, H., Leutner, D. & Petermann, F. (2002). *Brickenkamp Handbuch psychologischer und pädagogischer Tests, Band 1/Band 2* (3., vollständig überarbeitete und erweiterte Auflage) Göttingen: Hogrefe.

Bransford, J. D., Brown, A. L. & Cocking, R. R. (1999). *How people learn. Brain, mind, experience, and school.* Washington, DC: National Academy Press.

Brem-Gräser, L. (2001). *Familie in Tieren. Die Familiensituation im Spiegel der Kinderzeichnung.* München: E. Reinhardt.

Bretherton, I. (1980). Young children in stressful situations: The supporting role of attachment figures and unfamiliar caregivers. In G. V. Coelho & P. J. Ahmed (Eds.), *Uprooting and development* (pp. 179–210). New York: Plenum.

Bridge, J. A., Goldstein, R. T. & Brent, D. A. (2006). Adolescent suicide and suicidal behavior. *Journal of Child Psychology and Psychiatry, 47,* 372–394.

Brody, N. (1992). *Intelligence* (2nd ed.). San Diego, CA: Academic Press.

Brody, N. (1997). Intelligence, schooling, and society. *American Psychologist, 52,* 1046–1050.

Bronfenbrenner, U. (1979). *The ecology of human development.* Cambridge: Harvard University Press.

Bronfenbrenner, U. (1989). *Die Ökologie der menschlichen Entwicklung: Natürliche und geplante Experimente.* Frankfurt/M.: Fischer.

Burgess, K. B., Wojslawowicz, J. C., Rubin, K. H., Rose-Krasnor, L. & Booth-LaForce, C. (2006). Social information processing and coping strategies of shy/withdrawn and aggressive children: Does friendship matter? *Child Development, 77,* 371–383.

Cahan, S. & Cahan, N. (1989). Age versus schooling effects on intelligence development. *Child Development, 60,* 1239–1249.

Campbell, A., Shirley, L. & Heywood, C. (2000). Infants' visual preference for sex-congruent babies, children, toys, and activities. A longitudinal study. *British Journal of Developmental Psychology, 18,* 479–498.

Campbell, J. D. (1990). Self-esteem and clarity of the self-concept. *Journal of Personality and Social Psychology, 59,* 538–549.

Campos, J. J., Anderson, D. I., Barbu-Roth, M. A., Hubbard, E. M., Hertenstein, M. J. & Witherington, D. (2000). Travel broadens the mind. *Infancy, 1,* 149–220.

Capron, C. & Duyme, M. (1989). Assessment of effects of socio-economic status on IQ in a full cross-fostering study. *Nature, 340,* 552–553.

Carlson, E. A. (1998). A prospective longitudinal study of attachment disorganization/disorientation. *Child Development, 69,* 1107–1128.

Carroll, J. B. (1993). *Human cognitive abilities: A survey of factor-analytic studies.* New York: Cambridge University Press.

Case, R. (1985). *Intellectual development: Birth to adulthood.* New York: Academic Press.

Caspi, A., Henry, B., McGee, R. O., Moffitt, T. E. & Silva, P. A. (1995). Temperamental origins of child and adolescent behaviour problems: From age three to age fifteen. *Child Development, 66,* 55–68.

Cattell, R. B. (1987). *Intelligence: Its structure, growth and action.* Amsterdam: North-Holland.

Cattell, R. B., Weiß, R. B. & Osterland, J. (1997). *Gundintelligenztest Skala 1.* Göttingen: Hogrefe.

Ceci, S. J. (1991). How much does schooling influence general intelligence and its cognitive components? A reassessment of the evidence. *Developmental Psychology, 27,* 703–722.
Chandler, M., Fritz, A. S. & Hala, S. (1989). Small-scale deceit: Deception as a marker of two-, three- and four-year-olds' early theories of mind. *Child Development, 60,* 1263–1277.
Chandler, M. J., Greenspan, S. & Barenboim, C. (1973). Judgements of intentionality in response to videotaped and verbally presented moral dilemmas: The medium is the message. *Child Development, 44,* 315–320.
Chen, Z., Sanchez, R. P. & Campbell, T. (1997). From beyond to within their grasp: Analogical problem solving in 10- and 13-month-olds. *Developmental Psychology, 33,* 790–801.
Chi, M. T. H., Glaser, R. & Rees, E. (1982). Expertise in problem solving. In R. Sternberg (Ed.), *Advances in the psychology of human intelligence (Vol. 1,* pp. 7–76). Hillsdale, NJ: Erlbaum.
Cohen, L. B., Rundell, L. J., Spellman, B. A. & Cashon, C. H. (1999). Infants' perception of causal chains. *Psychological Science, 10,* 412–418.
Cohen-Bendahan, C. C. C., Van de Beek, C. & Berenbaum, S. A. (2004). Prenatal sex hormone effects on child and adult sex-typed behavior: Methods and findings. *Neuroscience & Biobehavioral Reviews, 29,* 353–384.
Coie, J. D. & Dodge, K. A. (1988). Multiple sources of data on social behavior and social status in the school: A cross-age comparison. *Child Development, 59,* 815–829.
Colby, A., Kohlberg, L., Gibbs, J. & Lieberman, M. (1983). A longitudinal study of moral judgement. *Monographs of the Society for Research in Child Development, 48 (Serial No. 200),* 1–124.
Cole, D. A., Maxwell, S. E., Martin, J. M., Peeke, L. G., Seroczynski, A. D., Tram, J. M. et al. (2001). The development of multiple domains of child and adolescent self-concept: A cohort sequential longitudinal design. *Child Development, 72,* 1723–1746.
Cole, P. M. (1986). Children's spontaneous control of facial expression. *Child Development, 57,* 1309–1321.
Compas, B. E., Malcarne, V. L. & Fondacaro, K. N. (1988). Coping with stressful events in older children and young adolescents. *Journal of Consulting and Clinical Psychology, 56,* 405–411.
Cook, H. B. (1992). Matrifocality and female aggression in Margeriteno society. In K. Björkqvist & P. Niemelä (Eds.), *Of mice and women: Aspects of female aggression* (pp. 149–162). San Diego, CA: Academic Press.
Cooley, C. H. (1902). *Human nature and the social order.* New York: Scribner.
Costello, E. J., Foley, D. L. & Angold, A. (2006). 10-year research update review: The epidemiology of child and adolescent psychiatric disorders: II. Developmental epidemiology. *Journal of the American Academy of Child & Adolescent Psychiatry, 45,* 8–25.
Côté, S. M., Vaillancourt, T., Barker, E. D., Nagin, D. & Tremblay, R. E. (2007). The joint development of physical and indirect aggression: Predictors of continuity and change during childhood. *Development and Psychopathology, 19,* 37–55.
Creasy, R. K. (1993). Preterm birth prevention: Where are we? *American Journal of Obstetrics & Gynecology, 168,* 1223–1230.
Crick, N. R. (1997). Engagement in gender normative versus nonnormative forms of aggression: Links to social-psychological adjustment. *Developmental Psychology, 33,* 610–617.
Crick, N. R. & Dodge, K. A. (1994). A review and reformulation of social information-processing mechanisms in children's social adjustment. *Psychological Bulletin, 115,* 74–101.
Crick, N. R. & Grotpeter, J. K. (1995). Relational aggression, gender, and social-psychological adjustment. *Child Development, 66,* 710–722.
Cummings, E. M., Davies, P. T. & Campbell, S. B. (2000). *Developmental psychopathology and family processes: Theory, research and clinical implications.* New York: Guilford.
Curtiss, S. (1989). The independence and task-specificity of language. In M. H. Bornstein & J. S. Bruner (Eds.), *Interaction in human development* (pp. 105–137). Hillsdale, NJ: Erlbaum.
Damon, W. (1983). *Die soziale Entwicklung des Kindes. Ein entwicklungspsychologisches Lehrbuch.* Stuttgart: Klett-Cotta.
Damon, W. & Hart, D. (1988). *Self-understanding in childhood and adolescence.* New York: Cambridge University Press.
Dannigkeit, N., Köster, G. & Tuschen-Caffier, B. (2007). *Prävention von Essstörungen: Ein Trainingsprogramm zum Einsatz an Schulen.* Tübingen: DGTV-Verlag.
Daseking, M., Janke, N. & Petermann, F. (2006). Intelligenzdiagnostik. *Monatsschrift Kinderheilkunde, 154,* 314–319.
Davis, E. P., Glynn, L. M., Schetter, C. D., Hobel, C., Chicz-Demet, A. & Sandman, C. A. (2007). Prenatal exposure to maternal depression and cortisol influences infant temperament. *Journal of the American Academy of Child and Adolescent Psychiatry, 46,* 737–746.
Deary, I. J., Strand, S., Smith, P. & Fernandes, C. (2007). Intelligence and educational achievement. *Intelligence, 5,* 13–21.
Deary, I. J., Whiteman, M. C., Starr, J. M., Whalley, L. J. & Fox, H. C. (2004). The impact of childhood intelligence on later life: Following up the Scottish mental surveys of 1932 and 1947. *Journal of Personality and Social Psychology, 86,* 130–147.

De Boysson-Bardies, B., Sagart, L. & Durant, C. (1984). Discernible differences in the babbling of infants according to target language. *Journal of Child Language, 11*, 1–15.

De Casper, A. J. & Fifer, W. P. (1980). Of human bonding: Newborns prefer their mothers' voices. *Science, 208*, 1174–1176.

De Casper, A. J. & Spence, M. (1986). Newborns prefer a familiar story over an unfamiliar one. *Infant Behavior and Development, 9*, 133–150.

De Goede, I. H. A., Branje, S. J. T. & Meeus, W. H. J. (2009). Developmental changes in adolescents' perceptions of relationships with their parents. *Journal of Youth and Adolescence, 38*, 75–88.

De Lacoste, M. C., Horvath, D. S. & Woodward, D. J. (1991). Possible sex differences in the developing human fetal brain. *Journal of Clinical and Experimental Neuropsychology, 13*, 831–846.

Delcourt, M. A., Cornell, D. G. & Goldberg, M. D. (2007). Cognitive and affective learning outcomes of gifted elementary school students. *Gifted Child Quarterly, 51*, 359–381.

Denham, S. A. & Couchoud, E. A. (1990). Young preschoolers' understanding of emotions. *Child Study Journal, 20*, 171–192.

Deutsch, W. & Lohaus, A. (2006). Methoden in der Entwicklungspsychologie: Historische und aktuelle Perspektiven. In W. Schneider & F. Wilkening (Hrsg.), *Enzyklopädie der Psychologie, Band C/V/1: Theorien, Modelle und Methoden der Entwicklungspsychologie* (S. 793–830). Göttingen: Hogrefe.

De Vries, J. I. P., Visser, G. H. A. & Prechtl, H. F. R. (1984). Fetal motility in the first half of pregnancy. In H. F. R. Prechtl (Ed.), *Continuity of neural functions from prenatal to postnatal life* (pp. 46–64). London: Blackwell.

De Wolff, M. S. & van IJzendoorn, M. (1997). Sensitivity and attachment: A meta-analysis on parental antecedents of infant attachment. *Child Development, 68*, 571–591.

Dias, M. G. & Harris, P. L. (1988). The effect of make-belief play on deductive reasoning. *British Journal of Developmental Psychology, 6*, 207–221.

Dias, M. G. & Harris, P. L. (1990). The influence of the imagination on reasoning by young children. *British Journal of Developmental Psychology, 8*, 305–318.

Diermeier, M. & Grübl, M. (2004). *Validierung und Weiterentwicklung eines Fragebogens zur Erfassung von Empathie, Prosozialität, Legitimation von aggressivem Verhalten und Aggressivität*. Universität Regensburg: Unveröffentlichter PWP-Bericht.

Dindia, K. & Allen, M. (1992). Sex differences in self-disclosure: A meta-analysis. *Psychological Bulletin, 112*, 106–124.

Dix, T. (1991). The affective organization of parenting: Adaptive and maladaptive processes. *Psychological Bulletin, 110*, 3–25.

Dodge, M. A. & Schwartz, D. (1997). Social information processing mechanisms in aggressive behaviour. In D. M. Stoff, J. Breiling & J. D. Maser (Eds.), *Handbook of antisocial behaviour* (pp. 171–180). New York: Wiley.

Dollard, J. & Miller, N. E. (1950). *Personality and psychotherapy*. New York: McGraw-Hill.

Dölling, D. (2007). Kinder- und Jugenddelinquenz. In H. J. Schneider (Hrsg.), *Internationales Handbuch der Kriminologie Bd 1: Grundlagen der Kriminologie* (S. 469–507). Berlin: De Gruyter.

Dölling, D. (2008). Grundstrukturen der Jugenddelinquenz. *Forensische Psychiatrie, Psychologie, Kriminologie, 2*, 155–161.

Domsch, H., Lohaus, A. & Thomas, H. (2009). Prediction of childhood cognitive abilities from a set of early indicators of information processing capabilities. *Infant Behavior and Development* (zur Veröffentlichung angenommen).

Domsch, H., Lohaus, A. & Thomas, H. (2010). The influence of an attention-getter on heart rate patterns and looking time in the habituation/dishabituation paradigm (zur Veröffentlichung eingereicht).

Döpfner, M. (2008). Klassifikation und Epidemiologie psychischer Störungen. In F. Petermann (Hrsg.), *Lehrbuch der Klinischen Kinderpsychologie* (S. 29–48). Göttingen: Hogrefe.

Döpfner, M., Frölich, J. & Lehmkuhl, G. (2000). *Hyperkinetische Störungen. Leitfaden Kinder und Jugendpsychotherapie*, Band 1. Göttingen: Hogrefe.

Dunn, J. (1988). *The beginnings of social understanding*. Oxford: Basic Blackwell.

Dunn, J. (1994). Temperament, siblings, and the development of relationships. In W. B. Carey & S. C. McDevitt (Eds.), *Prevention and early intervention* (pp. 50–58). New York: Brunner/Mazel.

Dunn, J., Bretherton, I. & Munn, P. (1987). Conversations about feeling states between mothers and their young children. *Developmental Psychology, 23*, 132–139.

Eagly, A. H. & Crowley, M. (1986). Gender and helping behaviour: A meta-analytic review of the social psychological literature. *Psychological Bulletin, 100*, 283–308.

Eaton, W. O. & Enns, L. R. (1986). Sex differences in human motor activity level. *Psychological Bulletin, 100*, 19–28.

Eckermann, C. O. & Stein, M. R. (1982). The toddler's emerging interactive skills. In K. H. Rubin & H. S. Ross (Eds.), *Peer relations and social skills in childhood* (pp. 41–73). New York: Springer.

Egeland, B. R., Carlson, E. & Sroufe, L. A. (1993). Resilience as process. *Development and Psychopathology, 5*, 517–528.

Literatur

Egle, U. T., Hoffmann, S. O. & Steffens, M. (1997). Psychosoziale Risiko- und Schutzfaktoren in Kindheit und Jugend als Prädisposition für psychische Störungen im Erwachsenenalter. *Nervenarzt, 68,* 683–695.

Eimas, P. D., Siqueland, E. R., Jusczyk, P. & Vigorito, J. (1971). Speech perception in infants. *Science, 177,* 303–306.

Elben, C. & Lohaus, A. (2000). *Marburger Sprachverständnistest für Kinder (MSVK)*. Göttingen: Hogrefe.

Elbert, T., Pantev, C., Wienbruch, C., Rockstroh, B. & Taub, E. (1995). Increased cortical representation of the fingers of the left hand in string players. *Science, 270,* 305–307.

Ellsworth, C., Muir, D. & Hains, S. (1993). Social competence and person-object differentiation: An analysis of the still-face effect. *Developmental Psychology, 29,* 63–73.

Erikson, E. H. (1973). *Identität und Lebenszyklus*. Frankfurt/M. : Suhrkamp.

Erikson, E. H. (1974). *Jugend und Krise*. Stuttgart: Klett-Cotta.

Erikson, E. H. (1988). *Der vollständige Lebenszyklus*. Frankfurt: Suhrkamp.

Fagen, J. W., Morrongiello, B. A., Rovee-Collier, C. & Gekoski, M. J. (1984). Expectancies and memory retrieval in three-month-old-infants. *Child Development, 3,* 936–943.

Farrell, A. D. & White, K. S. (1998). Peer influences and drug use among urban adolescents: Familiy structure and parent-adolescent relationship as protective factors. *Journal of Consulting and Clinical Psychology, 66,* 248–258.

Feinberg, M. & Hetherington, E. M. (2001). Differential parenting as a within-familiy variable. *Journal of Familiy Psychology, 15,* 22–37.

Feingold, A. (1992). Sex differences in variability in intellectual abilities: A new look at an old controversy. *Review of Educational Research, 62,* 61–84.

Feldmann, R., Löser, H. & Weglage, J. (2007). Fetales Alkoholsyndrom (FAS). *Monatsschrift Kinderheilkunde, 9,* 853–865.

Fields, L. & Prinz, R. J. (1997). Coping and adjustment during childhood and adolescence. *Clinical Psychology Review, 17,* 937–976.

Filipp, S.-H. (1984). Entwurf eines heuristischen Bezugsrahmens für Selbstkonzept-Forschung: Menschliche Informationsverarbeitung und naive Handlungstheorie. In S.-H. Filipp (Hrsg.), *Selbstkonzept-Forschung: Probleme, Befunde, Perspektiven* (S. 129–170). Stuttgart: Klett-Cotta.

Fischer, G., Bitschnau, M., Peternell, A., Eder, H. & Topitz, A. (1999). Pregnancy and substance abuse. *Archives of Women's Mental Health, 2,* 57–65.

Flammer, A. & Alsaker, F. D. (2002). *Entwicklungspsychologie der Adoleszenz*. Bern: Huber.

Flynn, J. R. (1987). Massive IQ gains in 14 nations: What IQ tests really measure. *Psychological Bulletin, 101,* 171–191.

Fogel, A. (2001). *Infancy – Infant, family and society*. Belmont: Wadsworth.

Folkman, S. & Lazarus, R. S. (1988). Coping as a mediator of emotions. *Journal of Personality and Social Psychology, 54,* 466–475.

Ford, T., Goodman, R. & Meltzer, H. (2003). The British child and adolescent mental health survey 1999: The prevalence of DSM-IV disorders. *Journal of the American Academy of Child and Adolescent Psychiatry, 42,* 1203–1211.

Forsthoff, A., Hummel, B., Möller, H.-J. & Grunze, H. (2005). Suizidalität und Internet. *Nervenarzt, 77,* 343–345.

Freud, S. (1930). *Vorlesungen zur Einführung in die Psychoanalyse*. Wien: Internationaler Psychoanalytischer Verlag.

Freud, S. (1933). *Neue Folge der Vorlesungen zur Einführung in die Psychoanalyse*. Wien: Internationaler Psychoanalytischer Verlag.

Frijda, N. H., Markham, S., Sato, K. & Wiers, R. (1995). Emotions and emotion words. In J. A. Russell, J. M. Ferandez-Dols, A. S. R. Manstead and J. C. Wellenkamp (Eds.), *Everyday conceptions of emotion: An introduction to the psychology, anthropology and linguistics of emotion* (pp. 121–143). Dordrecht: Kluwer Academic Publishers.

Frost, J. A. et al. (1999). Language processing is strongly left lateralized in both sexes: Evidence from functional MRI. *Brain, 122,* 199–208.

Frydenberg, E. & Lewis, R. (2000). Teaching coping to adolescents: When and to whom? *American Educational Research Journal, 37,* 727–745.

Funke, J. (2006). Alfred Binet (1857–1911) und der erste Intelligenztest der Welt. In G. Lamberti (Hrsg.), *Intelligenz auf dem Prüfstand. 100 Jahre Psychometrie* (S. 23–40). Göttingen: Vandenhoeck & Ruprecht.

Galen, B. R. & Underwood, M. K. (1997). A developmental investigation of social aggression among children. *Developmental Psychology, 33,* 589–600.

Gardner, H. (1983). *Frames of mind: The theory of multiple intelligences*. New York: Basic Books.

Gardner, H. (1998). Are there additional intelligences? The case for naturalistic, spiritual, and existential intelligences. In J. Kane (Ed.), *Education, information, and transformation* (S. 111–131). Englewood, Cliffs, NJ: Prentice Hall.

Gardner, H. (1999). *Intelligence reframed: Multiple intelligences for the 21st century*. New York: Basic Books.

Gardner, M. & Steinberg, L. (2005). Peer influence on risk taking, risk preference, and risky decision making in adolescence and adulthood: An experimental study. *Developmental Psychology, 41*, 625–635.

Garz, D. (1989). *Sozialpsychologische Entwicklungstheorien. Von Mead, Piaget und Kohlberg bis zur Gegenwart*. Opladen: Westdeutscher Verlag.

Gauck, L. (2007). *Hochbegabte verhaltensauffällige Kinder. Eine empirische Untersuchung*. Münster: Lit Verlag.

Gazelle, H. & Rudolph, K. D. (2004). Moving toward and moving away from the world: Social approach and avoidance trajectories in anxious youth. *Child Development, 75*, 829–849.

Gelman, S. A. & Coley, J. D. (1990). The importance of knowing that dodo is a bird: Categories and inferences in 2-year-old children. *Developmental Psychology, 26*, 796–804.

Gelman, R., Bullock, M. & Meck, E. (1980). Preschooler's understanding of simple object transformation. *Child Development, 51*, 691–699.

Gergen, K. J. (1984). Theory of the self: Impasse and evolution. *Advances in Experimental Social Psychology, 17*, 49–115.

Ghim, H. R. (1990). Evidence for perceptual organization in infants: Perception of subjective contours by young infants. *Infant Behavior and Development, 13*, 221–248.

Gibson, E. J. & Walk, R. D. (1960). The "visual cliff". *Scientific American, 202*, 64–71.

Gilligan, C. (1982). *In a different voice. Psychological theory and women's development*. Cambridge, MA: Harvard University Press.

Gittler, G. & Vitouch, O. (1994). Empirical contribution to the question of sex-dependent inheritance of spatial ability. *Perceptual and Motor Skills, 78*, 407–417.

Glenn, S. M., Cunnigham, C. C. & Joyce, P. F. (1981). A study of auditory preferences in non-handicapped infants and infants with Down-Syndrom. *Child Development, 52*, 1303–1307.

Gloger-Tippelt, G. (1988). *Schwangerschaft und erste Geburt. Psychologische Veränderungen der Eltern*. Stuttgart: Kohlhammer.

Gloger-Tippelt, G. (Hrsg.). (2001). *Bindung im Erwachsenenalter*. Bern, Huber.

Goldsmith, H. H., Buss, K. A. & Lemery, K. S. (1997). Toddler and childhood temperament: Expanded content, stronger genetic evidence, new evidence for the importance of the environment. *Developmental Psychology, 33*, 891–905.

Goldstein, J. M. et al. (2001). Normal sexual dimorphism of the adult human brain assessed by in vivo magnetic resonance imaging. *Cerebral Cortex, 11*, 490–497.

Goodman, S. H. & Gotlib, I. H. (1999). Risk for psychopathology in the children of depressed mothers: A developmental model for the understanding mechanisms of transmission. *Psychological Review, 106*, 458–490.

Goodsitt, J. V., Morse, P. A., Ver Hoeve, J. N. & Cowan, N. (1984). Infant speech recognition in multisyllabic contexts. *Child Development, 55*, 903–910.

Goswami, U. (2001). *So denken Kinder. Einführung in die Psychologie der kognitiven Entwicklung*. Bern: Huber.

Goswami, U. & Brown, A. L. (1989). Melting chocolate and melting snowmen: Analogical reasoning and causal relations. *Cognition, 35*, 69–95.

Goswami, U. & Brown, A. L. (1990). Higher-order structure and relational reasoning: Contrasting analogical and thematic relations. *Cognition, 36*, 207–226.

Graber, J. A., Lewinsohn, P. M., Seeley, J. R. & Brooks-Gunn, J. (1997). Is psychopathology associated with the timing of pubertal development? *Annals of the New York Academy of Sciences, 36*, 1768–1776.

Greene, A. L. (1990). Patterns of affectivity in the transition to adolescence. *Journal of Experimental Child Psychology, 50*, 340–356.

Grimm, H. (2000). *Sprachentwicklungstest für zweijährige Kinder (SETK-2)*. Göttingen: Hogrefe.

Grimm, H. (2001). *Sprachentwicklungstest für drei- bis fünfjährige Kinder (SETK 3–5)*. Göttingen: Hogrefe.

Grimm, H. (2003a). *Sprachscreening für das Vorschulalter (SSV)*. Göttingen: Hogrefe.

Grimm, H. (2003b). *Störungen der Sprachentwicklung*. Göttingen: Hogrefe.

Grimm, H. & Doil, H. (2000). *Elternfragebogen für die Früherkennung von Risikokindern*. Göttingen: Hogrefe.

Grinder, R. E. (1962). Parental childrearing practices, conscience, and resistance to temptation of sixth-grade children. *Child Development, 33*, 803–820.

Groen, G. Scheithauer, H., Essau, C. A. Petermann, F. (1997). Epidemiologie depressiver Störungen im Kindes- und Jugendalter: Eine kritische Übersicht. *Zeitschrift für Klinische Psychologie, Psychiatrie und Psychotherapie, 45*, 115–144.

Gross, J., Hayne, H., Herbert, J. & Sowerby, P. (2002). Measuring infant memory: Does the ruler matter? *Developmental Psychobiology, 40*, 183–192.

Grossmann, K., Grossmann, K. E., Fremmer-Bombik, E., Kindler, H., Scheuerer-Englisch, H. & Zimmermann, P. (2002). The uniqueness of the child-father attachment relationship: Father's sensitive and challenging play as a pivotal variable in a 16–year longitudinal study. *Social Development, 11*, 307–331.

Literatur

Grotevant, H. D. (1998). Adolescent development in family contexts. In W. Damon & N. Eisenberg (Eds.), *Handbook of child psychology. Vol. 3. Social, emotional, and personality development* (5th ed., pp. 1097–1149). New York: Wiley.

Hack, M. & Fanaroff, A. (1999). Outcomes of children of extremely low birthweight and gestational age in the 1990's. *Early Human Development, 53*, 193–218

Hack, M., Klein, N. K. & Taylor, H. G. (1995). Long-term developmental outcomes of low birth weight infants. *Future of children, 5*, 176–196.

Häfner, S., Franz, M., Lieberz, K. & Schepank, H. (2001a). Psychosoziale Risiko- und Schutzfaktoren für psychische Störungen: Stand der Forschung. Teil 2: Psychosoziale Schutzfaktoren. *Psychotherapeut, 46*, 403–408.

Häfner, S., Franz, M., Lieberz, K. & Schepank, H. (2001b). Psychosoziale Risiko- und Schutzfaktoren für psychische Störungen: Stand der Forschung. Teil 1: Psychosoziale Risikofaktoren. *Psychotherapeut, 46*, 343–347.

Hagger, M. S., Biddle, S. J. H. & Wang, C. K. J. (2005). Physical self-concept in adolescence: Generalizability of a multidimensional hierarchical model across gender and grade. *Educational and Psychological Measurement, 65*, 297–322.

Hains, S. M. J. & Muir, D. W. (1996). Effects of stimulus contingency in infant-adult interactions. *Infant Behavior and Development, 19*, 49–61.

Haith, M. M., Hazan, C. & Goodman, G. S. (1988). Expectation and anticipation of dynamic visual events by 3.5-month-old babies. *Child Development, 59*, 467–479.

Haith, M. M. & McCarty, M. E. (1990). Stability of visual expectations at 3.0 months of age. *Developmental Psychology, 26*, 68–74.

Hakuta, K., Bialystok, E. & Wiley, E. (2003). Critical evidence: A test of the critical period hypothesis for second-language acquisition. *Psychological Science, 14*, 31–38.

Hall, D. G., Waxman, S. R. & Hurwitz, W. R. (1993). How two- and four-year-old children interpret adjectives and count nouns. *Child Development, 64*, 1651–1664.

Halpern, D. F. & Lamay, M. L. (2000). The smarter sex: A critical review of sex differences in intelligence. *Educational Psychology Review, 12*, 229–246.

Hampel, P. (2007). Stressbewältigungstrainings im Kindesalter. In I. Seiffge-Krenke & A. Lohaus (Hrsg.), *Stress und Stressbewältigung im Kindes- und Jugendalter* (S. 235–246). Göttingen: Hogrefe.

Hampel, P. & Petermann, F. (2005). Age and gender effects on coping in children and adolescents. *Journal of Youth and Adolescence, 34*, 73–83.

Hanewinkel, R. & Knaack, R. (1997). *Mobbing: Gewaltprävention in Schulen in Schleswig-Holstein*. Kronshagen: Landesinstitut Schleswig-Holstein für Praxis und Theorie der Schule.

Hanish, L. D. & Guerra, N. G. (2004). Aggressive victims, passive victims, and bullies: Developmental continuity or developmental change. *Merrill-Palmer Quarterly, 50*, 17–38.

Hanke, C., Lohaus, A., Gawrilow, C., Hartke, I., Köhler, B. & Leonhardt, A. (2003). Preschool development of very low birth weight children born 1994–1995. *European Journal of Pediatrics, 162*, 159–164.

Hankin, B. L. & Abramson, L. Y. (1999). Development of gender differences in depression: Description and possible explanations. *Annals of Medicine, 31*, 372–379.

Hardy, S. A. & Carlo, G. (2005). Identity as a source of moral motivation. *Human Development, 48*, 232–256.

Hart, S. L., Carrington, H. A., Tronick, E. Z. & Carroll, S. R. (2004). When infants lose exclusive maternal attention: Is it jealousy? *Infancy, 6*, 57–78.

Harter, S. (1999). *The construction of the self*. New York: Guilford Press.

Hastings, P. D. & Coplan, R. (2007). Conceptual and empirical links between children's social spheres: Relating maternal beliefs and preschoolers' behaviors with peers. *New Directions for Child and Adolescent Development, 86*, 43–59.

Havighurst, R. J. (1972). *Developmental tasks and education*. New York: David McKay.

Hedges, L. V. & Nowell, A. (1995). Sex differences in mental test scores, variability, and numbers of high-scoring individuals. *Science, 269*, 41–45.

Heinrichs, N., Döpfner, M. & Petermann, F. (2008). Prävention psychischer Störungen. In F. Petermann (Hrsg.), *Lehrbuch der Klinischen Kinderpsychologie* (S. 643–659). Göttingen: Hogrefe.

Hesse, H. (1999). The adult attachment interview: Historical and current perspectives. In J. Cassidy & P. R. Shaver (Eds.), *Handbook of attachment* (pp. 395–433). New York: Guilford Press.

Hill, J. P. & Lynch, M. E. (1983). The intensification of gender-related role expectations during adolescence. In J. Brooks-Gunn & A. C. Peterson (Eds.), *Girls at puberty: Biological and psychological perspectives* (pp. 201–228). New York: Plenum Press.

Hoffman, M. L. (1991). Empathy, social cognition and moral action. In W. M. Kurtines. J. Gerwitz & L. Lamb (Eds.), *Handbook of moral behavior and development. Vol. 1: Theory* (pp. 275–301). Hillsdale, NJ: Erlbaum.

Holling, H., Preckel, F. & Vock, M. (2004). *Intelligenzdiagnostik*. Göttingen: Hogrefe.

Holodynski, M. (2006). *Emotionale Entwicklung und Regulation*. Berlin: Springer.

Holodynski, M. & Upmann, K. (2003). *Die Entwicklung der emotionalen Selbstregulation im Vorschulalter.* Vortrag, gehalten auf der 16. Tagung der Fachgruppe Entwicklungspsychologie.

Holtmann, M. & Poustka, F. & Schmidt, M. (2004). Biologische Korrelate der Resilienz im Kindes- und Jugendalter. *Kindheit und Entwicklung, 13,* 201–211.

Holtmann, M. & Schmidt, M. H. (2004). Resilienz im Kindes- und Jugendalter. *Kindheit und Entwicklung, 13,* 195–200.

Honzik, M. P., MacFarlane, J. W. & Allen, L. (1948). The stability of mental test performance between two and eighteen years. *Journal of Experimental Education, 17,* 309–329.

Horn, S. S. (2003). Adolescents' reasoning about exclusion from social groups. *Developmental Psychology, 39,* 71–84.

Howe, N., Aquan-Assee, J. & Bukowski, W. M. (2001). Predicting sibling relations over time: Synchrony between maternal management styles and sibling relationship quality. *Merrill-Palmer Quarterly, 47,* 121–141.

Hoyenga, K. B. & Hoyenga, K. T. (1993). *Gender-related differences.* Boston: Allyn and Bacon.

Huttenlocher, J., Levine, S. & Vevea, J. (1998). Environmental input and cognitive growth: A study using time-period comparisons. *Child Development, 69,* 1012–1029.

Hyde, J. S. (2005). The gender similiarities hypothesis. *American Psychologist, 60,* 581–592.

Hyde, J. S. & Linn, M. C. (1988). Gender differences in verbal ability: A meta-analysis. *Psychological Bulletin, 104,* 53–69.

Ihle, W. & Esser, G. (2002). Epidemiologie psychischer Störungen im Kindes- und Jugendalter: Prävalenz, Verlauf, Komorbidität und Geschlechtsunterschiede. *Psychologische Rundschau, 53,* 159–169.

Ingoldsby, E. M., Shaw, D. S. & Garcia, M. M. (2001). Intrafamily conflict in relation to boys' adjustment to school. *Development and Psychopathology, 13,* 35–52.

Inhelder, B. & Piaget, J. (1958). *The growth of logical thinking from childhood to adolescence.* New York: Basic Books.

Izard, C. E. & Malatesta, C. Z: (1987). Perspectives on emotional development I: Differential emotions theory of emotional development. In J. D. Osofsky (Ed.), *Handbook of infant development* (pp. 494–554). New York: Wiley.

Izard, C. E. (1991). *The psychology of emotions.* New York: Plenum Press.

Jaffee, S. & Hyde, J. S. (2000). Gender differences in moral orientation: A meta-analysis. *Psychological Bulletin, 126,* 703–726.

James, W. (1890). *Principles of psychology.* Chicago: Encyclopedia Britannica.

Johnson, C. N. & Wellman, H. M. (1980). Children's developing understanding of mental verbs: Remember, know, and guess. *Child Development, 51,* 1095–1102.

Kail, R. (1997). Processing time, imagery, and spatial memory. *Journal of Experimental Child Psychology, 64,* 67–78.

Kagan, J. (1994). *Galen's prophecy.* New York: Basic Books.

Kagan, J. (2008). In defence of qualitative changes in development. *Child Development, 79,* 1606–1624.

Kagan, J., Reznick, J. S. & Snidman, N. (1987). The physiology and psychology of inhibition to the unfamiliar. *Child Development, 58,* 1459–1473.

Kagan, J., Reznick, J. S. & Snidman, N. (1988). Biological bases of childhood shyness. *Science, 240,* 167–171.

Kappeler, P. M. (2005). *Verhaltensbiologie.* Heidelberg: Springer.

Karniol, R., Gabay, R., Ochion, Y. & Harari, Y. (1998). Is gender or gender-role orientation a better predictor of empathy in adolescence? *Sex Roles, 39,* 45–59.

Kastner-Koller, U. & Deimann, P. (2002). *Der Wiener Entwicklungstest.* Göttingen: Hogrefe.

Kavšek, M. (2004). Predicting later IQ from infant visual habituation and dishabituation: A meta-analysis. *Journal of Applied Developmental Psychology, 25,* 369–393.

Keller, H., Lohaus, A., Völker, S., Cappenberg, M. & Casiotis, A. (1998). Relationships between infant crying, birth complications, and maternal variables. *Child: Care, Health and Development, 24,* 377–394.

Keller, H., Lohaus, A., Völker, S., Cappenberg, M. & Chasiotis, A. (1999). Temporal contingency as an independent component of parenting behavior. *Child Development, 70,* 474–485.

Kellman, P. J. & Spelke, E. S. (1983). Perception of partly occluded objects in infancy. *Cognitive Psychology, 15,* 483–524.

Kessen, W., Haith, M. & Salapatek, P. (1970). Human infancy: A bibliography and guide. In P. H. Mussen (Ed.), *Carmichael's manual of child psychology* (3rd ed., pp. 808–856). New York: Wiley.

Killen, M., Lee-Kim, J., McGlothlin, H. & Stangor, C. (2002). How children and adolescents evaluate gender and racial exclusion. *Monographs of the Society for Reseach in Child Development, 67* (4, Serial No. 271).

King, N. J. (1993). Simple and social phobias. In T. H. Ollendick & R. J. Prinz (Eds.), *Advances in clinical child psychology* (Vol. 15, pp. 305–340). New York: Plenum Press.

Klein-Heßling, J. (1997). *Stressbewältigungstrainings für Kinder. Eine Evaluation.* Tübingen: DGVT-Verlag.

Knickmeyer, R., Baron-Cohen, S., Raggatt, P., Taylor, K. & Hackett, G. (2006). Fetal testosterone and empathy. *Hormones & Behavior, 49,* 282–292.

Literatur

Kohlberg, L. (1966). A cognitive-developmental analysis of children's sex-role concepts and attitudes. In E. Maccoby (Ed.), *The development of sex differences* (pp. 82–173). Stanford: Stanford University Press.

Kohlberg, L. (1969). Stage and sequence: The cognitive-developmental approach to socialization. In D. A. Goslin (Ed.), *Handbook of socialization theory and research* (pp. 325–480). New York: Rand McNally.

Kohlberg, L. (1995). *Die Psychologie der Moralentwicklung*. Frankfurt/M.: Suhrkamp.

Korntheuer, P., Lißmann, I. & Lohaus, A. (2007). Bindungssicherheit und die Entwicklung von Sprache und Kognition. *Kindheit und Entwicklung, 16,* 180–189.

Kray, J. & Lindenberger, U. (2007). Fluide Intelligenz. In J. Brandstädter & U. Lindenberger (Hrsg.), *Entwicklungspsychologie der Lebensspanne* (S. 194–220). Stuttgart: Kohlhammer.

Kuchuk, A., Vibbert, M. & Bornstein, M. H. (1986). The perception of smiling and its experiential correlates in three-month-old infants. *Child Development, 57,* 1054–1061.

Kuhl, P. K. (2004). Early language acquisition: Cracking the speech code. *Nature Reviews Neuroscience, 5,* 831–843.

Kuhl, P. K. & Meltzoff, A. N. (1984). The intermodal representation of speech in infants. *Infant Behavior and Development, 7,* 361–381.

Kunzinger, E. L. & Wittryol, S. L. (1984). The effects of differential incentives on second-grade rehearsal and free recall. *Journal of Genetic Psychology, 144,* 19–30.

Lagattuta, K. H., Wellman, H. M. & Flavell, J. H. (1997). Preschoolers' understanding of the link between thinking and feeling: Cognitive cuing and emotional change. *Child Development, 68,* 1081–1104.

Laidra, K., Pullmann, H. & Allik, J. (2007). Personality and intelligence as predictors of academic achievement: A cross-sectional study from elementary to secondary school. *Personality and Individual Differences, 42,* 441–451.

Lampert, T. & Thamm, M. (2007). Tabak-, Alkohol- und Drogenkonsum von Jugendlichen in Deutschland. *Bundesgesundheitsblatt – Gesundheitsforschung – Gesundheitsschutz, 50,* 600–608.

Lazarus, R. S. (1991). *Emotion and adaptation*. New York: Oxford University Press.

Lazarus, R. S. (1993). Coping theory and research: Past, present, and future. *Psychosomatic Medicine, 55,* 243–247.

Lazarus, R. S. & Folkman, S. (1984). *Stress, appraisal, and coping*. New York: Springer.

Lazarus, R. S. & Launier, R. (1981). Stressbezogene Transaktionen zwischen Person und Umwelt. In J. R. Nitsch (Hrsg.), *Stress: Theorien, Untersuchungen, Maßnahmen* (S. 213–260). Bern: Huber.

Legerstee, M. (1992). A review of the animate-inanimate distinction in infancy: Implications for models of social and cognitive knowing. *Early Development and Parenting, 1,* 59–67.

Lemmon, K. & Moore, C. (2001). Binding the self in time. In C. Moore & K. Lemmon (Eds.), *The self in time: Developmental perspectives* (pp. 163–179). Mahwah, NJ: Erlbaum.

Leslie, A. & Keeble, S. (1987). Do six-month-old infants perceive causality? *Cognition, 25,* 265–288.

Levtzion-Korach, O., Tennenbaum, A., Schnitzer, R. & Ornoy, A. (2000). Early motor development of blind children. *Journal of Paediatrics and Child Health, 36,* 226–229.

Lewis, M. (1998). Emotional competence and development. In D. Pushkar, W. Bukowski, A. Schwartzman, D. Stack & D. White (Eds.), *Improving competence across the lifespan* (pp. 27–36). New York : Plenum Publishing Corporation.

Lewis, M. (2007). Early emotional development. In A. Slater & M. Lewis (Eds.), *Introduction to infant development* (pp. 216–232). New York: Oxford University Press.

Lewis, M., Allessandri, S. M. & Sullivan, M. W. (1990). Violations of expectancy, loss of control, and anger expressions in young infants. *Developmental Psychology, 26,* 745–751.

Lewis, M. & Brooks-Gunn, J. (1979). *Social cognition and the acquisition of self*. New York: Plenum Press.

Lewis, M., Sullivan, M. & Vasen, A. (1987). Making faces: Age and emotion differences in the posing of emotional expressions. *Developmental Psychology, 23,* 690–697.

Lindberg, S. M., Hyde, J. S. & McKinley, N. M. (2006). A measure of objectified body consciousness for pre-adolescent and adolescent youth. *Psychology of Women Quarterly, 30,* 65–76.

Lohaus, A. (1986a). Datenerhebung bei Vorschulkindern: Ein Vergleich von Rollenspiel, Puppenspiel und Interview. *Psychologie in Erziehung und Unterricht, 33,* 196–204.

Lohaus, A. (1986b). Zum Einsatz von Antwortskalen in der Datenerhebung bei Kindern und Jugendlichen. *Zeitschrift für Entwicklungspsychologie und Pädagogische Psychologie, 18,* 214–224.

Lohaus, A. (1989). *Datenerhebung in der Entwicklungspsychologie: Problemstellungen und Forschungsperspektiven*. Bern: Huber.

Lohaus, A. (2007). Datenerhebung. In M. Hasselhorn und W. Schneider (Hrsg), *Handbuch der Entwicklungspsychologie* (S. 625–634). Göttingen: Hogrefe.

Lohaus, A., Ball, J. & Lißmann, I. (2004). Frühe Eltern-Kind-Interaktion. In L. Ahnert (Hrsg.), *Frühe Bindung* (S. 147–161). München: Reinhardt.

Lohaus, A. & Domsch, H. (Hrsg.). (2009). *Psychologische Förder- und Interventionsprogramme für das Kindes- und Jugendalter*. Berlin: Springer.

Löser, H. (1994). Alkohol in der Schwangerschaft als Risikofaktor der kindlichen Entwicklung. In D. Karch (Hrsg.), *Risikofaktoren der kindlichen Entwicklung* (S. 43–60). Darmstadt: Steinkopff.

Lundborg, P. (2006). Having the wrong friends? Peer effects in adolescent substance use. *Journal of Healh Economics, 25,* 214–233.

Lutz, C. (1988). *Unnatural emotions.* Chicago: University of Chicago Press.

Lyons-Ruth, K., Melnick, S. & Bronfman, E. (2002). Desorganisierte Kinder und ihre Mütter. Modelle feindselig-hilfloser Beziehungen. In K. H. Brisch, K. E. Grossmann, K. Grossmann & L. Köhler (Hrsg.), *Bindung und seelische Entwicklungswege. Grundlagen, Prävention und klinische Praxis* (S. 249–276). Stuttgart: Klett-Cotta.

Lytton, H. & Romney, D. M. (1991) Parents' differential socialization of boys and girls: A meta-analysis. *Psychological Bulletin, 109,* 267–296.

Mahler, M. S., Pine, F. & Bergman, A. (1999). *Die psychische Geburt des Menschen. Symbiose und Individuation.* Frankfurt: Fischer.

Mandler, J. M. & Bauer, P. J. (1988). The cradle of categorization: Is the basic-level basic? *Cognitive Development, 3,* 247–264.

Mandler, J. M., Bauer, P. J. & McDonough, L. (1991). Separating the sheep from the goats: Differentiating global categories. *Cognitive Psychology, 23,* 263–298.

Marcia, J. E. (1980). Identity in adolescence. In J. Adelson (Ed.), *Handbook of adolescent psychology* (pp. 159–187). New York: Wiley.

Marcia, J. E., Waterman, A. S., Matteson, D. R., Archer, S. L. & Orlofsky, J. L. (1993). *Ego identity. A handbook for psychological research.* New York: Springer.

Markman, E. M. (1989). *Categorization and naming in children.* Cambridge, MA: MIT Press.

Marsh, H. W. (1986). Verbal and math self-concepts: An internal/external frame of reference model. *American Educational Research Journal, 23,* 129–149.

Marsh, H. W., Craven, R. & Debus, R. (1998). Structure, stability, and development of young children's self-concepts: A multicohort-multioccasion study. *Child Development, 69,* 1030–1053.

Marsh, H. W. & Hau, K.-T. (2003). Big-Fish-Little-Pond-Effect on academic self-concept: A cross-cultural (26-country) test of the negative effects of academically selective schools. *American Psychologist, 58,* 364–376.

Marsh, H. W. & Shavelson, R. J. (1985). Self-concept: Its multifaceted, hierarchical structure. *Educational Psychologist, 20,* 107–125.

Marsh, H. W. & Yeung, A. S. (1998). Longitudinal structural equation models of academic self-concept and achievement: Gender differences in the development of math and english constructs. *American Educational Research Journal, 35,* 705–738.

Martin, C. L. & Halverson, C. F. (1981). A schematic processing model of sex-typing and stereotyping in children. *Child Development, 52,* 1119–1134.

Martin, C. L., Ruble, D. N. & Szkrybalo, J. (2002). Cognitive theories of early gender development. *Psychological Bulletin, 128,* 903–933.

Maurer, D. & Maurer, C. (1988). *The world of the newborn.* New York: Basic Books.

McCall, R. B. & Carriger, M. S. (1993). A meta-analysis of infant habituation and recognition memory performance as predictors of later IQ. *Child Development, 64,* 57–79.

McClelland, J. L., Rumelhart, D. E. [& the PDP Research Group] (1986). *Parallel distributed processing: Explorations in the microstructure of cognition. Vol. 2: Psychological and biological models.* Cambridge, MA: MIT Press.

McClure, M. B. (2000). A meta-analytic review of sex-differences in facial expression processing and their development in infants, children, and adolescents. *Psychological Bulletin, 126,* 424–453.

McHale, S. M. & Crouter, A. C. (1996). The familiy contexts of children's sibling relationships. In G. H. Brody (Ed.), *Sibling relationships: Their causes and consequences* (pp. 173–196). Norwood, NJ: Ablex.

Mead, G. H. (1934). *Mind, self, and society from the standpoint of a social behaviourist.* Chicago: University of Chicago Press.

Melchers, P., Floß, S., Brandt, I., Eßer, K. J., Lehmkuhl, G., Rauh, H. & Sticker, E. J. (2003). *Erweiterte Vorsorgeuntersuchung (EVU).* Göttingen: Hogrefe.

Melchers. P. & Preuß, U. (2003). *K-ABC Kaufman-Assessment Battery for Children (6. Aufl.).* Amsterdam: Swets & Zeitlinger.

Meltzoff, A. N. (1990) Foundations for developing a concept of self: The role of imitation in relating self to other and the value of social mirroring, social modeling, and self practice in infancy. In D. Cicchetti & M. Beeghly (Eds.), *Self in transition: Infancy to childhood* (pp. 139–164). Chicago: University of Chicago Press.

Meltzoff, A. N. & Borton, R. W. (1979). Intermodal matching by human neonates. *Nature, 198,* 75–78.

Meßlinger, K. (2002). Physiologie und Pathophysiologie der Schmerzentstehung. *Manuelle Medizin, 40,* 13–21.

Michalson, L., & Lewis, M. (1985). What do children know about emotions and when do they know it? In M. Lewis & C. Saarni (Eds.), *The socialization of emotions* (pp. 117–140). New York : Plenum

Miller, G. A. (1956). The magical number seven, plus or minus two: Some limits on our capacity for processing information. *Psychological Review, 63,* 81–97.

Miller, P. (1993). *Theorien der Entwicklungspsychologie*. Heidelberg: Spektrum.
Moffitt, T. E. (1993). Adolescence-limits and life-course-persistent antisocial behavior: A developmental taxanomy. *Psychological Review, 100*, 674–701.
Mondloch, C. J., Lewis, T. L., Budreau, D. R., Maurer, D., Dannemiller, J. L., Stephens, B. R. & Kleiner-Gathercoal, K. A. (1999). Face perception during early infancy. *Psychological Science, 10*, 419–422.
Montada, L. (2008). Fragen, Konzepte, Perspektiven. In R. Oerter & L. Montada (Hrsg.), *Entwicklungspsychologie*, 6. Auflage (S. 3–48). Weinheim: Beltz.
Moon, C., Cooper, R. P. & Fifer, W. P. (1993). Two-day-old infants prefer their native language. *Infant Behavior and Development, 16*, 495–500.
Morton, J. & Johnson, M. H. (1991). CONSPEC and CONLEARN: A two-process theory of infant face recognition. *Psychological Review, 98*, 164–181.
Moss, E., Parent, S., Gosselin, C., Rousseau, D. & St-Laurent, D. (1996). Attachment and teacher-reported behavior problems during the preschool and early school-age period. *Development and Psychopathology, 8*, 511–525.
Mühlig, S. (2008). Substanzmissbrauch und -abhängigkeit bei illegalen Drogen. In F. Petermann (Hrsg.), *Lehrbuch der Klinischen Kinderpsychologie* (S. 571–588). Göttingen: Hogrefe.
Myers, D. G. (2008). *Psychologie*. Heidelberg: Springer.
Nadel, J., Carchon, I., Kervella, C., Marcelli, D. & Plantey-Reserbat, D. (1999). Expectancies for social contingency in 2–month-olds. *Developmental Science, 2*, 164–173.
Nagy, W. E. & Scott, J. A. (2000). Vocabulary processes. In M. I. Kamil & P. B. Mosenthal (Eds.), *Handbook of reading research* (Vol. 3, pp. 269–284). Mahwah, NJ: Erlbaum.
Needham, A. & Baillargeon, R. (1993). Intuitions about support in 4.5-month-old infants. *Cognition, 47*, 121–148.
Nielsen, M., Dissanayake, C. & Kashima, Y. (2003). A longitudinal investigation of self-other discrimination and the emergence of mirror self-recognition. *Infant Behavior and Development, 26*, 213–226.
Nolen-Hoeksema, S. (1994). An interactive model for the emergence of gender differences in depression in adolescence. *Journal of Research on Adolescence, 4*, 519–534.
Nunner-Winkler, G. & Sodian, B. (1988). Children's understanding of moral emotions. *Child Development, 59*, 1323–1338.
O'Connor, T. G., Rutter, M., Beckett, C., Keaveney, L., Kreppner, J. M & the English and Romanian Adoptees Study Team (2000). The effects of global severe privation on cognitive competence: Extension and longitudinal follow-up. *Child Development, 71*, 376–390.
Olson, J. M., Vernon, P. A., Harris, J. A. & Lang, K. L. (2001). The heritability of attitudes: A study of twins. *Journal of Personality and Social Psychology, 80*, 845–860.
Palmert, M. R. & Boepple, P. A. (2001). Variation in the timing of puberty: Clinical spectrum and genetic investigation. *Journal of Clinical Endocrinology & Metabolism, 86*, 2364–2368.
Papoušek, H., & Papoušek, M. (1987). Intuitive Parenting: A dialectic counterpart to the infant's integrative competence. In J. D. Osofsky (Ed.), *Handbook of infant development* (Vol. 2, pp. 669–720). New York: Wiley.
Papoušek, H., & Papoušek, M. (2002). Intuitive Parenting. In M. H. Bornstein (Ed.), *Handbook of parenting: Biology and ecology of parenting* (Vol. 2, pp. 183–203). Mahwah, NJ: Lawrence Erlbaum Associates.
Pauen, S. (2002). Evidence for knowledge-based categorization in infancy. *Child Development, 73*, 116–133.
Pauen, S. & Träuble, B. (2006). Kategorisierung und Konzeptbildung. In W. Schneider & B. Sodian (Hrsg.), *Kognitive Entwicklung - Enzyklopädie der Psychologie. Entwicklungspsychologie Band 2* (S. 377–407). Göttingen: Hogrefe.
Petermann, F. & Petermann, U. (2000). *EAS - Erfassungsbogen für aggressives Verhalten in konkreten Situationen* (4. Aufl.). Göttingen: Hogrefe.
Petermann, F. & Petermann, U. (Hrsg.). (2008). *Hamburg-Wechsler-Intelligenztest für Kinder – IV*. Bern: Huber.
Petermann, F. & Renziehausen, A. (2005). *Neuropsychologisches Entwicklungs-Screening*. Bern: Huber.
Petermann, F. & Resch, F. (2008). Entwicklungspsychopathologie. In F. Petermann (Hrsg.), *Lehrbuch der Klinischen Kinderpsychologie* (S. 49–64). Göttingen: Hogrefe.
Petermann, F., Stein, I. A. & Macha, T. (2006). *Entwicklungstest sechs Monate bis sechs Jahre (ET 6–6)*. Frankfurt: Harcourt Test Services.
Peters, M., Servos, P. & Day, R. (1990). Marked sex differences on a fine motor skill task disappear when finger size is used as a covariate. *Journal of Applied Psychology, 75*, 87–90.
Petitto, L. A., Holowka, S., Sergio, L. E. & Ostry, D. (2001). Language rhythms in baby hand movements. *Nature, 413*, 35–36.
Pfeiffer-Gerschel, T., Seidscheck, I., Niedermeier, N. & Hegerl, U. (2005). Suizid und Internet. *Verhaltenstherapie, 15*, 20–26.
Pfingsten, U. (2009). Soziale Kompetenzen. In A. Lohaus & H. Domsch (Hrsg.), *Psychologische Förder- und Interventionsprogramme für das Kindes- und Jugendalter* (S. 158–174). Berlin, Heidelberg: Springer.

Piaget, J. (1969). *Das Erwachen der Intelligenz beim Kinde*. Stuttgart: Klett.
Piaget, J. (1990). *Das moralische Urteil beim Kinde*. München: dtv. (Original: 1932, *Le jugement moral chez l'enfant*. Paris: Alcan).
Piaget, J. & Inhelder, B. (1956). *The child's conception of space*. London: Routledge.
Pickens, J. N. (1994). Perception of auditory-visual distance relations by 5–month-old infants. *Developmental Psychology, 30*, 537–544.
Plomin, R., DeFries, J. C. & Loehlin, J. C. (1977). Genotype-environment interaction and correlation in the analysis of human behaviour. *Psychological Bulletin, 84*, 309–322.
Plomin, R., DeFries, J. C., McClearn, G. E. & McGuffin, P. (2008). *Behavioural genetics*. New York: Worth Publishers.
Plomin, R., Hill, L., Craig, I. W., McGuffin, P., Purcell, S., Sham, P. et al. (2001). A genome-wide scan of 1842 DNA-markers for allelic associations with general cognitive ability: A five-stage design using DNA pooling and extreme selected groups. *Behavior Genetics, 31*, 497–509.
Plomin, R., Pedersen, N. L., Lichtenstein, P. & McClearn, G. E. (1994). Variability and stability in cognitive abilities are largely genetic later in life. *Behavior Genetics, 24*, 207–215.
Plomin R. & Petrill, S. A. (1997). Genetics and intelligence: What's new? *Intelligence, 24*, 53–77.
Plück, J., Wieczorrek, E., Wolf-Metternich, T. & Döpfner, M. (2006). *Präventionsprogramm für Expansives Problemverhalten (PEP). Ein Manual für Eltern- und Erziehergruppen*. Göttingen: Hogrefe.
Pomerantz, E. M., Ruble, D. N., Frey, K. S. & Greulich, F. (1995). Meeting goals and confronting conflict: Children's changing perceptions of social comparison. *Child Development, 66*, 723–738.
Popp, U. (1997). Gewalt an Schulen - ein „Jungenphänomen"? *Die Deutsche Schule, 89*, 77–87.
Poulin-Dubois, D., Lepage, A. & Ferland, D. (1996). Infants' concept of animacy. *Cognitive Development, 11*, 19–36.
Preiß, M. & Remschmidt, H. (2007). Depressive Störungen im Kindes- und Jugendalter – Eine Übersicht. *Zeitschrift für Kinder- und Jugendpsychiatrie und Psychotherapie, 35*, 385–397.
Quinn, P. C. & Eimas, P. D. (1996). Perceptual organization and categorization in young infants. In C. Rovee-Collier & L. P. Lipsitt (Eds.), *Advances in infancy research* (Vol. 10, pp. 1–36). Norwood, NJ: Ablex.
Rakison, D. H. & Poulin-Dubois, D. (2001). The developmental origin of the animate-inanimate distinction. *Psychological Bulletin, 127*, 209–228.
Ravens-Sieberer, U., Wille, N., Bettge, S. & Erhart, M. (2007). Psychische Gesundheit von Kindern und Jugendlichen in Deutschland. *Bundesgesundheitsblatt - Gesundheitsforschung – Gesundheitsschutz, 5/6*, 871–878.
Ripple, C. H. & Zigler, E. (1993). Research, policy, and the federal role in prevention initatives for children. *American Psychologist, 58*, 482–490.
Remschmidt, H. (2007). Psychische Störungen im Zusammenhang mit Hirnschädigungen. In D. Reinhardt (Hrsg.), *Therapie der Krankheiten im Kindes- und Jugendalter* (S. 1819–1826). Berlin: Springer.
Remschmidt, H., Schmidt, M. & Poustka, F. (2006). *Multiaxiales Klassifikationsschema für psychische Störungen des Kindes- und Jugendalters nach ICD-10 der WHO*. Bern: Verlag Hans Huber.
Robins, R. W., Trzesniewski, K. H., Tracy, J. L., Gosling, S. D. & Potter, J. (2002). Global self-esteem across the the lifespan. *Psychology and Aging, 17*, 423–434.
Rosch, E., Mervis, C. B., Gray, W. D., Johnson, D. M. & Boyes-Braem, P. (1976). Basic objects in natural categories. *Cognitive Psychology, 8*, 382–439.
Rose, J. S., Chassin, L., Presson, C. C. & Sherman, S. J. (1999). Peer influences on adolescent cigarette smoking: A prospective sibling analysis. *Merrill-Palmer Quarterly, 45*, 62–84.
Rose, S. A., Jankowski, J. J. & Senior, G. J. (1997). Infant's recognition of contour-deleted figures. *Journal of Experimental Psychology: Human Perception and Performance, 23*, 1206–1216.
Rost, D. H. (2004). Über „Hochbegabung" und „hochbegabte Jugendliche": Mythen, Fakten, Forschungsstandards. In J. Abel, R. Möller & C. Palentien (Hrsg.), *Jugend im Fokus empirischer Forschung* (S. 39–85). Münster: Waxmann.
Rost, D. H. (2008). Multiple Intelligenzen, multiple Irritationen. *Zeitschrift für Pädagogische Psychologie, 22*, 97–112.
Rothbart, M. K. & Bates, J. E. (1998). Temperament. In W. Damon & N. Eisenberg (Eds.), *Handbook of child psychology. Vol. 3: Social emotional and personality development* (pp. 105–176). New York: Wiley.
Rothbaum, F., Pott, M., Azuma, H., Miyake, K. & Weisz, J. (2000). The development of close relationships in Japan and the United States: Paths of symbiotic harmony and generative tension. *Child Development, 71*, 1121–1142.
Rovee-Collier, C. (1980). Reactivation of infant memory. *Science, 208*, 1159–1161.
Rovee-Collier, C. (2001). Information pick-up by infants: What is it, and how can we tell? *Journal of Experimental Child Psychology, 78*, 35–49.
Rubin, K. H., Wojslawowicz, J. C., Rose-Krasnor, L., Booth-LaForce, C. & Burgess, K. B. (2006). The best friendships of shy/withdrawn children: Prevalence, stability, and relationship quality. *Journal of Abnormal Child Psychology, 34*, 143–157.

Literatur

Ruble, D. N. & Martin, C. L. (1998). Gender development. In W. Damon & N. Eisenberg (Eds.), *Handbook of child psychology* (Vol. 3, pp. 933–1016). New York: Wiley.

Russel, J. A. (1994). Is there universal recognition of emotion from facial expressions? A review of cross-cultural studies. *Psychological Bulletin, 115*, 102–141.

Ryan, N. D. (2005). Treatment of depression in children and adolescents. *Lancet, 366*, 933–940.

Saarni, C. (1997). Coping with aversive feelings. *Motivation and Emotion, 21*, 45–63.

Sameroff, A. J., Seifer, R., Baldwin, A. & Baldwin C. (1993). Stability of intelligence from preschool to adolescence: Influence of social and family risk factors. *Child Development, 64*, 80–97.

Sanders, M. R. (1999). The Triple P – Positive Parenting Program: Towards an empirically validated multilevel parenting and family support strategy for the prevention and treatment of child behaviour and emotional problems. *Child and Family Psychology Review, 2*, 71–90.

Saß, H. (Hrsg.). (2003). *Diagnostisches und statistisches Manual psychischer Störungen. Textrevision DSM-IV-TR*. Göttingen Hogrefe.

Scarr, S. (1992). Developmental theories for the 1990s: Development and individual differences. *Child Development, 63*, 1–19.

Scarr, S., Weinberg, R. A. & Waldmann, I. D. (1993). IQ correlations in transracial adoptive families. *Intelligence, 17*, 541–555.

Scharlau, I. (2007). *Jean Piaget zur Einführung*. Hamburg: Junius.

Schilling, S. R., Sparfeldt, J. R. & Rost, D. H. (2006). Facetten schulischen Selbstkonzepts: Welchen Unterschied macht das Geschlecht. *Zeitschrift für Pädagogische Psychologie, 20*, 9–18.

Schlaud, M., Eberhard, C., Trumann, B., Kleemann, W. J., Poets, C. F. et al. (1999). Prevalence and determinants of prone sleeping position in infants. Results from two cross-sectional studies on risk factors for SIDS in Germany. *American Journal of Epidemiology, 150*, 51–57.

Schmid, C. & Keller, M. (1998). Der Einfluss von Geschwistern auf die kognitive und sozialmoralische Entwicklung während der mittleren Kindheit und frühen Adoleszenz. *Zeitschrift für Entwicklungspsychologie und Pädagogische Psychologie, 30*, 101–110.

Schneewind, K. A. (2008). Sozialisation und Erziehung im Kontext der Familie. In R. Oerter & L. Montada (Hrsg.), *Entwicklungspsychologie* (6. Auflage, S. 117–145). Weinheim: Psychologie Verlags Union.

Schneider, B. H., Atkinson, L. & Tardif, C. (2001). Child-parent attachment and children's peer relations: A quantitative review. *Developmental Psychology, 37*, 86–100.

Schneider, S., Unnewehr, S. & Margraf, J. (2009). *Diagnostisches Interview bei psychischen Störungen im Kindes- und Jugendalter* (Kinder-DIPS). Berlin: Springer.

Schneider, W. (2008). The development of metacognitive knowledge in children and adolescents: Major trends and implications for education. *Mind, Brain, and Education, 2*, 114–121.

Schneider, W. & Lockl, K. (2002). The development of metacognitive knowledge in children and adolescents. In T. J. Perfect & B. L. Schwartz (Eds.), *Applied metacognition* (pp. 224–257). Cambridge: Cambridge University Press.

Schneider, W. & Lockl, K. (2006). Entwicklung metakognitiver Kompetenzen im Kindes- und Jugendalter. In W. Schneider & B. Sodian (Hrsg.), *Kognitive Entwicklung - Enzyklopädie der Psychologie. Entwicklungspsychologie Band 2* (S. 721–767). Göttingen: Hogrefe.

Schneider, W. & Pressley, M. (1997). *Memory development between 2 and 20*. Hillsdale, NJ: Erlbaum.

Schwartz, A., Campos, J. & Baisel, E. (1973). The visual cliff: Cardiac and behavioral correlates on the deep and shallow sides at five and nine months of age. *Journal of Experimental Child Psychology, 15*, 86–99.

Seiffge-Krenke, I. (1994). *Gesundheitspsychologie des Jugendalters*. Göttingen: Hogrefe.

Selman, R. L. (1980). *The growth of interpersonal understanding: Developmental and clinical analysis*. New York: Academic Press.

Selman, R. L. (1981). The child as a friendship philosopher. In S. R. Asher & M. Gottman (Eds.), *The development of children's friendships* (pp. 242–272). Cambridge: Cambridge University Press.

Sen, M. G., Yonas, A. & Knill, D. C. (2001). Development of infants' sensitivity to surface contour information for spatial layout. *Perception, 30*, 167–176.

Shavelson, R. J., Hubner, J. J. & Stanton, G. C. (1976). Self-Concept: Validation of construct interpretations. *Review of Educational Research, 46*, 407–441.

Shaw, D. S., Owens, E. B., Vondra, J. I., Keenan, K. & Winslow, E. B. (1996) Early risk factors and pathways in the development of early disruptive behavior problems. *Development and Psychopathology, 8,* 679–699.

Siegler, R., DeLoache, J. & Eisenberg, N. (2005). *Entwicklungspsychologie im Kindes- und Jugendalter*. Heidelberg: Spektrum.

Silbereisen, R. K. & Kracke, B. (1997). Self-reported maturational timing and adaptation in adolescence. In J. Schulenberg, J. L. Maggs & K. Hurrelmann (Eds.), *Health risks and developmental transitions during adolescence* (pp. 85–109). Cambridge: University Press.

Skeels, H. M. (1966). Adult status of children with contrasting early life experiences. *Monographs of the Society for Research in Child Development, 31*, 1–65.

Slater, A. M., Mattock, A. & Brown, E. (1990). Newborn infants' responses to retinal and real size. *Journal of Experimental Child Psychology, 49*, 314–322.

Slaughter, V., Dennis, M. J. & Pritchard, M. (2002). Theory of mind and peer acceptance in preschool children. *British Journal of Developmental Psychology, 20*, 545–564.

Slaughter, V. & Heron, M. (2004). Origins and early development of human body knowledge. *Monographs of the Society for Research in Child Development, Serial No. 276, Vol. 69.*

Slomkowski, C. L. & Dunn, J. (1996). Young children's understanding of other people's beliefs and feelings and their connected communication with friends. *Developmental Psychology, 32*, 442–447.

Smoll, F. L. & Schutz, R. W. (1990). Quantifying gender differences in physical performance: A developmental perspective. *Developmental Psychology, 26*, 360–369.

Sodian, B., Zaitechek, D. & Carey, S. (1991). Young children's differentiation of hypothetical beliefs from evidence. *Child Development, 62,* 753–766.

Sorce, J. F., Emde, R. N., Campos, J. & Klinnert, M. D. (1985). Maternal emotional signalling: Its effects on the visual cliff behaviour of 1-year-olds. *Developmental Psychology, 21*, 195–200.

Soska, K. C. & Johnson, S. P. (2008). Development of three-dimensional object completion in infancy. *Child Development, 79,* 1230–1236.

Sparfeldt, J. R., Rost, D. H. & Schilling, S. R. (2003). Das DISK-Gitter – Ein neues diagnostisches Verfahren zur Erfassung des differentiellen schulischen Selbstkonzepts. In E. J. Brunner, P. Noack & G. Scholz (Hrsg.), *Diagnose und Intervention in schulischen Handlungsfeldern* (S. 111–125). Münster: Waxmann.

Spearman, C. (1927). *The abilities of men: Their nature and measurement.* New York: Macmillan.

Spelke, E. (1994). Initial knowledge: Six suggestions. *Cognition, 50,* 431–445.

Spelke, E. (1998). Nativism, empiricism, and the origins of knowledge. *Infant Behavior and Development, 21,* 181–200.

Spelke, E., Breinlinger, K., Macomber, J. & Jacobson, K. (1992). Origins of knowledge. *Psychological Review, 99,* 605–632.

Spinath, F. M. & Deary, I. J. (2008). Verhaltensgenetik der Intelligenz. In F. J. Neyer & F. M. Spinath (Hrsg.), *Anlage und Umwelt* (S. 129–147). Stuttgart: Lucius & Lucius.

Spohr, H. L. (2005). Teratogene Effekte von Nikotin, Drogen und Alkohol. *Gynäkologe, 38,* 25–32.

Sroufe, L. A. (1996). *Emotional development: The organization of emotional life in the early years.* New York: Cambridge University Press.

Statistisches Bundesamt (2008). *Säuglingssterblichkeit – Gestorbene Säuglinge nach Lebensdauer.* Quelle: http://www.destatis.de (retrieved 26. September 2008).

Stattin, H. & Kerr, M. (2000). Parental monitoring: A reinterpretation. *Child Development, 71,* 1072–1085.

Steinberg, L. & Silk, J. S. (2002). Parenting adolescents. In M. H. Bornstein (Ed.), *Handbook of parenting (Vol. 1).* Mahwah, NJ: Erlbaum.

Steinhausen, H.-C. (2006). *Psychische Störungen bei Kindern und Jugendlichen.* München: Elsevier.

Steinhausen, H.-C., Winkler Metzke, C., Meier, M. & Kannenberg, R. (1998). Prevalence of child and adolescent psychiatric disorders: The Zürich epidemiological study. *Acta Psychiatrica Scandinavica, 98,* 262–271.

Stern, D. N. (1992). *Die Lebenserfahrung des Säuglings.* Stuttgart: Klett-Cotta.

Sternberg, R. J. (1985). *Beyond IQ: A triarchic theory of human intelligence.* Cambridge: Cambridge University Press.

Sternberg, R. J. (1997). The concept of intelligence and its role in lifelong learning and success. *American Psychologist, 52,* 1030–1037.

Sternberg, R. J. (1999). The theory of successful intelligence. *Review of General Psychology, 3,* 292–316.

Stiensmeier-Pelster, J., Schürmann, M. & Duda, K. (2000). *DIKJ - Depressionsinventar für Kinder und Jugendliche* (2. Aufl.). Göttingen: Hogrefe.

Stocker, C. M., Burwell, R. A. & Briggs, M. L. (2002). Sibling conflict in middle childhood predicts children's adjustment in early adolescence. *Journal of Familiy Psychology, 16,* 50–57.

Stöcker, K. (2003). *Bindung und Partnerschaft.* Berlin: Verlag für Wissenschaft und Forschung.

Stone, L. J. & Church, J. (1957). *Childhood and adolescence: A psychology of the growing person.* New York: Random House.

Streri, A. & Spelke, E. S. (1988). Haptic perception of objects in infancy. *Cognitive Psychology, 20,* 1–23.

Tannen, D. (1998). *Du kannst mich einfach nicht verstehen: Warum Männer und Frauen aneinander vorbeireden.* Hamburg: Ernst Kabel Verlag.

Tanner, J. M. (1998). Sequence, tempo, and individual variation in growth and development of boys and girls aged twelve to sixteen. In R. E. Muuss & D. H. Porton (Eds.), *Adolescent behaviour and society: A book of readings* (pp. 34–46). New York: McGraw-Hill.

Taylor, D. C. & Ounsted, C. (1972). The nature of gender differences explored through ontogentic analysis of sex ratios. In C. Ounsted & D. C. Taylor (Eds.), *Gender differences: Their ontogeny and significance* (pp. 215–240). Edinburgh: Churchill Livingstone.

Teo, T., Becker, G. & Edelstein, W. (1995). Variability in structured wholeness: Context factors in Kohlberg's data on the development of moral judgment. *Merril-Palmer Quarterly, 41,* 381–393.

Thomas, A. & Chess, S. (1977). *Temperament and development.* New York: Brunner/Mazel.

Thomas, J. R. & French, K. E. (1985). Gender differences across age in motor performance: A meta-analysis. *Psychological Bulletin, 98,* 260–282.

Literatur

Thurstone, L. L. (1938). *Primary mental abilities*. Chicago: University of Chicago Press.

Tiffin, J. (1968). *Purdue pegboard examiner manual*. Chicago, IL: Science Research Associates.

Tong, S., Baghurst, P., Vimpani, G. & McMichael, A. (2007). Socioeconomic position, maternal IQ, home environment, and cognitive development. *The Journal of Pediatrics, 151*, 284–288.

Trautner, H. M. (1992). *Lehrbuch der Entwicklungspsychologie, Band 1: Grundlagen und Methoden*. Göttingen: Hogrefe.

Trautner, H. M. & Hartmann, P. (2009). Die Bedeutung des Pubertätsstatus und des Entwicklungstempos für die Geschlechtsidentität von Mädchen und Jungen in der Adoleszenz. *Zeitschrift für Entwicklungspsychologie und Pädagogische Psychologie, 41*, 63–78.

Trautner, H. M., Gervai, J. & Németh, R. (2003). Appearance-reality distinction and development of gender constancy understanding in children. *International Journal of Behavioral Development, 27*, 275–283.

Trautner, H. M., Helbing, N., Sahm, W. B. & Lohaus, A. (1988). Unkenntnis – Rigidität – Flexibilität: Ein Entwicklungsmodell der Geschlechtsrollen-Stereotypisierung. *Zeitschrift für Entwicklungspsychologie und Pädagogische Psychologie, 20*, 105–120.

Tschann, J. M., Adler, N. E., Irwin, C. E. Millstein, S. G., Turner, R. A. & Kegeles, S. M. (1994). Initiation of substance use in early adolescence: The roles of pubertal timing and emotional distress. *Health Psychology, 13*, 326–333.

Turiel, E. (1998). The development of morality. In W. Damon (Series Ed.) und N. Eisenberg (Vol. Ed.), *Handbook of child psychology. Vol. 3. Social, emotional, and personality development* (pp. 863–932). New York: Wiley.

Van IJzendoorn, M. H. (1995). Adult attachment representations, parental responsiveness, and infant attachment: A meta-analysis on the predictive validity of the adult attachment interview. *Psychological Bulletin, 117*, 387–403.

Van IJzendoorn, M. H. & de Wolff, M. S. (1997). In search of the absent father – Meta analyses of infant-father attachment: A rejoinder to our discussants. *Child Development, 68*, 604–609.

Van IJzendoorn, M. H., Juffer, F. & Poelhuis, C. (2005). Adoption and cognitive development: A meta-analytic comparison of adopted and nonadopted children's IQ and school performance. *Psychological Bulletin, 131*, 301–316.

Van IJzendoorn, M. H., Vereijken, C. M. J. L., Bakermans-Kranenburg, M. J. & Riksen-Walraven, J. M. (2004). Assessing attachment security with the attachment Q sort: Meta-analytic evidence for the validity of the observer AQS. *Child Development, 75*, 1188–1213.

Vennemann, M., Fischer, D. & Findeisen, M. (2003). Kindstodinzidenz im internationalen Vergleich. *Monatsschrift für Kinderheilkunde, 151*, 510–513.

Verschueren, K. & Marcoen, A. (1999). Representations of self and socioemotional competence in kindergartners: Differential and combined effects of attachment to mother and to father. *Child Development, 70*, 183–201.

Vierhaus, M. & Lohaus, A. (2009). Children's perception of relations between anger or anxiety and coping: Continuity and discontinuity of relational structures. *Social Development, 18*, 747–763.

Vierhaus, M., Lohaus, A. & Ball, J. (2007). Developmental changes in coping: Situational and methodological influences. *Anxiety, Stress & Coping, 20*, 267–282.

Vitaro, F., Brendgen, M., Pagani, L., Tremblay, R. E. & McDuff, P. (1999). Disruptive behavior, peer selection, and conduct disorder: Testing the developmental links through early interventions. *Development and Psychopathology, 11*, 287–304.

Vitaro, F., Tremblay, R. E., Kerr, M., Pagani, L. & Bukowski, W. M. (1997). Disruptiveness, friends' characteristics and delinquency in early adolescence: A test of two competing models of development. *Child Development, 68*, 676–689.

Volland, C., Ulich, D. & Kienbaum, J. (1999). *Elterliches Erziehungsverhalten und kindliches Mitgefühl*. Vortrag auf der 14. Tagung Entwicklungspsychologie in Fribourg, Schweiz, September 1999.

Vondra, J. I., Shaw, D. S., Swearingen, L., Cohen, M. & Owens, E. B. (2001). Attachment stability and emotional and behavioral regulation from infancy to preschool age. *Development and Psychopathology, 13*, 13–33.

Von Salisch, M. (2001). Children's emotional development: Challenges in their relationships to peers, parents, and friends. *International Journal of Behavioral Development, 25*, 310–319.

Voyer, D. & Bryden, M. P. (1990). Gender, level of spatial ability, and lateralization of mental rotation. *Brain and Cognition, 13*, 18–29.

Voyer, D., Voyer, S. & Bryden, M. P. (1995). Magnitude of sex-differences in spatial abilities: A meta-analysis and consideration of critical variables. *Psychological Bulletin, 117*, 250–270.

Vuchinich, S., Bank, L. & Patterson, G. R. (1992). Parenting, peers and the stability of antisocial behavior in preadolescent boys. *Developmental Psychology, 28*, 510–521.

Vygotsky, L. S. (1978). *Mind in society: The development of higher psychological processes*. Cambridge, MA: Harvard University Press.

Vygotskij, L. S. (2002). *Denken und Sprechen*. Weinheim: Beltz (Originalausgabe von 1934).

Walden, K., Kutza, R., Kröger, C. & Kirmes, J. (1998). *ALF – Allgemeine Lebenskompetenzen und Fertigkeiten. Programm für Schülerinnen und Schüler der 5. Klasse mit Informationen zu Nikotin und Alkohol*. Baltmannsweiler: Schneider-Verlag Hohengehren.

Walker, A. S. (1982). Intermodal perception of expressive behaviors by human infants. *Journal of Experimental Child Psychology, 33*, 514–535.
Walker, L. J. (1984). Sex differences in the development of moral reasoning: A critical review. *Child Development, 51*, 677–691.
Waters, E., Merrick, S., Treboux, D., Crowell, J. & Albersheim, L. (2000). Attachment security in infancy and early childhood: A twenty-year longitudinal study. *Child Development, 71*, 684–689.
Weinberg, R. A. (1989). Intelligence and IQ: Landmark issues and great debates. *American Psychologist, 44*, 98–104.
Weineck, J. (2004). *Sportbiologie* (9. Auflage). Balingen: Spitta Verlag.
Weinert, F. E. & Helmke, A. (1998). The neglected role of individual differences in theoretical models of cognitive development. *Learning and Instruction, 8,* 309–323.
Weinert, S. (2004). Wortschatzerwerb und kognitive Entwicklung. *Sprache – Stimme – Gehör, 28*, 20–28.
Weinert, S. & Grimm, H. (2008). Sprachentwicklung. In R. Oerter & L. Montada (Hrsg.), *Entwicklungspsychologie* (S. 502–534). Weinheim: Psychologie Verlags Union.
Weiß, R. H. (2006). *Grundintelligenztest Skala 2 (Revision CFT 20–R) mit Wortschatztest und Zahlenfolgetest – Revision (WS/ZF-R)*. Göttingen: Hogrefe.
Wellman, H. M., Cross, D. & Watson, J. (2001). Meta-analysis of theory-of-mind development: The truth about false belief. *Child Development, 72*, 655–684.
Werker, J. F. & Desjardins, R. N. (1995). Listening to speech in the first year of life: Experiential influences on phoneme perception. *Current Directions in Psychological Sciences, 4*, 76–81.
Werker, J. F., Polka, L. & Pegg, J. E. (1997). The conditioned head turn procedure as a method for testing infant speech perception. *Early Development and Parenting, 6*, 171–178.
WHO (World Health Organisation). (2005). *Internationale Klassifikation psychischer Störungen: ICD-10 Kapitel V(F)*. Bern: Verlag Hans Huber.
WHO (World Health Organization). (2008). *Suicide rates by gender and age, Germany, 1990–2004*. Zugriff am 13. 05. 2009. Verfügbar unter: http://www. who. int/mental_health/media/germ. pdf.
Wieczerkowski, W., Nickel, H., Janowski, A., Fittkau, B. & Rauer, W. (1981). *AFS. Angstfragebogen für Schüler* (6. Aufl.). Göttingen: Hogrefe.
Williams, J. M. & Currie, C. (2000). Self-esteem and physical development in early adolescence: Pubertal timing and body image. *Journal of Early Adolescence, 20,* 129–149.
Wimmer, H. & Hartl, M. (1991). Against the Cartesian view on mind: Young children's difficulty with own false beliefs. *British Journal of Developmental Psychology, 9*, 125–128.
Wintre, M. G., & Vallance, D. D. (1994). A developmental sequence in the comprehension of emotions: Intensity, multiple emotions, and valence. *Developmental Psychology, 30*, 509–514.
Wolff, P. (1987). *The development of behavioural states and expression of emotions in early infancy*. Chicago: University of Chicago Press.
Woodward, A. L. & Markman, E. M. (1998). Early word learning. In D. Kuhn & R. S. Siegler (Eds.), *Handbook of child psychology, Vol 2: Cognition, perception, and language* (pp. 371–420). New York: Wiley.
Woodward, A. L., Phillips, A. & Spelke, E. S. (1993). Infants' expectations about the motion of animate versus inanimate objects. *Proceedings of the 15th annual meeting of the Cognitive Science Society.* Hillside, NJ: Erlbaum.
Wordon, P. E. & Sladewski-Awig, L. J. (1982). Children's awareness of memorability. *Journal of Educational Psychology, 74, 341–350.*
Yamamoto, K. & Mahlios, M. C. (2001). Home is where it begins: Parents, children, and stressful events. *Journal of Child Psychology and Psychiatry, 42*, 533–537.
Yonas, A., Cleaves, W. T. & Pettersen, L. (1978). Development of sensitivity to pictorial depth. *Science, 200*, 77–79.
Zahn-Waxler, C., Radke-Yarrow, M., Wagner, E. & Chapman, M. (1992). Development of concern for others. *Developmental Psychology, 28*, 126–136.
Zajonc, R. B. & Markus, G. B. (1975). Birth order and intellectual development. *Psychological Review, 82*, 74–88.
Zajonc, R. B. & Mullally, P. R. (1997). Birth order: Reconciling conflicting effects. *American Psychologist, 52*, 685–699.
Zentner, M. R. (2000). Das Temperament als Risikofaktor in der frühkindlichen Entwicklung. In F. Petermann, K. Niebank & H. Scheithauer (Hrsg.), *Risiken in der frühkindlichen Entwicklung* (S. 257–281). Göttingen: Hogrefe.
Zero To Three (National Center for Infants, Toddlers, and Families). (1999). *Diagnostische Klassifikation: 0 - 3. Seelische Gesundheit und entwicklungsbedingte Störungen bei Säuglingen und Kleinkindern*. Berlin: Springer.
Ziegenhain, U., Fries, M., Bütow, B. & Derksen, B. (2004). *Entwicklungspsychologische Beratung für junge Eltern*. Weinheim: Juventa.
Zimmerman, M. A., Copeland, L. A., Shope, J. T. & Dielman, T. E. (1997). A longitudinal study of self-esteem: Implications for adolescent development. *Journal of Youth and Adolescence, 26*, 117–141.

Stichwortverzeichnis

A

A-Non-B-Suchfehler 25
Abwehrmechanismus 11, 193
Adoleszenz 12, 140, 195, 196, 205–207, 220, 227, 229, 252, 254, 256, 261
Adoptivstudie 8, 56–58, 131
Adult Attachment Interview 100
Aggressivität 41, 57, 215, 254
Akkommodation 22, 23, 105
Aktivierungszustand 70, 76
Alkoholembryopathie 72, 231
Alkoholkonsum 149, 175, 229, 252
Alkoholsyndrom, fetales 231
Alles-oder-Nichts-Denken 172
Analogie 115
Anamnese 236
androgyn 188–189
Androtropie 229
Anforderungs-Bewältigungs-Modell 38
Anforderungs-Bewältigungs-Paradigma 19–22
Angst 87, 97, 134, 135, 138, 139–140, 148, 150–151, 216, 235, 244, 254
Ängstlichkeit 41, 132, 137, 149, 196, 201, 206, 244, 259
– soziale 137, 244
Angststörung 227, 238, 244
Anlage und Umwelt 8, 52–54
Anlagewirkung 54, 55, 57
– aktive 54, 57
– evozierende 55, 57
– passive 54
Anorexia nervosa 254
Ansatz
– funktionalistischer 134, 136, 138
– soziokultureller 135, 136, 137
– strukturalistischer 134, 135, 137
Anthropogenese 4, 5
Apgar-Index 74
Arbeitsmodell, inneres 93, 97, 207
Arbeitsspeicher 30, 31, 33–34, 82, 159
Ärger 136–138, 140–141, 147–148, 150, 216
Asperger-Syndrom 243
Assimilation 22–23, 105
Assoziationslernen 48, 108
Atmungsmonitor 75

Attributionsfehler, feindseliger 195, 215
Auflösungsvermögen, visuelles 84–85
Aufmerksamkeitsstörung 72, 245
Augenbewegung 72, 76, 85, 146
Ausdrucksverhalten 135, 138, 149–150, 180
Auslösereiz, unkonditionierter 16
Ausstattung, genetische 54–55, 131, 228
Auswertungsobjektivität 61
Autismus, frühkindlicher 228, 242–243
Autonomie 12, 166, 175, 205, 252

B

Basisemotion 135, 139
Basiskategorie 111
Basiswissen 109
Begabungsfaktor, spezifischer 120, 122
Begriffskategorie 156, 157
Beobachtungslernen 18–19
Beobachtungsverfahren 47, 50
Bestrafung 18–19, 147, 184, 185, 216, 217, 219
Bewältigungsmechanismus 19
Bewältigungsressource 22, 39
– personale 22
– soziale 22
Bewertung 20–21, 136
– primäre 20–21
– sekundäre 20–21
– tertiäre 20–21
Bezugsperson 12, 14, 92–101, 138, 140, 142, 146, 160, 195, 232–234, 244
Bindung 14, 94, 96–101, 138, 195–197, 201, 233–234
Bindungsentwicklung 92, 96, 99
Bindungsmuster 92, 97–100
Bindungsstabilität 99
Bindungsstörung 233–234
Bindungssystem 92, 93
Bindungstheorie 93, 143
Bindungsverhalten 93, 96–97, 101, 195
Broca-Areal 79, 153
Bulimia nervosa 254, 255

C

cephalocaudaler Trend 78
Chronosystem 37, 195

D

Datenerhebungsmethode 41, 47, 50
Delinquente, persistent 261
Delinquenz 201, 204–206, 230, 247, 254
Denken
– kausales 112
– reversibles 26
– schlussfolgerndes 114, 121
– wissenschaftliches 113
Depression 149, 174, 206, 229, 256–258
Deprivationsstudie 52
Diagnostik 59, 64, 129, 235–238
– schulpsychologische 129
Dilemma 211–212, 214–215
– moralisches 208
Disäquilibrium 23
Dishabituation 84, 108, 155
Disjunktionsannahme 157
Diskriminationslernen 16
Distanzierungsstrategie 148
Dominanzhierarchie 203
Drei-Berge-Versuch 26
DSM IV (Diagnostisches und statistisches Manual psychischer Störungen) 129, 225, 237, 256
Durchführungsobjektivität 61
Dyskalkulie 129

E

Egozentrismus 26–27, 107, 161
Eifersucht 142
Einfluss
– hormoneller 181
Einwortsätze 158
Elektrakomplex 11, 217
Eltern-Kind-Beziehung 145, 195, 205, 213, 233

Elternprogramm, intuitives 95
Embryonalstadium 71
Embryonalzeit 71, 73
Emotion 88, 134, 137, 138, 139, 141, 144, 147, 151, 218
– ambivalente 147, 151
– multiple 151
– negative 134, 137, 139
– positive 88, 134, 138, 144, 218
– selbstbewusste 134, 137, 141
Emotionsausdruck 140, 148, 150
Emotionsauslöser 150
Emotionsregulation 134, 136, 142, 146–149
Emotionsverständnis 147, 150
Empathie 180, 213, 216–218
Empathizing-Systemizing-Theorie 183
Enkopresis 241–242
Entwicklung
– bilinguale 162
– diskontinuierliche 7, 23, 36–37
– kontinuierliche 7, 23, 36–37, 39, 107
Entwicklungsabweichung 66, 224–225, 227, 230, 254
Entwicklungsaufgabe 19–20, 22, 38, 75, 193, 231, 253
Entwicklungsbereich 4, 6–9, 34, 60, 64
Entwicklungsdiagnostik 4, 59–60, 237
Entwicklungsfaktor
– endogener 8, 15, 52
– exogener 15, 52
Entwicklungsintervention 4, 58
Entwicklungsphase
– formal-operationale 28
– konkret-operationale 27
– präoperationale 25–28
– sensumotorische 24
Entwicklungsprognose 4
Entwicklungsstadium 60, 160
Entwicklungsstand 4, 6, 59–67, 106, 160, 237
Entwicklungsstörung 99, 226, 240, 242–243, 247–248
– tiefgreifende 242
– umschriebene 247
Entwicklungstest 6, 59–60, 65, 66
– allgemeiner 59, 65
– lebensaltersorientierter 60
– spezieller 66
Entwicklungsverlauf 4, 8, 22–23, 34–35, 44, 59, 79, 175, 224
Enuresis 237, 241–242
Erblichkeit 53–54

Erblichkeitsanteil 53, 56–57
Erblichkeitsschätzung 54, 56–57
Ereignisstichprobe 50
Erhebungsplan 41, 47
Ersatzbindungsobjekt 50
Erwartungs-Enttäuschungs-Paradigma 47–48, 49
Erwartungs-Induktions-Paradigma 47–48
Erziehungsstil 197–198, 201, 205, 219, 233
– autoritärer 197, 201
– autoritativer 197, 201, 205
– induktiver 219
– permissiver 197
– vernachlässigender 197, 201
Erziehungsverhalten 3, 55, 132, 145, 184, 197, 205, 235, 245, 247
Es 10–12, 166, 193
Essstörung 174, 227, 229, 238, 254–255
Ethologie 13
Exekutive, zentrale 31, 33
Exosystem 37, 195
Exploration 97–98, 196, 236

F

Fähigkeit, räumliche 54, 121, 179
Familienentwicklung 37–39
– normative 38
Familienstress 38
Familienstufenkonzept 38
feminin 188–189
Fischteicheffekt 173
Fixation 11
Fötalstadium 71
Fragebogen 64, 66, 216, 237
Fremde-Situations-Test 97, 100, 195
Fremdeln 97, 140
Freude 88, 134–136, 138–139, 150, 256
Freund(e) 202, 204, 206, 212
Freundschaft 145, 181, 192, 195, 202, 204, 206
Frühgeburt 72, 73–75, 229
Fürsorgemoral 214
Fürsorgesystem 93

G

g-Faktor 120–122
Ganzheitsannahme 157
Gebärdensprache 163
Geburtenfolge 200
Geburtsgröße 79
Gedächtnis 18, 29, 30–34, 65, 107, 172
– episodisches 31–32
– prozedurales 31–32
– semantisches 31–32
Gedächtnisstrategie 30–34
Gehirnentwicklung 77, 79, 152, 153
Gehörlosigkeit 163
Gen 15, 58, 131
Generalisierung 16, 129
Genort 9, 58
Genotyp 55, 57, 131
Geschlechtsidentität 186
Geschlechtskonstanz 185, 186
Geschlechtsreife 251
Geschlechtsrollenidentität 174
Geschlechtsrollenpräferenz 177, 188–189
Geschlechtsrollenstereotype 169, 189
Geschlechtsschema 187, 189
Geschlechtstypisierung 177–190
Geschmackswahrnehmung 89
Geschwister 53, 132, 200–202, 210, 233
Gleichaltrige 117, 137, 148, 173, 184, 202–206, 210, 234, 247, 252
Greifreflex 24, 72, 80
Größenkonstanz 86–87
Gütekriterium 128

H

Habituation 48, 90, 107
Habituations-Dishabituations-Paradigma 47–48, 84, 86
Habituationsgeschwindigkeit 108
Handeln, altruistisches 15
Hilfsbereitschaft 180–181
Hirnlateralisation 79, 153, 183
Hochbegabung 117, 127, 129
Humanethologie 13
Hyperaktivität 72, 232, 245

I

ICD-10 (Internationale Klassifikation von Erkrankungen) 129, 225, 234, 235, 237, 254
Ich 10–12, 166, 193
Identität 12, 166, 176, 193, 220, 251, 252
– diffuse 166
– erarbeitete 166
– moralische 220
– übernommene 166
Identitätsstadium 166
Imitation, frühkindliche 93, 94
Impulsivität 232, 245
Informationsverarbeitung 29–36, 76, 79, 169, 246–248
Inhaltsvalidität 63
Intelligenz 43, 54, 55, 117, 119–133
– allgemeine 117, 120, 122
– fluide 121
– kristalline 121
– multiple 123
Intelligenzalter 125, 126
Intelligenzdefinition 120
Intelligenzmessung 125–129
– normorientierte 125–126
Intelligenzquotient 8, 125–127
Intelligenztest 44, 120, 122, 125–129
Intelligenztheorie, triarchische 124
Interpretationsobjektivität 61
Intervention 225, 235, 238–239, 257
Interview 236

J

Jugenddelinquenz 260
Jugendegozentrismus 253

K

Kategorie 110–112, 156–158
Kernwissen 7, 35, 106
– domänenspezifisches 106
– intuitives 35, 106
Kind
– abgelehntes 203, 204, 206
– beliebtes 203
– ignoriertes 203
– kontroverses 203
Klassenhierarchie 110
Klasseninklusion 27
Kohorteneffekt 46
Kompetenz
– kommunikative 153, 161
– soziale 7, 39, 145, 194, 198, 199, 203, 218, 247
Konditionieren 15, 16, 108, 184, 239
– klassisches 15, 239
– operantes 15, 16, 108, 184, 239
Konsistenzanalyse 62
Kontingenz 49, 107, 108
Kontingenzlernen 108
Kontrollsystemmodell 198
Konvergenzmodell 46
Kopf-Rumpf-Verhältnis 79
Körperselbstkonzept 174, 175
Körperwachstum 79
Kortex 78, 183
Krise
– psychosoziale 12, 19
Kulturwerkzeug 106
Kurzzeitspeicher 33, 159

L

Lächeln, soziales 94, 136, 138
Längsschnittmethode 42, 44, 45
Langzeitspeicher 30, 31
Lauteinheit 156
Lautkategorie 155
Lebensereignis, kritisches 22, 234, 242, 257
Lenkung 168, 197
Lernbehinderung 129
Lerndisposition 14
Lerntheorie 15, 183, 192, 198, 217
– soziale 183
Lese-Rechtschreib-Störung 129
Looking-glass self 165, 170

M

Major Depression 256
Makrosystem 37, 195

MAS (Multiaxiales Klassifikationsschema für psychische Störungen des Kindes- und Jugendalters) 225, 226, 234, 235, 246, 259, 260
maskulin 188–189, 214
Mesosystem 36–37, 195
Metagedächtnis 32, 116, 117
– deklaratives 116
– prozedurales 116, 117
Metakognition 116
Mikrosystem 36–37, 195, 200
Minderbegabung 117
Modell des externalen und internalen Bezugsrahmens 168
Modelllernen 19, 183–185, 192
Modifikationsbreite 9, 58, 71, 131
Monitoring 198, 199
Monotropieannahme 196
Moral
– autonome 209, 210
– heteronome 209–210
Moratorium 166, 167
Moro-Reflex 5, 81, 82
Morpheme 153
Multiple Seriation 27
Musterergänzung 85–86
Muttersprache 89, 158, 162
Myelinisierung 34, 78, 83

N

Nabelschnur 71
Nachahmung, verzögerte 47, 49
Netzwerk, neuronales 35
Neurogenese 78
Non-REM-Schlaf 76
Normalverteilung 64, 126, 127
Normierung 64, 65
Normstichprobe 64, 126
Nutzungsdefizit 33

O

Objektbeziehung 13
Objektivität 61, 238
Objektpermanenz 24, 29
Ödipuskomplex 11, 217
Ontogenese 4, 5, 14, 138

Operationalisierung 41
Orientierungsreaktion 48

P

Paralleltest-Reliabilität 62
Passungsmodell 145
Peer-Beziehung 234
Pendelversuch 28, 113
Periode, sensible 14, 153
Persönlichkeit 11–13, 54, 176, 219, 229
Perspektivübernahme 7, 26, 29, 147, 161, 166, 193, 194, 204, 211, 217
Phänotyp 9, 131, 181, 182
Phase
– anale 11, 12
– genitale 11
– holophrasische 158
– Latenz 11
– orale 11, 12
– phallische 11
– sensible 78, 231
Phoneme 153
Phonologie 152, 153
Phylogenese 4, 5
Plappern 158, 163
Plastizität 78, 153
– erfahrungsabhängige 78
– erfahrungserwartende 78
Plazenta 71
Prädikatenselbstzuweisung 170, 173
– ideationale 170
– komparative 170, 173
– reflexive 170
Prädikatenzuweisung 170
– direkte 170
– indirekte 170
Präferenz, visuelle 85
Präferenzparadigma 47–48, 84
Pragmatik 66, 152, 153
Prävalenz 227, 253–254, 256
Prävention 238–239, 259
Primärfaktor 121–122
Problemverarbeitung
– externalisierende 149
– internalisierende 149
Produktionsdefizit 33
Prosodie 156
Prototyp 111
Psychoanalyse 10, 13, 166, 193, 239
Psychopharmaka 240, 244, 256, 257

Pubertät 7, 78, 79, 149, 174, 185, 251
Puffer, episodischer 31

Q

Q-Sort-Verfahren 100
Querschnittmethode 42–43

R

Reaktion 16
– konditionierte 16
– unkonditionierte 16
Reflex 5, 14, 25, 80–82, 138
– verschwindender 82
Regulation
– interpsychische 146, 147
– intrapsychische 146, 147
Regulationsstörung 241
Rehearsal 31, 107
Reifung 76, 83, 181, 210
Reifungskonzept 59
Reiz, konditionierter 16
Reliabilität 61–66, 238
REM-Schlaf 76
Resilienz 230
Responsivität 143, 197
Retest-Reliabilität 62
Rhythmus, zirkadianer 75
Risikofaktor 132, 227–228, 232
Risikoverhalten 149, 205
Rollendiffusion 12
Rooting-Reflex 80
Rouge-Test 171–172

S

Säuglingssterblichkeit 74
Säuglingstod, plötzlicher 72, 74–75
Saugreflex 80
Scham 137, 141, 172, 217
Scheidung 199, 233
Schema 22–25, 29, 187
Schlaf-Wach-Rhythmus 76
Schleife, phonologische 31
Schlussfolgern
– deduktives 114, 115

– induktives 114
– logisches 114
Schreckreflex 81
Schreitreflex 81, 82
Schuld 142, 150, 172, 217
Schuleignungsdiagnostik 129
Schullaufbahnberatung 129
Schutzfaktor 227–228, 231, 235
Schwimmreflex 81
Screeningtest 64
Selbstkonzept 164, 165, 167–176, 188, 199, 220, 230
– schulisches 168–169
Selbstkonzeptmodell, hierarchisches 167
Selbstwert 140, 164, 165, 171, 175–176, 181, 255
Semantik 66, 152, 153
Sensitivität 94, 180, 196, 233
sensorisches Register 30, 33
Skript 32, 151
Sortieraufgabe 50
sozialer Vergleich 173, 175, 202
soziales Referenzieren 140, 146
Sozialisation 136, 198
– bidirektionale 198
Sozialverhalten, Störung des 246, 260
Soziobiologie 13, 15
Speicher, visuell-räumlicher 31
Spiegel-Selbst 165
Spiel 203
– kooperatives 203
– soziales 203
Spill-over-Hypothese 201
Split-Half-Reliabilität 62
Sprache
– egozentrische 161
– sozialisierte 161
– telegrafische 159, 160, 161
Spracherwerb 153, 154, 162
Sprachproduktion 50, 79, 153, 156, 158, 162, 247
Sprachverständnis 50, 66, 79, 153, 158, 162, 247
Sprachwahrnehmung 154, 156
Stadium
– konventionelles 211, 212, 213
– postkonventionelles 211, 212, 213
– präkonventionelles 211, 212
Status
– pubertärer 252
– soziometrischer 203, 204, 206
Stichprobe 42–47, 64

Stolz   137, 142, 150
Störung   82, 225, 227–239, 240, 244, 245, 251, 254, 256, 259
- bipolare   240, 256
- dysthyme   256
- hyperkinetische   227, 240, 245
- neurologische   82
- phobische   244
- psychische   225, 227–239, 251, 254, 259
Stressbewältigungsstrategie   199
Stresserleben   21, 149, 199, 200, 217
Stufenmodell   38, 185, 209, 211, 213
Substanzabhängigkeit   258
Substanzmissbrauch   149, 198, 206, 258–260
Suizidalität   206, 256–258
Synapse   77–78
Synapsenbildung   77–78
Synapseneliminierung   77–78
Synapsenverbindung   77–78
Synaptogenese   78
Syntax   66, 152, 153, 160–161

T

Taxonomieannahme   157
Temperament   55, 63, 142–146, 201, 229, 235, 241
Temperamentstyp   144
Teratogen   72–73
Testungseffekt   44–47
Testzeiteffekt   45
Theorie, konnektionistische   34, 35
Theory of Mind   107, 116, 182, 194, 243
Therapie
- psychoanalytische   239
- tiefenpsychologische   239
Three-Stratum-Theorie   122
Tiefencues   87–88
Tiefenwahrnehmung   86–87
Trennungsangst   140, 244

U

Über-Ich   10–11, 166, 193, 217
Überdehnung   159
Übergeneralisierung   161–162
Ultrakurzzeitgedächtnis   30

Umweltvariation   53–56
Underachievement   129
Unterstützung, soziale   15, 22, 39, 101, 106, 145, 147, 149, 152, 197, 233, 260
Untersuchungssituation   44, 50
Urteil, sozial-konventionelles   215

V

Validität   61, 63–66, 128, 238
- kriterienbezogene   63
Verarbeitungsgeschwindigkeit   29, 33, 34, 107, 108, 121
Verfahren, projektives   238
Verhalten, prosoziales   195, 218–220
Verhaltensbeobachtung   237
Verhaltenstherapie, kognitive   240
Vermeidung   139, 143, 144, 148, 217, 244
Verstärker   17
- primärer   17
- sekundärer   17
Verstärkung   16, 17–19, 259
- direkte   17
- indirekte   17
- intermittierende   16
- kontinuierliche   16
- negative   17–19
- positive   17–19, 259
visuelle Klippe   87, 140
Voice Onset Time   155
Vokabelspurt   159
Vulnerabilität   255

W

Wahrnehmung   88, 89–91
- auditive   88
- intermodale   89
Wernicke-Areal   79, 153
Wissen, metalinguistisches   153
Wissensdomäne, Wissen über mentale Zustände   116
Wortschatz   158–159
- aktiver   158–159
- passiver   158
Wortschatzexplosion   159

X

X-rezessive Vererbung   181–182

Z

Zeitstichprobe   50
Zellmigration   71, 77
Zellspezialisierung   71
Zellsterben   71
Zellteilung   71, 77
Zelltod   71
Zentrierung   27
Ziel-Mittel-Relation   138, 140
Zwilling   53, 55–56, 131, 144
- eineiiger   53, 55–56, 131, 144
- zweieiiger   53, 55–56, 131, 144
Zwillingsmethode   53, 56–57
Zwillingsstudie   53, 55–57
Zygote   70
Zygotenstadium   70

Printing and Binding: Stürtz GmbH, Würzburg